有職装束大全

八條忠基

平凡社

有職装束大全

八條忠基

平凡社

序

八條忠基

本書は有職装束、つまり「有職故実《ゆうそくこじつ》」にかかわる装束についての書である。「有職故実」は古くは「有識故実」と書き、「古《いにしえ》の事実の知識があること」を意味した。古の事実とは、儀礼・服装・調度品・食事・殿舎・乗物その他、朝廷・公家社会の生活にかかわるすべての事物についての先例のことである。平安中期以降、安定した地位を得た公家貴族たちは「故実」すなわち先例を踏襲することを第一に重んじるようになり、一生涯の日常生活全般がその影響下にあった。つまり有職装束とは、「朝廷・公家社会における服装」と言い換えても間違いないであろう。

故実を重視した公家社会の装束は、時代の流れの中でいくらかの変容は見られるものの、大筋のところでは千年前からの伝統を連綿と受け継いでいる。21世紀の現代においても、皇室行事・宮中儀式、そして神社などにおいては、これらの装束が実際に着用されている。このことは、世界の服飾史全体から見て奇跡的なことであるが、世界に誇るべきこれら有職装束は特殊なものとされ、その知識は日本人の中でもあまり普及してはいない。それを広く一般に紹介するのが本書の目的である。

有職故実の文献にしばしば登場する単語が「可依人可依便」（人によるべし便によるべし）である。一定の決まり事があったとしても、その人の官位や年齢、体型・体調などによって装束の着付けは変化する。また昼夜・晴雨・

寒暖その他、さまざまなＴＰＯによっても着るべき装束が適宜変わってくる。そうした例外を許容するのが公家の有職故実なのであり、その融通性が魅力でもある。本書では丹念に史料をたどり、出来うる限り各時代のスタンダードといえる代表的な装束の決まり、着用例を記した。

けれども注意せねばならないのは「有職故実は生き物である」ということである。私たち現代日本人の衣食住について見ても、各人の趣味・嗜好、年齢、経済力、社会的立場などによって千変万化である。過去の時代においてもそうした例外は数多く存在したのであるから、有職故実の世界に「絶対」はない。千年の歴史の中から、ある一つの事象だけ切り取って、それを金科《きんか》玉条《ぎょくじょう》にすることは、有職故実の本儀にもとっている。本書も「代表的な一例」を示すだけに過ぎないことは、承知しておいていただきたい。

有職装束の研究は、主として文献史料から実相を探ろうとする歴史学の手法だけでなく、フィクションを扱う国文学や美術史、実物について探究する服飾史や染織技術史、さらには宗教史や民俗学といったさまざまな学問成果を横断・包括して行わなければならない。本書も各分野の先行研究の成果を享受しつつ論を進めた。理解しやすさを最優先した書ではあるが、典拠となる史料は原文を掲載し、客観性を高めるとともに、後世の有職故実研究発展に資するものでありたいと願っている。国史・国文学・伝統文化研究者をはじめ、和装界・芸能界・神社界など、数多くの皆様のお役に立てば幸甚である。

束帯《そくたい》

朝廷に出仕するときの標準服。のちに儀式における礼装となった

狩衣《かりぎぬ》

貴族たちのスポーツウエア。のちに日常着となった

武官束帯《ぶかんそくたい》

朝廷を守った武官の正装

褐衣《かちえ》

上級貴族のボディーガード「随身《ずいじん》」が着用。行列の花形でもあった

五衣《いつつぎぬ》唐衣《からぎぬ》裳《も》

平安中期以降、貴人に仕える女房の正装。通称十二単《じゅうにひとえ》

五衣《いつつぎぬ》小袿《こうちぎ》長袴《ながばかま》

十二単に次ぐ宮中の正装

汗衫《かざみ》

平安中期以降の童女の正装

袿袴《けいこ》（礼服《れいふく》）道中着姿《どうちゅうぎすがた》

明治以降の宮中儀式服

目次

凡例

・単語のフリガナについては、状況により各種の読み方があるため、代表的な読みのかなを振った。

・フリガナにおいては促音・拗音は小文字を使わない。たとえば「しゃ」は「しや」とした。

・漢字は原則的に新字体を用いた。ただし人名にかかわる「條」は條のままとした。また「史料」に関しては、底本の文字をそのまま用いた。

・史料においては、適宜かなを漢字に変換した。

・新字にすると意味が変わってしまう漢字は旧字を用いた。たとえば「劔《たち》」は新字では「剣」となるが、劔は片刃であり、剣は諸刃を意味するため、劔を用いた。

・皇室に関する事項については、今上の天皇・皇后両陛下についてのみ敬語表現を用いた。それ以前の歴史上の天皇については事実説明を簡潔にするため敬語は用いない。

・史料からの引用文における漢字表現は、史料のとおりとした。たとえば「えび色」は、現在「葡萄色」と表記するのが一般的であるが、原文が「蒲萄色」とあればそのまま引用した。

・古典籍より引用の図版は彩色などを施した上で掲載しているが、着装の年代などを示すためにその典拠を載せている。

・装束《しょうぞく》その他の実物資料写真について、特に所蔵者を明記していないものについては、原則として綺陽装束研究所蔵品である。

第一章

装束の歴史

上古

装束と呼べるほどの服制（服装の制度）が日本でいつ確立され、それがどのようなものであったのか、実はよくわかっていない。『魏志倭人伝』によれば、男子は横幅衣（ミャンマーの僧衣のようなタイプ）、女子は貫頭衣を着ていたとある。[1]

古墳時代初期に、朝鮮半島の百済《くだら》から衣服の製法が伝わってきたが、[2]その形式は、発掘された埴輪《はにわ》などから類推するしかない。

飛鳥時代

【聖徳太子の冠位十二階】

服制として最も古い記録は、聖徳太子が西暦603年に定めた「冠位十二階」の制度である。[1]これは官人たちを十二の階級に分け、それを冠の色で表示して、ひと目でその者の立場を識別することができる、朝廷機構を運営するには好都合なものであった。

しかし、位に応じた色彩は『日本書紀』ではわからない。[2]一般に上位から「紫・青・赤・黄・白・黒」とされることが多いが、それは冠位の名称が「五行説」[3]によることから、後世、「仁

後　　前

聖徳太子の冠位十二階当時の朝服《ちょうふく》
（把笏《はじゃく》は養老三［719］年以降の制）

（風俗博物館蔵）

＝青、礼＝赤、信＝黄、義＝白、智＝黒」に当てはめて類推したものであり、確証はない。聖徳太子の時代に書かれたとされ、実際には平安前期に成立されたと推測される『先代旧事本紀』には、まったく異なる冠位名と序列が示されている。[4]

冠位に応じた色彩も不明であるが、その形状も定かではない。一般に知られる『聖徳太子像』（唐本御影）は、白鳳時代の服制による武官姿であり、聖徳太子の時代のものではない。太子の死後まもなくに製作された『天寿国繡帳《てんじゅこくしゅうちょう》』にある人物像が、当時の服装をたどるわずかな史料である。

【大化改新と壬申の乱】

いわゆる「大化改新」（645年）を経て、天智天皇の時代になると、冠位は十三階に増えて複雑化した。その区別は、冠の材質と衣服の色によるもので、[5]最上位は藤原鎌足に与えられた「大織冠《たいしょくかん》」、その衣服の色は「深紫《こきむらさき》」とされた。当時の服装の実相は、まだ明確ではない。

壬申の乱（672年）の後、天武天皇の時代に、男女ともに髪を結い、「漆紗冠《しっしゃかん》」と呼ばれる黒一色の冠に統一されて、[6]位階は六十階（皇族十二階・臣下四十八階）にも増加する。衣服の色彩は上位から「朱華《はねず》・深紫・浅紫・深緑・浅緑・深蒲萄《こきえび》・浅蒲萄」の順となった。[7]さらに天武天皇の死後に即位した持統天皇は、衣服の色

後　　　前

天武天皇時代の朝服　　（風俗博物館蔵）

彩を「黒紫・赤紫・緋《あけ》・深緑・浅緑・深縹《こきはなだ》・浅縹」の順に改めた。[8]

当時の装束の形状は不明な点も多い。聖徳太子の時代の『天寿国繍帳』に見られる衣服が、高松塚古墳壁画に描かれる衣服の形状に、いつ、どのような経緯で変化したのかは、よくわかっていない。

【律令国家へ】

大宝元（701）年、『大宝律令』が定められ、ここにおいて服制は、いよいよ明確となって国家の法制度に組み入れられることとなる。[9] はやくも大宝元年に官名位号の変更が行われ、衣服の色彩は「黒紫・赤紫・深緋・浅緋・深緑・浅緑・深縹・浅縹」の順となり、賜冠の制度は廃止。全員が「漆冠」をかぶり、袴は白で統一された。ここにおいて、聖徳太子以来の「冠位」制度が「官位」制度に移行したのである。[10] 翌大宝二年、元日の儀式において、参列者は新制度による礼服《らいふく》・朝服《ちょうふく》を着用した。[11]

奈良時代

710年、平城遷都。律令は法律として国内に浸透し、その中の「衣服令《いふくりょう》」によって、服制が確立される。この律令の定めは、形を変えながらも、原則として明治まで効力を持っていた。『大宝令』の改定版、『養老令』（718年）の解説書により、その内容をうかがい知ることができる。当時の服制は、完全に唐を模倣したものであった。

【男子の服制】

官服は大きく三種に分類される。[1]

礼服《らいふく》

正月の朝賀《ちょうが》と天皇即位の大礼に、皇族や五位以上の官吏が着用する唐風《からぶり》の装束である。笏《しゃく》に象牙を用いるなど日本では入手困難な材料もあったため、平安初期には、即位の大礼にのみ用いられるだけとなる。江戸末期の孝明天皇の即位まで用いられた。

朝服《ちょうふく》

官吏の勤務服で、これがやがて「束帯」に変容する。文官は脇を縫った「縫腋《ほうえき》」袍《ほう》、武官は活動しやすいように脇を縫わない「闕腋《けってき》」袍を用いた。「頭巾《ときん》」（冠）は黒、五位以上は有文《ゆうもん》の「羅《ら》」、六位以下は無文《むもん》の「縵《かとり》」で作られた。

制服《せいふく》

無位無官の庶民が朝廷の公事に従事する際に着用する、朝服に似た衣服で、色は黄色。

宮中勤務服である「朝服」は、源流である西アジアの「胡服」を彷彿とさせる形状で、のちの束帯などと比較すると袖幅も細く、現代の洋服のように活動的であった。伝『聖徳太子像』などから、その姿をしのぶことができる。

【女子の服制】

律令の朝廷では女子も公的な役割を担うことになり、女子皇族だけでなく女官や庶民の服制も明確に定められた。[2] 唐の風俗をそのまま持ち込んだもので、特に礼服は、華やかな宝飾品で飾られていた。その詳細は不明であるが、唐の絵画や女神像などから推測できる。

衣服の色彩は男子の「位当色《くらいとうじき》」（位階による色彩区分）と同じ定めであったが、「少しなら紫や赤を使っても良い」という配慮があったり、「夫の当色、父の当色未満は認める」という、ファッションを好む女性向けらしい規定もあった。

【左前から右前へ、把笏《はしゃく》の制始まる】

養老三（719）年、日本の服制において画期的な出来事があった。それが「右襟」と「把笏」の導入である。[3] 前年に帰国した遣唐使たちは、翌年正月、唐から授けられた衣服で拝賀をした。[4] その唐では、国周辺の「夷狄」の衣服が左襟だったのを嫌い、[5] あえて右襟に改めていたのである。朝廷は、当時の世界最高スタンダードであった唐の服制に関する情報を入手して、あわてて服制を改めたのであろう。

それまでの日本民族は基本的に左襟（左前）の打ち合わせで衣服を着ていた。そのことは埴《はに》輪《わ》や高松塚古墳壁画などから確認できる。その左襟がこのときに右襟（右前）に改められ、今日に至るのである。

また、装束姿ではつきもののように思われる「笏《しゃく》」という手板を持つ風習も、同じくこのときに導入された。当初は「職事主典」（四等官すなわちライン の管理職）しか持つことが許されなかったが、笏を持つことが現任官人のシンボルとなり、同年六月をかわきりに、多くの実務官人たちにも把笏の範囲が広げられた。[6]

【正倉院御物《しょうそういんぎょぶつ》】

飛鳥・白鳳時代、そして平安時代の衣服現物史料がまったく残っていないのに対して、奈良時代の史料は正倉院御物という形で、今日にまでその姿を伝えている。平安時代以降、「礼冠《らいかん》」などさまざまな文物を再現するに際して、正倉院御物が参考にされた。[7]

大仏開眼会で聖武天皇・光明皇后らが着用したとされる「礼服御冠《おんかんむり》残欠《ざんけつ》」や「紺玉帯《こうぎょくのおび》」「大歌緑綾袍《おおうたみどりあやのほう》」「香染絁袍《こうぞめあしぎぬのほう》」、履き物「繍線《ぬいのせん》鞋《がい》」など、数多くの実物史料が残っているのは、まさに「世界遺産」といえよう。

後　　前

奈良時代の六位武官朝服《ちょうふく》　（風俗博物館蔵）

平安時代（初期～中期）

　延暦十三（794）年、桓武天皇は平安京に遷都。約四百年間にも及ぶ平安時代の幕開けである。平安時代はその名のとおり、比較的平和で安定した時期で、この長い間、国法による死刑が一度も執行されなかったという、世界史的にも奇跡のような時代であった。平和と文芸が好まれた雅やかなこの時代に、装束文化は大きく花開くことになる。

　西暦紀元の区分がおおむね装束発展史の区分になる。

九世紀　794年　平安遷都
〈律令国家〉唐風全盛時代

十世紀　894年　遣唐使廃止
〈律令政治乱れる〉国風文化興隆期

十一世紀　1000年　藤原彰子が中宮に
〈摂関政治〉国風文化全盛の装束頂点期

十二世紀　1102年　白河法皇が関白藤原忠実の職権を停止
〈院政〉強装束《こわしょうぞく》の創案に見られる転換期
1192年　源頼朝が征夷大将軍になる
〈平安時代の終焉〉

【唐風《からぶり》全盛の時代（九世紀）〈律令国家〉】

　平安京を開いた桓武天皇の次々代の天皇が嵯峨天皇である。嵯峨天皇は日本のさまざまな文物を唐風に改めることに熱心で、土下座を廃止するなど礼法の変更、宮中の諸門名を改める（たとえば「大伴門」を「応天門」に改称）などの諸改革を行った。[1] 衣服についても大同元（806）年に、「唐にはない制度なので見られたら恥ずかしい」という理由で、六位以下の位当色《くらいとうじき》の「深・浅」の区別を廃止し、「深緑《こきみどり》・深縹《こきはなだ》」にまとめている。[2]

　またこの時代に、それまで明確に定められていなかった天皇の当色が「黄櫨染《こうろぜん》」に定められた。[3] これも唐皇帝の服色「赭黄《しゃこう》」を真似たものと思われる。

　そうした一方で、農作物の不作などに配慮した贅沢禁止の一環として「礼服《らいふく》」が原則廃止になり、公卿以上が即位礼のときにのみ用いるものとされた。[4] このことは、重要な儀式にも「朝《ちょう》服《ふく》」が用いられることにつながり、朝服にも実用本位だけではない、外見の優美さが求められるようになる。それまで細身のシルエットで活動的だった朝服は、次第に幅広で袖丈も長く、豪華なものに変化してゆく。こうした流れを受けて、袖丈の規制が定められるようにもなった。[5]

【国風文化《くにぶりのぶんか》興隆の時代（十世紀）】

　寛平六（894）年、遣唐大使に決まった菅原道真が『請令諸公卿議定遣唐使進止状』[6]を提出したことで遣唐使派遣は中止され、その後再開されることはなかった。その主な理由は、唐国の疲弊、道中の危険などもあるが、民間交易が盛んになり、唐の文物輸入を国家が行う必要性が低下したから、ということであろう。つまり遣唐使廃止によって、日本が鎖国状態になったのではなく、むしろ往来が盛んになったから廃止されたと考えるべきである。ひるがえって見れば、日本文化が、唐のそれに比肩しうるものになった自信の表れ、ともいえよう。

　ともあれ、こうしたことにより日本の文化は、日本の気候風土や精神生活に合致したものに変化してゆき、いわゆる「国風文化」が生まれた。

　天皇や官吏たちが政治を行う朝廷の中心も、唐風の極彩色に彩られた「朝堂院」から、内裏にある寝殿造りの「紫宸殿」へ、さらには天皇のプライベートハウスである「清涼殿」へと移行してゆく。朝堂院においては、建物の中でも靴を履き、立ったまま儀式を行い、椅子に座る「立礼《りゅうれい》」が行われていたが、寝殿造りの建物では、靴を脱いで殿上に昇り、じかに床に座る「座礼」となる。こうした住環境の変化は、衣生活にも大きな変容をもたらすことになった。

　それまでの唐風の「朝服」では座礼での挙措動作が窮屈になり、ゆったりとした形に変化し

後

前

平安初期の文官朝服《ちょうふく》

後

前

平安初期の女官朝服

（風俗博物館蔵）

て生まれたのが「束帯《そくたい》」である。また唐風の「乙姫様」のような女子装束が、国風のいわゆる「十二単《じゅうにひとえ》」に変化したのもこの時代とされるが、その正確な時期や動機は不明である。延喜元（901）年に『日本三代実録』が編纂されて以降、正史は編纂されず、公家日記が盛んになる950年代までが、文献記録空白期なのである。

【平安時代・国風文化全盛の装束頂点期（十一世紀）〈摂関政治〉】

長保二（1000）年二月、藤原彰子が中宮に冊立され、藤原道長の栄華が花ひらく。のちに道長が「この世をば我が世とぞ思う」と栄耀栄華を誇った、雅やかな王朝文化の時代である。装束についても絶頂期といえる最高の洗練を見せた。後世、「有職故実の基準」として仰がれたのは朝廷儀式と公家文化が絢爛と咲き誇った、この時代の文物・風俗・習慣なのである。

摂関政治は血族のつながりを前提としているので、朝廷の要職を占めた藤原氏一族による政治上の会議が、親戚同士の寄り合いのような「なれあい」の雰囲気に変化したのは当然の流れであった。政治上の会議の場は、清涼殿の「殿上の間」や「近衛の陣」になる。「殿上の間」への昇殿を許されて天皇に勤仕する四位、五位の人々は「殿上人」と呼ばれ、昇殿を許されない「地下《じげ》」の身分とは厳格に区別されるようになった。律令に基づく位階とは別に、天皇との個人的親疎による序列が生まれ、そちらが優先されるようになったのである。

こうした公私のけじめのない朝廷運営が、夜の装束「宿直衣《とのいぎぬ》」を生み出す。束帯で用いられる窮屈な石帯《せきたい》や下襲《したがさね》を着けず、袴《はかま》をゆったりとした指貫《さしぬき》に替えた「衣冠《いかん》」の誕生である。

【位当色《くらいとうじき》の混乱】

令制に定められた位当色であったが、この時代に大きな変化が見られる。藤原実資の『小右記』によれば、三位の袍《ほう》と四位の袍が同じ「中《なか》紫《むらさき》」になっている。[7] もともと四位の「深緋《こきあけ》」の染料には紫が入っていたので、[8] 紫を規定よりも次第に増やしていった結果、三位の色と同様になってしまったのであろう。律令体制のゆるみは、このようなところにも表れていた。

また、七位以下の叙位が珍しくなり、この時代には六位以下の当色が、すべてブルー（名称上は「緑」と呼ばれた）になってしまっている。

【「過差停止」（奢侈禁止）令】

栄耀栄華を極めた藤原道長は、一方で朝廷の責任者でもあり、国家財政力の低下を危惧せざるを得ない、二律背反の立場にあった。衣類に関しての贅沢禁止令を幾度も出している。長保三（1001）年に袖口の丈を広くし過ぎないように禁令を出し、[9] 道長晩年の万寿二（1025）年には、娘である三條天皇中宮・妍子主催の贅

朝堂院を模した平安神宮

京都御所清涼殿

沢な「大饗《だいきょう》」において、「袿《うちぎ》」を二十枚も重ねた女房たちを見て、兄・頼通は父・道長のとがめを恐れている。[10] その後、袿は五枚重ねまでとされ、今に伝わる「五衣《いつつぎぬ》」が誕生した。

また、冠についても「巾子《こじ》」（冠の突起部分で、ここに髻《もとどり》を収納する）が高過ぎることを華美だとして禁止している。[11]

【浄土信仰の浸透】

平安中期までの仏教は密教中心であり、それは厳しい行法を用いて現世利益を願うものであった。ところがこの頃から浄土信仰が普及し、日常生活にも浸透してくるようになる。これは当時世間の人々をパニックに陥れていた「末法思想」の影響であり、永承七（１０５２）年、釈迦の仏法が行われなくなる暗黒時代「末法の世」に突入すると考えられていた。[12]

現世をあきらめて来世の極楽往生を願う心が、密教の厳しさよりも豊かさ、優しさを求めるようになり、衣服も円満な曲線の美、ゆるやかなフォルムのものを好むようになる。袖丈や身幅はさらにゆったりとしたものに変化し、それにより今日の装束に一歩近づくことになった。とはいえ、さまざまな面でまだ唐の朝服の影響が色濃く残っていたことは、当時の神像などから見てとれる。平安中期の装束は、今日見るものと、相当イメージが違うものであったことは間違いないであろう。

【年中行事と有職故実《ゆうそくこじつ》】

比較的平和で政治的に安定していたこの時代、政治は前例踏襲主義となり、定められた年中行事を間違いなく遂行してゆくことが、朝廷のメイン業務のようになった。装束は一見して間違いが明らかになるものであるし、各自の美意識の表現でもあったので、年中行事ごと、状況に合わせた装束着用の細かいしきたりが生み出され、それを子孫に伝えようと日記に書き残すことが盛んになった。後世、特に尊重された『吏部王記』（重明親王）をはじめ、『西宮記』（源高明）、『北山抄』（藤原公任）などが、当時の装束を知る上で貴重な文献となっている。藤原摂関家の二つの派閥それぞれも『九條年中行事』（藤原師輔）、『小野宮年中行事』（藤原実資）と呼ばれる儀式書を残している。公家の大切な仕事の一つが、日記を書くことだったのである。こうして「有職故実[13]」が誕生した。

【女房装束の発展】

世界最古の長編小説ともいわれる『源氏物語』を著した紫式部。現代女性のように伸びやかな表現と高い意識に満ちた『枕草子』の清少納言。西暦１０００年前後という古い時代に、これほど女性が輝いていたのは、世界の中でも日本だけのことであろう。外戚政治を背景に、各公卿は自分の娘の美と教養を競い合った。その姫君の家庭教師や世話係として活躍したのが、彼女たち「女房」である。女性が生き生きと活躍したこの時代、そのファッションも大きく花開いた。

一般的に「十二単《じゅうにひとえ》」と呼ばれる、男性の束帯に相当する正装「女房装束」裳唐衣《もからぎぬ》（姿）は、摂関期に生まれたと考えられている。正装か否か区分するポイントは、女子装束の場合は「唐衣」と「裳」の有無である。「唐衣」はその名前のとおり、唐風《からぶり》の丈の短い上着で、「衣服令」や『延喜式[14]』に「背子《せこ》」として規定されているものが変容したものであろう。[15] これは主人の前に出るときには欠かせない「女房装束」を代表する衣類であった。[16]

「裳」は、古代にはロングスカートのように下半身すべてを覆っていたものが、歩行の便のため前の膝下部分が切り除かれ、さらに前が開いてゆき、次第に後ろを曳くだけになったものとされる。その名残として、この時代までの裳の上部左右には「頒幅《あがちの》」と呼ばれる短い生地が付けられている。裳も、唐衣同様に主人の前に出るときの必須アイテムであったようだ。[17]

しかし、こうした平安中期の女房装束が、実際にどういう形状のものであったのかは、実物史料はおろか、絵画史料も存在していないため、実相は不明というしかない。

【雅《みやび》な美意識】

国風文化《くにぶりのぶんか》がしっかりと根付いたこの時代、

大陸的ではない、日本ならではの美意識へと変化が見られる。それは上品で洗練された、自然との調和を大切にした美しさであり、晴《はれ》の日に冠に飾り付ける「挿頭花《かざし》」と呼ばれる季節の花の選び方や、「重ね色目《いろめ》」の優美さなどに代表されるものである。

四季折々の植物などの名称を、衣類の裏表や、「十二単《じゅうにひとえ》」の袿《うちぎ》の重なり、グラデーションなどに当てはめて名称を定めた「重ね色目」は、その絶妙なネーミングセンスが今日まで尊重されている。後世の、ただ絢爛豪華であれば美しいとする考え方とは違う、自然との一体感、上品さ・可愛らしさを大切にする心。つつましやかで押しつけがましくない「雅」な心[18]が、この時代の美意識なのである。

平安中期の女房装束
（風俗博物館蔵）

院政の時代（平安後期）

藤原道長の子、頼通の娘が皇子を産まなかったことから摂関政治は衰えを見せ、天皇を退位した上皇（太上天皇）による院政の時代が始まる。まず禎子内親王を生母に持つ後三条天皇が、荘園整理令を出す、升の統一を図るなど、「延久の善政」と呼ばれる[1]一連の施策で摂関家の力を排除し、律令国家への回帰を図った。

その後三条天皇の第一皇子が白河天皇である。退位し上皇となった後、摂関家内部の混乱などを背景に、徐々に権力基盤を固め、ついには専制君主「治天の君」として、天皇も律令体制も無視した政治を強力に推し進めることになった。その死後、同じように権勢を誇ったのが鳥羽上皇、そしてその子、後白河上皇へと強大な権力は引き継がれるのである。

【強装束《こわしょうぞく》の誕生】

しきたりや規則にしばられた宮中と違い、上皇の御所（院）には多くの自由があり、それまでの制度や慣習を気にすることなく、新しい行動が許容された。装束においても新しいアイデアやセンスが開花することになる。特に鳥羽上皇の時代に「強装束《こわしょうぞく》」（剛装束とも）が登場。

このスタイルを創案したのは、後三条天皇の孫・源有仁《みなもとのありひと》である。「光源氏とはこういう人か」と形容された容姿端麗・才能豊かな彼は、ファッションにも関心が高かった。[2]

「強装束」は角張ったシルエットを維持するために、厚い生地に糊を利かせたので、ごわごわとして着にくく、さらに肩当《かたあて》・腰当《こしあて》まで用いたため、[3]これを美しく威儀を整える、特殊な着付け技術が必要となった。こうして後に「衣《え》紋《もん》道《どう》」と呼ばれる、専門の着装技術体系が生まれてくる。そのため源有仁は後世、「衣紋道の祖」と呼ばれることとなる。

強装束の高倉天皇『天子摂関御影』より

【装束の下克上】

自由な気風のあった上皇の御所では、装束の簡略化も目立った。院政では摂関家出身ではない中級貴族が重用されたこともあり、中級者の日常着であった「狩衣《かりぎぬ》」の公服化も進んだ。「前代の平服が次代の礼服」という、古今東西を通じて見られる「装束の下克上」現象である。

麻製なので「布衣《ほい》」とも呼ばれた狩衣は、その名のとおり、鷹狩で用いる衣服であったが、中・下級貴族が日常着として用いるようになった。その変化の中で地質が麻から絹に変わるなど高級化もなされたが、天皇の御所「内裏」に着ていくことは許されない装束であった。それが上皇の御所では認められたのである。[4]ただしこれは、上皇本人が初めて狩衣を着用する「布《ほう》衣始《いはじめ》」という儀式の後に限るとされた。こうして狩衣が公服化するに従い、豪華な織物で作られるようになってゆく。

また、この頃から男女ともに下着（肌着）として白い小袖《こそで》（袖口が小さい着物）を着るようになった。[5]

【絵巻物】

風流《ふりゅう》と文芸を愛好した後白河法皇は、絵巻物の制作を好み、この時代に今に伝わる『源氏物語絵巻』や『伴大納言絵詞』『年中行事絵巻』など多数の絵巻物が描かれた。これにより平安時代の装束姿が初めて画像として残されたのである。特に『年中行事絵巻』は天皇から庶民に至る、あらゆる階層の男女が生き生きと描写され、当時の風俗を知る上で非常に貴重である。

ただ、『源氏物語』が成立（1008年頃）してからすでに二百年近く経過した後であり、応天門の変（866年）からは三百年以上経っている。そのため、絵師が「むかし風」に描いたとしても、平安前期・中期の装束を、これらの絵巻から完全に読み取ることは不可能である。

【源雅亮《みなもとのまさすけ》】

装束の歴史を見る中で、この時代で一番の著名人は源雅亮であろう。彼が著した『満佐須計《まさすけ》装束抄』（仮名《かな》装束抄とも）は、装束に関する事項をメインとした初めての書物である。後世の有職故実研究の際に、その内容は引用に引用を重ねられて今日まで伝わっており、現代でも「女房装束重ね色目」などの原史料として、第一に参考とされる貴重な文献である。

源雅亮は下級貴族で、装束師としてスタートしたのは、左大臣藤原頼長の家人として働いた時代である。当代一のインテリであった頼長の下、装束に関して誰よりも知識が豊富であった雅亮は大いに重用され、装束や調度関係の実務を担当した。保元・平治の乱をくぐり抜けて徳大寺家に仕え、その知識と美的センスを十二分に発揮して活躍する。官職としては大舎人助《おおとねりのすけ》から太皇太后宮大進《たいこうたいごうぐうたいじょう》、伊賀守などを歴任した。

『満佐須計装束抄』を読むと、TPOに合わせた柔軟性が伝わってくる。「こう決まっているが場合によっての変更はあり」「体格が違えば着付けも違う」「いろいろあっても秘訣はこれだけ」というような、具体的でわかりやすい表現は、実務担当者であった雅亮ならではのものである。装束が日常生活に密着していたこの時代、あまり細かく規則めいたことを言わずに、現実的・弾力的な取り扱いがなされていたことがわかる。

【雅《みやび》から風流《ふりゅう》へ】

院政のもたらした、自由闊達で新しいものを好む嗜好が、美的価値観にも大きな影響を与えた。それまでの「さりげなさ」を大切にする

襖袴《おうばかま》に「風流《ふりゅう》」を付けた随身《ずいじん》
『北野天神縁起絵巻』より

垂頸《たりくび》に着た水干《すいかん》
『法然上人絵伝』より

「雅」から、「風流」への転換である。当時の「風流」という言葉は、現代用いられる意味とは異なり、「派手な自己主張を前面に押し出した演出」という意味で使用されていた単語である。[6] 貴族たちは見かけのゴージャスさを競い合い、それはサイケデリックにさえ発展した。

十二単《じゅうにひとえ》の重ねの枚数も増え、[7] 平安末期の裳《も》には玉《ぎょく》が付けられていたり、唐衣《からぎぬ》には、今では形状も不明な「紐」が付けられていた。[8] さらに奇抜なことに、その名も「風流《ふりゅう》」と呼ばれる造花を付けたり、金箔で飾り立ててもいた。[9]

男子の装束にも「風流」飾りを付け、豪華な刺繍を施すことが流行し、特に随身《ずいじん》などの下級武官や童《わらわ》たちが競って身を飾った。[10] こうしたゴージャスさを競う風潮に対しては、たびたび禁止令も出されている。[11]

【武家の装束】

摂関家が凋落し、公家に勢いがなくなってくるのと反比例して、勢力を増大させたのが清和源氏や桓武平氏などの武家である。後三年の役で勇名を馳せる源義家は、白河上皇の苦手とした延暦寺の「山法師」を鎮めるなど実力を発揮し、承徳二（１０９８）年には院の昇殿を許されるまでに至った。義家はまた、源有仁の父である輔仁親王とも密接な関係にあった。この時代の武家は「武力を持った下級公家」といった立場の存在で、「滝口武者」として宮中に出仕したり、院に仕える「北面の武士」、あるいは摂関家など上級公卿に家来（青侍《あおざむらい》）として仕えていたのである。

武家はその後、天皇家・摂関家の親族間の権力闘争に実力部隊として関与するようになり、保元の乱（１１５６年）・平治の乱（１１５９年）を経て平氏が権力を握るに至ると、旧来の公家たちを凌ぐ勢いを得て、武力がものをいう次の時代を切り開いてゆく。

武家は身分的に劣り、地方では朝廷の規制外で活動的に生活していた。日常生活においては自由を楽しみ、衣類ではオフタイムには簡便な「直垂《ひたたれ》」が愛用され、仕事中は「水干《すいかん》」を着用した。地方出身の武士たちは、都では「風流」を好み、鮮やかな色の裏地を付け、華麗な綾織《あやおり》物《もの》や錦を多用した。平家の福原遷都の頃から、上流貴族階級を含めて直垂が日常着化してゆく。[12] また風流・異形の装束としては、男装の麗人である「白拍子《しらびょうし》」たちが中性的な独特の装束を着用し、こうした倒錯の美も愛好される時代となった。[13]

坂東武者に端を発する平氏は、中央政界に取り入る過程で公家文化に吸収され、その装束は公家のものとなる。平家一門が厳島神社に奉納した『平家納経』には公達の華麗な装束姿が描かれ、彼らが公家文化の中に浸かって生活していたことを物語っている。武家がファッション界をリードする時代は、もう少し後のことになる。

鎌倉時代

鎌倉に幕府を置いた武家政権は、「官軍」を破った承久三（1221）年以降、全国的な政治権力を持つようになった。しかし鎌倉の武家は平家のような華美には走らず、以前と同じように水干《すいかん》や直垂《ひたたれ》といった、質素な衣服を着用していた。ただ、平安時代末の「風流《ふりゅう》」を愛好する風潮も発展し、水干の生地にも豪華な織物を用いるようになり、やがて水干は礼服に昇格して直垂が平服となった。

【水干《すいかん》と直垂《ひたたれ》】

水干と直垂の使い分けについては、特に明文化された規則はなかったが、それまでの慣例に従って、独立した武士は水干、その郎従は直垂、というランク付けがなされていた。水干と直垂の外見上の融合も起きている。水干は元来、狩衣《かりぎぬ》とほぼ同じような「盤領《まるえり》」スタイルの「上頸《あげくび》」で着る衣服であったが、武家は首回りの窮屈さを嫌って、襟元の首紙《くびかみ》を内側に押し入れてVネックにして着る「垂頸《たりくび》」スタイルが一般的となった。直垂も豪華化の傾向が強まり、水干のような菊綴《きくとじ》を付け、垂頸水干の紐結びに似た、装飾的な胸紐を付けるようになるなど、直垂の水干化も進んだ。

公家が直垂を着用することも日常的に行われるようになったが、[1]一方で武士が都で過ごす折は、狩衣がもっぱら用いられた。公家と武家の装束的融合である。こうした動きに危機感を持った朝廷は禁令を出したが、[2]逆にいえばそれほど一般化していたのであろう。また、合戦などの活動時にだけ用いていた折烏帽子《おりえぼし》[3]が常態化し、直垂と折烏帽子のセットが鎌倉武士の装束としてポピュラーになった。

こうして水干はステータスが上昇し、トップクラスの武士の日常装束という扱いになり、水干と袴を同じ生地で仕立てた「水干上下《かみしも》」[4]、袖やのぼり（衽《おくみ》）の部分を別生地で縫製した風流なタイプなど、[5]さまざまなバリエーションが誕生する。水干や直垂に主家の家紋を飾ることもこの時代から行われるようになった。[6]

また平安末期に生まれた「小袴《こばかま》」が活躍するのもこの時代からである。[7]日本の袴は天武天皇の時代から長袴《ながばかま》が原則で、必要に応じて脚に括って履いていた。それを簡便にするため、足首の丈で切ってしまったのが「小袴」であり、「半袴《はんばかま》」とも呼ばれた。

【小袖の表着化と女子袴の衰退】

女性の装束では、それまで肌着であった小袖がアウター化するのもこの時代のことである。人目に触れるものになり、筒袖のように細かった袖が徐々に大型化し、それまで白無地であったものがカラフルで華やかな染め物で仕立てられるようになった。

一方、古代から連綿と受け継がれてきた女性の袴は、簡略化の時代になって急速に衰退してゆく。長袴は活動的でないために短くした小袴（切袴《きりばかま》）となり、[8]やがて巻きスカートのような「裳袴《もばかま》」を下半身に巻き付けるだけで、袴を省略してしまうようになる。裳袴はもともとは下仕えの女子が着用していたものであったが、[9]小袖の豪華化が進むのと同時進行で、上流階級の女子も用いるようになった。また本来は入浴時、もしくは入浴介助の姿であった「湯巻《ゆまき》」が、宮中はじめ公家社会で用いられるようになった[10]が、裳袴と湯巻の実相は絵巻物などで類推するばかりである。

【公家の衰退と簡便化】

徐々に荘園を失い、経済的な没落が始まった公家たちは、豪華な装束を誂えることが次第に困難になった。束帯《そくたい》は重儀のみで用いられる装束となり、正月行事も含めて通常は衣冠《いかん》が当たり前になる。[11]「世が落ち着いてきたので束帯を着る」という記録も残っている。[12]

社会全体の簡便化の流れとも相まって、日常着として「小直衣《このうし》」（狩衣直衣）が多用され始めた。[13]小直衣は文献上、平安末期から登場しているが、着用が容易で狩衣よりも威厳がある装束として、上級貴族たちが愛用するようになった。[14]

公家文化と朝廷の儀式が衰退するのに反比例して、有職故実《ゆうそくこじつ》の研究が盛んになってくるのもこの時代である。公家たちの、アイデンティティ崩壊への危惧・焦りが、公家社会の故実を調べ、記録として書き残そうという気持ちを生み出したのであろう。そのためこの時代以降、公家たちによる装束関連著作が多く生み出された。『次将装束抄』（藤原定家）、『餝抄《かざり》』（中院通方）、『後照念院殿装束抄』（鷹司冬平）などの貴重な文献は、鎌倉時代に著されたものである。

室町時代

足利尊氏が京に幕府を置いたことにより、室町時代には、鎌倉武士の質実剛健さと、伝統的な公家文化とが溶け合った、新しい文化が生まれることになる。

【工夫と簡略化】

三代将軍・義満は征夷大将軍と太政大臣を歴任して公家・武家両方のトップを極め、その両者を融合させた文化を築いた。また義満は絶対権力者として、前例にとらわれずに装束を着用したため[1]、この時期に新しい故実が次々と生まれることとなった。公家の小直衣《このうし》の着用はさらに進み[2]、水干《すいかん》の常用化も同様である[3]。また義満は本来武家であったので、直垂《ひたたれ》も一気にステータスが向上した[4]。

公家や高位の武家は、参内に際しては依然として衣冠《いかん》姿であったが、簡略化の波は衣冠にも及び、ただ「衣冠」と言った場合は、下に着る「単《ひとえ》」を省略して小袖《こそで》と指貫《さしぬき》の上に袍《ほう》を着るだけのスタイルが定着する。単を着たときは、わざわざ「衣冠襲《いかんがさね》」などと呼び、晴《はれ》の装いとして束帯《そくたい》に準じた扱いをされるようになった[5]。

その単にも簡略化が図られ、麻製の「汗取《あせとり》」の袖だけに単の生地を付けた「袖単《そでひとえ》」、さらには下襲《したがさね》の生地も付けた「大帷《おおかたびら》」が普通に用いられるようになる[6]。正月の重要な行事でも、冬袍・夏袍着用者が入り交じっていた記録もある[7]など、簡略化と装束の下克上の勢いはとどまるところを知らなかった。

【衣紋道《えもんどう》の隆盛】

平安後期の源有仁に端を発した装束（特に束帯）の着付け技術体系は、鎌倉時代に「衣紋《えもん》」と呼ばれる形に整理統合され、室町時代には「衣紋道」として開花する。その主役はともに藤原氏の公家である山科《やましな》家と高倉家の人々であった。彼らは儀式運営の担い手として、朝廷と幕府両方から厚い信頼を得て、装束に関する多くの局面を取り仕切ることになる。装束調進の長官「内蔵頭《くらのかみ》」を務めた山科家は特に装束の調進（製作）について、高倉家は着付けについてを専門分野として活躍した。

高倉家は、十九代・永行のときに室町幕府との良好な関係を確立する。応永二（1395）年六月、足利義満の出家に際して僧服の着付けに尽力し、そのときの内容をまとめた『法体装束抄』（1396年）を著している[8]。こうして院中（上皇御所）だけでなく幕府・武家との関係を深めた高倉永行は「高倉家中興の祖」と呼ばれた。数と財力を持つ武家との結びつきは江戸時代まで続き、高倉家の名声を高めることとなる。

この時代の高倉家の人々は著作を残すことに熱心で、『撰塵装束抄』『連阿口伝抄』（高倉永綱）、『装束雑事抄』（高倉永行）などは特に貴重な文献である。

【応仁の乱と装束文化の途絶】

応仁元（1467）年、幕府内の勢力争いによって応仁の乱が勃発し、十年間にも及ぶ戦乱で、京は街も文化も壊滅的な打撃を受けることになった。「大舎人座《おおとねりざ》」という同業組合を組織し、装束に関する染織産業が集中していた地域（現在の京都市上京区上長者町周辺）も戦場となり、技術者たちは各地に避難。装束の生産は完全にストップしてしまった。乱が終息した後、大舎人座を復活させた彼らは、戦乱時に西軍の本陣があった大宮今出川付近で織物業を再開し、室町時代の末にはかつての繁栄を取り戻した。

しかし失われた十年の間に消滅した知識と技

術は数多く、たとえば冠に文《もん》を織り出す「文《もん》羅《ら》」の製法は途絶し、[9]冠の文は紗《しゃ》に簡単な刺繍を施すだけになってしまった。

乱を避けて地方に疎開したのは技術者だけではなく、公家たちも縁者を頼って全国各地に避難した。このことは公家文化を地方に伝播させる結果にもなったが、装束に関する知識の多くが混乱し、廃れてしまったのも事実である。失われたものは数知れず、応仁の乱で装束の伝統は一度途絶えた、とすらいえる結果となってしまった。

戦国・安土桃山時代

応仁の乱から後の百年余りは公家文化の空白期といえる。朝儀（朝廷の儀式）も「無足」、つまり費用が出せずに長い間途絶し、[1]多くの故実が失われ、雅楽の楽曲も忘れ去られてしまった。[2]こうして江戸時代中〜後期に「朝儀御再興」気運が高まるまでは、平安以来の有職故実《ゆうそくこじつ》からかけ離れた時代が続く。

戦国の風雲児・織田信長は尊皇の意志が強く、有職故実家である山科家とのつながりもあって朝廷儀式の復興に力を示した。続く豊臣秀吉・徳川家康も権力基盤を固める配慮から朝廷を尊ぶ姿勢を前面に打ち出して天皇即位の大礼に資金を投じるなど、さまざまな面で装束の復旧に力を注ぐことになる。しかし豪壮華麗な桃山文化当時の装束は古式とは異なり、能装束のような金襴生地で袍《ほう》を作るなど、非常に混乱したものであった。

江戸時代

徳川家康が江戸に開いた幕府は、日本に長期間の平和と安定をもたらした。初期の幕府は朝廷を経済的にバックアップすると同時に、その力と行動力を押さえるために『禁中並公家諸法度』を定め、装束のことにまで制限を加えた。[1]これは、おおむね律令以来の古式を踏襲した妥当なものであったが、天皇の装束として「小《こ》直衣《のうし》」を定めるなど、従来にない新しい規則もあった。これ以降、天皇の御小直衣姿が見られるようになる。

宮中では、応仁の乱以降の極端な経済的疲弊状態からは脱し、公家たちの衣冠《いかん》での参内も復旧している。初めて参内するときには束帯《そくたい》というルールもあった。[2]女官たちの装束も簡易的ではあったが貧しいものではなくなり、生地に綸《りん》子《ず》や緞《どん》子《す》など「唐物《からもの》」の多用が見られるところが時代を物語る。[3]

二代将軍・秀忠は元和六（1620）年、娘・和子を後水尾天皇の女御に立て、出産した興子内親王を明正天皇に立てて外祖父となるなど、朝廷への関与を強め、朝廷儀式・公事の旧儀復興に莫大な経費を投入した。三代将軍・家光もその路線を踏襲したが、その「復興」は後年「寛永有職」などと揶揄される誤解に満ちたものであった。応仁の乱のダメージはまだ強く残っていたのである。

【寛永有職】

寛永三（1626）年九月、大御所・秀忠と将軍・家光は、後水尾天皇を二条城に招く。天皇が二条亭（朝廷側の呼び方）に向かうパレード「二条亭行幸」は、幕府が莫大な経費を掛けた大変豪華なものとなった。古くから、特別なイベント当日に限って、規則を逸脱した装束が認められる「一日晴《いちにちばれ》」という風習があったが、この行幸はそれを適用して、唐織《からおり》や金襴を派手に使用する、有職故実に沿わないものであった。[4]しかし当時の故実家や神道家は、朝廷の復興を素直に喜んでいたようである。[5]

のちにこの時代の有職故実は故実に基づかないものといわれたが、一日晴の伝統は古いものであったし、有職故実が常に変容と創案の歴史であったことを考えれば、これもまた装束の歴史の一ページであり、江戸後期の学者も、そうした認識を持っていた。[6]

【「御再興」の気運】

元禄以降の平和な世が続くと、古典に親しむ余裕が生まれ、幕府や公家の中でも平安時代以来の古式に則った儀式典礼や装束を復活させようと研究する動きが始まる。

八代将軍・吉宗は、長く途絶えていた大嘗《だいじょう》祭《さい》を桜町天皇の代に復活させるなど朝儀公事「御再興」に努め、乱れた服制を有職故実《ゆうそくこじつ》に則った形に戻そうとした。権大納言・難波宗建は、日記にその内容を詳しく記し、公家たちの御再興に対する喜びを示している。たとえば、元日の四方拝における天皇の檜扇《ひおうぎ》や牙笏《げしゃく》の再興[7]や、朝餉《あさがれい》への天皇出御の再興[8]、天皇の着用する紅袴《くれないのはかま》を、生絹袴《すずしばかま》から小葵《こあおい》文様の張袴《はりばかま》に復旧[9]、半臂《はんぴ》の緒の復活[10]など、この時期の御再興は大規模かつ広範囲であった。

朝廷においては、光格天皇（在位1779～1817）の存在が大きい。吉宗同様に傍流から本家を継ぐ形になった光格天皇は、本家以上に祖宗の本質を大切にしようと、「天皇のあるべき姿」を模索し、儀式典礼や装束に関しても、さらに「御再興」を進めた[11]。光格天皇が譲位にあたり仙洞御所へ移る行幸を描いた『桜町殿行幸図』（国立公文書館蔵）は、当時の装束研究の頂点を目の当たりにできる貴重な史料である。

こうした御再興には、有職故実の研究成果が大きく役立てられた。『装束要領抄』『装束文鑑』『推談抄』『枕草子装束抄』など多くの著作を残した、農家出身の壺井義知《つぼいよしちか》（1657～1735）や、彼の弟子筋にあたる公家、野宮定基《ののみやさだもと》・滋《しげ》野井公麗《のいきんかず》などの有職故実研究は、後世に大きな影響を与えた。その次代の松岡辰方《まつおかときかた》（1764～1840）は『冠帽図絵』『装束織文図会』『女官装束織文図会』など多くの図鑑類を残し、本書を含め多くの書籍に引用されている。

御再興の最も大規模なものは、寛政二（1790）年の「寛政新造内裏」であろう。天明八（1788）年に焼失した内裏を再建するにあたり、光格天皇は平安時代の様式での再建を望み、幕府の力により実現した。その再興には、公家・裏松光世《うらまつみつよ》（1736～1804）の『大内裏図考証』によるところが大きい。新内裏への行幸の盛儀は、絵巻『寛政二年新造内裏遷幸御行列図幷行列書』（国立国会図書館蔵）で知ることができる。

【江戸時代の公家と装束】

江戸時代の公家の生活経済は豊かなものではなかった。一般に「禁裏十万石」と呼ばれるように、幕府は朝廷・公家社会に総額十万石を与え、まず天皇家が三万二十一石六斗を取り、残りを公家が分配した。摂家の一條家は家禄千五百石であるが、幕末に活躍する岩倉家は百五十石に過ぎず、御倉米三十石だけ支給されるような中・下級の公家たちは、伝統文化の家業やさまざまな副業で生活を維持していた。装束を満足に整えることは困難で、貸衣裳に頼るほかなく、京には「若喜」「鍵新」などの貸衣裳屋があった。黒袍《くろほう》・縹袍《はなだほう》装束一式を百疋《ぴき》、赤袍装束一式を二百疋で貸し付け、その他供奉《ぐぶ》の随身《ずいじん》装束まで一切をレンタルしていたという。[12]

この時代の公家装束で特徴的なのは、袍《ほう》や狩《かり》衣《ぎぬ》の襟（首紙《くびかみ》）が極端に低くなり、襟ぐりも大きくなって、下に着ている単や白小袖が襟から見えるようになったことと、玩具のように小型化した冠や烏帽子《えぼし》を頭に留めるために、懸緒《かけお》を使うようになったことである。また衣冠《いかん》装束での指貫《さしぬき》は簡略化されて、足首までの丈で裾《きょ》を切った「指袴《さしこ》」が多用されるようになった。

女房装束でも、宮中女官は非常に簡略化し、白小袖に紅の袴だけが通常服となり、袴の腰緒を肩に掛ける「大腰《おおごし》姿」という変わった着方をするようになった。江戸時代の十二単《じゅうにひとえ》の裳《も》は「懸帯《かけおび》」と呼ばれる大きな帯を肩から前に掛けて結び、裳を「背負う」ように着用する形式であったが、これは天保の御再興で平安時代の様式に近い形に復旧され、現在に至っている。髪型は、寛政年間に民間で流行した「灯籠鬢《とうろうびん》」[13]をデフォルメした「大垂髪《おすべらかし》」という大仰な形が考案された。

故実に則らない装束は、それまで数度の御再興で少しずつ改められてきたが、袍の大きな襟ぐり、懸緒の冠、女官の髪型「大垂髪」がそのまま残ったように、平安時代そのままには戻らなかった。今日目にする「装束」のほとんどが、

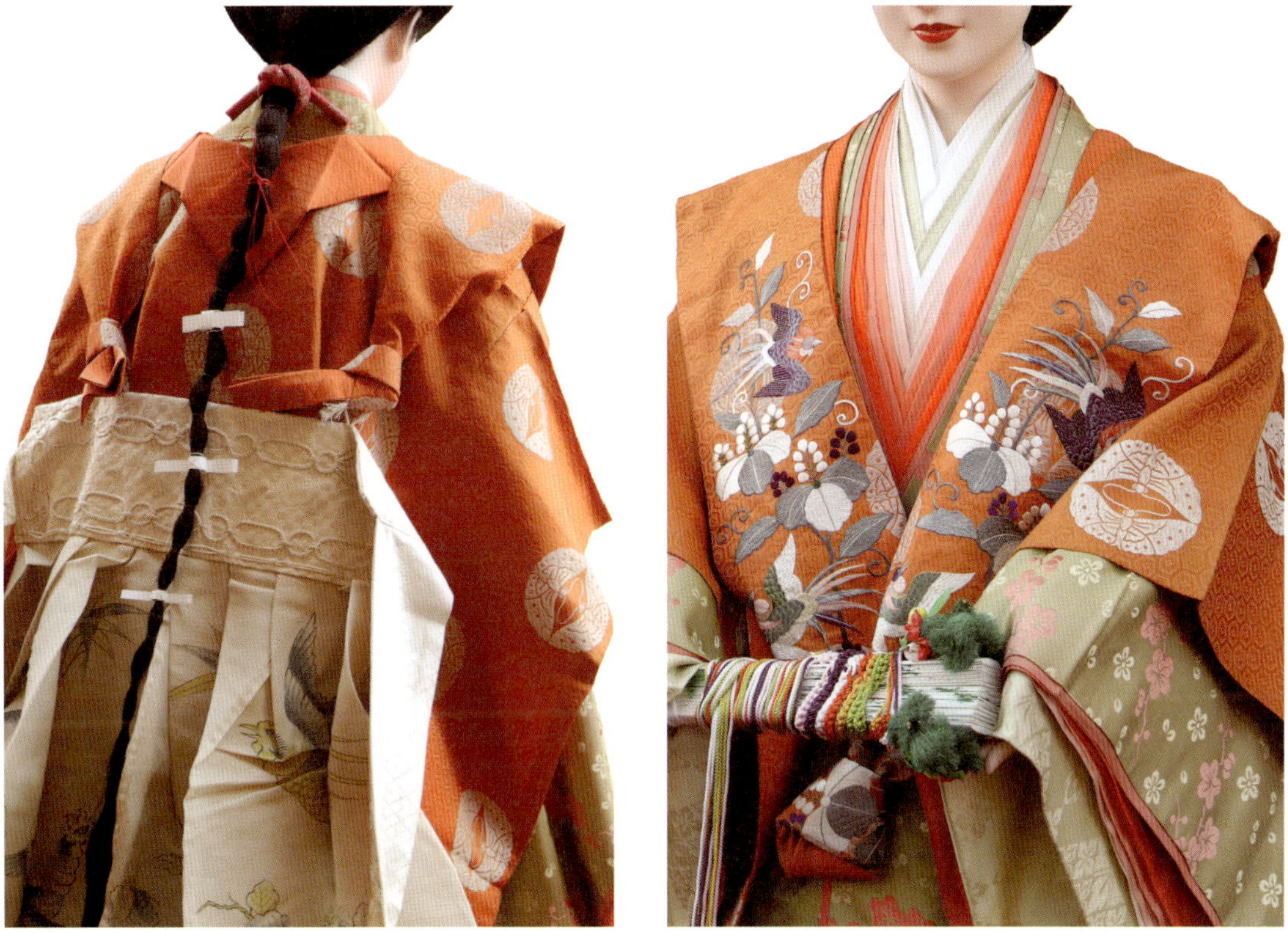

懸帯《かけおび》を付けた裳《も》（風俗博物館蔵）

掛衣《かけごろも》姿の女孺《にょじゅ》

掻取《かいどり》姿の公家の女性

大腰《おおごし》姿の宮中女官

『女官装束着用次第』より

このときに制定された形式が原型になっている。

明治時代

王政復古に伴い、当初は和風重視の風潮が見られた。明治天皇即位の大礼（1868年）に際し、岩倉具視の指示によって大宝律令以来の「礼服《らいふく》」でなく、「束帯《そくたい》」を用いたのもその表れである。当時は維新早々の混乱期で服制どころではなく、「冠以下官服類追々制度立てさせらるべく候得共、まずそれまでの処、従来のまゝ着用これあるべき旨、仰出され候事」との布令がなされ、当面は、衣冠《いかん》や直垂《ひたたれ》が公事の装束として用いられた。[1]

【官服としての装束の終焉】

明治政府にとって、近代化・西欧化は急務であった。明治四（1871）年に服制の大転換がやってくる。まず八月九日、官吏および華士族に対して「散髪、脱刀及び洋服、勝手たるべし」という断髪令が出され、同年九月四日に天皇自身の洋装化宣言が出されるに至った。[2]天皇の洋装化に続き、明治五（1872）年十一月十二日、官吏全員に対して礼装の洋装化が指令され、[3]装束は礼装としての役割を洋服（大礼服）に譲り、神事専用服へと変化することになった。こうして公服としての装束は、大宝律令から千二百年間の長い歴史を閉じることになったのである。なお、神事の祭服として衣冠が指定されたが、衣冠装束を持たない神官・神職も多かったため、翌年すぐに「狩衣《かりぎぬ》や直垂、浄衣《じょうえ》でも良い」と修正されている。[4]

【女子の洋装化】

女子の服装も大きな変化があった。江戸時代まで皇族・公家の婦女子が公の儀式に出て、公衆に顔を見せることはほとんどなかったが、明治になって積極的に公務交際を果たすようになり、外出の便を図るために袿袴《けいこ》装束を繰り上げた「袿袴道中着」姿も考案された。けれども明治二十（1887）年、宮中の女装を洋装化することが皇后から発表された。[5]

その後も宮中女官たちの日常では袿袴姿も残り、即位大礼などの重要な儀式では、十二単《じゅうにひとえ》「五衣唐衣裳《いつつぎぬからぎぬも》」装束も用いられたが、原則としてはフランス式のドレスが大礼服として扱われるようになったのである。

勅任文官大礼服
（風俗博物館蔵）

第二章

装束の種類

礼服《らいふく》

礼服の歴史

唐の服制を模倣した「礼服」は、大宝元（701）年に成立した『大宝律令』の「衣服令」により制定された。[1]大祀・大嘗祭《だいじょうさい》・元日朝賀に用いるものとされ、翌年の元日朝賀には、親王と大納言以上が礼服で参列しているが、[2]諸王とそれ以下の者は調製が間に合わなかったようで、朝服《ちょうふく》での参加となっている。またこのとき、天皇は礼服を着用していないようだ。律令では皇太子以下の礼服の規定はあったが、天皇の規定がなかったのである。実際に皇太子が礼服を着用したのは、霊亀元（715）年、[3]天皇の着用は天平四（732）年になってからであった。[4]

豪華な礼服の調製には莫大な経費がかかることが、歴史を通して大問題であり続けた。早くも天平十三（741）年には、礼服は公費では作らず、男女ともに各自が自費で調製せよという勅命[5]が出ている。その十一年後の大仏開眼会では、五位以上が全員礼服を着用しているから[6]、各自の負担は相当なものであったことであろう。

平安時代初期の弘仁十一（820）年、天皇の礼服が後世まで伝わる「袞冕十二章《こんべんじゅうにしょう》」に定められた。[7]それ以前の形式は不明であるが、「袞冕十二章」は完全に唐風《からぶり》のもので、唐風導入に熱心であった嵯峨天皇ならではの改革といえよう。

しかし調製費用問題は続き、ついに弘仁十四（823）年には「皇太子、公卿および儀式官を除き、礼服着用は廃止」とされ、[8]そのことは『延喜式』（927年）でも規定された。これにより礼服着用者数が大幅に減少することになった。さらに元日の「朝賀」そのものがさまざまな事情で行われなくなり、平安中期の正暦四（993）年を最後に、事実上廃止されてしまった。

こうして即位の礼のみで用いられることになった礼服であるが、実は即位の礼で着用することは律令の規定にはなく、儀式の内容が元日朝賀とほぼ同様であることから、平安初期に確立したようだ。[9]ただしその経緯は曖昧で、室町前期の装束専門家・高倉永綱も「わからない」としているほどである。[10]

礼服着用の機会としてはこのほかに、孔子を祀る中国式の儀礼「釈奠《せきてん》」において博士たちが着用し、それは鎌倉時代までは続いていた。[11]即位の礼の装束としては江戸時代まで使用が続き、[12]幕末の弘化四（1847）年、孝明天皇の即位まで着用された。

着用機会の減った礼服は累代のものが長く使用されたため、「礼服はボロボロでも良い」とされ、みすぼらしい装束を「礼服のようだ」とからかうこともあったようである。[13]

明治天皇の即位の儀式は、慶応四（1868）年八月に行われたが、このとき岩倉具視は中国風を排した、日本式の即位の儀式を復古（実は創出）させた。このとき「礼服」はついに完全に廃止され、天皇は黄櫨染御袍《こうろぜんのごほう》（束帯《そくたい》）での即位の儀式になったのである。

牙笏《げしゃく》
礼服《らいふく》で用いる湾曲した笏。象牙は入手困難のため「魚骨」（マッコウクジラの下顎骨）で代用した

礼服

諸臣正従二位の礼服《らいふく》（風俗博物館蔵）

文官男女の礼服《らいふく》

【男子の礼服】

上頸《あげくび》の「小袖《こそで》」と、垂頸《たりくび》の「大袖《おおそで》」を着重ねる。色彩は律令の規定では位当色《くらいとうじき》であったが、[14]平安後期には曖昧となり、赤色や青色、[15]のちに「橡《つるばみ》・麹塵《きくじん》・紫」の三色になってしまった。[16]文《もん》様《よう》は中国風をイメージして、「蛮絵《ばんえ》」と呼ばれるエキゾチックなものを多用し、江戸時代でもそういう認識で製作されていた。[17]

小袖の下にプリーツスカート状の「褶《うわも》」を着け、「表袴《うえのはかま》」をはく。「条帯《くみのおび》」で腰を締め、そこに「綬《じゅ》」と呼ばれる平帯を垂らす。三位以上はさらに「玉珮《ぎょくはい》」という、五色の玉を貫いた五本の組み糸を垂らすが、その先端には花形金具が付けられ、歩くと沓先に当たって音をたてた。[18]天皇は左右に二本、臣下は右に一本下げる。

笏は象牙製の「牙笏《げしゃく》」を用いた。足に履く「襪《しとうず》」は錦で作り、通常の絹の襪の上に重ね履いた。革製の「舃《くつ》」を履いたが、その先端は反って三つの山を連ねた形になっていた。太刀を帯びる者は、唐大刀を「綺帯《かんはたのおび》」で腰に吊った。

【礼服の着用法】

平安前期までは年に一度、それ以降は天皇の代替わりのときのみ着用された礼服は、全員が着用法を熟知していたわけではなく、詳しい経験者に質問するなどして着用していた。[19]平安末期、装束師として活躍した源雅亮の『満佐須計装束抄』には、「礼服を着ること」と題して詳細にその手順が記されている。[20]そのほか多くの公家たちが、子孫のために細かく着装法を書き残した。[21]

親王代の蛮絵《ばんえ》

親王代《みこだい》
擬侍従筆頭2名を親王の代わりとした者

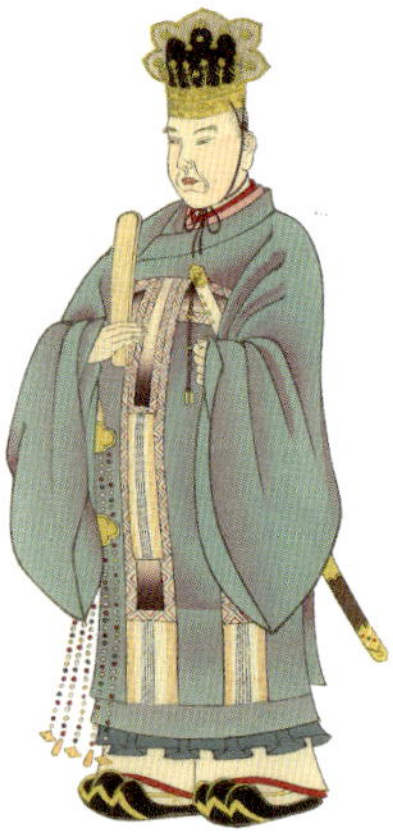

内弁《ないべん》
承明門内の諸事に関する責任者

典儀《てんぎ》
儀式進行役の少納言

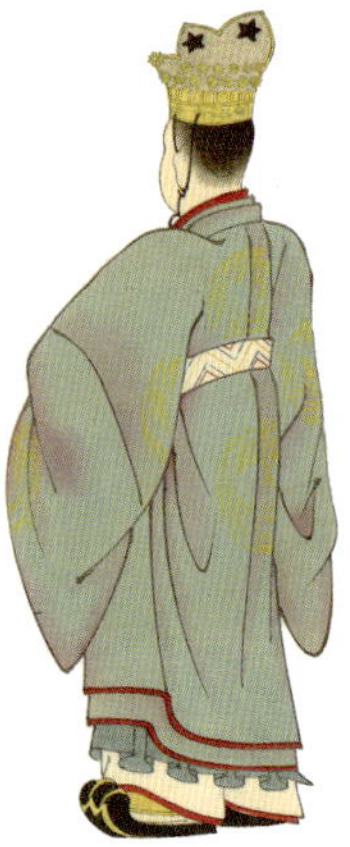

外弁《げべん》
承明門外の諸事に関する責任者

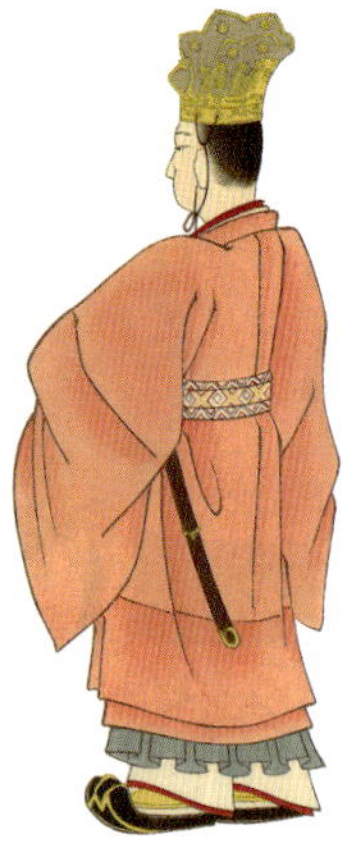

擬侍従《ぎじじゅう》
即位礼に限り公卿の中から侍従役とした者

『礼服着用図』より

礼冠《らいかん》
『冠帽図会』より

【礼冠《らいかん》】

「三山冠《さんざんかん》」と呼ばれる、山が三つ連なった形状の冠の上に、金属と玉でさまざまな飾りを付けたのが礼冠であり、それゆえに「玉の冠」という呼び方もされた。玉の色と形象（一品親王は青龍など）や、その向きで非常に細かく区別されていた[22]。礼冠も着用機会が少なかったので、着用のコツが不明となり、装束師たちの活躍する場面が多かったようだ[23]。

まず烏帽子《えぼし》をかぶった上に灯心の紙紐で鉢巻きをして礼冠が頭に安定するようにし、その上に礼冠をかぶる。普通、冠の懸緒《かけお》は耳の前を通るものであるが、礼冠の場合は耳の後ろを通して結ぶのが特徴である。これは金属製の礼冠が重いために、前に落ちないようにという配慮である。江戸時代の礼冠の緒は左右それぞれ二本あり、耳を挟むようにして結んだ。

礼冠《らいかん》の飾り（『延喜式』による）

			交居冠頂《かんむりのいただきにまぜおす》	立櫛形上《くしがたのうえにたてる》	立前後押鬘上《まえあとのおしかづらのうえにたてる》	立前押鬘上《まえのおしかずらのうえにたてる》	立後押鬘上《あとのおしかずらのうえにたてる》	徽者立額上《しるしはひたいのうえにたてる》	
親王	一品	漆地金装	水精3・琥碧3・青玉5	白玉8	紺玉20	–	–	青龍	尾上頭下・右出左顧
	二品							朱雀	右出左顧
	三品							白虎	尾上末巻・頭下右向
	四品							玄武	為蛇所纏・並右出左顧
諸王	正一位	漆地金装	赤玉5・緑玉6	黒玉8	緑玉20	–	–	鳳	正立仰頭
	従一位								正立低頭
	正二位		白玉1・緑玉5	赤玉8					正立仰頭
	従二位								正立低頭
	正三位			黄玉8					正立仰頭
	従三位								正立低頭
	正四位	漆地條形櫛形押鬘玉座皆金装、自余銀装	赤玉5・緑玉6	無	–	白玉10	青玉10		左出右向
	従四位								右出左向
	正五位	漆地銀装				黒玉10	青玉10		左出左顧
	従五位								右出右顧
臣下	正一位	漆地金装	赤玉5・緑玉6	紺玉8	緑玉20	–	–	麟	正立仰頭
	従一位								正立低頭
	正二位		緑玉5・白玉3・赤黒玉3						正立仰頭
	従二位								正立低頭
	正三位		黄玉8						正立仰頭
	従三位								正立低頭
	正四位	漆地條形櫛形押鬘玉座皆金装、自余銀装	赤玉6・緑玉5	–	–	白玉10	青玉10		左出右向
	従四位								右出左向
	正五位	漆地銀装	緑玉5・白玉3・赤黒玉3			黒玉10	青玉10		左出左顧
	従五位								右出右顧

【女子の礼服】

男子同様に女子（内親王・女王・内命婦）にも礼服が定められた。[24]その姿は唐風《からぶり》で、衣を重ねてロングプリーツスカート状の「裙《も》」で下半身を覆い、さらに「褶《ひらみ》」を重ね、「紕帯《そえおび》」で腰を結ぶ。髪は結い上げ、「宝髻《ほうけい》」と呼ばれるティアラのような宝飾品を頭に飾った。

こうした豪華な女子礼服は平安時代に入ると急速に簡略化が進み、[25]そもそも即位の礼で女官が表に出るのは「褰帳《けんちょう》」「剣璽《けんじ》の内侍《ないし》」ほか、ごく少数になった。褰帳とは、天皇が着座した高御座の「帳《とばり》」を左右から開けて、顔を隠している翳《かざし》を掲げる役である。はじめは、左褰帳・右褰帳とも女王《じょおう》が勤仕したが、平安後期からは、原則として左褰帳を女王が、右褰帳を典侍が勤仕するようになった。鎌倉時代から江戸時代までの左褰帳女王は、白川神祇伯家の女子が女王として勤仕することとされた。後醍醐天皇の即位礼（1318年）で左褰帳を務めたのは「瑢子女王」で、神祇伯・業顕王の女子である。

そのときの装束の詳細が記録として残っているが、いわゆる十二単《じゆうにひとえ》に「領巾《ひれ》」を加えた程度のものであった。[26]こうしてわずかに残った女子礼服であったが、室町中期にはほぼ完全に消滅してしまった。

命婦礼服

（風俗博物館蔵）

武官の礼服《らいふく》

武官の礼服は文官とは大きく異なるデザインであった。律令の定め[27]では、通常の冠と闕腋袍《けってきほう》の上に「裲襠《うちかけ》」[28]と呼ばれる綿入れの袖なし貫頭衣を重ねる程度であったが、平安時代になると、一気にきらびやかな礼服に進化する。

特徴的なのは裲襠に加え、近衛府の大将・次将、衛門府の督佐が「武礼冠《ぶらいかん》」（むらいかんとも読む）をかぶり、「将軍帯」を身に着けていることである。さらに天皇に供奉《ぐぶ》する少将と、実動部隊の府生《ふしょう》や近衛舎人《このえとねり》たちは、より重武装の「挂甲《かけよろい》」を着けたが[29]、その挂甲は金色に輝くきらびやかなものであった。[30]

平安時代の「武礼冠」が、どのような形状をしていたか明確ではないが、江戸時代の享保二十（1735）年十一月、桜町天皇の即位の儀式に際して「御再興」された。[31]これは当時から、中国のものを援用した可能性が指摘されている。[32]

近代になり、明治四十二（1909）年に即位の礼の詳細を定めた『登極令《とうぎょくれい》』が制定された。もちろんここでは礼服はすっかり影を潜めているが、「衛門・威儀者」と呼ばれる武官の姿には往時の面影が残っており[33]、この姿は、平成二（1990）年の「即位礼正殿の儀」でもほぼ忠実に再現された。

武礼冠《ぶらいかん》
『冠帽図会』より

後　前
大将代

江戸前期の即位礼における武官
『明正天皇御即位式図屏風』複製

後　前
次将
『礼服着用図』より

天皇の礼服《らいふく》「袞冕十二章《こんべんじゅうにしょう》」

弘仁十一（820）年以来、弘化四（1847）年まで連綿と受け継がれてきた天皇の礼服が「袞冕十二章」である。これは「袞衣《こんえ》」と呼ばれる服、「冕冠《べんかん》」という冠、そして袞衣に刺繍される十二種類のシンボルの総称である。

即位の礼を行うに際し、天皇はまず「礼服御《ご》覧《らん》」の儀式を行い、ここで破損や不足が見つかると修理され、新調された。仁治三（1242）年の「礼服御覧」では、「冕冠」が大きく破損し、玉飾りは盗まれて復元不可能であることが判明したため、正倉院に残っていた冕冠を用いて復元しようとした記録が残っており[34]、かなり頻繁に製作・破損・修理・再製作、が繰り返されていたようである[35]。こうして正倉院御物を参考にしながらも、かなり想像力を働かせた修理により、冕冠の変容が進むこととなった。

【袞衣《こんえ》】

「袞《こん》」とは首を曲げた龍のことで、唐の皇帝のシンボルであった。アカネで深緋《こきあけ》に染めた衣の袖に、この袞龍を刺繍したことにより「袞衣」と呼ばれ、さらに肩には日月、背中には北斗七星を刺繍した。これは古くから同じ形式が近世まで保たれている[36]。「十二章」は何とも変わった意匠であるが、これは唐の文化直輸入のもので、『唐書』[37]に十二章の意味が書かれており、それぞれが「聖王」を象徴している。

礼服着用最後の例となった孝明天皇の即位の礼は弘化四（1847）年に挙行されたが、そのとき袞衣は「十二章」が剝がれたままの、ボロボロ状態になっていて、昔から剝がれたままだという事態が判明した[38]。やむを得ず新しく調進され、儀式の一か月前のタイミングで納品されており[39]、これが現存する「孝明天皇の袞衣」である。特徴的なのは十二章が「切付け」と呼ばれるアップリケであることで、本体が傷んでもアップリケのみ交換できることになっていた。しかしこの袞衣は二度と使用されることなく、礼服は廃止になってしまった。

十二章

「袞衣」上衣である「大袖」には次の八種類。

日　左肩。日の中に烏。「明光照下土」
月　右肩。月の中に兎と蟾蜍（ヒキガエル）。「明光照下土」
星辰　背上部。北斗七星。「明光照下土」
山　身頃の前後。「布散雲雨、象聖王大沢霑下」
龍　袖の前後に大型の巻龍、身頃の前後に小龍。「変化無方、象聖王応時布教」
華虫　身頃の前後。雉のこと。「身被五彩、象聖王体兼文明」
火　身頃の前後。「陶冶烹、象聖王至日新」
宗彝　身頃の前後。虎（勇）と猿（智）。「剛猛制物、象聖王神武定乱」

スカート状の「裳」には次の四種類。

藻　「逐水上下、象聖王隋代而応」
粉米　「人似恃似生、象聖王為物之所」
黼（斧）「能断割、象聖王臨事能決」
黻（己字）「両己相背、象君臣可否相済」

（『唐書』）

【冕冠《べんかん》】

天皇が即位の儀式において、袞衣とセットで用いる「冕冠」は、古代中国の皇帝の画像などでよく知られる、板に玉すだれ状の飾りが付いている冠である。この冕冠は聖武天皇の御代、天平四（732）年から新規導入されたのであるが、正倉院には、聖武天皇着用の冕冠の部品、金属製の透かし彫りの一部分や、真珠・珊瑚・ガラス玉を糸で通した玉すだれ部分「旒《りゅう》」が残っており、天平の息吹を今に伝えている。

現在、皇室御物として伝わっている孝明天皇まで用いられた冕冠は、江戸前期、後西天皇の即位の礼（1655年）のために、幕府の費用で調進された品である。これは玉すだれ状の「旒」が四方に垂れていることが特徴であるが、古い文献を見ると、日本の天皇の冕冠も本来は唐皇帝と同じように、前後二方だけの「旒」であったようだ[40]。

冕冠《べんかん》（宮内庁蔵）

宝冠《ほうかん》
『冠帽図会』より

袞衣大袖《こんえおおそで》

前

後

袞衣の裳《も》

（宮内庁蔵）

【宝冠】

日本では、中継ぎ的な意味で女帝が何人か即位しているので女帝用の礼服《らいふく》があり、袞衣《こんえ》は白、冠は「宝冠」を用いたと記録にある。[41] しかし称徳天皇（在位764〜770年）から明正天皇（在位1629〜1643年）まで、八百六十五年間も間が空いたため、その形状の実態がわからなくなっていた。後桜町天皇（在位1762〜1770年）の即位にあたり、江戸幕府は文献からの憶測で宝冠を作ったのである。

【日形冠《にっけいかん》】

まだ元服前で「鬟《みずら》」を結っている段階の幼い天皇が、即位の儀式でかぶる冠が「日形冠」である。[42] 平安後期に童帝が増え、日形冠の登場回数が増加したため、安徳天皇（一歳四か月で即位）、花園天皇（十二歳で即位）の日形冠について詳しい記録が残っている。[43] 元服前なので頭を覆う烏帽子《えぼし》部分がなく、西洋の王冠のように周囲の金属部分のみで、中央に輝く太陽が立っていた、と記されている。

宝永七（1710）年、江戸幕府が九歳の中御門天皇の即位の儀式に用いる冠を新調した。これが現在まで皇室御物として伝わっている。ほぼ女帝の「宝冠」の小型サイズといった形状である。

実務官人の礼服《らいふく》

律令の定めにあるように、礼服は五位以上の貴族のみが用いるものであったが、即位の儀式では、六位以下の実務官人が重要な役割を果たす。主殿寮《とのもりょう》と図書寮《ずしょりょう》の官人が香を焚いて天帝に即位を知らせる、といった中国的なセレモニーの担当である。[44]

彼らの着る礼服はシンプルなもので、頭にかぶる礼冠《らいかん》は何の装飾もない「三山冠《さんざんかん》」、礼服も白でまったく飾りのないものであった。しかしこれも時代的な変遷があり、平安時代の朝賀では、緋《あけ》の衣であった。[45] また、儀式を進行する「典儀《てんぎ》」（少納言）を補佐する「賛者《さんじゃ》」は、江戸時代においては、赤袍・青袍とカラフルな装いであった。[46]

三山冠《さんざんかん》

『冠帽図会』より

門部《かどべ》

諸門を警護する下級武官

賛者《さんじゃ》

典儀の補佐役の地下《じげ》官人

主殿《とのも》

図書とともに香を焚く主殿寮《とのもりょう》官人

図書《ずしょ》

主殿とともに香を焚く図書寮《ずしりょう》官人

『礼服着用図』より

束帯《そくたい》

束帯の歴史

束帯は令制（律令の制度）における「朝服《ちょうふく》」が変容したもので、朝廷に出勤するときの標準服である。朝服を「束帯」と呼ぶようになったのは遅くとも平安中期頃からであるが[1]、もともとは古代中国の『論語』に登場する単語であり[2]、さまざまな衣類を最終的に革帯で束ね留める着方なので、この名称で呼ばれるようになった。また、昼間の公式な仕事で用いる服ということで「昼装束《ひのしょうぞく》」とも呼ばれた。[3]

朝服は、もともと騎馬民族の「胡」（西アジア）に端を発して唐経由で渡来したものだけに、細身で活動しやすい衣服である。唐における宮殿や官庁での執務は、椅子に座って行われたが、全体にスリムなシルエットの朝服は、そうした勤務スタイル「立礼《りゅうれい》」に向いていた。

日本では平安中期の摂関期頃から、政治が内裏の清涼殿で行われるようになったが、そこでは靴を脱いで殿上に昇り、畳に腰を下ろして執務する形式「座礼」となる。立礼向きの束帯では窮屈であり、体調の悪いときに着用しにくい[4]ものであったため、次第に幅広の、ゆったりとしたシルエットのものに変化することになる。

さらに平安末期になると、束帯は毎日の出仕服というより儀式の服装という扱いに変化し、着用の機会が減った。

ただし朝廷の実質的な運営者である太政官の地下《じげ》官人の中でも、過去の前例を調べて意見書を作成する仕事をする「外記《げき》」や「史《し》」は、束帯での参内の伝統を守り続けた。

その後も束帯は、日本の正式な第一礼装として尊重され続け、朝廷はもちろん、江戸幕府でも、「将軍宣下」のおりに束帯を着用した。[5] 明治天皇の即位の礼では、それまでの礼服《らいふく》を改めて束帯が用いられ、近代以降でも束帯は、即位の礼、および皇室の結婚式に着用される伝統が残った。

今日、一般で束帯を目にする機会は乏しく、三大勅祭（賀茂祭・石清水祭・春日祭）における勅使や、神宮式年遷宮での勅使・祭主・大宮司・少宮司・禰宜《ねぎ》などが着用する場面のみである。

束帯《そくたい》の区分

束帯は、高位の公卿と文官が着る「縫腋《ほうえき》の袍《ほう》」と、四位以下の武官が着る活動しやすい「闕腋《けってき》の袍」（サイドを縫い合わせない袍）に大別される。袍は位階により色彩が決まっているので、「位袍《いほう》」とも呼ばれる。武官の闕腋袍は「襖《おう》」と呼ぶこともあるので、これは「位襖《いおう》」と呼ばれた。[6]

武官や、天皇を侍衛する侍従や「内舎人《うどねり》」[7]は、もちろん、勅許を得た中納言以上の公卿は束帯の容儀を高めるべく帯劔（剣）したが、束帯で帯劔する場合は原則として「平緒《ひらお》」という細帯で劔を吊り、結び余りを前に垂らす。

侍従として帯劔する少納言
『桜町殿行幸図』より
（国立公文書館蔵）

束帯《そくたい》の構成

すべての装束がそうであるように、「束帯」という名称は特定の衣類の名称ではなく、さまざまなパーツにより構成されたトータルコーディネートを指す言葉である。いくつかの重ね着をした上で、最終的に「石帯《せきたい》」で装束全体を束ねることから生まれた名称が束帯である。パーツの多さとTPOに応じた使い分けの煩雑さが束帯の特徴で、いわゆる「衣紋道《えもんどう》」の約束事のほとんどが、束帯に関するルールなのである。

束帯の着装は、まず紅《くれない》の「大口袴《おおくちばかま》」と冠を着け、「単《ひとえ》」を着、「表袴《うえのはかま》」をはき、「衵《あこめ》」、「下襲《したがさね》」、長い「裾《きよ》」を曳いて上に袍を着る。そして石帯ですべてを束ね留める。これ以外にも「半臂《はんぴ》」を着る場合もあり、非常に複雑で着用が難しいものである。

さらに持具《もちぐ》として檜扇《ひおうぎ》と帖紙《たとう》を懐中し、威儀を正すために「笏《しゃく》」を持つ。また節会《せちえ》などの重儀には、右腰に「魚袋《ぎょたい》」を下げる。足に「襪《しとうず》」を履き、履き物は、重儀には文官・武官を問わず「鞾《かのくつ》」（単に「靴」とも）を用いるが、軽儀・日常では文官が浅沓《あさぐつ》、五位以上の武官が「鞾」、六位以下の武官が「麻鞋《おぐつ》」を履いた。

【袍《ほう》】

訓読みは「うえのきぬ」、最も表に着る衣である。公卿と文官の用いる袍は、脇を縫い合わせた「縫腋袍《ほうえきほう》」で、和訓で「まとわしのきぬ」と呼び、武官も警固の任につかないときは縫腋袍を着ることが多かった。

位階により色彩が決まっているため「位袍《いほう》」と呼ばれ、平安中期以降は、一位～四位が黒、五位が深緋《こきあけ》、六位以下が深縹《こきはなだ》となった。文様は時代により変遷があるが、鎌倉時代にはほぼ現在に伝わる位階や家による定めが固定化した。[8]

天皇	重儀＝黄櫨染《こうろぜん》　軽儀＝青色	桐竹鳳凰麒麟《きりたけほうおうきりん》
皇太子	黄丹《おうに》	窠中《かのなか》に鴛鴦
上皇	赤色（ときにより青色）	窠中に桐竹、菊唐草など
親王	黒（ときにより青色や赤色）	雲鶴　菊唐草に「窠中に八葉菊《はちようぎく》」など
摂政・関白	黒	雲立涌《くもたてわく》
太閤	黒	雲鶴　夏は臥蝶丸《ふせちょうのまる》など
一位～四位	黒	有文
五位	深緋	有文
六位蔵人《くろうど》	麴塵《きくじん》	尾長鳥牡丹唐草
六位以下	深縹	無文

生地は、冬の表地は綾《あや》。古くは「しじら綾」、老人は「熨斗目綾《のしめ》」と文献に書かれているが、[9]それぞれの実体は不明である。裏地は平絹《へいけん》で、色は黒袍・赤袍については表と同じ、縹袍の裏は蘇芳《すおう》。端袖《はたそで》は表地を内側に折り返す。夏物は、色柄は冬と同じで裏なし、生地は透ける薄物で、五位以上は「顕文紗文縠《けんもんしゃもんごめ》」（縠紗《こめしゃ》）、六位以下は、文のない縠織《こめおり》であった。

【袍《ほう》の構造】

身頃は二巾。丸襟（盤領《まるえり》）で、首紙《くびかみ》にある「蜻蛉頭《とんぼがしら》」を「受緒《うけお》」に掛けて襟を留める唐風のデザインである。裾には「襴《らん》」という横長の生地を付け、左右サイドには「蟻先《ありさき》」と呼ばれる張り出しがある。この蟻先は「余り先」が変化した言葉といわれ、身頃に余裕を持たせて歩行の便を図ったものである。平安中期頃までは、この部分を外に出さずにプリーツにしており、そのタイプを「入襴の袍《にゆうらん》」と呼ぶ。

院政期からは、ほとんどの縫腋袍が蟻先形式になったが、太政官で先例を調べる役の「外記《げき》」の官人や風儀取り締まりの弾正台《だんじようだい》や検非違使《けびいし》の官人たちは、その後も江戸時代に至るまで、入襴の袍を着用し続けた。また天皇が神事に用いる「御祭服《ごさいふく》」という白い袍は、現在でも古式のとおり入襴形式である。

後身頃には、着丈を調節するための「はこえ」（格袋《かくぶくろ》とも）がある。袖は一巾の「奥袖」の先に七寸程度巾の「端袖」が付いており長大であ

束帯(冬物・公卿)

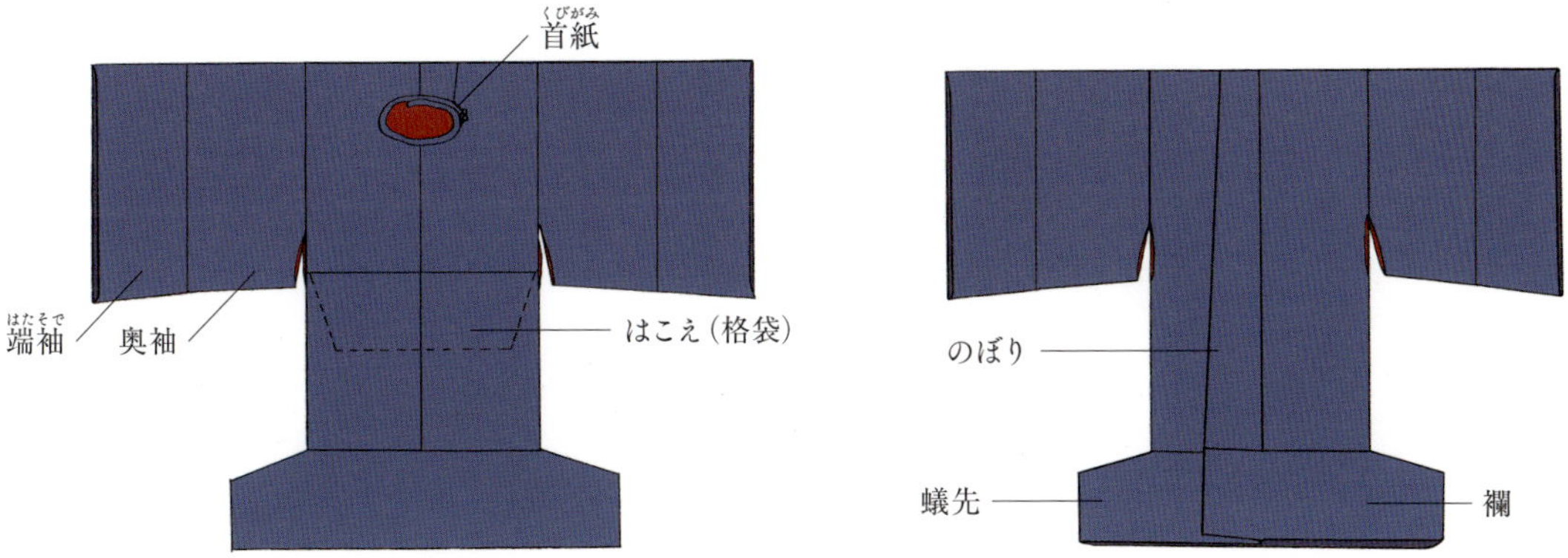

袍《ほう》の構造

る。袖丈は身分が高いほど大きくする慣習があり、その大きさが全体の見栄えを左右するため、年々長大化しては贅沢禁止令で短くなり、また次第に長大化……という歴史をたどった。たとえば長保三（1001）年に検非違使が袖丈制限の意見具申書を提出したが[10]、ここに奈良時代からの袖丈の変遷が書かれている。

宝亀二（771）年　五位以上一尺
　　　　　　　　六位已下八寸
斉衡三（856）年　一尺二寸
延長五（927）年　無問高下同作一尺二寸
長保元（999）年　一尺八寸
長保三（1001）年　一尺六寸

袍は平面に置いたとき、首紙が見えない側が前身《まえみ》で、見える側が後身《うしろみ》である。前身に「懐」をつくる余裕分があるために、こうした無理のある形になる。そのため、折り目が胸のあたりに来ることとなり、着装でもここの扱いがポイントとなる。

【下襲《したがさね》】

袍の下に着るのが下襲である。下襲の上に「半臂《はんぴ》」を着るのが正式なのであるが、縫腋袍では外から見えない半臂はほとんど省略されてしまった。下襲は「垂領《たれえり》」で、脇は縫われていない。後身頃の裾が長く、これを後ろに長く曳いた。

一般的な下襲の冬の生地は白の綾や平絹を用

位袍《いほう》の色彩と文様

着用者		色彩	文様
天皇	重儀	黄櫨染	桐竹鳳凰麒麟
	軽儀	青色	
皇太子		黄丹	窠中鴛鴦
上皇		赤色・青色	窠中桐竹、菊唐草など
親王		黒	雲鶴、菊唐草に窠中八葉菊など
摂政・関白			雲立涌
太閤			雲鶴
一位～四位			有文（輪無唐草ほか）
五位		深緋	
六位以下		縹	無文

※文様については266ページ参照

近世の異文の例

広幡家

大炊御門家

三條家

冷泉家・山科家

入襴《にゅうらん》

蟻先《ありさき》

内宴における青色闕腋袍《けつてきほう》の公卿
『年中行事絵巻』より

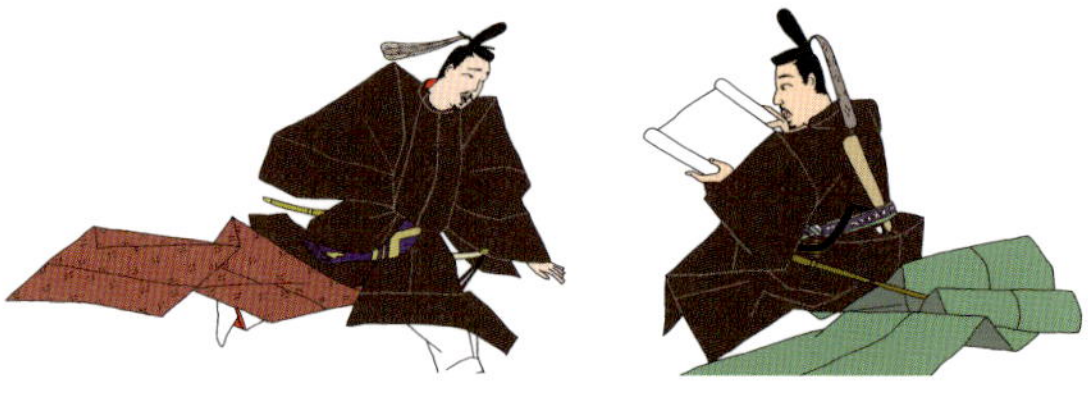
裾《きょ》を長く曳いた様子
『松崎天神縁起絵巻』より

い、床に曳きずる裏側は濃蘇芳《こきすおう》で、糊で固める「板引《いたびき》」加工を施した。この白／濃蘇芳の色彩タイプを「躑躅《つつじ》の下襲」と呼んだ。[11] 裏の濃蘇芳は、室町後期には黒になったが、それでも「躑躅の下襲」という名称はそのまま残った。[12] また老年に至ると、裏を青（グリーン）にした「柳の下襲」を用いることが多かった。[13]

特別な儀式のおり、その日限り許される「一《いち》日晴《にちばれ》」には「火色」「かいねり」といった派手な下襲も用い、[14] 青朽葉《あおくちば》下襲は暑い日や仏教行事に着用したが、「心喪《しんそう》」の色として吉事には用いない。[15]

下襲《したがさね》の地質

	冬		夏
	表	裏	
公卿・禁色聴許を得た者	白 臥蝶丸	濃蘇芳または黒 横菱遠文	蘇芳 横菱遠文
殿上人・地下	白 無文	濃蘇芳または黒 無文	二藍 無文

一日晴《いちにちばれ》の下襲

色彩	色目	着用時期・用途など
火色	表紅・裏紅	臨時客・賭弓・試楽
紅梅	表紅梅・裏蘇芳	臨時客・賭弓・試楽
松重	表青・裏紫	行幸・行啓・競馬などに四季通用
黄紅葉	表黄・裏蘇芳	九月より十一月までに
菊	表白・裏蘇芳	十月・十一月
裏款冬	表黄・裏紅	春冬「臨時客」・御賀・春日詣・行幸など
桜	表白・裏葡萄染	春三か月間
葡萄	表蘇芳・裏縹	冬より春まで。春日行幸など

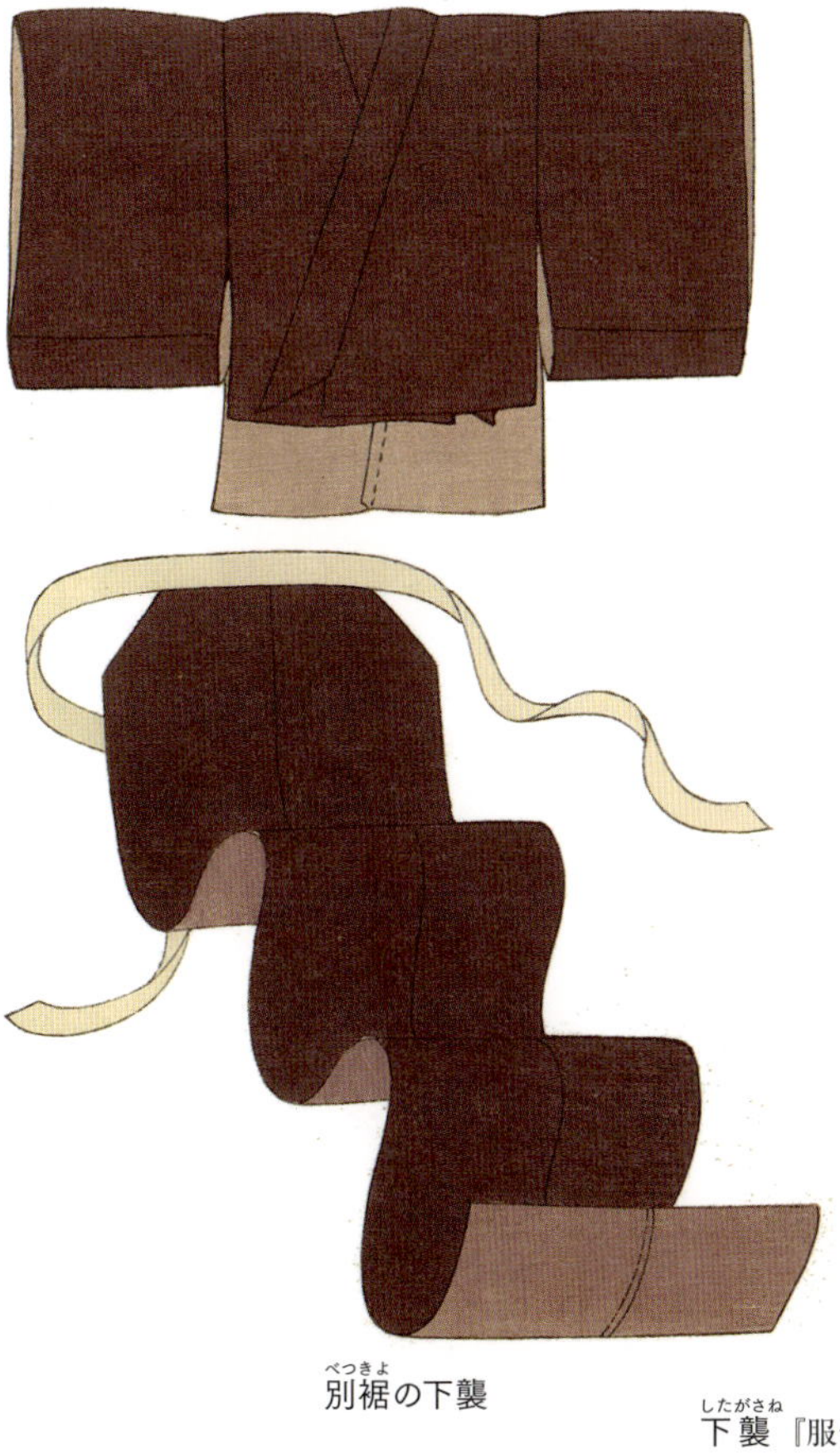

別裾《べつきょ》の下襲

続裾《つづききょ》の下襲

下襲《したがさね》『服色図解』より

【裾《きょ》】

本来、裾は下襲の後身頃を長くしたものであったが、扱いが面倒で、官位上昇により長くするため、裾だけを切り離し、[16]紐を付けて身に回して留めるようになった。これを「別裾《べっきょ》」と呼び、鎌倉時代にはこちらがスタンダードになっていた。しかし天皇と皇太子だけは、下襲の身頃から続いた「続裾《つづききょ》」を用いている。

裾は見栄えに影響するため、高位ほど長く曳いたが、時代が下るに従って、どんどん長くなってゆき、[17]江戸後期においては、裾から曳きずる長さが

公卿＝一丈（約3メートル）

四位・五位＝八尺（約2メートル40センチ）

地下《じげ》＝「纔着《さいじやく》」（床ぎりぎりで曳きずらない）

となってた。現代の即位の礼では、天皇・皇太子以外は「纔着」が原則である。

裾が長いと見た目には優美なのだが、現実には動作の邪魔になることもあるので、天皇の裾は関白が持つこともあった。[18]また御殿の簀子に着座したときは、高欄に懸け垂らすことや、[19]参内時に公卿が「懸裾《けんきょ》」をすることもルールであった。[20]武官は、「鞾《かのくつ》」を履くときは懸裾にし、浅沓《あさぐつ》を履くときは垂裾《すいきょ》にした。[21]

懸裾の仕方は、時と場合により、そのまま畳み折って左手で持つ「右二《うに》」にしたり、石帯《せきたい》の上手《うわで》に懸けたり、帯劔《たいけん》の場合は太刀の鞘《さや》に懸けたりした。また石帯の脇に挟んで留める「雛《ひな》頭《がしら》」という懸け方もあった。[22]この「懸裾」が魅力的な姿と考えられ、江戸時代の地下官人では、懸裾で裾を短くする「勘解由判官《かげゆのじょう》」という官職の任官希望者が多かったそうである。[23]

【衵《あこめ》】

下襲の下に着るもので、中間に着込める「間《あ》い込め」が変化した名称といわれ、下襲と同じ形状をしている。色は紅《くれない》や蘇芳《すおう》が多く、年齢により萌黄《もえぎ》や薄色なども用い、[24]文様は多くが小《こ》葵《あおい》である。夏は裏地を「引き剝ぎ」して用いるので、特に「引《ひ》倍木《へぎ》」と呼ぶ。衵は室町時代には省略することも多くなったが、衵を着ない場合を「はだか単」と呼び、略式に扱われた。[25]しかし室町も後期になると省略が当たり前となり、[26]近代以降では、皇族以外は用いない。

【単《ひとえ》】

衵の下に着るもので、小袖が生まれる平安後期までは肌着であった。丈は衵より短いが、形状はほぼ同じである。色彩は束帯《そくたい》のときは紅に決まっているが、年齢により、若年や晴《はれ》の儀式では「濃《こき》」（濃蘇芳）色を用い、若年は襟や袖に金箔を押すこともあった。[27]壮年になっても祝儀には「濃」を用いることがあり、[28]老年は白を用いた。[29]文様は菱の繁文《しげもん》、老年は菱の遠文《とおもん》であった。

【表袴《うえのはかま》】

袴も重ねてはくが、表側に出るのが表袴である。夏冬の区別はなく、身分と年齢により生地が異なった。色はすべて白。裏地は若年が「濃」色、その他は紅で、[30]表地を少しおめらかすことで裏地が見えるのが特徴である。形状は複雑で、股の部分に「返《かえ》り襠《まち》」と呼ばれる帯のような部位があり、また膝の位置に「膝継《ひざつぎ》」という縫い目がある。腰（帯）は一本がU字型に腰に回る形式で、太い糸飾りがあり、右腰で結ぶ。脇の「股だち」には「夷懸《えびすがけ》」と呼ばれる装飾が施されている。[31]

【大口袴《おおくちばかま》】

表袴の下にはく袴で生地は平絹、色は紅である。ただし十六歳未満は濃色、[32]老年は白を用いた。左腰で結ぶ。

単《ひとえ》に重ねた小《こ》葵《あおい》文の衵《あこめ》

身分による裾《きょ》の長さの時代的変遷（曳きずる長さ）

色彩	平安前期（947）	平安中期（1070）	鎌倉時代（1212）	室町前期	江戸後期	近代	現代（即位の礼）
天皇				一丈二尺		襟下二丈一尺五寸	襟下二丈一尺五寸
皇太子				一丈二尺		襟下一丈九尺六寸	襟下一丈九尺六寸
親王	一尺五寸					一丈	纔着
関白				一丈二尺			
大臣・大将	一尺五寸	七尺	一丈	一丈		（勅任官）八尺	
大納言	八寸	六尺	九尺	八尺	一丈		
中納言	八寸	六尺	八尺	六尺	一丈		
参議	六寸	五尺	七尺	五尺	一丈		
四位・五位		四尺	六尺	四尺	八尺	（奏任官）四尺	
六位以下				纔着	七尺	（判任官）纔着	

表袴《うえのはかま》の地質

公卿・禁色聴許《ちょうきょ》		殿上人・地下
若年・晴儀	壮年	
窠に霰浮織	八藤丸固織	無文平絹

現在と異なるはこえの処理
『春日権現験記絵巻』より

大口袴《おおくちばかま》

表袴

『服色図解』より

夷懸《えびすがけ》

着装の順序

1 冠《かんむり》と大口袴《おおくちばかま》

2 単《ひとえ》と表袴《うえのはかま》を着ける

3 下襲《したがさね》

4 下襲の裾《きょ》
この上に袍を着る

懸裾《けんきょ》の方法

1 石帯《せきたい》の上手《うわで》に懸ける

2 雛頭《ひながしら》で石帯の脇に留める

3 畳み折って左手に持つ「右二《うに》」

【石帯《せきたい》】

「束帯《そくたい》」の語源にもなった石帯は、装束のメインパーツともいえよう。平安中期の『宇津保物語』に、家宝の石帯の盗難を巡っての大騒動が描かれているように、大切なものとされた。

その名のとおり石の飾りのある牛革製の帯であり、平安後期までは現在のベルトとそっくりの尾錠《びじょう》がついたタイプで、留め方も現在のベルトと同じであった。長く余した留め残りを背部に回し、ベルトに差し込む形式で着用したのである。「銙《か》」と呼ばれる石の材質もさまざまで、玉《ぎょく》や瑪瑙《めのう》のほか、鼈甲《べっこう》や象牙、金銀などが用いられた。[33] 石が四角いタイプを「巡方《ずんぼう》」、丸いタイプを「丸鞆《まるとも》」と呼び、石に文様が彫刻されたタイプを「隠文《かくしもん》」と呼んだ。[34]

平安後期、袍《ほう》を大きく仕立てて、ゆったりとした懐を作る着方が一般的になり、身頃を端折って余った生地を石帯に込み入れて（差し込んで）留める着装法が生まれる。前身頃に堅い革ベルトや金属の尾錠があると、込み入れに際して袍を傷めることになるので、石帯が見えなくなる前部分を組紐にし、見える背部だけを革にした石帯に改良された。

現在の石帯は、「本帯《ほんたい》」（「床《とこ》」とも）と呼ばれるベルト背部と、留め余りを模した「上手《うわで》」、そして前身《まえみ》で結ぶ組紐で構成される。銙は本帯に十個、上手に一個付けられている。銙の形と材質は位階と儀式の軽重で異なっている。[35]

瑪瑙の石帯は四位の晴《はれ》用とされたが、賀茂や石清水の臨時祭の舞人《まいびと》となった者も、この瑪瑙帯と定められていた。そのとき、舞人でない四位の殿上人は、瑪瑙の石帯をせずに犀角帯《さいかくのおび》をすることになっていた。それはもともと、「日本には八本しか瑪瑙の石帯がない」という建前があったため、舞人以外は用いないことになっていたのである。その後、「つくり瑪瑙」が多く生産されたが、古くからの約束事として、臨

公卿の節会儀式	角形（巡方）有文、材質は玉《ぎょく》
公卿の日常	丸型（丸鞆）有文、材質は玉
四位の晴	丸鞆無文、材質は瑪瑙《めのう》
四位・五位	丸鞆無文、材質は犀角《さいかく》
地下《じげ》	丸鞆無文、材質は「烏犀角《うさいかく》」（牛角）。服喪の際には各位が用いる

これ以外に「通用帯」というものがある。これは中央が円形六個、左右に四角形二個を付けたもので、どのようなときにも使用できる便利な石帯である。位階は材質で区別した

銙（石）の形状と名称

名称	石の形状と配置	着用の機会
巡方《ずんぼう》	■■■■■■■■■■	節会など晴の儀式に用いる
丸鞆《まるとも》	●●●●●●●●●●	日常・軽儀に用いる
通用帯	■■●●●●●●■■	どのような機会でも用いることができる

石帯《せきたい》の種類とTPO

材質	形状	着用者	着用の儀式など
玉	無文巡方	天皇	神事での帛御服のときのみ
	有文巡方	公卿	節会・行幸・列見・考定・拝賀など
	有文丸鞆		
	無文丸鞆		日常着用。布袴のとき、蒔絵螺鈿劔のとき
瑪瑙	巡方	関白	曲水宴・野行幸
	丸鞆	四位	舞人・小忌のときほか日常着用。臨時祭は舞人に限る。規則上は五位も着用可
犀角	巡方	四位・五位	節会・行幸
	丸鞆		日常着用
白石		大外記	詳細不詳
烏犀角（牛角）		六位以下・検非違使等	六位以下・検非違使は日常着用 公卿殿上人は諒闇・重服のとき着用

石帯

石帯《せきたい》の着装（高倉流は銙《か》を半分見せる）

紺 玉 帯残欠《こんぎょくのおびざんけつ》
（正倉院蔵）

右の有文白石巡方・上手《うわで》の先の銙

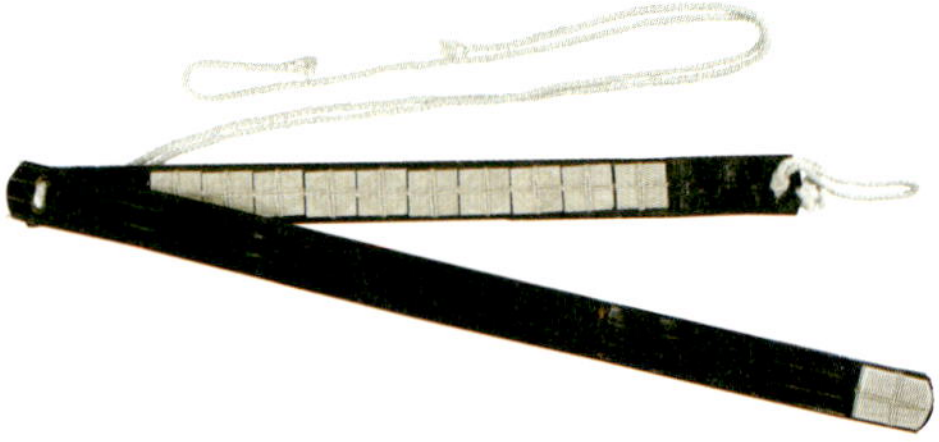

有文白石巡方《はくせきずんぽう》帯（江戸時代）

犀角《さいかく》丸鞆石帯（1866 年）

白石丸鞆《まるとも》帯（江戸時代）
（上から２段目と３段目、風俗博物館蔵）

本帯裏面（綴じ方は高倉流）

翡翠《ひすい》の通用帯

石帯

透瑪瑙

透瑪瑙《すきめのう》の通用帯

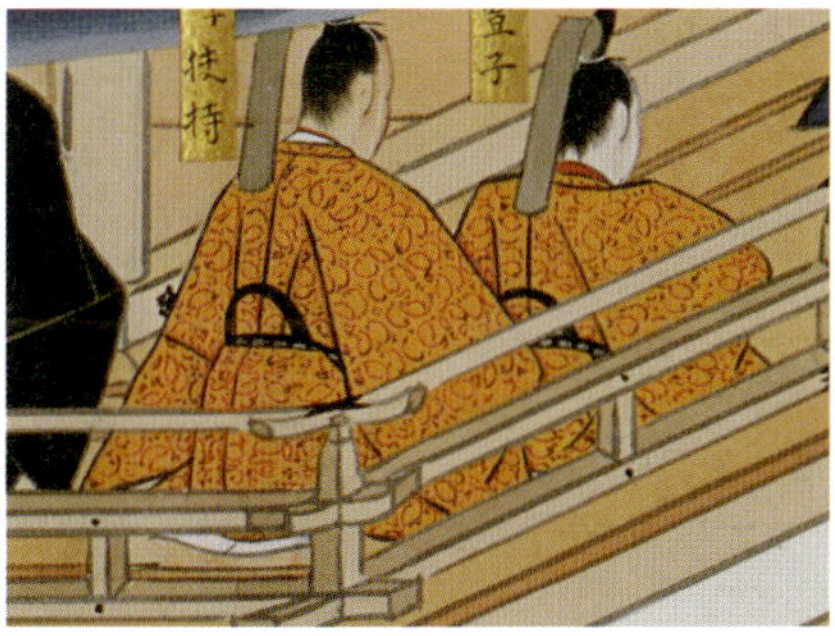

石帯の着用
『桜町殿行幸図』より（国立公文書館蔵）

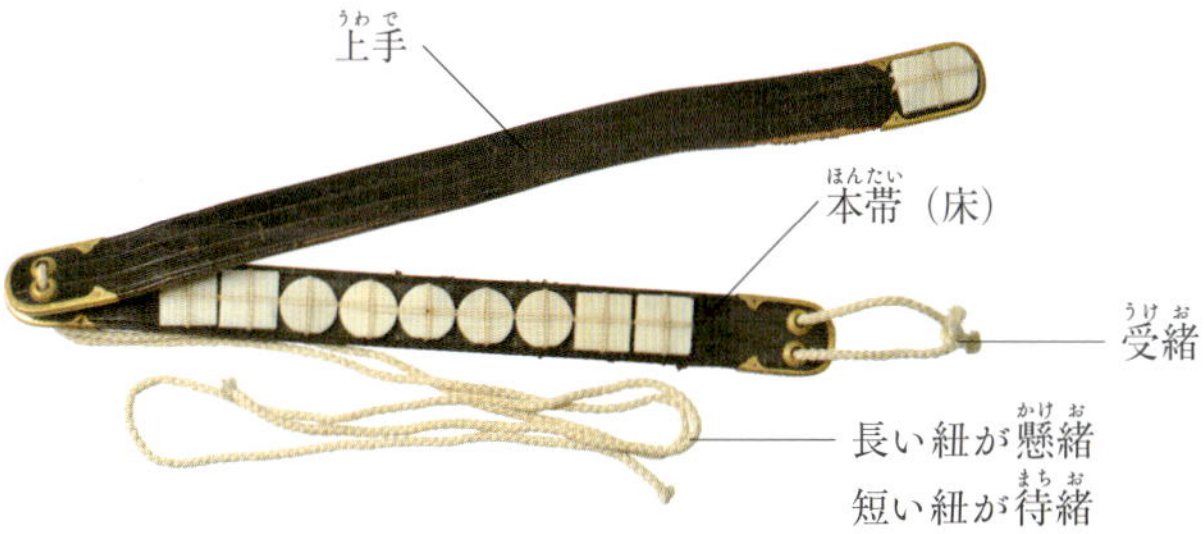

白石の通用帯

魚袋

魚袋《ぎょたい》の付け位置

金魚袋《きんのぎょたい》（背面）

鍍《と》金魚袋《きんのぎょたい》（前面）
（江戸時代）

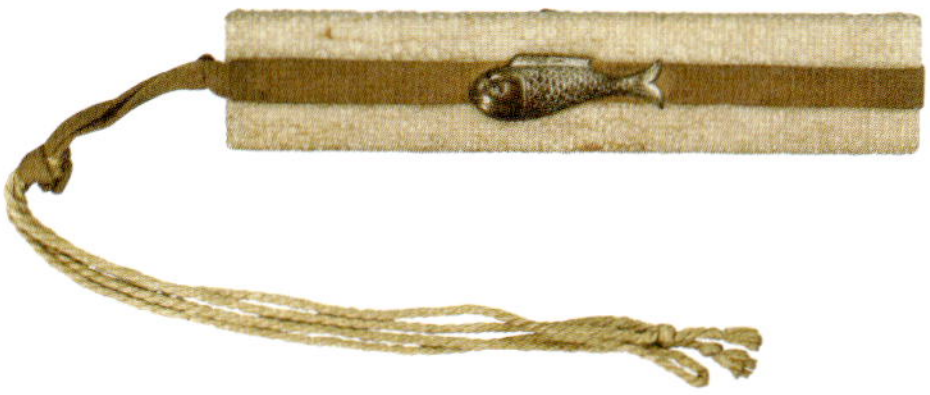

銀魚袋《ぎんのぎょたい》（背面）

鍍《と》銀魚袋《ぎんのぎょたい》（前面）
（江戸時代）

（風俗博物館蔵）

時祭に際して一般殿上人は、瑪瑙帯の使用を遠慮した。[36]近代の宮中儀式では、半透明な「透瑪《すきめ》瑙《のう》」が多く用いられている。

また巡方《ずんぼう》は有文（隠文）が原則であるが、天皇が神事で用いる場合のみ白玉の無文巡方帯である。[37]しかし石帯のルールは流動的で、大正の御大礼では、皇族が有文巡方、臣下が透瑪瑙や白石の無文巡方帯を使用している。

【魚袋《ぎょたい》】

一種のアクセサリーで、『養老令』にも定めがなく、いつから始まったのか不明の謎のパーツである。中国・唐の時代[38]に宮廷の通門証として用いた合符の名残といわれ、日本では遅くとも九世紀半ばには用いられており、[39]「節会《せちえ》」などの重要な儀式でのみ用いられた。

古い時代は文字どおり「袋」状のものであったようだが、その形状は不明である。公卿は金《きんの》魚袋《ぎょたい》、四位・五位は銀魚袋《ぎんのぎょたい》を用いた。[40]鎌倉時代以降の公家社会では家柄による身分差別の壁は厚く、「堂上《とうしょう》」と呼ばれる貴族の家柄の者は出世に応じて魚袋を付けられるが、「地下《じげ》」と呼ばれる階級の家の出身者は、五位になっても三位に昇って公卿となっても「地下」の扱いで、魚袋は付けられない、という定めになっていた。[41]

元文五（1740）年に豊明節会が再興されたとき、さまざまな史料から創造的に復元された魚袋は「袋」ではなく、箱形の木片に鮫皮を張り、金属製の魚と波を取り付けたものである。魚と波は公卿が金、公卿が銀のメッキで加工された。付け位置は、石帯の右端の石と次の石の間であるが、本人の体格で適宜調節した。[42]魚袋は現在の宮中では用いられていないが、賀茂祭（葵祭）の勅使の束帯姿で見ることができる。

【襪《しとうず》】

指の先が割れていない白平絹あるいは練貫《ねりぬき》製の足袋のようなものである。練貫と平絹を重ね履きした。「しとうず」は「下靴《したぐつ》」が変化した名称とされ、[43]束帯で堅い「鞾《かのくつ》」を履くときに、素足では痛いので襪を履いた。それゆえ、鞾を履かない束帯以外の全ての装束は素足が原則なのである。老齢になって天皇の許可があった場合だけ、束帯以外の装束でも襪を履いて勤務することが許された。[44]

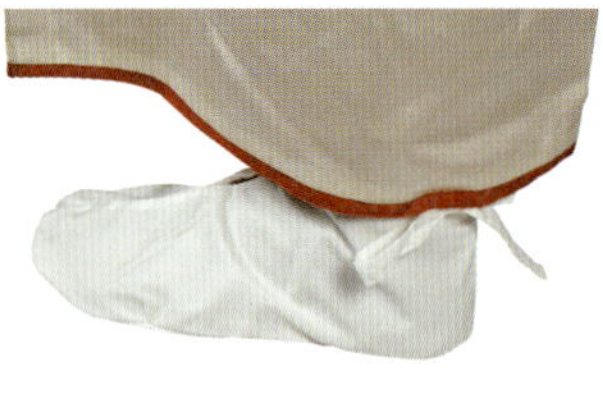

襪

【このほかの持具《もちぐ》など】

檜扇《ひおうぎ》と帖紙《たとう》を懐中し、威儀を正すために笏《しゃく》を持つ。持具については237ページで詳しく解説する。

さまざまな例外装束

【宿徳装束《しゅうとくしょうぞく》】

宿徳は「しゅうとく」と読み、「威厳のある」という意味で、[45]すなわち「位の高い老人」を意味する。これは単に年齢だけでなく、官位ともリンクしており、位階や官職が高いほど、若くして「老人」の仲間入りをすることになる。

宿徳装束は白が基本で、ごく高齢になると文様もない平絹《へいけん》の直衣《のうし》に白平絹の指貫《さしぬき》を着用した。[46]檜扇《ひおうぎ》については、子どもの持つような装飾性の高い「横目扇《よこめおうぎ》」を持つこともあった。

【唐装束《からしょうぞく》】

特別な儀式イベントにおいて「一日晴《いちにちばれ》」と呼ばれる、規制外の装束を用いる機会があり、この日に限っては、普段は見かけないような色柄デザインの装束を身に着けて美を競った。その中で、中国から輸入された豪華な「唐織《からおり》」で仕立てられたのが「唐装束」である。[47]

【染装束《そめしょうぞく》】

同じく「一日晴」の装束であり、特別なイベントに際して、各人の好みに従ってさまざまな色やデザインに染めた下襲《したがさね》を着ることが許された。[48]この「染下襲」を用いた束帯が「染装束」であり、『駒競行幸絵巻』には、寝殿造りの高欄に、友禅染のように美しく彩色された裾《きょ》を懸けた公卿たちが描かれている。[49] 贅沢な物とされ、江戸時代には幕府から禁止された。

駒競行幸絵巻（和泉市久保惣記念美術館蔵）に描かれた染装束《そめしょうぞく》
『新蔵品選集』（2012年、和泉市久保惣記念美術館）より転載

【濃装束《こきしょうぞく》】

大口袴《おおくちばかま》や表袴《うえのはかま》の裏地、単《ひとえ》など本来は紅《くれない》を用いるべき部分を「濃《こき》」色にしたタイプの装束で、十六歳未満の子どもが用いた。檜扇は、女子用のような彩色の施された「横目扇」を持つ。[50]

【白装束（白重）】

四月一日と十月一日の衣更《ころもが》えの当日、袍《ほう》の下に着るものはすべて白いものを用いた。[51] これを白装束と呼ぶ。また真夏の暑い日、高位高官の高齢者が用いることもあった。[52]

束帯《そくたい》の着装

赤大口姿の上に単《ひとえ》を着て、表袴《うえのはかま》をはき、右腰で結う。下襲《したがさね》を着け、裾《きょ》の腰（帯）を背部から懸け回して留め、その上に袍を着る。[53] 袍《ほう》の裾の高さは現代では床から一尺ほど上げるが、江戸時代まではかなり下にしていたようであり、[54] 身分が高いほど下げ、天皇は沓《くつ》が少し見える程度であったとされる。丈の余りは、前身頃は懐を作ることで調整し、後身頃は「格袋《かくぶくろ》」に余りを入れ込んで身の丈に合わせる。格袋の口に石帯を入れ込んで袋の口を台形に形作る。これを「格を立てる」と呼ぶ。

衣紋道《えもんどう》では山科流と高倉流で着付け方法に違いがあり、山科流では石帯を格の二つの折り目（山）で挟み、石が見えなくなるまで沈める。一方、高倉流では石帯を格袋の口に押し込む形で格を立て、石が半分見える程度に沈める。また、袖の「耳」（ひだ）を二つ作るのが山科流、一つ作るのが高倉流の衣紋である。一般に「山科流は美しいが解けやすく、高倉流は解けにくいが地味である」などと評される。

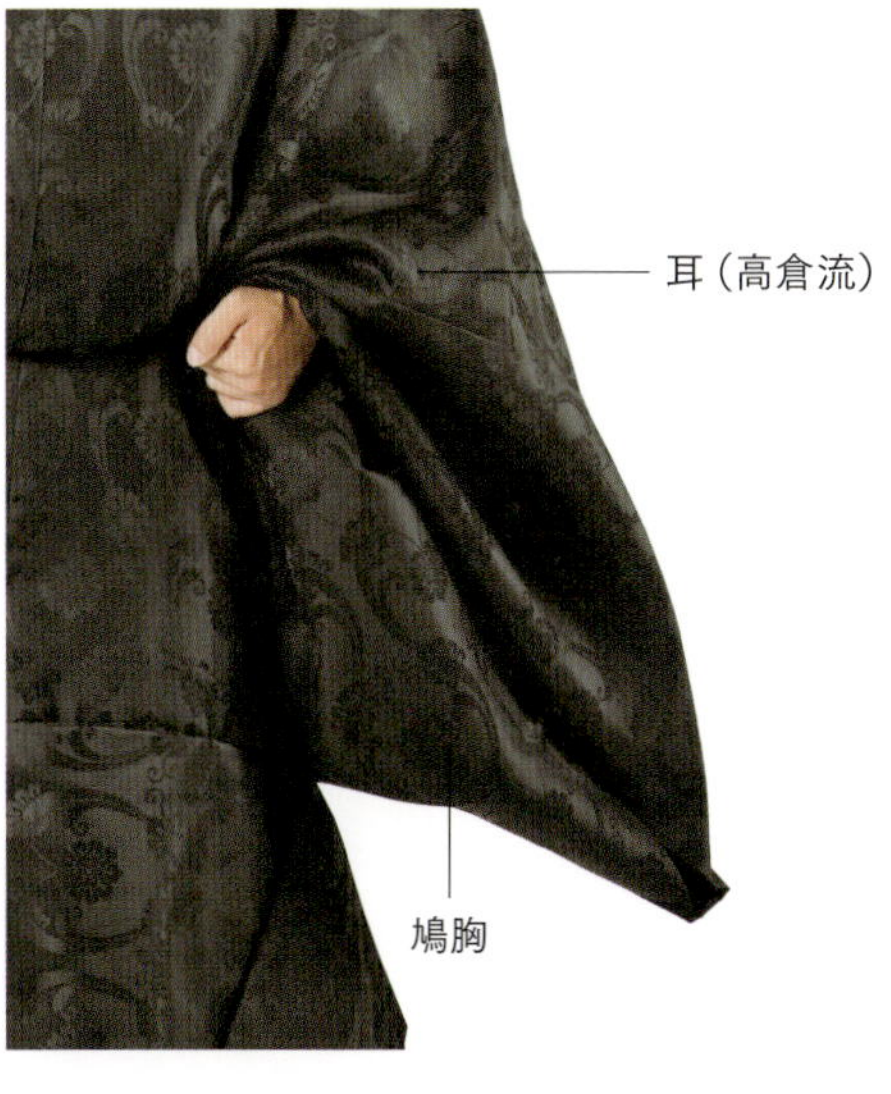

近世以降では威儀を高めるために、袖の内側に内衣をまとめ入れて膨らませ、前から見ると二羽の鳩が向かい合っているように見える「鳩胸」を作る。全体的には強装束《こわしょうぞく》の伝統を受け継いで、四角く堅く直線的に着付けることが求められる。

武官束帯《ぶかんそくたい》

平安時代以降の武官

律令で定められた武官制度は時代と共に変遷があり、平安時代に「六衛府《りくえふ》」に整理統合された。それが左右近衛府・左右兵衛府・左右衛門府である。武官は多くがこの六衛府に属しているので「衛府官《えふかん》」とも呼ばれる。このほかに「左右馬寮《さうのめりょう》」「兵庫寮《ひょうごりょう》」という兵站《へいたん》補給部門の官人も武官に含まれるが、弓箭《きゅうせん》（弓矢）を装備せず、衛府官とは呼ばれない。

衛府官それぞれの守備範囲は、天皇に近い順から近衛府・兵衛府・衛門府となり、その意味で近衛府はステータスが高く花形であった。比較的平和であった平安時代には軍人として大戦争を行うことも少なく、特に花形・近衛府の仕事は舞楽・雅楽がメインとなって、採用基準は武芸（メインは弓術）だけでなく奏楽や舞が上手であることも重視された。

近衛府は大将・中将・少将、将監・将曹・府《ふ》生《しょう》・番長、吉上・近衛などの階級に分かれ、いわゆる武官束帯を身に着けるのは「次将」とも呼ばれる中将・少将、あるいは五位に叙された将監「大夫監」である。六位以下の将監から下は実動部隊で、内裏の警衛・供奉《ぐぶ》のほか、上皇・親王や高級公卿のボディーガードである「随《ずい》身《じん》」となる立場であった。大将は三位以上の公卿なので、武官であっても闕腋袍《けってきほう》を着用しないのが原則である。

時代の流れとともに兵衛府は影が薄くなり、衛門府は、都の治安維持という別の側面の任務が多くなる。強大な警察権力を握る「検非違使《けびいし》」を兼ねるようになった衛門府官人は、「靫《ゆき》」と呼ばれる矢壺を背負っていたので、「靫負司《ゆげいのつかさ》」という別名を持っていた。

衛府官束帯の構成

衛府官束帯の特徴は三つある。[1]

(1)闕腋袍を着る

ただし三位以上は縫腋袍《ほうえきほう》。

(2)巻纓冠《けんえいのかんむり》に緌《おいかけ》を付ける

ただし大臣兼帯の大将は緌を付けない。また、賀茂祭の勅使になるなど、本人が主役で警固の任についていない場合は、垂纓《すいえいの》冠《かんむり》を用いた。

(3)弓箭を帯す（弓矢を装備する）

ただし大将は弓に弦を張らず、大臣兼帯の大将は弓箭を帯せず、とされた。しかし緊急事態の「雷鳴の陣」では、大臣大将も弓箭を持つ、しかし緌は付けない、というルールがあった。[2]

【闕腋袍《けってきほう》】

戦闘で足を大きく動かせるように、脇が縫われておらず、和訓では「わきあけのころも」と読む。[3]脇が縫われていないタイプの上衣は「襖《おう》」とも呼ばれ、闕腋袍は位階により色彩が決まっていたので「位襖《いおう》」とも呼ばれた。[4]

武官装束は本来動きやすいものであるはずだが、平和な時代であったので、実際は後ろ裾を長く曳き、まったく活動的ではない。後ろ裾は「下襲《したがさね》」の裾よりも一、二寸短くし、下襲の裾が見えるように着装するが、これも見栄えを考慮してのことである。武官を兼帯する「蔵人《くろうど》」（天皇秘書官）は常時闕腋袍を着用するが、日常に長い裾は不便なため、身長同寸の「纔着《さいじゃく》」

武官束帯（五位）

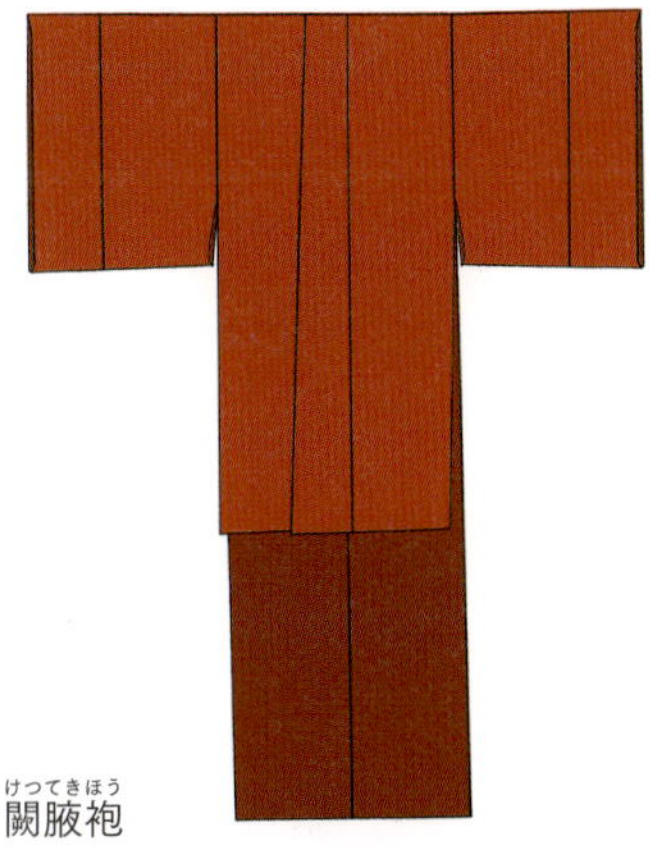
闕腋袍《けつてきほう》

にして長く曳かないことになっていた。

鎌倉時代以降、束帯が儀式専用になると着用機会が減り、武官といえどそのためだけに闕腋袍を新調することが減ったようである。室町時代に闕腋袍を着るときには、いつも着る縫腋袍を分解し、裾の「襴《らん》」をとりはずして後身頃に襴の生地を縫い付けて、闕腋袍のように見せかけることも行われていた。[5]

三位以上の公卿は闕腋袍を着ないことが原則であったが、正月の儀式「内宴」「踏歌節会《とうかせちえ》」などでは、文武の公卿全員が垂纓冠に青色闕腋袍を着用するし、[6]四位以下であっても殿上人は「射礼《じゃらい》」のときには縫腋袍を着る。[7]天皇を侍衛する「内舎人《うどねり》」[8]兼帯の蔵人は縫腋袍で巻纓冠に緌をつけるなど、さまざまな運用があった。

【巻纓冠《けんえいのかんむり》・細纓冠《さいえいのかんむり》】

巻纓冠は、活動しやすいように、後ろに垂れる纓を巻き上げて夾木《はさみぎ》で留めたものである。巻纓冠は警固の任務があるときにかぶるもので、[9]武官は必ずこれをかぶるというものではない。本人が主役となる正月の小朝拝《こちょうはい》や、賀茂祭の勅使になるときは、闕腋袍であっても垂纓なのである。[10]

細纓冠は、さらに活動しやすく纓の幅を細めたもので、六位以下の武官が用い、[11]武官兼帯の六位蔵人も細纓である。[12]遅くとも平安後期から登場しており、[13]当時の細纓の形状は絵巻物を見る限り「細身の巻纓」タイプであったが、室町時代頃から、竹や鯨の鬚で作った「纓の枠だけ」タイプに変化した。[14]

【緌《おいかけ》、老懸《おいかけ》】

武官を特徴づける装飾品で、両耳の前に付ける、馬の毛製の半月形ブラシ状のものである。古くから武官束帯には不可欠のものとされた[15]が、武官は活動的なので冠が落ちないように懸緒《かけお》で留める必要が生じ、それが緌なのだといわれる。「おいかけ」という呼び方は「老懸」からとされ、老齢で毛髪が少なくなり、髻《もとどり》が細くなって冠を頭に固定できなくなったとき、懸緒を掛けて頭に固定したために「老懸」なのだとされている。[16]

しかし単に懸緒だけでなく、ブラシ状の装飾が付くようになった、その由来にはさまざまな説があって確定していない。たとえば「古代中国の北方守備隊が用いた防寒耳当ての名残」とか「顔側面を保護する防具が変化したもの」「冠の緒の末端が房状になったもの」などであるが、[17]どれも確証はない。また古い時代は厚いタイプと薄いタイプがあったともいわれるが、それも詳細は不明である。

いずれにせよ「勇猛」をイメージさせるものとして、武官のほかにも内舎人など天皇侍衛の者たちは全員が装備した。ただし大臣兼帯の大将は付けないことになっていたり、[18]家によっては「弓箭を帯びないときは付けない」といったルールもあった。[19]

付け方は、懸緒（紫や紺の組紐）を用いて冠の巾子《こじ》の後ろから前に回し、甲の上で交差させて（あるいは簪《かんざし》に回しかけて）顎下で結ぶ。そのとき紐に内側向きの縒りを掛けて結ぶと左右に開かない。奇妙にも見えるその形は「鍋つかみ」のように見えたらしく、江戸時代には「鍋取り」という呼び方もされていた。また武官束帯の出番が少なくなった室町時代、馬の毛製の緌はよく黴びてしまい、そのときは油を染みこませた綿で拭いた。[20]

【半臂《はんぴ》】

身二巾で垂領《たりくび》、袖なしで闕腋《けってき》、裾《きょ》に襴の付いた胴着である。今は「はんぴ」と発音されるが、古くは「はんび」であったようだ。[21]本来は縫腋袍《ほうえきほう》も含め、束帯装束では全員が着るべきものであったが、透けない冬の縫腋袍では、「袒裼《かたぬぎ》」（肩脱ぎ）をする場合を除いて外から見えないので、早くから省略されるようになってしまった。[22]やがて「袒裼」することが予想される場合でも省略されてしまっている。[23]

しかし闕腋袍では脇のスリットから半臂の襴の襞（プリーツ）部分が見えるので、不可欠のものとして比較的後世まで残ったが、江戸前期の段階では完全に廃れ、元禄時代になってようやく再興された。[24]長い中絶期間があったため、

近代御大礼装束の武官束帯

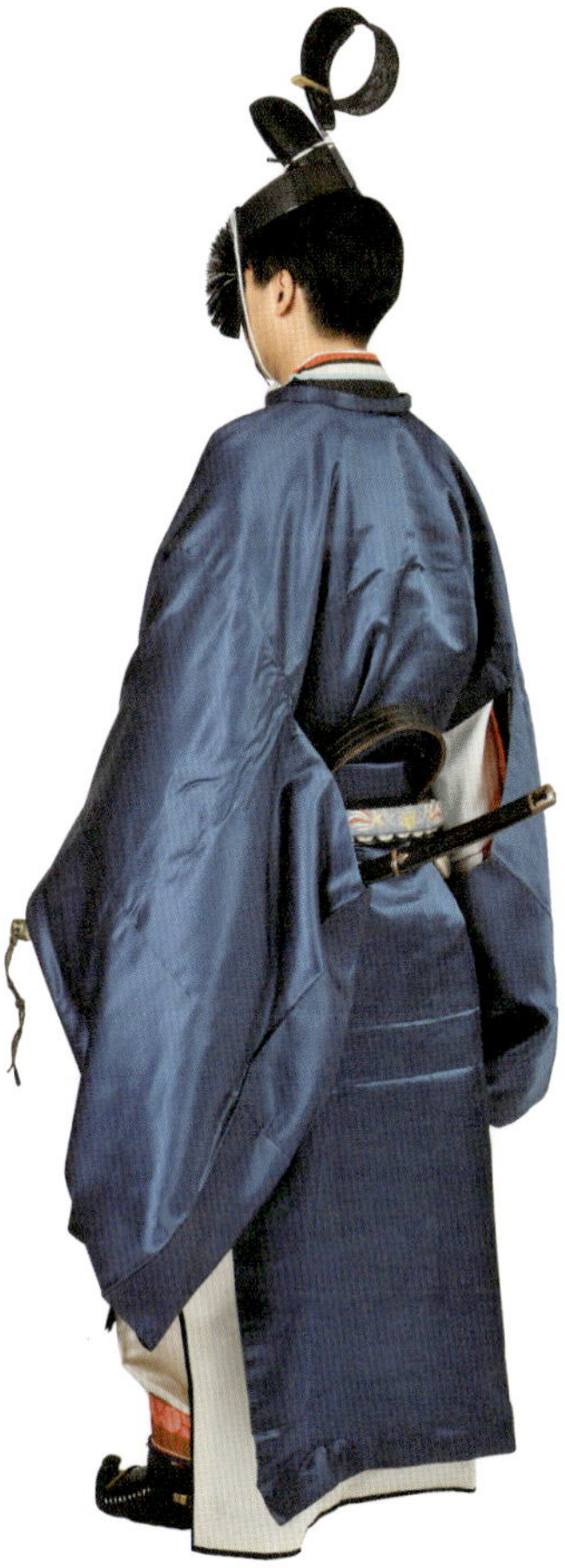

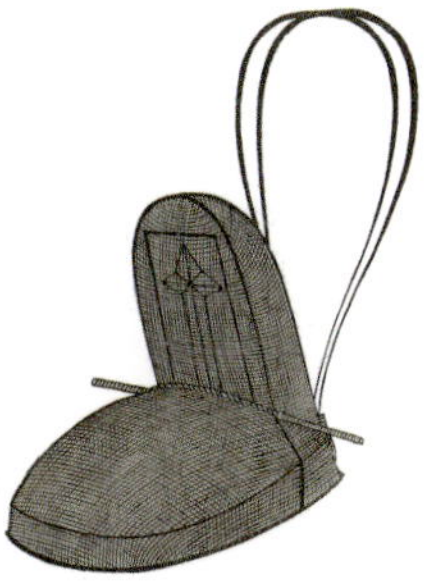

六位以下の細纓冠《さいえいのかんむり》

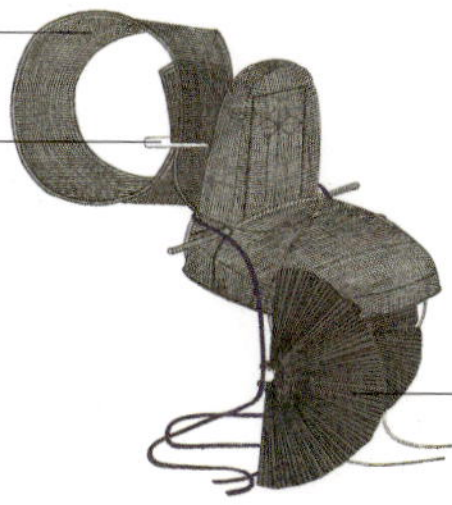

巻纓冠《けんえいのかんむり》

『冠帽図絵』より

着装の仕方なども忘れられていたようだ。[25] 山科流では、身頃と襴を切り離した「切半臂」が考案され、その場合、冬の闕腋袍では脇から見える襴だけを着けた。

着装は帯を胴に回して締めるが、帯の結び余りの束を模した「忘緒《わすれお》」と呼ばれる畳んだ帯を左腰前に装飾的に下げる。本来は一本の帯の結び余りを垂らしたものであるが、見えるところだけ切り離したのである。

公卿の料は、黒の羅《ら》や綾《あや》、文様は冬は無文《むもん》や小葵《こあおい》、夏は三重襷《みえだすき》。ただし江戸時代は臥蝶丸《ふせちょうのまる》も用いたようだ。[26] 公卿未満の者は無文で、冬が黒平絹《へいけん》、夏が二藍《ふたあい》の縠織《こめおり》であった。

有文半臂《はんぴ》の襞
『桜町殿行幸図』より（国立公文書館蔵）

着装の順序

1 下襲《したがさね》の上に半臂を着る

2 半臂の襞の執り方

3 石帯《せきたい》の上に平緒《ひらお》を載せる

4 冠に緌《おいかけ》を付ける

衛府具足《えふぐそく》

下襲《したがさね》や表袴《うえのはかま》は文官の束帯と同じであるが、衛府官ならではの各種武装パーツがある。これを総称して「衛府具足」と呼ぶ。

【弓箭《きゆうせん》】

弓矢のことである。武器として最も重要視され、朝廷の年中行事でも「射礼《じゃらい》」「弓場始《ゆばはじめ》」「賭《のり》弓《ゆみ》」といった弓技大会が年間何度も開催された。大納言兼任の大将まではこれで武装したが、大臣兼任の大将は弓箭を帯せず、緌《おいかけ》もしないのが原則であった。[27] このときは緌を弓箭に掛けて随身に持たせたのである。弓箭を「調度」とも呼んだ。[28]

【弓】

実戦で用いる「兵仗《ひょうじょう》の弓」と異なり、束帯姿で装備する「儀仗《ぎじょう》の弓」の場合、実用よりも見栄えが重要であった。そのため蒔絵《まきえ》や摺貝《すりがい》など、さまざまな装飾加工が施された美しい弓を持った。[29]「取柄《とりえ》」（手で握る部分）には錦や綾を張り、その上下を赤や紫の糸で巻き、弓のあちこちに「樺《かば》」と呼ばれる紙を貼った。樺の色は若いほど赤く、加齢に従って薄くする。弦も美しく紫糸をだんだらに巻く「紫緂《むらさきだん》」にした。ただし近衛大将や高齢の衛府督は弦を張らないことになっていた。また、公家は弓を右手に持ち、武家は左手に持つのが作法とされていたが、[30] これは公家の文治主義を表しているのであろう。

【矢】

見栄え重視なので、非実用的な二枚羽である。古い時代は左近衛や左兵衛は「鷲羽《わしは》」、右近衛や右兵衛は「粛慎羽《しゅくしんは》」の矢羽根を用いた。[31] 鷲羽は文様が大きく、上下が白で中央が黒い「大中黒」になり、クマタカ類の羽根である「粛慎羽」は細かく白黒まだらの出る「切斑《きりふ》」になる。「粛慎《しゅくしん》」とは、満州・沿海州から起こった、ツングース系民族の国の名前で、その国から輸入された鷹の羽根を「粛慎羽」と呼んだが、輸入が容易ではないので、カラスの羽根と白鷺の羽根を継ぎ合わせて作った。[32] 平安末期に描かれた『年中行事絵巻』の「賭弓」の場面では、射手の負っている矢が二種類あり、明らかに区別しているのがわかる。しかし鎌倉時代になると左右の別もなくなり、大将から少将までは切斑、それ以下は定めなしになってしまった。[33]

「筈《はず》」（弦を掛ける先端）は儀仗用では水晶が原則[34]であるが、牛角を用いたこともあった。筈の下に「筈巻《はずまき》」という紙を巻くが、その色は弓の樺の色と同じものを用いる。

【胡籙《やなぐい》】

矢を収容する容器で、儀仗用には「平《ひら》胡籙」と「壺《つぼ》胡籙」がある。右後ろ腰に装備した。束帯装束の場合は実戦的な意味はまったくない、装飾性の高い単なる威儀のアクセサリーのようになってしまった。[35]

平胡籙《ひらやなぐい》

非実用的であるが、豪華で見栄えのする胡籙であり、平安時代、ただ「やなぐい」といえば平胡籙のことであった。[36] 漆塗りの浅い箱に矢を扇形に配置し、「間塞《まふたぎ》」と呼ばれる紙で下部分を包む。間塞は通常は妻紅《つまくれない》（白で端だけ紅）、若年は紅梅色、高齢者や検非違使別当《けびいしべっとう》は白であった。[37]

古くは「中儀」には平胡籙、「小儀」には壺胡籙という区別もあった[38]が、やがて平胡籙は、主に行幸の際に用いるようになった。装飾には「木地螺鈿《きじらでん》」や「蒔絵螺鈿《まきえらでん》」などさまざまな種類があり、儀式内容に応じて使用の区別がなされていた。[39] 装備する矢の本数は、変遷はあるが時代とともに減り、のちには山科流二十一本、高倉流二十五本と定められた。このうち一本を「落し矢」と呼んで、少しずらして配置するのがルールである。実際に矢を抜くことはほとんどなかったが、江戸時代の山科流では羽根の方から抜き、高倉流では矢尻の方から抜いたので、装備の向きも異なったといわれる。[40]

壺胡簶《つぼやなぐい》

七本の矢を収納する楕円形の筒で、古代の四角い箱のような形状の「靫《ゆき》」が発展したものとされる。平安時代では、靫も壺胡簶も実際には同じものであったが、矢を二本または四本入れると「靫」、七本入れると「壺胡簶」と区別していた[41]。検非違使の下士官階級である看督長《かどのおさ》は矢を二本入れた壺胡簶を装備し、少尉に扈従《こしょう》する看督長は鷲羽の矢を壺胡簶に四本入れたが、それらが「靫」ということになる。検非違使の別名「靫負司《ゆげいのつかさ》」は、ここから来ている。

平胡簶と比較して実戦的であり、譲位や節会《せちえ》などの警固をするときに用いられたが、見かけが優美でないと思われたのか近衛大将は用いず[42]、次第に活躍の場が失われていった。近代の即位の礼では、儀式の庭に装束に身を固めた「威儀者」が並ぶが、前列に並ぶ黒闕腋袍《くろけってきほう》が平胡簶、後列の赤闕腋袍が壺胡簶を負うことになっているので、壺胡簶は平胡簶よりもグレードが低い、という認識になる[43]。

なお壺胡簶から矢を抜くときは、上の壺口からではなく、矢を少し持ち上げて前面の穴から下に落とすようにして抜く。

狩胡簶《かりやなぐい》、箙《えびら》

「儀仗」ではなく「兵仗」の矢入れが「狩胡簶」であり、これは「えびら」とも呼ばれて武士が用いた実戦用のものである。随身《ずいじん》[44]や検非違使の下級官人が装備し、また内裏焼亡などの緊急時には上級者も身に着けた[45]。平家の福原遷都の頃には、殿上人《てんじょうびと》までが用いるようにさえなっている[46]。

【劒《たち》（太刀）】

劒には儀式用の「儀仗の劒」と実戦向きの「兵仗の劒」があるが、武官であっても束帯装束では儀仗の劒を帯びるのが原則であった。文官でも侍従や内舎人《うどねり》など、天皇侍衛の中務省《なかつかさしょう》官人は帯劒し、また中納言以上で「勅授帯劒」の勅許《ちょっきょ》を得た者は、束帯装束で劒を帯びることができた。この場合は儀式内容や状況に応じて各種の劒を使い分ける[47]。

公家の儀仗の劒は本来、細く反りのない直刀であったが、近世以降に武家が束帯装束を着るようになってからは、反りのある太刀の作りが多くなり、近代の皇室装束でも反りがある。束帯装束では原則として「平緒《ひらお》」と呼ばれる豪華な帯で腰に吊る。

武官の用いる劒は本来、警固の任務に適した兵仗の劒で、「衛府の太刀」とも呼ばれる実戦向きである。柄《つか》は刀身と一体化した鉄製で、「毛抜形《けぬきがた》」と呼ばれる透かしがあったので「毛抜形太刀」、あるいは野行幸に用いるので「野《の》劒《だち》」と称された。これは平緒ではなく革製の緒で吊るので「革緒《かわお》の劒」とも呼ばれる。

しかし、平安中期になると公家が実戦に参加することは考えられない状況になり、柄も儀仗の劒と同じように柄木を付けて鮫皮を巻き、毛抜形の飾り金具を取り付けるだけのものに変化した。兵仗の太刀の特徴は毛抜形とともに、鍔《つば》が近世の刀の鍔のように刀身に対して垂直の、葵形をした「葵《あおい》鍔」であることである。これに対して公卿たちが儀式で用いた「餝劒《かざりたち》」や「細《ほそ》劒《だち》」の鍔は、「唐《から》鍔」（別名「分銅《ふんどう》鍔」）という特殊な形状の鍔であった。

なお、柄に糸を巻いた「糸巻太刀」は平安時代には存在していなかったが、江戸時代、武家が衣冠《いかん》を着用するときなどは、糸巻の陣太刀を用いることもあった。

【平緒《ひらお》】

儀仗の劒を吊るための帯が平緒である。五位以上は「唐組《からくみ》」と呼ばれる幅広の組紐、六位以下が「綺《かんはた》」「新羅組《しらいぐみ》」と呼ばれる織物を用いた[48]。しかし唐組は非常に高価であるので、公卿であっても綺以下の平緒を用いることが多かった。

本来は一本の帯を劒の帯取革《おびとりがわ》に結びつけて腰に吊り、結び余りを前に垂らすものであった。しかしこれは結び方が難しく、貴重な平緒を傷めるので、平安後期には劒を吊る部分と前に垂らす部分が切り離された「切《きり》平緒」が主流になった。大臣就任の拝賀のときには古式の「続《つづき》平緒」にせよ、という指示も文献[49]に残っているので、平安後期にはすでに切平緒が主流だったことがわかる。

劔に種類があるように、平緒にもさまざまな種類があり、儀式により使い分けられていた。代表的なのが日常的に用いられていた「紺地《こんじ》平緒」、そして晴《はれ》の儀式に用いられた、白と紫が交互に織られた「紫緂《むらさきだん》平緒」である。室町後期には位階によっても使い分けられていたようである。[50]

【尻鞘《しざや》（しりざや）】

兵仗の劔を帯びたとき、遠所への行幸や臨時祭の舞人《まいびと》をつとめる場合は、鞘と中身の刀身を保護するための「尻鞘」という防水カバーを付けた。その素材は毛皮で、四位が「豹《ひょう》」、五位は「虎」、六位は「水豹《あざらし》」とされた。[51] その他、熊・猪[52]・鹿など、さまざまな毛皮も用いられた。当時、豹は虎のメスと考えられていたが、その豹には二種類あり、「竹豹《ちくひょう》」が毛皮の花文様が大きいタイプ、「小豹《こひょう》」が小さいタイプである。

「尻鞘」は中国から来た習慣であるが、豹も虎も中国・朝鮮、南アジア原産の動物であるから、中国ならいざ知らず、日本でその毛皮を入手することは容易ではなかった。そこで実際には、斑文を植毛して表現した「擬《ぎ》尻鞘」（賀茂競馬の騎手）、白毛を染めた「染《そめ》尻鞘」、布に毛皮風の文様を描いた「絵《え》尻鞘」（賀茂祭の衛府官）などの模造品を用いた。[53]

【検非違使《けびいし》】

平安初期に置かれた、律令制度の外にある警察機構が「検非違使」であり、犯罪捜査・検挙・裁判の実権を握っていたために絶大な権力を持っていた。「使」は天皇直属を意味し、検非違使長官である「別当」の命令に背くと違勅罪に問われるほどの権威があった。検非違使の官僚は衛門府官人の兼任で、実動部隊の隊長は衛府官である左衛門少尉があたることが多かった。少尉は三等官であるので「判官《はんがん》」の一つであるが、源義経の「九郎判官」のように、特に「判官」といえば検非違使少尉のことを指すことも多かった。

彼らは威厳を持たせるために、本人の実年齢に拘らず「高齢者」の装束を身に着けた。たとえば束帯では、下襲《したがさね》は裏がグリーンの「柳の下襲」、劔の鞘は細かい金粉を蒔いた「沃懸地《いかけじ》」[54]、というような高齢者ファッションである。

少尉の現場出動に際しては、目を引く白襖《はくおう》（白狩衣《しろかりぎぬ》）に白狩袴[55]を着用するが、その製作用の白布は下賜されるものを用いた。[56] 部下である「火長《かちょう》」などの下士官階級は、赤狩衣に赤い弓、「靫《ゆき》」に差した二本の白羽の矢がトレードマークであった。

さらに捕縛で活躍する最下級の「放免《ほうめん》」は、刑期を終えた前科者から採用した下部で、毒をもって毒を制す、といった立場の恐ろしい面々である。彼らの美意識は独特で、衣服には「風《ふ》流《りゅう》」と呼ばれるたくさんのアクセサリーを飾り、毒々しい派手な装束と、異様にねじ曲がった長い梓で民衆を威圧していた。

しかし、衣服の色彩に身分的序列があった時代、こういう豪奢な服装がなぜ彼らには許されていたのであろうか。平安時代当時ですら疑問に思う者がいたが、「放免は一般社会のルールの埒外」「美麗な装束は贓物《ぞうぶつ》（犯罪者から没収したもの）であり、あえて人目に立つようにしている」という論理であったようだ。[57] 放免はまた、行列においては最前列で、道路清掃や、その他の汚れ役、警戒なども担当した。

放免
『法然上人絵伝』より

儀仗の紫綾《したん》の弦

金蒔絵

弭《はず》

水晶の筈

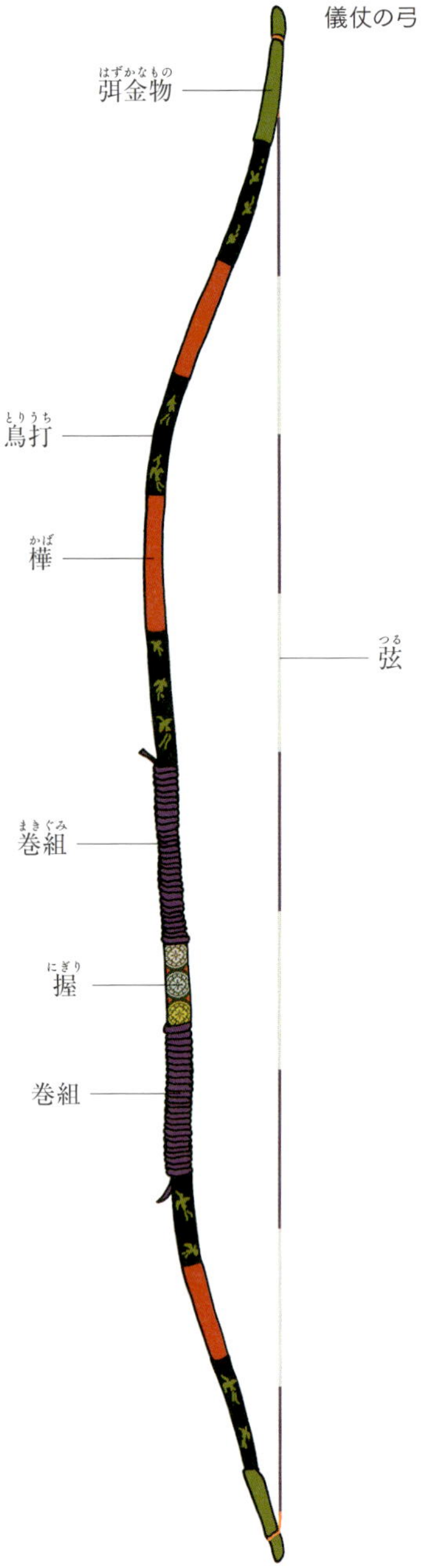

儀仗の弓

	公卿	殿上人	地下
弭金物	金	銀	
鳥打	梨地蒔絵や梨地螺鈿	木地螺鈿や黒漆蒔絵	黒漆無文
樺（紙巻き）	若年・壮年は紅梅色、妻紅、加齢とともに薄くなり、宿老と検非違使は白		
巻組	若年は紫薄平、加齢で厚細	紺の厚細	
握	錦・綾（近世は大和錦）		
弦	紫綎や棟綎		

胡籙《やなぐい》

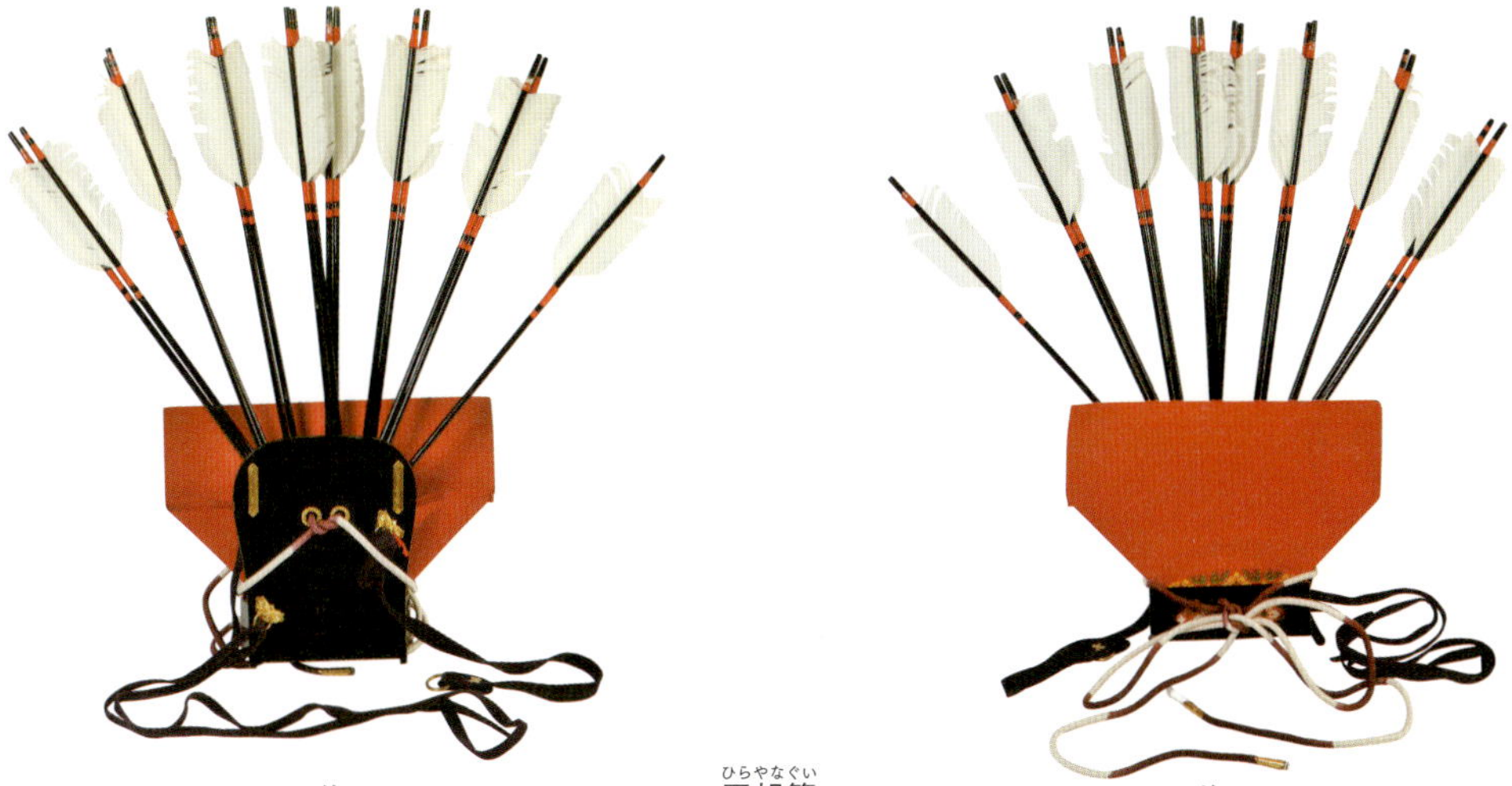

後　平胡籙《ひらやなぐい》　前

壺胡籙《つぼやなぐい》（風俗博物館蔵）

官位の相違による武官束帯の区分け

五辻《いつつじ》左衛門佐《さえもんのすけ》（五辻豊仲《いつつじとよなか》〈30歳〉・正《しょう》四位《しい》下）。黒闕腋袍《くろけってきほう》を着た、典型的な武官姿

飛鳥井《あすかい》左衛門督《さえもんのかみ》（飛鳥井雅光《あすかいまさみつ》〈35歳〉・従三位《じゅさんみ》）。公卿なので縫腋袍《ほうえきほう》。表袴《うえのはかま》に窠《か》に霰《あられ》の浮織が見える

三條右大将（三條公修《さんじょうきんおさ》〈43歳〉・正二位権大納言）。大将なので弓に弦を張らない

二條左大将《にじょうさだいしょう》（二條斉信《にじょうなりのぶ》〈29歳〉・正二位内大臣）。弓箭《きゅうせん》を帯しない文官姿。大臣兼帯の大将の姿

大将の持弓、持平胡籙随身《もちひらやなぐいずいじん》。二條左大将の弓と胡籙を捧持する随身《ずいじん》

『桜町殿行幸図』より（国立公文書館蔵）

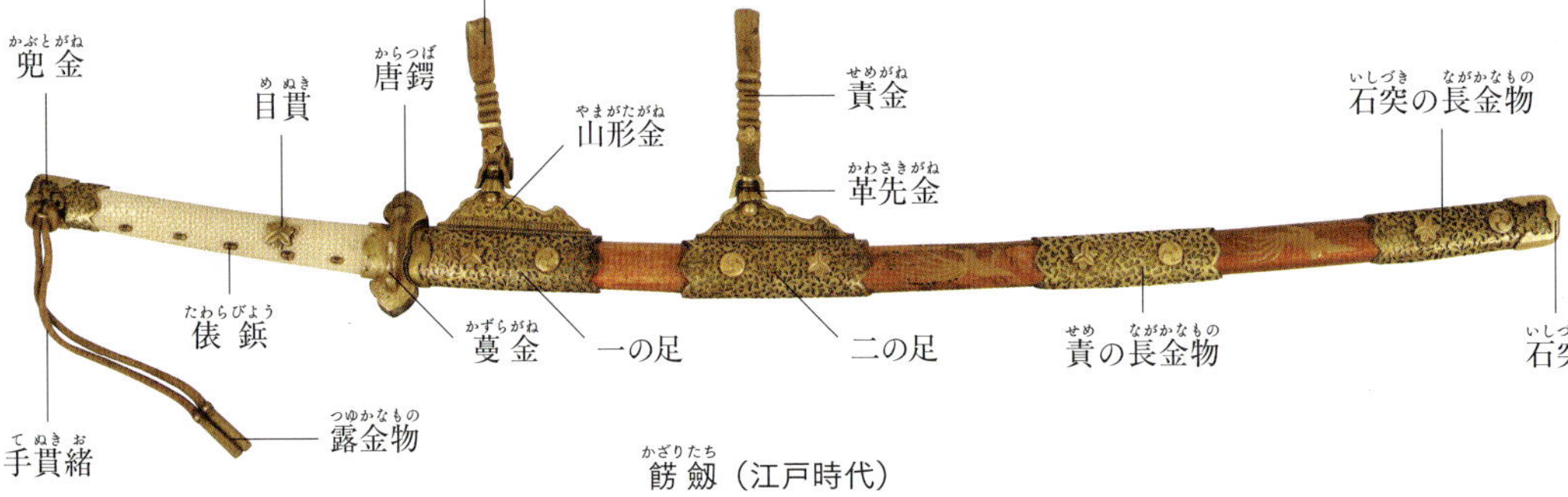

餝劔《かざりたち》（江戸時代）

儀仗《ぎじょう》の劔《たち》の「唐鍔《からつば》」

細劔《ほそだち》（江戸時代）

細劔（江戸時代・三條家伝来）　（上２点、風俗博物館蔵）

兵仗《ひょうじょう》の劔《たち》の「葵鍔《あおいつば》」

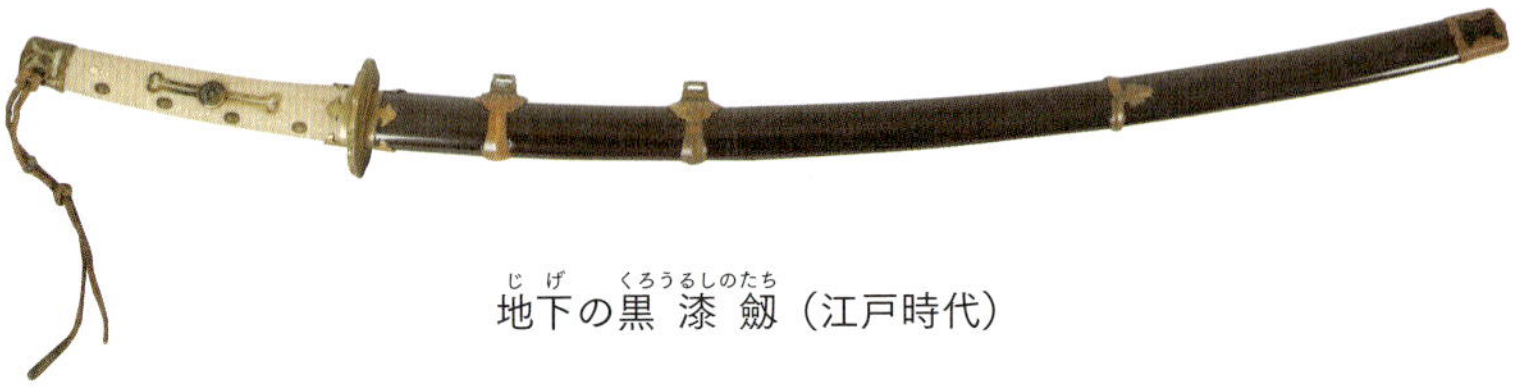

地下《じげ》の黒漆劔《くろうるしのたち》（江戸時代）

尻鞘《しざや》

鳥頸劔《とりくびのたち》

糸巻劔《いとまきのたち》　（上２点、風俗博物館蔵）

上：蒔絵螺鈿劔《まきえらでんのたち》　中：樋螺鈿劔《ひらでんのたち》　下：蒔絵劔《まきえのたち》

上：餝劔《かざりたち》　下：木地螺鈿劔《きじらでんのたち》

黒漆野劔《くろうるしののだち》

上：螺鈿野劔《らでんののだち》　中：蒔絵野劔《まきえののだち》　下：沃懸地野劔《いかけじののだち》

『服色図解』より

劔《たち》の種類とTPO

	名称	主な佩用者	佩用する儀式など	備考
儀仗の劔	餝劔	公卿	節会、内宴、大嘗会御禊、行幸など	きわめて豪華なもので、鎌倉時代以降は代用品を用いる
	螺鈿劔		元日節会、臨時祭使、五節、任大臣、立后節会、行幸、列見、考定、元三中出仕	餝劔の「代の代」として使用した
	樋螺鈿劔		行幸、賭弓	–
	蒔絵劔	公卿・殿上人	拝賀、季御読経、射礼、賭弓、射場始、立坊立后任大臣節会、常の公事	–
	蒔絵螺鈿劔	宿老の公卿・殿上人	遠所行幸、雨天の行幸	–
	沃懸地劔	宿老・検非違使	–	細かい金粉を蒔いて研ぎあげたもの
	黒漆劔	六位以下・諒闇時の公卿・殿上人	重服の者も用いる	金具は銀装。諒闇時は金具を黒塗りすることもあった
兵仗の劔	螺鈿野劔	公卿・殿上人	遠所行幸（公卿）、行幸（殿上人）	行幸時や祭使には尻鞘を付ける
	蒔絵野劔		大将（直衣のとき）、殿上人（狩衣のとき）、御幸供奉（束帯でも）	
	黒漆野劔	六位以下	随身が用いる	

細剱《ほそだち》（昭和御大礼勅任官）

平緒《ひらお》

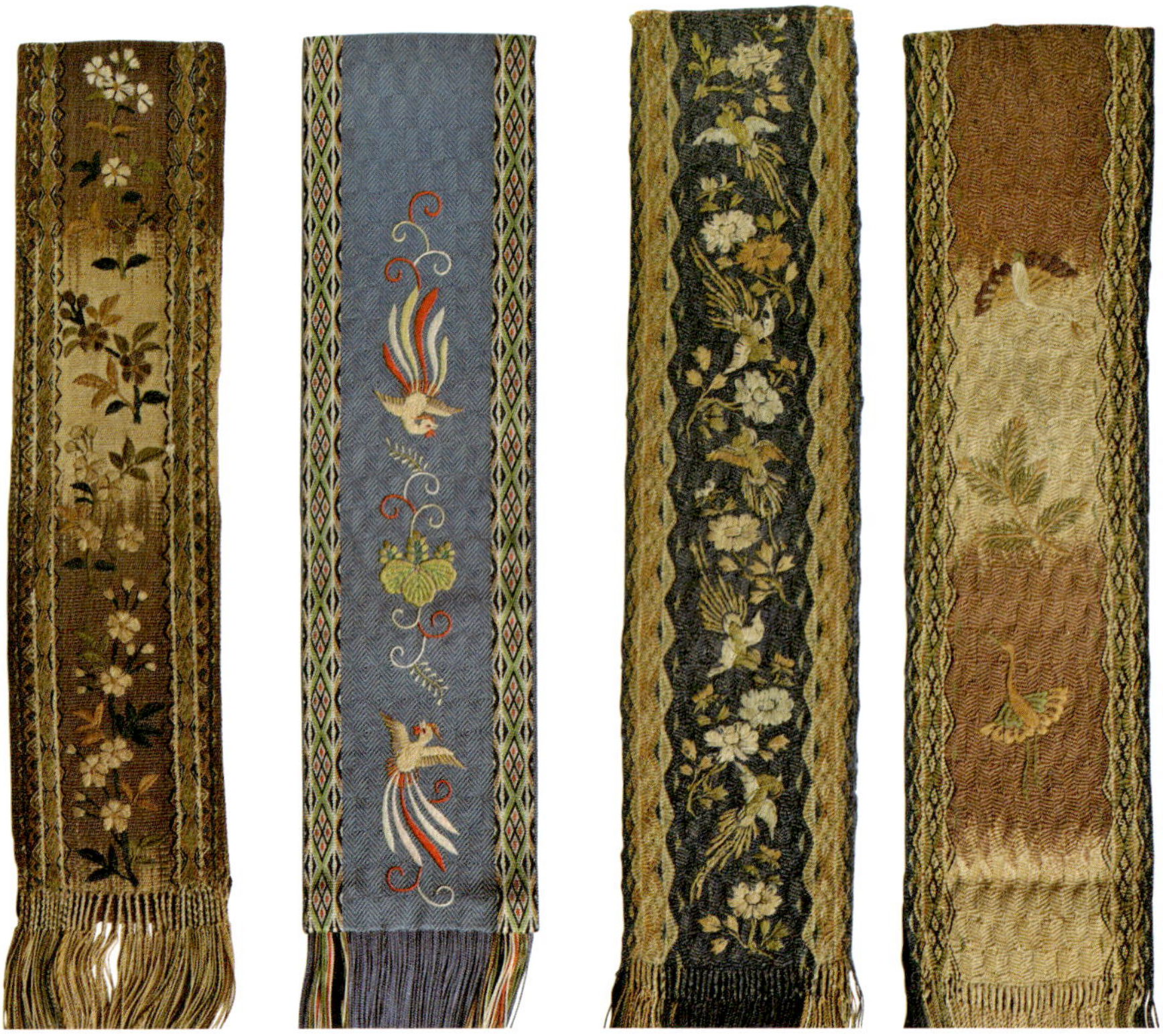

左より博多織（江戸時代・中院家伝来）、どし織《おり》（昭和御大礼）、
唐組《からくみ》紺《こん》地《じ》平《ひら》緒《お》（江戸時代・中院家伝来）、唐組紫緂平緒（江戸時代・伝九條家伝来）

唐組《からくみ》紫《むらさき》緂《だん》平緒《ひらお》
（風俗博物館蔵）

難波津《なにわづ》歌《うた》葦手書《あしてがき》梅花《ばいか》文様《もんよう》唐組《からくみ》紫《むらさき》緂《だん》続《つづき》平緒《ひらお》

梅花文様唐組続平緒（江戸時代・九條家伝来）（風俗博物館蔵）

平緒の種類とTPO

	季節	着用する儀式など	劔の帯取革	刺繡の例
紺地	常時通用	譲位、節会、行幸、御幸、拝賀以下の儀式。尋常にも用いる。舞人のとき	藍革	唐鳥、唐花、千鳥、梅、雉、鶴、松など。心喪のときは無地、検非違使は獅子蛮絵
紅梅地	春	賭弓、臨時客、染装束のとき	紫革	遠山、小松
紫緂	四季通用	節会、行幸、拝賀、大嘗会、春日祭などの晴儀。若年は日常でも可	紫革	孔雀、尾長鳥、竹梅鳳凰、唐花、四季花、黄鳥
櫨緂	九月・十月	御禊で大将代を務めるときなど	藍革・櫨革	菊、龍胆、紅葉
青緂	四月・五月	晴のとき。若年は日常でも可	藍革	卯花、燕、花橘、撫子、黄孔雀、いろいろな唐花
楝緂	春	四季通用とも	紫革	紫緂と青緂の打ち交ぜ
白地刺繡あり	秋	大嘗会小忌	藍革	−
鈍色無文	諒闇	重服の者も用いる		無文で房も付けず

布袴《ほうこ》

着用する状況

もともと「布袴《ほうこ》」は「麻製の袴《はかま》」を意味する単語であったが、[1] 上流階級が絹で仕立てて利用するようになり、[2] 平安中期には束帯《そくたい》の簡略装束を「布袴」と呼ぶようになった。[3] 同じ「布袴」でもまったく意味が異なるので、文献を読むとき、前後の文章から判断する必要がある。

布袴は、束帯ではフォーマル過ぎる、衣冠《いかん》や直衣《のうし》といった「宿装束《とのいしょうぞく》」ではカジュアル過ぎると着用者が判断したときに用いた。[4]

朝廷の儀式においては、その儀式の軽重を表現する目的で、束帯との使い分けが行われた。たとえば「改元」や「代始《だいはじめ》」などの新規業務開始の際に行われる「吉書奏《きっしょのそう》」（吉日を選んで文書を奏聞する）や、その原案の奏上「荒奏《あらそう》」では束帯を着るが、公卿会議の結果をまとめた「定文」の奏上である「和奏《にぎそう》」では布袴を着ることで、その儀式の重要度の差を表現した、といったものである。[5] 新嘗会《しんじょうえ》の五節《ごせち》行事の蔵人の装束でも、丑・寅の日は束帯で、酒宴・豊《とよの》明節会《あかりのせちえ》のある卯の日は布袴、という使い分けがあった。[6]

このほか、内裏焼亡の緊急時や行楽の行幸、[7] 賀茂競馬見物などでも、束帯より足元の楽な布[8]袴は多用された。[9] 大赦が行われるときに「大夫《たいふの》尉《じょう》」（五位の検非違使《けびいし》少尉）が布袴で参内するという故実もあった。[10]

また、家庭内行事での最高フォーマルウエアとしての利用もあった。たとえば「聟執《むことり》」（結婚式）や神社参拝、私家四方拝《しほうはい》などの私的な晴《はれ》の行事で用いた。[11] こうした私的行事では、公式礼装である束帯の着用を遠慮したのである。

布袴の構成

基本的に、袴以外は束帯と同じであるが、石帯《せきたい》は無文丸鞆帯《まるとも》にする、劔《たち》を帯びるときは「餝劔《かざりたち》」や「細劔《ほそだち》」など儀仗の劔ではなく「野《の》劔《だち》」にする、[12] といった、束帯よりもワンランク下のものを用いた。ただし関白の春日詣や競馬見物に、随行員として参加する少納言や外記《げき》などの官人は、布袴でも細劔を帯びる、[13] などの細かいルールもあった。また、夏に「半臂《はんぴ》」を着ない、[14] といったところも束帯とは異なるカジュアルな点である。

布袴にするのは縫腋袍《ほうえきほう》だけであり、闕腋袍《けってきほう》で布袴にすることはない。なお、検非違使《けびいし》が白狩《しろかり》衣《ぎぬ》に冠を着けた姿を「布袴」と呼ぶこともあったが、それは誤りである、という記録がある。[15]

結婚式の装束

平安後期の学者である大江匡房《おおえのまさふさ》が、朝廷や公家の儀式作法を詳細に書き記した書物が『江家《ごうけ》次第《しだい》』であるが、ここに当時の公家の結婚儀礼の一例が書かれている。[16]

結婚当日、聟《むこ》は媒酌人を通して嫁に恋歌を贈り、その夜、嫁の家へ行って泊まる。このときの装束が布袴である。形式的な共寝をした後、聟は嫁の家で準備した烏帽子《えぼし》と狩衣《かりぎぬ》に着替え、

布袴

嫁と食事をともにする儀式「供饌《きょうせん》」を行う。カジュアルな狩衣装束に着替えることによって、聟が「嫁の家の人となる」ことを端的に表現していたのであろう。その後、床入へ進む。

ふたたび布袴に着替えた聟は自宅に戻ると、石帯《せきたい》と下襲《したがさね》をはずした衣冠《いかん》姿となってくつろぎ、また布袴に改めてから嫁の元へ行く。こうして連続三日、聟が嫁の家に通って結婚が成立する。ここで初めて聟が嫁の親と顔を合わせ、「露顕《ところあらわし》」と呼ばれる披露宴が行われた。その後吉日を選び、聟は嫁の家から出仕するようになる。

嫁の婚儀の装束は、露顕以前には汗衫《かざみ》の宿装束など比較的カジュアルな室内着であった。結婚はあくまでも私的な儀礼ということで、公式な正装である束帯や裳唐衣《もからぎぬ》姿にはしなかったのである。

衣《い》冠《かん》

衣冠の歴史

本来、正式な宮中勤務服は「束帯《そくたい》」である。しかし表袴《うえのはかま》の幅が狭く窮屈なため、夜の「宿直《とのい》」には不向きであった。宿直とは、夜間に宮中や役所に泊まり込んで警備をしたり、天皇や上司のそばに控えていて、急な命令・依頼があったときに、諸事万端に対応する当番のことで、律令により定められていた。[1] 律令では「宿」は夜勤、「直」は日勤のことを指すが、一般的には夜勤のことを「宿直」と呼ぶ。[2] 待機中は呼び出しがあるまで特に仕事がなく、くつろいでいられるので、立ち居が楽な服装が求められた。そこで平安中期、束帯から下着類を大幅に省き、扱いの面倒な「裾《きょ》」もやめ、袴をゆったりした「指貫《さしぬき》」に替えた「宿装束《とのいしょうぞく》」としての衣冠が生まれたのである。これに対して束帯は「昼装束《ひのしょうぞく》」と呼ばれるようになる。[3]

宿直用として生まれた衣冠装束であったが、内裏焼亡（宮中の火災）や強訴《ごうそ》など、緊急の場合は、その姿での昼間の参内も認められた。[4] しかしそれは緊急時の対応であり、衣冠はあくまでも略式とされ、平安中期までは通常の昼間の参内に用いられることはなかった。平安後期に「強装束《こわしょうぞく》」が考案されたことにより、束帯の着心地がそれまで以上に悪くなり、さらに院政によって上皇の御所での政治が主流となった平安末期頃から、衣冠は束帯と並んで、昼間にも着用されるようになり始める。[5]

しかし、規則重視の内裏（天皇の御所）では、さまざまな揺れが見られた。検非違使《けびいし》別当以外は、衣冠での参内が認められないこともあった。[6] 立太子礼のような重要儀式に際しても、中納言や参議が衣冠で参列している例がある。[7] 院政時代に装束の下克上が起き、さらに鎌倉時代になると、参内時の衣冠姿が多く見られるようになる。[8] また春日詣・競馬・御幸などの外出には、「晴《はれ》の装束」として太刀を帯びた衣冠姿で参加するようになっている。

ただし宮中においては、「宿侍始《とのいはじめ》」（初めて宮中宿直をする儀式）が終わっていない段階では、衣冠姿で参内してはいけないとされた。[9] 室町中期になっても、顕職（高級官僚）の衣冠での参内は、表向きは禁じられていたが、[10] 一般的にはこの時代には衣冠が最もポピュラーな宮中勤務服になっていた。

それは江戸時代が終わるまで続く。徳川将軍は正月の挨拶のために、京都の御所に「高家《こうけ》」を派遣するが、使者である高家と京都所司代は衣冠姿で天皇に拝謁した。[11]

明治になって、官服の地位は洋服に取って代わられたが、それ以降の衣冠は宮中祭祀および神社神職の正装として今日まで伝わっている。

行幸の少納言侍
『桜町殿行幸図』より
（国立公文書館蔵）

衣冠（夏の料）

垂纓冠《すいえいのかんむり》（繁文《しげもん》）
組懸緒《くみかけお》
袍《ほう》
中啓《ちゅうけい》
指貫《さしぬき》（八藤丸文《やつふじまるもん》）

小格《こかく》
はこえ（格袋《かくぶくろ》）

衣冠の区分

文官束帯《そくたい》から石帯《せきたい》、下襲《したがさね》と裾《きょ》を省き、表袴《うえのはかま》を指貫《さしぬき》に替えた姿が衣冠装束である。武官であっても衣冠については文官と同じ装束であり、衣冠の着用姿に特に区分はなかったが、時代の推移による衣冠のステータス向上により、晴《はれ》の儀式に用いる「衣冠単《いかんひとえ》」と通常参内に用いる「衣冠」とに区別されるようになった。[12]

【衣冠単】

晴の衣冠で、袍《ほう》の下に単《ひとえ》を着るタイプであり、「単衣冠《ひとえいかん》」「重衣冠《かさねいかん》」「衣冠襲《いかんがさね》」などとも呼ばれる。神事に用いるほか、束帯に準ずる扱いがなされ、[13]持具《もちぐ》も正式タイプの檜扇《ひおうぎ》、帖紙《たとう》が原則である。[14]檜扇に代わって末広を持つときは「妻紅《つまくれない》」と呼ばれる高級タイプを使用した。また冠に懸《かけ》緒《お》を用いるようになった近世において、衣冠単の場合は束帯と同じく、必ず「紙捻《こびねり》」を用いることとされた。

節会《せちえ》など晴の儀式においては、袍の下、単の上に「衣《きぬ》」を着用し、袍の裾からはみ出させて見せる「出衣《いだしぎぬ》」をすることもあった。[15]しかも表地をずらして裏地を見せる「おめり」仕立てで、一枚で二枚重ねているように美しく演出した。

【衣冠】

室町時代から、ただ「衣冠」というと「単」を略した姿を意味することが多くなった。現代の宮中においても同様であり、「衣冠」では単を着ない。持具については、冬は末広や中啓《ちゅうけい》、夏は蝙蝠扇《かわほりおうぎ》、いずれも「妻紅」ではない略儀のタイプを用いる。冠の懸緒は勅許があれば紫や白の組紐を用いることができた。

衣冠の簡略化は袴にも及び、江戸時代後期には指貫ではなく、切袴である「指袴《さしこ》」を用いるようにもなったが、これは夏の暑さ対策がその理由といわれている。宮中では「節朔《せっさく》」（五節供と毎月一日および十五日）だけ指貫をはき、それ以外の日の参内には指袴を用いたようである。

【童殿上《わらわてんじょう》の宿装束《とのいしょうぞく》としての衣冠】

文官・武官を問わず、衣冠は垂纓冠《すいえいのかんむり》に縫腋《ほうえき》袍《ほう》が原則であるが、例外もあった。行儀見習いのために、公家の少年が宮中に出仕する「童殿上」は、子ども服なので赤色《あかいろ》小葵文《こあおいもん》の闕腋袍《けってきほう》と指貫の組み合わせを「衣冠」とした。[16]そのときの帯は狩衣《かりぎぬ》の当帯《あておび》を使用し、髪型は「鬟《みずら》」に結った。

地下《じげ》の衣冠（狩袴《かりばかま》）

公卿の衣冠（指貫《さしぬき》）

『年中行事絵巻』より

神事で笏《しゃく》を持つ衣冠姿《いかんすがた》

『松崎天神縁起絵巻』より

衣冠の構成

【袍《ほう》】

袍は文官束帯《そくたい》とまったく同じ縫腋袍《ほうえきほう》に見えるが、「はこえ」（格袋《かくぶくろ》）を身体に密着させるようになった近世以降、衣冠の袍には脇に小紐と呼ばれる便宜の紐が付いているのが束帯の袍と異なる点である。この小紐を前で結ぶことで「はこえ」を腰に密着させるのだが、絵巻物で見る古い衣冠姿では、「はこえ」は密着せずにヒラヒラとしているようにも見える。

この小紐以外は束帯で用いる袍と同じものであり、位階によって色や文様が異なるなどのルールも束帯と共通である。

【袴《はかま》】

衣冠の袴は「指貫《さしぬき》」が当然と思われがちだが、「地下《じげ》」（昇殿できない家・身分）の者については、平安時代においては、細身の「狩袴《かりばかま》」と組み合わせることになっていた。『年中行事絵巻』では、狩袴の衣冠姿を多く見ることができる。しかし鎌倉時代頃からは地下の衣冠でも、指貫を用いるようになった。

【冠《かんむり》】

冠は束帯と同じものを用い、五位以上が繁《しげ》文《もん》、六位以下が遠文《とおもん》の冠を用いるなどのルールもまったく同様である。衣冠には文武の区別がないため、特別な場合を除いて全員が垂纓冠《すいえいのかんむり》を用いる。懸緒《かけお》は「衣冠単《いかんひとえ》」の場合は紙捻《こびねり》に限り、「衣冠」の場合は特別な許しを得て組懸《くみかけ》（組紐の懸緒）を用いることもあった。[17]

【帯剣《たいけん》】

外出などで太刀を帯びるときは「兵仗《ひょうじょう》の劔《たち》」（野劔《のだち》）を革緒《かわお》で腰に吊った。[18]

【檜扇《ひおうぎ》】

「衣冠単」では檜扇や妻紅《つまくれない》の末広、「衣冠」では末広や蝙蝠《かわほり》を持った。歩くときは懐中して手に持たず、人と会うときや座ったときに手に持つというマナーがあったらしい。[19]

【笏《しゃく》】

衣冠装束では笏を持たないのが原則であるが、衣冠単での神詣の場合は持つことになっていた。[20]

【履き物】

衣冠での履き物は、浅沓《あさぐつ》が多い。場合によって「緒太《おぶと》」と呼ばれる草履を履いた。[21] 足は原則として素足である。

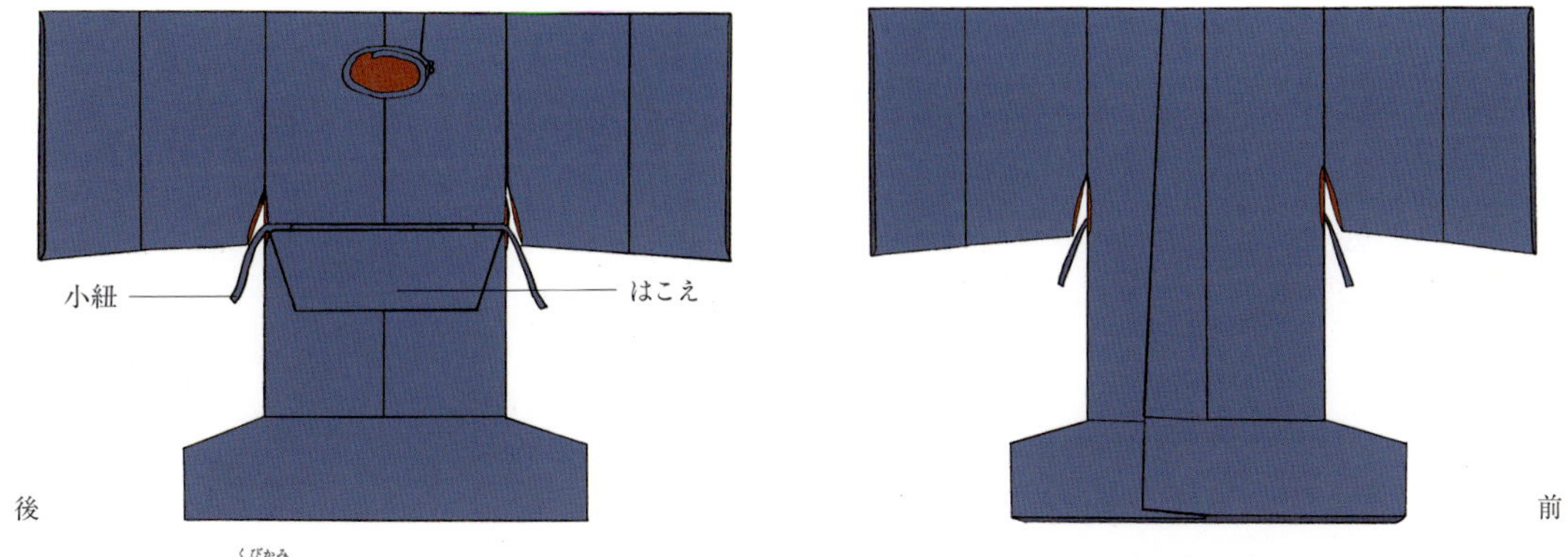

首紙《くびかみ》が見えるのが背面となる

衣冠の袍は脇に小紐が付く

袍《ほう》

衣冠の着装

袍《ほう》の着装で束帯《そくたい》と大きく異なるのは、石帯《せきたい》を用いずに「抱え紐」を帯にすることである。現代の抱え紐は、袍と同じ生地（共裂《ともぎれ》）の平紐《ひらひも》を用いることが多いが、江戸時代の文献では、白《しろ》平絹《へいけん》の絎紐《くけひも》（綿を入れた丸紐）が用いられ、「太いほど良い」と書かれている。[22]

さらに、背中の「はこえ」については、束帯では中に折り込んでしまうが、衣冠では外に引き出して垂らす。丈の長い袍を身長に合わせて「お端折《はしより》」にするとき、前身頃は懐を作ることで処理するが、後身頃については衣冠と束帯とでは処理の仕方が異なるのである。束帯ではお端折を持ち上げて、ポケット状になった「はこえ」の中に入れ込むようにして処理し、衣冠では「はこえ」を表に出してお端折部分を隠す処理をする。

「はこえ」の左右の端に付く「小紐」は、前の懐を作った後に、後ろの「はこえ」を整えてから結び、結び目を懐の中に込み入れるのが本儀であるが、今日では懐を作る前に結んでしまうことも行われている。

大きく長い袍の袖を、腕の長さに合わせる処理は、近世の束帯では複雑な「耳」（ひだ）を作るようになったが、衣冠の場合は、上部をZ状に折り畳み、折り線を整えるだけである。この簡単な袖の処理方法を「袖の執り流し」と呼ぶ。

束帯《そくたい》と衣冠《いかん》の「はこえ」処理の相違

束帯は「はこえ」を入れる

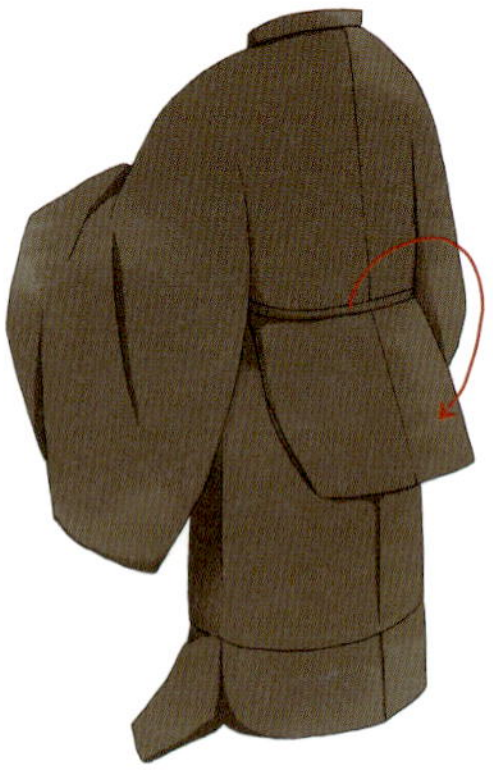

衣冠は引き出す

袖の執り流し

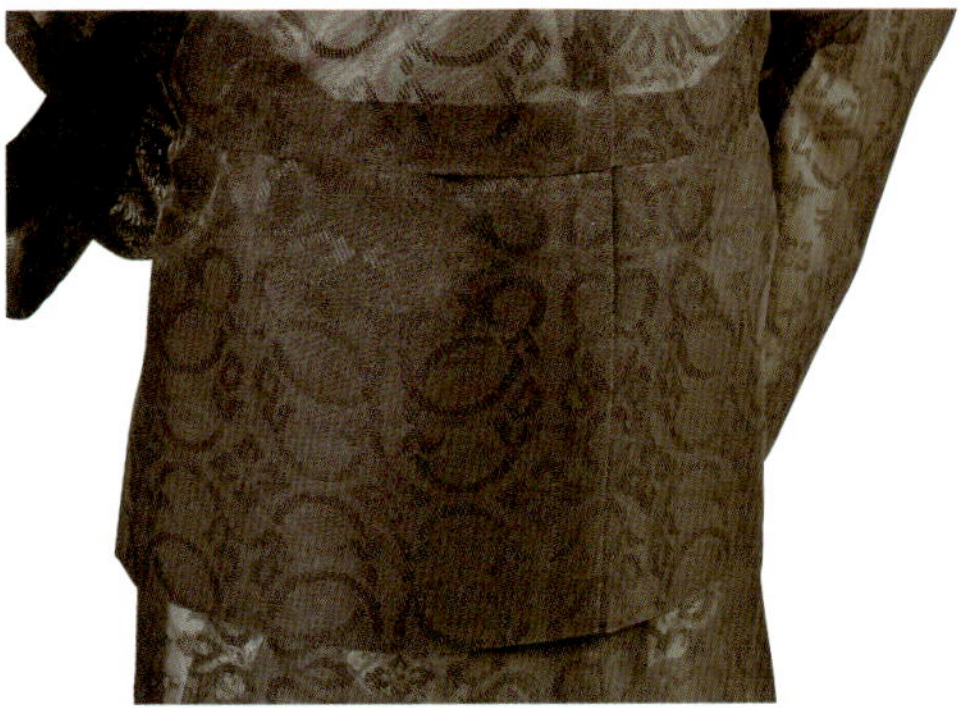

衣冠のはこえ（格袋）は外に引き出す

衣冠単《いかんひとえ》
『法然上人絵伝』より

直衣《のうし》

直衣の歴史

直衣は「雑袍《ざつぽう》」とも呼ばれ、位階で色彩が決まっている位袍《いほう》ではない、自由な色彩の袍を用いる上流貴族の日常着であった。日常生活といえども、スポーツウエアの狩衣《かりぎぬ》ではカジュアル過ぎると感じた上流階級が、この直衣を着用したのであるが、あくまで私的なファッションであった。

ところがやがて、天皇の許可「雑袍聴許《ちょうきょ》」があれば直衣での参内も許可されるようになり、[1]これらの聴許は検非違使《けびいし》が管理をしていた。[2]直衣での参内の場合、烏帽子《えぼし》の代わりに冠をかぶるが、そうした姿を「冠直衣《かんむりのうし》」と呼んだ。[3]

直衣での参内が許されるのは原則として大臣の子や孫、そして公卿（三位以上と参議）の中でも特に天皇の覚えめでたい者、つまりトップエリートのみであった。逆にいえば、聴許が得られず位袍の束帯でしか参内できないことは、上級貴族にとって面目がつぶれることになり、それを理由として出勤拒否した者すらいるほどであった。[4]『源氏物語』にも類似の記述が見られる。[5]

そうした栄誉の聴許を得た者は、初めて直衣で参内できることを祝って「直衣始《のうしはじめ》」と呼ばれる儀式を行った。このときは特に美しい「出衣《いだしぎぬ》」をし、威儀を正して参内し、天皇にお礼を申し上げた。[6]

しかし時は流れ、鎌倉時代になるとこの聴許が簡単に出るようになり、順徳天皇は『禁秘抄』でそのことを歎いている。[7]このほか、お灸の痕が痛いので束帯が着られない、[8]近衛の将は「永宣旨《えいせんじ》」があるなどの理由で、[9]聴許がなくても勝手に直衣で参内するなど、冠直衣姿での参内の例が増えてゆく。室町時代の摂家・一條家では「摂家は元服日に禁色《きんじき》を許される。雑袍については特に沙汰はないが、聴許を待たずに直衣で参内するのが当家の代々の例である」[10]と書き残している。直衣参内の基準は、時代とともに曖昧になったのであった。

江戸時代の『禁中並公家諸法度』では、大臣の孫までのほか、家格「羽林家《うりんけ》」に属する公家の直衣着用が認められている。[11]

直衣を着る状況

直衣は公卿など上級貴族の日常着であり、着用層がトップエリートに限定された特殊な参内装束であったが、あくまでも略式であって、衣《い》冠《かん》よりもカジュアルという位置づけであった。[12]そのため聴許を得て日常の参内には着用できても、古くからの重要な儀式では着用できないことになっていた。[13]

平安時代、天皇が儀式で直衣を着用することは原則としてなく、また天皇が指貫《さしぬき》をはくこともなかったが、例外であったのが、新嘗《しんじょう》会《え》「五節舞姫《ごせちまいひめ》・帳台試《ちょうだいのこころみ》」（五節舞の予行演習）の場面である。このとき天皇は臣下に紛れて舞姫たちを見物するが、臣下と同じように指貫をはいた直衣姿に扮装した。ただし臣下の冬直衣は白の「臥蝶丸《ふせちょうのまる》」文様であるが、天皇は「小《こ》葵《あおい》」文様であり、指貫も「濃紫窠霰文浮織《こきむらさきかにあられもんうきおり》」という、臣下の用いないものを用いた。[14]

このとき以外、天皇が指貫をはく直衣姿は少数の例外を除いてなかったのであるが、さらに

直衣
（夏の料）

冠《かんむり》 直衣《のうし》

直衣布袴（冬の料）

後ろは出さない

袍の下前から衣を出す

出衣にするときの「衣《きぬ》」の着装

出衣《いだしぎぬ》

例外が生まれた。天皇が蹴鞠をするときにこの直衣姿をしたのである。[15] これを始めたのは鎌倉初期の後鳥羽天皇であり、[16] このルールは室町時代でも受け継がれていた。[17]

現代の皇室においては、天皇が「御引直衣《おひきのうし》」の簡略版として「勅使発遣の儀」「神武天皇祭と先帝祭の御神楽《みかぐら》の儀」「毎月一日旬祭《しゅんさいご》御親拝《しんぱい》」などに着用されるほか、皇族の「神事習礼《しんじしゅらい》」などに用いられるのみで、ほかに使用される機会はない。皇室・皇族以外で公式に直衣を着用する機会は、現在では存在しない。

なお、天皇が着用される冬の直衣は平安時代以来の伝統が受け継がれており、文様は臥蝶《ふせちょうの》丸《まる》ではなく小葵《こあおい》、夏は三重襷《みえだすき》文が用いられる。そして袴は指貫ではなく紅《くれない》の切袴《きりばかま》である。皇太子の直衣装束の袴は、冬は紫浮織物《むらさきうきおりもの》「窠《か》に霰《あられ》」文、夏は二藍生浮織物《ふたあいきのうきおりもの》「雲立涌《くもたてわく》」文の指貫である。

二藍

紅と藍で二重に染めるため染め具合により色調が変化する

直衣の色彩と文様

直衣の構成は「衣冠」とほぼ同様であるが、袍は位階によらず色も文様も自由なものを用いた。しかし参内にも用いることができるようになると、次第に形式化・固定化され、冬は「臥蝶丸」(浮線綾《ふせんりょう》)文の白、夏は「三重襷」文の二藍や縹《はなだ》のもの、と決められるようになった。冬の裏地は夏の生地と同色で、若いときは二藍、四十を超えれば縹と、他の装束同様に若いほど濃く、年老いるに従って薄くする。きわめて高齢になると文様のない白の平絹《へいけん》を用いた。[18] 禁色《きんじき》を許されていない殿上人《てんじょうびと》の直衣も同じく無文の平絹である。[19]

この「若い人ほど色を濃く、加齢とともに薄く」という色彩のルールは平安時代中期頃から存在しており、『源氏物語』でも、「軽々しく見られないように色の薄い直衣を着る」描写が見られる。[20] 官位の高い者は実年齢よりも高齢者向けの衣服を用いることがルールであった。

冬の直衣は、表地を折り返す両端袖《はたそで》と首紙《くびかみ》(襟)、欄《らん》の四か所は表からも白く見えるが、それ以外の部分は裏地の色が透ける。裏が赤みの強い二藍ならば表はピンクに見える「桜《さくら》直衣」、裏が縹なら表は水色に見える「柳《やなぎ》直衣」[21]、となる。こうした直衣は四か所が白いので、大和絵画家などから「四白直衣《よつじろのうし》」とも呼ばれた。

直衣《のうし》の色彩

冬の表	夏の縠紗・冬の裏地色					
固地綾	若年		壮年		宿老	極老
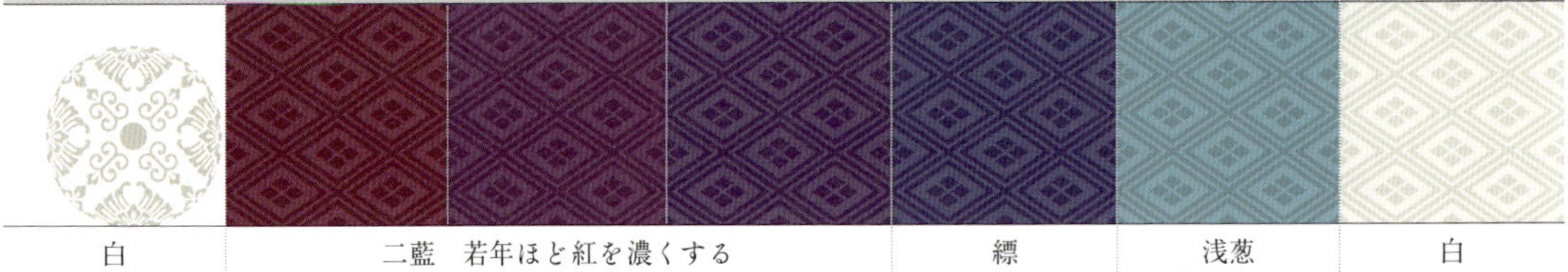						
白	二藍　若年ほど紅を濃くする			縹	浅葱	白

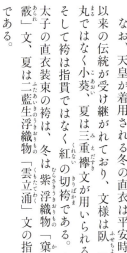

かぶりものは、日常用は立烏帽子《たてえぼし》であるが、参内の場合は冠をつけて「冠直衣《かんむりのうし》」となる。その他の持具《もちぐ》などは衣冠に準じる。略式なので冠の懸緒《かけお》は紙捻《こびねり》だけでなく、「組懸《くみがけ》」（組紐）を用いることもあった。[22]

例外の直衣「紅梅・香《こう》、童殿上《わらわてんじょう》」

平安時代、公家たちがイメージする春の花は梅であり、正月や春に「紅梅直衣」を着た記述が文献に多く見られる。これは重ね色目ではなく、表地そのものを紅梅色の生地で仕立てた直衣で、文様は小葵《こあおい》や亀甲《きっこう》、梅などを用いた。関白の「曲水宴《きょくすいのえん》」[23]や後嵯峨上皇の高野御幸に「紅梅直衣」が着用されたこと[24]、恩顧の医師に特別に「紅梅直衣」が許されたことなどが[25]文献に残る。ほかにも「桃花直衣」「紫苑《しおん》色直衣」など、さまざまな名称が文献上に散見される。こうした、通常は用いない色の装束を着用できるのは、一日晴《いちにちばれ》のときに限られた。

このほか淡いブラウンの「香《こう》直衣」が、平等院一切経などの仏事・法会に際して着用された記録もある。[26] また、上級貴族の子弟が行儀見習いとして宮中のボーイを務める「童殿上」は、小葵文様の直衣を着ていた。[27]

大きな袋状の指貫
『紫式部日記絵巻』より

指貫《さしぬき》の裾から下袴《したばかま》を引き出して着用
『春日権現験記絵巻』より

出衣《いだしぎぬ》

出衣《いだしぎぬ》・出袙《いだしあこめ》

直衣の場合、「単《ひとえ》」の上に、あるいは単の代わりに「衣《きぬ》」を重ね着することがあった。衣は単と同じような仕立ての衣類であるが、特に前身頃を長く仕立てて指貫《さしぬき》に着込めずに帯で留め、そのまま袍《ほう》の下にはみ出させることがある。これは一種のお洒落であり、「出衣」と呼ばれた。下着を少し見せる「チラリズム・ファッション」の元祖である。ただし「出衣」という単語には「牛車の簾《すだれ》の下から美しい十二単《じゅうにひとえ》の裾の重なりを見せる装飾」を意味する場合もあるので注意が必要であり、「出袙」という呼び方もある。[28]

「衣」の色彩は自由で、さらにこれを数枚重ねて「重ね色目」を楽しみ、[29]さらに三重にも五重にも重ねた、豪華なタイプもあった。そういう場合、生地を少しずつずらして色彩のグラデーションを表現した。[30]

出衣は、前だけ行い、後ろは出さないのが原則であるが、[31]派手な豪華さを競った平安後期以降、後ろにも出す者が多かった。[32] 高齢の大臣や摂関までが、後ろから出していたことも記録されている。[33]

直衣布袴《ほうこ》

冠直衣姿の場合、特に礼を尽くす場合やお洒落を示す状況においては、「下襲《したがさね》」を着て裾《きょ》を長く曳く「直衣布袴」にすることもあり、皇族のこの姿を特に「大君姿《おおきみすがた》」とも呼んだ。『源氏物語』の「花宴」では、その華やかな姿とステータスが見事に描写されている。[34]

それは右大臣邸の藤花の宴の場面である。他の参加者が皆、位袍《いほう》の束帯《そくたい》であるところに、光源氏だけが桜重ねの大君姿で登場する。その姿は際だって、花の色香も圧倒されんばかりと評された。直衣布袴がいかにハイソサエティの最上級お洒落であったかがよくわかる表現である。

そうした特別な装束であったので、最上級の貴族である摂政・関白ですら、機会がなければ生涯その姿をすることができなかった。[35] 特殊例としては、室町第四代将軍・足利義持が紅梅直衣で直衣布袴にしたり、[36]『源氏物語』では他の公卿たちと差をつけ、重々しさを増すために、直衣姿に下襲を加えた例[37]が見られる。

無襴直衣

平安末期の文献に突然現れるのが「無襴直衣」であるが、これがどのようなものかわかっていない。一説には古式の袍《ほう》の形式である「入《にゅう》襴《らん》」の直衣であるとか、またある説では、闕腋《けってき》袍《ほう》の直衣バージョンであるとかさまざまであるが、無襴直衣の記録は、すべて平安末期の藤原頼長に関連したものであるので、頼長オリジナルの装束であるのかもしれない。[38]

実物を詳しく解説した文献も図もないので、あくまでも推測の域を出ない。[39]

御《お》引《ひき》直衣

天皇の儀式ではない日常生活の衣服は直衣であり、「追儺《ついな》」のような私的なイベントのときもそうであった。[40] 古い文献では「直衣」としか記載されていないが、プライベートな場面では帯をせず、裾を上げずに曳きずった着方をしていた。これが「引直衣《ひきのうし》」である。この場合の袴は指貫《さしぬき》ではなく、女性用と同じ紅《くれない》の長袴《ながばかま》を用いた。

このいかにもくつろいだ直衣姿は、やがて平安後期、オフィシャルな場面でも着用されるようになり、[41,42] くつろぎスタイルを維持しつつも威儀を整える矛盾した必要性が生まれ、帯をして普通の直衣のように懐を作ったのである。[43] 臣下と同じような姿になることに、鎌倉前期の順徳天皇は不快感を持っていた。[44] やがて懐を作った状態でも裾を長く曳くように、特別に丈を長く仕立てるようになり、この「御引直衣」姿が鎌倉時代、天皇の「褻《け》」すなわち日常着となった。[45]

御引直衣
『枕草子絵詞』より

しかし「前の時代の平服が次の時代の礼服」という流れは、古今東西の普遍的な法則である。平安時代には青色袍《あおいろほう》の束帯を着用していた「賀茂臨時祭」に、後醍醐天皇は御引直衣姿で臨んでいる。[46] そういう儀式にも用いられるようになると、ラフな御引直衣にも、格式張った工夫がなされるようになり、長袴でありながら「挿鞋《そうかい》」と呼ばれる、繧繝錦《うんげんにしき》を張った室内沓《しつないぐつ》を履き、[47] 縫腋袍《ほうえきほう》の束帯のように「尻作り」（格立《かくたて》のことと推測される）の処理をしている。[48]

室町中期が御引直衣の分岐点であったようで、儀式用（紅の板引長袴《いたびきながばかま》着用）と、内々の姿（生紅《きのくれない》の大口袴《おおくちばかま》着用）など、TPOに合わせていくつかのバリエーションが生まれた。[49]「御物具《おんもののぐ》」と称して、御引直衣に衣《きぬ》を重ねるというようなこともなされており、[50] 江戸時代には正月元日の礼装にまで昇格している。[51] なお、儀式服と化す前の平安中期以前の着方は、「御下《おさげ》直衣」と呼ばれた。[52]

近代では、御引直衣は即位後の「代始め」に行われる、伊勢の神宮などに対する「勅使発遣の儀」に着用される。

狩衣《かりぎぬ》

狩衣

夏の料

狩衣の歴史

狩衣はもともと都の中流階級のお洒落着程度の衣服であった。唐の風俗がもたらされてからの日本では、襟の詰まった「盤領《まるえり》」の衣類が高級とされていたので、都人が庶民に至るまで盤領を好んで着用したことは、『伴大納言絵詞』などの絵巻物から推測できる。それらは布（麻）で作られていたので「布衣《ほい》」と呼ばれていた。

貴族たちは野外での行楽や鷹狩り用のスポーツウエアとして布衣を使い始め、そのため「狩衣」と呼ばれるようになる。着用が簡便で運動性も高い便利な衣類であるため、やがて多くの貴族たちが気軽な外出着として愛用するようになった[1]が、その当時は決して宮中での着用が許されるものではなかった[2]。

平安中期の藤原道長は型破りな人物で、貴族トップの立場であるにも拘らず、狩衣姿で長谷寺詣をするなど狩衣を愛用し[3]、これに影響を受けた貴族たちがさまざまな場面で狩衣を着用することになる[4]。

上流階級が着用することにより、狩衣は綾織《あやおり》物《もの》などの高級絹織物で仕立てられるようになり、粗末な布衣の面影のない美麗なものとなった[5]。賀茂祭などでは随身《ずいじん》たちも、同じようにきらびやかな狩衣を着用するようになり、その禁令が出されることもあったが[6]、禁止する上流階級が狩衣の美麗化を推進しているような状態であったので[7]、この流れを変えることはできなかった。ただし平安中期までの狩衣は、まだ中級以下の貴族の日常着と位置づけられており、上級貴族は「直衣《のうし》」を日常着としていた。『源氏物語』（夕顔）において、光源氏が中級貴族に変装するために「御装束をもやつれたる狩の御衣をたてまつり、さまを変へ」とあるのはそのためである。

平安後期の院政の時代になって、上皇の御所への出仕（院参）に用いられるようになり[8]、時代を経るに従ってフォーマルウエアとしての色合いも増すことになる。ただし狩衣での院参は、上皇が初めて狩衣を着る儀式「布衣始《ほういはじめ》」をした後に許されることとされた[9]。

鎌倉時代になると武士階級の礼装に昇格し[10]、江戸初期には礼装の一つに位置づけられた[11]。狩衣は直垂《ひたたれ》階級（将軍以下大大名、侍従以上）に次ぐ階級（四位）の所用と定められ、それと同時に、狩衣の別名であった布衣《ほい》が、独立した装束として扱われるようになる。特定の役職に就く旗本が布衣階級とされ、無文の狩衣を着用した[12]。こうして布衣は狩衣の別名でなく、「無文裏なし狩衣」のこととされた[13]。

もちろん当時の公家も着用し続けていた。ただし大納言までのことで、室町時代以降、上皇や大臣・大将は、狩衣よりもグレードが高いとされた「小直衣《このうし》」着用になった[14]。また公家に仕える「青侍」と呼ばれる人々は、礼装として無文の布衣を着用した[15]。

現代において狩衣は、神社神職の一般的な装束「常装」になっている。

狩衣の構成

狩衣装束は、烏帽子《えぼし》をかぶり、下着である白小袖の上に「単《ひとえ》」と袴《はかま》を着け、その上に狩衣をまとう。単の代わりに「衣《きぬ》」を着ることもあった。平安後期頃からカラフルな衣の利用がメインとなり、狩衣との「重ね色目」のお洒落を楽しんだが[16]、やがて儀式以外では衣も略すケースが多くなり、現代の神職は通常、白小袖の上に狩衣を着るだけである。

狩衣に用いる袴は、近世以降は反物八巾で絹製の「指貫《さしぬき》」（奴袴《ぬばかま》）あるいは「指袴《さしこ》」（切袴《きりばかま》）を用いるのが普通である。しかし平安から室町時代には「狩袴《かりばかま》」あるいは「襖袴《おうばかま》」と呼ばれる細身で活動的な、麻製の白袴をはいていた[17]。狩衣が高級な正装というステータスを獲得するようになってから、グレードの高い「指貫」とセットにするようになったのである。

かぶり物は「立烏帽子《たてえぼし》」や「風折烏帽子《かざおりえぼし》」[18]を用いる。風折烏帽子は立烏帽子を畳んで活動性を良くしたものであるが、カジュアル感を好んで上皇も愛用した。堂上《とうしょう》が狩衣、地下《じげ》が布衣という区別が生まれた頃から、狩衣には立烏帽子、布衣には風折烏帽子という区分けが生まれた[19]が、上皇だけは例外である。また、のちに公家の家格により摂家・清華家・大臣家は十六歳以降も狩衣に立烏帽子を用いるが、それ以下の家格「平堂上《ひらとうしょう》」は、十六歳までが立烏帽子、それ以降は風折烏帽子という差別も生まれた。江戸幕府の礼装としての狩衣の場合は、将軍以外は全員が風折烏帽子である。[20] 一般的に狩衣で冠をかぶることはないが、「布衣冠《ほいかんむり》」と称して、検非違使《けびいし》や随身《ずいじん》、中務省掌《なかつかさしょうしょう》といった官人たちが着用することもあった。[21]

持ち物は檜扇《ひおうぎ》や「蝙蝠《かわほり》」、室町時代頃からは末広《すえひろ》（中啓《ちゅうけい》）などの扇を用いた。履き物は裸足に浅沓《あさぐつ》や、「緒太《おぶと》」と呼ばれる草履の一種を履く。神事以外において狩衣姿で笏《しゃく》を持つことはない。

狩衣の別名

「雁衣」「猟衣」　公家の記述に多い当て字、替え字の類。

「布衣」「ほうい」と読むと狩衣全般の古称、「ほい」と読むと地下《じげ》の無地狩衣。

「狩襖《かりおう》」「襖」とは脇を縫わない袍（闕腋袍《けってきほう》）のこと。形が似ているために名付けられる。のち、上下共裂《ともぎれ》の場合のみ狩襖と称した。

狩衣の色彩

朝廷出仕用の位袍《いほう》と異なり、カジュアルな衣類に端を発する狩衣の色彩は、自由とされていた。[22] 各自のお洒落心で色彩を楽しんだため、[23] 表地と裏地の色の組み合わせ・狩衣と下に着る衣との組み合わせでさまざまな「重《かさ》ね色目《いろめ》」が生まれ、それぞれの色彩の組み合わせには、四季折々に応じた雅《みやび》やかな名前が付けられている。

古くは色彩と文様に関連性はなかったが、重ね色目が故実の約束事として固定化され始めた室町時代になると、たとえば「桜重ねには桜立《たて》涌《わく》」「松重ねには松唐草」などというルールも生まれている。[24] また四季に応じて着るべき重ね色目が指定されたり、この色はこの年齢に限って着る、など煩雑な約束事も完成する。さらに高位高官の公家については、当時老人とされた四十歳以上はもう華やかな物は似合わないとのことで、表地の色に拘らず裏は白の「裏白の狩衣」を用いることとされた。[25]

狩衣の文様は、ほとんどが「臥蝶丸《ふせちょうのまる》」や「立涌」など、平安以来の伝統的な有職文様である

布衣《ほい》
『春日権現験記絵巻』より

左：指貫《さしぬき》、右：狩袴《かりばかま》
『法然上人絵伝』より

狩衣《かりぎぬ》
『法然上人絵伝』より

狩衣の若い公卿
『春日権現験記絵巻』より

が、正倉院御物その他、多様なデザインをモチーフとしてアレンジを加えた狩衣も近世には生み出されている。

神職のメイン装束となった今日、着用者の身分・好みに応じて、さまざまな色とデザインの狩衣が登場している。一般的には江戸時代以来、萌黄《もえぎ》、香《こう》、檜皮色《ひわだいろ》、紺、薄紫などの色は四季通用で、どういう状況でも可と考えられている。

狩衣の生地

「禁色《きんじき》」というルールは色彩だけの規制ではなく、生地の質についての規制でもあり、文様のある綾織物《あやおりもの》は許可なしでは着ることができない、とされていた。狩衣袴については、『延喜式』(弾正台《だんじょうだい》)でこのルールが適用されていたが、五位以上の者の着用は黙認されていたため、[26]比較的自由であった。平安末期には六位以下も顕《けん》文紗《もんしゃ》など有文の狩衣を着ており、[27]狩衣のステータス向上とともに、浮織物《うきおりもの》・二陪《ふたえ》織物といった豪華な織狩衣《おりかりぎぬ》も作られるようになり、さらに中国からの輸入品「唐織《からおり》」も用いられた。そうした行き過ぎた贅沢には禁令も出ている。[28]

麻製の「布狩衣《ぬのかりぎぬ》」も使用され続け、六位以下はもちろん、上皇や堂上《とうしょう》公家も極熱の夏には涼しい布狩衣を着ることがあった。[29]また若年は固織物を用いたが、こうした年齢による地質の区別は、指貫《さしぬき》など他の衣類についてもいえる共通のルールである。

夏物の狩衣は、古くは生絹《すずし》とされていたが、やがて薄物の紗《しゃ》が用いられるようになり、若者に多用された。[30]顕文紗は四季通用になり、[31]六位以下の地下《じげ》も用いることができた。江戸幕府の礼装としての狩衣は、夏冬問わず紗が中心である。高齢者は練糸《ねりいと》を使った薄物である「練薄《ねりうす》」も用いる。江戸時代には位袍《いほう》と同じ生地の狩衣もあった。[32]

古い時代、「長絹狩衣《ちょうけん》」として高齢の高位高官が用いたと記録にある。[33]また「えせ絹」として医師や陰陽師が着用したという記録もある。ただしこの「長絹」「えせ絹」がどのような絹地か、諸説あって真相はわかっていない。

袖括《そでくくり》の緒《お》

狩衣の袖端には袖括の緒がある。これは狩衣が狩猟用であった時代、大きな袖口がじゃまになるため、紐を袖口に通し、必要に応じてこれを絞って活動性を確保した名残である。狩衣が公家の日常着になって以降、実用的な意味で使用されることはほとんどなくなったが、お洒落表現のポイントとして袖括の緒は残された。

袖括の緒は、身分と年齢によって使い分けられ、身分としては、地下《じげ》は一律に「左右縒《そうより》」である。堂上《とうしょう》の狩衣で年齢による区別がなされ、[34]原則として歳を重ねる毎に細く地味になってゆく。[35]

左右縒は夏は生絹《すずし》、冬は練絹《ねりぎぬ》の白縒糸を二筋用いる。狩衣から飛び出る「露先《つゆさき》」は「男《お》結び」にして五寸垂らす。[36]

当帯《あておび》・宛帯

狩衣を上から締める帯のことで、背中に当てて前に回して結ぶのでこの名がある。「当腰《あてごし》」とも呼ばれる。

通常、当帯は狩衣の表地と同じ共裂《ともぎれ》を用いるが、お洒落をするときは「風流腰《ふりゅうごし》」として替帯を用いることがある。この替帯は自由ではなく、六位以下は白の生絹帯、「一日晴《いちにちばれ》」のときは錦の帯などを用いたほか、原則として着用者本人が束帯《そくたい》装束で着る「下襲《したがさね》」の生地を用いるとされた。[37]表地よりも裏地を少し大きくして、上辺を少し「おめらかす」ことをした。[38]

袖括《そでくくり》の緒《お》の結び（男《お》結び）

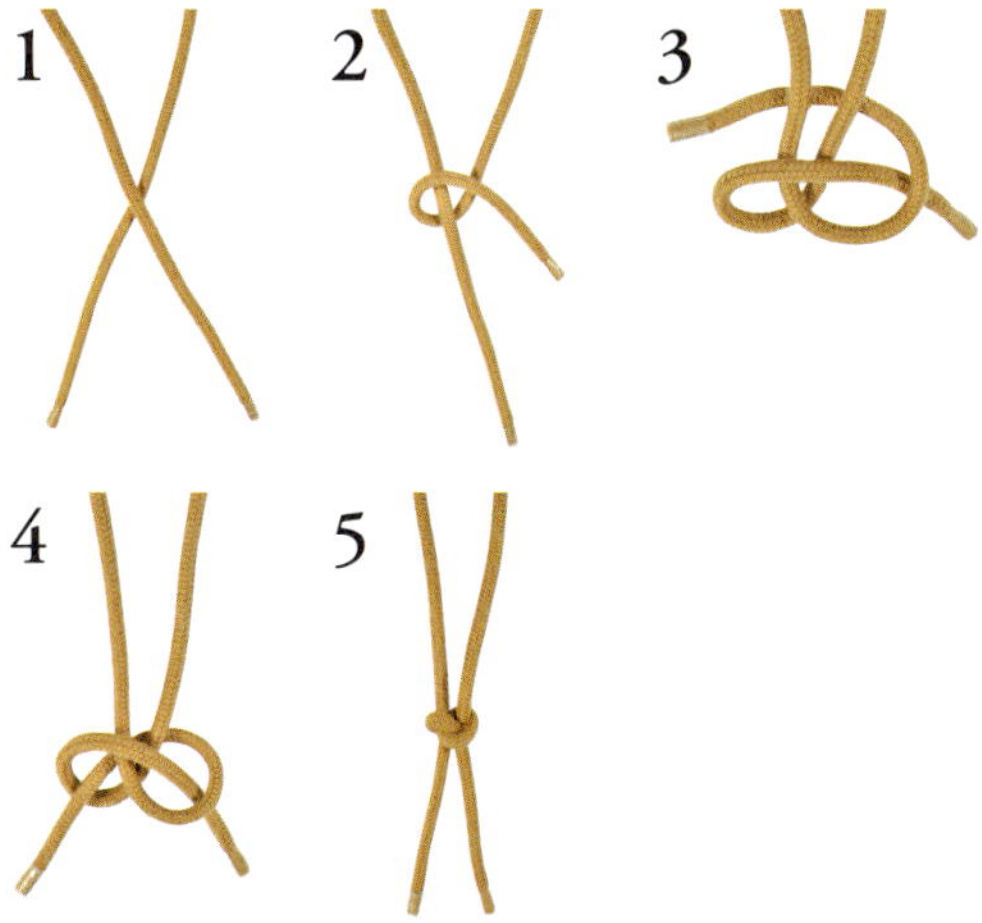

狩衣の袖括の緒
左右縫《そうより》（左）と薄平《うすひら》（右）

堂上《とうしょう》の袖括《そでくくり》の緒《お》の種類

年齢	名称	内容・色彩
十五歳以下	置括	華やかな毛抜形などの飾り結び
三十四、五歳まで	薄平	紫綟、蘇芳綟、萌黄綟、櫨綟（朽葉・黄・白）、楝綟（紫・萌木・白）
四十代	厚細	黄綟、縹綟、紺綟（紺・浅黄・白）、香綟（濃香・薄香・白）
五十代	左右縒	地下と同じ白縒紐二本
七十代	籠括	緒を袖の裏地にだけ通して表に見せず、先端の露先だけ外に出すもの。のちに簡略化して露先だけ付けた

替帯《かえおび》

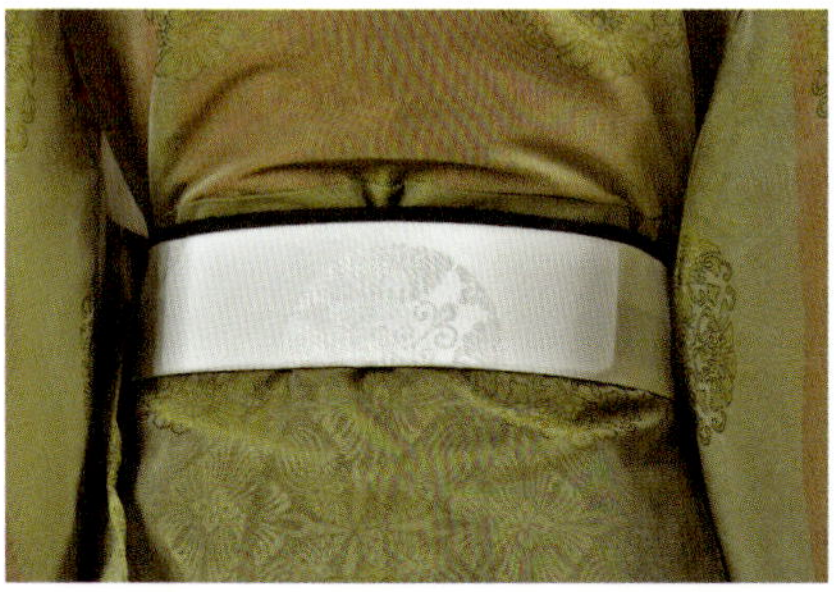

替帯の種類

	冬		夏
	表	裏	
公卿・禁色聴許	白臥蝶丸	濃蘇芳または黒の遠菱	蘇芳遠菱
殿上人	白無文	黒の無文	二藍無文
宿老	白無文	萌黄無文	萌黄無文

押折《おしおり》（88ページ参照）

後ろ裾を押折にした姿
『法然上人絵伝』より

押折《おしおり》

狩衣の後身頃は長いので、騎乗時や、雪や雨で路面の状況が悪いときなどは引き上げる必要がある。この場合、裾の左下から内側に折り上げて当帯《あておび》に押し挟み、これを「押折」と呼んだ[39]。この押折姿は絵巻物でよく見ることができる。凶事の場合は右下から折り上げた。現代の神職は後身頃を裏返して当帯に挟むこともあるが、裏を見せる方法は本儀ではないので、古式の押折にすべきであろう。

狩衣の寸法

狩衣の身頃は反物一巾で、二巾の袍《ほう》と比べて非常に軽快である。袖付けは後身頃に五寸ほど縫いつけてあるだけで、その他の部分は開放されているので、ますます動きやすいものとなっている。ただし袖が奥袖と端袖からなり長大なのは、他の装束と同じ形である。

室町時代の文献には「公卿の狩衣は前身頃は体より一尺長く、後身頃は四寸長い。殿上人《てんじょうびと》の狩衣は体より前が八寸後ろが二寸長い。地下はなお短い。年少者は身長により対応」とある[40]。当帯《あておび》を締めるため、後ろが少し長くてもちょうど良いとされた[41]。結果として殿上人の後身頃は「纔着《さいじゃく》」（床ぎりぎりの長さ）であるが、公卿は二寸ほど後ろに曳くことになる。

袖については、やはり身分が高いほど長く、実務を扱う下級官人になるほど短く、とされた[42]。いずれにしても着用者の寸法に合わせて仕立てられる。

今日、神社では神職たちが狩衣を共有し合うことも多いため、標準的なサイズで仕立て、長さの調整ができない後身頃を当帯の下で折り上げて、纔着にしている。

ここでは、既製品として販売されている現代の標準的な狩衣の寸法例を紹介する。

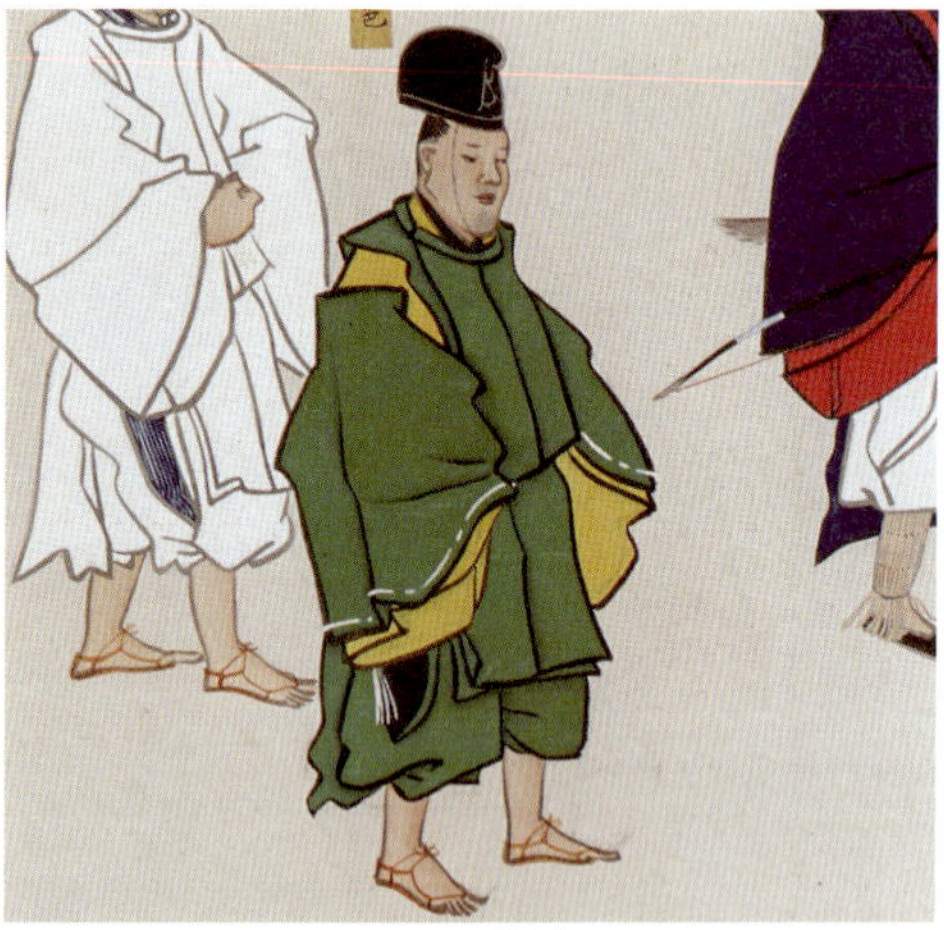

布衣《ほい》の雑色《ぞうしき》
『桜町殿行幸図』より（国立公文書館蔵）

狩衣の寸法の例

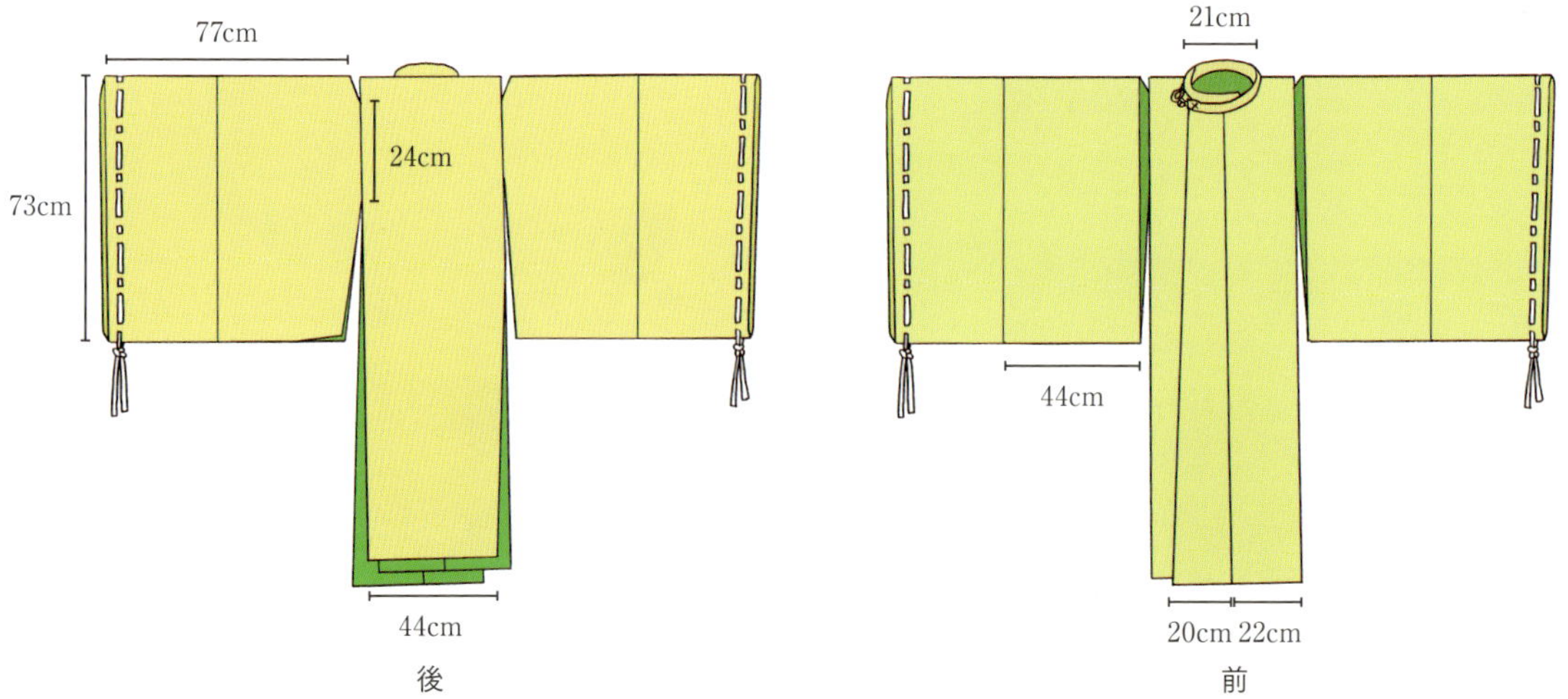

狩衣類似の装束

褐衣

細纓冠《さいえいのかんむり》
緌《おいかけ》
蛮絵《ばんえ》
尻鞘《しざや》
褐衣《かちえ》
染分袴《そめわけばかま》
檾脛巾《いちびはばき》
草鞋《そうかい》

褐衣《かちえ》

皇族や上級公卿のボディーガードである「随《ずい》身《じん》」の装束が褐衣である。随身は近衛の将には自動的に配属されたが、勅許《ちょっきょ》「兵仗宣下《ひょうじょうせんげ》」[1]があると大臣などの文官にも配置され、官職によってそれぞれ配置人数が決まっていた。[2]随身はボディーガードであると同時に、行列などで主人に花を添える者という意味合いもあり、[3]武芸はもとより、歌舞音曲の技に優れた美男子を採用した。彼らは衛府の下級武官という公務員でありながら、特定の公卿に仕えるという立場でもあり、摂関家の力が強い時代は、本務よりも主従関係が重視されてトラブルを呼んだようである。

随身は正式な武官なので、褐衣はもともと六位以下の下級武官束帯《そくたい》の位袍《いほう》である濃縹《こきはなだ》の闕腋《けってき》袍《ほう》、身頃が二巾の幅広の衣服であった。しかし、やがて活動的な狩衣《かりぎぬ》タイプの身頃一巾になる。平安中期には、大将の随身は下襲《したがさね》を着ける闕腋袍タイプ、それ以下の中・少将の随身は一巾の褐衣、という区別もされていた。[4]ただし狩衣のようだといっても、肩の部分が縫い越されており、[5]ここに、カジュアルな狩衣ではない、オフィシャルな袍《ほう》のイメージが残っている。帯は律令で定められた下級武官用の、白い「布帯《ぬのおび》」(麻)を用いる。

随身装束は実動部隊の武官装束であるので、活動的・実戦的である。細纓冠《さいえいのかんむり》に緌《おいかけ》を付け、細身の襖袴《おうばかま》(狩袴)をはく。白袴が一般的であったが、行幸や春日祭・賀茂祭などでは、染分《そめわけ》袴《ばかま》(属する衛府の左右で色彩を分けた裾濃袴《すそごばかま》)を用い、[6]正月関連の儀式では紅梅色の袴を用いた。[7]袴は儀式によって足首まで垂らす「垂袴《たればかま》」[8]にすることもあり、古文献で「垂壺《すいこ》」とあるのは「垂袴で壺胡籙《つぼやなぐい》を負う」という意味である。しかし実戦的な随身は、袴の裾を上げた姿が一般的で、脛に蕁麻《いちび》製の「脛巾《はばき》」を巻き、藁沓《わらぐつ》である「草鞋《そうかい》」を履いた。この姿で「狩胡籙《かりやなぐい》」を装備するときは、必ず染分袴を用いることと定められていた。[9]

随身は行列の花形という側面もあったため、全体的に派手である。祭や御禊行幸のような晴《はれ》の行列には、褐衣に「蛮絵《ばんえ》」もしくは「盤絵」と呼ばれる、勇猛な動物の紋を大きく墨で黒く摺り描いた。[10]これも所属衛府によって異なったものを用いる。

褐衣の場合は、後ろ裾をたくし上げる「押《お》し折《おり》」は原則としてしないが、騎馬の際のみ、押折にした。[11]

そもそも「褐」とは何かというと、「褐色《かっしょく》」でわかるようにブラウン系の毛織物である。唐では下級武官の衣服に毛織物を用いて「褐衣」としていた。[12]日本にはヒツジがいないため、ウ

褐衣の区分

	左近衛	右近衛	左右兵衛
蛮絵の文様	獅子	熊	鴛鴦
染分袴の裾濃色	蘇芳	朽葉	白
染分袴の儲色	二藍	萌黄	−
正月の袴	衛府によらず紅梅色		

※儲色とは、高齢者などが思うところにより色を変える、サブの色である

獅子の蛮絵(左近衛)

熊の蛮絵(右近衛)

サギの毛織物「兎褐《とかち》」はあったが、[13]毛織物が広く普及することはなかった。そこで麻で作った下級武官服を、名称だけ「褐衣」と呼んだのである。褐衣は古くはさまざまな色彩があったが、[14]六位の当色《とうじき》である濃縹《こきはなだ》（ブルー）が多かったので、いつの間にか濃ブルーの「褐色《かちんいろ》」という色名が生まれ、「藍を濃く染める目的で布を搗《かつ》いた染色法に由来する」という説まで語られている。

布衫《ふさん》

下級官人や朝廷で雑役をこなす者たちが着ていたのが「布衫」である。布すなわち麻でできた狩衣《かりぎぬ》形式の衣類で、褐衣《かちえ》と同じように肩が縫い越してあるのが狩衣《かりぎぬ》と異なる点であるが、時代によって狩衣と同じように肩が縫われていない例も見受けられる。

平安中期では役所によって、衛門府は桃色、[15]図書寮《ずしょりょう》は紺色[16]など、さまざまな色が用いられていたが、やがて武官関係者の桃色と、輿を担ぐ「駕輿丁《かよちょう》」の黄色に集約されていった。黄色は律令に定められた無位の当色《とうじき》であり、[17]駕輿丁の装束として桃布衫《ももふさん》とともによく用いられた。[18]

近世以降、明治天皇の東遷や、即位大礼の儀式などでも駕輿丁には黄布衫《きふさん》が用いられ、大喪の礼では黒い橡《つるばみ》布衫《ふさん》が用いられた。

退紅《たいこう》・白張《はくちょう》

どちらも貴族の下部《しもべ》の衣服で、狩衣《かりぎぬ》形式のものである。これらを総称して召具《めしぐ》装束とも呼ぶ。やがて、その装束を着用している下部の職種そのものを指すようにもなった。

【退紅】

退紅は「あらぞめ」とも読み、ごく薄い、退色したような紅染めの色彩の名称であり、[19]この色彩の狩衣を着る下部をも退紅と呼ぶようになった。上下白の「白張」装束よりはグレードの高い者が着用したようで、本来は親王・大臣の下部が着ていたとされる。[20]上級公卿の傘持ち、沓《くつ》持ちも着用し、[21]特に「雨皮」（牛車のレインカバー）持ちは退紅であることが必須で、これを白張に持たせたことで論争が起きているほどである。[22]

この退紅に黒の襖袴《おうばかま》を合わせて着用したのが「居飼《いかい》」である。[23]車を牽く牛の飼育係で、行列中は牛の側に寄り添い、さまざまな用を足した。江戸時代では御三家と毛利家の当主が束帯《そくたい》・衣冠《いかん》姿で登城するとき、この居飼装束をした家来が傘持ち・沓持ちを務めた。[24]

現在では石清水八幡宮の駕輿丁《かよちょう》が、上下同色の退紅を着用する。

【白張《はくちょう》】

白張は麻布製の狩衣で、胡粉で粉張《こば》りしたのでその名称がある。同じく白の麻布製小袴《こばかま》を膝下で括る「上括《しょうぐくり》」ではいた。白張を着て仕事をする職種を「白丁《はくちょう》」とも呼び、公家の傘持ち・沓持ち、松明持ちや車副などの雑用を任務とした。[25]白張はごわごわとして堅く、木のように見えるということで「如木《じょぼく》」とも呼ばれ、着用する白丁もまた如木とも称された。[26]

こうした白張を上位の官人が着ることもあった。代表的なのは検非違使《けびいし》で、治安出動に際して佐《すけ》や尉《じょう》が指揮官として、上下白の白張姿で騎馬で現場に出動した。[27]その姿は『伴大納言絵詞』などで見ることができる。また、「官掌」「省掌」といった下級官人が使部《つかいべ》（召使い）の長として、白張に冠をかぶる姿で宮中で仕事をしており、[28]これは『年中行事絵巻』に描かれている。このほか、「雑色長」という立場の人間が、麻ではなく絹で仕立て、華やかな飾りを施した例も見られる。[29]

白丁は身分が低いにも拘らず、烏帽子《えぼし》は上級者の着用する「立烏帽子《たてえぼし》」を用いていたが、[30]江戸時代になると、ごく簡単に二枚の黒い薄絹を張り合わせただけで、懸緒《かけお》も烏帽子の縁に付けただけの「張烏帽子《はりえぼし》」を用いるようになってし

下部《しもべ》の布衫《ふさん》・白張《はくちょう》（91・93ページ参照）

居飼《いかい》

桃布衫《ももふさん》

鷹匠
錦帽子と熊の毛の行縢《むかばき》が特徴

白張

駕輿丁《かよちょう》の 橡《つるばみ》 布衫《ふさん》（凶服）

駕輿丁《かよちょう》の黄布衫《きふさん》

まう。江戸時代の白張は、四位の外様大名、侍従に任官した譜代大名の行列に加えられた。[31] また無位神職の装束は原則として白張と定められていた。

現在、さまざまな祭礼や時代行列で、物を運ぶ雑役の諸役は、白張姿が多い。この場合、膝で括らず、膝丈の短い袴を白張袴《はくちょうばかま》としている。

左：表袴《うえのはかま》、中：垂袴《すいこ》、右：上括《しょうぐくり》で藁沓《わらぐつ》
『駒競行幸絵巻』より

江戸時代の白張《はくちょう》
『桜町殿行幸図』より（国立公文書館蔵）

検非違使《けびいし》
『年中行事絵巻』より

随身《ずいじん》
『年中行事絵巻』より

（国立国会図書館蔵）

白張《はくちょう》を着た仕丁
『春日権現験記絵巻』より

居飼《いかい》
『法然上人絵伝』より

小直衣《このうし》

小直衣の歴史

平安時代の末期頃、狩衣《かりぎぬ》は軽快だが、カジュアル過ぎると考えた貴族がいたようである。院政期に狩衣が院参に用いられ、オフィシャルウエアに変化してきたことは狩衣の項目で見たとおりであるが、身分の高い大臣や大将ともなると、もう少し威厳のある装束が欲しくなったのであろう。そこで考案されたのが小直衣である。[1]当時は「狩衣直衣《かりぎぬのうし》」「狩の御直衣《おんのうし》」などと呼ばれた。はじめは小直衣で院参するには許可が必要であったが、後年になると許可がなくても着用して院参する者も現れた。[2]

鎌倉時代には将軍も用い、[3]装束が簡略化して公家と武家の文化が融合した室町時代になると、将軍の着用はいっそう盛んになった。[4]上洛した織田信長が蹴鞠の会で着用した記録も残っている。[5]

江戸時代になると、『禁中並公家諸法度』（1615年）において、天皇の着るべき装束として、御引直衣《おひきのうし》と並んで小直衣が指定された。上皇・大臣・親王の装束としても規定されている。[6]天皇が小直衣を着用した例はそれまでには一般的でなく、当時の有職故実《ゆうそくこじつ》の混乱ぶりを示している。ともあれこうした規定により、江戸時代を通じて、「御金巾子《おきんこじ》」の冠《かんむり》と、紅《くれない》の「大口袴《おおくちばかま》」と合わせた「御小直衣《おこのうし》」装束が、天皇の装束として確立した。

徳川将軍家においては、琉球使が江戸に上がった際の音楽鑑賞会での着用例が見られる。六代・家宣、七代・家継の着用記録があるが、[7]八代・吉宗が緋《あけ》の直垂《ひたたれ》に変更するなど、時代により変遷が見られる。また幕末、十三代・家定がアメリカ総領事タウンゼント・ハリスを謁見した際も小直衣姿であった。[8]

元日参賀のような幕府の重要な儀式に際して、将軍は武家らしく直垂を用いていたが、十一代・家斉の文政十一（1828）年頃、小直衣に変わっている。[9]派手好みの家斉らしく、将軍の小直衣は唐綾《からあや》を用いた、非常にきらびやかなものであった。

天皇・皇族は明治以降も、神事儀式に用いる六種の御装束（御祭服《ごさいふく》・帛御袍《はくのごほう》・黄櫨染《こうろぜん》御束帯・御引直衣・御直衣・御小直衣）の一つとして着用している。天皇は六月と十二月の「節折《よおり》」（晦日に行われるお祓いの儀式）や、神宮への奉幣物を確認する「御霊代御覧の儀」などに御小直衣を着用され、皇族は即位大礼儀式の「習礼《しゅうらい》」（予行演習）に着用する。

神社の神職については、明治二十七（1894）年の『神官神職服制』で「略服ハ小礼ノ場合ニ著用スルモノトス。小礼トハ毎月恒例小祭日拝等ヲ云フ」と定められ、その「略服」は一般には狩衣であったが、神宮祭主についてのみは小直衣とされた。これは皇族を想定してのことである。

興味深いことに、古くは神社参拝に際して「直衣」着用が禁忌とされていたが、それは神は直衣姿で出現するから、という理由であった。[10]小直衣ならば参拝可能であるということになるが、延慶二（1309）年に描かれたとされる『春日権現験記絵巻』では、神が小直衣姿で登場している。小直衣での春日参拝の記録も多く、[11]あまり固定化されたルールではなかったようである。

小直衣

現在の神社本庁の服装規程には小直衣の規定はないが、着装が楽で衣冠《いかん》のようにも見える便利な装束であるので、「他の神職が狩衣のところ、一社を代表する宮司が小直衣」といった利用法が見られ、その使い分けは小直衣誕生の事情に似ているといえよう。衣冠の袍《ほう》に用いる輪《わ》無唐草文《なしからくさもん》の生地を用いた小直衣に、頭に烏帽子ではなく冠を着けて「小衣冠」とでもいうべき姿で利用されることもある。また出雲大社教では、小直衣が多用されている。

小直衣の分類

高位高官しか着用できない特殊な装束である小直衣は、着用できる者が限定されていた。上皇はもちろんいつでも着用可であるが、「摂家」クラスの公家や将軍は「大臣」になってから、摂家より下の家格である公家は「近衛大将」になってからの着用とされていた。[12] しかし鎌倉時代はもう少し許容範囲が広かったようで、大納言の源雅忠が着用した記録がある。[13]

小直衣には別名があり、着用者に応じて呼び方が変わった。上皇が着る場合は「甘御衣《かんのおんぞ》」、親王着用なら「小直衣」、大臣・大将が着るときは「傍続《そばつづき》（そばつぎ）」と呼ぶ、という。[14] しかしこれには異説が多く、臣下が「小直衣」で親王は「傍続」であるとか、[15] 傍続は俗称であるとか。[16] さらに襴《らん》や蟻先《ありさき》の有無で名称が変わるという説もある。[17] 襴なしで、蟻先だけで前後の身頃をつないだ狩衣《かりぎぬ》というのは、いかにも便宜の方法だと思われる。着用者数が非常に少ない小直衣であるから、情報が混乱していたのであろう。

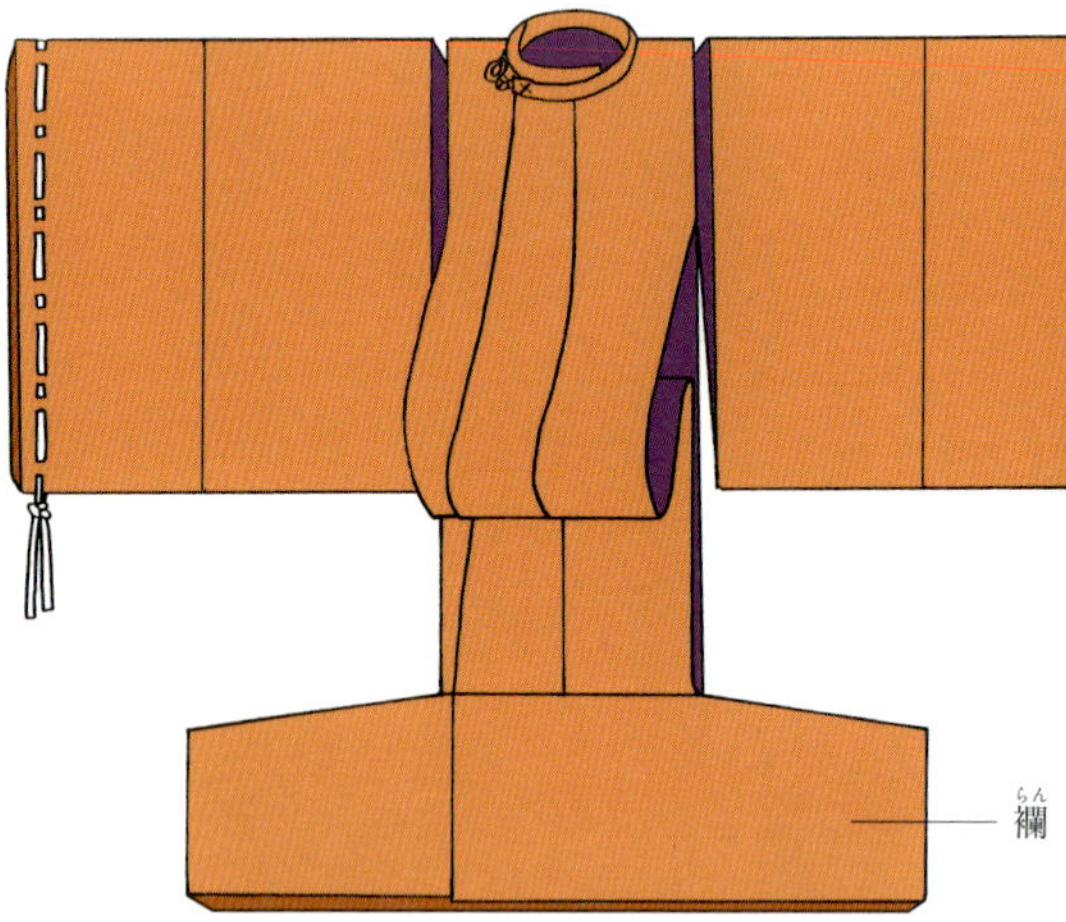

小直衣

小直衣の構成

小直衣装束は、基本的に狩衣《かりぎぬ》とまったく同じ構成で、単《ひとえ》や衣《きぬ》の着用についてなども同様である。異なるところは袴で、「指貫《さしぬき》」を用いることは狩衣と同じであるが、小直衣の場合、くるぶしで結ぶ「下《げ》括《くくり》」はなく、膝下で結ぶ「上《しょう》括《くくり》」というのが約束事であった。[18] 上括は比較的軽便なはき方になるため、下括でもはくことのある狩衣と比較して、小直衣はよりカジュアルであった、という見方もできる。

また内々に自宅で客と対面するときなどは「前張大口《まえはりのおおくち》」という切袴《きりばかま》も着用した。これは前の部分を「大精好《おおせいごう》」、後ろ部分を「小精好」という、張りのある白い絹地で仕立てた、ゆったりした切袴である。精好とは、経糸に細い糸、緯糸には太い糸を使って織った厚地の平織のことで、さらにくつろぐときは柔らかい平絹《へいけん》の袴を着用した。[19]

江戸時代になると、小直衣は狩衣よりもグレードが高い装束であるという認識が固まり、手に持つ扇は、小直衣では「妻《つま》紅《くれないの》末広《すえひろ》」、狩衣のときは格下の「末広」を持つ、というルールが確立していた。[20] これは「衣冠単《いかんひとえ》」と「衣冠」の違いと同様である。

天皇が小直衣を着用するときの袴は特殊で、紅《くれないの》　大口袴《おおくちばかま》（切袴）を着用する。親王が即位

麹塵雲鶴文《きくじんうんかくもん》　小直衣《このうし》
1865年（文化学園服飾博物館蔵）

小直衣

小直衣姿の神像
『春日権現験記絵巻』より

礼儀式の「習礼《しゅらい》」（予行演習）に着用する場合は、紫雲立涌《むらさきくもたてわく》文様の指貫、あるいは裾を切った「指袴《さしこ》」を用いている。かぶり物も狩衣と同様に立烏帽子《たてえぼし》が原則であるが、天皇が用いる場合のみ、「御金巾子冠《おきんこじのかんむり》」と称する、纓《えい》を折り畳んで巾子にかぶせ、巾子紙（四寸×一寸五分の檀紙二枚重ねに金箔を張った紙）で挟み留める特殊な形にした冠をかぶる。かつて天皇は、常時冠を着用する決まりであったため、纓がじゃまにならないように、日常はこうして折り畳んでいたのである。親王は立烏帽子（懸緒《かけお》は紫《むらさきの》組懸《くみかけ》）、履き物は「烏皮履《うひり》」と呼ばれる黒革靴で、手には白骨彩色絵《しらほねさいしきえ》の「蝙蝠《かわほり》」扇を持つ。

小直衣の色彩と文様

原則として狩衣《かりぎぬ》と同じである。室町時代の文献には、上皇は菊唐草など菊モチーフの文様、将軍は竹桐や桐唐草など桐モチーフ、摂家は牡丹をモチーフにしたデザインを用いていたという記録がある。しかし特別なルールがあるわけでもなく、「風流《ふりゅう》小直衣」として、かなり奇抜なものも用いられていた。[21]

約束事としては、若年の浮織物《うきおりもの》は文様が小さく密な「繁文《しげもん》」、高齢者の固地綾《かたじあや》は文様が大きくて粗な「遠文《とおもん》」とする。これはすべての装束に共通のルールである。

近世以降、天皇が着用する御小直衣は御引《おひき》直衣《のうし》に準じて、冬は白小葵《しろこあおい》文様の固地綾に二藍《ふたあい》平絹《へいけん》の裏地。夏は年齢によって二藍や縹《はなだ》（若いほど赤みが強い）の三重襷《みえだすき》文様の穀織《こめおり》である。皇族が習礼に用いる小直衣は、白固織物で文様が鶴丸、裏は紫平絹である。

神職が着る場合、さまざまな狩衣生地を用いるほか、いわゆる「小衣冠《こいかん》」として用いるため、属する身分の袍《ほう》の生地を用いて仕立てることもある。

小直衣の生地

狩衣《かりぎぬ》と同様のルールであり、[22] 若いときには浮《うき》織物《おりもの》、年齢を重ねれば固織物《かたおりもの》、宿老になれば平《へい》絹《けん》となる。顕文紗《けんもんしゃ》などの薄物は夏冬問わず用いられた。しかし小直衣は高位高官のみの装束であるため通常は四十代以上が多く、固織物がほとんどである。浮織物の遺物を見れば、若年でも着用する機会のある親王用と推測できる。

袖括《そでくくり》の緒《お》については、狩衣と同様のルールを適用する。ただし小直衣は着用者の年齢相応に「厚細《あつぼそ》」の例が多いが、親王は若くして着用するので、その場合は「薄平《うすひら》」を用いる。現代の天皇の御小直衣《おこのうし》は、直衣の代用という意味合いから、袖括の緒は付けられていない。

古くは狩衣同様に「長絹《ちょうけん》小直衣」というものがあったようだが、糊を利かせた「張絹《ちょうけん》」と混同されるなど、室町前期には、すでによくわからないものになっていた。[23]

小直衣の寸法

狩衣《かりぎぬ》同様、身頃は反物一巾、身頃の丈は着用者の身長に合わせる。室町末期の文献には一例として、「前身四尺八寸、後身三尺一寸、奥袖一尺五分、端袖七寸五分、襴《らん》の高さ二尺五分」などと記されている。[24]

今日、神職が着用する場合は宮司専用であったりするため、本人の身長に合わせて特注する。特注でない場合は、当帯《あておび》の当たる部分で後身頃をたくし上げ、糸でしつけておく。

小直衣の脇は襴の部分を除いて開いているため、袖を大きく上げると内衣が見えて間が抜けた印象がある。小直衣着用時には、あまり腕を動かさないことが肝要である。そうしたことも、高位者の装束であったことの名残といえよう。

水干

水干《すいかん》

水干の歴史

　絹は美しく肌触りが良い生地であるが、貴重で高価であり、庶民が使用できる繊維ではなかった。平安時代の庶民が用いていたのは「布」、つまり麻などの植物性繊維で織られた生地であった。布は気軽に洗濯できることが、絹にはない大きな利点である。水で洗い、よく叩いてシワを伸ばし、日に干す。こうしたことからこの布は「水干」と呼ばれ、その布で仕立てた衣服もその名称で呼ばれるようになったのである。

　水干は狩衣《かりぎぬ》とほぼ同じ、「盤領《まるえり》」と呼ばれる丸襟スタイルである。大きな特徴は狩衣が「蜻蛉頭《とんぼがしら》」を受け緒に掛けて襟を留めるのに対して、水干は紐で結ぶこと、そして「菊綴《きくとじ》」という糸飾りがあちこちに付けられていることである。

　立ち働くには長い裾はじゃまになる。そこで水干は、原則として裾を袴に着込めるスタイルが採用され、そのために仕立てる段階から裾は短めに作られた。襟を紐で綴じるのは、作業中に襟を開けたり閉めたりゆるめたりするとき、「蜻蛉」よりも便利であったからであろう。「菊綴」はのちに装飾化したが、元来は力がかかってほつれやすい部分を補強するために付けられた力糸である。こうしたさまざまな配慮は、労働着には欠かせないものであった。

　このように活動的機能性が追求された衣服であるため、平安末期、都に上ってきた各地の武士たちが便利に着用し始めた。故郷で盤襟《まるえり》でない直垂《ひたたれ》を着ていた彼らの目には、都風の盤襟の衣服は、魅力的な晴着として映ったことであろう。彼らは水干を公的な勤務着としても愛用し、やがて政治・経済的に武士の力が高まるにつれて生地を絹織物に替え、源頼朝が上洛時に着用するなど[1]鎌倉幕府では水干を武家の正装にまで昇格させた[2]。後世には大御所・徳川家康が元日の礼装として着用した例もある[3]。

　公家たちも平安時代から鷹狩り用、登山用[4]などに用いることもあり、特に「童装束《わらわしょうぞく》」（子ども服）としてよく用いられるようになる。いつの時代も子どもは活動的であるから、実用性の面からも労働着である水干が用いられたのであろう。可愛らしくて機能的な水干は童装束の代表となり、今も「牛若丸」の絵本でおなじみである。

　室町時代には成人後も摂家や、摂家の次の家格である清華家の公家が着用し[5]、摂家では大臣になっても着用した。このようにして水干は、その機能性の高さから、大きな出世を遂げることになったのである。

　江戸時代の衣紋道《えもんどう》・高倉流の『御門弟名籍』を見ると、高倉流の免状七種類の中に「水干」があり、公家装束としての水干は着装にコツが必要な装束という扱いになっていたようである。

　近世以降はあまり着用されなかったが、戦後は女子神職の装束として神社本庁から指定され、昭和六十二（１９８７）年に新案の「女子神職装束」が制定されるまで用いられた。現在でも、女子神職が水干を着用する例が見受けられる。

江戸時代の水干《すいかん》
『桜町殿行幸図』より（国立公文書館蔵）

日常着としての夏の水干
『奈与竹物語絵巻』より

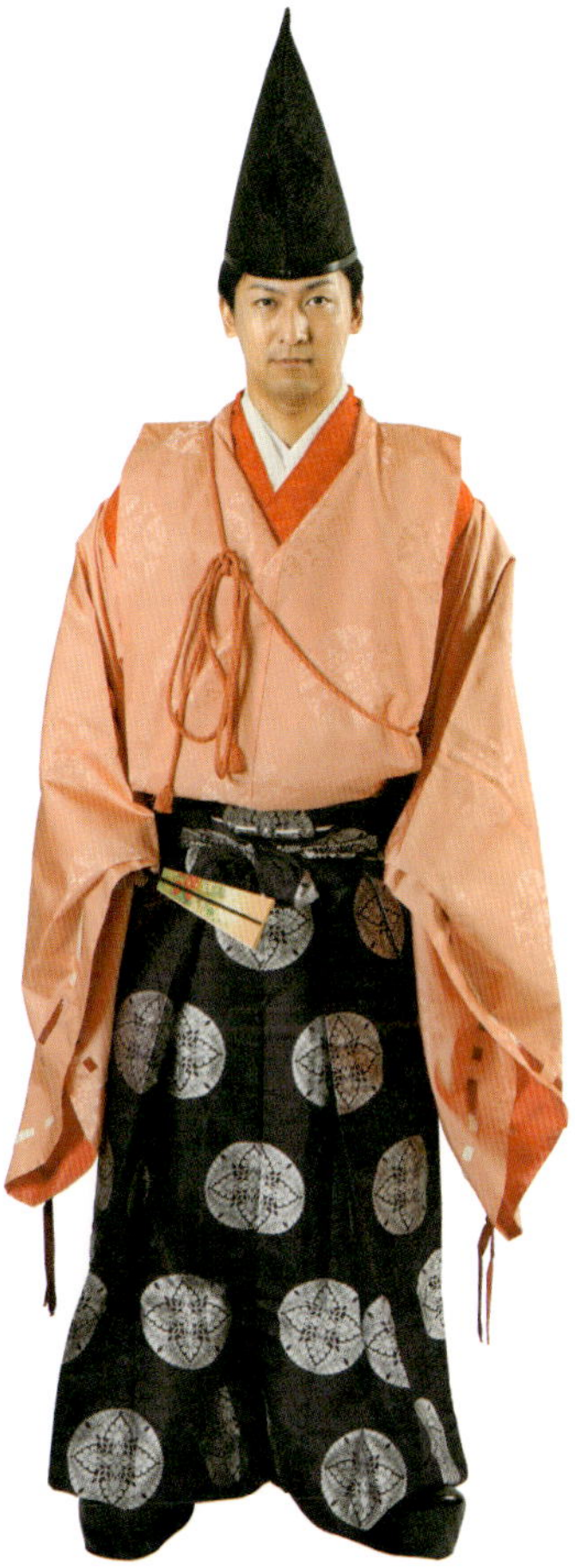

襟を垂頸《たりくび》にした着装

襟を上頸《あげくび》にした着装

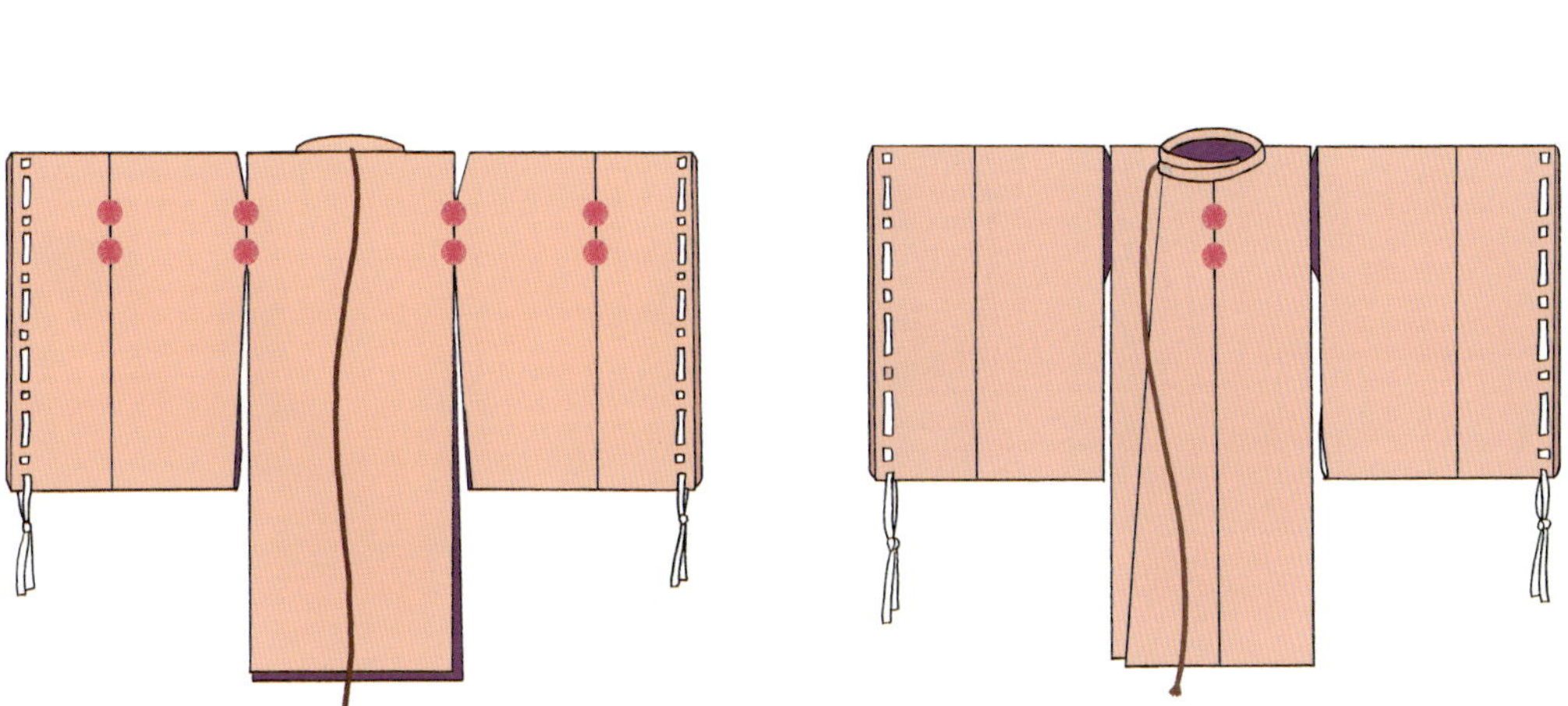

後

前

水干

水干の区分

(1) 庶民服としての水干

平安〜鎌倉時代、都市部に住む庶民たちの着用した水干の袖は、細く実用的であり、その姿は『伴大納言絵詞』『年中行事絵巻』をはじめ、数多くの絵巻物で目にすることができる。これらを見ると、庶民たちは実にさまざまな文様の水干を着用している。そうカラフルではないが、文様は水玉あり巴形あり菱形ありで、人それぞれのセンスで生活を楽しんでいたことがわかる。また裾濃《すそご》の袴をはいた水干姿の人物が、必ず野次馬の中に描かれているのも興味深い。当時はそういうイメージがあったのであろうか。

神事に際しては、神職ではない氏子たちが水干姿であった。[6]布衣《ほい》や浄衣《じょうえ》と比較して下位の扱いであったことがうかがえる。

(2) 狩猟服としての水干

狩衣《かりぎぬ》と同様に、水干も鷹狩りに用いられることがあった。鷹狩りには「大鷹狩」と「小鷹狩」があり、前者はハイタカなどを使って冬に行う鷹狩りのことで、鶴や雁、雉など大きな獲物を狙う。後者は小型の鷹を使って秋に行う鷹狩りで、ウズラや雀などの小鳥を捕らえた。そして大鷹狩には水干・裾濃袴、小鷹狩には狩衣・水干袴というきまりがあり、[7]また鷹飼の装束とし

小舎人童《ことねりわらわ》の水干姿
『春日権現験記絵巻』より

庶民服としての水干姿
『伴大納言絵詞』より

公家の日常着としての水干姿《すいかんすがた》
『法然上人絵伝』より

滝口武者の水干姿
『春日権現験記絵巻』より

若者の水干姿
『扇面古写経下絵』より

て用いられることもあった。[8] そして江戸時代に復興した流鏑馬《やぶさめ》でも、鎌倉時代にならって水干装束を着用した記録[9]がある。

(3) 童服としての水干

子どもは活動的なので、労働着から始まった水干は好適であった。平安時代にはすでに公卿の子どもたちが着用しているし[10]、寺院に仕える稚児装束としてもよく知られてる。[11] また、近衛中将や少将、そして武士たちが「小舎人童《こどねりわらわ》」と呼ばれる少年従者を召し使うことがあったが、その童たちも原則として水干装束であった。非常に派手な色彩で、金箔で家紋を押したり、「のぼり」（衽《おくみ》部分）と端袖の色を変えたり[12]、平安後期からの「風流《ふりゅう》」を体現していた。子ども服としての水干では、裾濃の袴が多かった。[13]

武家の子ども服は「長絹《ちょうけん》」というものが用いられた。[14] これは水干に似ているが直垂《ひたたれ》の一種であり、カジュアルな衣服であるから、規則があるわけでもなく自由に色柄を選んだが、室町時代には礼装化して白だけになった。

(4) 武家装束としての水干

鎌倉時代、水干は武家の基本的礼装として多用され、『吾妻鏡』には水干姿が数多く記されている。[15] 都で検非違使《けびいし》として働く武士たちもカラフルな水干を着用していた。[16]

平安末期、武家の台頭してきた時期に流行した「風流《ふりゅう》」は、地方出身の武家好みの派手で豪華な美である。着用する水干も、豪華な絹織物、場合によっては錦のような豪華な生地で仕立てられたものも登場し、「のぼり」と端袖に金襴を用いた派手な水干で、宮中の滝口武士として勤務したと鎌倉時代の記録にある。[17]

また行幸や公家の外出の前駆けを務める武士の郎従や舎人は「走水干《はしりずいかん》」と呼ばれるものを着用した。[18] これは主家の家紋を大きく金箔で押すという派手なもので、実用的であった菊綴《きくとじ》を豪華にしたものである。今も式服に家紋を描くのは、この走水干の名残であると考えられている。江戸時代には新井白石が武家の装束として、朝鮮通信使の接待に水干装束を推奨し[19]、自らの肖像画も水干姿で描かれている。

(5) 貴族の日常着としての水干

平安末期に、狩衣がカジュアルからフォーマルに昇格するのに従い、より下のランクに位置づけられていた水干が、公家の外出着に利用され始める。当初は延暦寺などに登山する際や、宇治への行楽などに用いられたが[20]、やがて家庭内で内々に着る衣服になった。

それでも下級者の衣服という意識は残っており、「水干が似合うと言われた左大臣がヘソを曲げた」などという逸話が残っている。[21] 宮中では日中の水干着用は禁止という宣旨が出されたりしたが[22]、公家は内々では大納言になっても着用していた。[23] ただし江戸時代の元服儀式での水干は軽々し過ぎると思われていたようである。[24]

(6) 白拍子《しらびょうし》の水干

「白拍子」は院政時代に出現した芸妓で、白河上皇や平清盛、源義経が寵愛したことで知られている。現在、演劇などでイメージする白拍子の姿は、上半身が烏帽子《えぼし》に水干、太刀を帯びるという男装、下半身は紅《くれない》の長袴《ながばかま》をはく女装という、ある種の倒錯したファッションであろう。

しかし『源平盛衰記』を見ると、そうした姿はごく初期のもので、平清盛の時代には「荒々し過ぎる」として烏帽子も太刀も廃止され、水干と袴だけであった。清盛に愛された仏御前は、髪を結い上げ白い袴をはいていたといわれる。[25] のちの演劇界に影響を与えた『義経記』（室町前期）においても、静御前は仏御前同様、髪を結い上げた白袴姿で描かれている。[26]

鎌倉時代には長袴ではなく短い「大口袴《おおくちばかま》」をはいており[27]、「児童之形」をしていた、とある。[28] 現在一般が理解している白拍子姿は、葛飾北斎の絵画にも登場しているので、江戸時代に完成した架空のイメージなのであろう。

水干の袴と烏帽子《えぼし》

上衣の水干は裾を袴に着込めるのが原則である。平安時代の庶民服・下級服であった当時、袴は通常、「水干小袴[29]」と呼ばれる六巾の括り袴であった。「小袴」というのは、膝下で括ったときに布がじゃまにならないよう、最初から短めに仕立てた袴のことで、括らないときは足丈の切袴となる。のちに水干のステータスが向上してからは、指貫《さしぬき》と同じように長袴になる。[30]

水干袴には、前左右膝上の絎目《くけめ》、左右の「腿だち」の下部分（相引《あいびき》）の四か所にそれぞれ二個ずつ「菊綴《きくとじ》」が取り付けられた。元来、労働着である水干の袴は、丈夫な葛布《くずふ》を用い、「水干袴」といえば「葛布製の袴」を意味する。上流階級が着用する場合、葛１００％であるとゴワゴワし過ぎるため、経糸を絹や麻、緯糸を葛で織った交織生地が用いられた。

子どもやお洒落な庶民たちは裾に行くに従ってぼかしが濃くなる「裾濃袴《すそごばかま》」を好んで使用した。[31] また水干と共裂《ともぎれ》（同じ生地）の袴も多く使用されたが、これを「水干上下《かみしも》」と呼ぶ。[32] 水干とは限らず、上衣と下衣が共裂の衣類を「上下《かみしも》」と呼ぶのである。

しかし上流階級が着るようになると「水干狩《かり》衣《ぎぬ》」と称して、絹製の指貫を用いることも多くなった。童装束として礼装化してからは絹の綾

『平家物語』に見られる白拍子姿
（風俗博物館蔵）

演劇イメージでの白拍子《しらびょうし》姿

織物で作られたり、室町時代には長袴《ながばかま》仕立てにされたりもした。

烏帽子《えぼし》の種類は身分に応じる。公家は立場と状況に応じて立《たて》烏帽子や風折《かざおり》烏帽子を用い、室町時代までは庶民も「萎《なえ》烏帽子」をかぶっていた。

菊綴《きくとじ》

水干を特徴づけるものとして、あちこちに取り付けられた、ポンポン飾りのような「菊綴」がある。童装束としての印象が強い現在の目からすると、いかにも可愛らしい装飾であるが、本来は労働着ゆえの工夫であった。作業中に生地に力が掛かって縫い目がほころびないように、補強の「力糸《ちからいと》」として工夫されたのが菊綴である。太めの丸組紐《くみひも》を力の掛かるところに縫い通して用いた。力糸を強く縫い付けると、力が掛かり過ぎたときに生地そのものが裂けてしまう。そこで生地に通して括り結ぶだけにしてこれを防ぐのである。

菊綴

取り付け位置は、力が掛かりやすい前身中央・後身両袖付け部分・後両袖の奥袖と端袖《はたそで》の縫い目の合計五か所が原則（平安の庶民はさらに数多く付けていた）であるが、江戸時代には見栄え重視からか、背中の中央に付けることもあった。[33]

紐の端は紐が抜けてしまわないようにほぐして房状にする。それが菊の花のように見えるので「菊綴」の名があるというのが一般的な説であるが、別説では「括り綴じ」が変化して「菊綴」になったともいわれる。平安時代は魔除けの意味のある赤を用いていたが、装飾的になってからはさまざまな色が使われ、二個組の上下で色を変えるなどのお洒落もされた。[34]

もともとは作業上の工夫であったので、貴族が用いる水干には菊綴を付けない、という説もある。[35]

さまざまな着方と襟紐の結び方

(1) 上頸《あげくび》・垂頸《たりくび》

庶民服からスタートしただけに、水干はさまざまな点で自由であることが特徴である。着方にもフォーマルな「上頸」とカジュアルな「垂頸」の二種類がある。[36]

上頸は、狩衣《かりぎぬ》のように襟を上げて右首元で紐を結ぶスタイルである。これに対して垂頸は、前身の襟元を内側に折り込んでVネックのようにしたスタイルで、首元が楽なためにラフさを好んだ武家から流行し、鎌倉中期頃には水干といえば、むしろ垂頸が主流になった。江戸時代の公家では、近衛家は垂頸にしか着ない、摂家ではない公家は上頸で着る、などの区別があった。[37]

(2) 覆水干《おおいずいかん》

水干は裾を袴に着込めるのが一般的なスタイルであるが、[38]晴着として用いられるまでに出世すると、場合に応じて狩衣同様に裾を表に出した形で着用されるようにもなり、これを「覆水干」と呼んだ。江戸時代には、覆水干が礼儀に適っているという考えもあった。[39]

現代の女子神職が着用する場合は、狩衣の代用扱いなので、上頸・覆水干で着用し、原則として菊綴《きくとじ》は付けない。

(3) 襟紐の結び方

上頸の場合、平安時代は狩衣のように右襟で結んだ。鎌倉時代になるとさまざまなお洒落結びが流行する。たとえば、前後の紐を右肩でからませ、引き違えて前紐は右肩、後ろ紐は左肩から前へ出して胸の中央で諸鉤《もろかぎ》に結ぶ、などである[40]。

垂頸の場合は前紐を左脇から前に回し、右肩から垂らした後ろ紐と斜めにたすき掛けのようにして結ぶ方法、あるいは前紐・後紐を内側で引き違え、さらに首の後ろに回して交差させ、両脇から出して前で結ぶ方法など、いくつかの結び方があった。

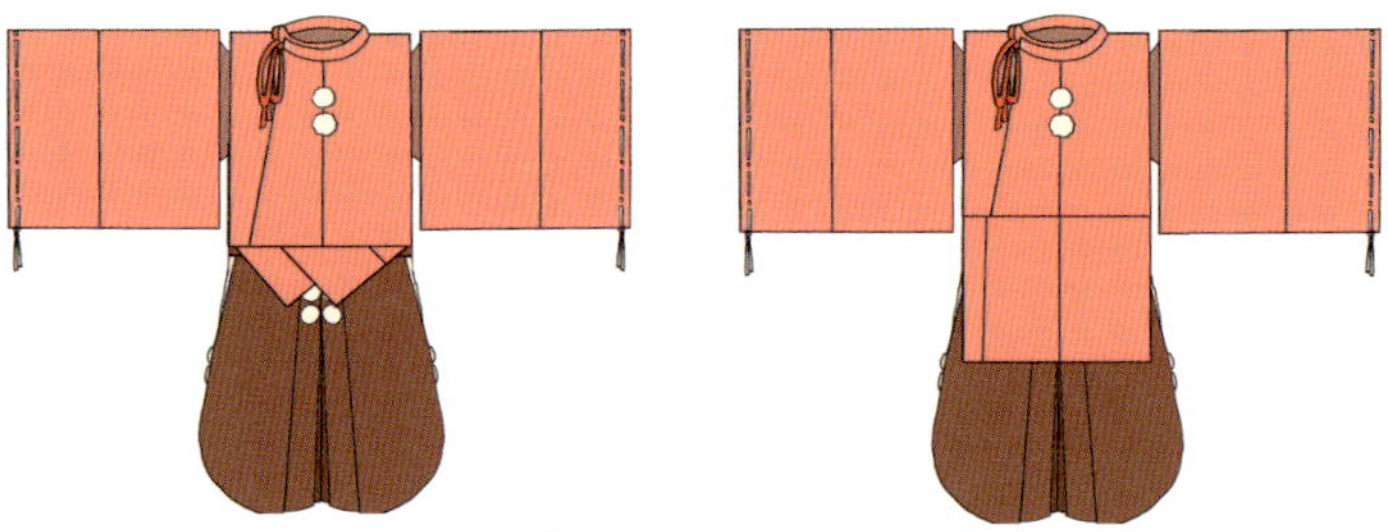

覆水干《おおいずいかん》のバリエーション

襟紐の結び方

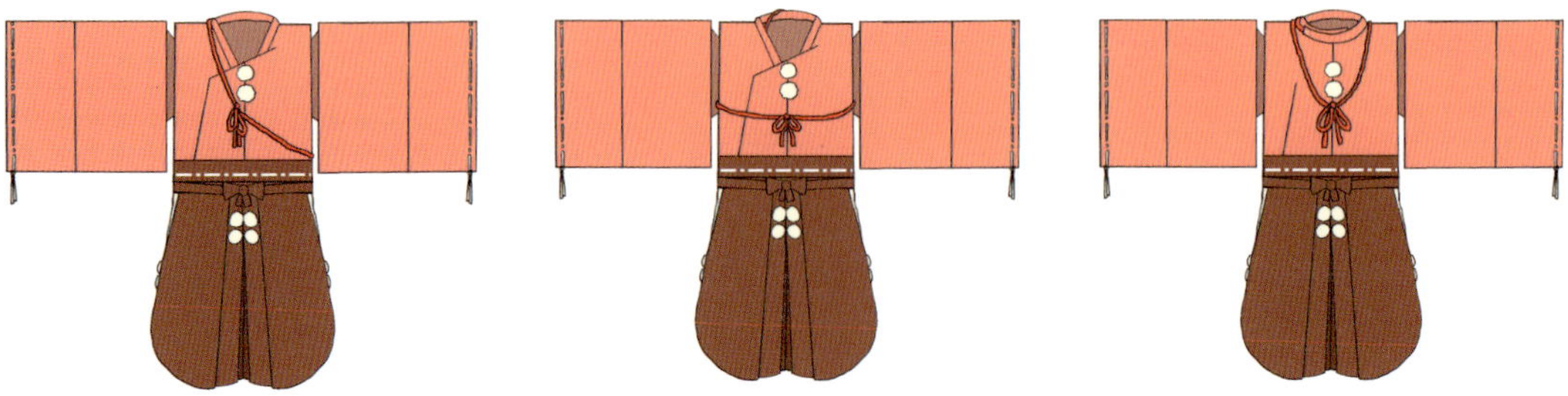

結び方のバリエーション

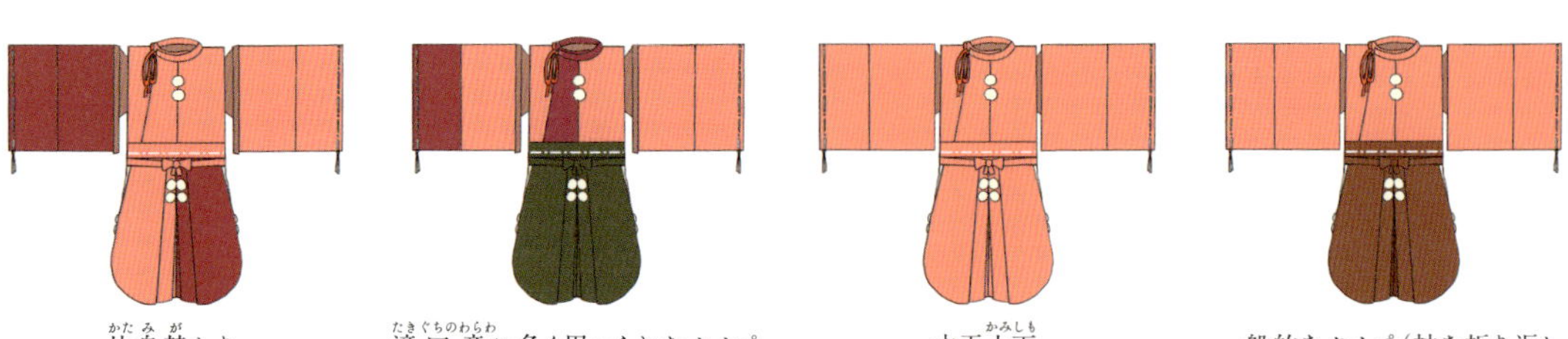

片身替《かたみが》わり

滝口童《たきぐちのわらわ》に多く用いられたタイプ

水干上下《かみしも》

一般的なタイプ（袖を折り返して裏地を見せる）

水干のカラーバリエーション

直垂《ひたたれ》

長直垂

直垂の歴史

平安中期までの公家社会では、「直垂」は寝具、掛け布団のようなものを指す単語であった。[1] 平安後期に地方の武士が上京し、衛府官や公家侍として勤務するようになると、彼らは故郷で愛用した衣類としての直垂を持ち込んだ。武士たちは自らのステータスが向上するにつれて直垂を、ワンランク上の扱いとされた水干《すいかん》に似せた豪華なものに変化させてゆく。当時の「風流《ふりゅう》」ブームという時代背景もあって、生地も麻布だけでなく、平絹《へいけん》や紗《しゃ》、綾《あや》などの豪華な絹織物も使用するようになった。平清盛による福原遷都（1180年）頃には、公家社会にも直垂着用の風が入ってきたとされる。[2] なにごとも平家流の「六波羅様《ろくはらよう》」に合わせる時代であったのである。[3]

鎌倉時代には中級以下の武士の代表的な日常着となる。[4] 武士たちは宮中にも直垂姿で入るようになり、公家たちもその影響を受けたことを、順徳天皇が苦々しく記しているが、[5] 直垂は公家社会に着実に浸透していった。[6] また武士たちは、鎧の下に着用する「鎧直垂」を多用するようになり、これは特に美麗な生地で仕立てた。

室町時代になると公家も日常着として直垂を着用することが常態化したが、室町初期ではまだ、公卿以上は着ない、公家同士で会うときには遠慮する、などの憚りも存在していた。[7] しかし公家と武家両方のトップとなった三代将軍・足利義満の時代を経ると、公家社会での直垂姿は当たり前となり、参内に着用されるまでになった。[8] 正式な装束を「上姿《かみすがた》」、直垂など略式の装束を「下姿《しもすがた》」と呼び、下姿で参内するようになったのである。[9] 使い分けとしては、主人が束帯《そくたい》や衣冠《いかん》のとき、家来は布衣《ほい》（無文狩衣《むもんかりぎぬ》）を着て、主人がカジュアルな小直衣《このうし》や狩衣姿のときは、家来は直垂を着る、といったルールもあった。[10]

公家ですら直垂姿が日常的であったのであるから、武家の着用は当然であった。将軍が元日の儀式に白直垂を着用し、唐織《からおり》の豪華な内衣《うちぎ》を着用するなど、次第に儀式服にまで昇格する。[11] 陪臣（大名の家来）は、主人である大名が将軍から「屋形号」を与えられた場合のみ、直垂を着用できるというような、高いステータス性を帯びるようにさえなった。

応仁の乱を経て戦国時代になると、諸事が簡便化されるようになり、直垂の簡略版の「素《す》襖《おう》」、さらに素襖の袖を取り去った「肩衣《かたぎぬ》」が日常着の主流となり、[12] 直垂は完全に儀式服になってゆく。肩衣はのちに裃《かみしも》へと変化することになる。公家のトップである近衛家が、大臣就任後も直垂を着るような時代であった。[13]

江戸幕府初期の服制において直垂は、高い官位を持つ武家トップ階級の礼装と位置づけられた。[14] その次の階級の装束は公家装束の狩衣なのであるから、直垂はそれ以上のステータスを獲得するに至ったのである。この装束の序列は、江戸時代が終了するまでの約二百五十年間、変わることなく受け継がれた。

直垂は明治維新で再認識されることになる。その簡便さを理由に、明治新政府ではまず天皇東幸（江戸下向）の随員たちの装束として直垂を採用。[15] さらに正月行事での直垂着用を命ずる[16]など、儀式服として直垂を採用したのである。

直垂が最後に華々しく活躍したのは明治五（1872）年九月のことで、新橋～横浜間の鉄道が開通した式典で、西郷隆盛や大隈重信などの顕官が直垂姿で参列した。しかしその二か月後の同年十一月、太政官布告により儀式服の洋装化が通達され、[17] ここに官服としての直垂は廃止された。

現在では、伶人《れいじん》（雅楽の楽師）や祭礼の供奉《ぐぶ》人、大相撲の行司の装束などで、直垂姿を見ることができる。

直垂の構成

本来、上衣のみを直垂と呼んだが、共裂《ともぎれ》の袴をはくようになってから、装束全体を「直垂」と呼ぶようになった。上衣は身が二巾仕立て、衽《おくみ》がなく、脇を縫い合わせない。襟の左右に胸紐を付けてこれを結んで前を留める。袖は一巾半の長さ、地質は絹を用いる。

色彩や文様は現在では自由である。室町時代前期までは金箔を押すなど派手な色彩の直垂が好まれたが、[18]江戸時代の儀式服としては必ず無文で、代表的な色彩は木蘭地《もくらんじ》(黒紅色《くろべに》)。その他、海松《みる》、煤竹《すすたけ》、鉄色《くろがねいろ》、納戸、茶などの地味な色が好まれた。現在の宮内庁楽部でも「海松」色の無文直垂が用いられている。紫・紅(緋)・萌黄は、将軍専用色として他の者が用いることは許されなかった。[19]ただし近衛家だけは紅色を用いていた。[20]

背中中央や両袖など五か所には菊綴《きくとじ》が付けられている。この菊綴は水干《すいかん》と違って房状ではなく丸組紐を組んだもので、古くは江戸では8の字にした「もの字」、京坂では「横めの字」の菊綴結びであったが、のちに「もの字」が一般的となった。ただし鎧直垂には、水干のような房状の菊綴を用いる。

胸紐は、室町時代はごく簡単なものが喉元の位置にあったが、江戸時代に形式的な儀式服になってからは付け位置が下がり、付け根をハート形に装飾するようになった。胸紐の色は紫が一般的とされたが特に規定はなかった。[21]結び方は左右の紐をそれぞれ折り、二本執りしてから真結びに結ぶ。[22]これは諸鉤《もろかぎ》のように見えて解けにくい。

袖括《そでくくり》の緒《お》はじゃまなので、のちに鎧直垂を除いて「籠括《こめくくり》」(袖括の緒を表に出さず、「露先《つゆさき》」(末端の結び余り)だけ袖下に出る形式)が主流となった。ただし現在の楽師装束では、見栄えのこともあってか、狩衣《かりぎぬ》と同じように袖括の緒を五段に通す場合も多い。

室町時代、直垂は裏地を付けることを原則とした。[23]特に「裏打直垂《うらうち》」というものがあったが、[24]胸紐に革を用いるなど素襖《すおう》に近い形式であり、よくわかっていない。[25]裏地を付けない単《ひとえ》の直垂は祝儀用で、この場合、下に「大帷《おおかたびら》」を着ることを本儀とした。大帷子は糊を利かせ、装束全体にハードなフォルムを生み出す効果があった。[26]

袴は六巾、上衣と共裂で、腰(帯)部分は白絹を用いることが原則であり、指貫《さしぬき》とも共通する「上指《うわざし》の糸」が縫い通されている。基本的には他の日本の袴がそうであるように長袴《ながばかま》であり、小紐で脚に括り付けてゆったりとゆるませてはいていたが、鎌倉時代から「小袴」と称する、足首までの丈の袴も流行し、略儀に用いられた。室町時代には白い「大口袴《おおくちばかま》」と組み合わ

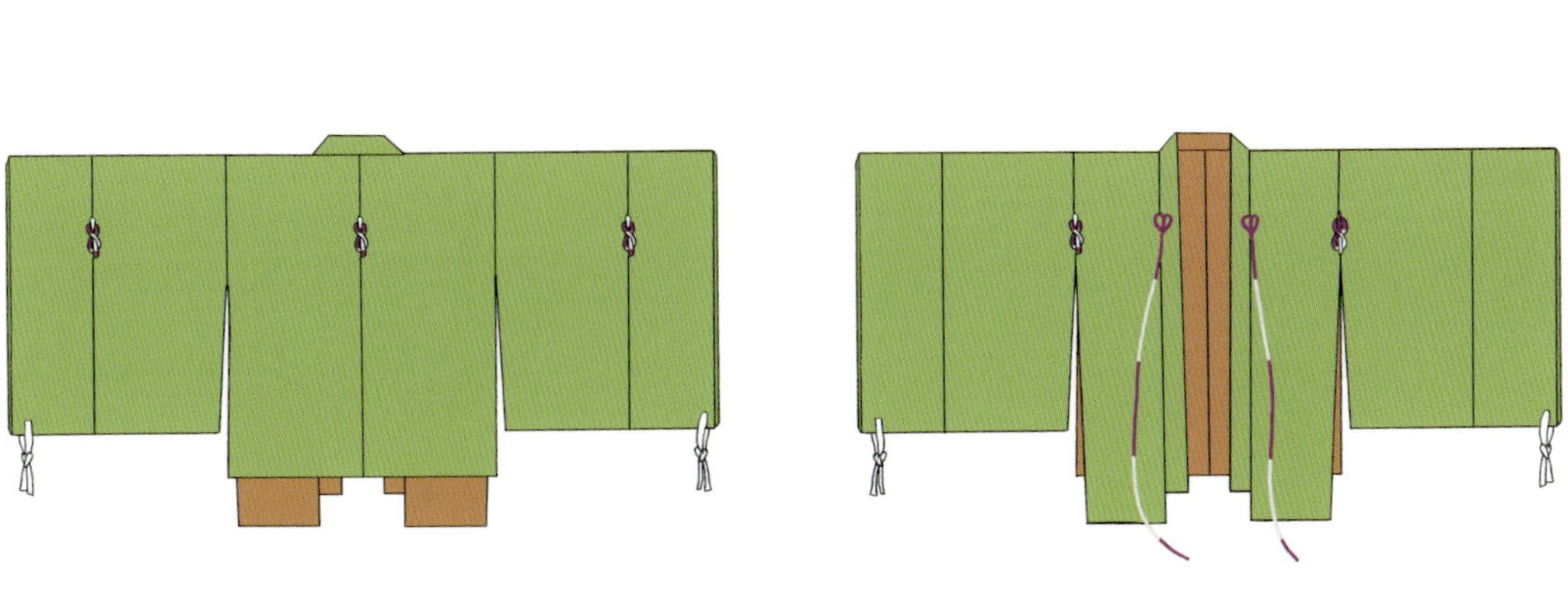

直垂の上衣

せることが多くなる。[27]大口袴も切袴《きりばかま》で軽快であるが、堅い精好《せいごう》地に糊を利かせて強く張った袴であり、その姿は現在でも能装束に見ることができる。

江戸時代の儀式服としては長袴で、脚に括らず曳きずって着用した。いわゆる「長直垂」である。この袴には膝上と股立《ももだち》の相引《あいびき》、計四か所に菊綴結びを付けて装飾としている。

かぶりものは、身分に応じて立烏帽子《たてえぼし》、風折《かざおり》烏帽子、そして鎌倉時代中期からはさらに小さく折り畳んだ折《おり》烏帽子を用いた。活動的な武士が好んだ折烏帽子は、通常は紙捻《こびねり》の「小結《こゆい》」で髻《もとどり》に結び留めて頭に固定したが、より動きの激しい戦場では、紫や紫緂《むらさきだん》の懸緒《かけお》で結んだ。江戸幕府の儀式服としての直垂の場合、将軍のみ立烏帽子、その他は風折烏帽子を用いた。

室町時代から、特に公家が用いた着方に「打《うち》掛《かけ》直垂」がある。これは上衣を袴に着込めず、帯で結ぶ方法であるが、略儀であり、内々に用いる着方である。[28]

鎧直垂《よろいひたたれ》

戦陣で鎧の下に着用する、細身に作られた直垂である。[29]平安末期頃から水干《すいかん》に代わって用いられるようになり、命を賭ける「一期《いちご》の装い」として、そして「風流《ふりゅう》」の時代背景もあって、豪華な錦で作られることが多かった。特に赤地《あかじ》蜀江錦《しょっこうにしき》は「閫外《こんがい》」（都の外）で戦をする際、官軍の大将を示す意味で勅許《ちょっきょ》を得て着用するものとされた。[30]この後、蜀江錦に限らず、赤地錦の鎧直垂は官軍大将のシンボルとなり、官軍もしくは自称官軍の大将が着用している。[31]いわゆる「錦の御旗」は承久の変（1221年）が初見とされるので、官軍のシンボルとしては赤地錦の鎧直垂が五十年先行している。

大紋《だいもん》（布《ぬの》直垂）

大紋は直垂と同形式の装束で、単仕立《ひとえじた》てで裏を付けないこと、生地が原則として布（麻）であることが直垂との相違であり、「布直垂」が正式名称である。[32]大紋という俗称は、平安末期の走水干《はしりすいかん》からの風習で、鎌倉時代には下級武士が染直垂《そめひたたれ》に主家の家紋を上下九か所に描いていた。[33]その名残である。

江戸時代には直垂と同じように長袴《ながばかま》と組み合わせて、「諸大夫」（五位）の礼装とされた。地質は薄い麻布を糊張りして瑩《みが》き、絹のような光沢を出した「絹麻」などが用いられ、色の規定などは直垂とほぼ同様である。袴の腰は江戸時代後期は結び垂れであったが、巻き込むのが本儀とされた。[34]風折烏帽子《かざおりえぼし》をかぶり、腰に小刀、末広を携帯する。

素襖《すおう》

胸紐や菊綴《きくとじ》が組紐ではなく、幅広の革緒を付ける布直垂が素襖である。「素襖」という言葉は本来「裏を付けない襖」、つまり裏なしの狩《かり》衣《ぎぬ》を指していたようで、素襖は古くは「革緒の直垂」と呼ばれており、鎌倉後期にそれらしき装束が記されている。[35]室町時代には「走衆《はしりしゅう》」と呼ばれる下級武士（江戸時代の徒組に相当）が着用するものであった。[36]長袴《ながばかま》で脚に括るのが基本であるが、さらに下位身分の者は、小袴（切《きり》袴《ばかま》）を用いた「小素襖《こすおう》」を着用した。[37]このように「小」が付く装束は小袴を用いるタイプを指すことがほとんどで、江戸時代は小袴のことを「半袴《はんばかま》」と称した。[38]

大紋（布直垂）との相違点は

・袖括《そでくくり》の緒《お》が露先《つゆさき》もない
・胸紐、小露《こつゆ》（菊綴が簡略化されたもの）がテープ状の革緒である
・腰（紐）が細く、白ではなく共裂《ともぎれ》を使用し、上指《うわざし》糸がない
・袴の背部に腰板がある

などである。無地が原則となる直垂とは異なっ

鎧直垂《よろいひたたれ》

上括《しょうぐくり》にした長素襖

長素襖《ながすおう》
（神宮式年遷宮の小工《こだくみ》礼装《れいそう》）

括らない長素襖

て、家紋や簡単な文様を付けることがあり[39]、特徴となる革緒は江戸時代には紫革が多かったが、室町後期では紫は避けていた。[40]

袴は上衣と共裂が原則であるが、室町時代は十五歳までの少年や略儀には、上下異なる生地の素襖も用いられた。[41] 江戸時代の素襖は原則として長袴で、直垂・大紋《だいもん》と同様に脚に括らず曳きずって歩いた。かぶりものは折烏帽子《おりえぼし》、通称「侍《さむらい》烏帽子」を着けたが[42]、これは古式の折烏帽子をデフォルメして、紙を舟のような形に造形し、漆で固めたもので、正面に三角形の「まねき」がある特異な形状であった。「舟形《ふながた》烏帽子」とも呼ばれ、また当時の納豆容器に似ているということで、「納豆烏帽子」とも呼ばれた。[43]

胸紐は直垂同様に「二本執りの真結び」が本儀ではあるが、挙措動作の激しい下士の装束であるので、結ばずに中に入れ、小袖の帯に結びつけることもあった。[44] これは古い時代に「犬追《いぬおう》物《もの》」「笠懸《かさがけ》」といった弓技に用いた方法を援用したものであり[45]、同じ方式は蹴鞠装束「鞠水《まりずい》干《かん》」にも見ることができる。

小直垂《こひたたれ》

小素襖《こすおう》

脚絆《きゃはん》を着けた旅装の武士
『春日権現験記絵巻』より

日常の直垂姿
『法然上人絵伝』より

裏打《うらうち》大口を着用の例
『装束著用図』より

鎧直垂《よろいひたたれ》
『蒙古襲来絵巻』より

江戸幕府（柳営）の服制

慶長八（1603）年、徳川家康が征夷大将軍に任ぜられ、江戸に幕府が開かれた。家康は幕府のさまざまな運用形態を、武家政権として先行した鎌倉・室町のそれに倣い、服制整備もその一環であった。しかし室町幕府は前期が南北朝の争乱、後期が戦国の動乱であり、平和な時代は案外と短く、服制も常に揺れ動いていたところがある。将軍宣下のような重要な儀式も、整って行われたのは四代・足利義持以来のことなのである。

服制の整備は、人心収攬《しゅうらん》、幕府の統制を強化する目的があったらしく、大坂夏の陣で豊臣家が滅亡した元和元（1615）年の十二月、幕府は早くも服制を定めている。[1]そこにおいて、重要な儀式には「装束」、軽儀には「長《なが》袴《ばかま》」、軽儀でも「八朔」のような重要な儀式には「白帷子《しろかたびら》」を着ること、などと規定され、翌年正月の儀式にさっそくこのルールが適用されて、参加者は「装束」で儀式を行っている。[2]この柳営（幕府）服制は、歴代将軍それぞれの考え方から多少の異同は見られるものの、元和二（1616）年に「当家歴世の永式」と定められたとおり、原則として幕末までの二百五十年間守られ続けることとなった。

年中行事における衣服

江戸時代の『武家装束抄』（平有之）や『中村道樹武家装束抄』などによれば、元和元年の服制に沿って、年中行事で着用する衣服は次のとおりである。こうした儀式行事以外での平服は「肩衣半袴《かたぎぬはんばかま》」、いわゆる「上下《かみしも》」姿であった。

正月元日・二日	年始御礼	装束
正月三日	御謡初	熨斗目小袖長袴
正月六日	増上寺其外寺社御礼	装束
正月七日	人日の節供	熨斗目小袖半袴
正月十一日	御鏡開	熨斗目小袖半袴
年始紅葉山・東叡山・増上寺御霊屋御参詣		装束
正月十五日		熨斗目小袖半袴
二月朔日	日光御門跡御対顔・其外寺社御礼	装束
三月三日	上巳の節供	熨斗目小袖長袴
三月例年勅使御対顔・御返答		装束
四月朔日	更衣	熨斗目袷半袴
四月御祭礼・紅葉山御宮御参詣		装束
五月五日	端午の節供	染帷子長袴
六月十六日	嘉祥	染帷子長袴
七月七日	七夕の節供	白帷子長袴
八月朔日	八朔	白帷子長袴
九月朔日		帛袷半袴
九月九日	重陽の節供	花色帛小袖長袴
十月上亥	玄猪	熨斗目小袖〈中衣紫裏御文付〉長袴
十二月十三日	煤払	年男老中のみ熨斗目長袴
十二月晦日		熨斗目小袖半袴

装束《しょうぞく》

正月元日・二日、その他の祝祭日に着用したのが「装束」である。身分に応じて定められた衣服を着用する。[3]

名称	地質	内衣	烏帽子	身分
直垂	絹	白絹	風折烏帽子	侍従以上
狩衣	絹	白絹	風折烏帽子	四位
大紋	麻	熨斗目	風折烏帽子	五位諸大夫
布衣	絹	熨斗目	風折烏帽子	布衣（六位相当）
素襖	麻	熨斗目	侍烏帽子	平士

【直垂《ひたたれ》】

最高位の装束が直垂である。公家装束である狩衣《かりぎぬ》よりも上位に、武家装束である直垂を置いたのは、武家政権としての矜持《きょうじ》の表れといえよう。将軍以下、三位以上の大名、そして侍従以上の官職に任ぜられた大名・旗本が着用した。侍従に任官することは通称「侍従成り」と呼ばれ、公家社会の一員として天皇に拝謁できる身分を意味するものである。「高家《こうけ》」の旗本など、侍従成りしている者はたとえ五位であっても、侍従成りしていない四位よりは高い立場にあった。

色目は原則として自由であるが、将軍専用の紫、将軍世嗣の緋《あけ》、そして秀忠・家光が着用した萌黄については、大名たちは遠慮して着用しないことになっていた。ただし萌黄は、会津松平・黒田・越前松平の三家のみ特別に着用が許されていた。[4]胸紐《むなひも》や袖露《そでつゆ》は、紫組紐である。

烏帽子《えぼし》は全員が風折《かざおり》烏帽子を着用するが、将軍のみ立《たて》烏帽子を用いた。[5]

【狩衣《かりぎぬ》】

幕府内で「四品《しほん》」と呼ばれる、四位に叙された大名や旗本が着用した。親藩・譜代の大名、石高十万石以上の国主格の大名などがこの身分に属した。特殊な例では、石高五千石の喜連川家は、鎌倉公方・足利氏の末裔ということから四品に準じた扱いになっていた。

単《ひとえ》は着用せず、白小袖の上に狩衣を着て小《ちい》刀《がたな》を差す。袴は指貫《さしぬき》（奴袴《ぬばかま》）で、色は縹《はなだ》の無文平絹《へいけん》を原則としたが、紫の例もあった。

狩衣は夏冬ともに紗地《しゃじ》が用いられたが、冬は綾を用いるべきという説もあり、[6]色や文様は定まっていない。烏帽子は風折烏帽子で、懸緒《かけお》は紙捻《こびねり》を用いることになっていたが、慣れないと締めにくく痛いということから、中に綿を入れた絹の細い丸絎紐《まるぐけひも》を用いた例も多かった。[7]扇は妻紅《つまくれない》の末広《すえひろ》（中啓《ちゅうけい》）を携帯した。

【大紋《だいもん》】

幕府内で「諸大夫《しょだいぶ》」と呼ばれる、五位に叙さ

江戸幕府の服制

官位	幕府での立場	礼装				通常礼装	平服
		装束	烏帽子	小袖	袴		
大臣	将軍	紫・緋直垂	立烏帽子	白絹	長袴	熨斗目長袴	肩衣半袴 継上下
大納言	世嗣	緋直垂	風折烏帽子				
侍従以上	御三家・大大名・上級旗本・高家	直垂					
四位	譜代大名・旗本	狩衣			指貫		
五位	外様一般大名	布直垂（大紋）		熨斗目	長袴		
六位相当	旗本（特定職）	布衣			指貫		
無位	旗本（平士）	素襖	侍烏帽子		長袴		

狩衣

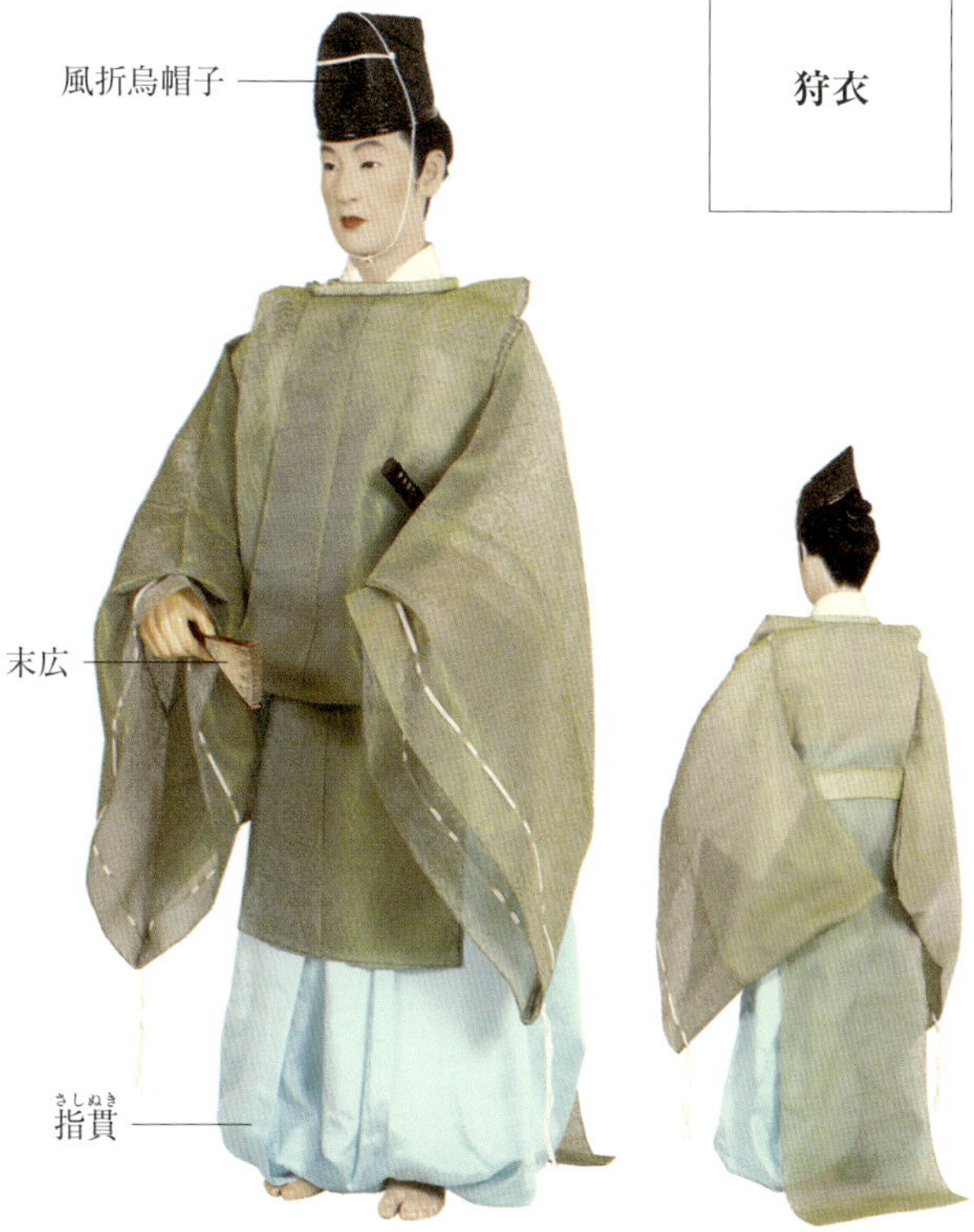
風折烏帽子
末広
指貫《さしぬき》

直垂

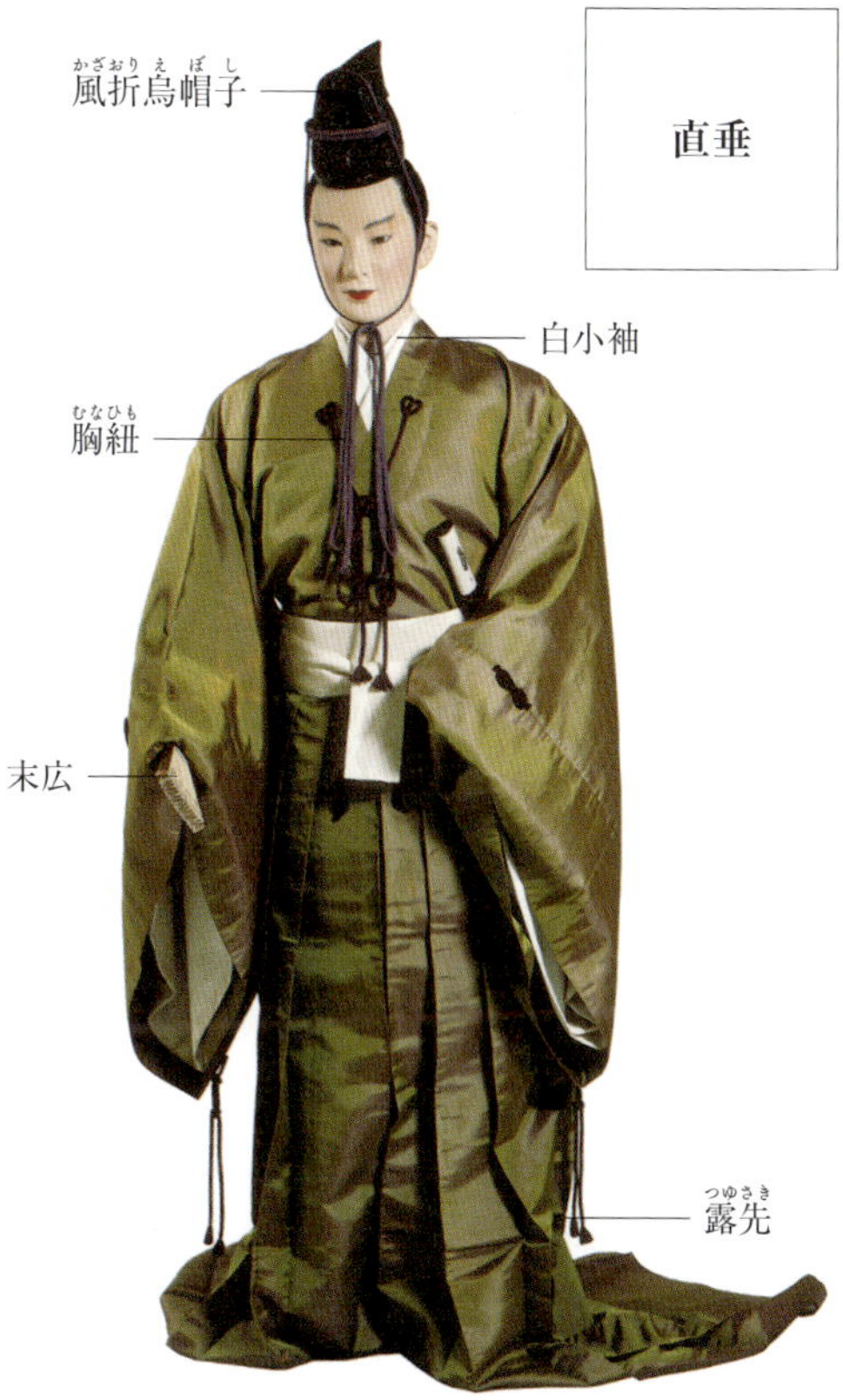
風折烏帽子《かざおりえぼし》
白小袖
胸紐《むなひも》
末広
露先《つゆさき》

大紋（布直垂）

風折烏帽子
熨斗目小袖《のしめこそで》

れた大名や旗本が着用した。石高十万石未満の大名や、要職（現代でいえば本省部長・局長級）にある旗本がこの身分に属した。『柳営秘鑑』（菊池弥門・1743年）によれば、

「五位ニ被仰付面々。所謂万石以上城主之嫡子〈無城ニ而モ〉、寺社奏者之嫡、若年寄之嫡、国持之次男〈或は三男〉、御側衆、御留守居年寄、大御番頭、御書院番頭、御小姓組番頭、甲州詰小普請頭、大目付、町奉行、御勘定奉行、御作事奉行、御普請奉行、小普請奉行、西丸御留守居、京都町奉行、禁裏附、法皇御所附、仙洞附、伏見奉行〈近来万石以上〉、泉州堺政所、奈良奉行、駿河御城代、久能奉行、勢州山田奉行、長崎奉行、日光奉行、御小姓衆〈無官も有之〉、大坂奉行。一御三家並松平加賀守家老五位被仰付。但御三家者六七人、内水戸は少し、加賀守は四人、右衛門督殿附両人。」

とある。

大紋は通称で正式には「布直垂《ぬのひたたれ》」であり、麻製を原則とし、縫製などは直垂に準じる。懐中する扇は末広ではなく蝙蝠《かわほり》である。[8] 特殊な例では、若年寄配下で江戸城内の庶務管理を担当した「同朋」は、大紋に白袴をはいていた。[9]

大紋以下の装束の内衣は、白小袖ではなく「熨斗目小袖《のしめこそで》」が原則となる。「熨斗目」は本来は絹の地質（練緯《ねりぬき》）の名称であったが、[10] 幕府では腰の部分に縞模様のある「腰替り」小袖を指[11]すようになり、格の高い小袖とされた。[12] 色は黒以外で、納戸茶（渋い青緑色）や萌黄色などで、縞模様は格子縞のほか各種あった。[13] 無地熨斗目は私的行事である婚礼（無地鉄色）と葬儀にのみ着用した。

【布衣《ほい》】

無文の狩衣が布衣である。身分そのものの名称にもなり、特定の役職（現代でいえば本省課長級）にある旗本がこの身分に属し、布衣装束を着用した。実際の叙位はされないが六位相当として扱われた。『柳営秘鑑』によれば、

「布衣被仰付面々。小普請支配、御番頭、御書院番組頭、御小姓組組頭、中奥御小姓、御小納戸、御旗奉行、御鎗奉行、百人組頭、御持弓鉄砲頭、御先手、御鉄砲御用、御勘定吟味役、四丸裏御門番之頭、二丸御留守居、定火消、御目付、御使番、御鷹匠頭、小十人頭、御徒頭、御船手、一位様御用人、月光院様御用人、瑞春院様御用人、御広敷御用人、元方・払方御納戸頭、御腰物奉行、奥御祐筆組頭、浦賀奉行、佐渡奉行、二条御城番、大坂御船手、駿河御城番、駿河町奉行、伊奈半左衛門、林百助、竹姫君様御用人、養仙院様御用人、法心院殿御用人。」

とある。

布衣の仕立ては狩衣と同形式で、色彩は自由であるが必ず無文で裏なし。指貫は浅黄《あさぎ》の羽二重を用いた。[14] 本来は布、つまり麻で作られるべきであるが、実際には絹（練緯）を用いることが多かったので、より上位の大紋が麻製であるのに対して、下位の布衣が絹製であるという逆転現象が起きていた。[15] 内衣は熨斗目小袖である。

【素襖《すおう》】

布衣未満の旗本を「平士《へいし》」と呼んだ。平士や、大広間詰め（十万石四位以上）外様大名の家来、四位侍従以上の譜代大名・旗本の家来が素襖を着用した。[16]

色もさまざまで、直垂と異なって文様を付けることもあった。地質は晒布《さらしぬの》、胸紐と小露は「熏革《くすべかわ》」で作られている。上衣と共裂《ともぎれ》の袴は長袴で、袴の背部に「腰板」があり、そこに家紋を描いた。[17] 内衣は熨斗目小袖、烏帽子は特異な形状の折烏帽子（侍烏帽子）を用い、懸緒は組紐であった。[18]

熨《の》斗《し》目《め》長《なが》袴《ばかま》

十月の「玄猪《げんちょ》」などの軽儀において、将軍以下、旗本以上が身分の上下を問わず着用した。熨斗目小袖に長袴をはき、袴と共裂の「肩衣《かたぎぬ》」を着ける。こうした上下共裂の衣類全般を「上《かみ》下《しも》」と呼ぶが、特にこの肩衣姿を「かみしも」とすることが多い。夏は熨斗目小袖ではなく、裏地を付けない染帷子《そめかたびら》を用いた。また八月一日

素襖

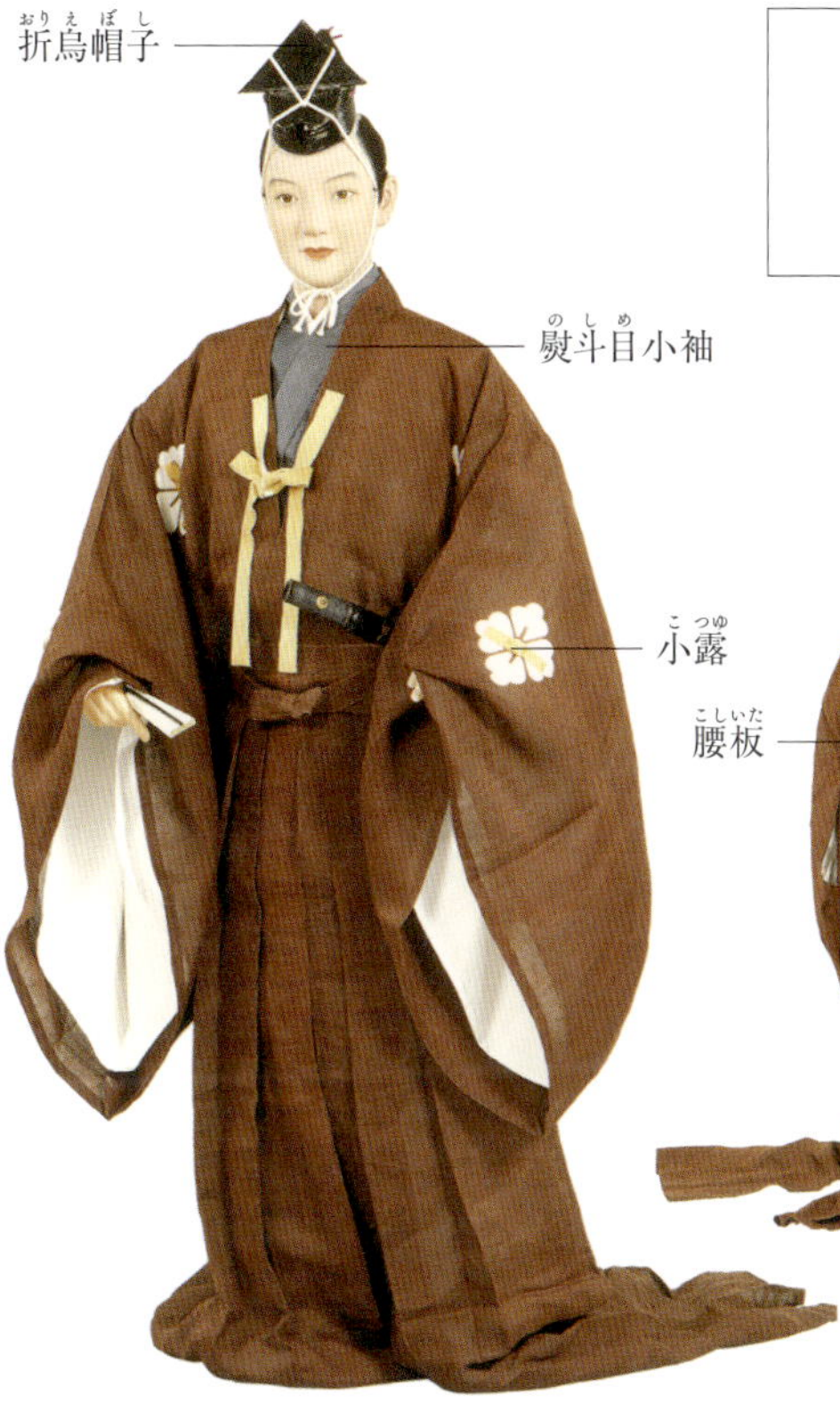
折烏帽子《おりえぼし》
熨斗目《のしめ》小袖
小露《こつゆ》

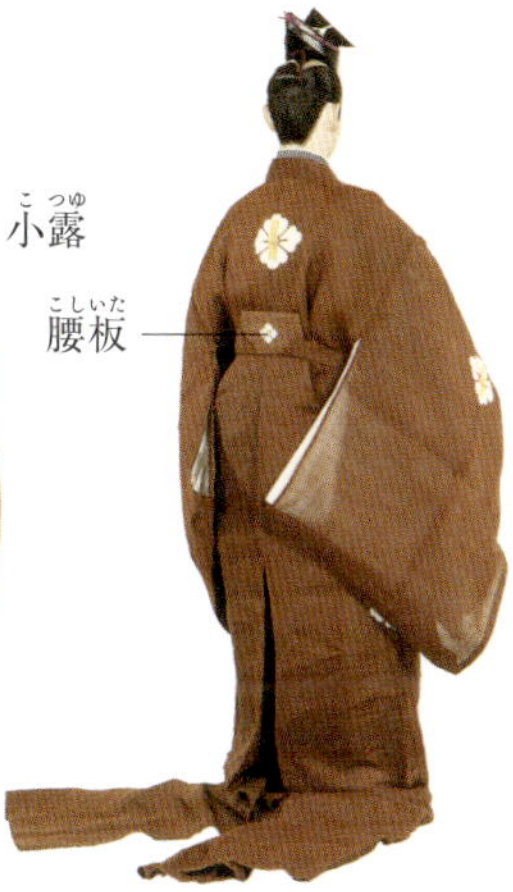
腰板《こしいた》

布衣

風折烏帽子《かざおりえぼし》
蝙蝠《かわほり》
指貫《さしぬき》

熨斗目長袴

肩衣《かたぎぬ》
長袴《ながばかま》

の「八朔」は徳川家康江戸入府の記念日として、特に白帷子を着けた。

　上下の地質は麻が本儀であるが、「龍門《りゅうもん》」（絹の無文固地綾《むもんかたじあや》）を用いる者もいた。享保（1716～1736）年間までは無地が多かったが、宝暦（1751～1764）以後、小紋が用いられるようになった。[19]

熨斗目《のしめ》小袖

肩衣半袴《かたぎぬはんばかま》

儀式がないときの平服である。肩衣は素襖《すおう》の袖を取り除いたもので、室町時代から武士の日常着とされた。[20]半袴は小袴とも呼ばれ、足首の長さで切った切袴《きりばかま》であり、肩衣半袴姿は、室町後期以来のものであった。[21]
　素襖由来の上下は麻製で、本来は裏を付けない。「上下」という言葉のとおり、上下共裂《ともぎれ》が原則であって、上下別裂は内々のものとされた[22]が、八代将軍・吉宗が上下別裂の「継上下《つぎがみしも》」を許可し、[23]以後は継上下が幕府の平服として一般的になってゆく。肩衣に裏を付けることも、九代将軍・家重の時代に認められた。[24]

小直衣《このうし》

狩衣《かりぎぬ》に襴《らん》を付けた小直衣は、公家では大臣・大将以上の高位高官が日常着として着用した装束であるが、これを将軍が一時的に着用した記録がある。琉球からの使者が「江戸上り《えどのぼり》」したとき、謁見は直垂《ひたたれ》であるが、その後の琉球音楽鑑賞の宴で六代・家宣、七代・家継が風折烏帽子《かざおりえぼし》に小直衣姿で臨んでいる。[25]また派手好みの十一代・家斉は元日の参賀に、直垂でなく小直衣を着用したといわれている。[26]琉球使の古事からか、幕末の安政四（1857）年に、十三代・家定がアメリカ合衆国総領事ハリスを引見したときも小直衣姿であった。[27]

「将軍宣下」の束帯《そくたい》

将軍にとって、天皇から征夷大将軍に任ぜられる「将軍宣下」は、一世一代の大儀式であり、そのときは特別に束帯や衣冠《いかん》という、公家装束を着用した。
　慶長八（1603）年、徳川家康が京都の伏見城で将軍宣下を受けたとき、紅《くれない》の直垂《ひたたれ》姿で束帯姿の勅使一行を迎えた。[28]これは室町幕府の例[29]に倣ったもので、後日、拝賀のため御所に牛車で参内した折は、衣冠を着用している。[30]戦国武将には装束の準備もままならなかったようで、この儀式に臨む伊達政宗が衣冠装束を持っておらず、家康からお古を借りたという逸話もある。[31]こうした宣下の形式は、三代・家光まで継承されている。[32]
　四代・家綱は幼年であったので上洛せずに江戸城で宣下を受けたが、拝賀の参内ができないために、衣冠で勅使を迎えている。[33]その後の将軍宣下における将軍の装束は、綱吉（束帯）、家宣（束帯）、家継（衣冠）、吉宗（束帯）と変遷し[34]、以後は束帯となった。将軍宣下のために下向する勅使は、一貫して束帯である。[35]

宣下儀式の数日後、勅使を饗応する猿楽（能）の宴席が開催される。このとき将軍はじめ武家は熨斗目長袴《のしめながばかま》[36]、勅使一行は狩衣《かりぎぬ》[37]と、くつろいだ姿で臨んだ。その翌日、帰洛する勅使との挨拶「辞見」の儀式では、将軍は直垂装束、勅使は狩衣姿であった。[38]

毎年恒例の勅使

毎年正月、幕府は年頭の挨拶として、京都の御所まで典礼担当の旗本「高家《こうけ》」を派遣し、このとき高家は衣冠《いかん》姿で参内した。[39]その返礼として、朝廷は三月頃に勅使を江戸に下向させることが恒例であった。有名な「松の廊下事件」が起きたのはこのときのことである。

勅使と将軍の対面時の装束は、将軍が直垂《ひたたれ》装束、勅使が狩衣《かりぎぬ》姿であった。[40]毎年恒例の行事であるので、それほど重儀の装束は着用しないのである。なお、勅使の旅行中の装束は立烏帽子《たてえぼし》に直垂姿であった。[41]

元禄十四（１７０１）年の「松の廊下事件」はさまざまな演劇で取り上げられ、映像化されている。ここに登場する人物を幕府の服制に当てはめると、将軍・綱吉は直垂、勅使の柳原資廉・高野保春と院使の清閑寺熙定は狩衣、吉良上野介は「侍従成り」しているので直垂、浅野内匠頭は五位の諸大夫《しょだいぶ》で大紋《だいもん》、浅野を制止する旗本御留守居番・梶川与惣兵衛は布衣《ほい》ということになる。『徳川実紀』によれば、三月十一日公卿参着、十二日公卿引見の儀式、十三日饗応の猿楽、そして十四日が公卿辞見であった。柳沢吉保はこのときの自らの装束を正確に記録し、十二日が直垂、十三日が熨斗目長袴《のしめながばかま》、十四日が直垂と記す。[42]演劇では、十四日に浅野が大紋であるところを、吉良に熨斗目長袴と指示されて混乱する場面があるが、当時の城中では毎年恒例の常識であるし、各藩には有職故実《ゆうそくこじつ》に長じた衣《え》紋方《もんかた》が必ずいたので、そのような間違いがあろうはずはない。

幕末の文久二（１８６２）年、攘夷を迫る臨時の勅使が江戸に派遣された。そうしたときも恒例のとおり、将軍は直垂姿で勅使を迎えた[43]が、時代背景から、従来のように将軍が上座、勅使が下座という形式を改め、勅使が将軍と同じ上段の間に上がっている。[44]

幕末の服制改革

攘夷を迫る文久二（１８６２）年の勅使は幕政改革も要求し、その一環として服制改革が行われた。風雲急を告げる幕末の世相から、諸事簡便、虚礼廃止が求められたのである。大きな改革点は、熨斗目長袴《のしめながばかま》の廃止、平服を肩衣《かたぎぬ》ではなく羽織とし、股上が高く歩きやすい「襠高《まちだか》小袴」としたことである。[45]また従来は足袋を履くことに許可を必要としたが、その許可制も廃止された。[46]頭頂を剃る毎朝の「月代《さかやき》」剃りは、時間と手間が掛かるものであったため、諸事簡便を図る風潮の中で「勝手」となった。慶応二（１８６６）年に没した十四代将軍・家茂の遺体が発掘されたとき、まったく月代を剃らない総髪であることが明らかになっている。正式に御家人の総髪が認められたのは慶応三（１８６７）年のことである。[47]

文久二年の改革で廃止された熨斗目長袴であったが、翌年復活する。これは余りに急激な簡素化が幕府の弱体化を促進すると危惧した、保守派の巻き返しであり、改革派のリーダー・徳川慶喜が上洛した直後に復旧令が出されている。[48]しかし時代の流れに逆らえるはずもなく、慶応三年に再度改革が断行され、熨斗目長袴が再廃止されるのみならず、実戦部隊の小普請支配組は「そぎ袖、羽織、細袴」を平服にするなど、従来の服制を覆す内容となった。[49]

そして同年十月十四日、十五代将軍・慶喜が大政を奉還し、ここに幕府は消滅。柳営服制は、二百五十年間の長い歴史の幕を下ろしたのである。

直垂類似の装束

蹴鞠装束

蹴鞠は七世紀、中国から伝わってきたといわれる。古くから貴族社会で愛好され、清少納言も『枕草子』で「遊びわざは小弓、碁。さまあしけれど、鞠もをかし。」と語っているが、「さまあし（様悪し）」というのは、足で鞠を蹴り上げる動作が少し下品に感じられたのであろうか。そのように、大変アクティブな動作を伴うのが、蹴鞠というスポーツなのである。

しかし平安の貴族たちは、日常着である直衣《のうし》や狩衣《かりぎぬ》姿のままで競技を行っており、[1]蹴鞠の専用装束というのは存在していなかった。鎌倉初期の後鳥羽天皇は蹴鞠の愛好家で、新嘗祭《にいなめさい》の五節舞《ごせちのまい》の折にしか天皇がはかなかった指貫《さしぬき》を、蹴鞠に際しても着用する前例を作った。[2]ただし室町初期の天皇は、紅《くれない》の袴《はかま》の裾《すそ》に紐を通して着用している。当時、内々の蹴鞠会においては、水干《すいかん》や直垂《ひたたれ》も着用していたようで、葛袴《くずばかま》の着用の記述も目立つなど、[3]さまざまなタイプの装束を、思い思いに着用していたようである。[4]ただしオフィシャルな蹴鞠会では、相変わらず直衣や衣冠《いかん》姿であった。[5]

【韈《しとうず》と鴨沓《かもぐつ》】

蹴鞠は足を使うスポーツであるから足の保護は大切で、鹿革製の「韈《しとうず》」を履き、浅沓《あさぐつ》が脱げないように紐で括り付けていた。この韈について、後鳥羽上皇の時代から、蹴鞠技術のレベルに応じて色彩を変える、といったことが行われるようになり、[6]室町時代には、上級の韈を履くには家元・飛鳥井家の認可が必要になった。[7]現在の「蹴鞠保存会」では段位・級位を定め、やはり韈の色で識別しているが、これは当時の序列に準拠したものになっている。

紐で括ったとしても鞠を蹴れば浅沓は脱げやすいため、韈と革製の沓が一体化した専用シューズが考案されることになった。[8]これが「鴨《かも》沓《ぐつ》」であり、遅くとも室町後期には、その名称が現れている。[9]この特徴的な形状と名称は、鴨のクチバシに似ているからとする説が一般的であるが、[10]別説もある。それは蹴鞠が盛んであった賀茂神社の神職たちが始めたので「賀茂沓」

特別な蹴鞠装束のない時代の蹴鞠姿

『年中行事絵巻』より

蹴鞠装束

鞠水干《まりずいかん》姿（風俗博物館蔵）

鴨沓《かもぐつ》（地下《じげ》沓）

なのだ、というものである。[11] 確かに賀茂の社家の人々は当時の蹴鞠会では「プロ蹴鞠プレーヤー」とでもいうべき役割を果たしていた。しかし「鴨沓」の語源としては、「鴨のクチバシ」説が有力なようである。

江戸時代の鴨沓を見ると、足が入る部分が丸みを帯びてゆったりしたタイプと、鴨ならぬカモノハシのクチバシのような、平たく四角い形状のタイプがある。前者は堂上《とうしょう》公家のもので、後者は賀茂の社家が用いた「地下沓《じげぐつ》」であり、鞠を掬うように高く蹴り上げるのに役立った。

【鞠水干《まりずいかん》】

アクティブに下半身を使う蹴鞠の装束として、葛布《くずふ》で仕立てられた丈夫な「葛袴《くずばかま》」が愛用されることが多かった。葛布は、経糸《たていと》に麻や絹、緯糸《ぬきいと》に強靭な葛の繊維を用いた織物で、『延喜式』を見ると、高貴な深紫色《こきむらさきいろ》にも染められていたことがわかる。[12] 丈夫な葛布で仕立てられた葛袴は、労働着であった水干装束で多用され、[13] その袴は一般に「水干袴」と呼ばれた。

江戸時代、蹴鞠の家元である飛鳥井・難波家で蹴鞠専用装束が考案された。[14] これは一般に「鞠水干」と呼ばれるが、直垂形式の装束であって水干ではない。水干袴（葛袴）を用いたので「鞠水干」と呼ばれるようになったのであろうか。飛鳥井家の免状には「水干」の文字はなく、一般から出た言葉と考えられている。[15]

鞠水干着装の特徴は、直垂装束の足元に鴨沓を履くことのほか、胸紐《むなひも》を結ばずに下に垂らし、袴の腰（紐）に絡ませることである。これは室町時代、挙措動作が多い下士《かし》の素襖《すおう》装束で見られた処理方法である。

【烏帽子懸《えぼしがけ》と組懸聴許《くみかけちょうきょ》】

アクティブなスポーツである蹴鞠をするとき、烏帽子を安定させるために「懸緒《かけお》」を用いる。古くは飛鳥井・難波流では紙捻《こびねり》を「忍び懸」（烏帽子内部に懸緒を結ぶ輪を付け、そこに紙捻を懸けて顎下で結ぶ）にし、御子左《みこひだり》流は紫組紐を「翁懸《おきなが》け」（烏帽子の表面上部に十文字に懸けて顎下で結ぶ）にしていたが、[16] のちには飛鳥井・難波流も紫組紐を翁懸けにするようになった。この組懸《くみかけ》（組紐を懸緒に用いる）の使用には家元の許可が必要であった。[17]

これが利権となり、永承三（1506）年には後柏原天皇と飛鳥井雅俊の間に組懸許認可権を巡るトラブルが生じた。百年近い論争を経て慶長五（1600）年、紫組懸には勅許が必要であるが、その奏請は飛鳥井家を経由する、というルールが定められた。

江戸時代になると冠の形状が非常に小さくなり、懸緒がないと頭に固定できなくなったため、蹴鞠でない日常でも組懸を用いるようになった。冠の懸緒は原則として紙捻を用いるが、組懸勅許があれば冠にも組懸を用いることができるようになった。衣冠は組懸でも良いが、衣冠《いかん》単《ひとえ》の場合は不可であるとか、家々によってさまざまなルールがあったが、[18] どの家であれ束帯《そくたい》の場合は必ず紙捻であり、組懸は使用できない。

地下《じげ》は組懸を用いることは許されず、大名・旗本については、「侍従成り」した後、飛鳥井家に形式的に入門して組懸の勅許を得た。[19]『遠碧軒記』（黒川道祐・江戸初期）によれば、このとき大名は「懸緒御礼物」として、禁裏に銀五枚、法皇・女院・女御に銀三枚、飛鳥井家に銀三枚、飛鳥井家雑掌に銀一枚を納めている。こうした蹴鞠による勅許のほか、神職に対しては装束許認可権を持つ吉田家が、白組懸の許可を与えていた。[20]

明治維新とともに組懸の許認可権は天皇の専権事項とされ、飛鳥井家の特権は消滅したが、この混乱期に勝手に紫組懸を用いる者も出たようで、改めて禁令が出されている。[21] 組懸勅許は明治初年までも継続され、政府高官は業績に応じて許された。のち外務卿となる寺島宗則は、ハワイ国との条約締結などに功績があり、紫組懸緒を下賜されている。[22] この組懸勅許制度は、明治五年十一月の洋装礼服導入と同時に消滅した。

行司装束

現代において、直垂《ひたたれ》姿を最も一般的に目にするのは、大相撲で審判を務める行司の装束であろう。直垂に折烏帽子《おりえぼし》という古式ゆかしい装束は、江戸の昔から着用されていたイメージがあるが、これは国技館が開館した翌年、明治四十三（1910）年に新しく定められたものなのである。

それまでの行司は、江戸時代からの上下《かみしも》姿であった。しかし明治になって髪型が変わり、髷《まげ》のない頭での上下姿は見栄えが良くないという理由で、勝手に烏帽子を着用する行司が現れた。そうしたまちまちの服装では統一性が損なわれるということから、相撲の家元格であった吉田司家にしかるべき行司装束の選定を依頼し、その結果、鎌倉時代の鎧直垂《よろいひたたれ》風の現在の装束が定められたのである。現在の大相撲『審判規則』では第一条で

「行司が審判に際しては、規定の装束（直垂、烏帽子）を着用し、軍配を使用する。」

と定められている。

【構成】

行司は力士同様に相撲部屋に属し、階級がある。十両格以上の行司と、幕下格以下の行司とでは、処遇に雲泥の差があるのは力士と同じである。十両格以上の行司は、直垂の生地に夏は「麻薄地」、冬は「絹厚地」を用いるが、幕下格以下の行司は、夏冬問わず「木綿」を用い、袴を上括《しょうくくり》にして脛を出す、通称「はだし行司」なのである。

直垂は江戸時代の大名の形式ではなく、活動的な鎧直垂を模しており、菊綴《きくとじ》は「もの字」ではなく、古式の房形式である。色や文様に定めはなく、多くは金糸・銀糸を使って、家紋やスポンサーにまつわるデザインを織り込んだ豪華なものが多い。袖には括り緒を入れるが、土俵に上がる際に実際に括るので平紐ではなく、括りやすい丸組紐を用いている。袴の裾にも括り紐があるが、これは十両格以上は使用しないので平紐、幕下格以下は実際に膝に括るので、丸組紐である。直垂の下には黒紋付を着ている。

『審判規則』第二十条に「行司は、その階級に応じて左の如き色を使用する」とあり、階級によって胸紐《むなひも》や菊綴、軍配の房緒の色が決まっている。また足元の装備や持ち物も階級により差がある。

烏帽子は、髷を結わない現代人であるため、江戸時代の侍烏帽子《さむらいえぼし》ではなく、鎌倉時代のような古式の折烏帽子である。烏帽子の懸緒《かけお》に用いる丸組紐の色は、規定には明文化されていないが、立行司が紫、それ以下は紺を用いている。審判動作に使う軍配は行司の私物であり、形式に定めがなく、欅《けやき》・黒檀・紫檀などの堅木製で、表裏に各自の好みの漢詩や文様、家紋などが描かれている。

【行司の仕事】

行司というと競技の審判だけが仕事と思われがちであるが、実は相撲興行全体を支える総合マネージャー的な任務も大きな仕事である。取組編成、番付表の書きつけ、巡業先への列車やバスなどの手配、宿泊施設の確保から経理事務関係、さらには力士の紹介などの場内アナウンスをしているのも行司なのである。

そして重要な仕事の一つが、毎場所初日前日に行われる「土俵祭」の神職役である。このとき木村庄之助あるいは式守伊之助が祭主を務め、日本相撲協会の紋を織り出した小直衣《このうし》に冠を付けた姿で執行する。祭員を務める若手行司は白い浄衣《じょうえ》姿で補助する。いずれも裾短《すそみじか》の仕立てで着付けも短めにしており、土の上で執行される神事ならではの故実といえる。

行司装束

十両格行司

幕下格行司

「青白」の菊綴《きくとじ》

土俵祭を執行する立行司の小直衣《このうし》姿

土俵に「鎮め物」を埋める

土俵祭を執行する式守伊之助

協力：日本相撲協会

日本相撲協会紋入りの小直衣

式守伊之助の軍配

階級別の行司装束

階級	色	菊綴	物具（持ち物）
立行司（横綱格） 木村庄之助	総紫	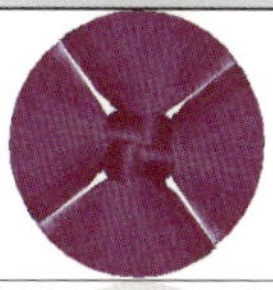	足袋、上草履、 短刀、印籠
立行司（大関格） 式守伊之助	紫白		
三役格行司	朱		足袋、上草履、 印籠
幕内格行司	紅白		足袋
十両格行司	青白		なし
幕下格行司 三段目格行司 序二段格行司 序ノ口格行司	黒または青	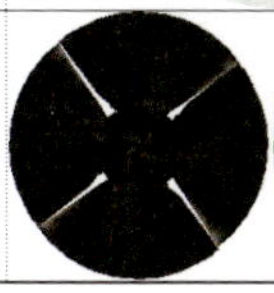 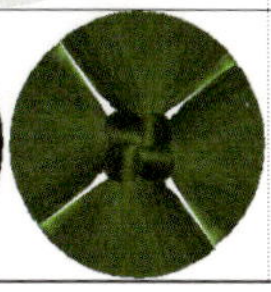	なし

男子の子ども服

水干《すいかん》

平安から鎌倉時代、子ども服と言って想起されるのが水干であろう。動きやすい水干は、活発な子どもにいかにも適した衣類である。もともとは寺院の稚児装束や、武家に仕える「小《こ》舎人童《どねりわらわ》」の装束として多用されていた。[1]当時の武家は装いに華美を競う傾向があったため、童《わらわ》水干《すいかん》も華やかになり、菊綴《きくとじ》を大きくし、端袖《はたそで》と奥袖の色を変えるなど、武家の「風流《ふりゅう》」と子ども服ならではの可愛いらしさをふんだんに盛り込んだものとなった。

元来、水干は庶民の衣服であったため、上流階級の子どもが着るものではなかったが、大人の水干装束が公家の世界にも浸透するに至り、まず地下《じげ》の子ども服となり、[2]やがて皇族や公家トップの摂家までが用いるようになった。[3]そうした上流階級では、白い水干がポピュラーであったが、[4]これは「長絹《ちょうけん》」と類似している。

水干の仕立ては狩衣《かりぎぬ》と同様であるが、袴に着込むため丈は短く仕立てた。十六歳未満の童水干は、袖括《そでくくり》の緒《お》を装飾性の高い「毛抜形《けぬきがた》」にするなどして飾り、[5]華やかになった菊綴は、上衣五か所、袴に四か所付けられた。[6]

着装は、鎌倉初期までは襟を立てる「上頸《あげくび》」であったが、のちに「垂頸《たりくび》」が主流となっていった。[7]

半尻《はんじり》

子どもの活動性に対応するため、通常の狩衣《かりぎぬ》よりも後身の裾（尻）を短くした狩衣が「半尻」である。水干《すいかん》とは異なり、初めから上流階級で用いられ、鎌倉時代にはすでに十四歳の宮将軍・宗尊親王が着用しているが、[8]上衣が半尻でも袴に水干の葛袴《くずばかま》を用いていることから、水干の上流階級バージョンという認識で用いられたのであろう。皇子は親王宣下を受けて親王になる以前は、半尻を着用すべきという認識があった。[9]

活動的ということで、成人も家庭内やカジュアルな場面では用いていたが、そうしたとき、袴は葛袴や指貫《さしぬき》ではなく、切袴《きりばかま》である「大口《おおくち》」をはくようになった。[10]子ども服も同様で、日常着としての半尻装束は大口が定番となり、[11]さらに袴の前を大精好《おおせいごう》、後を小精好《こせいごう》で仕立てた、しっかりと堅い「前張大口《まえはりのおおくち》」が用いられるようになった。皇子用の半尻は、袖括《そでくくり》の毛抜形《けぬきがた》の中に、絹糸で作った松や梅の花の造花を付けるなど、美麗なものになっている。[12]

江戸時代の七五三にあたる儀式「深曽木《ふかそぎ》」でも同様の半尻装束を着用しており、このとき、女性用の衵扇《あこめおうぎ》のように美麗な彩色の施された「横目《よこめ》扇」を持った。[13]現代の皇室においても、こうした半尻装束で男子の「深曽木の儀」が行われている。

童直衣《わらわのうし》

摂関や大臣など、上級公家の元服前の子どもが、行儀見習いの意味を兼ねて宮中殿上に昇る

童水干

半尻

浅黄闕腋袍《あさきけつてきほう》
（文化学園服飾博物館蔵）

天皇

皇太子

空頂黒幘《くうちようこくさく》『冠帽図会』より

童直衣《わらわのうし》
『桜町殿行幸図』より
（国立公文書館蔵）

童直衣の指貫《さしぬき》　亀甲《きつこう》地《じ》臥蝶丸文《ふせちようのまるもん》

ことを「童殿上《わらわてんじょう》」と呼び、そうした「殿上童《てんじょうわらわ》」は天皇の側でさまざまな雑用に奉仕した。その殿上童が着用するのが童装束「童直衣《わらわのうし》」である。そのサイズが小さいだけで構造的には通常の直衣と同じであるが、文様は天皇の御引《おひき》直衣と同じ小《こ》葵《あおい》文様であった。指貫《さしぬき》は、紫の亀甲地文《きっこうじもん》の上に臥蝶丸文《ふせちょうのまるもん》を白く織り出した二陪《ふたえ》織物を用いる。[14]指貫を足首で括る括紐《くくりひも》は組紐を編んだもので、童直衣では紫と白の紐を編んだ「腹白《はらじろ》」を用いた。

こうした童直衣は、本来の装束のルールを逸脱した特別待遇である。本人が元服した後はこうした文様や色彩の直衣を着用することはなくなり、通常の直衣を着用した。[15]

【闕腋袍《けってきほう》の童形束帯《どうぎょうそくたい》（皇族・摂家の元服用）】

闕腋袍は武官の束帯に用いるものであるが、公家トップ階級の子どもの礼装としても扱われていた。他の闕腋袍同様に後ろ裾が長いのが特徴であり、「細長《ほそなが》」と呼ばれることもあった。基本的に袍《ほう》は赤色で、これを殿上童が着装することもあった。[16]

しかしこの束帯は、皇族や摂家の子弟が用いることが多く、殿上童を経験した摂関の子たちが着用し、それ以外の公家の子弟は、童直衣を着用していた。[17]皇族の元服に際しては、まず赤色闕腋袍の童形束帯、加冠後に無位を表す黄色の闕腋袍を着用し、親王品位が授けられると縫《ほう》腋《えき》の位袍《いほう》に着替える、ということが行われた。[18]そのときの袍の文様は小葵や雲鶴《うんかく》であった。[19]

童形束帯を着用するとき、髪型は「鬟《みずら》」で、「夾形《はさがた》」と呼ばれるリボンで髪を留めることとされたが、必ずではなく、夾形を用いない場合もあった。[20]藤原忠通は殿上童のときは夾形なしで、のちの賀茂詣では「下げ鬟」を夾形で留めている。[21]夾形は蘇芳染《すおうぞめ》した絹（夏は羅《ら》）を細長く折りたたんだもので、蝶と鳥の文様を白く胡粉で描いた。[22]鬟は、天皇と皇太子が「上げ鬟」、殿上童のような臣下は「下げ鬟」であるが、室町時代には逆に認識されていたようで、高倉家だけが古式のルールを保っていた。[23]

現代の皇室においては、赤色袍は用いていないが、成年式「加冠の儀」で雲鶴文浮織《うきおり》の浅黄色闕腋袍を用いている。加冠前のかぶり物である「空頂黒幘《くうちょうこくさく》」を頭に着けた浅黄色袍から垂《すい》纓冠《えいのかんむり》＋浅黄色袍に替え、のちに位袍（皇太子は黄丹《おうに》、親王は黒）に着替える。

空頂黒幘《くうちょうこくさく》

元服式「加冠の儀」で冠を着ける前に着用するのが空頂黒幘であり、これは本来、天皇と皇太子のみが用いるものであった。[24]空頂黒幘を用いる元服の儀式は、平安時代から室町時代まで連綿と受け継がれたが、[25]後花園天皇の元服（1433年）以後、戦国時代の長い中断期間があった。約二百五十年後の江戸時代、東山天皇の元服時（1687年）に「御再興」の気運により復活したが、数百年の空白期間は長く、古式の実相は不明になっていた。そのため「御再興」の空頂黒幘は、文献から考証した近衛家が監修、山科家が調進したものであって、[26]平安時代のものとまったく同じかどうかは不明である。

平安中期の『西宮記』（源高明）には「中高有花形」とあるだけで、天皇と皇太子の区別がないように読めるが、平安後期の『江家次第』（大江匡房）では二種類あるとされている。江戸時代「御再興」の空頂黒幘は、正面の羅《ら》が、天皇用は大きな一枚の山形、皇太子用は小さな山形三枚となっている。近代は天皇・皇太子以外の親王や王も用いることとなったが、これは皇太子用に似た三枚形式である。

長絹《ちょうけん》

長絹というのは本来生地の名前である。その実態は明確ではないが、名前のとおり長い反物であったようで、[27]長いだけでなく純白であるところに価値があったらしい。現在の繭は黄色がかっていて、純白の絹は黄色がかっているが、昔の繭は黄色がかっていて、純白の絹は貴重品だったようである。その長絹で仕立てられた長絹狩衣《かりぎぬ》、長絹小直衣《このうし》などがあったが、「長絹」だけで特定の衣類を意味したのが、室町時代以降に元服以前の子どもの正装として用いられた装束である。正式には「長絹直垂《ちょうけんひたたれ》」と呼ぶべきもので、寺院の稚児装束から、武家の子どもが着用し、成人後は着用しなかった。[28] この長絹は、白地無文の生絹《すずし》や紗《しゃ》で仕立てた直垂に水干《すいかん》のような菊綴《きくとじ》を付けたもので、菊綴は黒に限った。[29]

着用は直垂と異なり、前身を引き合わせて胸元を折るので、まるで水干を垂頸《たりくび》に着たように見える。胸紐《むなひも》も直垂より長く、首に掛け回して前で結び、これも水干のように見せかけた。「長絹直垂」そのものは、子ども専用ということではなかったのであるが、水干と類似させて子どもの正装として用いたのである。

紐付き衣

幼児は「着袴《ちゃっこ》」の儀式を行うまでは、前身頃に付けた紐を後ろに回して結ぶ、簡単な衣服を身に着けていた。現在でも「七五三」のことを地方によって「紐落し」と呼ぶのは、こうした紐付きの衣類から卒業することを意味している。

片身替わりの水干《すいかん》を着た稚児
『法然上人絵伝』より

長絹《ちょうけん》
『装束著用図』より

着帯前に着用する紐付き衣
『春日権現験記絵巻』より

長絹の襟紐の結び方

紐付き衣を着た女児
『法然上人絵伝』より

女子の子ども服

汗衫《かざみ》

本来は成人男女ともに用いる、文字通り「汗とり肌着」であったものが、[1]アウターウエアとなり、やがては正装に位置づけられるまで昇格した衣服である。平安中期以降に汗衫というと、童女の装束として扱われるが、それには「晴《はれ》」タイプと「褻《け》」タイプの二種類があり、それぞれまったく異なる形式の衣類である。

【晴の汗衫】

晴の汗衫は、盤領上頸《まるえりあげくび》で「裾の長い闕腋袍《けってきほう》」のようなイメージの衣類である。新嘗会《しんじょうえ》でも用いられた正装で、[2]伊勢の斎王も着用した。[3]また「聟執《むことり》」（結婚式）にも用いられた。『満佐須《まさす》計《け》装束抄』によれば、後身頃の長さは一丈五尺と、大変長く裾を曳いた長大なものであった。[4]

この装束の特徴的なことは、濃色《こきいろ》の長袴《ながばかま》の上に重ねて、束帯《そくたい》用の表袴《うえのはかま》をはく「重ねの袴」にすることである。[5]着方は襟元を大きく広げて肩まで下げ、前身の裾も脇から後ろに長く曳いたが、[6]前身の裾は開くと裏が見えるので、そこに大和絵を描き込むこともあった。また右の端袖《はたそで》を折り返して、下の五枚重ねの衵《あこめ》や単《ひとえ》を美しく見せるなど、ともかく美しく演出するのが、晴の汗衫装束であった。白河上皇時代の逸話[7]を元にした、鎌倉時代の『小野雪見御幸絵巻』でその姿を見ることができる。

新嘗会「五節《ごせち》の舞」など晴の儀式に参列する童女は、単の上に袿《うちぎ》を重ね、その上に着る汗衫は身分に応じて二陪《ふたえ》織物《おりもの》などの豪華な生地を用い、裾や袖はおめらかせて、華やかに着飾った。聟執など私的な行事には表袴をはかず、帯もしない「汗衫の宿《とのい》装束」の姿をした。[8]

近世の大嘗会で用いられた汗衫は、表裏縹《はなだ》色の盤領仕立てで、襟を広げず上頸で着た。その故実を受けて現在では、大きな神社で儀式を行う若い女性が着用することもある。その場合は小袖の上に濃色の単と二藍《ふたあい》の半臂《はんぴ》、その上に縹色平絹《へいけん》の汗衫を上頸にして着用する。表袴の下に濃色の大口《おおくち》をはいて長袴は着けず糸鞋《しかい》を履く。髪型は振分け髪を左右で結い、夾形《はさがた》（紅色のリボン）で結ぶ「総角《あげまき》」である。

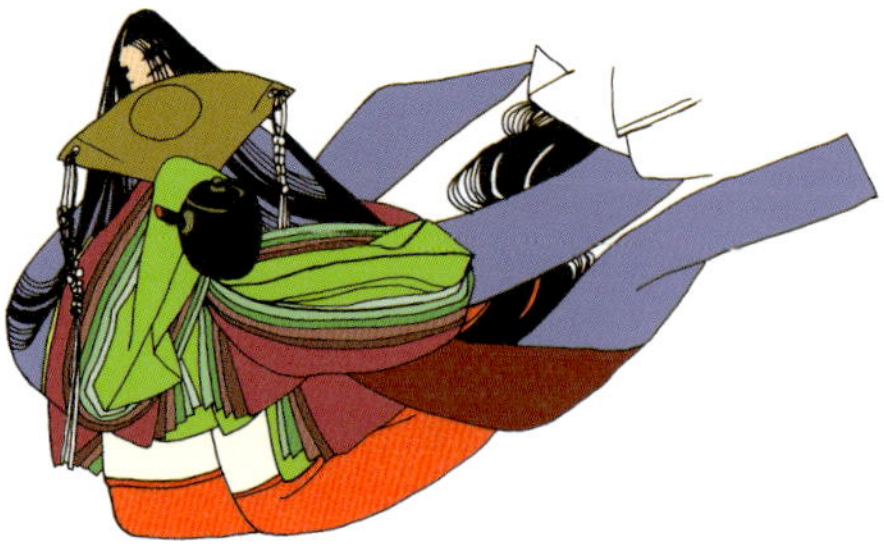

晴の汗衫
『枕草子絵巻』より

晴《はれ》の汗衫《かざみ》
『承安五節絵』より

晴の汗衫

汗衫の裾を長く曳く

長袴《ながばかま》の上に表袴をはく「重ねの袴」

【褻《け》の汗衫】

褻の汗衫は、あまりにも日常着であったためか、文献にはあまり登場しないが、『扇面古写経』や『年中行事絵巻』などに見ることができる。その姿は切袴《きりばかま》に単《ひとえ》と袙《あこめ》を重ね、その上に「対丈《ついたけ》」（身長と同寸）の汗衫を羽織った形である。現代の神社で巫女が羽織る「襅《ちはや》（千早）」のような形式の衣類であった。絵巻物を見る限り、袖括《そでくくり》の緒《お》があるタイプもあった。

袖付けの一部を縫わずに開けて、そこに組紐を通して結ぶことも行われた。清涼感を出す工夫と考えられ、これを「ゆだち」と呼んだ。ゆだちは左袖だけするものとされたが、[9]『扇面古写経』では左右両袖にゆだちをしている姿が見られる。

晴の汗衫よりもこちらの方が「汗衫」という字に相応しいものという印象を受けるが、この褻の汗衫も、やがて晴着に昇格することになる。

重袙《かさねあこめ》

裾を曳きずらない、対丈《ついたけ》の衣を「袙《あこめ》」と呼び、袴の上に袙を打ちかける姿が童女の日常着であった。何枚もの袙を重ねた「重袙」は晴《はれ》の装束とされ、[10]重袙の上にさらに晴の汗衫《かざみ》を着用することもあった。

細長《ほそなが》

幼児から成人女性までが正装として着たといわれる細長は、古来「謎の装束」とされており、諸説あって実体は明らかではない。『枕草子』に「細長はその名のとおり」[11]とあるように、細長い形状の衣類であることは間違いないが、細長い形状のまったく別種の衣類が、それぞれ「細長」と呼ばれたため、混乱を招いてきたのであろう。

(1) 禄《ろく》の細長

「禄」は、儀式関係者への褒美、引き出物として与えられる衣類である。古い時代の文献における細長という単語は、禄として与えられた記述がほとんどであり、正月の「大臣大饗《だいじんのだいきょう》」では、桜色の細長を与えることが定例であったようだ。[12]多くの場合、女性装束とセットで与えられていたが、[13]男性用の直衣《のうし》装束とセットの例もあった。[14]

この禄の細長の形状は「例の衣の大領《おおくび》なき」とあり、[15]衽《おくみ》のない「例の衣」である。この「例の衣」は女性用の袿《うちぎ》のことであろうと考えられている。禄の細長は、後世も引き続き授けられていた。[16]

重袙《かさねあこめ》

褻《け》の汗衫《かざみ》

『扇面古写経』より

衽《おくみ》がない「細長《ほそなが》」（風俗博物館蔵）

(2) 産着の細長

乳児用の衣類で、細身で丈の長い水干《すいかん》のような形状の衣類であり、「産着」としてだけではなく、乳児が儀式に出るときにも着用した。[17] 襟は盤領《まるえり》、長い蜷《にな》結びの白組紐で襟を留め、下に垂らす。近世になると、出産祝いとして贈られる、非実用の贈答品となった。調進元は山科家で、製作には約三か月間を要したといわれる。[18] この贈答の風習から「産着の細長」と呼ばれるのである。

(3) 幼児・少年服としての細長

産着の細長の延長とも考えられるが、姫君が「真菜始《まなはじめ》」（初めて魚を食べる儀式）に細長を着用した記録があり、そこには「細長のときは袙袴を着ないのが先例である」と記されている。[19]

また、「殿上童《てんじょうわらわ》」の装束として「赤色細長」を着用したが、指貫《さしぬき》とのセットであるため、細く一巾で仕立てた裾長の狩衣《かりぎぬ》のような形状であったと考えられる。[20] 十七歳の元服儀式で、赤色の闕腋袍《けってきほう》（尻長）を着用した記録もあるが、[21] これは少年服の細長が発展したものとも推測できよう。江戸時代においても「細長布袴《ほうこ》」が年少者の殿上服として認識されている。[22]

(4) 女性装束としての細長

禄としてでなく、着用例のある細長の記述は、まず『宇津保物語』や『源氏物語』などの物語

細長

「細長《ほそなが》」の一案（c タイプ。138 ページ参照）

に見られる。それらにおいても、禄としての記述と着用例が混在しているが、[23]より華やかな女性装束として描かれている。幼い紫の上が「無文の桜の細長」を着用している記述[24]について、室町時代の解説書『河海抄』で「細長は幼少の貴女の着する物[25]」と説明されているため、少女装束というイメージがある。しかし『宇津保物語』では三十八歳ほどの成人女性が着ているし、[26]『源氏物語』では紫の上三十九歳、明石の君三十八歳という、当時ではまもなく初老というべき年齢の女性が着用しており、[27]若い女性専用の装束とは言いきれない。

その形状については古くからさまざまに論じられてきた。

(a)「晴《はれ》の汗衫《かざみ》」に水干の襟組紐を付けたようなもの[28]

(b)「袿」と同じような垂頸《たりくび》タイプで衽がなく丈の長いもの

(c)「晴の汗衫」の襟を垂頸にして、唐衣《からぎぬ》のように襟を裏返すもの

などと諸説ある。『源氏物語』に袿と細長を見誤るような記述があり、[29]現在では(b)のタイプとする考え方が主流である。

近世以降も(b)タイプの細長が公家の少女用として用いられた。これは脇も背縫いも縫われており、衽がない袿という形状で、特に長くはない。近世以降の皇室における、女子の「着袴《ちゃっこ》の儀《ぎ》」には、こちらのタイプの細長が用いられており、平成十八（２００６）年に敬宮愛子内親王（四歳）が行われた着袴の儀でも同様であった。

濃袴

子どもの装束は男児・女児を問わず、袴や単《ひとえ》に紅《くれない》でなく濃を用いる。「濃」は濃い蘇芳《すおう》色、つまり濃いワインレッドのような色である。近世では単だけでなく、白小袖の上に濃色の小袖を重ね着る。

男子の場合、十六歳未満の若年者が束帯《そくたい》において「濃装束」として単や大口袴《おおくちばかま》に濃色を用いたが、[30]天皇に限っては、十六歳未満でも紅を用いた。[31]最も多い着用例は、元服の儀式である。[32]江戸時代でも元服に濃単は用いられたが、色彩を濃くし過ぎて黒に近くなってしまっていた。また濃単に雲形の金箔を押すことも行われ、関白・近衛家久がそのことを嘆いている。[33]

女子の場合は、新嘗会《しんじょうえ》の五節舞姫《ごせちのまいひめ》が揃って濃袴をはくなど、[34]晴儀に用いられた。最も多い着用例は「聟執《むことり》」（結婚式）や入内《じゅだい》の儀式である。[35]ただし花嫁の年齢は問わなかったようで、二十九歳で濃袴を着用している例もある。[36]

現代において濃色は「未婚者の色」と表現されることもあるが、「濃色＝未婚者の色」と明記されている文献記録はない。男子の濃装束が「十六歳未満」であることから、女子にも適用させたのであろうし、婚姻年齢が低かった時代、ちょうど十六歳頃が未婚・既婚の境目でもあったのであろう。明治十三（１８８０）年の宮内省布達では、既婚者であっても十六歳未満の女子の袴は「濃」と指示されていた。[37]現在の皇室では、「第一子出産までは濃を用いることができる」とされている。

夏の薄物《うすもの》 袙《あこめ》

『扇面古写経』より

濃袴

女性の装束

女性装束の歴史

奈良時代から平安初期にかけての女性装束は、男性装束と同様、唐の風俗をそのまま導入した形式の装束であった。これがいつ「十二《じゆうに》単《ひとえ》」としてイメージされるような形式に変化したのかは定かでない。十世紀、国風文化の時代を迎えると女性装束も急速に国風化し、さらに摂関期における女性同士のライバル意識の高さがさらなる美麗化をもたらし、いわゆる「十二単」が生み出されたものと推測される。『枕草子』には「裙帯《くたい》、領巾《ひれ》」といった唐風《からぶり》の衣類が現役で用いられている描写があり[1]、その時期が過渡期であったようである。なお「十二単」[2]という単語は、『源平盛衰記』に初めて登場する俗称で、公家の世界では「女房装束」[3]「裳唐衣《もからぎぬ》」などと呼ばれていた。

平安中期、藤原道長の時代に、後宮の女房たちが華美を競うようになった。道長の娘であり三條天皇の中宮である妍子は特に派手好みで、日頃から自らの女房たちを着飾らせていたが[4]、万寿二（１０２５）年正月に妍子が主催した「大《だい》饗《きよう》」では、二十枚もの衣を重ねさせて[5]、道長や兄・頼通を怒らせるまでになっていた。この頃疫病や内裏の火災などが続き、長保元（９９９）年以来、幾度も「過差《かさ》停止《ちようじ》」（奢侈禁止）、「美服禁制」の命令が出ていたので、道長が腹を立てるという逸話である。

しかしその道長自身が禁制を破って身内に華美な装束を着させていたほどである[6]ので、こうした傾向はとどまることを知らなかった。さらに院政期になると「風流《ふりゆう》」ブームを受け、唐衣に紐を付けて花結びにしたり、裳に金銀箔や玉を付けるなど、雅やかを超えたサイケデリックな様相をも呈すようになったが[7]、そうした過差の女性装束がどのような形状であったのか、実相は明らかでない。

ところが鎌倉時代以降、朝廷の政治的ステータス低下と、荘園収入減少による公家の経済的衰退とが相まって簡略化が始まる。平安末期には略儀として裳と唐衣だけ着て、表着《うわぎ》や張袴《はりばかま》を省略する簡易な女房装束が生まれていた[8]。やがてそれまで略服であった「衣袴《きぬばかま》」姿が礼装に昇格、ついには小袖に長袴だけという、平安時代の下着姿が宮中女官たちの日常装束になるに及び、「十二単」の象徴である「五衣《いつつぎぬ》」は消滅してしまった[9]。

京都が焼け野原となった応仁の乱は、朝廷・公家文化が一端途絶する混乱をもたらした。この間に、平安時代の女房装束に関して不明となった事柄も多く、その後に新しい珍奇なアイデアが次々と導入されたことにより、室町末期頃には平安時代とはかけ離れたものになってしまっている。天下統一を果たした豊臣秀吉が女御入内《じゆだい》の儀式を復活させ[10]、さらに江戸時代に入ると、こうした混乱は次第に治まった。しかし知識喪失の影響は大きく、徳川秀忠の娘・和子が後水尾天皇の女御として入内した際の装束は華美を尽くした[11]ものの、後年に『寛永有職』と揶揄される、古式とは懸け離れたものであった。京都・霊鑑寺に和子の遺品が残っているが、平安時代とは形式の異なる「纐纈《こうけち》の裳」がある。

江戸中期以降、さまざまな政治的思惑から朝廷儀式の「御再興」がなされ、女性装束も享保七（１７２２）年に纐纈の裳が廃止され、さら

女房装束

古くは裳を着けた上に唐衣を羽織った

平安時代は唐衣を肩から下げて着ていた

五衣唐衣裳

平額《ひらびたい》
額櫛《ひたいぐし》
大垂髪《おすべらかし》
唐衣《からぎぬ》
小腰《こごし》
単《ひとえ》
表着《うわぎ》
裳《も》

大腰《おおごし》
裳《も》
引腰《ひきごし》

江戸前期〜中期の女房装束

（風俗博物館蔵）

に天保十四（１８４３）年、『春日権現験記絵巻』などの絵巻物を参考にして、当時推測しうる限りで平安時代に近い形に戻された。現在、目にすることのできる「十二単」姿は、このときに再興されたスタイルを元に、大正四（１９１５）年の即位御大礼で統一されたものである。

女性装束の分類

男性の装束同様に、女性の装束にもＴＰＯに応じたいくつかのランク付けがある。最もフォーマルな姿が、五衣《いつつぎぬ》＋唐衣《からぎぬ》＋裳《も》から構成される「女房装束」である。[12]「女房」というのは中宮（皇后）や女御、公卿の姫君に仕える女性たちを指す名称であり、いわばＯＬである。そうした女性は、お仕えする女主人の前では常にフォーマルなファッションを身に着ける必要があり、そういう意味で「女房装束」とは「ＯＬ服」の意味に近く、「貴人の前に伺候するときの装束」なのである。女主人は、よりカジュアルな姿をしており、周囲でお仕えする女房たちが十二単《じゅうにひとえ》に身を固めていたということになる。女主人は天皇など、自分より身分の高い相手の前に出るときに女房装束を着用した。

主人の御前であっても、くつろいだ場面では裳を省略することはあったが、唐衣は略さなかった。[13]しかし「唐衣はおろか裳も着ない」という表現も見られ、[14]場合によったのであろう。

次のランクは「女房装束」から唐衣と裳をはずし、代わりに「小袿《こうちぎ》」を羽織った姿である。たとえば後宮で中宮がくつろいでいるときの姿[15]がこれである。セミフォーマルな小袿は、高貴な女性たちの私的な準正装という扱いがなされていた。[16]裳唐衣を用いなくなった室町時代には、この姿が宮中での礼装となっている。

さらに下のランクは女房クラスの日常着で、単《ひとえ》の上に衣《きぬ》を数枚重ねただけの姿であり、これは「衣袴姿《きぬばかま》」、「袿袴姿《うちぎばかま》」と呼ばれた。

こうした扱いは時代の流れとともに変遷があったが、江戸後期の「御再興」を経て明治時代に整理された。

想像される平安末期の玉付きの裳《も》
（風俗博物館蔵）

懸帯《かけおび》付きの裳（江戸時代・典侍）

懸帯付きの裳（江戸時代・女御）

『近代女房装束抄』より

女房装束（十二単《じゅうにひとえ》）

女房装束は、平安時代には中宮から下仕えまで、宮中の女官が必ず着用する衣類とされ[17]、また、必ず紅《くれない》の袴をはくべきものとされた。[18]

近代以降は「五衣唐衣裳《いつつぎぬからぎぬも》」と呼ばれ、女房の装束ではなく、女性の最高礼装という扱いになっており、宮中においては即位の大礼や御結婚式に用いられている。その構成やデザインは時代によって変遷があるが、江戸時代の「御再興」以降に整理された現代のタイプは、唐衣《からぎぬ》＋裳《も》＋表着《うわぎ》＋打衣《うちぎぬ》＋五衣《いつつぎぬ》＋単《ひとえ》＋小袖＋長袴から構成される。帖紙《たとう》を懐中し手に檜扇《ひおうぎ》を持つとされるが、現代では衣紋《えもん》（着付け）の崩れを嫌って帖紙は懐中しない。

【唐衣《からぎぬ》】

唐衣は奈良時代の「背子」が変化したもので、女房装束の一番上に着るものである。[19] その名のとおり中国風の袖や丈の短い衣服であり、『枕草子』では「短い衣」と言うべきだとされている。[20] 前身頃は袖丈と同寸、後身頃は平安時代は裳の上に打ち掛けて着ていたので、前身頃同様に袖丈と同寸であったが、近代では裳の下に着込めるため、前身頃の三分の二程度に短く仕立てられている。

唐衣は袖も短く長さは一巾程度なので下に着る「表着」の袖よりも短いことになる。身頃は「衽《おくみ》」（前身頃の打ち合わせが重なる部分）のない垂領《たりくび》仕立てで、襟を折り返して裏地を見せ、首の後ろで襟を三角形に折り返した特殊な形の部分「髪置《かみおき》」がある。唐衣は最も上に着て目立つ衣類であるため、美麗を競った[21]が禁色《きんじき》規制の対象であり、勅許《ちょっきょ》なく綾織《あやおり》や赤色・青色・紫などの唐衣は着用できなかった。裏地は「打《うち》」（のちに板引《いたびき》）加工をして光沢をもたせた。

平安時代は唐衣を裳に着込ませず、また、肩の下まで半脱ぎしたようなゆるやかな着方をすることも多く[22]、絵巻物を見る限り、その着方がポピュラーであったようである。そうした着方では唐衣の襟が奈良時代の「領巾《ひれ》」のように見え、あるいはそう見せる目的があったのかも知れない。現代では襟のラインを垂直・平行に威儀正しく整えて着付ける。

【裳《も》】

飛鳥時代以降、女性は曳きずるほどの長さのロングスカートのような「褶《ひらみ》」をまとっていた。しかし歩行にじゃまであったので、前の部分がだんだん短く仕立てられるようになってしまったのが「裳」であるといわれる。平安時代には短くなった前部分の名残、「頒幅《あがちの》」[23]が残っていたが、これもやがてなくなり、ついには後方の腰より下だけを覆う装飾的なものとなった。

江戸時代、裳は非常に短くなって「懸帯《かけおび》」というものが付き、腰に結びつけるのではなく肩に掛けて裳を背負うような形になった。さらにその下には同じく短い「纐纈《こうけち》の裳」を着けた。この懸帯は天保十四（１８４３）年の「御再興」以降次第に廃止されたが、現代でも雛人形では多く見かける。

近世以降の裳の幅は八巾。襞を入れた末広がりの形で、「大腰《おおごし》」（後ろ腰当《こしあて》部分）、「小腰」（装束を束ねる帯）、「引腰《ひきごし》」（後ろに長く曳く装飾的な帯）が付く。ただし平安〜室町時代の裳は小腰が付かないタイプもあり、その場合は引腰で腰に結んでいた。[24] この引腰は奈良時代の「裙帯《くんたい》」の名残であるとも考えられている。平安時代、唐衣は裳に着込めず、裳を着けた後に唐衣を着た。[25] 近代の小腰は唐衣と同じ生地で作られるのが一般的であるが、これは室町時代にはすでに見られる傾向で[26]、さらに江戸時代の懸帯がそうであったことの名残であろう。

色や文様は一定していないが、海をモチーフとした「海賦《かいふ》文様」、たとえば青海波《せいがいは》や浜辺の松などといった図柄が多く、織物ではなく摺文《すりもん》様《よう》で描かれた。皇后の裳は桐竹鳳凰《きりたけほうおう》の文様であり[27]、現代の皇族が着用する裳も、三重襷文《みえだすきもん》の綾織物の上に桐竹鳳凰文が摺り置かれている。

裳の着用は成人女性の象徴であり、成人式にあたる「着裳」の儀式が盛んに行われた。裳は目上の人の前で唐衣とともに着用する女房装束の一部であるが[28]、『源氏物語』では、高貴な女

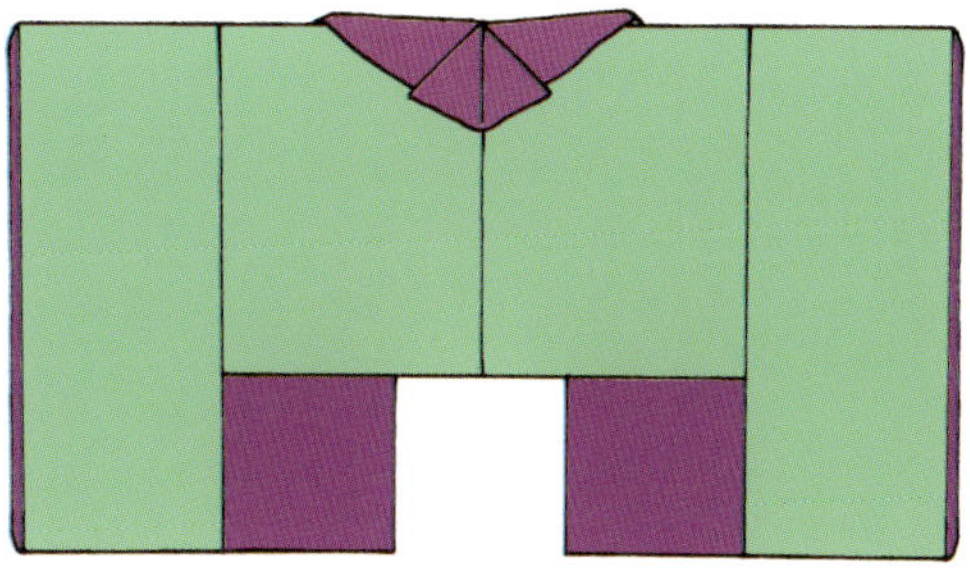

後

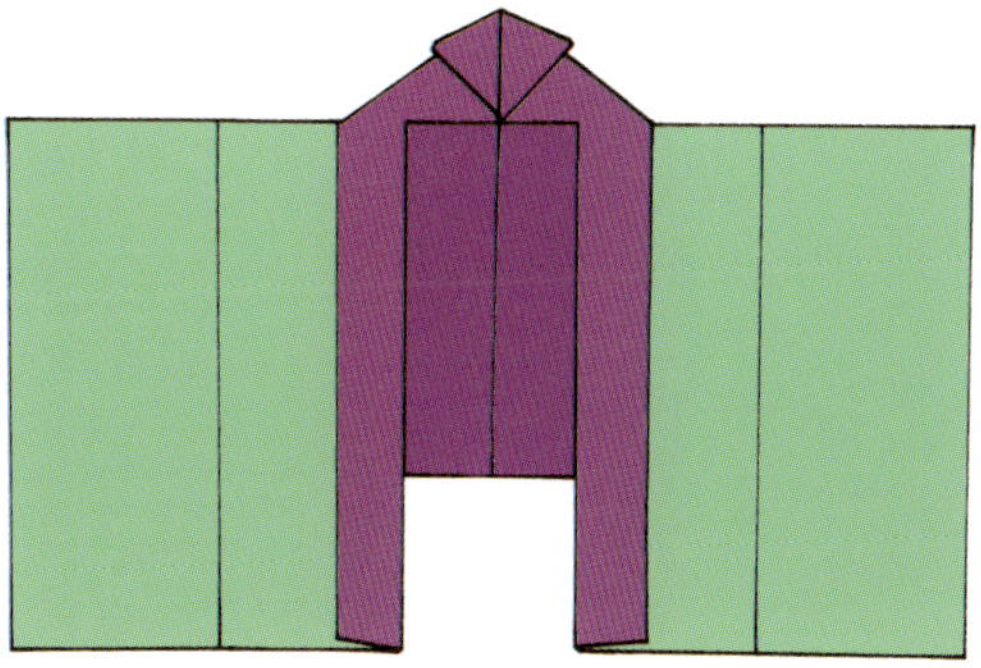

前

唐衣《からぎぬ》

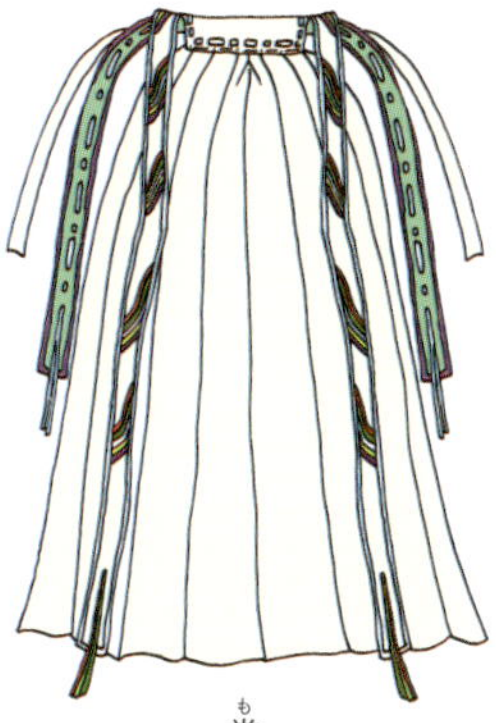

裳《も》

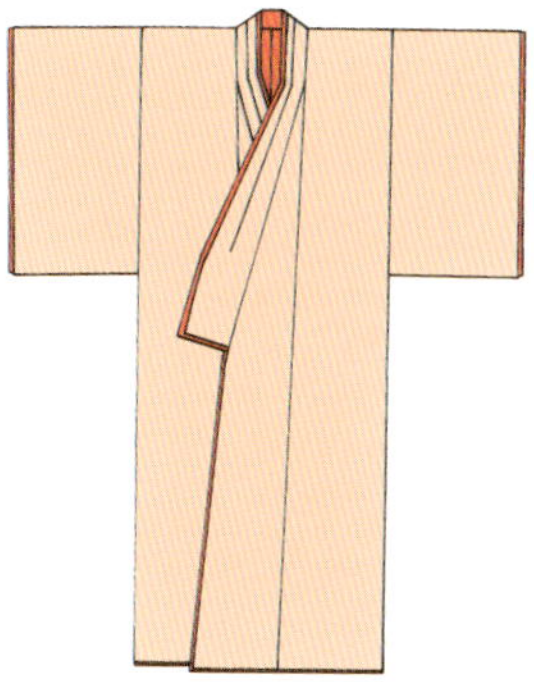

表着《うわぎ》

裳の引腰《ひきごし》の「山道」

五色の紐を湾曲させてあしらう飾りを山道と呼ぶ

袴下帯

袘《ふき》

重ねを美しく見せるために五衣は裾に少し真綿を入れることもある。これを袘（袘綿）と呼ぶ性たちに遠慮して明石の君が、本来は裳を着ない小袿《こうちぎ》装束に、裳を着けている場面が描かれており、[29]裳が礼装であることを示している。

【表着《うわぎ》】

これより下は単に至るまで、身頃二巾・袖一巾広袖で衽のある、ほぼ同じ形をした衣類を重ねるが、一番表側に着る衣を通常「表着」と呼ぶ。表に出る面積が最も多い目立つ衣類であるため、特に豪華な生地を用いてお洒落を演出した。好みに応じて色や柄はさまざまであり、中宮・女御や禁色を許された上級者は二陪織物《ふたえおりもの》などの高級な生地を用いた。[30]

裏地は無文の平絹《へいけん》がほとんどである。生地が薄かった時代は表から裏地の色が透け、そのまま重ね色目を楽しめたが、生地が厚くなって透けなくなってからは、表地をおめらかして裏地を少し見せることが多くなった。これに対して、おめらかせず裏地を見せない仕立てを「毛抜き合せ」と呼ぶ。

【打衣《うちぎぬ》】

本来は砧《きぬた》で生地を打って光沢を出した袿《うちぎ》のことで、晴《はれ》の場における装束として用いられた。[31]のちに砧で打つのではなく板引を施した堅いものとなり、[32]装束全体の衣紋が崩れないための補正具のような意味合いも加わって、儀式には必ず用いられた。[33]時代により五衣の下に着たこともあるが、近世の御再興以降は表着の下、五衣の上に着るようになっている。

生地に光沢を持たせる方法には、古来から「瑩《よう》（みがき）」があった。[34]これは平らな板に糊張りした生地を置き、貝でこすって光沢を出すものである。もう一つの方法が砧で打って光沢を出す「打」であった。

板引はさらに光沢と張りをもたらす技法で（231ページ参照）、大正天皇の即位大礼まで装束に多用されたが、関東大震災や恐慌の社会情勢を考慮して簡素化がなされた昭和の大礼から、装束への板引は廃止となった。しかしそれ以降も、打衣は装束全体のカラーバランスを引き締めるアクセントとして用いられ、現在でも着用されているが、形も柔らかさも五衣と同じものになっている。

【五衣《いつつぎぬ》】

袿は、下着である単と表着との間に着る「内着」の衣のことであり、「打ち掛けて着る」から「うちき」だという説もある。「五衣」は、その袿を五枚重ねた総称となる。平安中期には枚数を限定せず、重ねる枚数は身分や季節、儀式などによりさまざまで、二十枚、二十五枚も重ねた逸話が残っている。その後何度も過差（奢侈）の禁制が出た結果、五枚重ねがスタンダードとなり、「五衣」と呼ばれるようになった。

重ねてしまうので柄文様はあまり問題にならず、むしろ大切なのが色彩であった。それは一枚の美しさではなく、複数の色の重なりを大切にした、いわゆる「重ね色目」である。これが女房装束の華と認識され、平安時代の『満佐須計《まさすけ》装束抄』では「女房の装束の色」として、「松重。上二つ蘇芳の濃き薄き、萌黄の匂ひたる三。紅の単。」などと、五衣のさまざまな色の組み合わせを紹介し、その美意識を今日にまで伝えている。

【単《ひとえ》】

裏地のない衣類全般を「単」と呼ぶが、ここでいう「単」は特定の衣類である。当初は肌着で、絹で仕立てられた日常の消耗品であったが、[35]平安後期に肌着としての白小袖着用がポピュラーになると、[36]下着と袿の間に着る中間着に昇格した。

単は袿よりも一回り大きく、袖口や裾先が袿から大きくはみ出るように仕立てる。これは袿が直接肌に触れないようにして、汗や垢で汚れることを防ぐのが主目的であるが、結果的に装束全体が、より優美な印象を強めることにもなった。

単の文様は古い時代から小菱《こびし》文様が好まれ、『源氏物語絵巻』でも見ることができ、現存最古の装束遺物である鶴岡八幡宮御神宝の単も花菱文である。近世以降に固定化された花菱文は、「先間菱《さきあいびし》」と称され、衣紋道・高倉流では

着装の順序

1 紅《くれない》の長袴《ながばかま》

2 単《ひとえ》を重ねる

3 五衣《いつつぎぬ》を順に重ねる

4 五衣の重ねを一つに合わせる

5 打衣《うちごろも》と表着《うわぎ》を重ねる

するりと抜けた空蟬《うつせみ》状態の装束

五衣を交互に重ねる
「てんで前」の合わせ

五衣をまとめて重ねる
「一つ前」の合わせ

これを訓読みして「幸菱《さいわいびし》」と嘉名で呼び、[37]山科流では音読みして「千剣菱《せんけんびし》」と呼ぶ。

なお、平安中期には夏の内々の姿として、袴と単だけを着けた「単袴《ひとえばかま》」姿があった。『枕草子』『源氏物語』『とりかへばや物語』などに登場するが、小袖を着けない時代は裸の上半身が透けて見える。これは当時としても男性には官能的に見え、[38]一般的には品のない姿とされていたようである。

【袴】

原則として紅の長袴を用いた。生地は時代によるが、近代は堅い地質の「精好《せいごう》」の「引き返し仕立て」（表地をそのまま折り返して裏地にして堅くする）で仕立てられている。紅以外にも晴の儀式で用いた濃色《こきいろ》、白拍子《しらびょうし》がはいた白の袴などもあった。濃色の袴は現代では未婚者の色と説明されることが多いが、歴史的には例外も多く、そうは言い切れない。

女性の袴はピンとした「張り」が大切にされた。儀式用には砧で打った「打袴《うちばかま》」、糊を利かせた「張袴《はりばかま》」が用いられ、[39]やがて板引《いたびき》が施された袴を「打袴」と呼び、「張袴」も同じ意味で用いられるようになった。腰（紐）の先端に「立鼓《りゅうご》」（龍鼓とも）と呼ばれる鼓形の紐飾りがあるが、これは重りとして紐がヒラヒラしないための工夫でもある。

【檜扇《ひおうぎ》】

女性用の檜扇には、金銀の箔を用いた極彩色の美しい絵が描かれている。「衵扇《あこめおうぎ》」とも呼ばれ、[40]顔を隠すためにも用いたので、「大翳《おおかざし》」とも呼んだ。時代を経るに従って大型化・美麗化し、六色の縒り紐を蜷《にな》結びにして長く垂らし、飾り花をつけるなど美しい装飾品となったが、これは平安末期の「風流《ふりゅう》」の影響でもあろう。[41]

檜扇の一枚一枚を「橋《きょう》」と呼ぶ。檜扇の橋を作るには檜の角材を二つに割り、それをまた二つに割り、さらに割って合計八橋とし、これが「一重」という単位である。『枕草子』に「檜扇は三重が良く、五重は手元が厚くなり過ぎる」[42]とあったり、『源氏物語』で髪の豊かなたとえとして「五重の扇を広げたよう」[43]などと表現されることから、平安時代の女性が橋数の多い檜扇を用いていたことがわかる。

近代の皇族の檜扇は三十九橋。[44]これは五重ねの四十橋から縁起の良い奇数にするため一橋引いた数である。扇面には極彩色で図柄が描かれている。大正四（1915）年の大礼で扇面の絵は固定化されたが、[45]それまでは各人の好みで自由であり、「梅竹流水」の山科流の扇面がよく用いられた。要《かなめ》には蝶・鳥の金具を打ち、親骨に上部を蜷結びにした六色（青・黄・赤・白・紫・薄紅）の飾り紐と、絹糸製の糸花《いとはな》（山科流は松梅、高倉流は松梅橘）が付けられている。

有職の世界では、陰陽五行説からきた「五色」（青・赤・黄・白・黒）がさまざまな形で用いられるが、檜扇の紐だけは一色加えた六色である。[46]その理由には諸説あるが、檜扇に巻きつけた際、隣り合う紐と縒りの方向が互い違いになる「左右縒《そうより》」にするため偶数にしたと考えられる。巻き方は五行説の順で巻くが、これには二種類の方法があり、平成の御大礼では、左右縒を構成する巻き方で手元に向かって巻かれていた。近代以降では原則として開かず、紐を巻きつけたまま持つ。

行幸を彩る男装の女官「東豎子《あずまわらわ》」（平安の「ひめまうちぎみ」）
顔を大翳《おおかざし》で隠している
『桜町殿行幸図』より（国立公文書館蔵）

「桐と鳳凰」の檜《ひ》扇《おうぎ》（江戸時代）
（風俗博物館蔵）

裏面

表面

山科流「梅竹流水」の檜扇（大正４年）

六色紐を巻いた女子檜《ひ》扇《おうぎ》

六色紐の巻き方 1（五行の正順）

六色紐の巻き方 2（五行の正順 + 逆順）

檜扇の要《かなめ》（表面の蝶）

檜扇の要（裏面の鳥）

檜扇の糸花（山科流の松と梅）

物具装束

物《ものの》具《ぐ》装束

（風俗博物館蔵）

物具《もののぐ》装束

平安中期に、女性装束が唐風《からぶり》から国風《くにぶり》の「十《じゅう》二《に》単《ひとえ》」に変化したが、まだまだ唐風の影響は残っていたようで、『枕草子』では、女房の日常勤務は髪を上げて櫛で留めていたことが語られる。けれどその時代が転換期であったようで、『紫式部日記』では、出産や配膳などの場合を除いて髪上げはしておらず、土御門殿邸行幸に際しての髪上げ姿を「唐絵のよう」「天女のよう」と表現しているように[47]、非日常のものとなっていた。

このような唐風装束は、『養老令』の女性の「礼服《らいふく》」に準拠したものである。[48]髪を結い上げて、ティアラのような「宝髻《ほうけい》」を付け、天女の羽衣のような「領巾《ひれ》」をまとった姿は「物具装束」と呼ばれた。『年中行事絵巻』（内宴）には、髪に宝髻を付け、古式の絞り染めの「纐纈《こうけち》の裳《も》」をまとった、物具装束の舞妓が描かれている。

平安後期でも、元日の「御薬《みぐすり》」（屠蘇《とそ》）の儀式では陪膳の女房が物具装束を身に着け、物具を着けない通常の裳《も》唐衣《からぎぬ》姿を「直衣《のうし》女房」と格下に呼んでおり[49]、室町時代でもその認識は残っていた。[50]しかしやがて、裳唐衣すら着ることが稀になる時代になると、裳唐衣を着けた姿を「物具」と呼ぶようになってしまっている。[51]

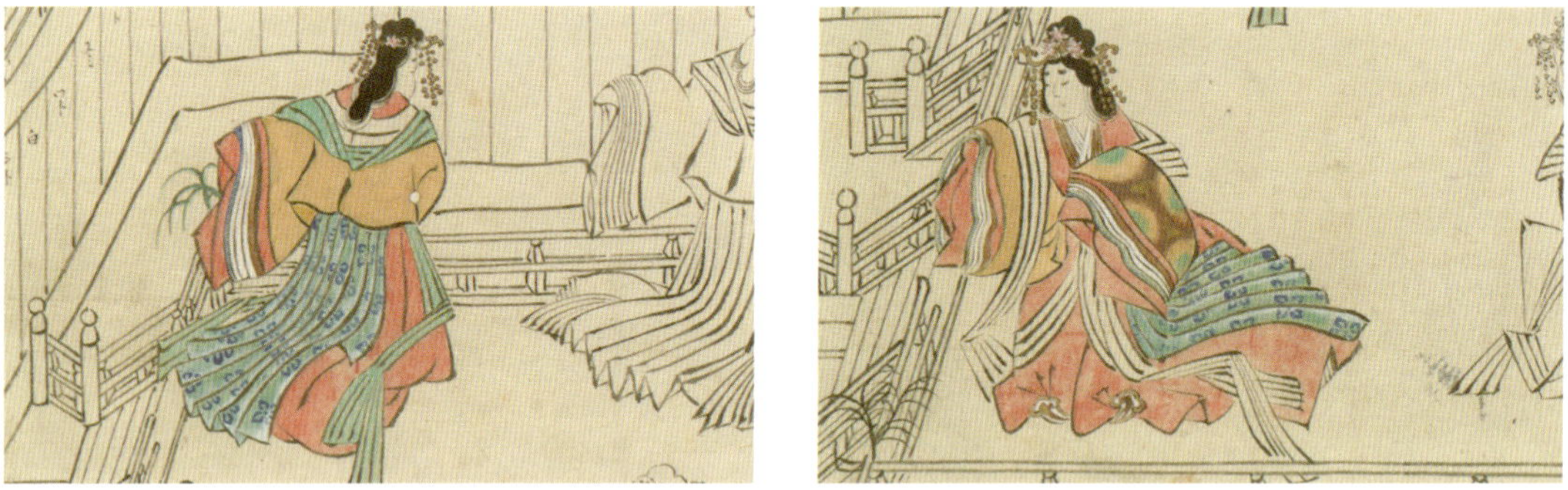

内宴における舞妓の物具《もののぐ》姿
『年中行事絵巻』より（国立国会図書館蔵）

小袿《こうちぎ》

唐衣《からぎぬ》が女房格の正装を代表する上着であるとすれば、主人格の代表は小袿であろう。『宇津保物語』や『源氏物語』には、女主人の姿として、小袿装束がよく描かれている。[52]『紫式部日記絵巻』では、皇子を産んだ中宮彰子が小袿姿、その母・源倫子が裳《も》唐衣《からぎぬ》姿で、身分の上下関係が描き分けられており[53]、同じような身分同士であれば、ともに小袿である。[54]

小袿はその名のとおり、袿《うちぎ》よりもひと回り小さく仕立てられた衣である。現存最古の小袿であると考えられる鶴岡八幡宮御神宝「黄地《きじ》窠《かに》霰《あられ》文《もん》二《ふた》重《え》織袿《おりうちぎ》」の身丈は131・7センチであるが、少女が伸ばしている髪の長さをたとえる描写に登場していることから[55]、「対丈《ついたけ》」（身長サイズ）より少し長い程度の丈と思われる。同じく、対丈の長さの衵《あこめ》と重ねて、幼い姫君のお洒落着としても用いられた。[56]

小袿は唐衣同様に最も上に着る衣類であったから、原則として小袿の上にさらに唐衣を重ねることはしない。「唐衣を着るときは小袿は着ない、小袿を着るときは唐衣は着ない」というのがルールであったが[57]、これに反して小袿に唐衣を重ねた記録もあり[58]、TPOによったのであろう。

小袿は唐衣と同様に最上衣であるので、二陪《ふたえ》

小袿《こうちぎ》　鶴岡八幡宮御神宝模造品
（風俗博物館蔵）

織物など、他の袿よりも豪華な織物で仕立てられた。[59] また文献[60]や鶴岡八幡宮御神宝を見ると、小袿は「三陪重《みえ》ね」など複数枚重ねて仕立てられている。

室町後期の小袿は「三陪重ね」の伝統に従って、表地と裏地の間に幅の狭い平絹《へいけん》を一枚はさみ、三枚重ねたように見える仕立てをした。この中間の生地を「中陪《なかべ》」と称し、中陪付きが小袿の特徴となる。[61] これならば下に五衣《いつつぎぬ》を重ねなくとも豪華に見えるため、単に小袿だけの姿が当たり前となり、次第に小袿の丈は長くなった。

その後、戦国時代からの混乱期を経て、江戸前期には小袿の丈はずっと長くなり、五衣の袿や表着《うわぎ》と同寸になる。[62] そうなると袿と小袿の違いは生地の豪華さだけになり、表着と小袿はほとんど区別のつかないものになってしまった。表着には中陪がなく、小袿には中陪が付くのが本来の区分けであるが、小袿にも中陪なしに仕立てられるものがあったり、また、中陪なしであった袿にも中陪が付くようになるなど、この三者は区分けが難しいものになった。

近代に入ると、「袿袴《けいこ》」装束が宮中で多用されるようになり、袿は外出用に裾《すそ》を繰り上げた「道中着」としても着られるようになったため、着装の便宜を図って短めに仕立てられるようになる。そのため、「小袿」と「袿」は名称と実際のサイズとが逆転してしまうことになった。

現代の装束については、「表着＝中陪なし」「小袿＝中陪付き」「袿＝中陪付きで小袿よりも丈が短い」というところが相違点といえる。また文様では、袿はカジュアルとされる「比翼文《ひよくもん》」（二つの文様を組み合わせた文様）を多用するところが、表着と区別できる点である。

小袿姿《こうちぎすがた》
『春日権現験記絵巻』より

禄《ろく》の小袿《こうちぎ》・大袿《おおうちぎ》

平安中期の文献によく登場する「小袿」「大袿[63]」という単語のほとんどが、禄として与えられる被物《かずけもの》としての意味である。これらは袿の形をしているがそのまま着用するのではなく、加工してから着用する「素材」である。[64]

衣袴《きぬばかま》・袿袴《うちぎばかま》

平安中期に頂点に達した装束文化は、その後、一貫して簡略化の道をたどった。鎌倉時代になると、男性の束帯《そくたい》と同じように女房装束（十二《じゅうに》単《ひとえ》）はあまり着用されない特殊な儀式装束となり、公家女性の日常着は小袖に袴、その上に単《ひとえ》と衣《きぬ》（袿《うちぎ》）を打ち掛けただけの「衣袴《きぬばかま》姿」になってしまった。

下着であった小袖が美しい色柄物となってアウター化するに従い、次第に単も省略されるようになり、近世、宮中女官の姿が、数枚重ねた白小袖に紅袴《くれないのはかま》だけというものになると、衣袴姿は礼装という扱いに昇格した。そして明治時代になって衣袴は「袿袴《けいこ》」として、宮中の代表的な装束として採用されることになったのである。

明治に入り、それまでは表に出る機会がほとんどなかった宮中の女性たちは、近代国家建設の助けとなるべく積極的に外出するようになり、多くの国民、諸外国の要人と接する機会が激増した。そのとき、時代に沿った新しい女子服として「袿袴《けいこ》」が定められたのである。

大正御大礼における皇族妃の小《こ》袿《うちぎ》

同上小袿の生地
（八重梅地鶴の丸）

大正御大礼皇族妃の袿
（散梅地折梅枝）

江戸末期・和宮の袿《うちぎ》
（三重格子地撫子の丸）

近代の袿《けい》袴《こ》

明治六（1873）年六月、皇后が英照皇太后と富岡製糸場を視察した際に、袿《うちぎ》の裾を繰り上げた「道中着」姿を見せている。歩行の便を図って切袴《きりばかま》とし、袴と同じ紅《くれない》精好《せいごう》生地を張った洋靴を履いた姿は、文明開化にいそしむ近代日本の象徴でもあった。

そして明治十三（1880）年、勅任官夫人の宮中参内装束として定められた[65]ことによって、袿袴は一気に普及することになる。

明治十七（1884）年に高等女官や高等官夫人の宮中服として『袿袴ノ制』が内達された。この規則では、礼服《れいふく》・通常礼服・通常服の三種に分かれ、それぞれの袿は

礼服　冬は唐織《からおり》。夏は紗《しゃ》二重織。
通常礼服　冬は繻珍《しゅちん》、緞子《どんす》其の他織物。夏は紗。
通常服　冬は緞子、紗綾《しゃあや》、綾羽二重《あやはぶたえ》、平絹《へいけん》等。
　夏は生絹《すずし》、紗、絽《ろ》等。

で区別された。色目文様は勝手とされる。即位礼・大嘗祭《だいじょうさい》参列に用いられる礼服は「唐織」（二重織物）、皇后誕生日などで着用される通常礼服は「織物」（先染）、観桜会・観菊会などで用いられる通常服は「染物」（後染）の生地で差がある。また単《ひとえ》は、礼服のときのみ用いるものとされた。袴は濃《こき》色がなくなり、全員が緋《ひ》の切袴である。

『袿袴ノ制』の制は大正四（1915）年に改正され、通常礼服を通常服とし、それまでの通常服が廃止され、二種類になった。

礼服を着用できるのは、『皇室儀制令』に定める宮中席次第三階（高等官二等、男爵、従四位、勲三等）以上の者および同夫人である。着用機会は新年拝賀・即位大礼・皇太子結婚の礼・紀元節・皇后誕生日などで、袿の下に単を着て檜《ひ》扇《おうぎ》を持つ。宮中席次第四階以下、第十階（高等官九等、従八位、勲八等）までの者および同夫人の袿袴は通常服のみである。通常服は単を略し、扇は中啓《ちゅうけい》よりも細い「ぼんぼり」を用いた。

髪型は全員が「垂髫《ときさげ》」と定められており、当時の宮内省の注意書きに「おすべらかしにしないように」とある。なお大正十二（1923）年四月の観桜会から、袿袴でなく白襟紋付でも良いとされた。

宮中での公式礼装としては、明治二十（1887）年に皇后の思し召しが示されてから洋装化が進み、洋装礼服（大礼服＝マント・ド・クール、中礼服＝ローブ・デコルテ、通常礼服＝ローブ・モンタント）が定められた。しかし大正末に至るまで、袿袴も用いられている。[66]

宮中の「奥」では変わらず袿袴が用いられ、女官たちは髪を「お中《ちゅう》」に結って、袿袴で勤務していたほか、さまざまな宮中儀式では袿袴が式服として定められていた。当時の日本婦人はやはり伝統の装束である袿袴を愛用したようであり、明治初年の国際社交場「鹿鳴館」において欧米の外交官たちは、日本婦人には洋装よりも袿袴の方が美しいと絶賛している。

現在、女性皇族は御大礼の際、宮中三殿への「期日奉告の儀」などに袿袴を用いている。このときは単を着ける礼服形式であるが「ぼんぼり」を持つ。また平成の即位大礼において、天皇の神宮御親謁の際、やはり女性皇族が単を着け「ぼんぼり」を持つ形で袿袴を着用した。

女官が宮中恒例の神事に際して女性皇族に供《ぐ》奉《ぶ》するとき、通常服形式の袿袴が用いられている。さらに宮中において、御神鏡を奉安する「賢所」で神事に奉仕する女子の「内掌典」は、現在でも常に髪を「おさえ」に結い、神事においては冬は「とび色」（紫）、夏は「ひわ色」（緑）の袿と、紅の切張袴《きりはりばかま》で奉仕して伝統を守っている。

袿《うちぎ》に用いられた比翼文《ひよくもん》

三井高棟男爵夫人苞子着用の袿《うちぎ》

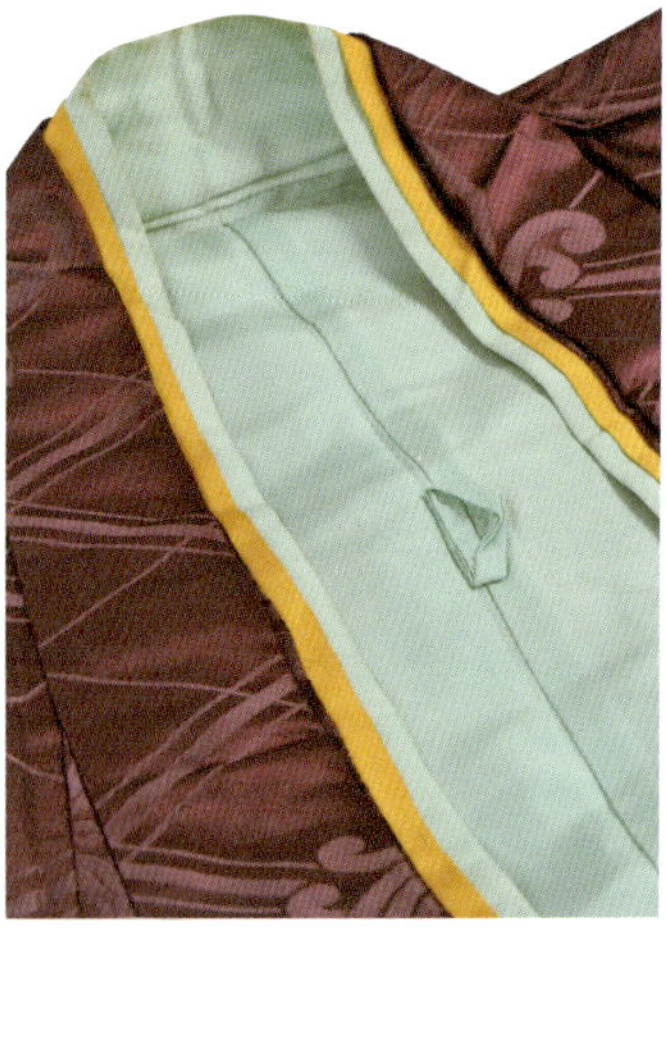

襟が浮かないための工夫。
背中に輪を付けて紐を通
して腰帯に挟む

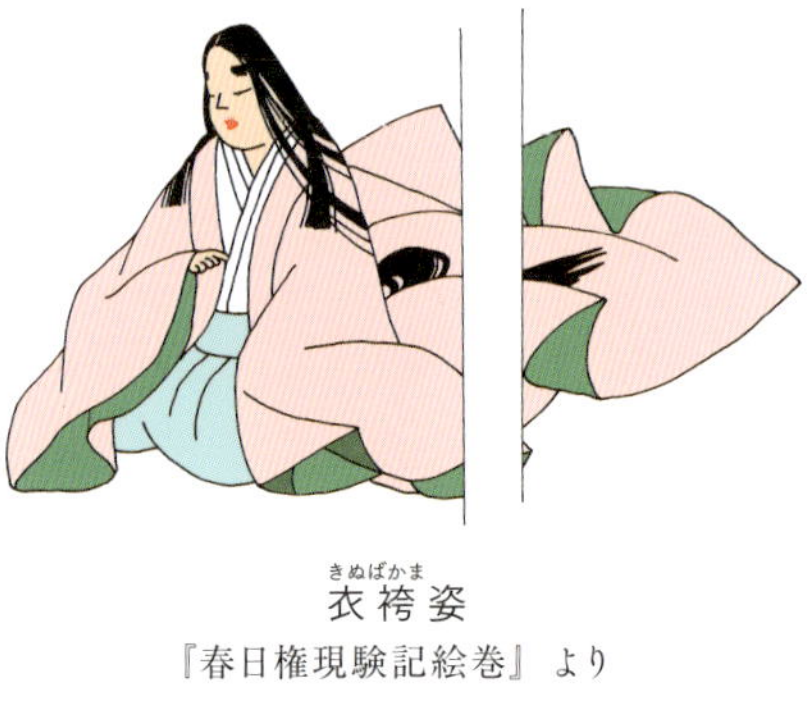

衣袴姿《きぬばかま》
『春日権現験記絵巻』より

近代宮中の女性装束

明治二十（1887）年一月、『皇后陛下思召』により宮中女性の洋装化が推奨された。これによって公式な儀式における礼装は洋服となり、従来の装束は内々で着用されるほかは、神事や即位礼・成年式・結婚式そして喪儀においてのみ用いられることとなった。それぞれの装束については、明治後期から大正前期に次々と制定された各種『皇室令』（『皇室典範』に付随する皇室運営の諸規則）により定められた。それまで、家により個人によりまちまちであった女性装束の統一化が図られたのが、これら『皇室令』により挙行された大正四（1915）年の即位大礼である。いま見られるさまざまな「十二単《じゅうにひとえ》の約束事」の多くが、この時に創案されたと言って過言ではない。平成以降においても、諸現実との均衡を保ちながら、旧『皇室令』を尊重する形で運営されている。

宮中祭祀を定めた『皇室祭祀令』（明治四十一年）によれば、大祭式（元始祭・紀元節祭・春季皇霊祭・春季神殿祭・神武天皇祭・秋季皇霊祭・秋季神殿祭・神嘗祭）、小祭式（歳旦祭・祈年祭・賢所御神楽・天長節・先帝以前三代ノ例祭・先后ノ例祭・皇妣タル皇后ノ例祭・歴代天皇ノ式年祭）の「賢所ノ儀」において、皇后と皇太子妃は「五衣小袿長袴《いつつぎぬこうちぎながばかま》」を着用する。

「新嘗祭神嘉殿ノ儀」では、陪膳女官が「五衣《いつつぎぬ》唐衣裳《からぎぬも》」に小忌衣《おみごろも》・日蔭糸《ひかげのいと》（ヒカゲノカズラをかたどった糸飾り）・心葉《こころば》（金属製の梅の造花）を付けた姿（昭和二年改正で唐衣《からぎぬ》・衣《きぬ》・紅切袴《くれないのきりばかま》・襌《ちはや》）、「御巾子筥ヲ執ル女官」が「唐衣・衣・紅切袴・襌」に日蔭糸・心葉を付けた姿で供奉した。

即位の儀式を定めた『登極令《とうぎょくれい》』（明治四十二年）では、

「賢所ニ期日奉告ノ儀」
「即位礼後一日賢所御神楽ノ儀」
皇后「五衣小袿長袴」、皇太子妃、女性皇族「袿袴《けいこ》」

「即位礼当日賢所大前ノ儀」
「即位礼当日紫宸殿ノ儀」
皇后「五衣唐衣裳」（昭和二年改正：白色帛五衣同唐衣同裳）
皇太子妃、女性皇族は「五衣唐衣裳」

「悠紀殿供饌ノ儀」
多志良加ヲ執ル陪膳女官　「五衣唐衣裳」小忌衣を加え日蔭糸・心葉を着ける
（昭和二年改正：白色帛画衣・唐衣・紅切袴・青摺襅《あおずりだすき》）
御刀子筥ヲ執ル後取女官　服装同上
御巾子筥ヲ執ル女官　白色帛画衣・唐衣・紅切袴・青摺襅、日蔭糸・心葉を着ける

「即位礼及大嘗祭後神宮ニ親謁ノ儀」
皇太子妃親王妃内親王王妃女王　「袿袴」

と、装束の活躍する場面は多い。「悠紀殿供饌ノ儀」における女官の装束は、いわゆる「采女《うねめ》服」である。

立太子礼の儀式を定めた『立儲令』（明治四十二年）では、皇后と皇太子妃が「五衣御唐衣裳」、供奉の女官が袿袴と定められていた。

皇族の結婚式などを定めた『皇室親族令』（明治四十三年）では、「大婚」（天皇の結婚式）の「賢所大前ノ儀」で皇后が「五衣唐衣裳」、供奉女官は袿袴。「皇太子結婚式・賢所大前ノ儀」では皇太子妃が「五衣唐衣裳」、供奉女官は袿袴。「親王・王結婚式・賢所大前ノ儀」では、親王・王妃が「五衣唐衣裳」であったが、事情によって「小袿長袴」を用いることもできるとされた。

これは内親王・女王が臣下と結婚する「内親王臣籍ニ嫁スル場合ニ於ケル式・賢所皇霊殿神殿ニ謁スルノ儀」でも同様であった。近年においては、平成十七（2005）年の清子内親王は五衣唐衣裳、平成二十六（2014）年の典子女王は小袿長袴で儀式に臨まれた。

このように近代の宮中女性装束は采女服のような特殊例を除き、「五衣唐衣裳」「五衣小袿長袴」「小袿長袴」「袿袴」に集約されたのである。

五衣唐衣裳《いつつぎぬからぎぬも》

　最も重い儀式に用いられる装束である。皇后・皇族妃・高級女官の重儀（即位礼当日賢所の儀・紫宸殿の儀・御結婚式）のみに用いられると言って過言ではないであろう。即位礼関連儀式では、皇后以外の女性皇族については、一定の共通装束が用いられた。

　未婚者は小袖、単《ひとえ》、打衣《うちぎぬ》と袴が濃色《こきいろ》で、濃の袴は未婚から第一子出産まで用いることができるとされる。

　高齢者への切り替えは、旧来は四十歳を境にしていたが、社会の高齢化に伴い弾力的に運用されている。平成の大礼では秩父宮妃・高松宮妃・三笠宮妃が高齢者の装束を着用された。高齢者の表着《うわぎ》の二藍《ふたあい》は藍色に近いブルーである。

　皇室・皇族の結婚式では、昭和三十四（１９５９）年の皇太子妃（美智子様）を例外として、共通装束でなく独自の装束が調進され用いられた。妃殿下ゆかりの文様なども取り入れられ、たとえば高松宮妃（勢津子様）の唐衣《からぎぬ》は「紅梅亀甲地白丸に三ツ葵」であり、勢津子妃の祖父が旧会津藩主・松平容保であることに由来する。

　夏服時季の打衣が「引倍木《ひへぎ》」とあるのは、裏地なしという意味である。裏地を引き剝ぐ、という言葉が語源で、裏地がない「ひとえ仕立て」となる。

平成御大礼正殿の儀・皇后の御装束

	御唐衣	御表着	御打衣	御五衣	御単
表	白小葵地 紫向松喰鶴丸	経白緯萌黄三重欅地 萌黄白樺の丸	紫 無地綾	紅 松立涌	紅幸菱
裏	紫小菱	萌黄平絹	紫平絹	「紅匂」平絹	

裳《も》の摺文《すりもん》（桐竹鳳凰）

皇后以外の女子皇族共通装束

		唐衣	表着	打衣	五衣	単
未婚	表	紫亀甲地 白向雲鶴丸	紅入子菱地 白窠中八葉菊	濃無地綾	萌黄松立涌	濃色幸菱
	裏	紫小菱	黄平絹	濃平絹	「萌黄匂」平絹	
高齢以前	表	紫亀甲地 白向雲鶴丸	紅入子菱地 白窠中八葉菊	紫無地綾	萌黄松立涌	紅幸菱
	裏	浅紫小菱	黄平絹	紫平絹	「萌黄匂」平絹	
高齢	表	深紫亀甲地 白向雲鶴丸	二藍入子菱地 白窠中八葉菊	紫無地綾	白松立涌	紅幸菱
	裏	紫小菱繁文	黄青	紫平絹	蘇芳平絹	

皇族妃殿下ご成婚時の装束(年代順・敬称略)

		唐衣	表着	打衣	五衣	単	年月日
昭憲皇太后	表	紅亀甲地白藤丸	麴塵入菱地紅向鳳凰	なし	白雲立涌	赤幸菱	明治元12. 28
	裏	黄色横繁菱	紫平絹		紅平絹		
貞明皇后	表	経紫緯赤生亀甲地白窠	経青緯黄生菱地	紅生織	薄蘇芳藤立涌	青色幸菱	明治33. 5. 10
	裏	縹生小菱	紅鳳凰鸞絵	引倍木	濃蘇芳生羽二重		
香淳皇后	表	紅亀甲地白窠葉付菊	紫雲立涌地白松喰鶴	濃色無地綾	「松重」雲立涌	濃色幸菱	大正13. 1. 26
	裏	薄紅小菱	薄紫平絹	濃色平絹	同色平絹		
今上皇后	表	紫亀甲地白向雲鶴丸文	紅入子菱地白窠中八葉菊	紫無地綾	萌黄松立涌	濃色幸菱	昭和34. 4. 10
	裏	紫小菱繁文	黄平絹	紫平絹	「萌黄匂」平絹		
秋篠宮妃	表	経白緯萌黄亀甲地薄紅窠中丁子	 経紅緯黄松菱地萌黄尾長鳥丸生絹	濃色	「白撫子重」藻勝見立涌	濃色幸菱	平成2. 6. 29
	裏	萌黄小菱	青生平絹	引倍木	薄青・青・紅梅・紅・蘇芳平絹		
皇太子妃	表	青色亀甲地白窠中支子	黄若松菱地紅南天喰尾長鳥丸	濃色	「花橘重」忍冬唐草立涌	濃色幸菱	平成5. 6. 9
	裏	青色小菱	黄生平絹	引倍木	裏同色平絹		

大正御大礼・皇后の御装束

	御唐衣	御表着	御打衣	御五衣	御単
表	 白小葵地向鳳凰赤と萌黄	 萌黄亀甲地白藤丸	 紫綾竪菱張	 紅雲立涌	 紅幸菱
裏	蘇芳小葵板引	紫平絹	深紫平絹	二藍平絹	

大正御大礼・高等女官の装束

		唐衣	表着	打衣	五衣	単
勅任官	表	蘇芳浮織亀甲地向蝶丸	萌黄入子菱地白松丸	紅平絹	薄紅固織綾八重梅	黄幸菱
	裏	蘇芳平絹板引	萌黄平絹	紅平絹	薄紅平絹	
奏任官	表	 萌黄浮織入子菱地海松丸	 紅綾松唐草	 紅平絹	 葡萄綾唐花	 紅幸菱
	裏	萌黄平絹板引	薄紅平絹	紅平絹	葡萄平絹	

五衣小袿長袴《いつつぎぬこうちぎながばかま》

「五衣唐衣裳《いつつぎぬからぎぬも》」に次ぐ礼装で、小袿＋表着《うわぎ》＋五衣＋単《ひとえ》からなる装束である。即位礼の「期日奉告の儀」や「賢所御神楽の儀」で着用された。

小袿長袴《こうちぎながばかま》

さらに略式の装束で、五衣《いつつぎぬ》を省略したものである。『皇室親族令』で、「親王・王結婚式・賢所大前ノ儀」「内親王臣籍ニ嫁スル場合ニ於ケル式・賢所皇霊殿神殿ニ謁スルノ儀」において、「五衣唐衣裳《いつつぎぬからぎぬも》」の代用として用いることができるとされた装束である。平成二十六（2014）年、高円宮典子女王が結婚するに際しての儀式では、『皇室親族令』に準じて小袿長袴姿が見られた。

また平成三（1991）年の立太子の礼で、皇后（美智子様）が着用された。その御小袿の文様は「破れ小葵《こあおい》」と「白樺」という二つのモチーフを組み合わせた「比翼文《ひよくもん》」であった。比翼文は通常の有職文様よりもカジュアルなものとされる。

「期日奉告の儀」における小袿《こうちぎ》装束の構成

		大正御大礼・皇族妃の小袿	平成御大礼・皇后の御小袿
小袿	表地	 紅梅固織綾地文 八重梅上文青鶴丸	 青二重織物 三重襷地白鶴丸
	中陪	紅平絹	薄色平絹
	裏地	蘇芳平絹	紫平絹
表着	表地	萌黄固織綾文桐唐草	白浮織物雲鶴
	裏地	紅平絹	蘇芳平絹
五衣		 表・紫綾菊立涌文、裏・薄紫平絹	 「紅匂」重松立涌
単		紅綾幸菱	紅綾幸菱
長袴		紅精好	紅精好

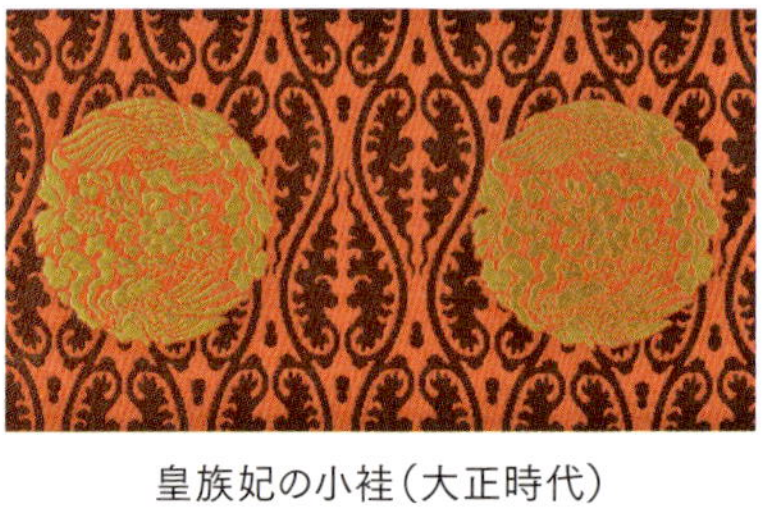

皇族妃の小袿（大正時代）

小袿長袴

現代での女性装束の分類

名称	装束の構成（左から内側より）											髪型	特徴	男子相当
	小袖	長袴	切袴	単	五衣	打衣	表着	唐衣	小袿	袿	裳			
五衣唐衣裳	○	○	－	○	○	○	○	○	－	－	○	お大	いわゆる十二単	束帯
五衣小袿長袴	○	○	－	○	○	○	○	－	○	－	－	※2	やや軽儀に	衣冠単
小袿長袴	○	○	－	○	－	－	－	－	○	－	－	お中	さらに軽儀	直衣
袿袴	○	－	○	※1	－	－	－	－	－	○	－	ときさげ	外出用の道中着になる	狩衣

※1 袿袴は単を略す「通常服」もある
※2 お中だが、お大の場合もある

袿《けい》袴《こ》

現在、宮中で最も用いられている装束が袿袴である。即位大礼「伊勢神宮御親謁」に女性装束が着用するほか、さまざまな儀式において供《ぐ》奉《ぶ》の女官が着用するのが袿袴なのである。

近代では「道中着」（途中着とも）と呼ばれる外出用の着方もなされる。

道中着の靴
袴と同じ生地を張る
（風俗博物館蔵）

女性皇族の袿《うちぎ》

平成度御大礼	神宮御親謁に女性皇族が着用した袿	 紅花菱地白小菊丸	中陪：黄平絹、裏：紅平絹
昭和度御大礼	高齢女性皇族が着用した袿	 二藍花菱地白菊丸	中陪：薄紫平絹、裏：紫平絹

「勅任官幷麝香間祇候ノ妻服飾」（明治十三年宮内省布達）

袿	地・織物、色・黒ノ外何ニテモ不苦、地文勝手。十六歳未満者ハ長袖
切袴	地精好塩瀬或ハ生絹、色緋。十六歳未満者ハ濃ヲ用ユ
小袖	地綾羽二重、色白。十六歳未満者ハ長袖
髻	トキサケ　白紙ヲ以テ中程ヲ結フ。十六歳未満者ハ紅薄様ヲ用ユ
扇	中啓
履	勝手

「宮中ニ参入スル者ノ袿袴ノ制」（大正四年皇室令第八号）

種別	礼服	通常服
袿	地質ハ唐織トシ夏ハ紗二重織トス。文様ハ鳳凰、小葵、二藍ニ三重襷、深紫ニ雲鶴ヲ除クノ外適宜トス。色目ハ黄櫨染、黄丹、忌色（橡色、鈍色、柑子色、萱草色）ヲ除クノ外適宜トス	同右　但シ地質ヲ緞子ノ類トシ夏ハ紗トス
単	地質ハ固地綾織トシ文様ハ千剣菱トシ色目ハ黄櫨染、黄丹、忌色ヲ除クノ外適宜トス	ナシ
服	地質ハ白練絹トシ夏ハ晒布トス	地質ハ白羽二重トシ夏ハ晒布トス
袴	地質ハ精好トシ色目ハ緋トシ切袴トス	同右　但シ地質ハ適宜トス
髪	垂髻《トキサゲ》但シ前髪ヲ取ル仕様ハ適宜トス	同右
扇	檜扇	「ボンボリ」
履	袴ト同色ノ絹ヲ用フ	同右　但シ地質ハ適宜トス

袿袴（礼服）

袿袴《けいこ》（礼服《れいふく》）道中着姿

袿袴（通常服での道中着姿）

道中着

袿袴《けいこ》道中着の原型となった平安時代の壺装束《つぼしょうぞく》

昭憲皇太后御料の夏御袿《おんうちぎ》（袷《あわせ》）

昭憲皇太后御料の夏御袿（単《ひとえ》）

女性の理髪

平安中期以来、日本の女性の髪型はストレートな垂髪が基本であった。宮中でも一部の例外を除いて垂髪であったが、江戸後期、民間で流行していた、横鬢《びん》を大きく膨らませる「灯《とう》籠鬢《ろうびん》」という髪型を取り入れたのが、いわゆる「大垂髪《おすべらかし》」であり、近代の皇族および女官が用いた。

この髪型には芯が入っている。楮《こうぞ》の皮を梳いた「仙花紙《せんかし》」という厚紙を重ね、黒く塗ってハート型の「髢裏《つとうら》」を作る。この髢裏を中芯に入れ、大きく左右に「鬢」を張り出した髪を載せて安定させる。後ろには七尺もの長さの「長かもじ」をつけ、前髪にも「丸かもじ」を載せ、さらに髪上げ具として「平額《ひらびたい》」と呼ばれる金属板を紫の紐と三本の「釵子《さいし》」で留め、額櫛を挿すというのが「大垂髪」の手順である。

大垂髪があまりに大仰なため簡略版も考案された。それは髢裏も小さめで、前髪には「丸かもじ」を使わず自前の髪をとり、髪上げ具も使わない。正式版を「お大《だい》」、簡略版を「お中《ちゅう》」と呼び、原則として「お大」は五衣唐衣裳《いつつぎぬからぎぬも》の正装用、「お中」はそれ以下で用いられた。ただ

宮中で用いられる「檮《いすのき》」の櫛

檮は『古事記』にも登場する日本古来の櫛材である。右上の桐製の筒は、大垂髪《おすべらかし》を結うときに用いる「こまくら」

平安中期～江戸後期

奈良時代

江戸後期～現代

平安前期～中期の髪上げ姿

1 前髪をとらずに髪を分ける

2 丸かもじを載せる

3 髪上げの具を付ける

「お大」

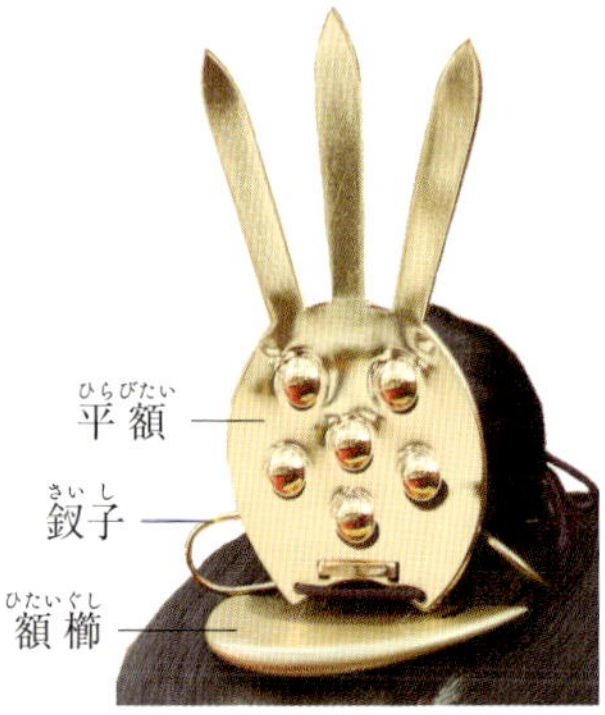

し準正装の五衣《いつつぎぬ》小《こ》袿《うちぎ》長袴《ながばかま》では髪上げ具を用いるので、「お中」でも「丸かもじ」のじゃまになる自前の前髪はとらない。

宮中の雑務にあたる「女嬬《にょじゅ》」(下級女官)たちが用いた髪型が「おさえ髱《づと》」、通称「おさえ」である。これは髱裏がさらに小さく、後頭部で髪をひっつめて「白丈長《たけなが》」で留め、その下二か所を黒元結《くろもつとい》で結ぶものである。事務にあたる場合は後ろ髪がじゃまなので、丸くお団子に束ねて簪《かんざし》で横一文字に留めることもあった。

「垂髻《ときさげ》」は袿袴《けいこ》装束に用いる、明治生まれの簡便な髪型である。髱裏を入れず、後ろ髪をひっつめて束ね、お下げにしたものである。

このほか、十六歳未満の少女が結った髪型が「わらわ」である。これは髱裏こそ入れるが、前髪もとらず「かもじ」も用いず、髱裏に載せた髪を後ろで束ね、首の後ろで「紅《くれない》」で結んだだけのものである。

「お大《だい》」の後ろ髪の留め方

上から「絵元結《えもつとい》」、紅の水引「紅《くれない》」そして二本の白い和紙の「小鬢先《こびんさき》」で結ぶ。絵元結は結び切り、他はすべて片鉤《かたかぎ》に結ぶ。絵元結は二十八歳までは紅、それ以降は金のものを用いる習わしであった。

前髪をとる「お中」

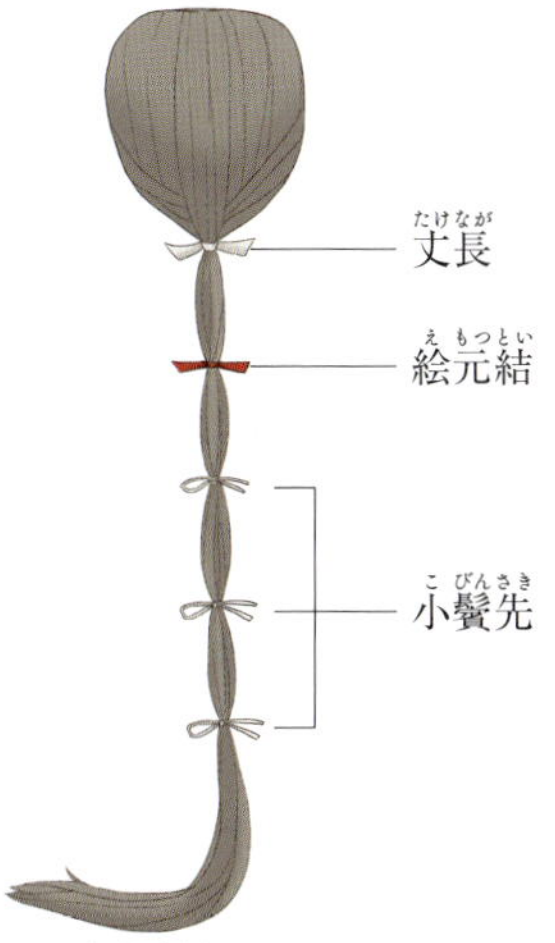

大垂髪《おすべらかし》「お中」

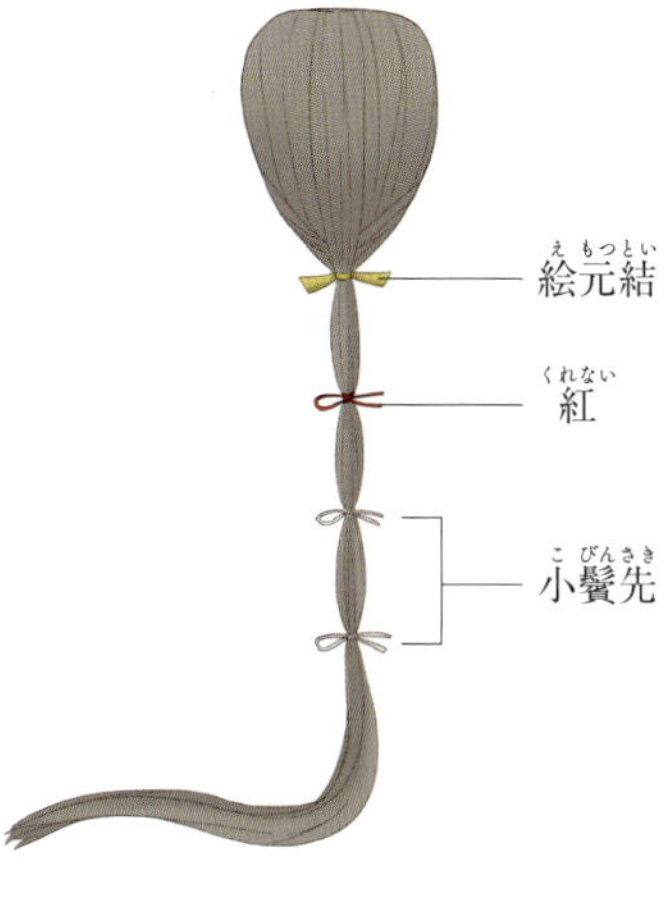

大垂髪《おすべらかし》「お大」

垂髻《ときさげ》

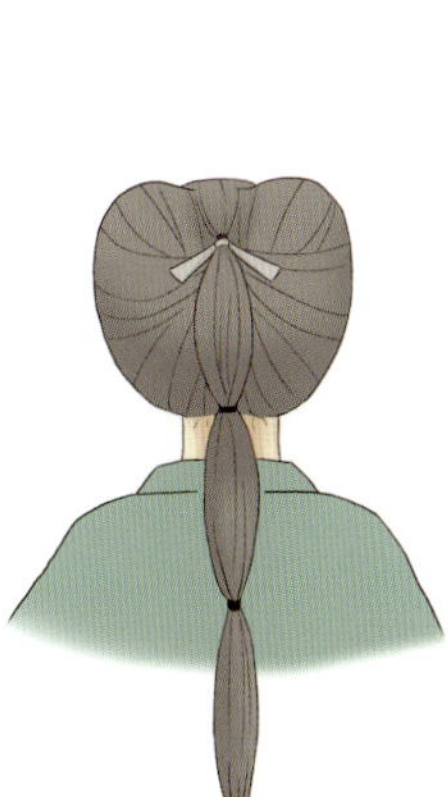
おさえ

おさえ(結び)

わらわ

「お中《ちゅう》」の後ろ髪の留め方

上から白の「丈長《たけなが》」、「絵元結《えもっとい》」、三本の「小《こ》鬢先《びんさき》」で留める。

垂髻《ときさげ》の結い方

1 髪をオールバックにし、前髪部分をまとめて「しごき」で仮に結ぶ。凶事の場合は前髪をとらない

2 その他の髪をポニーテールのように束ねて根元を白元結で真結びに結び、両端を残す

3 1の前髪束の根元を黒元結で真結びに結び、「しごき」を解き、2で束ねた髪の上に載せて、2で残していた白元結を回して真結びに結ぶ

4 白元結の下、三寸(約10cm)のところで、黒元結で真結びに結ぶ

5 3で髪全体を束ねた白元結の上に、飾りの白丈長を二度回して結ぶ。丈長の結びは、通常は諸鉤、凶事には片鉤に結ぶ。これは他の装束とは違う方法なので注意が必要である

髪上げ姿
『紫式部日記絵巻』より

丈長《たけなが》の折り方

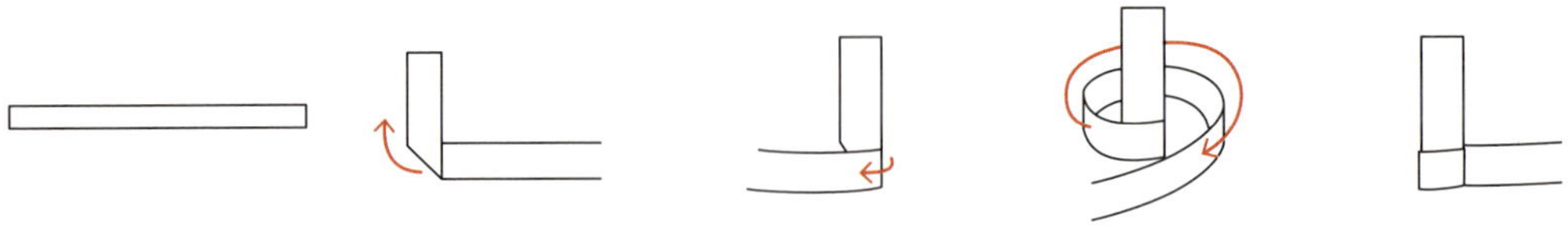

1 60センチほどの和紙を横に置く

2 左側を上へ折り上げる

3 右側を左へ折る

4 さらに裏側へ回す

5 右側を右へ戻す

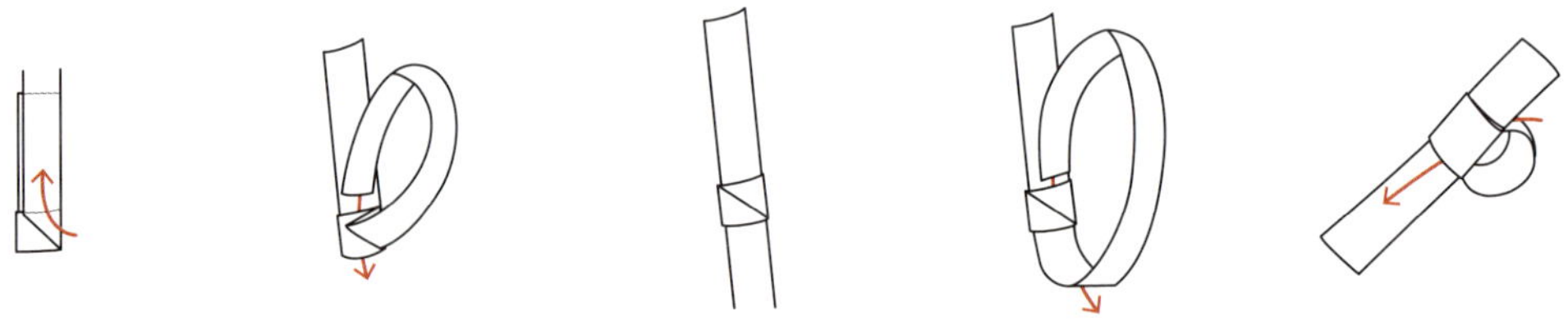

6 右側を折り目で上へ折り上げる

7 結び目に差し込む

8 下へ引く

9 もう一度結び目に差し込む

10 反対側から出るので輪に髪を入れる

即位の礼装束

天皇が皇位を継承することを「践祚《せんそ》」と呼び、無事に践祚し皇位の継承が行われたことを内外に示す儀式が「即位の礼」である。そして即位後に最初に行われる新嘗祭《にいなめさい》を特に「大嘗祭《だいじょうさい》」と称する。即位の礼は「御大礼」「御大典」などとも呼ばれる。

江戸末期、孝明天皇のときまでの即位礼は、奈良時代以来の礼服《らいふく》を着用する中国風のものであったが、明治元（1868）年八月に行われた明治天皇の即位では、岩倉具視が神祇官副知事・亀井茲監を「御即位新式取調御用掛」に任命し、新機軸の即位礼となった。まず礼服が廃止され、[1]中国風の儀礼・設備が全廃、[2]参列者は束帯《そくたい》・衣冠単《いかんひとえ》・直垂《ひたたれ》着用が定められた。[3]紫宸《ししん》殿《でん》前には徳川斉昭が献上した大地球儀が設置され、[4]世界に開かれた新日本を演出した。

こうした維新混乱期の珍妙な即位礼は一度きりで、大正四（1915）年の大正天皇の即位礼は皇室令の一つ『登極令《とうぎょくれい》』で規定された、古式と新式を上手に折衷したものになった。たとえば紫宸殿中央に天皇の御座「高御座《たかみくら》」が設置され る古式とともに、その東方に皇后の御座「御《み》帳台《ちょうだい》」が設置される新式も導入された。女性装束の制度が整備されたのもこのときからである。昭和三（1928）年の昭和天皇の即位礼も、関東大震災後の緊縮で節約型にはなっていたが、おおむね『登極令』に従ったものとなった。

平成二（1990）年に行われた即位礼は、新憲法下における初めての即位礼であり、さまざまな論議がなされたものの、『登極令』に定める儀式形式を尊重しつつ、新時代に合わせた華やかな典礼となった。十一月十二日の「即位礼正殿の儀」に参列した海外要人は国家元首級が七十か国、王室が二十か国を数え、その面前で日本古来の儀式の再現ができたことは、まさに慶賀の至りであった。

『登極令』に従い、まず一月の「賢所に期日奉告の儀」では両陛下が「御束帯黄櫨染御袍《おんそくたいこうろぜんごほう》」と「御五衣御小袿御長袴《おんいつつぎぬおんこうちぎおんながばかま》」を着用され、十一月当日「即位礼当日賢所大前の儀」へは純白の「御束帯帛御袍《はくのごほう》」と「白色帛御五衣《しろいろはくおんいつつぎぬ》、同御唐衣《おんからぎぬ》、同御裳《おんも》」で臨まれた。

「即位礼正殿の儀」では、高御座の天皇陛下は御束帯黄櫨染御袍、御帳台の皇后陛下は五衣《いつつぎぬ》唐衣裳《からぎぬも》の正装で臨まれ、各皇族方も当色《とうじき》の束帯、五衣唐衣裳で参列された。庭には数々の華やかな「旛《ばん》」がたなびき、古式の装束に身を固めた「庭上参役」が参列した。即位礼に続いて行われた大嘗祭に関連した装束類とともに、『登極令』（昭和二年改正版）を参考にしつつ紹介する。

即位礼正殿の儀

平成二年十一月十二日

御即位を公に宣明されるとともに、内外の代表が御即位をことほぐ儀式である。庭上参役などは以下のとおりであった。

【威儀者】

儀式に威儀を加える者たちで、江戸時代までの「次将代」の礼服《らいふく》に準じた装束である。基本となる装束は、前列・四位に相当する黒闕腋《くろけってき》袍《ほう》、後列・五位に相当する緋《あけ》闕腋袍の武官装束であり（次ページ写真は四位相当）、威儀者はこれに礼服としての具足が加わる。特徴的なのが鎧のような金色の「挂甲《けいこう》」と「肩当《かたあて》」であ

威儀者
（前列）

挂甲《けいこう》と肩当

平胡籙《ひらやなぐい》　矢筈《やはず》は水晶

鞾《かのくつ》

供奉員《ぐぶいん》

衛門《えもん》

る。挂甲は古代の鎧であり、宮中では奈良時代からのしきたりで[5]、牛革の小札《こざね》を用いた[6]。平成度の挂甲の小札はアルミに金箔を張ったものである。挂甲を肩に掛けるための肩当は紅平絹《くれないへいけん》張《はり》、裏も同じであった。

劔《たち》は前列（黒袍）は梨子地桐唐草蒔絵《なしじきりからくさまきえ》の鞘、後列（緋袍）は梨子地の鞘。刀身は合金ニッケル鍍金仕上げ。平緒は紫。弓の弦は儀仗《ぎじょう》用の紫緂《むらさきだん》で矢筈《やはず》は水晶。胡簶《やなぐい》は前列が平《ひら》胡簶、後列が壺《つぼ》胡簶であった。靴は「鞾《かのくつ》」。全体的にやや簡略化されているが、ほぼ『登極令』に準拠している。

【衛門《えもん》】

儀式が行われる庭の門を警固する者たちで、これは江戸時代までの「門部《かどべ》」に相当するが、門部よりもはるかに華やかな装束になっており、平安時代の『延喜式』[7]に定められた六位相当「将監・将曹」の大儀装束に準拠している。

袖なしの貫頭衣「裲襠《りょうとう》」で上半身の前後をカバーしているが、これも武官としての護身衣の名残である。脛には「脛巾《はばき》」を巻く。『延喜式』では緋脛巾が将監・将曹、それ以下の階級の府生・近衛は白脛巾であったので、この緋脛巾は六位を表す。靴は「麻鞋《まかい》」に擬した「糸鞋《しかい》」である。

劔は梨子地の鞘、平緒は浅黄。胡簶は平胡簶を用いた。男性参列者全員の装束に共通するが、下襲《したがさね》や闕腋袍の裾は纔着《さいじゃく》であり、後ろに曳かない。

【威儀物捧持者】

太刀や弓・胡簶、桙や楯などの「威儀物」を捧持する者たち。即位礼にこうした武具を備えることは、大和朝廷の時代からのしきたりであった。古代に朝廷の武器庫の管理を行っていた物部《もののべ》氏後裔の石上氏・榎井氏の各二人が、「内物部」（衛門府所属の物部）を率いて、大嘗宮の南北の門に楯と桙を立てることが平安前期の『儀式』に定められている。[8] したがって威儀物の武具は、すべて古代の形式をしている。このしきたりは室町時代にも尊重され、[9] 内蔵・大舎人・大蔵・掃部・主殿の官人たちが威儀物捧持者として奉仕した。

『登極令』における威儀物捧持者の服装は束《そく》帯縫腋袍《たいほうえきほう》・垂纓冠《すいえいのかんむり》で、劒と平緒を帯びていたが、平成度においては劒は省略された。威儀物太刀の捧持者は黒袍、弓・胡簶の捧持者は緋袍、桙・楯の捧持者は緑（縹《はなだ》）袍である。

【威儀物】

太刀《たち》

全長102・6センチ。古式の直刀造りである。

胡簶《やなぐい》

高さ48・5センチ。古式の「靫《ゆき》」形式である。

【男女供奉員《ぐぶいん》】

参役として居並ぶ男官女官。男性は縫腋袍《ほうえきほう》の文官束帯。表袴《うえのはかま》は白練緯綾八藤丸文《しろねりぬきあややつふじのまるもん》で公卿もしくは禁色聴許者《きんじきちょうきょ》という高官を表している。江戸時代まで、重儀には右腰に「魚袋《ぎょたい》」を飾ったが、明治以降は廃止された。女性は五衣唐衣《いつつぎぬからぎぬ》裳《も》（十二単《じゅうにひとえ》）。唐衣は禁色の「青色」、唐花菱《からはなひし》地唐花丸文浮織《じからはなまるもんうきおり》である。

弓持ちは緋袍　　桙持ちは緑（縹《はなだ》）袍《ほう》

威儀物捧持者

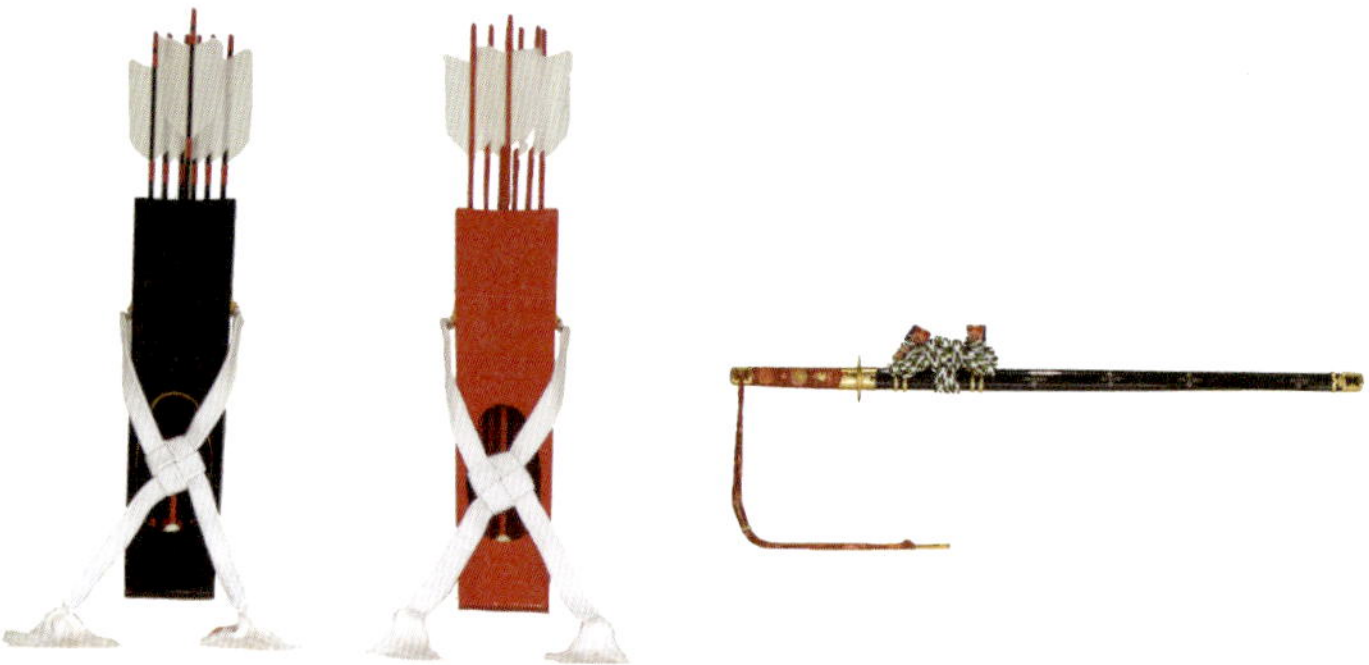

胡簶《やなぐい》　　太刀

威儀物

大嘗宮《だいじょうきゅう》の儀
十一月二十二日・二十三日

悠紀殿供饌《ゆきでんきょうせん》の儀
十一月二十二日

主基殿供饌《すきでんきょうせん》の儀
十一月二十三日

大嘗祭《だいじょうさい》は即位後最初の新嘗祭《しんじょうさい》のことである。新嘗祭は天皇が新穀を天神地祇《てんじんちぎ》に勧め、自らもこれを食してその年の収穫に感謝する神事である。神と人がともに食し、関係を強化する、稲作国家・日本にとって最も神聖な神事といえよう。

強飯、姫飯をはじめ、粟飯・粟粥、そして新米から醸した白酒《しろき》・黒酒《くろき》、鯛・烏賊・鮑・鮭などの鮮魚、干鯛・鰹節・蒸鮑・干鱈の干物、干柿・かち栗・生栗干・棗《なつめ》の菓子《くだもの》などを供える。これらを盛る容器は、酒や汁物には土器《かわらけ》が用いられるが、ほかは柏葉に竹ひごを刺して作られた「窪手《くぼて》」、「枚手《ひらて》」に盛られる。食材・食器ともに、弥生時代から継承された大和民族の伝統そのものといえる。天皇は御手水のあと、陪膳女官・後取《しんどり》女官らの手を借りて神饌を自らお供えになり、御告文《ごこうもん》を奏上される。

【陪膳《ばいぜん》・後取《しんどり》女官】

陪膳・後取の女官が着用するのが、いわゆる「采女服《うねめ》」である。采女は古代に、地方郡司の娘たちの中から美人を選りすぐり、朝廷に貢納された下級女官であり、陪膳ほか、天皇の食事関係を担当した。[10] 新嘗祭の陪膳・後取も、当然ながら采女の担当であった。采女の貢納は平安中期には衰退し、やがて有名無実のものとなったが、新嘗祭のときのみ、女官・女孺《にょじゅ》たちから選抜されて役を務めた。

平安時代の采女は髪上げをする以外に特別な装束があったわけではないが、江戸中期に挙措

陪膳《ばいぜん》・後取《しんどり》女官の采女《うねめ》服

采女服の襟拡大

動作の便を図って、裾《きょ》の短い「采女服」が考案された。さまざまな変遷があったが[11]、『登極《とうぎょく》令《れい》』では「白色帛画衣《はくしょくはくのえぎぬ》、唐衣《からぎぬ》、紅切袴《くれないのきりばかま》、青《あお》摺襷《ずりだすき》、日蔭糸《ひかげのいと》と心葉《こころば》を付ける」となっており、平成度もそれが準用された。

髪を上げ、髪上げの具と梅をモチーフにした金属製の「心葉」を付ける。紅精好《くれないせいごう》の切袴《きりばかま》をはき、白練絹《しろねりぎぬ》に金銀の雲・松・椿・春草などの文様を描き、裏地に萌黄の生絹《すずし》を付けた「絵《え》衣《ぎぬ》」を着る。その上に「掛衣《かけぎぬ》」を重ねる。これは縹《はなだ》の絹地に白胡粉《しろごふん》で青海波《せいがいは》を描いたものである。女官が着用する場合は掛衣で、下級の女嬬《にょじゅ》が着るときは袵《おくみ》のない唐衣仕立てであった。さらに上に「襅《ちはや》」を重ねる。白い薄絹に胡粉を引き、そこに青摺で蝶、襟には菫を描く。

【火炬手《ひたき》】

神事である大嘗宮の儀は夜間に行われる。各殿に斎火の灯燎をともし、庭燎《にわび》を焚くが、これを担当するのが「火炬手」である。古くは「主《との》殿寮《ものつかさ》」の「火炬小子」が担当し、秦氏の子孫があてられたが[12]、さすがに現代はそのようなことはない。

桃花染（退紅）の布衫《ふさん》を着る。「布」は植物性繊維を織ったものを示し、麻製である。一見すると狩衣《かりぎぬ》の形状に見えるが、肩を縫い越してあるので一巾の闕腋袍《けってきほう》という位置づけとなり、朝廷で勤務する舎人《とねり》の布衫は、この形式が多かった。

冠は細纓《さいえい》で、緌《おいかけ》を付ける。白布の単《ひとえ》・袴・帯、脛に葈脛巾《いちびはばき》を巻き、藁でできた草鞋《そうかい》を履く。

火炬手《ひたき》

大饗の儀

十一月二十四日・二十五日

大嘗宮《だいじょうきゅう》の儀の後、天皇陛下が参列者に白《しろ》酒《き》・黒酒《くろき》および酒肴を賜り、ともに召し上がる饗宴である。古来、ここでさまざまな舞が披露された[13]。

【久米舞《くめまい》】

神武天皇東征の際、親衛隊である久米部《くめべ》が歌ったという伝説のある『久米歌』は、『古事記』『日本書紀』にも見られる。のちに大伴・佐伯両氏に受け継がれ、奈良時代に伴奏と舞が付けられて、宮中の儀式で舞われるようになった。

『久米歌』（一部）
みつみつし　久米の子らが　粟生には
韮一本　そねが茎　そね芽繋ぎて　撃ちてし
止まむ
みつみつし　久米の子らが　垣下に
植ゑし椒　口疼く　吾は忘れじ　撃ちてし止
まむ

平安時代には大嘗祭《だいじょうさい》後の豊明節会《とよのあかりのせちえ》に佐伯・大伴両氏が舞った。我が国で最も起源の古い歌舞ともいわれ、威儀物と同じように古代からの連綿たる継承を形にしている。舞人の装束は緋縫腋袍《あけのほうえきほう》に太刀《たち》を帯びた姿で、袴には桐竹雉が摺り置かれている。

【風俗舞《ふぞくまい》（悠紀《ゆき》地方）・風俗舞（主基《すき》地方）】

大嘗会で供えられる新穀は、日本全国を意味する「悠紀《ゆき》国」と「主基《すき》国」の二地方から収穫した米を用いた。都よりも東北にあたる国が「悠紀」、西南にあたる国が「主基」に選ばれるのを原則として、亀甲を焼いてうらなう「卜《ぼく》定《じょう》」で二国を選定する。平成二年二月に「斎田点定の儀」が行われ、悠紀は秋田県、主基は大分県に決定し、県内で選ばれた斎田で神聖な稲が育てられ、神饌に供せられた。

大嘗祭後の「大饗の儀」では、悠紀・主基の「風俗舞」が舞われる。これは二地方にちなんで毎度新作される和歌に、宮内庁楽部が二地方の民謡や郷土舞を参考にして作曲、作舞するものである。

『平成度・悠紀の風俗歌舞』（歌人・窪田章一郎）

夜明島の渓谷　奈曽の白瀑谷　きみまち坂
森吉山
谷谷に　きよらなる滝　ひびき立て　よき日
明けゆく　夜明島川
鳥海の　山の雪どけ　とことはに　絶ゆるこ
となし　奈曽の白瀑
みちのくを　巡らす若き　大帝　都偲ばしし
きみまちの坂

風俗舞装束（昭和度の大嘗祭《だいじょうさい》・悠紀《ゆき》地方）

久米舞装束

昭和度の悠紀地方・
滋賀県を示すヨシの青摺文《あおずりもん》

平成度の風俗舞（主基《すき》地方）

平成度の風俗舞（悠紀地方）

川の幸　ゆたけく恵む　水上は　真木しみ立
てる　森吉の山

『平成度・主基の風俗歌舞』（歌人・香川進）

くじゅう高原　高崎山　姫島　岡城跡
霧や食むがて　晴るればくじゅう　高原は
つばらかにして　牛くさを
高崎山　みどりを清み　常盤木の　さながら
海に　あそべるたのしさ
ひたごころ　秘めこし姫島　ひとつにし　結
ばれゆきつ　千万までも
見のたかき　岡の城あと　神さびて　霜さえ
わたる　千代の松が枝

四人舞である。かつては二国から舞人が上洛していたが、[14]大正からは宮内庁楽部の楽師が務めている。地方にちなむ文様を青摺《あおずり》にした布衫《ふさん》を着用し、冠には白（悠紀）と黄（主基）の造花の挿華《かざし》を付けた。

【五節舞姫《ごせちのまいひめ》】

「五節舞」も古代から継承された舞である。吉野に隠棲していた天武天皇が箏を弾いていると、前の山の峰から天女が舞い降りてきて、歌いながら袖を五回翻して舞った、という伝説に由来する舞とされる。この天女が歌ったという『大歌』を伴奏として舞うのが「五節舞」であり、袖を五回翻す動作から名づけられた。

『大歌』

その 唐玉を
乙女ども　乙女さびすも　唐玉を
袂にまきて　乙女さびすも

平安時代には大嘗祭では五人、新嘗祭《にいなめさい》では四人で舞うことになり、公卿や受領、女御たちが舞姫を出したが、貴族たちの権力争いとも重なって、より素敵な舞姫を出すことを競い合い、大いに精力を傾けたものである。

舞は三日間続けられ、まず第一日の「丑の日」は「帳台《ちょうだい》の試《こころみ》」と呼ばれる予行演習が行われた。これは公開されるため本番同様に重要なもので、美人コンテストの趣もあり、天皇も臣下に紛れて見物し、お気に入りの姫を探すような意味もあった。[15]丑の日の舞姫装束は赤が基調で檜扇も赤い。

第二日の「寅の日」は「御前《ごぜん》の試《こころ》」で、これも予行演習であるがフォーマル度が増し、清涼殿で天皇の御前で舞うものであり、装束は青が基調になる。

第三日「辰の日」は本番の「豊明節会《とよのあかりのせちえ》」。紫宸殿で行われる節会（宮中晩餐会）の席上で舞った。その装束は神事に相応しい青摺（白地に青）が基調であった。[16]

五節舞は後土御門天皇の大嘗祭（1466年）を最後に中絶し、再興したのは宝暦三（1753）年の新嘗祭後の豊明節会であり、この間の三百年近くもの空白により、伝承はほとんど失われてしまった。そのため舞も装束も、江戸時代の新案といえる。明治の大嘗祭では行われず、大正の大嘗祭で再度復活し、その後、昭和・平成と、微妙に形を変えながら受け継がれている。

平成度の舞姫装束は「丑の日」の赤系統でまとめられ、紅色に白と萌黄《もえぎ》の唐花・尾長鳥を配した唐衣《からぎぬ》を着用し、蘇芳染《すおうぞめ》の赤い檜扇を持った。着装で特徴的であるのは、裳《も》の小腰で腰を結わえるとき、通常とは異なって唐衣の上から括って結ぶことである。これは動作の激しい舞姫ならではの着装である。

【挿華・挿頭《かざし》】

かつて宮中ではさまざまな儀式の折に、天皇から「挿頭」が下賜された。これは冠の巾子《こじ》に飾る花で、季節により生花であったり造花であったりした。大嘗会《だいじょうえ》（大嘗祭と豊明節会の総称）でも天皇自らこれを付け、臣下にも下賜した。[17]遅くとも平安前期からあり、[18]大嘗会では関白が藤、親王が紅梅、大臣が藤、大中納言が桜、参議が山吹などと、官職により花の種類に違いがあった。[19]

江戸時代になると銀細工の工芸品となり、実際に冠に付けるものではなくなったが、挿頭下賜の伝統は受け継がれた。『登極令《とうぎょくれい》』において「諸員ニ挿華ヲ賜フ」と規定されたため、大正・昭和・平成でも下賜が行われた。大正は桜と

橘、昭和が梅と竹、平成も梅と竹がモチーフであった。（詳細は221〜222ページ参照）

女性供奉員《ぐぶいん》

五節舞姫《ごせちのまいひめ》装束

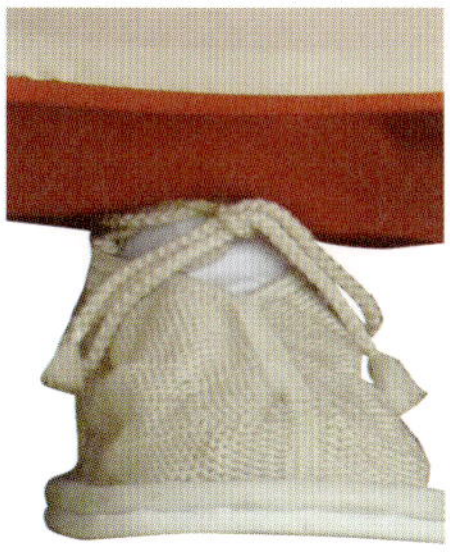

風俗舞の糸鞋《しかい》

采女《うねめ》服の緒太《おぶと》

蘇芳染《すおうぞめ》の赤い檜扇

髪上げの具

天皇の御装束

黄櫨染御袍《こうろぜんごほう》（風俗博物館蔵）

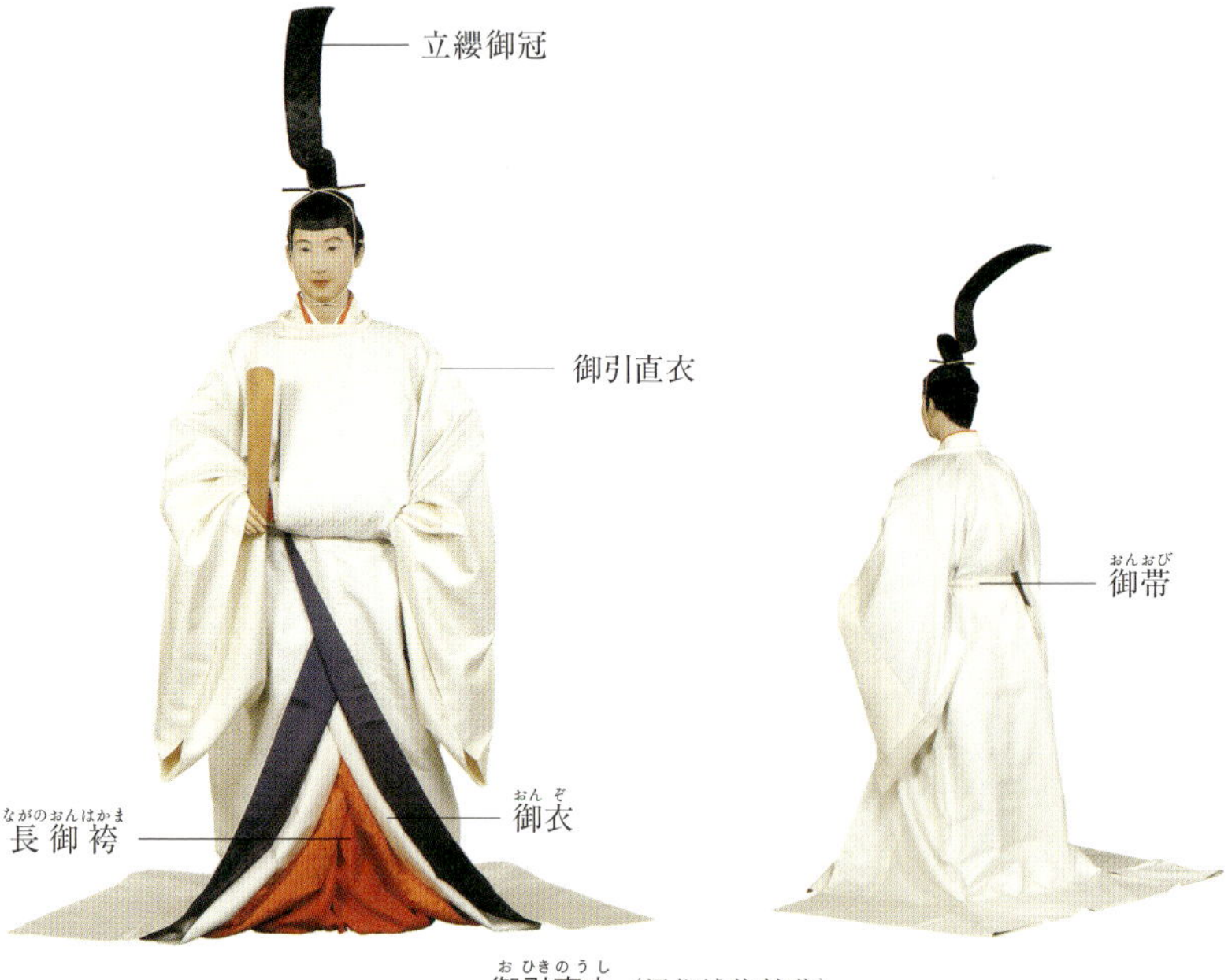

御引直衣《おひきのうし》（風俗博物館蔵）

天皇が着用される御装束の筆頭には、かつて即位の礼で用いられた礼服「袞冕十二章《こんべんじゅうにしょう》」（40ページ参照）が挙げられる。他者とはまったく形状を異にする装束であったが、これは孝明天皇の即位までの使用で、明治天皇以降は廃止された。同じく明治になって廃止された装束が「青色御袍《あおいろごほう》」である。現在、天皇がご着用になる御装束は六種類であるが、この青色御袍を含めて紹介したい。なお天皇の喪服である「錫紵《しゃくじょ》の御服《ごふく》」については別項（211ページ）で解説する。

御束帯《おんそくたい》黄櫨染《こうろぜん》御袍《ごほう》と青色《あおいろ》御袍

天皇の位袍《いほう》が黄櫨染御袍である。律令では天皇の位当色《くらいとうじき》は定められていなかったが、平安初期の弘仁十一（820）年に、嵯峨天皇が黄櫨染という色彩の袍を諸儀式や外国使節謁見の際に用いると定めた。[1] 黄櫨染は、櫨の黄色い芯と蘇芳《すおう》で染める色で、[2] 茶色に近い色彩である。しかし唐風《からぶり》に傾倒していた嵯峨天皇であるだけに、当時の黄櫨染は唐皇帝の用いた「赭黄《しゃおう》」に似た、黄赤色であった可能性が高い。このときは文様の指定はなかったようで、延喜七（907）年に左大臣・藤原時平が「天皇と臣下が同じ文様はよろしくない」と進言しているが、[3] その後に文様が決まった経緯は不明である。

黄櫨染御袍の文様は「桐竹鳳凰麒麟」の筥《はこ》形《がた》飛文《とびもん》と呼ばれる。聖帝の御代に現れる鳳凰は、桐の木に棲み竹の実を食べるという伝説があり、これに仁獣とされる麒麟を加えたデザインである。平安中期の長保二（1000）年、一條天皇の御袍を調進するに際して、巨勢広貴に「五霊鳳桐」の図様を描かせた記録があり、[4] その時代に形式が固まったと考えられる。鎌倉前期の『禁秘抄』には「黄櫨染〈文竹鳳〉」とあり、[5] 同じく鎌倉前期の『餝抄』には「文竹桐鳳凰麒麟」と記され、[6] 鎌倉後期の画家・藤原為信の描いた高倉天皇像（『天子摂関御影』）には、現在とほぼ同様の筥形飛文で描かれているので、遅くとも鎌倉時代にはこの文様が確立したことは間違いない。

『餝抄』には「麴塵《きくじん》。天子常着御。称黄櫨染」とあるが、続けて「青色。天皇着御。文同黄櫨染。」とある。現在「麴塵」は青色のこととされ、著者・中院通方の誤解であるというのが通説であるが、そもそも「麴塵」は唐では茶褐色であったようなので誤解ではない可能性もある。室町後期の『唯心院装束抄』には、黄櫨染は「海《み》松《る》茶《ちゃ》色のはげたる様の色なり」とあり、[7] 海松茶は緑灰色系の色なので、ここでも黄櫨染と青色との混同が見られる。

「青色」は「青白橡《あおしらつるばみ》」のこととされ、黄色と紫で青（グリーン）を作出するという、[8] 難しい染色であった。「青色」は黄櫨染とは違って天皇専用ではなく、行幸や歌会、内宴といった華やかな行事・儀式の際に、最高級のお洒落着として臣下も用いた。[9] 天皇秘書官である六位蔵人は「天皇からの拝領」という名目で青色袍を日常的に着用しており、[10] 平安時代は六位蔵人全員が着用していたようであるが、[11] 室町前期には筆頭蔵人「極臈《ごくろう》」のみが着用する決まりになっていた。[12] 室町時代の「青色」は『延喜式』の染色「青白橡」ではなく、経青緯黄で織り出す「織色」の麴塵になっていたようで、文様も桐竹鳳凰麒麟ではなく「牡丹に尾長鳥」の唐草文様に変化していた。[13]

江戸時代の天皇の青色御袍も「織色の牡丹に尾長鳥」であり、[14] 極臈蔵人への下賜も変わらず行われていたが、現物ではなく三石の米が与えられて蔵人自らが調進していた。[15] 江戸後期、光格天皇が行ったさまざまな公事再興の一環で、

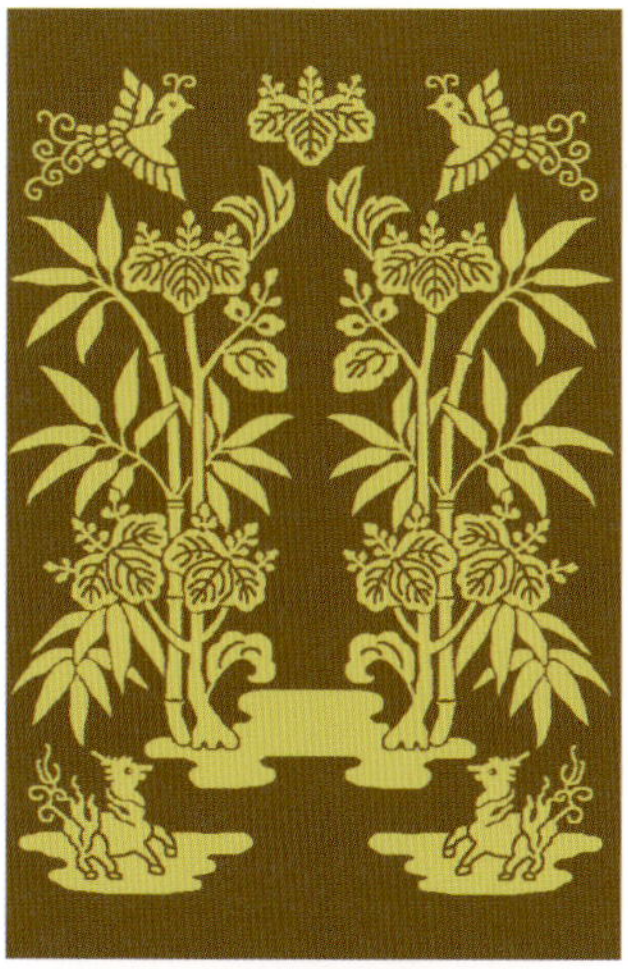

桐竹《きりたけ》鳳凰《ほうおう》麒麟《きりん》の筥形《はこがた》文様

文化十（1813）年に「石清水臨時祭」が再興されたとき、青色御袍を尾長鳥文から桐竹鳳凰麒麟文に復古させ、これが孝明天皇まで受け継がれたが、江戸時代終焉とともに青色御袍の着用は廃止となった。

明治以降は「即位礼正殿の儀」や立太子礼、毎年元日の四方拝、その他恒例の宮中祭祀のほとんどにおいて黄櫨染御袍が着用されている。その際の冠の纓は直立する「立纓《りゅうえい》」である。立纓は江戸時代に始まったもののようで、[16]孝明天皇までは後ろにたなびく形式であったが、明治天皇の即位に際して直立させたといわれる。

御履物は「御挿鞋《ごそうかい》」と呼ぶ、牛革に繧繝錦《うんげんにしき》を張った浅沓《あさぐつ》形式の履き物であり、これは室内専用で、天皇は室内でも装束着用時には履くことになっていた。平安時代からの伝統である。[17]

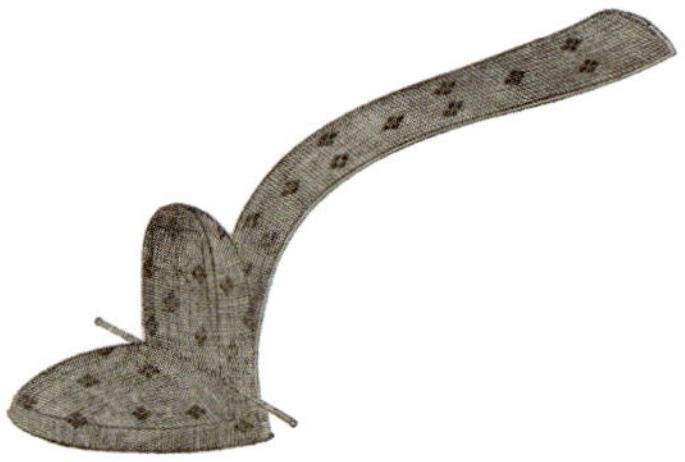

江戸時代の立纓冠《りゅうえいのかんむり》『冠帽図会』より

御挿鞋《ごそうかい》（宮内庁蔵）

【現在の御束帯黄櫨染御袍】

御冠　菊御紋附黒羅張御立纓　御冠止紙撚懸緒
御袍（縫腋）　黄櫨染固地綾　御文桐竹鳳凰麒麟　御裏二藍平絹
御下襲　白固地綾　御文小葵　御裏深蘇芳固地綾　御文竪遠菱
御衵　紅固地綾　御文小葵　御裏紅平絹
御単　紅固地綾　御文繁菱
御表袴　白浮織物　御文窠に霰　御裏紅平絹
御大口　紅生平絹　御裏表に同じ
御組帯　白絹糸安田《あんだ》打
御石帯　白瑪瑙巡方　御文鳳凰の丸　上手共十一個
　床　生皮滑革包黒漆蠟色塗
　床裏当　白固地綾　御文小葵
　飾金物　金鍍金
　紐　白唐打及平組　綴糸左右撚
御襪　白平絹
御挿鞋　牛革製　表繧繝錦包　甲当　白固地綾　御文幸菱
御檜扇　檜薄板二十五枚　長さ一尺一寸　置文菊唐草御文長飾　要元結留
御笏　フクラ材　長さ一尺三寸　上巾二寸三分　下巾一寸五分　厚さ上三分　下二分　上下方形
御帖紙　大高檀紙　裏打あり　小菊紙四十八枚付

御祭服《ごさいふく》（御斎服）

宮中の重要祭祀である神今食《じんこんじき》、大嘗祭《だいじょうさい》および新嘗祭《にいなめさい》で天皇が着用される最高の神事服である。弘仁十一（820）年に、嵯峨天皇が黄櫨染《こうろぜん》と同時に定めた「帛衣《はくえ》」が元であり、日本神道が重んじる純白の御装束である。

「神今食」は六月十一日と十二月十一日の月次祭《つきなみさい》の夜、宮中神嘉殿において行われた神事であるが、ほぼ新嘗祭と似た形式の神聖な儀式であったが、[18]応仁の乱以後は廃絶してしまったため、御祭服の着用は新嘗祭、大嘗祭（即位後最初の新嘗祭）のみとなった。

この御祭服と帛御袍《はくのごほう》は、「帛御衣《はくのおんぞ》」と呼ばれる、ともに神聖な純白の装束である。しかし御祭服の方がより神聖とされ、神殿までは帛御袍で進み、御祭服に着替えてから神饌供進が行われる。[19]御祭服の形状は通常の袍とは異なり、蟻先がなく重ねひだのある「入襴《にゅうらん》」形式で、しかも左右の脇だけでなく背部中央の襴《らん》にもひだがある。また襴の上には「雨覆《あまおおい》」という垂れが付けられている。襟を留める蜻蛉《とんぼ》頭《がしら》も二か所付くなど、総じて古式を重んじた作りになっている。生地は精練されていない絹「生絹《すずし》」である。これはできるだけ人の手をかけていない方が神聖であるという考え方によると理解されている。[20]

御祭服《ごさいふく》（御斎服）（風俗博物館蔵）

新嘗祭《にいなめさい》における天皇の御檜扇《おんひおうぎ》

御檜扇の銀の要《かなめ》（表蝶・裏鳥）

御幘《おんさく》の冠
『冠帽図会』より

御祭服着用時の御冠は「御幘《おんさく》の冠」で、無文の冠の巾子《こじ》の上に纓《えい》を折り畳み、白い平絹《へいけん》で結び留めた特殊なものである。これも平安時代から受け継がれてきたもので、結び方は片鉤《かたかぎ》であったようだが[21]、江戸時代に山科流は諸鉤《もろかぎ》、高倉流は左片鉤という使い分けがなされるようになった。ただしほとんどの例が片鉤である。

御挿鞋《ごそうかい》は牛革製でなく、和紙を張り重ねて漆で固めた「張貫《はりぬき》」製で底は桐、これを白平絹で包んだものである。革を使わないのは神事ゆえのことである。

【現代の御祭服】

御冠　御幘　絹張無文
御祭服　白生平絹（裏地なし）
御下襲　白生平絹
御衵　白平絹
御単　白平絹
御表袴　表白平絹　裏薄紅平絹
御袴　白生平絹
御大口　白平絹
御組帯（御袍の下を束ねる）　白絹糸安田《あんだ》打
御石帯　白瑪瑙無文巡方帯
御襪　白平絹
御挿鞋　張貫底桐表裏白平絹包
御檜扇　白檜材二十五橋　飾糸白左右撚蜷結要銀蝶鳥
御笏　フクラ材
御帖紙　白檀紙

帛御袍《はくのごほう》

神今食《じんこんじき》、大嘗祭《だいじょうさい》および新嘗祭《にいなめさい》で、神事の直前までと、直後から着用したのが帛御袍である。裏地なしで生地が白平絹《しろへいけん》であるほかは、形式的には通常の縫腋袍《ほうえきほう》と変わらない。現代では即位礼の当日『賢所大前の儀』、および頓宮より廻立殿に渡御の際に用いられる。生絹《すずし》に限る御祭服と異なり、冬の帛御袍には練絹が用いられた。御冠は無文の立纓《りゅうえい》である。

【現代の帛御袍】（夏服のみ）

御冠　御立纓黒絹張固地塗甲透無文
御袍　白生平絹（裏地なし）
御下襲　白生平絹
御衵　白平絹
御単　白平絹
御表袴　表白平絹　裏薄紅平絹
御大口　白平絹
御組帯（御袍の下を束ねる）　白絹糸安田《あんだ》打
御石帯　白瑪瑙無文巡方帯
御襪　白平絹
御挿鞋　張貫底桐表裏白平絹包
御檜扇　白檜材二十五橋　飾糸白左右撚蜷結要銀蝶鳥
御笏　フクラ材
御帖紙　白檀紙

御引直衣《おひきのうし》

平安時代、天皇の日常の装束として用いられ、後に儀式服に昇格した装束が御引直衣である。通常の直衣《のうし》と異なり背部に格袋《はこえ》がなく、御帯でまとめる。現代では即位礼の諸儀式の中で、「神宮」（伊勢神宮）、「神武天皇山陵」「前帝四代の山陵」に対する「勅使発遣の儀」でのみ着用される。御冠は立纓《りゅうえい》で御笏《おんしゃく》を持たれる。

【現代の御引直衣】

御冠　御立纓固地塗　甲透本羅張　御文菊繁文　懸緒紙撚
御袍　御引直衣　白固地綾御文小葵　裏二藍平絹
御衣《おんぞ》　長御衣　白固地綾御文小葵　裏白平絹
御単　長御単　紅固地綾御文立繁菱
御袴　長御袴　紅固地綾御文小葵　裏紅平絹
御組帯（御袍の下を束ねる）　白絹糸安田《あんだ》打
御襪　白平絹
御檜扇　檜材蘇芳染二十五橋　菊唐草の長飾要元結留
御笏　御束帯黄櫨染御袍に同じ
御帖紙　御束帯黄櫨染御袍に同じ

御直衣《おのうし》

天皇は御引直衣《おひきのうし》を常用したが、「御短《おみじか》直衣」「御上《おあげ》直衣」として通常タイプの直衣を着用することもあった。たとえば即位後に伊勢の神宮以下、諸社に神宝・幣帛を奉献する「大神宝《だいじんぽう》使《し》」に関する儀式「神宝御覧」などでは直衣を着用した。[22]

現代では、即位礼に関連する「大嘗祭《だいじょうさい》前二日御禊の儀」のほか、臨時の勅使発遣の儀、神武天皇祭・先帝祭の御神楽の儀や、毎月一日の旬祭御親拝の場合に着用されている。御引直衣ご着用が即位礼に際してのみであるのに対して、御直衣のご着用機会は多い。

直衣というと袴は指貫《さしぬき》が一般的であるが、天皇の御直衣では、紅《くれない》の切袴《きりばかま》を着用されることになっている。御冠は立纓《りゅうえい》で御笏《おんしゃく》は持たれず、御檜扇ではなく御末広《おんすえひろ》を用いられる。

【現代の御直衣】

御冠　御引直衣に同じ
御袍　御直衣　白固地綾御文小葵　裏二藍平
　絹　夏二藍縠織御文三重襷
御袴　御切袴　紅精好
御襪　御引直衣に同じ
御挿鞋　革製　表繧繝錦包　甲当白固地綾御文
　幸菱
御末広
御帖紙　御引直衣に同じ

御小直衣《おんこのうし》

江戸初期の『禁中並公家諸法度』において、小直衣が天皇の御装束として指定されたことにより、天皇の御小直衣着用が例となった。

近代では男性皇族が神事儀式の習礼（予行演習）に着用するが、天皇は六月と十二月の末日に行われる御祓い神事「節折《よおり》」にご着用になる。また「御霊代御覧の儀」や「山陵一周年祭の儀」にもお召しになる。ただしこの御小直衣は御直衣の代用という意味合いなので、他の小直衣と異なり、袖に袖括《そでくくり》の緒《お》が付けられていないのが特徴である。また男性皇族の冬の小直衣が鶴丸《つるのまる》文様であるのに対し、天皇の御小直衣は小葵《こあおい》文様である。

御小直衣を着用されるときは、特徴のある「御金巾子《おきんこじ》」の冠を着けられる。これは纓を後ろから巾子の上を越し、前で上へ折り返して金箔が貼られた檀紙で留めるものである。

天皇は常時冠を着けることになっていたので、日常生活では纓がじゃまになるため、折り畳んで紙で留めた。この風習は遅くとも鎌倉時代には存在しており、[23]室町時代には天皇の日常の冠として用いられ、[24]江戸前期でも「巾子紙《こじがみ》」として使用された。[25]この時点では金箔を貼らない白い和紙であったが、江戸中期頃に金箔を貼った「御金巾子」になった。[26]

山科流と高倉流でやり方に相違があったようで、[27]『忠成公記』（三條実万）の図によれば、高倉流が紙を四角く使うのに対し、山科流では菱形に使っていた。高倉家の説や『鳴門少将物語絵巻』の図では四角くなっているので、おかしいのではないかと著者の三條実万は語っている。[28]

【現代の御小直衣】

御冠　御金巾子冠
御袍　御小直衣　白固地綾御文小葵　裏二藍
　平絹　夏二藍縠織御文三重襷
御袴　御切袴　紅精好
御襪　御直衣に同じ
御挿鞋　御直衣に同じ
御末広　御直衣に同じ
御帖紙　御直衣に同じ

御金巾子冠《おきんこじのかんむり》（宮内庁蔵）

神事の装束

大正大嘗祭の小忌衣

日陰蔓《ひかげのかずら》

日本神道の基本的な考え方は自然への畏敬の念、感謝の心であろう。純粋であるほど神に近く、自然であるほど神が喜ぶ。そうした考え方から、神事装束はできる限り人の手をかけず、素材そのものを活かす衣類となっている。世界のさまざまな宗教服の中でも特殊なものといえよう。

小《お》忌《み》衣《ごろも》

政治のことを「まつりごと」と言うように、古代の日本の政治は神事と密接な関係を持っていた。普段は豊かな衣生活を謳歌していた貴族たちであったが、こと重要神事に臨んでは、はるかな先祖を彷彿とさせるような素朴な衣類を着用した。それが六月と十二月の「神今食《じんこんじき》」、十一月の「新嘗祭《にいなめさい》」のときに用いる「小忌衣」である。[1]

小忌衣は、生成の麻を型木に当てて山藍の汁を摺り付けて文様を描く「青摺《あおずり》」が施されていること、しかも布端はまつらず、切り放しのまま紙縒《こより》で結ぶということが大きな特徴である。これは、できるだけ人が手をかけない、天然のままの素材を用いるということを大切にする考え方によろう。

右肩には「赤紐《あかひも》」と呼ばれる赤と黒（古くは

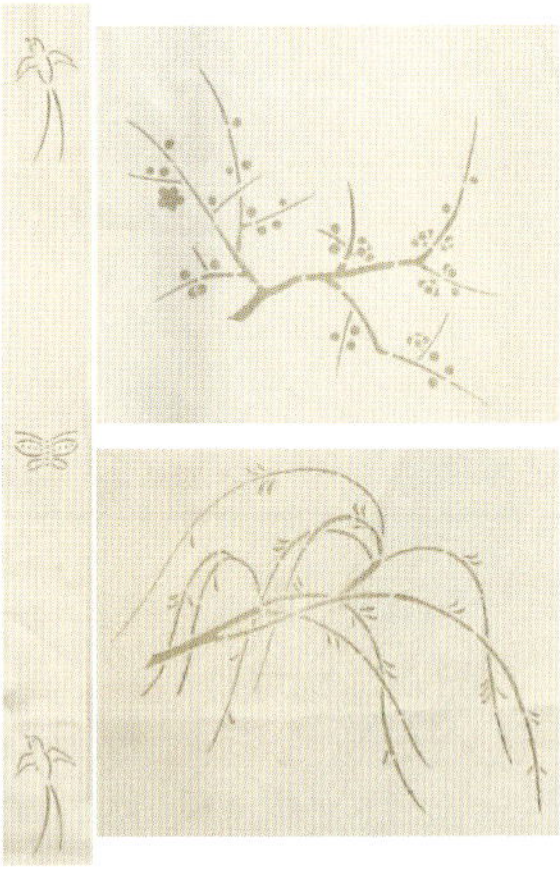
青摺文《あおずりもん》（梅と柳、蝶と鳥）

小《お》忌《み》衣《ごろも》（大正の大嘗祭）

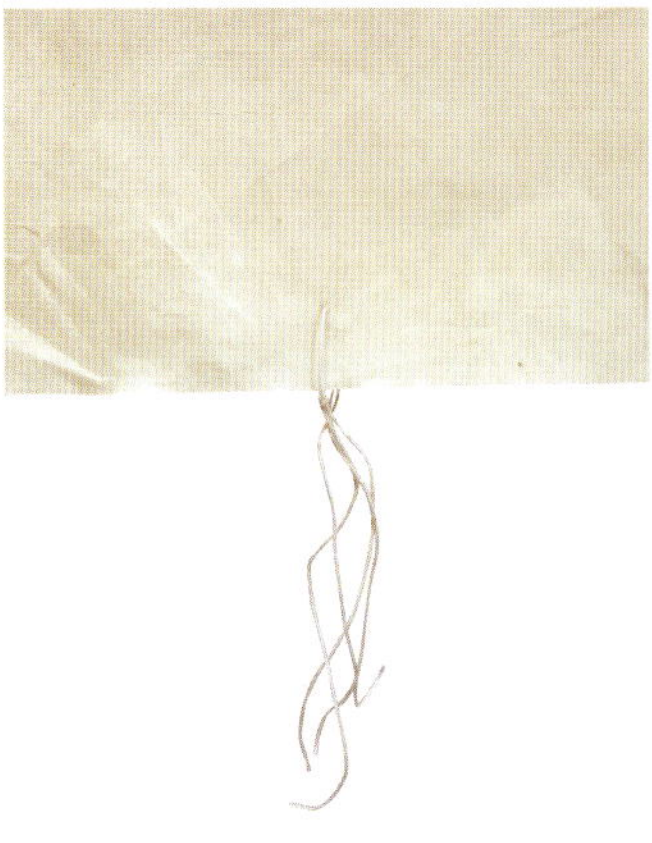
袖端の紙縒《こより》結び

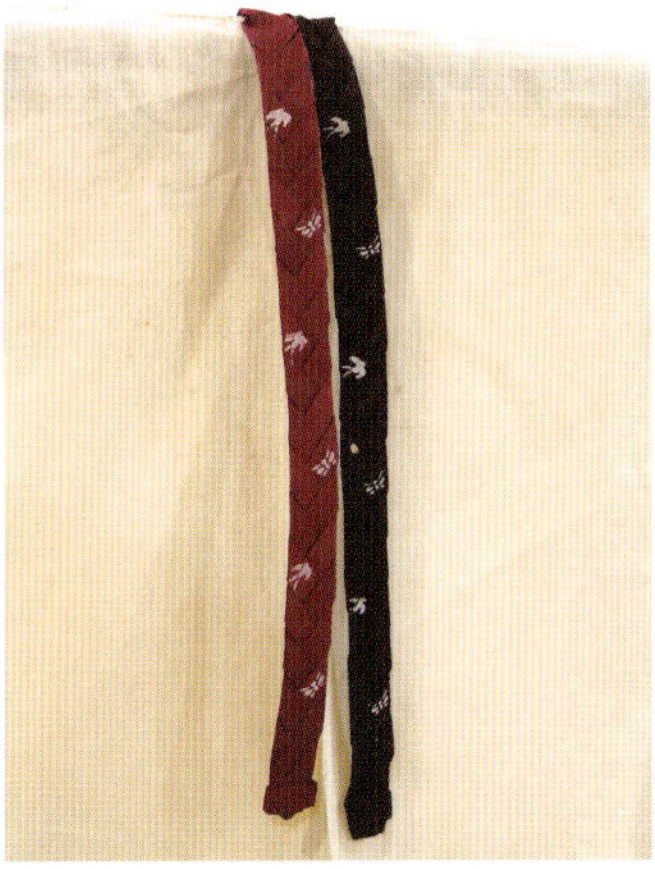
赤紐（略本法組）

大嘗祭　風俗舞人の赤紐《あかひも》

濃蘇芳《こきすおう》)の紐を付け、[2]冠には「心葉《こころば》」と呼ばれる梅の造花や、苔植物のヒカゲノカズラを飾ることもある。さらに白絹糸(ヒカゲノカズラを飾らないときは青絹糸)で作られた「日蔭糸《ひかげのいと》」を垂らす。[3]これらは古代日本のお洒落表現だったのであろうか。

こうした衣は「青摺衣」「青摺衫《そう》」「青摺袍《ほう》」などと呼ばれるものである。素朴な衣類であるが、許可なく使用した場合の罰則は、禁色《きんじき》の濃紅を用いた時よりも重く、[4]いかに重要な意味合いを持った衣類であるかがわかる。その青摺衣を小忌人《おみびと》が着用したので「小忌衣」の名称がある。

「小忌」は神事に直接関与する担当者のことで、亀卜《きぼく》(亀の甲羅を焼く占い)により公卿や殿上人《てんじょうびと》の中から選抜された。小忌以外の公卿・殿上人は見物人の扱いとなり、これは「大忌《おおいみ》」と呼ばれる。[5]ただし蔵人や近衛官人は選抜を省略して全員が小忌衣を着用した。[6]なお、「忌」という文字は、神聖なもの・不可侵なものに対する「畏れはばかる」心を示す文字であり、凶事を意味する文字ではない。

小忌衣は、立場に応じて数種類存在した。[7]

【諸司小忌《しょしのおみ》】

身二巾、袖一巾の垂頸《たりくび》の衣で、神事に参加する摂政・大臣・公卿・殿上人が束帯《そくたい》の袍の上に着用した。近代ではこの形式のみ用いられている。「梅と雉」「梅と柳」などの摺文を描く。近世において大臣以上は赤紐を「本法組《ほんほうぐみ》」にして金泥で蝶鳥を描き、公卿は「本法組」で白胡粉の蝶鳥絵。殿上人は「略本法組」で胡粉の蝶鳥を描いた。

【私小忌《わたくしのおみ》】

裾長の狩衣《かりぎぬ》のような形状で、衛府、神祇官、内膳職、主水司などの神事担当官人が用いた。袍は着ず、下襲《したがさね》・半臂《はんぴ》の上に直接着用する。官給品でなく私費で誂えるものなので、この名称があるが、江戸時代の困窮した官人たちには朝廷が支給した。大嘗祭《だいじょうさい》では「悠紀《ゆき》ノ史《ふびと》」が菊に蝶の摺文、「主基《すき》ノ史」が鶴松の摺文で、日蔭糸を左右八筋垂らした。神祇官官人の日蔭糸は十二筋であった。

【出納小忌《すいのうのおみ》】

「別勅《べっちょく》の小忌」とも呼ばれ、神事で神殿伺候・御服奉仕などをする天皇の近臣が着用する。流水に蕨を摺文で描く。

【如形小忌《じょけいのおみ》】

女官、采女《うねめ》、神事従事の実務官人が着用した。青摺を施さず、赤紐も付けない。現在、一般参詣者が如形小忌に似た、ちゃんちゃんこ形式の袖なし白衣を羽織るが、これを「小忌衣」と呼ぶこともある。

青摺で絵を描く方法は、現在ではステンシルのように型抜きされた型紙を用いるが、本来は拓本の技法であった。鎌倉時代の『餝抄』によれば、[8]飯粒を練った糊「続飯《そくい》」を布で包み、タンポを作る。文様を凸に彫り込んだ形木の上に布を置き、タンポで押しつけて文様の形に糊付けする。その後、山藍(山藍が入手できない場合は青麦)の葉を集めて汁を搾り、それを木片に塗って、墨を摺るように布に葉の色をうつし描いた。

同じ青摺衣でも、石清水臨時祭や賀茂祭の舞人が着用する際は「小忌衣」ではなく「青摺」と呼ばれた。[9]このとき赤紐は右肩でなく左肩に付けるが、それは舞により右肩を袒裼《かたぬぎ》することがあるからである。舞人の摺文は桐竹に鳳凰、陪従(楽師)は棕櫚の文様であった。[10]

大正四(1915)年の大嘗祭では、『登《とう》極《ぎょく》令《れい》』に従い、諸司小忌を男女の供奉員《ぐぶいん》が着用した。摺文は、皇族が松に菊、それ以外は梅と柳で、赤紐は皇族用が本法組で金泥の蝶鳥、勅任官用が本法組で胡粉の蝶鳥絵、奏任官用が略本法組で胡粉の蝶鳥絵、判任官用は平紐で胡粉の蝶鳥絵であった。

赤紐《あかひも》
(古式は赤と蘇芳《すおう》)

小忌衣（私《わたくしの》小忌《おみ》）

小忌《おみ》衣《ごろも》（諸司小忌）

日蔭糸《ひかげのいと》を付けた冠
『冠帽図会』より

小忌衣（出納小忌）

浄衣《じょうえ》

現在、「浄衣」と言うと、主として神職が着用する「無文の白狩衣」のことを指すが、かつての浄衣は一般人が精進したり、寺社を参詣する際に着用するものであり[11]、狩衣とは少し形状が違っていた。

白の麻や生絹《すずし》製で[12]、狩衣との違いは、

(1) 肩を縫い越してある
(2) 端袖の端を捻らずに折り返して縫っている
(3) 袖括《そでくくり》の緒《お》は、「露先《つゆさき》」だけで、袖に五段に通さない

ということである[13]。特に(1)は特徴的で、これが狩衣との大きな相違となり、布衫《ふさん》の形式といえる。

『春日権現験記絵巻』の金峰山詣の場面で描かれている、公卿たちが着ている浄衣は、肩を縫い越し、露だけの袖括など、古式の浄衣そのものである。足まわりが脚絆着用の重装備なのは登山のためで、後ろの裾はじゃまにならないように「押折《おしおり》」にしている。

古式の浄衣《じょうえ》
『春日権現験記絵巻』より

貝で花を作った梅枝の心葉
『冠帽図会』より

金銅製の梅枝の心葉《こころば》
『冠帽図会』より

小忌衣《おみごろも》の青摺文《あおずりもん》
大正以降皇族用

小忌衣の青摺文
『織文図会』より

ヒカゲノカズラ
『冠帽図会』より

心葉
『冠帽図会』より

小忌衣の青摺文（梅と柳）
『織文図会』より

小忌衣の襟の青摺文（蝶鳥小草）
『織文図会』より

出納小忌の青摺文（蕨と流水）
『織文図会』より

小忌衣の青摺文
『織文図会』より

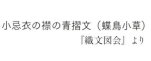

木綿《ゆう》鬘《かずら》・木綿《ゆう》襷《だすき》

「木綿《ゆう》」はコットンのことではなく、クワ科の楮《こうぞ》や梶の繊維である。古くから神事で襷《たすき》を用いていたことは、埴輪の巫女が襷を掛けていることでもわかる。そして木綿は古代の日本人が用いていた素朴な繊維であり、純粋・自然・先祖を重んじる神道では大切なアイテムといえよう。『日本書紀』には「木綿《ゆう》手繦《だすき》」として登場する。

その木綿を冠の鉢巻きにしたり、女性ならば頭に直接巻く「木綿鬘」はさまざまな神事に用いられた。[14] また袍《ほう》の上に斜めに襷掛けするのが「木綿襷」である。大嘗祭《だいじょうさい》では役職により、木綿鬘だけであったり、木綿襷と日蔭鬘《ひかげのかずら》を組み合わせて使うなど、さまざまな形式があった。[15]

木綿鬘・木綿襷が最も多用されたのが「大殿《おおとの》祭《ほがい》」と呼ばれた神事である。[16] これは宮廷殿舎の災害を予防し、平安を祈願する神事で、神今《じんこん》食《じき》・新嘗祭《にいなめさい》・大嘗祭の前後に行われ、また宮殿の新築・移居の際にも行われた。そのため現代では、神社の本殿を改築するときなどに行われる「遷座祭」において、神職が衣冠《いかん》の上に「明《みよう》衣《え》」を重ね、冠には木綿鬘、明衣には木綿襷を掛けて神事を行う姿を見ることができる。

本来、「木綿」と「麻」は明確に区別されており、[17]『延喜式』に「安芸木綿」とあるので、木綿の主産地は安芸国（広島県）であったらしい。しかしやがて本物の木綿の調達が難しくなり、江戸時代には麻の繊維や細布で代用している。[18] 現代では「麻苧《あさお》」と呼ばれる大麻の繊維を利用することが多い。

明《みよう》衣《え》の上に木綿《ゆう》鬘《かずら》と木綿《ゆう》襷《だすき》を付けた姿

木綿襷　肩で男《お》結び

脇で諸鉤《もろかぎ》

麻苧《あさお》

神職の装束

正装・衣冠単
（二級上神職）

神職装束の歴史

官吏が持つことになっていた笏《しゃく》を、神職一般が持つようになったのは貞観十（868）年のことで、このあたりから神職の服制が固まっていったと考えられる。[1] しかし神職としての統一ルールがあったわけではなく、各神社で必要に応じた装束を着用していた。江戸時代までの神職服制は、公家社会のルールがそのまま適用されて、各自の位階に応じた装束を身に着けており、圧倒的に数の多い無位神職の位当色《くらいとうじき》は黄色であるから、黄狩衣《きかりぎぬ》を用いた。[2] 一般的には無文の布《ほ》衣《い》や浄衣《じょうえ》の着用が多かった。[3]

寛文五（1665）年、幕府は『諸社禰宜《ねぎ》神主法度』（神社条目）を制定し、無位神職の装束を「白張《はくちょう》」と定めたが、[4] そこには抜け道があった。江戸時代の神職免許は、神祇伯（朝廷・神祇官の長官）の白川家（伯王家）と、幕府により特権が認められた新興の吉田家が発給していた。白川家は律令に定められたルールを守ろうとする姿勢が強かったが、『諸社禰宜神主法度』

で白張以外の装束着用認可権を与えられた吉田家は、無位の神職にも文紗《もんしや》の狩衣《かりぎぬ》や、黒袍《くろほう》着用までをも許すなど、利権がらみの逸脱行為が目立った。[5] そもそも江戸時代までは神仏習合が常態化し、多くの神社は寺院の傘下に置かれており、神職の立場は現代とはまったく異なる状況下にあったのである。

明治維新後の「神仏判然令」により神社は寺院から独立し、神職の服制も統一したものが求められるようになった。まず、明治五（1872）年十一月、官服洋装化を定めた太政官布告で「従前ノ衣冠《いかん》ヲ以テ祭服ト為シ、直垂《ひたたれ》狩衣上下等ハ総テ廃止被仰出候事。」とされ、神職の装束は衣冠と定められた。しかし全国の神職が全員衣冠を持っているはずもなく、翌年二月に、狩衣・直垂・浄衣の着用も差し支えないと軌道修正されている。[6]

文明開化を急ぐ政府は神職服制どころではなかったらしく、この時期、さまざまな混乱が見られた。まず明治六（1873）年十一月、儀式典礼を司っていた「式部寮《しきぶりよう》」が「祭服を浄衣に統一する」案を出す。浄衣は奏任官以上が絹製、判任官が麻布製とし、袴は指貫《さしぬき》をやめて切袴《きりばかま》にする、というものであった。[7] さらに簡便化を図り、ほとんどの神職がすでに所持していた直垂にしようとさえした。[8] こうした過渡期の混乱に紛れて、従来の位階制度に基づく当色を無視して高位の装束を着ようとする神職もいたが、[9] さすがにそれは認められず、従来（江戸時代まで）の規則を守ることとされた。[10]

明治二十七（1894）年、ようやく『神官神職服制』が定められて混乱は治まった。装束を正服・略服・斎服に分け、「大礼」（天皇三后皇太子皇太孫御参拝・勅使奉幣大祭・朝拝参賀及謁見）に用いる「正服」を衣冠単《いかんひとえ》とし、袍《ほう》の色彩は位階により、四位以上黒・五位赤・六位以下緑・無位黄、と定めたのである。黒・赤袍の文様が、公家各家通用文「輪無《わなし》唐草または轡《くつわ》唐草」であるなど、総じて江戸時代以前の定めそのままであった。

明治三十三（1900）年に一部改正があり、宮家や摂家が「異文」として用いていた特殊な文様も認めることとなる。ところが明治四十四（1911）年に『官国幣社以下神社幣帛供進使服制』が定められたことで、困った事態が発生した。『供進使服制』は、当時もはや有名無実化していた「位階」ではなく、「官等」（勅任官・奏任官・判任官）で区別していたため、奉幣先の神職が、位階が上でも官等が下、あるいはその逆といった場合が生じ、供進使とバランスが取れない結果になったのである。

そこで翌大正元（1912）年、『神官神職服制』は大幅に改正される。位階の区別ではなく官等により、勅任官＝黒袍、奏任官＝赤袍、判任官＝緑袍となり、黄袍は廃止された。黒・赤袍の文様は「輪無唐草」のみとなり、あわせて袴の名称が「差貫」から「奴袴《ぬばかま》」に改められた。こうして今日につながる服制が確立したのである。戦後の昭和二十一（1946）年、神社本庁により服装規程が定められたが、その内容はほぼこの規定に沿ったものとなっている。

明治期の無位神職正服

神職の格付け区分

神職の多くは、包括組織「神社本庁」に属し、各神社で奉職している。神職装束に関するきまりも、神社本庁が定めた規則によっている。神職の格付けの区分は大きく分けて「階位」と「身分」、そして神社内の役職である「職階」の三種類である。「階位」は神職になるための基礎資格であり、「身分」は実際に神職となった者に与えられるものである。

【神職階位】

神職を務める上で必要な知識・学識のレベルを表す指標である。上位から、浄階・明階・正階・権正階・直階の五等階。神職養成系大学の卒業その他、神職としての学識によって、神社本庁の階位検定委員会の選考を経て与えられる。

【神職身分】

神職としての経験・功績を反映したもので、神社界では階位よりもこちらが重視されており、装束の区別もこの身分をもとに行われている。上位から特級・一級・二級上・二級・三級・四級の六等級があり、経歴・人格や神道・神社に関する功績によって、神社本庁の身分選考委員会で決定される。

特級の統理と伊勢神宮大宮司、二級の伊勢神宮禰宜と別表《べっぴょう》神社の宮司・権宮司は「属職身分」とされ、例外はあるが、その職を退けば就任前の身分に降りることが建前である。また、特級・一級は原則として浄階、二級上・二級は正階以上の階位を有する者でなければ、選考・任命の対象とならないとされる。

【職階】

一つの神社の中での役職職位のことで、「宮司さん」「禰宜さん」などと、一般人には最もわかりやすい表現である。大規模な神社では、正式な神職とは見なされない職員としての「主典」「典仕」や、見習いである「出仕前」がいる場合もある。またこのほかに雅楽師である「伶人《れいじん》」、事務職員など、数多くの職員が所属する大きな神社もある。装束としては主典が松葉色（濃緑）、出仕前が白の袴を着用することも多いが、本来の神職ではないので明確な定めがなく、各神社が適宜対応している。

巫女は神職ではなく、資格も不要である。伊勢の神宮では「舞女《ぶじょ》（まいひめ）」と呼ぶなど、神社によって巫女の取り扱いは異なる。巫女の袴は紅色（通称「緋袴《ひばかま》」）がほとんどであるが、若年女性の色である濃色《こきいろ》を用いている神社もある。

神社本庁服制

現在の神職の服制は、昭和二十一（1946）年六月に神社本庁の定めた『神職の祭祀服装に関する規程』が基本になっている。この規程で装束は(1)正装＝衣冠単《いかんひとえ》、(2)礼装＝斎服、(3)常装＝狩衣《かりぎぬ》・浄衣《じょうえ》に分類され、正装は大祭および天皇や皇太子の御参拝に際して着用、礼装は中祭、常装は小祭および恒例式に用いると定められた。ただし「当該神社に古例がある場合は、その古例に従うことができる。」という例外規定があり、そのため「一社の故実」として、装束に関しては弾力的運用の余地が残されている。

服制の内容

装束の歴史的変遷から見ると、神職の装束はおおむね、特級・一級が「公卿」（勅任官）、二級上・二級が「殿上人《てんじょうびと》」（奏任官）、三・四級が「地下《じげ》」（判任官）に相当する取り扱いがなされているといえよう。

ただし、例外規程により、厳儀奉仕上、特に必要のあるときは、その神社の宮司に限り、神社本庁統理の承認を受けて、その当日のみ一等級上位の正装を用いることができる、とされている。これは故実でいえば「一日晴《いちにちばれ》」の考え方を援用したものである。

【袍《ほう》の色彩】

衣冠《いかん》の袍の序列は、律令以来の位袍《いほう》制度に準じている。特級・一級は四位以上に相当する有文黒袍、二級上・二級は五位の有文赤袍、三級・四級は六位以下の無文縹袍《はなだほう》である。ただし縹は古制にならい、「緑」と称している。一部の神社で見習い神職に黄袍を着せている例があるが、これは大正元（1912）年改正以前の『神官神職服制』による「無位神職」の位袍であり、故なきことではない。二級以上の袍の文様は、公家の通用文である「輪無唐草」と定められている。

【奴袴《ぬばかま》（指貫《さしぬき》）・指袴《さしこ》の色彩】

袴の色柄も有職故実《ゆうそくこじつ》に準拠しているが、赤袍の奴袴は本来、紫平絹《むらさきのへいけん》である。二級はまさに故実のとおりであるが、二級上は合致しない。二級上の奴袴は、昭和二十一年当初の規程によれば、紫平絹に似た緯白紫固織《ぬきしろむらさきかたおり》（無文）であった。その後昭和三十九（1964）年、諸般の事情により八藤《やつふじ》丸文（規則上は八藤文も地と同じ紫）を認められたのである。

一級の袴は、緯糸が白であるため地の色が紫より白ばむ（織色目でいう「薄色」）。一方、二級上の袴は緯糸に薄紫を使うため、文が薄紫、全体が赤紫がかっている（織色目でいう「蘇芳《すおう》」）。また特級の白地白八藤の八藤丸文は、ほかより一回り大きい大文であるのが特徴である。三・四級の浅葱《あさぎ》色は、「禰宜《ねぎ》」とも掛けて「ねぎ色」などと呼ばれる、ごく淡い水色のような色であるが、作業の多い若手の袴としては汚れやすいという実情からか、縹に近い濃いめのブルーを着用する神社もあるなど、色名の解釈は弾力的に運用されている。

男子神職の服制

		神職身分					
		特級	一級	二級上	二級	三級	四級
正装 衣冠単	袍の色	 黒		 赤		 緑（実際は縹）裏蘇芳	
	袍の文	輪無唐草				無文	
	冠	垂纓小菱繁文				垂纓遠文	
礼装 斎服	袍の色と文	白絹裏なし					
	指袴	白絹					
	冠	垂纓遠文					
常装 狩衣	地質	綾・練薄・縫取・顕文紗・平絹の類		綾・練薄・顕文紗・平絹の類		顕文紗・平絹の類	
	裏	冬：平絹　夏：生絹				なし	
	烏帽子	立烏帽子					
正装・ 常装の奴袴・ 指袴	色	 白	 紫緯白	 紫緯共	 紫	 浅葱	
	文	八藤丸大文	八藤丸文		無文		
浅沓の沓敷		白綾有文		白平絹			

【常装（狩衣）の色彩】

常装は、小祭（大中祭以外の祭祀および大祓《おおはらえ》式などの恒例式）、日常の奉仕に着用する装束であり、狩衣は織地・色（禁色《きんじき》である黄櫨染《こうろぜん》と黄丹《おうに》を除く）・文様はまったく自由である。三・四級が、原則として裏を付けられないこと以外は各等級共通であるが、裏地の有無に関するルールは、有名無実化している神社も多い。立烏帽子《たてえぼし》も同じように各級共通であるが、指袴の色柄は正装と同様、身分別のものを用いる。

浄衣は白狩衣・白指袴・立烏帽子で、各級共通である。

【明衣《みょうえ》】

明衣は、天皇が着用するもの、「あかは」と読む一種の浴衣のようなものなど、さまざまな衣類を指す単語であるが、神社で用いる「明衣」は、白生絹無文の闕腋袍《けってきほう》を指す。

現在、神社界で明衣が用いられるのは、祭神のお引越し「遷座祭」のときが多く、これは平安時代の「大殿祭」以来の伝統である。伊勢の神宮では束帯《そくたい》の袍の上、一般の神社では衣冠の袍の上に明衣を重ね着する。闕腋袍である明衣の単独での着装は、縫腋袍《ほうえきほう》と比べれば容易であるが、袍の上に袍を重ねるために、着装は難しくなる。生地は生絹《すずし》を用いることが多く、裏は付けない。着付けた後、「木綿襷《ゆうだすき》」を×形に掛ける。これは男《お》結びにした麻苧《あさお》を右・左の肩か

雨儀の押折《おしおり》

前身頃の向かって左の隅の紋を合わせる

後

前

常装（狩衣《かりぎぬ》）

ら下ろし、脇で諸鉤《もろかぎ》に結ぶものである。

祭員全員が明衣を着けることは稀で、祭主のみ明衣、その他の祭員は略式の、巾絹《はばぎぬ》を斜めに襷掛けする「巾明衣《はばみようえ》」（掛明衣とも）を用いることが多い。

重ね着ではない明衣単独は、教派神道などで用いられることもある。また、縫腋袍よりも足が開きやすいため、闕腋袍の代用として馬に乗る神事などで用いる場面も見受けられる。

その他の装束

神社本庁の規程には「神事又は礼典」において「その他の祭祀に適する服装」を用いることができる、との定めがある。そのため、さまざまな時代装束や、そのバリエーションの各種装束が用いられることもある。

【格衣《かくえ》】

格衣は直垂《ひたたれ》の上衣の脇を縫ったもので、羽織のように着て胸紐《むなひも》を結ぶだけと、着装が実に容易であるため、地鎮祭などの出張外祭などでよく用いられる。脇は単純に縫いつぶすほか、千鳥掛けというクロスステッチにしたり、入襴《にゆうらん》の袍のように蛇腹のひだをつけるなど、各装束店が工夫して運動性を高めている。袖括《そでくくり》の緒《お》は、

礼装・斎服

明衣《みようえ》に木綿《ゆう》襷《だすき》

古式の直垂の例から露先《つゆさき》だけ表に出す「籠括《こめくくり》」が多いが、着用者の好みに応じて、狩衣《かりぎぬ》と同じように袖に五段に通すこともある。

【小直衣《このうし》】

小直衣は歴史的に見て、狩衣に威厳を持たせたいという便宜的な必要性から生まれた装束であり、現代においても禰宜《ねぎ》以下が狩衣を着ている状況下で、宮司だけがワングレード上の小直衣を着るという選択もなされている。明治の『神官神職服制』（略服）では、伊勢の神宮祭主が皇族のときは小直衣、そうでなければ狩衣と定められていた。さらに衣冠《いかん》の袍《ほう》に使用される生地で小直衣を仕立て、冠をかぶることによって、いわば「小衣冠」として用いることもなされている。これは有職故実《ゆうそくこじつ》に即していない装束ではあるが、「便宜の法」を常に模索してきた装束千年の流れを考えれば、新しい故実の創造といえるのかも知れない。

【白衣《びゃくえ》】

白小袖と指袴《さしこ》だけ着用する姿を「白衣」と呼ぶ。儀式や祭祀でないときの神職の姿として知られる。実際には白小袖のことを「白衣《はくい》」と呼ぶことも多いがそれは誤りで、上に袍や狩衣を重ねない姿が白衣姿である。[11]

神社本庁に属さない神社、教派神道

全国には、神社本庁に属していない単立神社も数多くあり、大きなところでは、伏見稲荷大社や日光東照宮、靖国神社などがある。こうした神社でも一部例外はあるが、ほとんどで神社本庁の服制が準用されている。

一方、天理教や金光教、出雲大社教、禊教などの教派神道では、さまざまな装束の中から適宜選択して独自の服制を定めている。たとえば出雲大社教（出雲大社は神社本庁に属している）で小直衣を正式に用いる、天理教や金光教では奈良時代風の冠をかぶるなど、オリジナルの装束が見られる。

白衣《びゃくえ》
格衣《かくえ》

女子神職の歴史

女子神職（巫女ではない正式の神職）の制度は戦前には見られず、戦後、戦死した神職の妻が神社祭祀を継承するために、救済的に設けられた新制度であるといわれることが多い。しかし女子神職の歴史は古く、遠く奈良時代にまでさかのぼる。平安前期の貞観十（８６８）年には「禰宜《ねぎ》と祝《はふり》を両方置く神社は、女を禰宜とせよ」という宣旨が出ている。[12] 江戸時代までも神職に相当する役職の女性は存在したが、明治になってからは儒教思想の影響からか、神職は男子に限るものとされ、女子神職は一時的に姿を消した。それが戦後に復活したのである。女子神職は年々増加しており、神社界になくてはならない存在となっている。

女子神職の装束

女子神職の装束にも男子と同じく、正装（正服）・礼装（斎服）・常装（常服・浄衣《じょうえ》）が定められている。着用のＴＰＯも同様である。昭和二十一（１９４６）年制定の規程では、女子神職は「袿袴《けいこ》」をもって正装、白の「袿袴・水干《すいかん》」を礼装、「水干」を常装としていた。袿袴は明

女子神職（三・四級）常装

女子神職（二級）正装

治時代の宮中装束であり、一般には「十二単《じゅうにひとえ》」を思わせるような華麗な装束ではあるが、男子神職同様の動作を要求される女子神職に袿袴では、あまりにも活動が不便なため、特別な装束が新しく創案され、昭和六十二（1987）年より施行された。

これは大嘗祭《だいじょうさい》に奉仕する「采女《うねめ》」の服をモチーフとし、袿《うちぎ》の優美さと折衷させたものである。表着《うわぎ》と唐衣《からぎぬ》を着用するのが最上級の「正装」、その純白バージョンが「礼装」、唐衣と単《ひとえ》を略したのが「常装」となる。髪型は「垂髻《ときさげ》」で、釵子《さいし》や額当《ぬかあて》などの飾りを額に付ける。袴は「捻襠《ねじまち》」と呼ばれる、ひだが上部にだけあり下部にない女袴の仕立て。色彩と文様は男子神職と同様に「身分」ごとの区別で着用する。

【髪飾】

正装・礼装の髪飾の「釵子」は、本来は平額《ひらびたい》を固定するU字型の金具の名前であったが、現代では平額のことを釵子と呼び、さらに額櫛まで一式含めて釵子と総称している。女子神職の場合は、平額に金環をつけて頭にはめて留める。その左右に白絹紐を蜷《にな》結びに編んだ「日蔭糸《ひかげのいと》」を垂らし、礼装ではさらに「心葉《こころば》」という造花を立てる。常装の髪飾は「額当」で、これは未成年皇族が加冠の前に用いる「空頂黒幘《くうちょうこくさく》」を模したものである。

女子神職の服制

<table>
<tr><th colspan="2" rowspan="2"></th><th colspan="6">神職身分</th></tr>
<tr><th>特級</th><th>一級</th><th>二級上</th><th>二級</th><th>三級</th><th>四級</th></tr>
<tr><td rowspan="6">正装</td><td>髪飾</td><td colspan="6">釵子・心葉・日蔭糸白</td></tr>
<tr><td>唐衣</td><td colspan="4">二重織物　色目適宜（禁色・忌色除く）　夏は紗の類　文縫取</td><td colspan="2">有文固地綾　色目適宜
夏は文紗の類</td></tr>
<tr><td>表着</td><td colspan="2">綾地縫取　色目適宜（禁色・忌色除く）　夏は練薄・縫取・顕文紗（裏付き）</td><td colspan="2">有文綾　色目適宜
夏は練薄・顕文紗（裏付き）</td><td colspan="2">有文綾　色目適宜
夏は顕文紗</td></tr>
<tr><td>単</td><td colspan="6">萌黄または紅綾　文幸菱</td></tr>
<tr><td>扇</td><td colspan="6">檜扇十六橋　胡粉塗彩色絵</td></tr>
<tr><td>帖紙</td><td colspan="6">紅鳥の子紙</td></tr>
<tr><td rowspan="6">礼装</td><td>髪飾</td><td colspan="6">釵子・日蔭糸白</td></tr>
<tr><td>表着</td><td colspan="6">白精好</td></tr>
<tr><td>単</td><td colspan="6">白精好</td></tr>
<tr><td>切袴</td><td colspan="6">白精好</td></tr>
<tr><td>扇</td><td colspan="6">檜扇十六橋　白木</td></tr>
<tr><td>帖紙</td><td colspan="6">白鳥の子</td></tr>
<tr><td rowspan="4">常装</td><td>髪飾</td><td colspan="6">黒紗額当</td></tr>
<tr><td>表着</td><td colspan="2">綾・練薄・縫取・顕文紗・平絹の類</td><td colspan="2">綾・練薄・顕文紗・平絹の類</td><td colspan="2">綾・顕文紗・平絹の類</td></tr>
<tr><td>単</td><td colspan="6">萌黄または紅綾　文幸菱　ただし省略できる</td></tr>
<tr><td>扇</td><td colspan="6">ぼんぼり</td></tr>
<tr><td rowspan="2">正装・常装の切袴</td><td>色</td><td>白</td><td>紫緯白</td><td>紫緯共</td><td>紫</td><td colspan="2">浅黄</td></tr>
<tr><td>文</td><td>藤丸大文</td><td colspan="2">藤丸</td><td colspan="3">無文</td></tr>
<tr><td colspan="2">浅沓の沓敷</td><td colspan="2">白綾有文</td><td colspan="4">白平絹</td></tr>
</table>

【女子神職礼装（斎服）】

正装の生地をすべて無文の白としたもので、その位置付けは男子の斎服と同じである。髪飾は釵子で日蔭糸を垂らすが、心葉は用いない。扇は無地十六橋の檜扇《ひおうぎ》を持つ。

旧規程による装束ほか

現在の女子神職の装束は、外見からして袿袴とまったく異なる新案のものと考えるべきであろう。新規程制定から長い年月が経過したが、実際における女子神職は、旧規程の水干《すいかん》を着用している例も少なくないようである。この場合、現実的な対応として、単《ひとえ》を着ければ重儀の服装、着けなければ軽儀の服装として扱われる。女子神職の水干は必ず襟を留める上頸で着用し、裾は着込めず覆水干《おおいずいかん》とするが、このスタイルであれば、狩衣《かりぎぬ》とほとんど同じ形式で、襟の留め方が紐で結ぶというだけの違いになる。襟をリボン結びしたようにも見え、女子にふさわしく優美で可愛らしい印象になる。

また、最近では「女狩衣」の名称で、狩衣の襟を最初から通常の和服のような垂領《たりくび》に仕立てた装束も登場し、普及しつつある。さらに男子同様、格衣《かくえ》が便利に用いられていることも多く見受けられる。

女狩衣

女子神職服（常装）

女子神職服（正装）

額当《ぬかあて》

心葉《こころば》

旧規程の水干《すいかん》

旧規程の袿袴《けいこ》

礼装

巫女装束

地鎮祭などで奉仕する童女《わらわめ》の汗衫《かざみ》装束

〈協力〉

北野神社（東京都文京区）

北野神社は元暦元（1184）年に源頼朝により創建された古社で、「牛天神」の愛称で知られる。春の紅梅まつり、秋の菊わらべまつりなどの祭事にも熱心で、地域の尊崇を集めている。

末長杉山神社（川崎市高津区）

末長杉山神社のご祭神は五十猛命、天照大御神。江戸後期・文化文政年間に編纂された『新編武蔵国風土記稿』に「村内三給ノ鎮守ニテ」とあり、いまも地域に愛されている神社である。

雅《が》楽《がく》・舞《ぶ》楽《がく》の装束

雅楽・舞楽

日本に雅楽が伝わったのは千四百年ほど前のことである。西アジアからシルクロードを通り、途中で中国や東南アジア、朝鮮半島の楽曲を加えることによって、よりバラエティー豊かになった。途中の国々ではその伝統は途絶え、シルクロードの終着点・日本でのみ、今日まで脈々と受け継がれている音楽芸術なのである。

シルクロード伝来の雅楽が、現在のようにまとまった形になったのは、平安時代に整理統合・再編成されてからといわれる。日本的なアレンジと工夫、そして上代（原始）以来の日本伝統歌曲を加えて、その芸術性はさらに高まった。

雅楽は大きく分けて

(1) 大陸伝来の「唐楽《とうがく》」と「高麗楽《こまがく》」

(2) 日本上代歌謡「国風歌舞《くにぶりのうたまい》」

(3) 平安時代に作られた歌中心の「歌物《うたもの》」

に分類される。また楽器は主旋律を奏でる「篳篥《ひちりき》」「龍笛《りゅうてき》」、和音を付ける「笙《しょう》」などの管楽器、「琵琶」「箏」などの絃楽器、「羯鼓《かっこ》」「太鼓」「鉦鼓《しょうこ》」などの打楽器から構成されている。

左方舞　蘭陵王《らんりょうおう》
（写真提供：博雅会・住吉治美）

楽師・伶《れい》人《じん》の装束

雅楽《ががく》の楽器を演奏する楽人は、古くから「伶人」と呼ばれる。[1] 江戸時代までの雅楽は、京方（宮中）・南都方（興福寺）・天王寺方（四天王寺）の「三方楽所《さんぽうがくそ》」が伝承してきた。[2] 彼らの装束は公家社会のルールそのままに、各自の位階と演奏場所、儀式の軽重に応じたもので、束帯《そくたい》、衣冠《いかん》[3]、狩衣《かりぎぬ》（布衣《ほい》）などさまざまであった。

明治三（1870）年十一月、三方楽所の伝承を統一するため太政官に「雅楽局」が設けられ、その楽師は大伶人・少伶人・伶生《れいせい》とに分けられた。その後、明治十七（1884）年に伶人の名称が一時消えて雅楽師になり、明治二十一（1888）年には、「帝国楽及唐楽及高麗楽等に従事する」伶人と、「欧州吹奏楽及欧州管弦楽に従事する」楽師とに分かれた。さらに明治二十二（1889）年、宮内省式部職雅楽部となって雅楽師と楽師に分かれ、明治四十（1907）年に楽部と改称、その楽人は楽長・楽師・楽手・楽生となるなどの変遷をたどった。

現在「宮内庁式部職楽部」に属するメンバーが身に着けている装束は「海松色《みるいろ》」（海松茶）の直垂《ひたたれ》である。これは明治三（1870）年の雅楽局での装束に端を発するもので、直垂は明治初年の宮中出仕装束であった。近年、雅楽がポピュラーなものとなって各地で雅楽団体が結成されているが、その装束は宮内庁楽部に倣った直垂姿のほか、狩衣《かりぎぬ》を用いる人々も多い。『春日権現験記絵』に描かれた伶人たちが全員布衣を着ているように、平安以来の伝統として、狩衣を着ることは故実に適っているといえよう。

海松色《みるいろ》の直垂《ひたたれ》での管弦演奏（写真提供：博雅会）

舞楽《ぶがく》の装束

雅楽の音色に乗って舞われる「舞楽」の演者を「舞人《まいうど》」と呼び、平安時代以来、近衛を初めとする衛府の武官たちが多く舞人を務めた。[4] 近衛府在籍者として舞人に選ばれないことは恥でさえあった。[5] そのせいもあり、舞楽装束の中には武官装束を思わせるようなものも数多くある。

舞楽の演目は三つに大別できる。

(1) 左方《さほう》舞

大陸伝来の「唐楽《とうがく》」で、原則として赤系の装束を用いる。伴奏には絃楽器をほとんど用いず、篳篥《ひちりき》と龍笛《りゅうてき》の旋律に合わせて舞う。

(2) 右方《うほう》舞

朝鮮半島伝来の「高麗楽《こまがく》」で、原則として青（グリーン）系の装束を用いる。伴奏には笙《しょう》と弦楽器を用いず、打楽器のリズムに合わせて舞う。

(3) 国風《くにぶり》歌舞

上代日本の歌曲で、装束は神事に用いる青摺《あおずり》衫《さん》を着用し、巻纓冠《けんえいのかんむり》をかぶる。歌の伴奏には和楽器と外来楽器が併せて用いられる。

赤色袍《あかいろほう》・青色袍《あおいろほう》は平安以来、宮中最高のお洒落着であり、また仏教伝来以前の上代日本を思わせる素朴な青摺衫など、舞楽の装束には装束の伝統がそのまま生きている。

【舞楽装束の分類】

襲《かさね》装束

唐風の鳥甲《とりかぶと》をかぶり、袍《ほう》を袒裼《かたぬぎ》して美しい刺繍のある半臂《はんぴ》・下襲《したがさね》を見せることの多い装束。「常《つね》装束」「唐《から》装束」とも呼ばれる。

（春鶯囀《しゅんのうてん》、萬歳楽、延喜楽など）

蛮絵《ばんえ》装束

巻纓冠《けんえいのかんむり》をかぶり、武官の褐衣《かちえ》装束を思わせる装束。

（五常楽《ごじょうらく》、春庭楽《しゅんていらく》、登天楽《とうてんらく》など）

裲襠《りょうとう》装束

武官礼服《らいふく》の「裲襠」を思わせる装束。袍の手首を括るのが特徴。「別様装束」に分類されることもある。

（蘭陵王《らんりょうおう》、納曽利《なそり》、狛桙《こまぼこ》、打毬楽《だぎゅうらく》など）

別様装束

その演目独特の装束。

（太平楽《たいへいらく》、迦陵頻《かりょうびん》、胡蝶《こちょう》、青海波《せいがいは》など）

雅楽の演目と装束の一例

左方舞

太平楽《たいへいらく》

項羽の家来が漢の高祖・劉邦を殺害しようとしたとき、それを察した項羽の親戚たちがともに舞いながら劉邦を守った情景を描いているとされる。

唐の甲冑装束（鎧《よろい》・肩喰《かたくい》・帯喰《おびくい》・籠手《こて》・脛当《すねあて》・太刀《たち》・魚袋《ぎょたい》・胡籙《やなぐい》・甲《かぶと》・肩当《かたあて》）に身を固め、桙《ほこ》を持つ４人の舞人が華麗に舞う姿は実に勇壮である。

春庭楽《しゅんていらく》（現在は蛮絵《ばんえ》装束）

唐の則天武后時代に作られ、平安初期に遣唐使によって伝えられたといわれる。春宮冊立《さつりつ》（皇太子の立太子礼）に演じられる曲目である。

図の装束は襲装束で、赤の闕腋袍《けってきほう》には窠文《かもん》の刺繡がちりばめられている。太刀を帯び、笏《しゃく》を石帯《せきたい》にはさみ、「挿頭花《かざし》」を付けた巻纓冠《けんえいのかんむり》をかぶる。右袒裼《かたぬぎ》をして半臂と下襲《したがさね》を見せた、近衛官人の舞姿である。

故実叢書『舞楽図』より

左方《さほう》舞で着用される半臂

右方舞で着用される半臂《はんぴ》

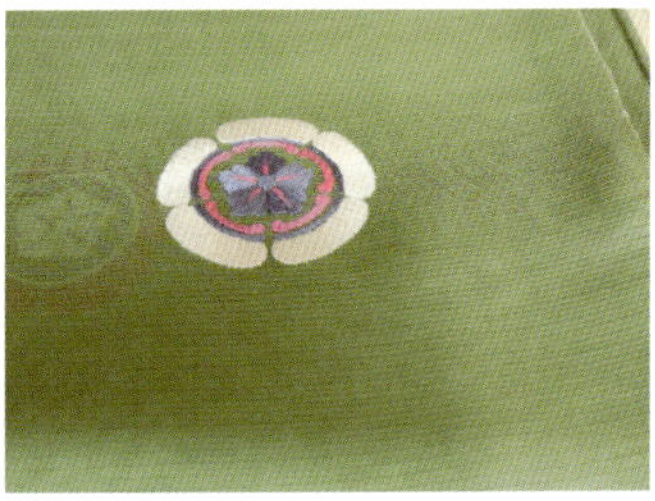

右方《うほう》舞で着用される袍《ほう》

蘭陵王《らんりょうおう》

古代中国、斉の王「蘭陵王長恭《ちょうきょう》」は優しい美青年であったため、戦場での威令が届かなかった。そこで恐ろしい龍の仮面をかぶって指揮を執り、大勝した。その勇ましい姿を舞曲にしたものといわれる。

装束は面と、武官礼服《らいふく》の護身衣「裲襠」、赤色の闕腋袍《けつてきほう》、大《おお》口袴《くちばかま》と指貫《さしぬき》。足には六位武官が用いた糸鞋《しかい》を履く。

五常楽《ごじょうらく》

平和な治世と仰がれた貞観年間に、人の守るべき道徳、仁・義・礼・知・信を表して、唐の太宗が自ら作曲したといわれる。序破急が完全に残っている珍しい曲の一つとして尊重されている。

装束は随身《ずいじん》の晴《はれ》装束である蛮絵《ばんえ》の褐衣《かちえ》をモチーフとしたものである。本物の褐衣の蛮絵は摺文《すりもん》であるが、舞楽装束では美しい刺繍で、左近衛の獅子を描く。

萬歳楽《まんざいらく》

襲《かさね》装束は最も多くの演目で着用される装束で、かぶり物が唐風《からぶり》の「鳥甲《とりかぶと》」であること、足に錦の「踏掛《ふんがけ》」を着けるほかは、武官束帯《そくたい》の構成に似る。

袍《ほう》の片袖を脱ぐ着方を「片袒裼《かたかたぬぎ》」、両袖を脱ぐ着方を「諸袒裼《もろかたぬぎ》」と呼ぶ。

蘭陵王の「裲襠《りょうとう》」の浮織《うきおり》

胡蝶《こちょう》の浮織

左方舞《さほう》「萬歳楽」
（写真提供：博雅会・住吉治美）

古鳥蘇《ことりそ》

「高麗《こま》調子の曲」とも呼ばれる。沿海州・渤海《ぼっかい》国の烏蘇利《うそり》地方に伝わる風俗舞が、形を変えて伝来したものといわれる。

図では半臂《はんぴ》のひだや、左前腰に下げた「忘緒《わすれお》」がよくわかる。

蘇利古《そりこ》

応神天皇の御代に百済の須々許理《すすこり》が帰化し、酒を造る役職に就いたとき、宗教儀式に関する曲として作られたといわれるが、詳細は不明である。

闕腋袍《けってきほう》を諸袒裼《もろかたぬぎ》した姿。特徴的なのは顔を覆う「雑面《ぞうめん》」で、不気味な顔が描かれているが、本来は滑稽な表情を表したものである。左方《さほう》舞で雑面をかぶる演目には「安摩《あま》」がある。

狛桙《こまぼこ》

古代、高麗から渡来する船では五色に彩られた棹を用いていたといわれ、それをかたどった桙を持ち、舞にも船を操作する所作がある。

縹《はなだ》の闕腋袍に裲襠《りょうとう》。冠には赤い「末額《まっこう》」を巻くが、これは『衣服令』で衛士《えじ》が儀式参会時に付けることとされていた、紅絹の鉢巻きの名残である。

故実叢書『舞楽図』より

胡蝶《こちょう》

平安前期、宇多上皇が「童《わらわ》相撲御覧《ずもうごらん》」のときに作られた、あるいは藤原忠房が「前栽合《せんざいあわせ》」に際して作った曲、ともいわれる。『源氏物語』（胡蝶）では、紫の上が左方舞の「迦陵頻《かりようびん》」（鳥の曲）とセットにして童たちに舞わせている。

装束は童の闕腋袍《けってきほう》。蝶の羽を背負い、胸には胸当、頭に天冠を戴き、右手には山吹の花を持つ。花に舞い遊ぶ蝶を表現している。

東遊《あずまあそび》

上代東国の伝統歌舞である。平安時代、「競馬《くらべうま》」「賭弓《のりゆみ》」などの年中行事や、春日・賀茂・石清水の臨時祭において神事舞として演じられた。この日本古来の楽曲は、『源氏物語』でも「東遊は耳慣れて懐かしい」と親しみを持って描かれている[6]。

舞人の装束は神事で用いられる「青摺衣《あおずりごろも》」で、白布衫《しろふさん》に桐竹雉の文様が青摺で描かれ、左肩に赤紐を付ける。袴は、かつては図のような派手な「津賀利袴《つがりばかま》」を用いていた。これは袴の腿だちをカラフルな糸で「つがる」（かがる）袴で、孔雀の丸文が特徴であった[7]。近代では布衫と同じような、桐竹雉の青摺文様が描かれた表袴《うえのはかま》を着用して舞われる。このときの楽人を「陪従」と呼び、棕櫚の青摺袍《あおずりほう》を着用した。現代では衣冠《いかん》装束を着用することもある。

国風歌舞《くにぶりのうたまい》

桐竹雉の文

陪従《べいじゅう》の棕櫚《しゅろ》の文

『織文図会』より

半臂《はんぴ》

鳥甲《とりかぶと》

糸鞋《しかい》

踏掛《ふんがけ》

（写真協力：博雅会）

凶服《きょうぶく》

鈍色直衣

縄纓御冠《なわえいのおんかんむり》

『冠帽図会』より

律令の「喪葬令」での服喪期間

『養老令』（喪葬令）により、自分と故人との親等から喪に服すべき期間が決まっていた。それによれば、故人が父母や夫ならば一年間、祖父母なら五か月間、妻や嫡子ならば三か月間などが服喪期間であった。[1]

　天皇が父母の喪に服することを「諒闇《りょうあん》」と呼び、国家最重要の服喪とされ、「廃務」（朝廷業務停止）や「廃朝」（天皇が政務を見ない）などが行われたが、一年間もの服喪は支障が大きいため、平安初期の承和七（８４０）年、仁明天皇は唐の太宗の遺詔「在任官人各於任所挙哀三日。其服紀軽重、宜依漢制以日易月」を援用して、日をもって月に代える、つまり一年間（閏月を含めて十三か月）の服喪を十三日間に短縮した。[2] ただし十四日目以降も正規の一年間に達するまで規則上は「諒闇」であるから、残り期間は「心喪《しんそう》」に服するとされ、心喪中には祭祀や朝賀などの晴儀は停止され、派手な宴会や美服の着用は禁止された。[3]

「心喪」は、こうした公式のものだけでなく、心の中で喪に服することも意味し、公式には服喪する必要のない師弟の間や、友人・知人・愛人などが喪に服するときは「心喪」とされた。たとえば皇后が崩御した際の臣下の服喪は規定がないため、心喪となる。[4]その期間と軽重は、故人との親密度と哀惜の念のレベルに応じて各自が決めたのである。

服喪の服装

【諒闇《りょうあん》の服装】

天皇が二親等までの服喪で着用する喪服を「錫紵御服《しゃくじょのごふく》」と呼ぶ。[5]冠は「縄纓《なわえい》」（藁縄と黒《くろ》布《ぬの》縄）、袍《ほう》は黒橡《くろつるばみ》麻《あさ》の闕腋《けってき》、表袴《うえのはかま》は橡麻、大《おお》口袴《くちばかま》は柑子色平絹《こうじいろへいけん》。石帯《せきたい》ではなく、藁と荒苧《あらお》で組んだ「縄帯」で結ぶ特殊な装束である。[6]縄纓冠は無文《むもん》で艶を出さず、[7]二本の縄纓を細纓のように挿したが、室町時代は通常の六位の細纓を用いたこともあった。[8]

宮中の廷臣は宣旨を受けて無文の黒橡袍を着たが、本務の仕事をするときには通常の位袍《いほう》の裏地を鈍色《にびいろ》に張り替えて着た。[9]また場合に応じて鈍色の袍なども用いた。冠は無文の巻纓《けんえい》である。臣下の例では葬儀が終わるまでが巻纓で、以後は垂纓《すいえい》としたが、諒闇の場合は葬儀に拘らず巻纓とした。[10]

日本の喪の色

『隋書』（東夷伝）によれば、古代日本の喪服の色は白であった。[11]しかし律令で天皇の喪服は「錫紵《しゃくじょ》」と定められ、金属の錫の色、つまり浅墨色が喪の色となったのである。[12]ところがこれは大きな誤解によるものであった。「錫紵」は唐の制度にある「錫衰」を模倣したものであるが、「錫衰」の「錫」とは晒した粗製の麻布のことを意味した。しかし日本人は「錫紵」を浅墨色と誤解してしまったのだといわれる。その後、服喪の気持ちをより深く表現しようとして、墨色を濃く深くしてゆき、錫紵は完全な「黒《くろ》橡《つるばみ》」（ブラック）になってしまったのである。

臣下の喪服の色は公卿は黒無文、四位・五位は当色の薄い色を用いた。黒い表袴《うえのはかま》に赤い沓《くつ》を履くという、一風変わった風習もあった。[13]

【心喪の色】

心喪には公的な規定があるわけではないので、各自の気持ちで軽重を表し、一般的には鈍《にび》色《いろ》・青鈍《あおにび》・青朽葉《あおくちば》・浅葱《あさぎ》色などを用いた。[14]これらの色も、哀悼の気持ちが重ければ他人より黒みを濃くするなど、心情に応じて適宜調節した。[15]

【鈍色《にびいろ》（にぶいろ）】

喪の色の代表のように理解される「鈍色」であるが、現代ではモノトーングレーを指すことが多い。しかし古くは藍を加えたブルーグレーのことで、[16]モノトーングレーである「鼠色」とは明確に区別していた。[17]鈍色が喪の色として主流になるにつれ、心喪の色で用いられるべき青鈍に替わり、なんでも鈍色で済ませる風潮が広まったようである。[18]

素《そ》服《ふく》

もともとの意味は「飾り気のない衣」であり、たんに喪服を意味する単語であった。[19]それが諒《りょう》闇《あん》服の代表である黒平絹《くろへいけん》無文《むもん》の袍《ほう》と鈍色表袴《にびいろうえのはかま》の装束を指す言葉となり、[20]諒闇の際は賜って着用していた。[21]

その後、「素服」は白麻布で作った、「諸司の小忌《おみ》」のような袖なし短衣のことになり、袍の上に重ね着して服喪を表すものとなった。[22]江戸時代も「賜素服」の制度は残っていたが、[23]内蔵《くら》寮《つかさ》が調進する重ね着タイプであった。

【藤衣《ふじごろも》】

『源氏物語』など、多くの物語や和歌の世界で、喪服を表す単語として「藤衣」が登場する。[24] 服喪の期間は飾り気のない素朴なものを用いるということから、古代の日本人が用いていた藤蔓の繊維で作った質素な服を着用し、実際に藤衣を着ることがなくなった時代でも、情感として喪服のことを「藤衣」と称する風習は残った。[25]

近代の服喪制度

【『皇室服喪令』（明治四十二（1909）年）】

明治に定められた服喪規程[26]は、父母・夫の喪は一年、祖父母・夫の父母の喪は百五十日とするなど、おおむね『養老令』（喪葬令）の定めに準拠しているが、妻に対する服喪期間が九十日から百五十日に尊重されるなど、多少の時代的配慮もなされている。しかし「七歳未満ノ殤《もがり》ニハ喪ヲ服セス」として、乳幼児死亡率の高かった状況と意識は、この時代でもまだ現在とは異なる。

この服喪期間に合わせ、それぞれ次ページの表のように期間を分けて服喪の軽重を調節し、装束を替えた。

【『皇室喪儀令』（大正十五年）】

大正十五（1926）年十月に公布された『皇室喪儀令』で、喪儀の儀式を執り行う祭官の服制が、有職故実《ゆうそくこじつ》に準拠して定められた。

天皇が喪に服される場合の「錫紵御服《しゃくじょのごふく》」は以下のとおりである。

御冠	縄御纓
御袍	黒橡布闕腋
御半臂	黒橡布
御下襲	同右
御単	同右
御大口	表裏柑子色平絹
御表袴	表黒橡布、裏柑子色布
布御帯	（黒橡色縄御帯。藁および荒苧で絢い、鼠色奉書で巻いたもの）
御檜扇	無地鈍色
御襪	白色平絹
御挿鞋	赤色
御沓敷	鈍色平絹沓敷

大喪の供奉員《ぐぶいん》の装束は、

「殯宮移御《ひんきゅういぎょ》ノ儀」

祭官長・祭官副長・祭官が、無文巻纓冠《かんえいのかんむり》・黒橡布袍《くろつるばみぬのほう》・鈍色《にびいろ》布の単《ひとえ》と奴袴《ぬばかま》、鈍色絹の沓敷《くつじき》を敷いた烏皮履《うひり》という衣冠単《いかんひとえ》の姿である。

「殯宮日供《につく》ノ儀」

祭官副長・祭官が、黒橡布衣・鈍色布奴袴・艶消しの烏帽子《えぼし》、鈍色絹の沓敷を敷いた烏皮履で執行した。

「轜車発引《じしゃはついん》ノ儀」

大行《たいこう》天皇（崩御された天皇）側近奉仕の高等官が、帯剱《たいけん》の衣冠単に素服《そふく》を重ね、藁沓を履いて左手に桐杖《きりつえ》を持つが、藁沓と杖は悲しみの余り泣き倒れないためという意味合いであり、これは古くからの風習である。[27] 葬列供奉の大喪使《たいそうし》判任官《はんにんかん》は鈍色布衣に藁沓、松明奉仕者は鈍色雑《ぞう》色《しき》に乱緒《みだれお》藁沓。「霊轜《れいじ》」（霊柩牛車）の牛飼長は橡布衫《ふさん》・平礼《ひれ》烏帽子で佩刀《はいとう》、乱緒藁沓を履く。牛飼八人は橡布衫・平礼・乱緒藁沓。御車副二十人は橡布衫・冠細纓緌《かんむりさいえいおいかけ》・乱緒藁沓を履いた。

葬列が葬場に到着して「斂葬《れんそう》の儀」が始まると、御棺は「轜車《じしゃ》」（牛車）から人が担ぐ「霊《れい》輦《れん》」へと移される。これを担ぐ「駕輿丁《かよちょう》」百五人は、橡布衫・冠細纓に緌を付け、乱緒藁沓。肩には鈍色の裲襠《りょうとう》を掛けた。この駕輿丁は京都の「八瀬《やせ》童子」が担当する伝統であったが、昭和天皇の御大喪では、皇宮警察官が鈍色闕腋《けってき》袍《ほう》・細纓冠で供奉している。

大喪百日祭以後の祭官の服装は麻ではなく平《へい》絹《けん》となり、無文巻纓冠・黒橡平絹袍・白色平絹単・鈍色平絹奴袴である。その他、祭官の装束は表のとおりである。

【服喪時の女官の袿袴《けいこ》】

喪の軽重による服喪期に応じて、着用すべき袿袴《けいこ》の色彩が決められていた。袴の柑子色《こうじいろ》は淡い橙色《だいだい》で、男子の表袴《うえのはかま》裏地の色と同じく、古くからある忌色《いみじき》である。萱草色《かぞういろ》[28]も同様の色であるが、室町時代には柑子色と区別がつかなくなっていたようで、同色異名説もあるが[29]、『皇室喪儀令』では明らかに区別し、『袿袴ノ制』でも「忌色〈橡色・鈍色・柑子色・萱草色〉」と別色としている[30]。また「鈍色」と「鼠色」も区別している。

凶服《きょうぶく》
『松崎天神縁起絵巻』より

服喪期間

故人	『養老令』	『皇室服喪令』
父・母・夫	一年	一年
祖父母・養父母	五月	百五十日
妻	三月	百五十日
夫の父母	三月	百五十日
曽祖父母・父の兄弟姉妹・兄弟姉妹	三月	九十日
高祖父母・嫡母・継母	一月	三十日
嫡孫・妻の父母	一月	七日
父の兄弟の子・兄弟の子	七日	七日
嫡曽孫玄孫・父の姉妹の子、姉妹の子、女系の孫	−	五日

『皇室服喪令』（大正十五年）の男子喪期区分

	第一期	第二期	第三期
一年の喪	五十日	五十日	残る日数
百五十日の喪	三十日	三十日	残る日数
九十日の喪	二十日	七十日	−
三十日の喪	十日	二十日	−
七日以下の喪	期を分けない	−	−

『皇室喪儀令』の祭官装束

<table>
<tr><th></th><th>冠</th><th>袍</th><th>単</th><th>奴袴</th><th>沓敷</th></tr>
<tr><td>大喪儀祭官</td><td rowspan="4">無文巻纓</td><td>黒橡布（麻）</td><td>鈍色布</td><td>鈍色布</td><td rowspan="5">鈍色絹</td></tr>
<tr><td>大喪儀祭官百日祭後</td><td>黒橡平絹</td><td rowspan="4">白色平絹</td><td rowspan="3">鈍色平絹</td></tr>
<tr><td>摂政親王、賜国葬親王葬儀祭官</td><td>白橡平絹</td></tr>
<tr><td>親王葬儀司祭</td><td rowspan="2">白色平絹</td></tr>
<tr><td>親王葬儀十日祭後</td><td>黒羅巻纓</td><td>白色平絹</td></tr>
</table>

『皇室喪儀令』の女子祭官装束

<table>
<tr><th rowspan="2"></th><th colspan="2">高等官</th><th colspan="2">判任官</th></tr>
<tr><th>袿</th><th>袴</th><th>袿</th><th>袴</th></tr>
<tr><td>第一期</td><td rowspan="2">黒橡布（麻）</td><td rowspan="2">柑子色布</td><td rowspan="3">鼠色布</td><td rowspan="3">萱草色布</td></tr>
<tr><td>第二期</td></tr>
<tr><td>第三期</td><td>鈍色生絹
冬の裏地は萱草色平絹</td><td>萱草色生絹</td></tr>
</table>

平安から室町時代の服喪装束（衣冠）

	袍	指貫の色	冠	忌色
重服（主君・父母）	無文黒橡	鈍色	縄纓 無文巻纓	黒橡
軽服	無文鈍色 無文青鈍色	薄鈍色	無文巻纓	鈍色
心喪	無文鈍色 無文青鈍色 通常位袍	青鈍色 青朽葉 浅葱色	無文垂纓	青鈍色

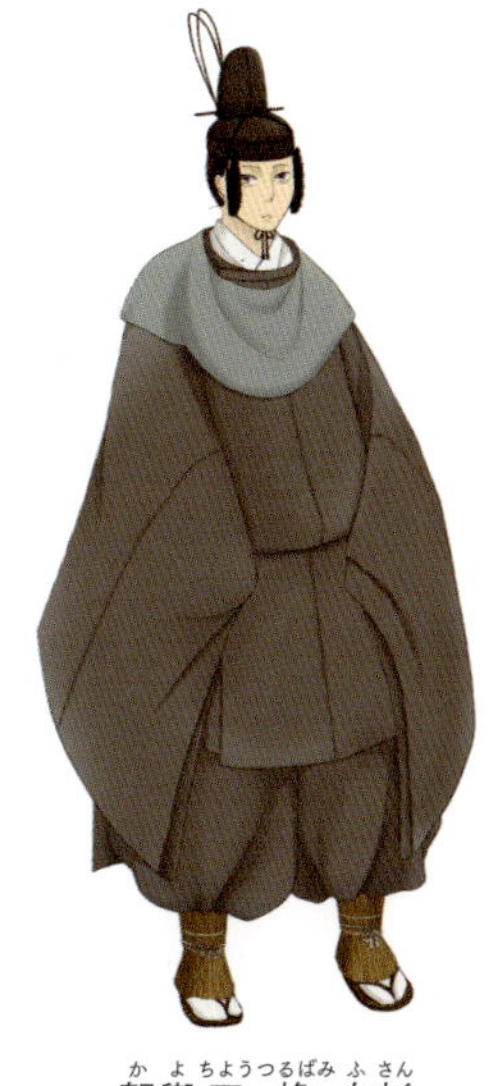

駕輿丁《かよちょう》橡《つるばみ》布衫《ふさん》

第三章

装束の構成具

冠と烏帽子《えぼし》

古墳の埴輪でわかるように、ハット形式の帽子は日本にも古くから存在していたが、朝廷に属する官人が制帽として冠を身に着けるようになったのは、聖徳太子の冠位十二階制ができてからと考えられる。天武天皇の時代には男子は圭冠（のちの烏帽子）と括り袴を着用することが定められた。[1] こうして成人男子の証ともいえる存在になった圭冠は、カラスのように黒いために「烏帽子」と呼ばれるようになり、平安時代には一般庶民に至るまで、人前に出るときは頭にかぶり物を着けることが常識となった。露頂（無帽）を恥とする文化が生まれたのである。

冠《かんむり》

冠は、宮中で公務を行うときのかぶり物である。天皇は常時宮中にいるので、二十四時間三百六十五日、冠を着けていたといわれるが、若くして譲位した天皇が多かったのは、冠の窮屈さを嫌ったことが理由の一つだった可能性も指摘できよう。

冠は唐の「幞頭《ぼくとう》」を導入したもので、幞頭と書いて「こうぶり」と読み、[2]「頭巾《ときん》」とも呼ばれた。幞頭は四隅が脚のように長くなった三尺の四角い生地で、前から頭に当てて下の脚二本を後頭部で結び、髻《もとどり》をカバーした上の脚二本を髻の前で結んだ。この幞頭の姿は正倉院文書の戯画に見ることができる。髻には巾子《こじ》と呼ばれる筒をかぶせた。[3] 幞頭と巾子が別パーツであったことは、『延喜式』（市司）で、幞頭店と巾子店が別に存在していることからもわかる。幞頭の素材は五位以上は羅、六位以下は縵《かとり》を用い、[4] さらに下級の衛士たちは紺色の麻布を用いていた。

後頭部で結んだ脚の結び余りを長く垂らすことが流行したようで、奈良時代初頭には三寸（約9センチ）以下にせよとの命令も出ている。[5] これが長くなったものが後年の「纓《えい》」であり、元来が結び余りであるから、今日に至るまで纓は二枚が原則である。

この柔らかい幞頭形式の冠が平安中期まで用いられていたことは、『枕草子』の描写でもわかる[6]が、現代のように硬化したのがいつからかが明確でない。摂関期に「男踏歌《おとことうか》」[7]という年中行事で「高巾子《こうこじ》」が用いられ、一般でも流行して禁令が出ているので、[8] その時代からの傾向であろうか。その後、院政期の強装束《こわしょうぞく》で漆塗りが強化され、しっかりと堅い冠になった。

現代の冠は「張貫《はりぬき》」の上に、薄い「羅《ら》」や「紗《しゃ》」を張っている。「張貫」とは、木型の上に和紙を何枚も張り重ねて「ふのり」で固め、固まってから木型から外して表面を漆塗りで仕上げた「はりぼて」であるが、紙製とは思えない強度がある。

【冠の名所《などころ》】

頭に載せる部分を「甲《こう》」または「額《ひたい》」と呼ぶ。ここに穴を開けて熱気を逃がしたのが「透額《すきびたい》」で、かつては若年者用とされたが、[9] 現在の冠はほとんどが透額になっている。穴の部分は竹を組んで網代組《あじろぐみ》にし（一般には金網も多い）、その上に紗を張るので、穴は一見してわからない。

後ろに高くそびえるのが「巾子」で、ここに髻を入れ、左右から「簪《かんざし》」を挿して冠を頭に

冠の透額《すきびたい》

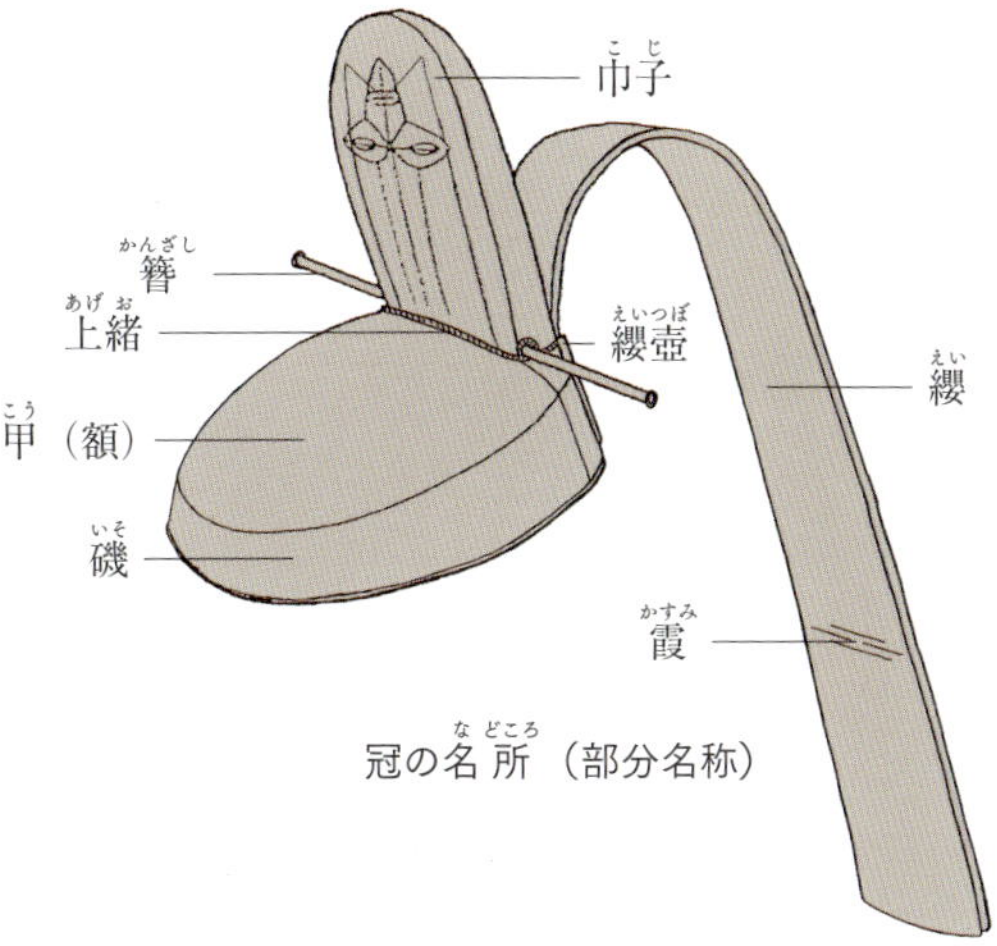

冠の名所《などころ》（部分名称）

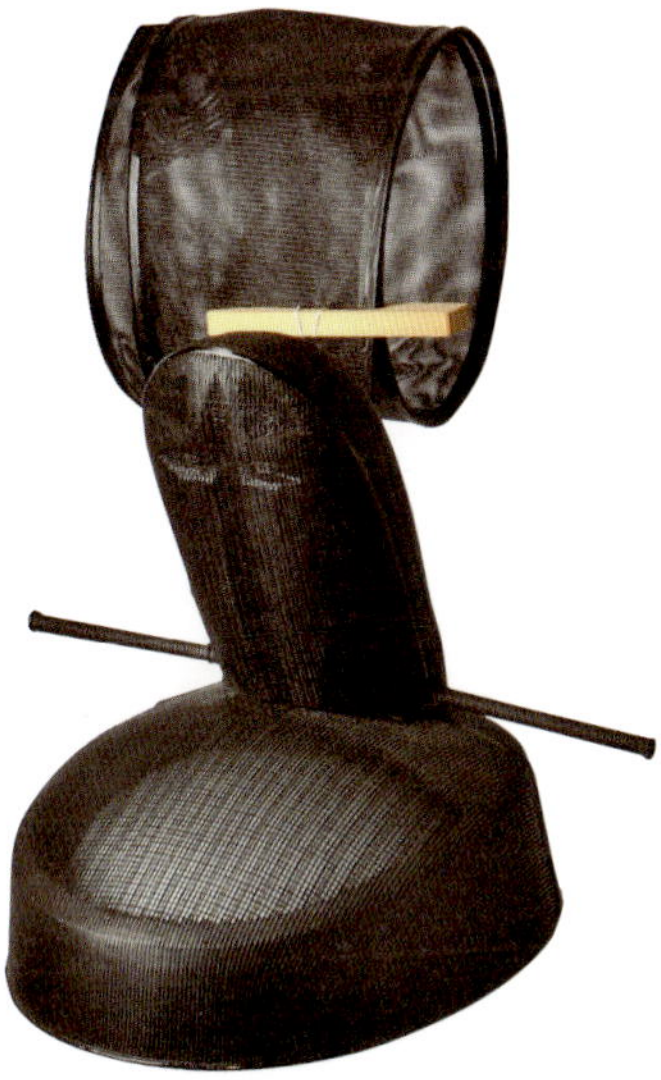

巻纓冠《けんえいのかんむり》

垂纓冠《すいえいのかんむり》

巻纓の幞頭《ぼくとう》

奈良時代の幞頭
『東大寺文書』より

固定した。[10]巾子の背部に「纓壺《えいつぼ》」があり、そこに纓を差し込む。巾子の前に「上緒《あげお》」という紐があり、これは幞頭形式で下から巾子前に結んだ脚の名残である。実用性はないが、挿頭花《かざし》を飾るときは、ここに挟んだ。

平安時代までの纓は「結び余り」イメージのまま下に垂らしていたが、鎌倉時代頃から鯨の髭などで枠を作って羅を張り、一度上に上がってから下に垂れる形式に変化した。これは巾子がさらに高くなった影響でもあろう。鎌倉末期には巾子が高くなって以前の冠桶に入らないという逸話が残されている。[11]

硬質化した現代の冠は、かぶる個人の頭に合わせたオーダーメイドとなる。装束店には多くの種類の甲型があり、内のり縦横の寸法から適切な型サイズを選んで製作される。

【冠の羅《ら》】

律令の定めでは、五位以上が有文《ゆうもん》の羅、六位以上が無文の縵で頭巾を作ることになっていた。しかし応仁の乱で「文羅《もんら》」を作る技術・知識が失われてしまい、巾子の一か所と纓の下部に菱形を模した四本の線（これを「霞《かすみ》」と呼ぶ）を刺繍して「有文」として扱っていた。[12]そのためこの時代の肖像画に描かれる冠は、高位の者でも無文に見える。

江戸時代に入り、貞享四（1687）年の大《だい》嘗祭《じょうさい》御再興に際して、文羅ではなく冠全体に刺繍を施す形式で冠の文が復活した。五位以上の冠の纓と甲に、合計三十一または三十三個の菱文が刺繍され、これを「繁文《しげもん》の冠」とした。

このとき五摂家それぞれの特定文が定められ、公家たちは自分が属する摂家「門流」の文を用い、天皇さえも「冠親《かんむりおや》」（加冠の儀で冠をかぶせる役）となった摂家の文を用いた。公家でも摂家の門流とならない清華家や源氏など一部の公家はそれまでの「遠文《とおもん》冠」を用い、藤原氏でも独自の動きをしていた「勧修寺《かじゅうじ》家」流は、太めの横線四本で菱を模した図柄を全体にちりばめて使用した。勧修寺家は代々蔵人・弁官や摂関家の家司《けいし》として日記をつけ、そこから故実を引用することを家の職能としていたためか、冠の形状も古式の「磯高《いそだか》の冠」を用いるなど、独特のこだわりを持つ家であった。また徳川将軍家でも文政五（1822）年に十一代将軍・家斉が左大臣に就任したときから繁文を用いたが、摂家門流となるのを嫌い、葵《あおい》の花をかたどった、独自の「花勝見《はなかつみ》」文を徳川の冠に用いた。[13]

明治天皇は冠親の文（鷹司流の俵菱《たわらびし》）を用いたが、大正天皇の元服からは独自の菊花文《きっかもん》を用いている。現在では天皇・皇太子の菊花文、宮家の俵菱を除き、おおむね一條家タイプの菱文である。繁文冠の菱は甲部分は横向きに配置するのが原則で、纓部分については、一條・九條タイプの菱は縦に、近衛・鷹司タイプの俵菱は横向きに配置する。しかし今日ではあまり意識されずに、一條家タイプの纓も横菱にしているものが多い。

「繁文の冠」復活後、それまでの略式霞のある冠を「遠文の冠」と呼び、六位以下の料とした。よく勘違いされるが、この遠文冠は無文冠ではない。律令で定められた無文冠は、天皇神事用のほかは廃止されたことになる。現在の神職は、二級以上が繁文、三・四級が遠文を用いている。

【垂纓《すいえい》・巻纓《けんえい》・柏夾《かしわばさみ》・細纓《さいえい》】

冠を固定するのに簪《かんざし》を使うようになった平安中期以降、纓は単なる飾りとなったが、幞頭時代の名残で、現在に至るまで二枚を綴じ合わせて用いている。纓は下に垂れる「垂纓」と、内側に巻き込んで夾木《きょうぼく》で留める「巻纓」の二種類があり、前者は文官、後者は武官の束帯《そくたい》用である。武官といえども衣冠《いかん》や直衣《のうし》の場合は垂纓冠を用いた。闕腋袍《けってきほう》を着る武官束帯の場合でも、警固の任務がないときには垂纓を使用し、逆に凶事には文官も巻纓にした。現在の神職は神葬祭に際して巻纓を用いている。

また、非常時・緊急時、そして祭の使は文官・武官を問わず「柏夾」と称して、巻纓とは逆に纓を外側に巻いて夾木で留めた。[14]纓が柔らかい平安時代はそれでも良かったが、のちに纓が堅くなると外側に巻けなくなり、普通の巻纓と区

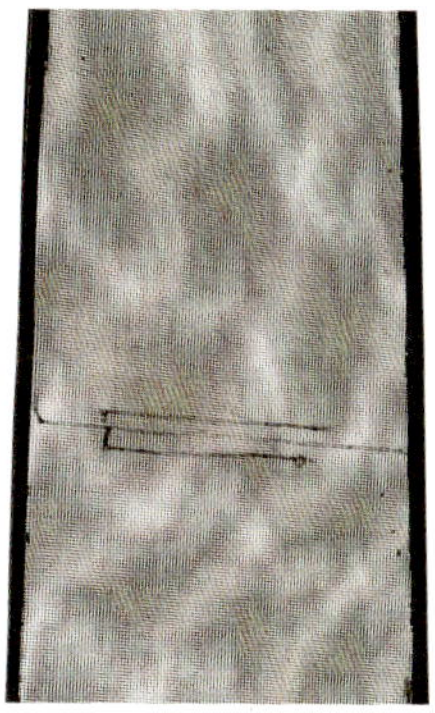
遠文《とおもん》の霞《かすみ》

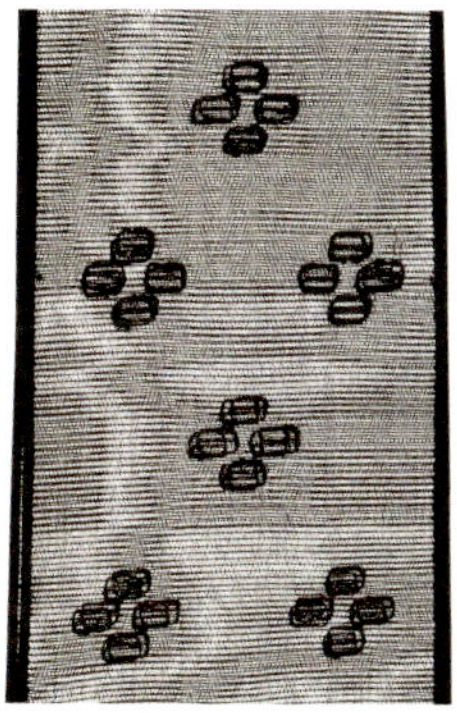
近衛家門流の俵菱《たわらびし》

一條家門流の竪菱《たてびし》

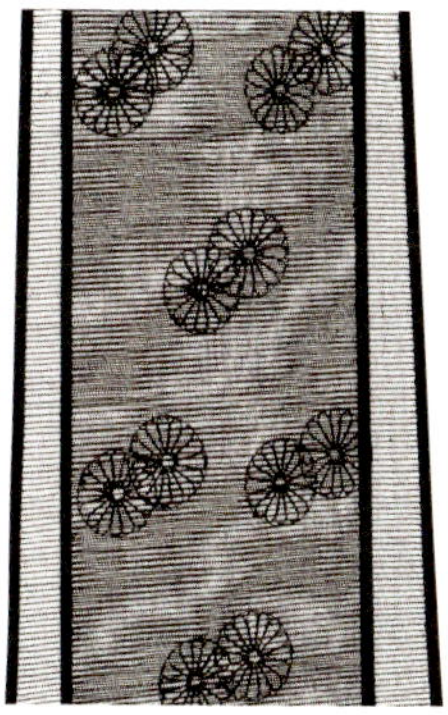
菊花文《きつかもん》（東宮の料）

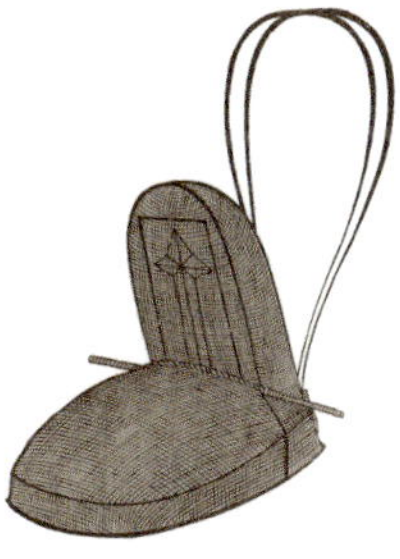
細纓冠《さいえいのかんむり》

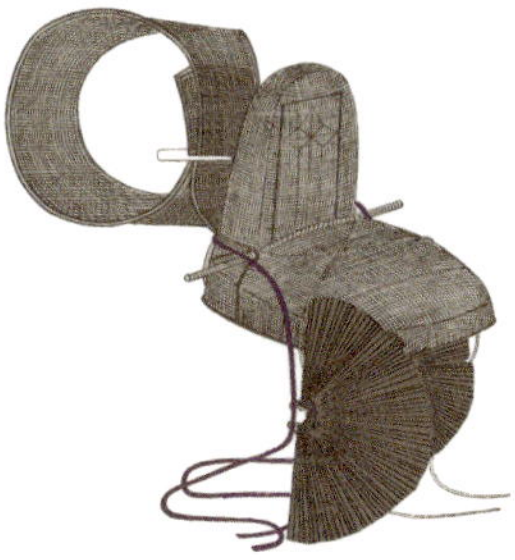
巻纓冠《けんえいのかんむり》

九條家門流の四《よ》ツ目結菱《めゆいびし》

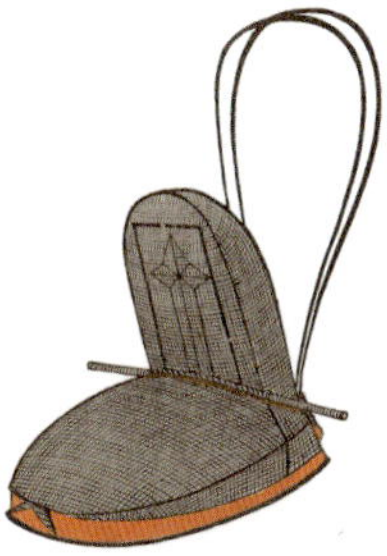
抹額《まつこう》を付けた細纓冠

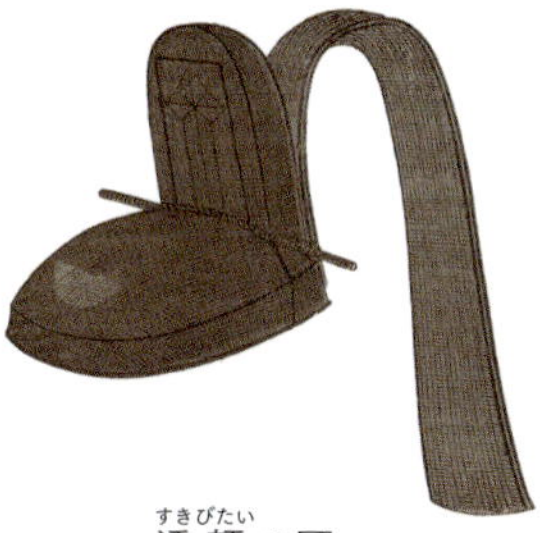
透額《すきびたい》の冠

『冠帽図会』より

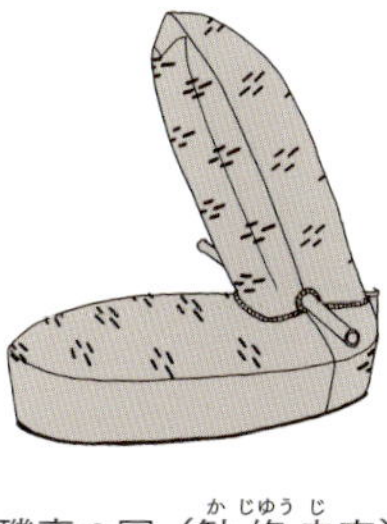
磯高の冠（勧修寺《かじゅうじ》家）

古式の磯高《いそだか》の冠

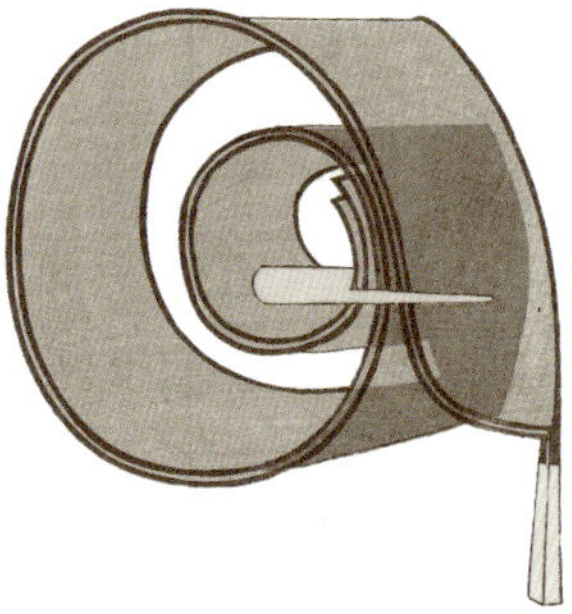

一條家

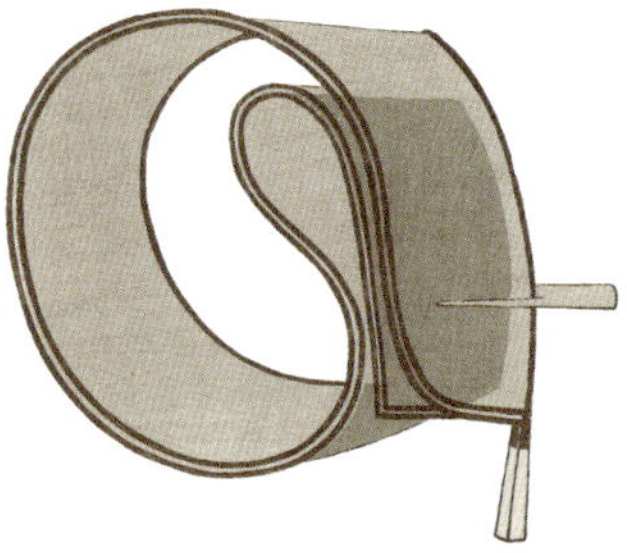

勧《か》修《じゆう》寺《じ》家

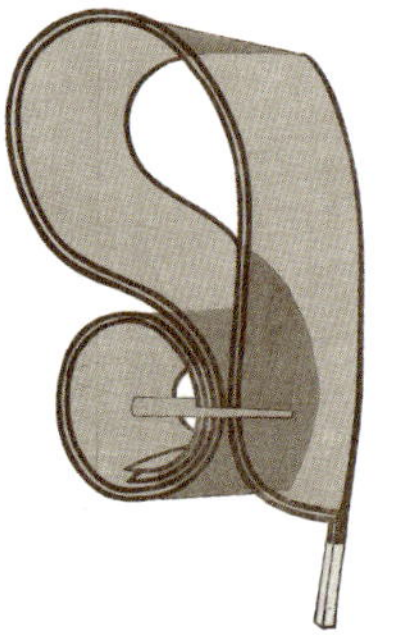

近衛家

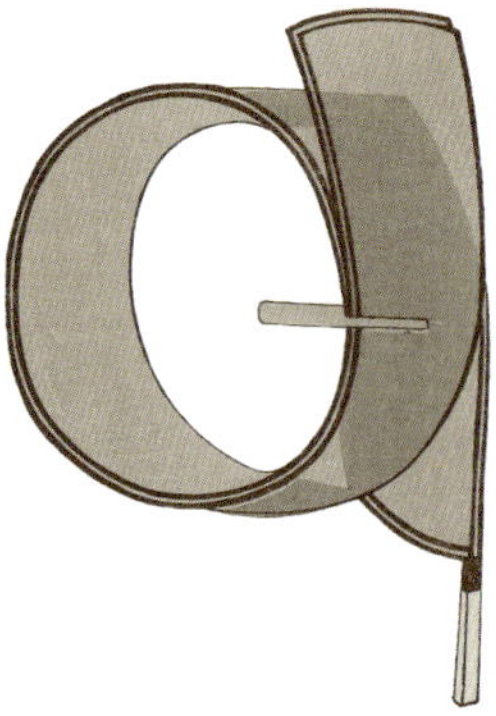

凶事の柏夾

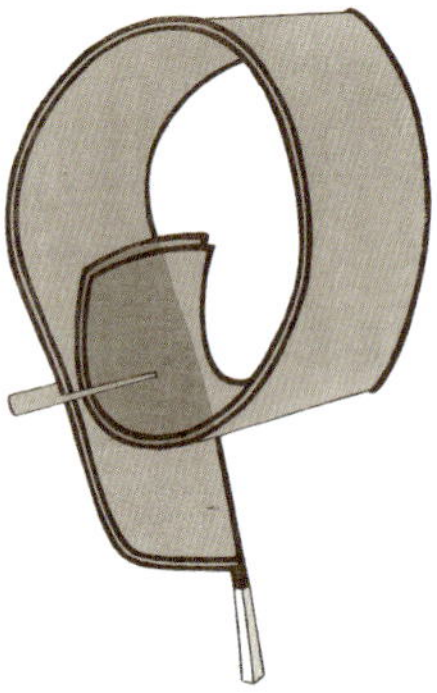

中山家

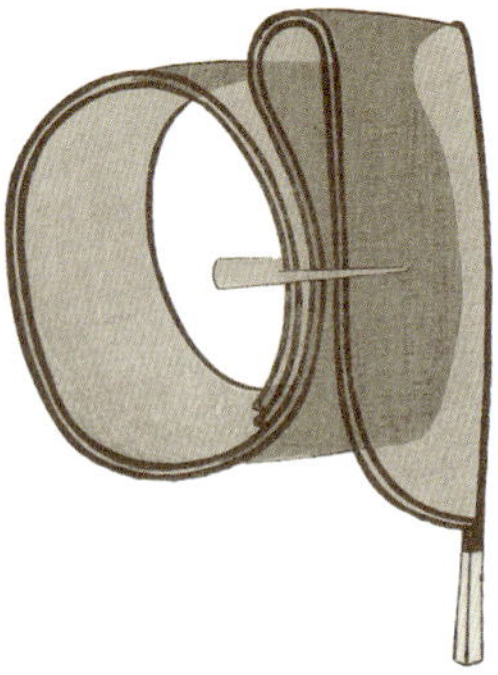

庭田家

柏夾《かしわばさみ》の図
『冠帽図会』より

透額《すきびたい》の冠
『扇面古写経』より

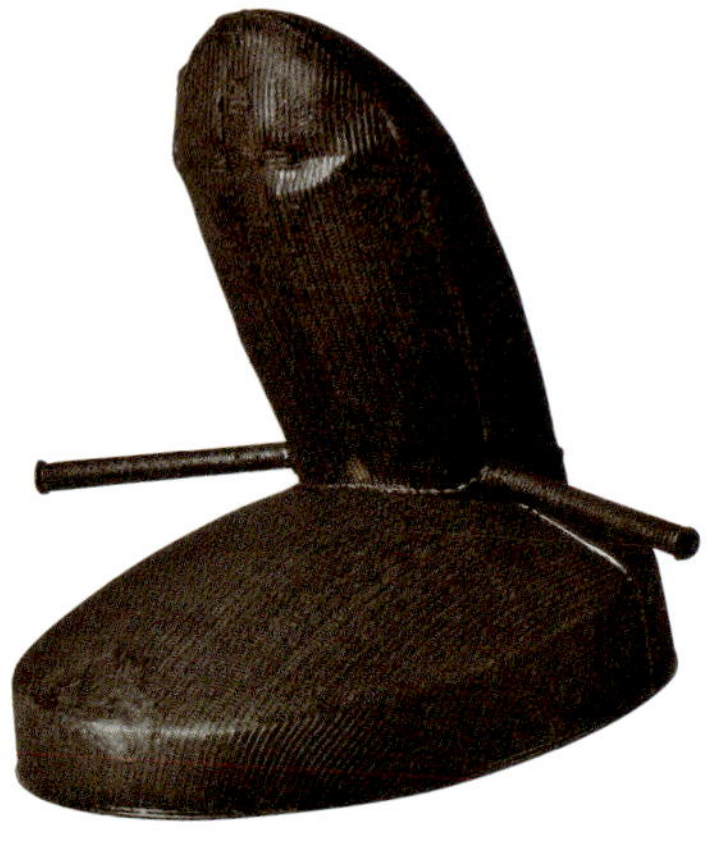

江戸時代の小型の冠

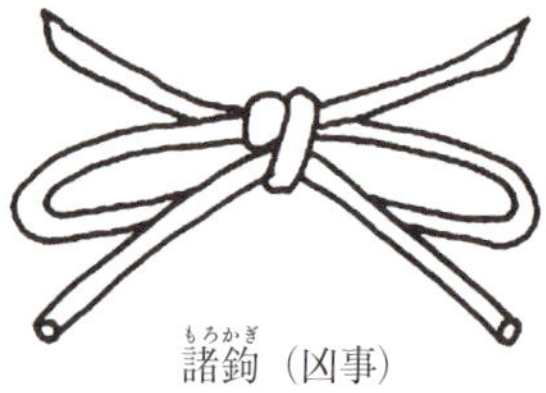

諸鉤《もろかぎ》（凶事）

片鉤《かたかぎ》（近衛流）

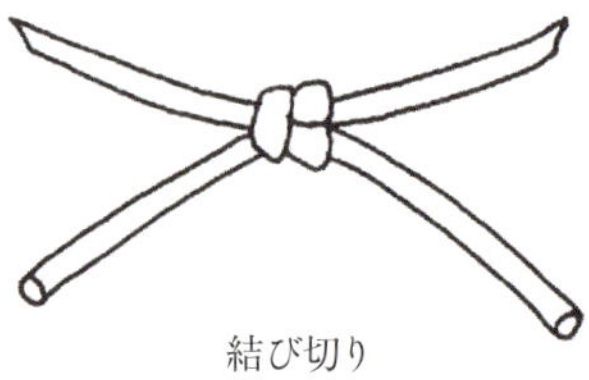

結び切り

冠の掛緒《かけお》の結び方

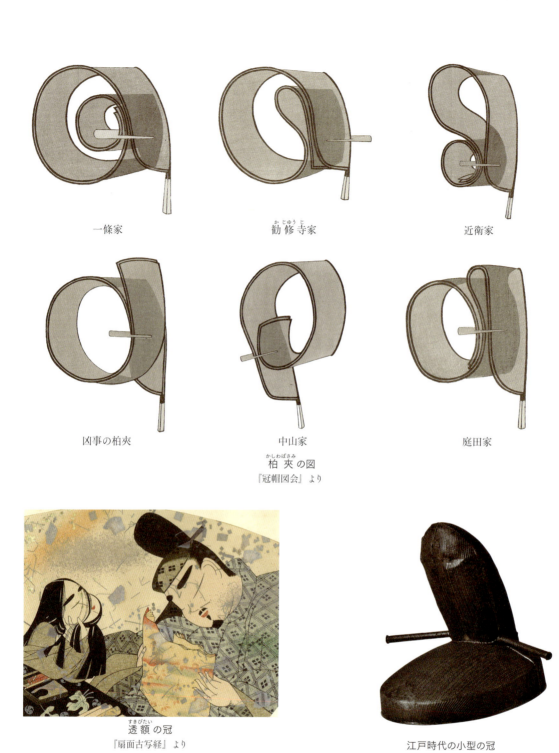

別がつかなくなったようである。[15] けれども故実書に「纓末在外」と明記されているため、公家の各家では、なんとか纓末が外側に来るように工夫を凝らした。[16] 夾木は緊急時に檜扇《ひおうぎ》を割って用いた由来から、白木を用いる。しかし春日祭の使の公卿が黒塗を用いたこともあったように、例外も多い。巻纓冠の夾木については、近世以降、「高倉流＝吉服：黒塗、凶服：白木」「山科流＝吉服：白木、凶服：黒塗」とされる。

このほかに、六位以下の武官がかぶった冠に「細纓冠」がある。室町時代以降は竹ひごや鯨の髭をたわめて黒く塗り、二本一組にして纓壺に差し込んだものとなっている。[17] 現在では祭典の駕輿丁《かよちょう》、葵祭《あおいまつり》などの祭儀でわずかに見ることができる。

【冠の懸緒《かけお》】

近世、冠がきわめて小型化し、懸緒を用いざるを得なくなった。束帯の冠の懸緒には、麻糸を芯にして和紙で巻き、胡粉を塗った「紙捻《こびねり》」を用いる。[18] 巾子の後ろ、纓壺の上に紙捻を当て、巾子の左側から前に回した方を上にして左右交差させ、下におろしてあご下で結ぶ。結び方は真結び（結び切り）が原則であるが、近衛家は右片鉤《かたかぎ》、九條家は左片鉤を用いた。諸鉤《もろかぎ》（蝶結び）は凶事のみに用いる結び方である。

略儀の装束である衣冠や狩衣《かりぎぬ》の場合でも原則として紙捻を用いるが、蹴鞠上達を建前にして飛鳥井家の推奏で勅許《ちょっきょ》を得れば、八尺五寸の長さの組紐を用いることができた。[19] この組懸《くみかけ》の結び方に定式はないが、二本執りの真結びとし、輪と脚の長さを揃えることが多い。

【挿頭花《かざし》】

儀式に際して、冠に花を飾ることがあった。冠の巾子の付け根にある「上緒」に造花を挟み込み、これを「挿頭花」と呼び、舞楽《ぶがく》装束などにも用いられる。葵祭で参会者が葵と桂を頭に飾るのも、挿頭花の一種である。

現在では、即位の礼「大饗《だいきょう》の儀」参加者に引出物として銀製の「挿華《かざし》」を賜ることになった。

挿頭花《かざし》
各種の花を冠の上緒《あげお》に挟み込む

挿頭花の種類　『西宮記』（源高明・平安中期）による

大嘗祭	藤花（左に挿す）
祭の使、列見	大臣：藤花（左に挿す）　納言：桜花　参議：山吹（右に挿す）　参議以下：時の花（後ろに挿す）
定考	大臣：白菊　納言：黄菊　参議：龍胆　弁少納言：時の花（後ろに挿す）
踏歌節会	綿花（冠額に立てる）
臨時祭	使：藤花（左に挿す）　舞人：桜花（右に挿す）
試楽	舞人：小竹　陪従：山吹
四月祭	近衛使：桂

昭和御大礼の挿華

大正御大礼の挿華《かざし》

欸冬《やまぶき》の挿頭花《かざし》

藤の挿頭花

『冠帽図会』より

平成御大礼の挿華

※かざしは「挿頭花」と書くのが一般的であるが、大嘗祭《だいじようさい》で下賜される銀製品は「挿華」と表記される

烏《え》帽《ぼ》子《し》

烏帽子は天武天皇の時代に定められた「圭冠」から始まったもので、人前では頭に何か必ずかぶっていなければ失礼に当たるとされた時代、日常的なかぶり物であった。平安中期までは、薄い羅《ら》に漆を掛けた、柔らかいものであったが、院政期・強装束《こわしょうぞく》の時代に漆を強く塗るようになった。[20] しかし鎌倉時代には逆に薄く塗るのが流行したこともある。[21] 室町後期頃から次第に高さが低くなり、糊で固めた和紙に漆を塗った「張貫《はりぬき》」の、非常に堅いものへと変化し、江戸時代には冠と同様、きわめて小型化している。

【立《たて》烏《え》帽《ぼ》子《し》】

烏帽子にはいくつかのバリエーションが生じたが、基本は公家が一般に用いた「立烏帽子」である。上皇から堂上《とうしょう》公家一般が用いたが、興味深いことに最下級の郎従たちも立烏帽子であった。[22] このことは室町時代でも「最上と最下が同等」と不思議そうに記されている。ただし「錆《さび》」（表面のしわ）に違いがあり、下級者の立烏帽子は「柳さび」であった。[23]

江戸時代は上皇と摂家・清華《せいが》家は常に立烏帽子であるが、それ以下のランクの公家（平堂上《ひらとうしょう》）は、十六歳未満は立烏帽子、それ以降は風《かざ》折《おり》烏帽子を用いた。[24] 幕府では将軍のみ立烏帽子で、それ以下は御三家であっても風折烏帽子を用いた。

【風《かざ》折《おり》烏《え》帽《ぼ》子《し》】

古式の高い立烏帽子は風の影響を受けやすいので、屋外では上部三分の一ほどで折り曲げて使うことがあり、こうして生まれたのが「風折烏帽子」である。立烏帽子よりもカジュアルな烏帽子として軽快に利用され、室町時代には上級武士たちも用いるようになった。上級の公家も蹴鞠や鷹狩り、乗馬の際は風折を使用した。[25]

江戸時代には上皇と平堂上、地下《じげ》が用いるものとされ、上皇用は右折り、平堂上と地下は左折りが原則（例外あり）である。[26] 懸緒《かけお》は、上皇、そして勅許《ちょっきょ》を得た平堂上は組紐も用いたが、地下は常に紙捻《こびねり》である。幕府では将軍以外は全員が風折烏帽子であった。

【平《ひ》礼《れ》烏《え》帽《ぼ》子《し》】

車副《くるまぞい》や雑色長《ぞうしきちょう》といった、従者のかぶり物としての記録が多いが、[27] 鎌倉初期には公家も使用しており、風折烏帽子との区別は曖昧であったようである。[28] 平礼は漆を薄く引いた、あるいは引かない烏帽子を前へ折るかぶり方をする。さらに下級者である白丁《はくちょう》が用いたのが、二枚の薄布を張り合わせただけの「張烏帽子」である。

【侍《さむらい》烏《え》帽《ぼ》子《し》】

「折烏帽子」とも言う。風折烏帽子をさらに折り畳み、活動性を高めたもので、武士が用いたので侍烏帽子の名がある。平安後期には存在しており、『年中行事絵巻』や『伴大納言絵詞』にも描かれている。折り方は家々の流儀や好みで「観世折《かんぜおり》」その他、数多くのバリエーションがあり、「烏帽子折」という専門職業まで存在した。

江戸時代の侍烏帽子は、折烏帽子を極端にデフォルメしたものに変容し、三角形の「まねき」が特徴の独特な形状で、「舟形《ふながた》烏帽子」とか、当時の納豆容器の折りに似ていたことから「納豆烏帽子」などとも呼ばれた。下級旗本の礼装「素襖《すおう》」装束で用いた。

【萎《なえ》烏《え》帽《ぼ》子《し》・梨《な》子《し》打《うち》烏帽子・引立《ひきたて》烏帽子】

漆を塗らず、柔らかいままの烏帽子が「萎烏帽子」である。庶民一般が用いたほか、公家が礼冠をかぶるときに下にかぶったり、武士が兜の下に着けたりしたが、どちらも金属の痛さを軽減するための保護帽である。

梨子打（あるいは打梨）烏帽子は、やはり実戦用の烏帽子で、平安末期には公家社会でも騎馬の折に用いられている。[29] 薄く漆を掛けることが、衣に薄く糊を掛ける「なしお打」に似ているため「梨子打」と呼ばれた。[30]

引立烏帽子は、この梨子打烏帽子の尻を高く

緌《おいかけ》

小錆《こさび》

大錆《おおさび》

引立烏帽子

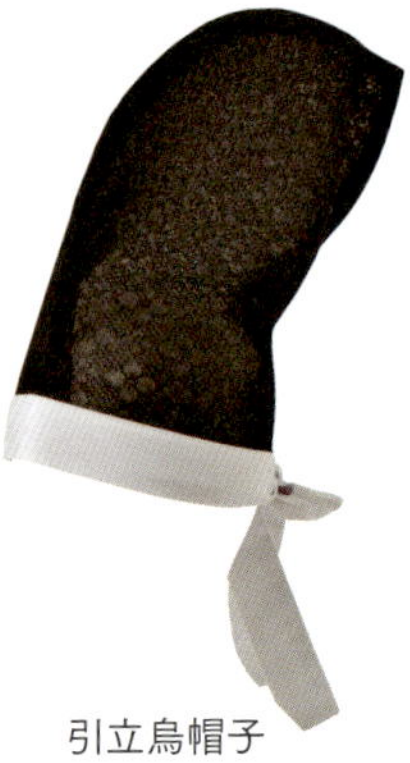
引立烏帽子

引立《ひきたて》烏帽子

平礼《ひれ》烏帽子

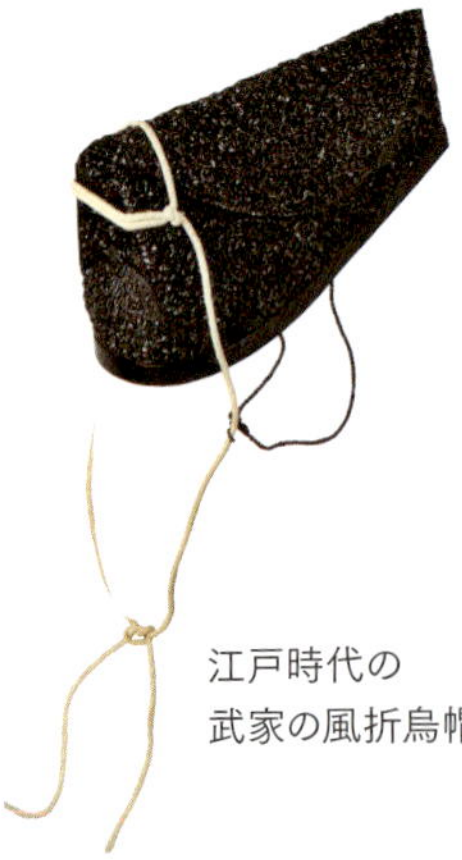
江戸時代の
武家の風折烏帽子

公家の風折烏帽子

公家の風折《かざおり》烏帽子

「とんぼ」（烏帽子留《えぼしどめ》）

侍烏帽子の
「ほうしょうぐし」

侍《さむらい》烏帽子
（舟形《ふながた》烏帽子）

上げて着用したものであるとされるが、江戸時代にはすでに実体は不明になっていた。[31] 鎌倉時代の記録では、上皇が騎馬の際に用いたとある。[32]

【立烏帽子の名所《などころ》（部分名称）】

　江戸時代以降の形式化した立烏帽子の各部名称である。この時代は和紙を固めて漆を塗ったものであるが、表面全体のしわを「錆《さび》」と呼ぶ。真ん中のつなぎ目が「峰《みね》」、前面にへこみがあり、そこに「雛頭《ひなさき》」（雛先とも）という瓢簞《ひょうたん》型の突起、その下に「眉《まゆ》」という折り目のような部分がある。これは平安時代の丈の長い烏帽子の時代に、前面をへこませた形をデフォルメしたものである。後頭部と烏帽子のすき間を「風口」と呼び、「小結《こゆい》」の紐が左右の縁の内側についている。

【眉《まゆ》】

　前面にある眉は、若いときには左右とも折り目を付けた「諸眉《もろまゆ》」の烏帽子を用いたが、一般には左だけ折れた「左眉」を用いた。「右眉」は上皇専用であるが、上皇から許可を得た家は、代々の子孫が右眉を用いることが許された。現在の神職が狩衣《かりぎぬ》姿でかぶる烏帽子は、ほとんどが諸眉である。

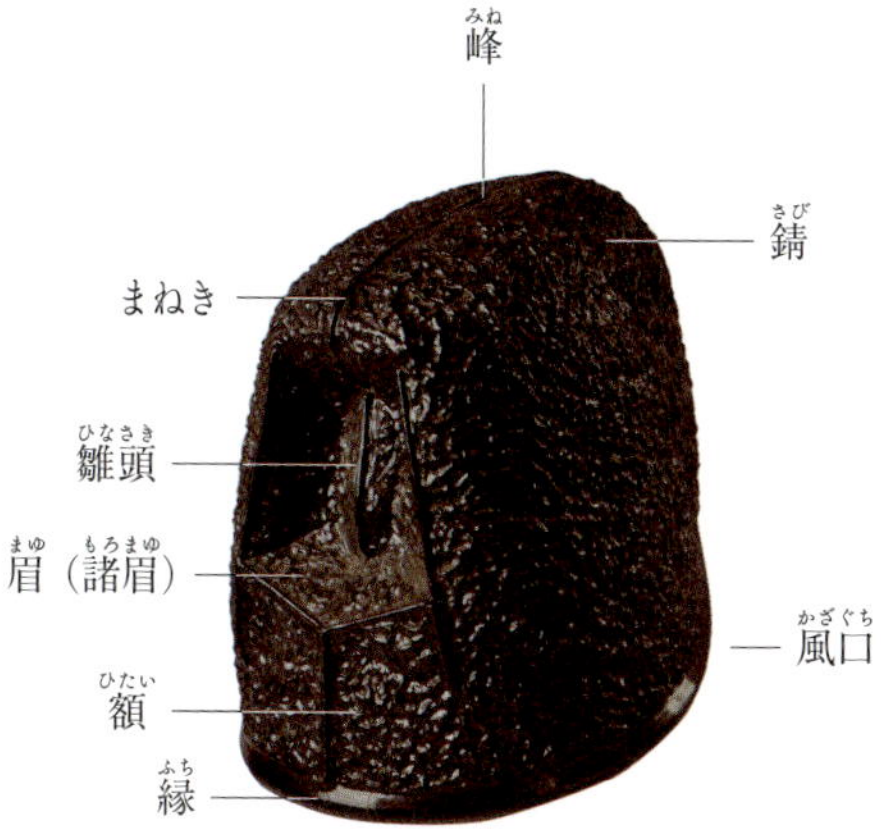

立烏帽子《たてえぼし》

左眉

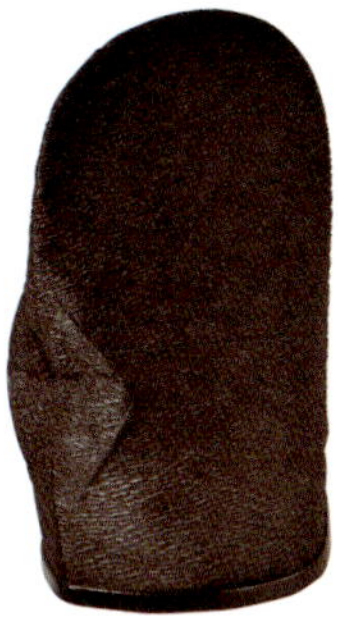

立烏帽子（古式）

【錆《さび》】

　烏帽子表面の凸凹のしわを「錆」と呼び、これは平安後期の強装束誕生期に考案された。年齢や官位が高くなるにつれて錆を大きくするため、中・下級の公家が用いた風折烏帽子は原則として小錆《こさび》であり、神職や舎人《とねり》などが用いた立烏帽子は公家と区別して柳錆《やなぎさび》とした。江戸時代、無位神職の装束認可権を持っていた吉田家が、故実に外れた亀甲文《きっこうもん》の錆を創案し、「無官烏帽子」と称して販売したこともあった。[33]

　現在の神職の立烏帽子はほとんどが小錆であるが、稀に柳錆を見かけることもある。

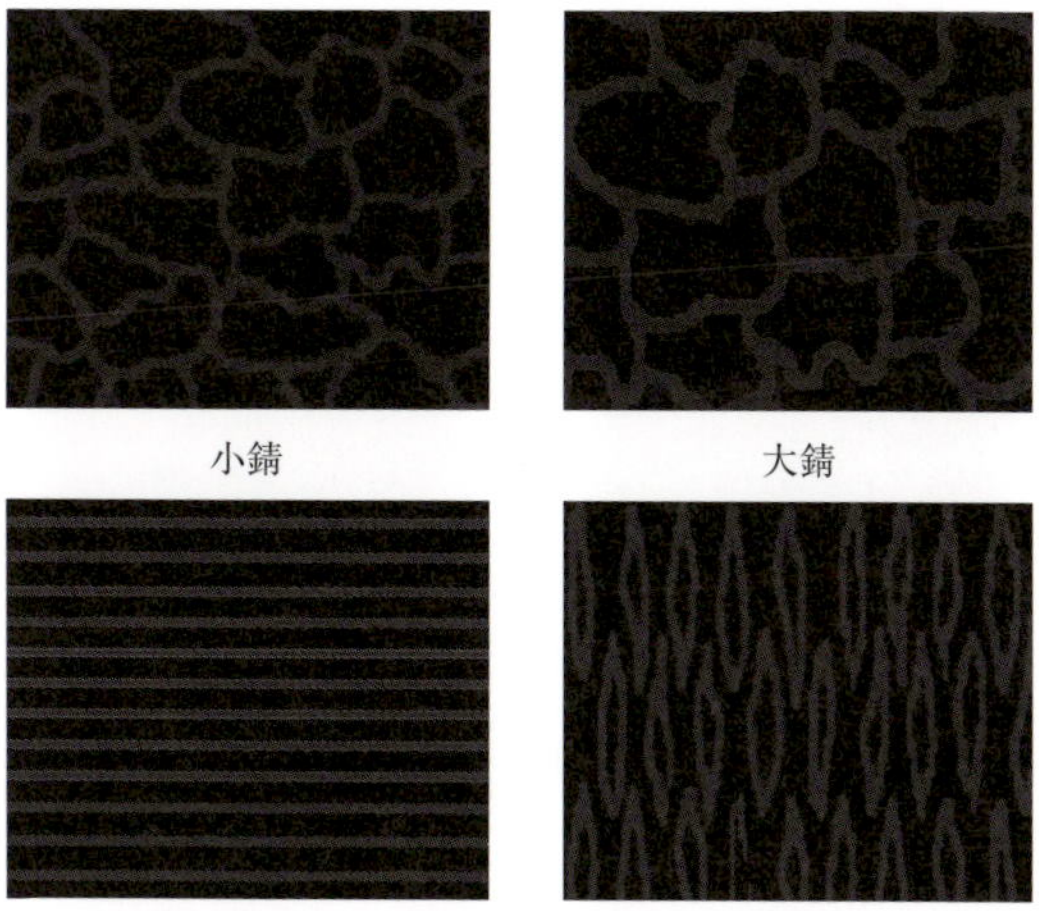

立烏帽子《たてえぼし》の錆《さび》

【懸緒《かけお》】

　烏帽子の懸緒は古い時代は馬の尾の毛を用いたり、紙捻《こびねり》が一般的であったが、[34]堂上公家は衣冠《いかん》の場合と同様、蹴鞠上達を理由として組紐の懸緒を用いることもあった。侍烏帽子は「小《こ》結《ゆい》」で髻《もとどり》と連結することが多かったが、懸緒を用いる場合は平組紐を用いるのが原則で、色彩もさまざまであった。[35]しかしのちに丸組紐も多用されることになる。

　掛け方は、烏帽子内部に乳輪《ちのわ》を付けて、そこに懸緒を結ぶ「忍び懸」や、烏帽子の外側上部から掛ける「頂頭懸《ちょうずがけ》」、運動量の多い蹴鞠の際には十文字に懸緒を絡ませる「翁懸《おきながけ》」などがあった。風折烏帽子は折りが開かないようにとの建前から、頂頭懸にするのが本儀とされた。

【冠・烏帽子の留め方】

　絵巻物を見ると、昔の人は冠や烏帽子をかぶるのに懸緒を使っていない。平安中期以降、冠は巾子《こじ》に髻《もとどり》を挿入し、左右に突き出た簪《かんざし》で髻を挿し貫いて固定した。烏帽子も懸緒なしでかぶるのが本来の方法で、この場合「小結《こゆい》」を髻の根元に結びつけて固定した。冠や烏帽子が薄物の羅《ら》でできていた時代は軽量なので、これだけで十分固定できたのである。

　しかし加齢により髪が薄くなると髻が小さくなり、冠を保持できなくなる。『今昔物語』には毛髪が薄くなった清原元輔の冠が落ちた話があり、[36]髻を切ることで、かぶり物をかぶれなくする（つまり人前に出られなくする）刑罰があった[37]ことからも、かぶり物と髻の関係がわかる。こうした場合は懸緒を使うしかなく、冠の「老懸《おいかけ》」や烏帽子の「翁懸」という単語の語源も理解できよう。

　平安後期に烏帽子が硬化したことにより、専用の留め具の必要が生じた。これが「烏帽子留」であり、これにより烏帽子を目深にかぶっても落下しないようになった。[38]

　江戸時代以降は烏帽子が極端に小型化したため小結の紐は飾りになり、また武士は「月代《さかやき》」と称して頭頂部を剃るため、髻が小さくなり、若くとも懸緒で固定する必要が生じた。懸緒のみならず、さらに安定させるため、小結に「とんぼ」と呼ぶパーツを取り付けて髻に挿し留めることもポピュラーとなった。

　侍烏帽子の場合、髻に紙捻を結び、烏帽子に穴をあけて紙捻を外に引き出し、烏帽子後部で結び留めた。この外に出た紙捻を粋なものとする美意識が生まれ、色を付けたり長くしたり、さまざまなお洒落を競った。普段はこの留めだけで十分であったが、烏帽子がずれてはいけない儀式や出陣の際には、「頂頭懸」の懸緒を用いてさらに安定させた。江戸時代の形式化した侍烏帽子になると、髪型が変わったこともあり、頂頭懸を常時用い、しかも「さで」[39]「ほうしょうぐし」などと呼ばれる烏帽子留を使わざるを得なくなった。

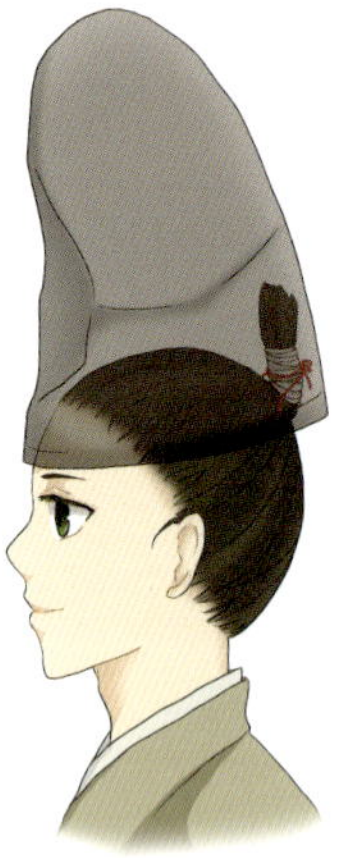
烏帽子の小結《こゆい》を髻に結びつける

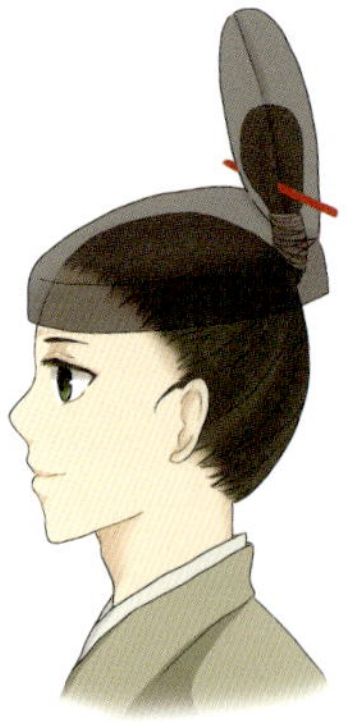
髻《もとどり》に簪《かんざし》を挿し貫く

髻に紙捻《こびねり》を結んで外に出し、結ぶ

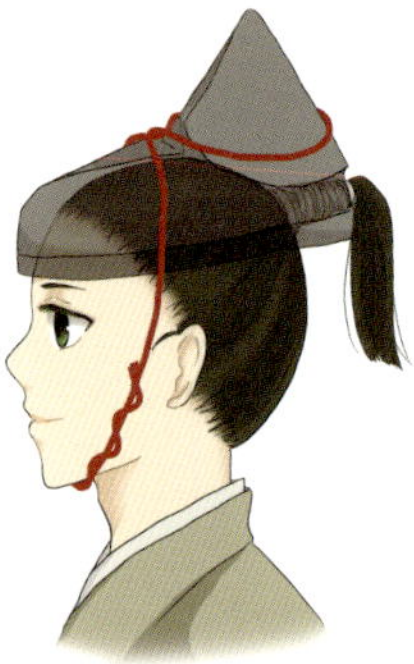
懸緒《かけお》を頂頭懸《ちょうずがけ》にする

冠《かんむり》・烏帽子《えぼし》の留め方の種類

単《ひとえ》・衣《きぬ》・袙《あこめ》・袿《うちぎ》

単

「単」は裏を付けない衣類の総称であるが、装束においては通常、下着として着る身幅二巾、垂領《たりくび》で、脇が縫われていない「単衣《ひとえ》」のことを指す。平安中期までは下着そのものであった単であるが、平安後期に肌着として小袖が着られるようになると、その上に着る中間着となった。

男性の場合は裾を袴の中に着込めるので、腰下までの丈である。縫製の特徴は切り端が縫われずに「捻《ひね》り返し」になっていることで、古くは糸捻り（捻りぐけ）、近世以降は糊をつけて丸めた糊捻りがなされている。夏は「張単《はりひとえ》」と称して板引《いたびき》を施して用いた。

文様は四菱文様で、一般は横向きに菱を配置するが、天皇・皇太子・摂関のみは縦方向に配置する。色は原則として紅《くれない》、若年は濃色《こきいろ》、老年は白の単なども着用した。[1]ただし衣冠《いかん》、直衣《のうし》や狩衣《かりぎぬ》といったカジュアルウエアとのコーディネートの場合は蘇芳《すおう》・薄紫・青・黄など色は自由で、文様も花菱タイプを用いることもあった。

もともと下着であるから、どの装束、どの季節でも共通に用いるべきものであったが、中間着に昇格した上、略式の「大帷《おおかたびら》」などが考案されていく中で、単は次第に晴《はれ》の儀式専用の衣類に昇格する。衣冠装束で単を着ると、わざわざ「衣冠単」と呼ばれる晴儀用となり、ただ「衣冠」と言ったときには、単を着ない略式とされる、ということになってしまった。

単のように身が二巾と大きいものは、着用者の体格に合わせて、着付けるときにタックをとって身幅を調節する必要があり、このタックを「衣紋襞《えもんひだ》」と呼ぶ。ひだが浅いと着崩れてくるので注意が必要である。単の襟は大きく広がるもので、着用する際に三つ折りにするのが本儀であるが、現在の単はあらかじめ三つ折りして縫われているものがほとんどである。

『門室装束抄』（鎌倉中期）に見る着用時節

四月一日～賀茂祭
練貫《ねりぬき》に生絹《すずし》の単
賀茂祭～五月五日
生絹の衣に帷《かたびら》　若年は生絹の単重ね
五月六日～彼岸前日
生絹の単　この間、引倍木《ひへぎ》を着る。束帯《そくたい》ならば八月一日より引倍木を着る
彼岸～九月末日
生絹の衣　この間、引倍木を着ることもあり
十月一日～三月末日
練貫に練単

このほかの約束事として、
・帷は賀茂祭～八月彼岸前は晴・褻《け》に拘らず着用し、香染《こうぞめ》の帷は四月一日に着る
・若人は濃色、老人は薄色《うすいろ》を用いる
・生絹の指貫《さしぬき》は九月末日まで着用する
・引倍木と単を重ね着することもある
・各自の自由ではあるが、賀茂祭で引倍木を「出衣《いだしぎぬ》」にするときは必ず単を重ねる。ただし単の端は出さない
など細々としたルールがあった。

衣《きぬ》

「衣」は衣類の総称であるが、装束における「衣」は、鎌倉時代以来、衵《あこめ》や袿《うちぎ》といった中間着を指すことが慣習になっている。冬は裏を付ける袷《あわせ》仕立て、寒いときには中に真綿を入れて「厚衣《あつぎぬ》」「綿衣《わたぎぬ》」としたり、晴《はれ》のお洒落として艶を出した「打衣《うちぎぬ》」も多用された。本来は砧《きぬた》で打って艶を出したが、鎌倉時代頃から板引《いたびき》に変化したものの、名称のみは「打衣」のまま残った。

『餝抄《かざりしょう》』（中院通方《なかのいんみちかた》・鎌倉前期）に見る着用時節

十月一日〜三月末日

三領を重ねる。ただし二、三月の暑い日は一領の場合もある。重ねた場合、一番下に白の衣を着ないときは白単を着ない。

四月一日

この日以降は一領とし、衣を重ねない。

五月十日まで

五月は衣を着ず単のみとする。宿老《しゅくろう》は二月末頃から白衣に帷《かたびら》を重ねて「帷重《かたびらがさね》」と称する。

五月十日〜八月十四日

衣は着ない。生絹平絹《すずしへいけん》の単。

放生会〜九月九日

生絹の綾衣《あやぎぬ》を一領。生絹平絹の単を九月末まで着用。色は女郎花《おみなえし》・朽葉《くちば》・蘇芳《すおう》・薄色《うすいろ》・薄青・黄・青裏などを用いる。

八月上旬

壮年の人は皆、生絹の衣。八月十五日以降は生絹の衣。

九月九日〜十五日

四月同様に張衣《はりぎぬ》一領を着る。生絹・練絹《ねりぎぬ》は任意。

十月一日

練絹の張衣三領を重ねる。極寒でなければ一領でも構わない。壮年人は晴《はれ》の日に、いろいろな張衣を三領重ねる。

五節

壮年人以外は衣を着ない。

前

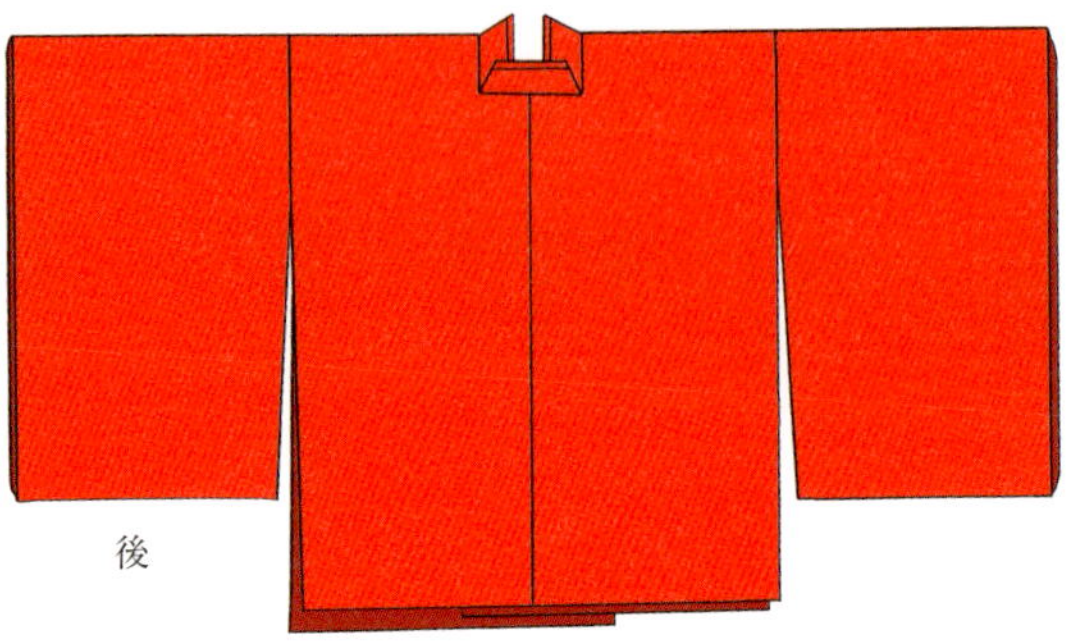

後

単《ひとえ》

単の横菱

単の竪菱《たてびし》
（天皇・皇太子の料）

衣紋襞《えもんひだ》

衵《あこめ》

形状は単《ひとえ》とほぼ同じで、単の上に重ね着するもので、「あこめ」の語源は「間込《あいこ》め」、つまり上着と下着の間に着込める衣を意味すると考えられている。漢字には旁《つくり》が「日」の衵と、「白」の袙があるが、衵が正しいとされる。[2]

冬は裏に平絹《へいけん》を付けた袷《あわせ》仕立て、夏は裏地を引き剝がして「引倍木《ひへぎ》」と称して用いた。「衵」と「衣」の丈の相違については、「上に雪をかぶった富士山は、濃色《こきいろ》の衣を着て白い衵を重ねたようだ」という『更級日記』[3]の表現から、衣が裾長で、衵が短いことがわかる。また『枕草子』では、身長の高低を語るたとえとして、衵が短く袿《うちぎ》が長い、ということを取り上げている。[4]

色は紅《くれない》・蘇芳《すおう》・萌黄《もえぎ》など何色でも自由であった[5]が、束帯《そくたい》装束の衵は、大口袴《おおくちばかま》や表袴《うえのはかま》の裏地と同色でなければならないとされた。[6]室町時代には薄色《うすいろ》（薄紫）や紅に固定され、文様は小葵がスタンダードとなったが、[7]足利将軍家は桐唐草を用い、[8]その他に菊唐草・立涌《たてわく》・臥蝶丸《ふせちょうのまる》など各種の文様が用いられた。

束帯装束では腰下までの丈の短い衵を一領《りょう》だけ用いるが、衣冠《いかん》や直衣《のうし》の場合は数領重ねることによって生まれる「重ね色目」も楽しまれ、さらに前身《まえみ》を長く仕立てて袴に着込めず、帯で結んで長く垂らすこともあった。袍《ほう》の襴裾《らんすそ》から衵がはみ出して見えるこの着方は「出衵《いだしあこめ》」と呼ばれ、[9]晴の儀式でお洒落心をアピールするポイントとされた。

衵は室町後期の『桃花蘂葉《とうかずいよう》』で「近代一向略之」とされるように、省略されることが多い衣類であった。近代でも衵は皇族の束帯装束で用いられているが、一般には省略されるのが普通である。

女性装束の「衵」は、普通は子ども用の丈の短い袿のことで、身長と同じ寸法である「対丈《ついたけ》」で仕立て、単の上に一領あるいは数領重ねてアウターとして着用した。衵を数領重ねた姿を「重衵《かさねあこめ》」姿と呼ぶ。

袿《うちぎ》

「うちぎ」は「内着」が語源となった衣類で、内側に着る衣のこととされるが、「打ち掛けて着る」意味の「打ち着」からという説もある。平安中期の『和名類聚抄』（源順）では、袙を「〈阿古女岐沼〉女人近身衣也」、袿を「〈宇知岐〉婦人上衣也」と、袿は衵よりも上に着るものと説明している。一般的には丈の短い中間着を「衵」とし、丈の長い衣を「袿」として区別するが、特に女性用の中間着を「袿」と呼ぶことが多い。鎌倉時代以降、肌着の小袖を数枚重ねるようになると、袿は上着《うわぎ》に昇格し、小袖・袴の上に打ち掛けて着るものとなった。

さらに平安中期には対丈《ついたけ》の袿を豪華な織物で仕立て、これが「小袿《こうちぎ》」と称して唐衣《からぎぬ》に代わる正装として用いられており、袿に中間着という意味合いはなくなっていった。

引倍木《ひへぎ》

裏地のある「袷《あわせ》」の衣を、夏季に裏地を剝がして着るものを「ひへぎ」と呼んだ。「引き剝ぐ」が語源とされ、「引陪木」「曳陪岐」などさまざまな当て字で表記されている。

ただし「ひへぎ」には諸説あり、衵《あこめ》や単《ひとえ》とは別の衣類とされたり、[10]夏の板引《いたびき》の単とイコールだとされたり、[11]綿入れ衣の綿を抜いたものだという説[12]などもあった。装束千年の歴史の中で、さまざまな気候変動があったろうから、そのときに合わせて適宜に解釈されたものと思われる。一般には「衣もしくは衵の裏地を引き剝いだもの」とする説[13]がポピュラーである。

衣《きぬ》

単《ひとえ》と下襲《したがさね》を兼ねた大帷子《おおかたびら》

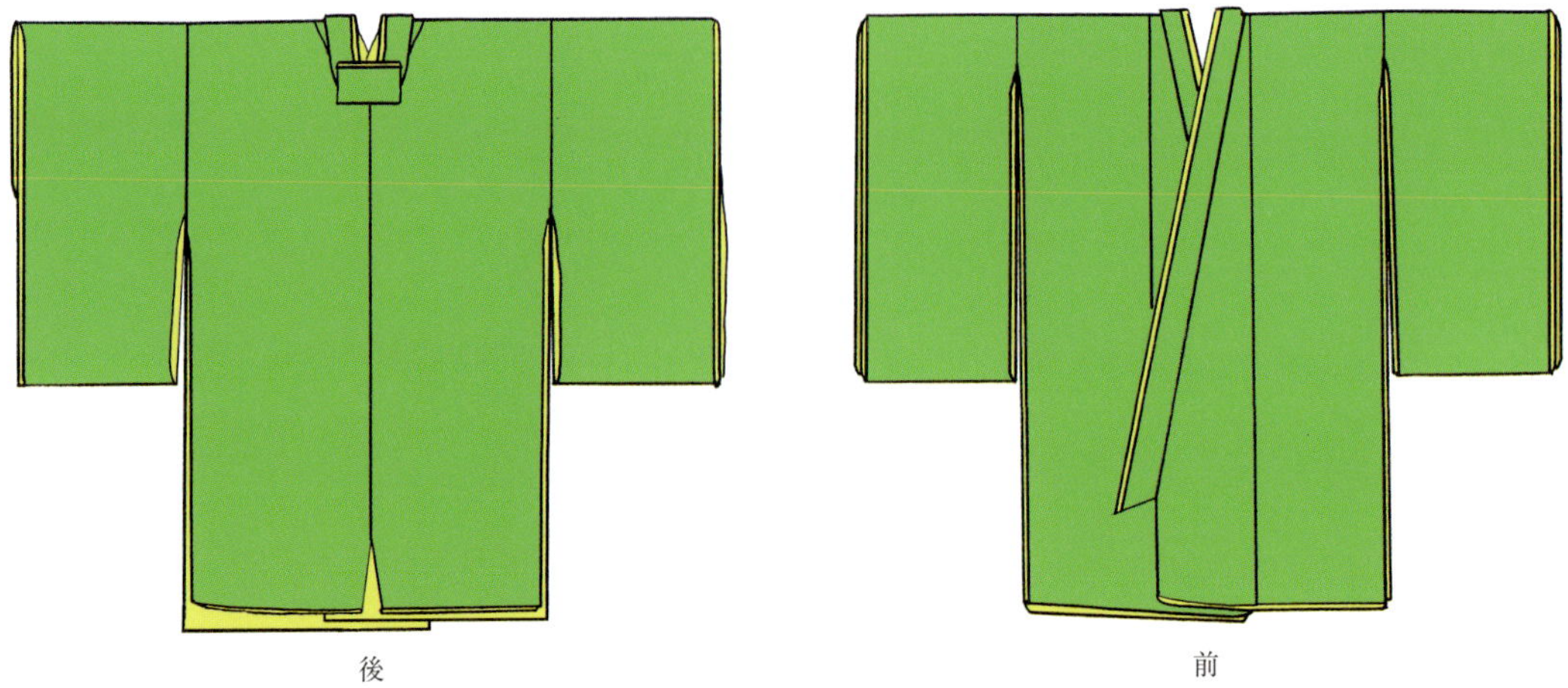

袙《あこめ》

帷《かたびら》・大帷《おおかたびら》・袖単《そでひとえ》

夏季に「汗取《あせとり》」として小袖の上、単《ひとえ》の下に着たのが帷《かたびら》であり、気軽に洗える麻布で作られるところに特徴がある。しかし鎌倉時代以降の装束簡略化の流れの中で単に代わり、冬にも用いられるようになった。簡略化の進んだ室町時代には、下襲《したがさね》を省略して裾《きょ》だけ着用する者すら現れている。[14]

鎌倉前期には帷の袖だけに単の生地を付けた便宜の衣類も登場し、「袖単《そでひとえ》」と呼んだ。[15] これは上に袍《ほう》を重ね着すると、あたかも単を着ているように見えるものである。成人前は赤帷も用いたが、成人は赤帷を着なかった。[16]

袍の襟ぐりが大きくなり、中が見えるようになった近世では、襟まわりにも単の生地を付けて「大帷」とした。さらに襟には下襲の生地も付けて、大帷を着るだけで、汗取＋単＋下襲を重ねているように見せかけることまで行われ、本来の単よりも大帷着用の方が一般的になってしまった。夏は大帷の身頃部分を紅《くれない》に染めたが、これは夏の袍が薄物で透けるための配慮である。また大帷は衣類を重ねなくとも衣紋《えもん》（着付け）を保持できるように、特に強い糊張り加工を施した。[17]

大帷の特殊な利用法として、元服式の理髪担当者などは束帯《そくたい》の袍の上から大帷を白衣のように重ね着することもあった。

おめり、中陪《なかべ》

表裏の重ね色目を楽しむとき、表地と裏地の違いがはっきりわからなければ意味がない。しかし強装束《こわしょうぞく》が流行して生地が厚くなると、表から裏地が透けにくくなった。そこで表地を少しずらし、裏地をはみ出させるように仕立てて、重ね色目を強調することも行われるようになった。表地を後退させることを「退《おめ》らかす」と呼ぶので、結果的にはみ出た部分は「おめり」と呼ばれる。

中陪《なかべ》は、表地と「おめり」の中間、縁取り部分だけにもう一枚生地をはさみ、三枚重ねているように見せかける技法である。より華麗な彩りを楽しむことができるので五枚重ねまであった。礼装化した女性の小袿《こうちぎ》は、中陪付きを特徴としている。

板引《いたびき》

生地に艶を出す技法として、「砧《きぬた》」と呼ばれる木槌で生地を叩くことが行われた。これが本

中陪《なかべ》と「おめり」

小袖（三井苞子着用）

大帷《おおかたびら》
『服色図解』より

来の「打」加工である。これに対して糊を含ませて堅く張らせる技法が「張《はり》」加工で、それを組み合わせ、艶と張り両方を得る方法として考案されたのが「板引《いたびき》」であった。
漆塗りの板に乾性油（乾燥すると硬化する油）である胡桃《くるみ》油で拭いて磨き、そこに蜜蠟《みつろう》を塗布し、姫糊《ひめのり》（米を煮て作った糊）を引いた生地を貼り付け、乾燥してから剝がす。これにより樹脂コーティングしたようなピカピカの艶と張り、強度が得られる。鎌倉時代以降に多用され、「打」といえば、この板引のことを指すようになった。[18] また室町時代の「張袴《はりばかま》」は板引された袴のことになっていった。[19]
ただし高齢者に板引は派手すぎるということで、糊を含ませるだけの加工も残ったが、板引と区別するために「ふくさ張り」という名称で呼ばれた。「ふくさ」は何もしていない、あるいはごく薄く糊を引いた生地のことである。[20]
近代でも大正御大礼の各種装束までは板引が施されたが、昭和の御大礼では関東大震災後の質素倹約の一環として、装束への応用は廃止された。

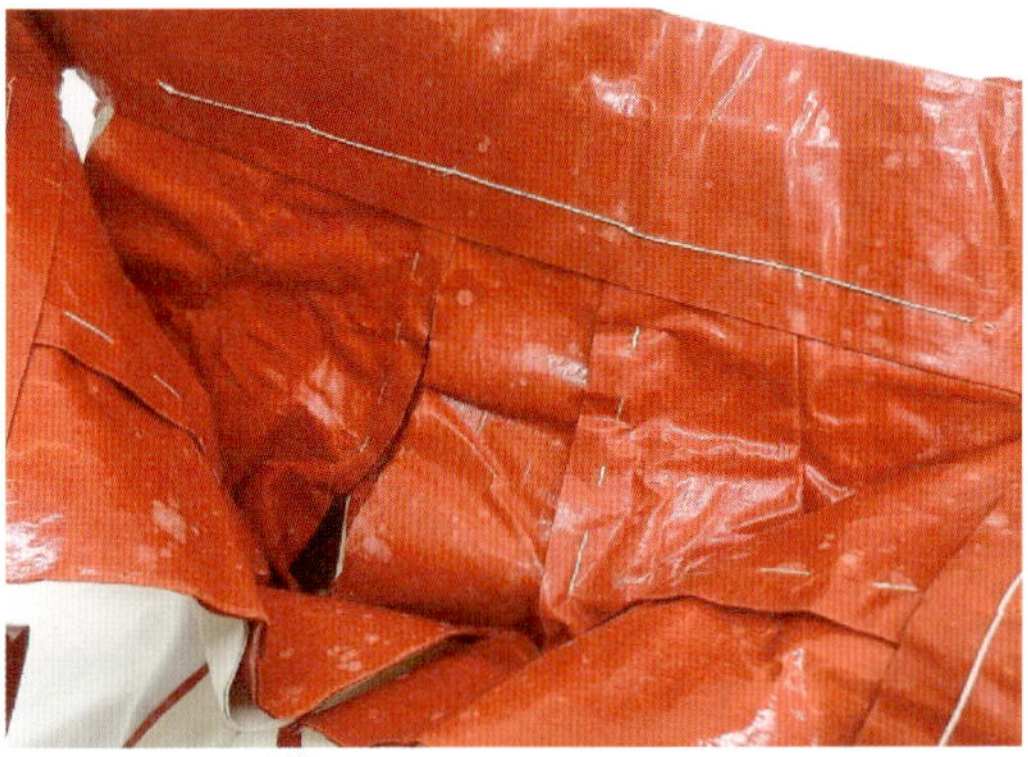
板引《いたびき》　大正御大礼・表袴の裏地

艶を出すための砧《きぬた》

指貫《さしぬき》・狩袴《かりばかま》ほか

指貫《さしぬき》・奴袴《ぬばかま》

指貫は裾に紐をさし貫いたことによる命名で、この紐を足に括りつけ、ふっくらさせて履く。古くから「奴袴」とも表記されたが、その場合も読みは「さしぬきのはかま」である。原則として絹製であったため「きぬのかりばかま」とも呼ばれたので、その略称としての「ぬばかま」から「奴袴」と当て字で書いたのであろう。[1] 下僕《げぼく》が走り回るために用いたので「奴の袴」と書いたという説もあるが、[2] あくまでも「さしぬき」であって「ぬばかま」と読むのは誤りとされる。

平安中期の「指貫」は絹製で、麻製の布袴《ぬのばかま》とは明確に区別されていた。[3] ただし平安時代の指貫の形状は、現代のものとは異なっていた可能性がある。『枕草子』では「袋と言ったほうが良い」[4] とされているし、『今鏡』にも院政期・強装束《こわしょうぞく》登場時の説明に「昔は指貫の中を踏んでいた」[5]とある。絵巻物でも極端に袋状に描かれているものもあり、平安中期の実相は明らかでない。王卿から殿上人《てんじょうびと》までが広く着用したが、天皇が指貫を着用する機会は、五節《ごせち》の舞姫御覧《ごらん》や、弓技[6]、蹴鞠のときなどに限られた。

着用法としては、足首で括る「下括《げぐくり》」と、膝下で括る「上括《しょうぐくり》」があった。平安時代はふつう下括で、鎌倉初期頃から天皇の近習《きんじゅう》も上括にするようになった。[7] 脛の出る上括は、泥濘への外出や緊急時、蹴鞠をするときなどに用いたもので、括り紐の留め方は足の外側で諸鉤《もろかぎ》に結ぶのが原則である。下括の場合は、装飾のために括り紐の結び余りを長く引いた。この紐の色は指貫の色に準じるが、お洒落をする場合は「腹白」と称して紫と白の組紐を組み合わせた装飾的な紐を用いることがあり、結び方にもさまざまなバリエーションがあった。[8] 近世では歩行のじゃまにならない上括を通常に用いるために、上括にしても脛が出ないように丈を長く仕立てた指貫も登場している。

しかしこの直接足に括る方式は、比較的しっかり括ることができる上括であっても、指貫の重みで下にずり落ちることがあり、普段着慣れない江戸時代の武家は苦労したようである。そこで余った括り紐を内側で吊り上げて小袖の帯に結びつけてから、指貫の腰（紐）を結ぶという、落下防止の工夫を始めた。さらに簡単にしたのが「引上仕立」で、これは裾に幅広紐をつけて、指貫の内側からサスペンダーのように吊り上げて腰の内側に付けた輪に結びつけるもので、足にはまったく括らない。外見は変わらず、それでいて足が痛くならず、落下もしにくく歩行の便も良いため、武家ではこれがスタンダードになった。現在では宮中や神社界でも引上仕立が一般に用いられている。

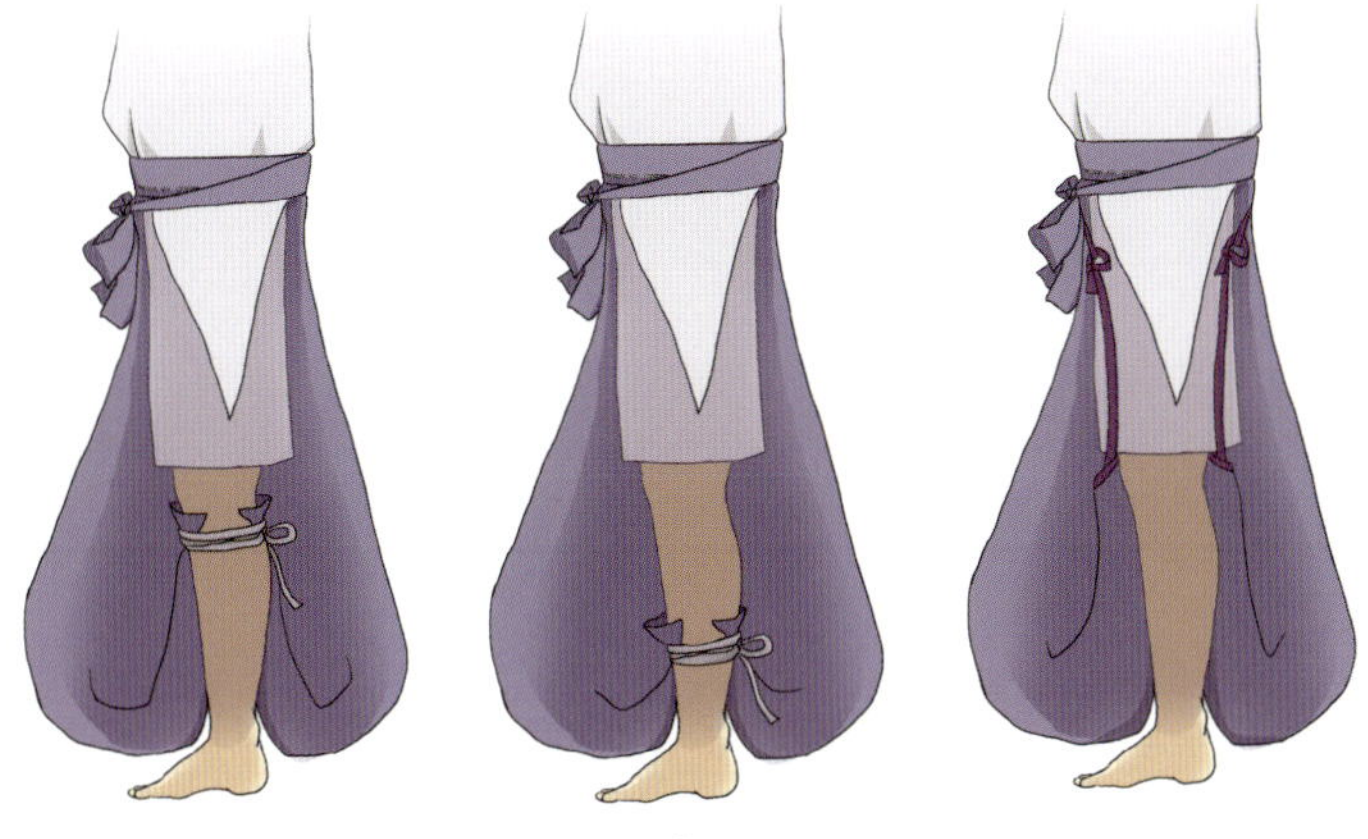

上括《しょうぐくり》　下括《げぐくり》　引上仕立

指貫の色彩

季節	色彩・地質	着用者
冬	半色《はしたいろ》	成人、若い人
	薄色・浅葱・萌黄	殿上・地下の五位
	練浅葱	高齢者
	縹《はなだ》の打	幼い殿上人、六位
	萌黄	禁色聴許者、童殿上
夏	二藍	幼い人、若い人、暑いとき
	瑠璃色（濃浅葱）	殿上人、暑いとき
	薄色	五位・六位
	織浅葱	年齢によらず五位
	紫苑色	秋初めに着る
	唐綾	春日詣など晴儀

指貫《さしぬき》の括緒《くくりお》（腹白）

【指貫の生地と色】

冬は練絹《ねりぎぬ》、夏は生絹《すずし》を用いた。[9] 色彩については、鎌倉時代まではさまざまな指貫があった。「萌黄《もえぎ》」（黄緑色）、「薄色《うすいろ》」（淡い紫）、「薄青」（経青緯白《たてあおぬきしろ》の織色）、猛暑の夏に「瑠璃色」（濃い浅葱色）、秋冬に「紫苑色」（表が薄紫・裏が緑）、検非違使《けびいし》別当が内裏焼亡の際に目立つ「木蘭地《もくらんじ》」（黄橡《きつるばみ》）を用いることもあるなど、多くのカラフルなバリエーションがあった。[10]

酷暑の日に浅葱の指貫を「瑠璃色」と称して用いたり、[11] 洛外への臨時の外出には末濃《すえご》、唐綾《からあや》の指貫を用いたりと、[12] 自由に色彩を楽しんでいた。ただしそれが許されたのは公卿や禁色《きんじき》を許された者だけで、それ以下の者は無文の平絹《へいけん》であった。[13]

宮中の昼装束が束帯《そくたい》から衣冠《いかん》へと変化するのと同時に、色彩や文様が固定化されてゆく。四位以下は文様のない平絹で、四位・五位は紫、六位以下は浅葱色。公卿と禁色聴許《ちょうきょ》者の指貫の色彩と文様は年齢によって変化する。年齢を重ねるに従って色彩が薄くなり文様が大きくなるのは、他の装束と同様である。

若年用の鳥襷《とりだすき》ならば必ず浮織《うきおり》、藤の丸ならば必ず固織《かたおり》、固織には夏冬の区別はない、などと細かなルールも生み出された。[14]

【指貫の文様】

公卿の有文《ゆうもん》指貫の文様でオーソドックスなものは「八藤丸《やつふじのまる》」文であるが、これも一條家は「二一わな」であるなど、[15] 家々で微妙な違いが生まれた。さらに各家で独特のものを用いることもあり、一條家は「竪菱《たてびし》」、二條家は「又木《またぎ》形」、久我家は「龍胆襷《りんどうだすき》」、日野家は八藤丸で色を青朽葉《あおくちば》色にする、などである。また上皇や親王は「八葉菊《はちようぎく》」、「龍胆唐草」、「雲立涌《くもたてわく》」などを用い、太閤（関白職を子に譲った者）も親王扱いであったので、「雲立涌」を用いた。夏は三重襷《みえだすき》文様の瑠璃色薄物の指貫もあった。[16]

現代では皇族男子が紫緯白《むらさきぬきじろ》の雲立涌、宮内官は八藤丸の紫緯白の固織物を用いている。神社では故実に沿った形で「神職身分」に応じた使い分けをしている。

【指貫の寸法】

古くは身分により長短があり、天皇は身長に六寸五分（約20センチ）余る長さ、大臣以下次第に短くなり、殿上人三寸五分、地下《じげ》は一寸余る長さ、などとされていた。[17] 地下は常に上括であることを想定していたのであろう。現代は引上仕立で調整がきくため、腰の紐下１３０センチ程度が通常のサイズである。

原則として反物八巾、一蹴（片足）四巾で仕

指貫の色彩（公卿・禁色聴許者）

童体	紫二陪織物・地文亀甲に白浮線綾丸
元服後	濃紫浮織物・文鳥襷
十六歳から	紫浮織物・文鳥襷
三十代	紫固織物・文藤丸
四十代	縹固織物・文藤丸
五十代	浅黄固織物・文藤丸
六十代	白固織物・文藤丸
宿老	白・文藤丸もしくは平絹

立てる。現代の仕立てでは片足分約１８０センチ、片面90センチ、縫い代があるので仕立て上がり84センチ前後になる。現在の装束店では、八巾指貫は腰の紐分を別の生地でとるため「紐別仕立」と呼び、細身の指貫は身頃を作る反物から端を縦に使って紐を作るので「紐落し仕立」と呼ぶのが一般的である。神職用としてよく用いられる細身の指貫は、「紐落し仕立」が多いので片面66センチ前後になる。二級以下の神職用の紫や浅葱色の平絹指貫は一尺巾の反物を使用するため、さらに細く60センチ程度になり、これは結果的に室町時代の定めに近いことになる。活動的な若い神職にはそうしたタイプが向いているのであろう。

【指貫の括紐】

上括では括紐が外に出ないので関係ないが、下括の場合は紐の結び余りが外に出るので、そこにお洒落を演出した。鎌倉時代では三十歳程度までの晴儀のお洒落であったようだ。[18] 室町前期の『連阿不足口伝抄《れんあふそくくでんしょう》』（高倉永綱・１３６６年）によれば、十六歳未満は「腹白」と呼ばれる白紐と紫紐を蜷結《になむす》びにしたものを用い、加齢とともに「乱れ腹白」、白紐のみの「鼠尾」「猿尾」と短くなり、六十歳以降は外に出さなくなる、と定められている。[19]

下袴《したばかま》・腰次《こしつぎ》

指貫《さしぬき》を下括《げぐくり》にして履く場合に、指貫の下に履いたのが「下袴」で、これにより指貫にふっくらとしたボリュームが加わる効果があった。十五歳までは濃色《こきいろ》、十六歳からは紅《くれない》、高齢になってからは白を用いた。本儀は綾であるが、鎌倉時代以降は平絹《へいけん》も用いた。[20] 黄色の生絹《すずし》製もあったが、これは「宿老《しゅくろう》」（高位高官の高齢者）のみの使用である。[21] 白下袴では括紐を外に出さない、紅下袴では出すというルール[22]もあったが、これは着用年齢との関係を考えれば当然であろう。

下袴は指貫よりも少し大きめに作った。[23] このため指貫の裾から下袴をはみ出させるお洒落もあったようで、『春日権現験記絵巻』にその姿が描かれている。

腰次は、指貫を上括《しょうぐくり》にするときの短い下袴であり、[24] 大帷《おおかたびら》と組み合わせて内々で用いた。狩衣《かりぎぬ》や直垂《ひたたれ》の袴として大口袴《おおくちばかま》を用いるようになってからは、腰次が多用されるようになった。[25]

指貫《さしぬき》の下に着用する下袴《したばかま》（大正時代）

狩《かり》袴《ばかま》・襖《おう》袴《ばかま》

六位以下の地下《じげ》階級は絹の指貫《さしぬき》ではなく、麻の「狩袴」を用いることとされたが、院政の時代になると、地下《じげ》も衣冠のときには指貫を着用するようになる。[26] また上流階級でも顕文紗《けんもんしゃ》（絹）の「狩袴」を着用するなど、[27] 区分けが曖昧になった。狩衣《かりぎぬ》が「狩襖《かりおう》」とも呼ばれるので、狩袴は「襖袴」という別名もある。[28] 古文献で「あをはかま」と書かれる物は、ほとんどが襖袴のことである。

狩袴の特徴は、反物六巾（前四巾・後一巾。後には襞を作らない）と細身で、本来のスポーツ服にふさわしい活動性に優れていたことである。さらに下級者ではもっと細身の四巾（前二巾・後二巾）タイプも用いたようで、絵巻物によく登場する。随身が着用した狩袴にはポピュラーな白無地のほかに、年長者の用いた海松《みる》色・木賊《とくさ》色など地味な色がある。さらに正月には紅梅色、祭や行幸など晴《はれ》には染分《そめわけ》（裾濃《すそご》）を用いるなど、さまざまなバリエーションがあった。随身が下括《げぐくり》で狩袴をはくことを「垂袴《すいこ》」と呼ぶ。古文献で壺胡籙《つぼやなぐい》を負い、垂袴にすることを「壺垂袴《つぼすいこ》」「壺垂《つぼたれ》」と表記したものが散見される。[29]

大《おお》口《くち》袴《ばかま》

大口袴は、本来は束帯《そくたい》装束で表袴《うえのはかま》の下にはくものであったが、やがてアウター化して天皇が直衣《のうし》の袴として紅《くれない》大口を用いるようになった。[30] こうした傾向は鎌倉時代には一般化し、狩《かり》衣《ぎぬ》や小直衣《このうし》、直垂《ひたたれ》と組み合わせてはくようになった。[31]

室町幕府においては、直垂の上衣に白大口を合わせたものが儀式服となり、元日に着用するほどになった。[32]

また、公家の童子が儀服として半尻《はんじり》と「前張《まえはり》大口」を組み合わせて着用した。[33] 前張大口とは、袴の前部分を特に糸が太い精好《せいごう》を用いて、強い張りを持たせた大口袴である。[34] 現代の皇室における七五三にあたる儀式「深曽木《ふかそぎ》」で、男児皇族が着用するのも、半尻と前張大口である。

小《こ》袴《ばかま》・指《さし》袴《こ》

小袴は水干《すいかん》や直垂《ひたたれ》などに合わせた軽便な袴で、膝位置で括る上括《しょうぐくり》にしたとき、脛が完全に露出して歩行が楽なように、あらかじめ短めに仕立てたものである。鎌倉時代には舎人《とねり》など下級者が用いるものであった。[35]

狩衣《かりぎぬ》や小直衣《このうし》に切袴《きりばかま》である大口袴《おおくちばかま》を組み合わせるようになった室町時代になると、次第に公家たちも内々で切袴を用いるようになる。大口を重ねたタイプを「小指貫《こさしぬき》」などと称して着用していた。[36] 江戸時代になると、公家は「指《さし》袴《こ》」（差袴とも）を用いるようになる。これは足首の丈に切った指貫で、裾に括紐がない。狩衣との組み合わせどころか、衣冠《いかん》にも用いていた。[37] 宮中でも当たり前となり、衣冠装束では五《ご》節供《せっく》と、毎月一日と十五日だけが指貫《さしぬき》、それ以外の日は指袴とされるようになった。

神職の服制としては、江戸時代までは指貫を用いていたが、明治二十七（１８９４）年の『神官神職服制』で「略服」が狩衣と「差袴」とされたため、正装（衣冠）以外は指袴が普通に用いられている。

指袴《さしこ》

持具《もちぐ》・履き物

【笏《しゃく》】

笏は、古代中国において剣に代わるものとして考案されたとか、皇帝の命令を忘れないようにメモ書きするための「手板《しゅはん》」であったなどといわれるが、のちには威儀を正すための小道具となった。「笏」は本来「コツ」と読むが、「骨」と音が通じるので、日本ではこれを嫌って「シャク」と読ませた。

日本においては養老三（719）年二月から用いられ、五位以上の者および六位以下の中央官庁四等官などの現職官僚のみが持つこととされた。[1] しかし把笏《はしゃく》姿を望む者が多くなったようで、同年六月には画師や雅楽寮《うたりょう》諸師、医師・馬医などの技術官人も把笏が許され、[2] 宝亀五（774）年には太政官の下級官人「官掌」[3]、貞観十（868）年には全国の神社神職にも把笏が許されるなど拡大し、[4] 平安中期にはほとんどの官人が持つようになった。[5]

律令の定めでは、[6] 五位以上は象牙製の「牙《げ》笏《しゃく》」とされていたが、日本では入手が困難なため天皇・上皇などしか持つことができなくなり、また火災や盗難事件も相次ぎ、[7] 室町後期になると天皇の牙笏もなくなってしまう。関白も将軍も牙笏を持っておらず、天皇はやむを得ず由緒ある木笏《もくしゃく》を用いざるを得ない状況であった。[8] やがて江戸中期・徳川吉宗の時代の「御再興」で牙笏が復活する。[9]

木笏の木理《きめ》は柾目《まさめ》ではなく波模様のある板目が良いとされたが、[10] 材質は特定されていない。平安時代には塀の廃材を使っていたという逸話もあるが、[11] その詳細はよくわからない。

古くからイチイの木が多く用いられ、「櫟」と書いて「さくぎ（笏木）」と読んでいたが、[12] これがイチイである確証はない。しかし一般には「一位」と音が通じて縁起が良いということで、飛騨国・位山《くらいやま》産のイチイが珍重された。[13] そのほか、フクラ、サクラ、ヒイラギなどさまざまな木でも作られていたが、[14] この中で、「フクラ」はモチノキ科ソヨゴの別名であり、象牙に似た白い緻密な木理から、これが本当の「櫟」だという説もある。[15] 現在、天皇の御笏《おんしゃく》はフクラ製である。

笏の寸法は平安中期の『和名類聚抄』では、[16] 長さ一尺六寸、広さ三寸とあり、現在よりも大型であったようである。平安後期の『江家次《ごうけし》第《だい》』では長さが一尺二寸になっており、[17] 次第に小型化した。

形状は、天皇の御笏は上辺・下辺ともに四角いタイプ、臣下は上辺が丸く、下辺が四角いタイプを用いる。ただし大臣などの新任者が天皇に御礼を申し上げるときだけ用いる「慶賀笏」[18] は、先祖伝来の物を用い、これは上辺が四角く下辺が丸いタイプであった。

笏の扱い方には細かな作法がある。通常の「持笏《じしゃく》」の方法は、右手で持ち、親指と小指を内側に、残り三本の指が表に出るように手を当て、[19] 握り込まずに小指の下に指一本分、笏が余るようにするとされる。

よく知られるように、カンニングペーパー的な意味合いで、儀式の式次第などを書き記しておくため、笏の裏側に「笏紙」を貼った。[20] しかし儀式が固定化し、前例踏襲が大切な平安後期になると、笏紙の有無が儀式の軽重を表すシンボルとなって、重儀では笏紙を貼っていない笏に、わざわざ白紙を貼らせたこともあった。[21] その他の笏の実用としては、人を差し招いたり、乱れた靴を笏で直すことなどにも使われている。[22]

笏を持つのは原則として束帯《そくたい》の場合のみで、衣冠《いかん》や狩衣《かりぎぬ》で笏を持つことはない。ただし賀茂社や春日社への神詣《かみもうで》・神拝などのときは例外で衣冠でも持ち、[23] 当然ながら神職は着用する装束の種類に拘らず笏を持つことになる。

【檜扇《ひおうぎ》】

折りたためる扇は日本で生まれたもので、その発祥が檜扇である。檜扇は薄い檜板を糸（雁《かり》金綴《がねとじ》）で綴じて扇の形にしたもので、暑中冷却用ではなく、儀式具の意味合いを持ち、高位にある高齢者が束帯装束の場合には、夏冬問わず檜扇を持つことになっていた。[24] 束帯の場合は懐中するだけのものであるが、直衣《のうし》や衣冠の場合は原則として笏を持たないので、代わりに檜扇を右手に持つ。ただし笏のように先を上にして持ってはならず、「なんとなく」持っている形が望ましいとされた。[25]

橋《きょう》（板）数は時代により変遷があるが、江戸時代には公卿が二十五橋、四位以下が二十三橋と定まっていた。[26]

十五歳までは男子でも女子用のような彩色が施され、「要《かなめ》」に蝶鳥《ちょうとり》の金具を打ち、糸飾りを付けた杉製の「横目扇《よこめおうぎ》」を持った。[27] その後は白木の檜扇となるが、綴糸の余りで檜扇の親骨に藤花などを形作った。[28] 近世以降では、綴糸の先を絹で作った「置紋《おきもん》」で押さえている。要は紙《こ》

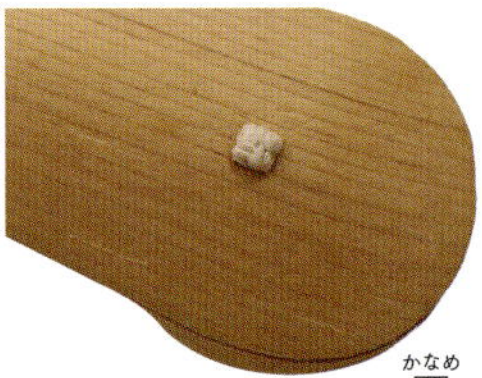

要《かなめ》

置紋《おきもん》

檜扇《ひおうぎ》（御大礼高等官用）

蝙蝠《かわほり》

古式の蝙蝠扇（裏面）

古式の蝙蝠扇（表面）

蝙蝠扇（裏面）

蝙蝠扇（表面）

桜山鳥文様蝙蝠扇（江戸時代）

透彫《すきぼり》の四ッ目丁子は近衛・鷹司門流の定文様《じょうもんよう》

（下２点、風俗博物館蔵）

捻《びねり》で留める。

【蝙蝠《かわほり》】

蝙蝠は夏の扇で冷却用である。公卿が束帯で蝙蝠を持つことは、平安中期では問題視されていたが[29]、衣冠や直衣、狩衣の際はもちろん、若い人は束帯でも蝙蝠を持つことが許されるようになった。室町後期では夏冬問わず蝙蝠で通す者もおり[30]、老人が蝙蝠を持つことも許容されるようになった[31]。

「蝙蝠」という名称が特異であるが、語源には「紙張り」が変化したという説や、コウモリの翼に似ているからなど、いくつかの説がある。平安時代は骨が五、六本と少なく、紙が表にしか張られていなかったので、裏面は骨がそのまま見えていた。まさにコウモリの翼にそっくりである。

紙の色・骨の色にはさまざまなバリエーションがあり[32]、美しく涼やかな風景や草花が描かれた。骨の色は公家は白木を好み、黒塗りは用いなかったという説もあるが[33]、あまり厳密に区別されていなかったようである[34]。ただし武家は「白骨」を嫌って黒塗りを持った。

近世以降の蝙蝠は骨数も増え、たんなる「夏扇」と呼ばれるようになったが、裏に紙を貼らない伝統は残っていた。

双馬文様《ならべうまもんよう》 雪洞《ぼんぼり》扇（江戸時代）

花の丸文様 中啓《ちゅうけい》（江戸時代）

妻紅の中啓（現代）

舞楽文様 妻紅《つまくれない》の中啓（江戸時代）

（上２点と右下、風俗博物館蔵）

【彫骨扇《えりぼねおうぎ》】

両端の親骨に繊細な透かし彫りを施して「彫骨扇」と呼んだ。遅くとも鎌倉時代には存在しており、室町時代にも盛んに使用された。[35] 近世は、五摂家それぞれ独自の彫り文様「猫間透《ねこますかし》」が定められた。近衛・鷹司は「四ツ目丁字」や「向丁字」、九條は「長丁字」、一條は「丁字流《ながれ》」、二條は「二重丁字」とされる。「猫間」というのは「骨小間」から来た言葉と考えられている。

【末広《すえひろ》・中啓《ちゆうけい》】

室町後期頃から用いられた扇で、檜扇に次ぐ格の扇として、衣冠や直衣の際に用いられた。衣冠の袍《ほう》の下に単《ひとえ》を着る「衣冠単」のときは檜扇、単を着ない「衣冠」のときは末広、といった使い分けもあった。[36] 畳んでも先が開いた形の扇を「末広の扇」と呼び、その中でも中ぐらいに啓《ひら》いた扇が「中啓」と呼ばれる。

【妻紅《つまくれない》】

地紙の「妻」(両上端)に紅《くれない》の雲形を描いたタイプの蝙蝠や末広のことで、紅雲の下に極彩色の絵を描く。妻紅はフォーマルな物とされて、小直衣には妻紅の末広、狩衣には妻紅でない末広、などの区別がなされた。石清水臨時祭の舞《まい》人《うど》が持つ扇は「妻紅彫骨」とされており、[37] 衣冠でも用いられた。[38]

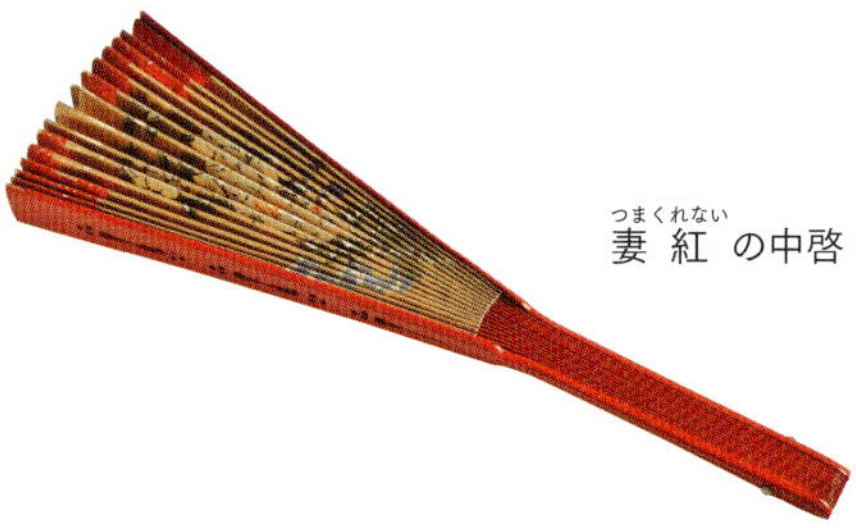

妻紅《つまくれない》の中啓

浅葱無地中啓(凶服用《きょうぶく》)(江戸時代)

(風俗博物館蔵)

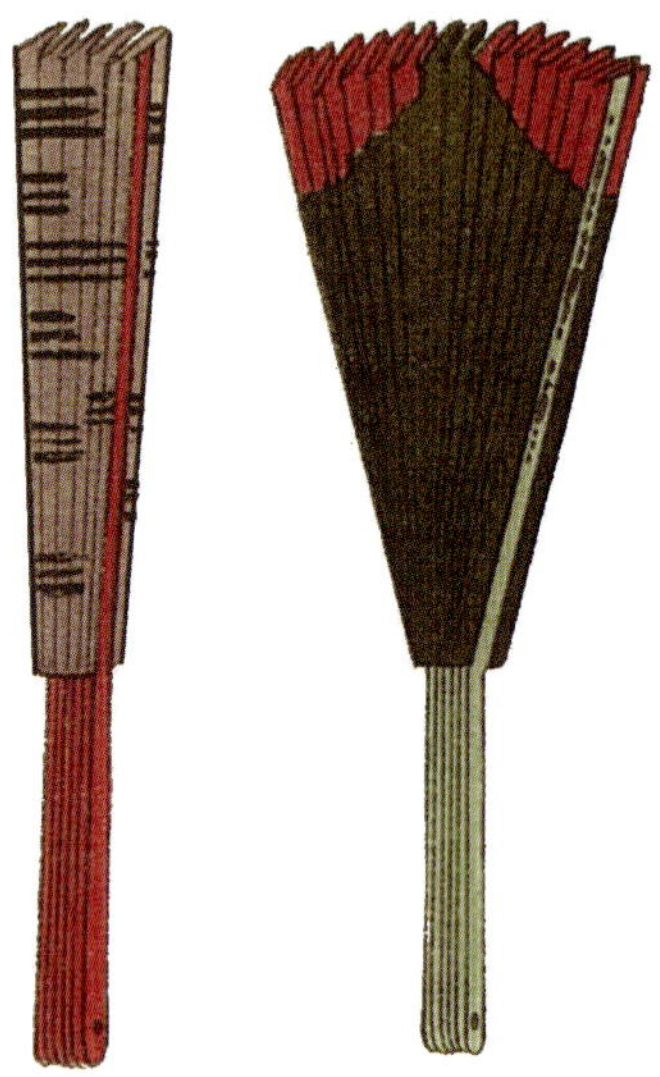

左:雪洞扇《ぼんぼりおうぎ》、右:中啓《ちゆうけい》

『服色図解』より

皆彫骨《みなえりぼね》の扇

『枕草子絵巻』より

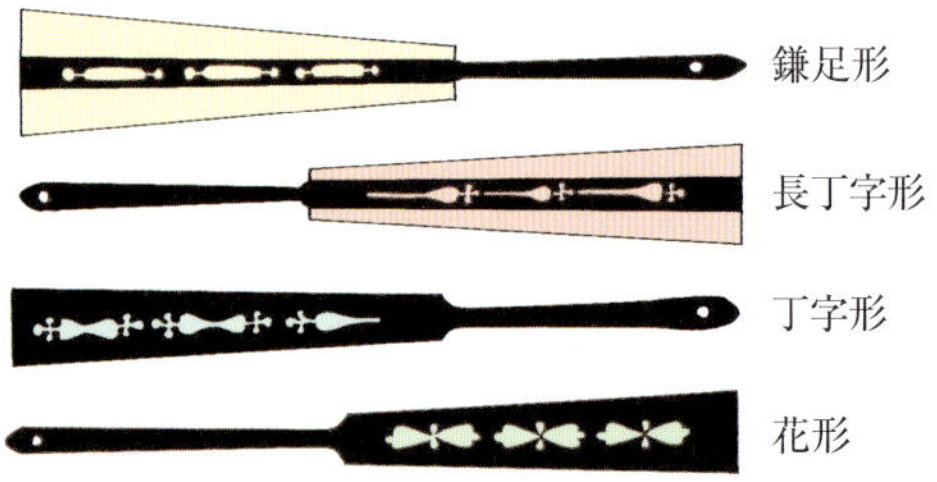

彫骨扇《えりぼねおうぎ》

【雪洞扇《ぼんぼりおうぎ》】

中啓と普通の扇の中間格で、先端が少し開いた末広である。「ぼんぼり」という名称の由来は不明で、風を想起させる単語であったらしい。[39]江戸時代に高位の公卿の持ち物とされ、近代以降は女性装束の袿袴《けいこ》の際にこれを持つ。なお現在、普通に見られる先の閉じた扇子は「鎮折《しずおり》の扇」と呼ばれる。

【帖紙《たとう》・畳紙《たとう》】

メモ書きや鼻水を拭うなど、[40]さまざまな用をなす懐紙が儀礼用に変化したもので、束帯や直衣、衣冠の際に懐中した。陸奥紙《みちのくがみ》や檀紙《だんし》（厚いしぼ紙）を用い、[41]ここでも重ね色目のお洒落を考慮して、複数枚の紙の色を変えて重ね、透ける夏の袍に懐中するときには特にお洒落をした。[42]若年は紅の鳥の子紙、壮年は白の檀紙に金箔を散らしたもの。加齢に従って白の檀紙を使用することが多かったが、晴には五色の豪華なタイプも使われた。[43]また紙の折り方には、多くの流儀があった。

雪洞扇《ぼんぼり》

フクラの笏《しゃく》と笏袋

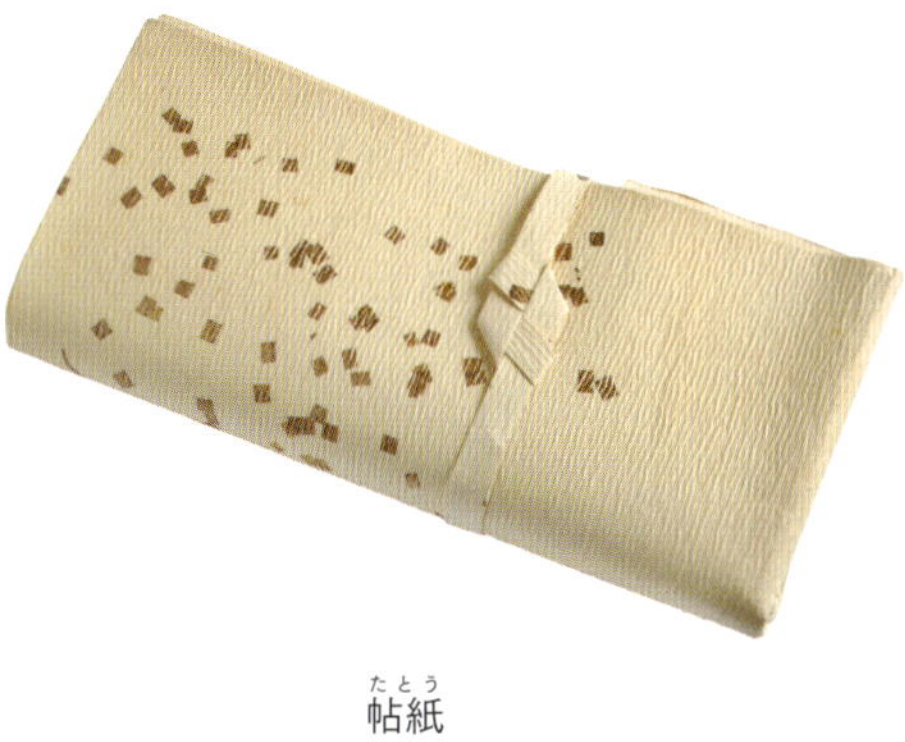

帖紙《たとう》

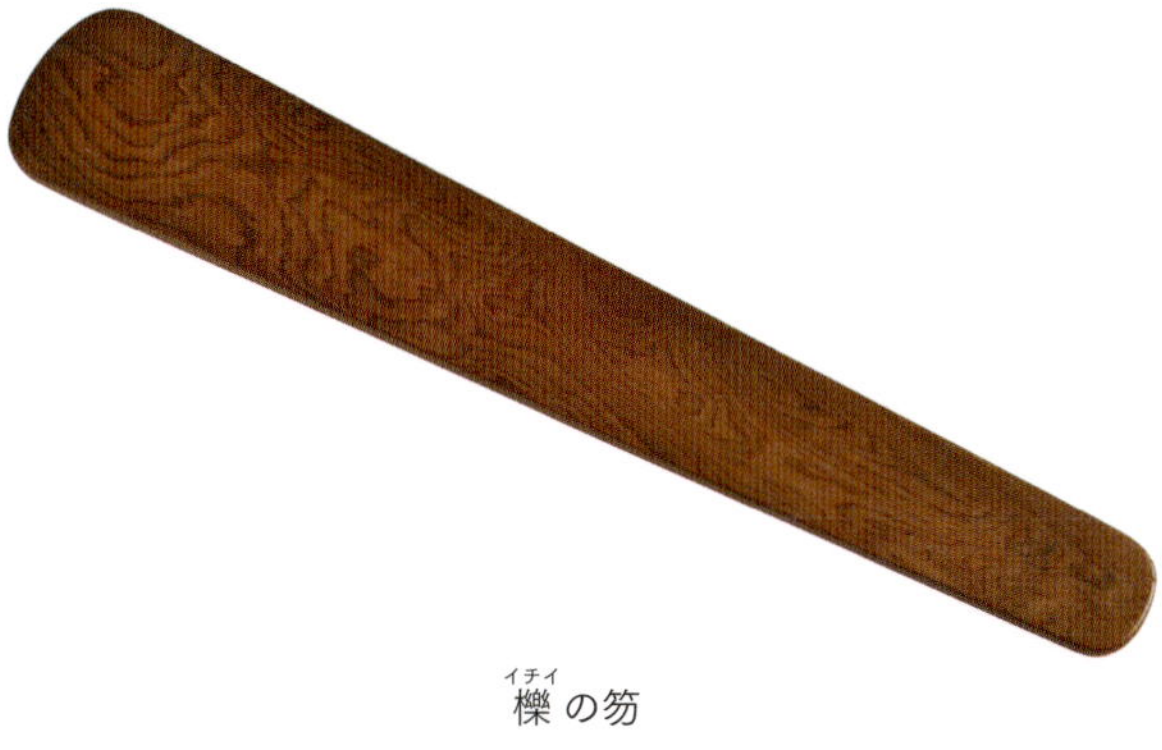

櫟《イチイ》の笏

板目の笏（部分）

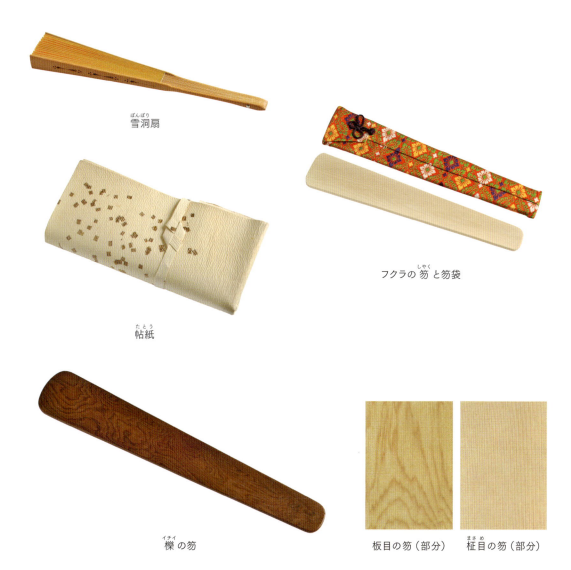

柾目《まさめ》の笏（部分）

【襪《しとうず》】

装束着用時は夏冬問わず素足が原則である。ただし束帯装束の際に履く「鞾《かのくつ》」は堅くて足が痛くなるため、このときだけは靴下を履いた。それが「襪」で、「したくつ」が変化した言葉である。[44] 後世の足袋《たび》に似ているが、指の股がない。着用区分は厳格で、束帯に準じる布袴《ほうこ》装束でも、襪の着用は許されなかったが、[45] 五十歳以上の高齢者は勅許《ちょっきょ》を得れば、束帯以外でも着用を許された。[46]

束帯の場合は練貫《ねりぬき》製一足と平絹《へいけん》製一足を重ね履いた。[47] 江戸時代までの襪は二枚の生地を貼り合わせて作ったため足の裏に違和感があったが、近代の襪は通常の足袋のように底があるため、その違和感は解消されている。

天皇の御挿鞋《ごそうかい》を捧持する戸屋主《へやしゅ》
『桜町殿行幸図』より（国立公文書館蔵）

襪《しとうず》（江戸時代）
江戸時代の底なしタイプの襪

襪（明治時代）
明治以降の底有りタイプの襪

【浅沓《あさぐつ》】

浅沓は文官の束帯、衣冠以下の装束着用時に最も一般的に履かれるもので、『養老令』（衣服令）にある「烏皮履《くろかわのくつ》」が変化したものといわれる。古文献でただ「履」と書かれている場合、浅沓を意味していることが多い。[48] 古くは革製であったようだが、のちに桐製の木靴となり、やがて和紙を簡易な「鼻切沓《はなきれぐつ》」[49] と呼ばれるものであったようだが、のちに桐製の木靴となり、やがて和紙を固めて漆を塗った「張貫《はりぬき》」が主流となって大型化し、儀式用のものとなった。

堅い沓になったので、足の当たりを和らげるクッションとして「込《こみ》」「甲当《こうあて》」などと呼ばれる、白平絹で作った小さな布団を取り付けてある。また沓の中敷きには「沓敷《くつじき》」を貼るが、これは着用者の束帯の表袴《うえのはかま》の生地を用いる。また大勢が脱いだ場合に誰の沓かわからなくなるため、摂家以外は家紋を印した。[50] 現在の神職では、一級以上の身分の神職が有文《ゆうもん》（八藤丸《やつふじのまる》）の綾、二級上以下が無文平絹の沓敷を用いている。

【鞾《かのくつ》（靴）】

『養老令』（衣服令）にある武官の礼服用「烏皮靴」が変化したものといわれ、古文献でただ「靴」と書かれている場合、これを意味していることが多い。[51]『延喜式』[52] で武官の通常着用が義務づけられていることから、武官専用のように考えられがちであるが、「節会《せちえ》」などの重儀では文官もこれを履くことが定められていた。[53]

西アジアの騎馬用の胡靴《こぐつ》が変化したものと考えられ、つま先が尖った独特の形状をしている。また全体にシワがあるが、これは柔らかかった時代にベルトで絞って生じたシワを模したもので、牛革に漆をかけて堅くなった時代でも、このシワをデザインとして残した。「靴帯《かたい》」（ベルト）は革製で、「ひきはだ」（バックスキン）を用いてゆるみを防止している。[54]平安時代、これらの牛革は、牛馬を扱った役所「馬寮《めりょう》」で死んだ飼育牛の皮を内蔵寮《くらりょう》に送り、補充していた。[55]

上部の錦の部分を「靴氈《かせん》」と呼び、赤地錦が標準であるが、検非違使《けびいし》は青地錦を用いることもあり、[56]若者が青地を用いるとか、逆に大臣になってからとか、多くの説があった。[57]靴氈の錦は古くはさまざまな文様があったが、近代はいわゆる「蟹牡丹《かにぼたん》」に固定化されており、靴の内張は花菱文《はなびしもん》の白綾《しろあや》である。

【半靴《ほうか》】

さながら鞾の簡易版であり、鞾より丈が低く、靴氈はあるが靴帯はない、というものであった。[58]直衣や衣冠、狩衣で乗馬するときなどに用いられたが、[59]正式な履き物としては扱われなかった[60]ため、形状にも多くの異同があり、儀式に応じた着用の可否では、人それぞれでさまざまな説が述べられている。

【深沓《ふかぐつ》】

牛革に漆をかけた装飾のない半ブーツで、主に雨や雪のひどいときに用いた雨靴である。[61]降雨中の移動には深沓を用い、殿舎に到着後は浅沓に履き替える、といったことも行われていた。[62]

しかし雨天でなくとも「外記《げきの》政《まつりごと》始《はじめ》」（毎年正月、あるいは践祚《せんそ》後、改元後などに行われる政治開始の儀式。政務の中心官庁であった「外記庁」で行われた）のときは、深沓を着用することになっていた。[63]靴氈も靴帯もないシンプルな作りであるが、縁に鹿皮が付けられており、通常は紫革、検非違使別当は青革であった。[64]

【烏皮履《うひり》】

『養老令』で文官朝服に用いるとされた「烏皮履」は、のちに浅沓に変化した。近代、もともとの烏皮履を思わせる、牛革に漆塗りをした靴が復活して用いられている。洋靴に似た軽快な作りであるが「かかと」がなく、浅沓と同じく白の甲当と沓敷がある。現在の宮中では侍従や掌典（神事担当者）が、儀式の際の室内履きとして用いている。

【糸鞋《しかい》・麻鞋《おぐつ》】

白い絹糸を編んで作った履き物が糸鞋で、菱文様を編み出し、底は牛革製、沓敷に筵《むしろ》が入れられている。[65]「しがい」とも「しかい」とも読んだようだ。[66]構造はまるでズック靴で、足を入れて紐を輪に通しながら二度回し、前で諸鉤《もろかぎ》に結ぶ。

非常に軽快で脱げにくいため、活動的な武官、[67]舞人、[68]そして子どもが用いた。[69]糸鞋のまま殿上に上がることも許され、地面が泥濘のときは糸鞋を履き、さらに沓敷をはずした浅沓を履いた。[70]

現在、男子皇族の成人式において闕腋袍《けってきほう》でこれを履く。また舞楽装束や地鎮祭に奉仕する童女が汗衫《かざみ》装束でこれを用いている。

同様の形状で、絹ではなく麻を用いたのが麻鞋[71]であり、下級武官が日常用いていた。[72]さらに藁製で同じ形状の「草鞋《そうかい》」もあり、これは衛士や庶民用であったが、[73]「そうかい」という読みが、天皇の室内履きである「挿鞋《そうかい》」と同じであるため、古文献で「草鞋」とあるのは、実は「挿鞋」のことを指している場合も多い。本来の草鞋は多く「藁沓《わらぐつ》」と記される。[74]

青地錦の靴氈《かせん》の付いた 鞾《かのくつ》
『桜町殿行幸図』より
（国立公文書館蔵）

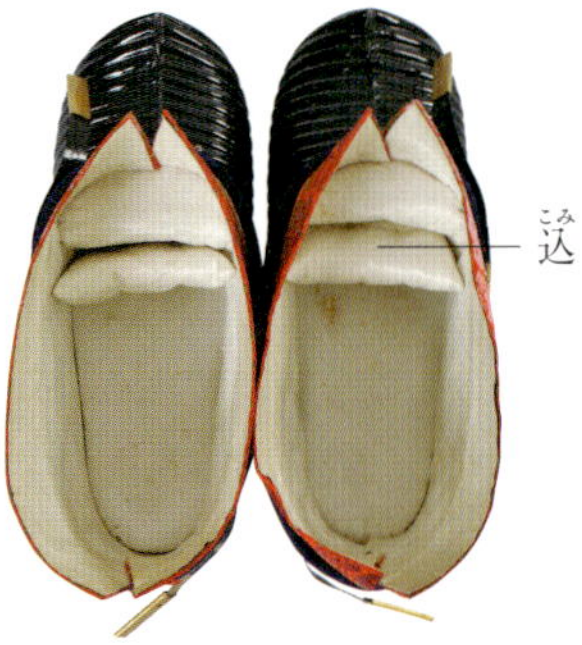

鞾の内部

鞾《かのくつ》（昭和御大礼用）

浅沓《あさぐつ》

半靴《ほうか》

烏皮履《うひり》

深沓《ふかぐつ》（江戸時代）

天皇の室内履き「御挿鞋《ごそうかい》」
『桜町殿行幸図』より（国立公文書館蔵）

【裏無《うらなし》・緒太《おぶと》】

藺草《いぐさ》で作ったいわゆる草履《ぞうり》で、裏に革を貼らないので「裏無」と呼ばれ、「藺履《いぐつ》」「緒太」の別名もある。装束着用時に地面が泥濘の場合は浅沓を用いるが、気軽な外出時などには「裏無」を用いた。[75] また束帯装束で韡を履くと疲れるため、休息用に持参した裏無に履き替えることもあった。[76]

通常は草履と同じような形状であるが、束帯の場合は指股のない襪を履くため、鼻緒が中央でなく左右にある「二つ鼻緒」を用いた。[77]

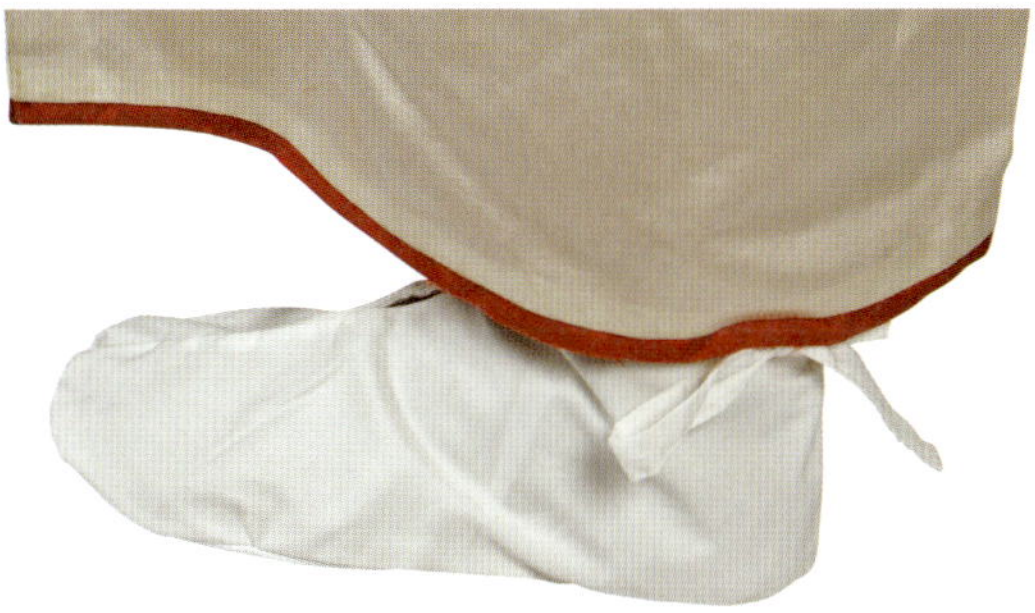

襪《しとうず》（現代）

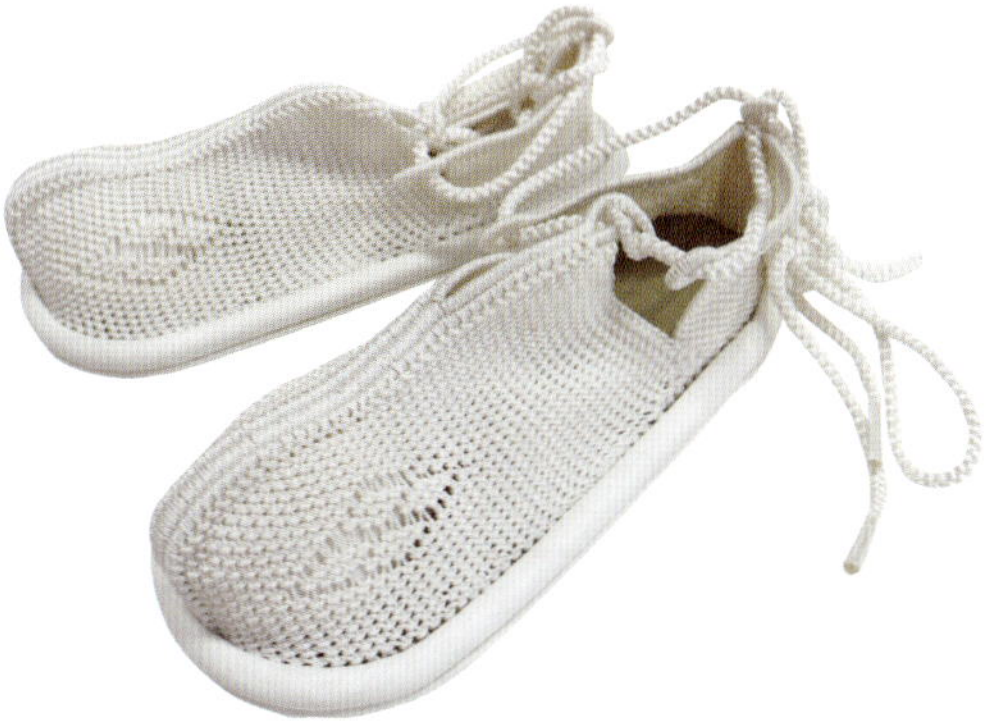

糸鞋《しかい》

藁沓《わらぐつ》（草鞋《そうかい》）と菓脛巾《いちびはばき》

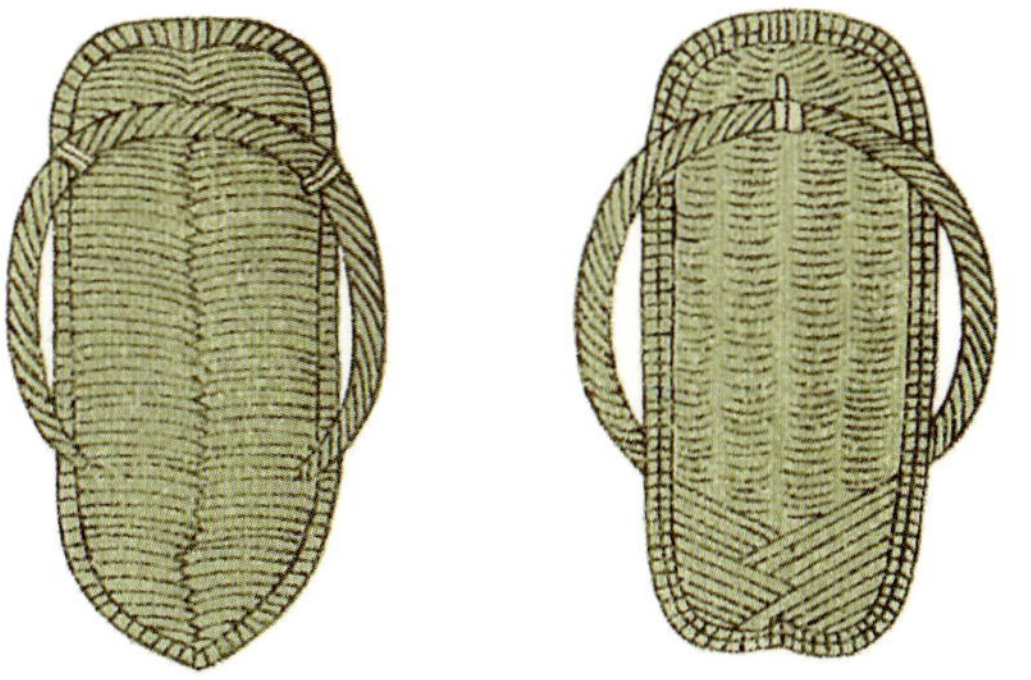

裏無《うらなし》（左：襪用、右：足袋・素足用）
『服色図解』より

第四章

有職の色彩と文様

有職の色彩

袍《ほう》の色彩（当色《とうじき》）

束帯《そくたい》や衣冠《いかん》装束の袍《ほう》は「位袍《いほう》」とも呼ばれるとおり、その色彩は着用者の位階に応じており、これを「当色」と呼ぶ。その歴史は古く、はるか千四百年前の聖徳太子の「冠位十二階」にさかのぼる。

律令以前の服制

【聖徳太子の冠位十二階】

推古天皇十一（603）年、「冠位十二階」が制定された。[1]一見して着用者の身分を識別可能にすることで朝廷の秩序を保つことが目的であり、中国や朝鮮半島の国々の例にならったものであった。ところが『日本書紀』には「当色《とうじき》絁《あしぎぬ》をもってこれを縫う」とあるが、肝心の当色の色彩が明示されておらず、五年後の記事[2]に「錦・紫・繡・織及五色綾羅」とあるだけである。現在解説される「紫・青・赤・黄・白・黒」の色彩順は、冠位名称の「徳・仁・礼・信・義・智」と『上宮聖徳法王帝説』の「即准五行、定爵位也」の記述などから、後世の学者たちが五行説に合わせた色彩を推測したに過ぎない。最上位が「錦」であった可能性も高く、冠と衣服の色彩の関係も不明である。

【天智・天武朝の当色改正】

大化三（647）年、いわゆる「大化の改新」により冠位は「七色十三階」に改正される。このとき冠は上位から「織・繡・紫・錦・青・黒・建武」に区別され、衣の色は「深紫・浅紫・真緋《あけ》・紺・緑」とされ、冠と衣服の色彩はまったく別の基準になった。天武天皇十一（682）年には冠が、全員黒の「漆紗冠《しつしやかん》」になり、[3]当色は衣服にのみ適用されることになる。「冠位」から「位階」への改正であった。

天武天皇十四（685）年、位階は六十階もの複雑なものとなり、当色は「朱華《はねず》・深紫・浅紫・深緑・浅緑・深蒲萄《えび》・浅蒲萄」の順に定められた。[4]「朱華《はねず》」はのちに皇太子の当色となる

聖徳太子の冠位十二階の色彩（後世の推測）

冠位名称	大徳	小徳	大仁	小仁	大礼	小礼	大信	小信	大義	小義	大智	小智
色彩												

律令前の当色《とうじき》

位階	親王明位	諸王浄位	正位	直位	勤位	務位	追位	進位
天武天皇十四（685）年	朱華《はねず》		深紫《こきむらさき》	浅紫	深緑	浅緑	深蒲萄《こきえび》	浅蒲萄
持統四（690）年	朱華	黒紫	赤紫	緋	深緑	浅緑	深縹	浅縹

「黄丹《おうに》」のようなオレンジ色であったと推測されている。下位の「蒲萄」色は野ブドウの色、すなわち赤紫であるが、大陸では赤系統は紫に次ぐ色であったから、五年後の持統四（690）年に再度改正され、「黒紫・赤紫・緋《あけ》・深緑・浅緑・深縹《こきはなだ》・浅縹《あさはなだ》」の順となり、[5]さらに大宝元（701）年三月、緋にも深浅の別ができた。[6]

律令「衣服令《いふくりょう》」の当色《とうじき》

この年の八月に『大宝律令』が制定され、その中の「衣服令」で当色は法令として規定され、翌年の元日の儀式は文武百官が当色の衣服で参朝した。[7]『大宝令』は失われて、その内容は定かではないが、改定版である『養老令』（718年）は内容が今日まで伝わっており、その定めが今日の装束にも影響を与えている。

「衣服令」での当色は上位から「深紫・浅紫・深緋《こきあけ》・浅緋《あさあけ》・深緑・浅緑・深縹《こきはなだ》・浅縹《あさはなだ》」の順[8]で、大宝元年三月の定めとほぼ同様である。無位の着る「制服」は黄、家人奴婢は黒橡《くろつるばみ》であった。[9]「衣服令」では、皇太子の当色を「黄丹《おうに》」と定めていたが、天皇の当色は規定されていなかった。「衣服令」には「凡服色。白、黄丹、紫、蘇方《すおう》、緋《あけ》、紅《くれない》、黄橡《きつるばみ》、鵄《そび》、蒲萄《えび》、緑、紺、

後

前

蔵人《くろうど》の袍《ほう》、色は麹塵《きくじん》（風俗博物館蔵）

天皇の御袍《ごほう》、色は黄櫨染《こうろぜん》

縹《はなだ》、桑、黄、揩衣《すりぎぬ》、秦《はしばみ》、柴、橡墨《つるばみすみ》。如此之属。当色以下各兼得服之。」とあり、黄丹の上位に白があることから、神聖とされた白が天皇の当色であったと考えられている。

【『延喜式』による色彩】

色彩は文字情報だけでは再現が難しいが、現存する自然界の色彩にたとえれば推測はできる。また染色材料などがわかれば、再現もある程度可能である。その意味で平安朝廷の運営マニュアルであった『延喜式』（967年施行）の「縫殿寮《ぬいどのりょう》」の規定により、染色材料を知ることができるのは幸いである。たとえば綾一疋を各当色に染めるのには、次の材料を使用した。

「黄櫨」櫨十四斤・蘇芳十一斤・酢二升・灰三斗・薪八荷

「黄丹」紅花大十斤八両・支子一斗二升・酢一斗・麩五升・藁四圍・薪一百八十斤

「深紫」紫草卅斤・酢二升・灰二石・薪三百六十斤

「浅紫」紫草五斤・酢二升・灰五斗・薪六十斤

「深緋」茜大四十斤・紫草卅斤・米五升・灰三石・薪八百四十斤

「浅緋」茜大卅斤・米五升・灰二石・薪三百六十斤

「深緑」藍十圍・苅安草大三斤・灰二斗・薪二百四十斤

後　前

皇太子の袍《ほう》、色は黄丹《おうに》（風俗博物館蔵）

『駒競行幸絵巻』より

皇太子の袍、色は黄丹

「浅緑」藍半圍・黄蘗大二斤八両
「深縹」藍十圍・薪六十斤
「浅縹」藍一圍・薪卅斤
「深黄」苅安草大五斤・灰一斗五升・薪六十斤

「圍」というのは約四尺の縄でくくった束のことである。これらの記述から、当時の色彩事情が鮮やかによみがえるのである。

【当色の変遷】

平安初期の大同元（806）年、「唐では区別していない」という理由で、緑（六位・七位）と縹（八位・初位）について、深浅の区別が廃止された。[10] 平安初期は極端に唐風《からぶり》を尊重する時代で、弘仁十一（820）年には唐皇帝の「赭《しゃ》黄《こう》」を真似て、天皇の当色「黄櫨染《こうろぜん》」が導入された。[11]

上位の当色を着用したいという願いは時代を問わない。特に紫色に対する情熱は深く、まず宝亀五（774）年に「浅紫」の二位でも大臣になれば「中紫」の着用が許されるようになり、弘仁元（810）年には「深紫」も許可される。これに連動して二位・三位は「浅紫」ではなく「中紫」となった。[12]『延喜式』によれば染色に使用する紫草の量は、綾一疋につき「浅紫」が五斤であるのに対して「中滅紫《なかのけしむらさき》」は八斤であり、かなり色が濃くなったわけである。

さらに西暦1000年頃の摂関期に、大きな変化があった。四位は「深緋《こきあけ》」が当色であったのに、三位と同じ「中紫」を着用するようになったのである。[13] もともと「深緋」の染料は「茜大四十斤・紫草卅斤」であり、かなり紫がかった緋色であったので、上昇志向とともに四位もなし崩しに「中紫」へと昇格してしまったようである。これに引きずられる形で、五位の「浅緋」は「深緋」になった。ただし、当色を監督する立場の検非違使《けびいし》や弾正台《だんじょうだい》、太政官の外記《げき》や史《し》といった実務にあたる五位官人は、「浅緋」を「朱紱《しゅふつ》」と呼んで、江戸時代末まで着用し続けた。

同じく摂関期に、四位以上の当色は黒になってしまった。紫を濃くする競争の挙げ句に黒となったようであるが、その時期や経緯は明らかではない。平安後期には確実に黒くなっている。[14] 黒橡は「衣服令」では最下級の「家人奴婢」の色とされているにも拘らず、最上級の四位以上が用いたことは大きな意識の変化であったといえよう。

さらにその頃、六位以下の当色が深縹（濃ブルー）だけになってしまった。この経緯も明らかではないが、早くも平安前期に混乱が生じている。[15] このときは縹がなく緑のみであったが、藍と苅安草《かりやすぐさ》の染めを掛け合わせる「深緑」は退色してブルーになりやすかったので、ついには全員が深縹になってしまった、というような事情であったらしい。また、規則を定める上級貴族たちにとっては、六位以下の当色などには関心が薄かったのであろう。ただし表記上の名称のみは「緑」と残しており、[16] それは現在の神職服制でも同様である。また、朝廷の儀式として最も重要であるとされた大嘗会《だいじょうえ》においては、六位の外記が「柚葉色《ゆずはいろ》」と称して深緑の袍《ほう》を着る習慣が残った。[17] これは「朱紱」着用と同じく、実務官人の誇りでもあったろう。

【黒袍の染色】

一位〜三位の本来の当色である紫染は、紫草を染料にしていた。『枕草子』では二位・三位の「中紫」をシラカシで染めると書かれている[18]が、これは薪の材料であったのであろうか、詳細は不明である。摂関期頃と思われる当色の紫から黒への変化は、紫草の収穫量の減少という事情があった可能性もある。関東地方は紫草の主産地であり、「むらさき」は「武蔵野」の枕詞であったほどであるが、この時代あたりから武蔵野を詠んだ歌が「秋」「草」「露」などをモチーフとしたものに変化している。

黒になってからの染色は、お歯黒染と同じ「付子鉄漿《ふしかね》」染であった。これは酢酸第一鉄と、植物・ヌルデにできた虫こぶ「五倍子《ごばいし》」のタンニンとを結びつけて黒く発色させるもので、悪臭がした。これを改善する工夫として、まず蘇《す》芳《おう》で赤く染め、その上にヌルデの枝葉、もしくはザクロの皮を煎じた液で染めるようにな

律令の当色《とうじき》と変遷

	天皇	皇太子	親王・王・臣下一位	王二～五位・臣下二～三位	臣下四位	臣下五位	六位	七位	八位	初位	無位
養老令養老二（718）年	白	黄丹《おうに》	深紫《こきむらさき》	浅紫	深緋《こきあけ》	浅緋	深緑	浅緑	深縹《こきはなだ》	浅縹	黄
宝亀五（774）年	白	黄丹	深紫	浅紫、大臣は中紫	深緋	浅緋	深緑	浅緑	深縹	浅縹	黄
大同元（806）年	白	黄丹	深紫	浅紫、大臣は中紫	深緋	浅緋	深緑		深縹		黄
弘仁元（810）年	白	黄丹	深紫	中紫、大臣は深紫	深緋	浅緋	深緑		深縹		黄
弘仁十一（820）年	黄櫨染《こうろぜん》	黄丹	深紫	中紫、大臣は深紫	深緋	浅緋	深緑		深縹		黄
1000年頃	黄櫨染	黄丹	深紫	中紫、大臣は深紫	中紫	深緋	深緑		深縹		黄
1010年頃	黄櫨染	黄丹	黒			深緋	深縹（名称は深緑）				黄
近代	天皇	皇太子	勅任官			奏任官	判任官				無位
現在の神社本庁身分	–	–	特級・一級			二級上・二級	三級・四級				

西陣の織元に残る江戸時代の装束裂《しょうぞくぎれ》の色彩

黄櫨染《こうろぜん》	赤色	黄丹《おうに》	青色	麹塵《きくじん》
天皇の夏御袍	上皇の御袍	皇太子の夏袍	典侍の表着	蔵人の袍

蒲萄染《えびぞめ》	萌黄《もえぎ》	赤	深縹緯白《ぬきしろ》	紫緯白
中宮の御袿	内侍小袿	五節舞姫の表着	壮年の指貫	源氏の指貫

った。[19] 現代の黒染色でも、まず赤く染めてから黒を掛けると深みがある色に仕上がるとされている。

【袍の裏地の色】

天皇の黄櫨染御袍《ごほう》の裏地は紫か二藍《ふたあい》、青色御袍の裏は黄であった。皇太子の黄丹袍の裏は二藍、その他の位《い》袍《ほう》の裏地の色は、黒袍は黒、深緋袍は深緋と、表地と同色が原則であるが、縹袍の裏地には蘇芳色を用いる。

五位官人の「朱紱」だけは特殊で、検非違使・弾正台の官人の裏地の色は黄、太政官の外記や史の裏地は蘇芳であった。

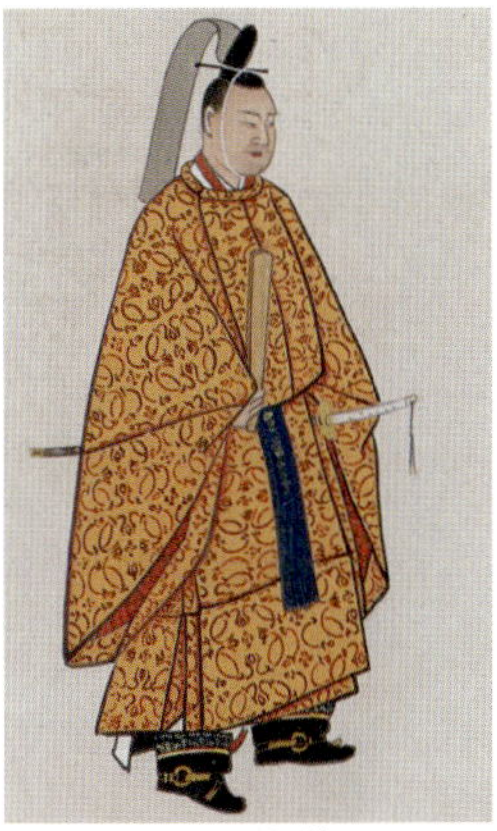

中務省五位地下《じげ》官人の朱紱《しゆふつ》・入襴《にゆうらん》の袍《ほう》

五位の赤袍

『桜町殿行幸図』より（国立公文書館蔵）

【青色《あおいろ》袍と赤色《あかいろ》袍】

朝廷への出仕には位袍が原則であったが、儀式や場合によって特別な例外があった。それが「青色袍」と「赤色袍」である。「青色」「赤色」は漠然とした色彩表現ではなく特定の色を指すもので、『延喜式』（縫殿寮《ぬいどのりよう》）の染色でいえば「青白橡《あおしらつるばみ》」と「赤白橡《あかしらつるばみ》」のことである。それぞれ綾一疋を染めるには、

「青白橡」　苅安草大九十六斤・紫草六斤・灰三石・薪八百四十斤

「赤白橡」　黄櫨大九十斤・灰三石・茜大七斤・薪七百廿斤

を染料とした。青白橡は黄色（苅安草）と紫（紫草）でグリーン系統の色を出す、難しい染色である。

青色袍は天皇が軽儀の束帯《そくたい》装束における袍として使用したが、黄櫨染と異なり、天皇専用色ではない。正月の儀式[20]「内宴」では、参加者全員が青色袍を着用するほか、華やかな儀式行事で多く着用された。[21] 青色には「麴塵《きくじん》」（コウジカビの色）、「山鳩色」（アオバトの色）、「魚綾《ぎよりよう》」（天皇御料の意味）などの別名もある。

赤色袍も天皇や上皇、摂関や儀式に参列する公卿などが着用した。天皇と「一の人」（当時最高位の臣下）が同じ赤色袍を着て並ぶことがあり、[22] また殿上童《てんじようわらわ》が赤色闕腋袍《けつてきほう》を着用することもあった。「内宴」や野行幸《のぎようこう》では天皇が赤色袍、臣下が青色袍を着るなど、[23] 青色よりも赤色の方が格上とされたが、[24] それは世界共通の認識であり、果実が熟するほど青から赤に変色する現象から来たものであろう。

赤色袍を上皇が常用した記録は多く、[25] 鎌倉時代には上皇の袍の色という認識もあり、[26] また江戸幕府の『禁中並公家諸法度』でも上皇の袍は赤色と定められていることなどから、[27] 赤色が上皇の当色という認識がある。しかし歴史的に見れば青色袍・赤色袍は朝廷の最高級お洒落着であって、天皇専用・上皇専用というものではない。従ってよく聞かれる、皇太子の「黄丹」が朝日の色、天皇の「黄櫨染」が中天の日の色、上皇の「赤色」が夕日の色を表すという説明は、わかりやすいが当色の認識に欠けた根拠のないものといえよう。

【浅黄《あさき》の袍】

皇族が元服式で着用する袍の色は「黄」である。[28] これは律令の「衣服令」で無位の当色として黄色が指定されていることから、「品位《ほんい》」（親王の位階）を賜っていない段階の親王が、無位の当色を用いたわけである。

ところが平安後期に混乱が生じた。雅仁親王（後白河天皇）の元服の際に、「浅黄」（ライトイエロー）ではなく、「浅葱」（ライトグリーン）ではないかという意見が出たのである。[29] 諸説が飛び交い、当時のファッションリーダーで「衣《え》紋道《もんどう》の祖」と呼ばれる元皇族・源有仁に聞いた

伊勢の神宮へ奉幣される錦と五色絁《ごしきのあしぎぬ》

春日大社へ奉幣される五色絁

ところ、「幼くて覚えていない」という回答であった。[30]

「浅黄」は『延喜式』（縫殿寮）で「綾一疋。（中略）苅安草大三斤八両、灰一斗二升、薪卅斤。」と定められているようにライトイエローであることは明白であり、本来は議論の余地はないはずであるが、混乱が生じた原因は「あさぎ」という発音にある。葱の青い部分と白い部分の中間の色が「浅葱」色であり、これと混同したのであろう、と江戸時代の国学者・本居宣長が解説している。[31]

現在の皇室における加冠の儀では、本来の形式である浅黄（ライトイエロー）雲鶴文浮織《うんかくもんうきおり》の闕腋袍を、童形束帯《どうぎょうそくたい》に用いている。

【五色《ごしき》】

有職故実《ゆうそくこじつ》に関連するさまざまな文物に、「五色」という概念が関係する。現在の七夕飾りの発祥ともいえる織部司《おりべのつかさ》の「織女祭《しょくじょさい》」では「五色絁《ごしきのあしぎぬ》」を奉幣した。[32] 現在でも皇室から勅祭社への奉幣物は、錦と「五色絁」である。

この五色は古代中国の陰陽五行説に基づくもので、「青・赤・黄・白・黒」の五色であり、その順に配置するのが本来の五色の並び順である。[33] しかし仏教寺院で見られる並び順は「青・黄・赤・白・黒（紫）」の順で、黄と赤が入れ替わっている。これは仏教の考えによる美麗荘厳《しょうごん》の色、「五正色《ごしょうじき》」の並びと考えられる。[34] 能舞台の「揚幕《あげまく》」などで仏教式の並び順がポピュラーになったため、現在ではさまざまな分野で仏教式が用いられている。

【二藍《ふたあい》】

夏の直衣《のうし》などに用いる「二藍」は、貴重な紫草を使わずに紫色を出す方法として、さまざまな衣類に多用された。大和言葉での「あい」は染料の総称であったようで、中国（呉）からもたらされたレッドの染料を「呉のあい」と呼び、それが「くれない」に変化した。その紅《くれない》と藍《あい》を掛け合わせた色が、「二藍」なのである。

まず藍染めをしてブルーになった生地に紅染めをして「二藍」にするが、その色調は藍と紅のバランスにより、赤紫〜紫〜青紫に変化する。また染めの深さで薄くもなり濃くもなる。そうしたことから二藍という色にはこれという標準がない。

平安時代の年齢による色彩ルールは、若い人ほど色濃く赤みを強くし、高齢者ほど色薄く赤みを消す、というものであった。そこで二藍も、若者用ほど赤みを強くしたのである。鎌倉時代の二藍は、紫よりも赤みが強いものであったようだ。[35]

『源氏物語』（藤裏葉）に、光源氏が息子の夕霧に直衣を与えるとき、「直衣はあまり濃い色だと軽く見られるぞ。非参議やそこらの若いのなら二藍でも良いが、お前は参議という高官なのだから、もっと大人びたのを着なさい」と、自分用の色の浅い直衣を持たせる場面がある。[36] 光源氏三十九歳、夕霧十八歳の設定であるが、官位の高い者は、実年齢よりも高齢扱いされることがルールであったので、公卿（参議）である夕霧には高齢者ファッションが勧められたのである。

禁色《きんじき》と忌色《いみじき》

装束の色は自由に選ぶことのできるカラフルなものであり、それにより「重ねの色目」などのお洒落を楽しんだが、身分により使用が制限されたり使用を避ける色や生地があった。それが「禁色《きんじき》」と「忌色《いみじき》」である。

【禁色《きんじき》】

禁色は皇族や高位の公卿のみに許された色で、それ以下の官位の者がこの色を用いるのには天皇による「禁色聴許《ちょうきょ》」が必要であった。この聴許を得ることは、「勅授帯剱《ちょくじゅたいけん》」（文官が帯剱）・「牛車宣旨」（牛車乗車のまま宮門通過）・「雑袍《ざっぽう》聴許」（直衣《のうし》での参内）と並び、大きなステータスシンボルとして扱われ、羨望の対象であった。六位でも蔵人《くろうど》（天皇秘書官）であれば原則として禁色を許されたので、清少納言は『枕草子』で幾度もそのことを羨んでいる。ただし蔵人になれば自動的に許されるのではなく、天皇に申請する形式をとった。[37]

禁色には複数の意味があり、それぞれ『延喜式』（弾正台《だんじょうだい》）などで公式に禁止されていた。それによるといくつかの例外はあるものの、原則として以下の制限があった。

(1) 自分の位階より上位の当色《とうじき》は禁止。自分より下位の色は使用可。
(2) 文様のある綾織物は禁止。
(3) 青摺《あおずり》により文様を描いた衣類は禁止。
(4) 指定色（支子《くちなし》・赤色・青色・深紫・深紅・深蘇芳《こきすおう》）は禁止。

夫人は夫が、娘は父が許された色に準じた色彩・生地を用いることができた。

なぜ「支子」が禁色指定色かといえば、それは皇太子の当色「黄丹《おうに》」に似ていたからである。『延喜式』（縫殿寮《ぬいどのりょう》）では「黄丹」の染料は「紅花大十斤八両・支子一斗二升」であり、「深支子」は「紅花大十二両。支子一斗」であって、極めて似ている。そこで最初は「深支子」だけ禁色であったが、やがて扱いがルーズになったため「浅支子」も禁止された。それでも人々のお洒落心はやまず、紅ではなく茜で染めて「これは違う」と言ったり、「支子ではなく黄朽葉《きくちば》」「款冬《やまぶき》」（山吹）だと称して着用に及ぶ者も後を絶たなかった。[38]

実際に禁色違反を摘発された場合、どの程度

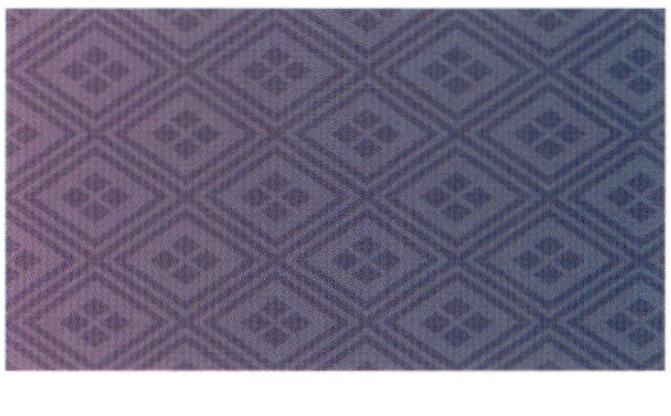
染織による
二藍の変化

現代の禁色《きんじき》・忌色《いみじき》

禁色	－			黄櫨染《こうろぜん》	黄丹《おうに》
忌色	鈍色《にびいろ》	黒橡《くろつるばみ》	鼠色《ねずみいろ》	萱草色《かんぞういろ》	柑子色《こうじいろ》

の刑罰があったかといえば、当該衣服は破り捨て、当人は笞打ち三十回の刑という厳しいものであった。[39] ただし、さまざまな運用があったようで、紅《くれない》の衣を咎められた下級女官が、「太陽の色を禁止されては天の下では暮らせない」と見事に歌に詠み、許された逸話が『新古今和歌集』にある。[40]

禁色の制限範囲は時代の流れに従ってゆるやかとなり、明治以降の禁色は天皇・皇太子の当色である「黄櫨染《こうろぜん》」と「黄丹」の二色のみとなった。

【忌色《いみじき》】

忌色は、葬儀など喪に服するときや、僧尼が用いる色で、日常の衣類「吉服」では使用することを避けた。忌色については「凶服《きょうぶく》」（210ページ）でも説明したが、黒橡《くろつるばみ》・鈍色《にびいろ》・鼠色《ねずみいろ》・柑子色《こうじいろ》・萱草色《かぞういろ》が、現代における忌色とされている。

かつて「心喪の色」として用いられたのが、青鈍《あおにび》・朽葉・浅葱《あさぎ》などである。『源氏物語』「玉鬘」の帖に、光源氏がゆかりある女性たちに贈る、それぞれに似合う衣類を選ぶシーンがある。その中に、尼となった空蝉《うつせみ》に贈る衣類を「青鈍の織物、いと心ばせあるを見つけたまひて、御料にある支子の御衣、許し色なる添へたまひて……。」と描いている。青鈍という、尼に相応しい色彩と組み合わせる衣類が「支子の御衣、許し色なる」である。これには古くからさまざまな解釈があるが、支子が禁色指定色であることを考慮すれば「許し色なる」は「支子」にかかる説明であり、「本来禁色である支子の薄い色バージョン」という意味に解釈できる。支子の薄い色といえば忌色である萱草色、心喪色の「朽葉色」に似た色となり、尼にふさわしい配色といえよう。この「許し色」を薄紅などと解釈すると、光源氏の空蝉に対する意識を誤解する可能性がある。禁色や忌色の知識と理解が、古典文学の解釈に影響を与える好事例であろう。

また浅葱色も心喪の色であった。雅仁親王元服の浅黄・浅葱論争の際にも、藤原宗能が「浅黄は心喪色なり」と発言している（注29参照）。ただしこの色は特に忌避されることもなく、吉服にも広く用いられた。

有職の色見本

平安以来の色彩についての知識は、装束をはじめとする有職故実《ゆうそくこじつ》を語るにはぜひとも知っておきたいことである。各種の有職故実文献や文学作品に登場する色の名前を紹介し、現代の染色家が再現した色から次ページでイメージしてみよう。染料については『延喜式』（縫殿寮《ぬいどのりょう》）により、綾一疋（二反）についての分量である。

かさね色目《いろめ》

自然の風情を愛おしむ心が強かった平安の人々は、自然界と同じように、いくつもの色を重ねることによって中間色を創り出すことを好んだ。こうして生まれた「かさね色目」には、いくつかの意味がある。裏地のある袷《あわせ》の衣類の、表と裏の生地の配色を楽しむ「重ね色目」。女房装束の五衣《いつつぎぬ》のように、複数重ね着をしたときの「襲《かさね》色目」、そして経《たて》糸と緯《ぬき》糸の色を違えて、玉虫色の輝きを見せる「織色目」とも呼ばれるものである。

織色目（葡萄染《えびぞめ》）

重ね色目（躑躅《つつじ》）

襲色《かさねいろ》目《め》（餅躑躅《もちつつじ》）

有職の色見本

有職の色					
色名	紅梅	今様色	退紅	一斤染	紅
	こうばい	いまよういろ	たいこう／あらぞめ	いっこんぞめ	べに／くれない
摘要	–	流行色の意。諸説あり	親王家の雑色	絹一疋を紅一斤で染める	–
延喜式による染料	–	–	紅花八両		紅花一斤四両
	赤色	赤白橡	葡萄	中蘇芳	深緋	浅緋／朱紱
	あかいろ	あかしらつるばみ	えび	なかすおう	こきあけ／ふかひ	あさあけ／しゅふつ
	禁色。上皇の当色	禁色。「赤色」と同色か	平安期下襲に多用	六位以下の使用禁止	四位のち五位の当色	摂関期まで五位当色
	–	黄櫨九十斤茜七斤	紫草三斤	蘇芳八両	茜大四十斤紫草三十斤	茜大三十斤
	朽葉	黄櫨染	黄丹	深支子	女郎花色	青白橡
	くちば	こうろぜん	おうに／おうだん	こきくちなし	おみなえしいろ	あおしらつるばみ
	落葉の色。尼の色	禁色。天皇の当色	禁色。皇太子の当色	黄丹に似て禁色	襲色目に多用	禁色。青色と同色か
	–	櫨十四斤蘇芳十一斤	紅花大十斤 支子一斗二升	紅花大十二両 支子一斗	–	苅安草九十六斤 紫草六斤
	萌黄／萌木	浅緑	深緑	青色	中藍	青鈍
	もえぎ	あさみどり	こきみどり	青色	なかあい	あおにび
	若葉の色	摂関期まで七位当色	摂関期まで六位当色	禁色。天皇の軽儀	植物としての藍の葉色	忌色。僧尼の料
	–	藍半圍黄蘗大二斤八両	藍十圍苅安草三斤	–	藍一圍黄蘗十四両	–
	浅縹	縹・中縹	深縹	褐色	薄色	半色
	あさはなだ	はなだ・なかはなだ	こきはなだ	かちいろ	うすいろ	はしたいろ
	摂関期まで初位当色	現代の「藍色」	八位当色のち六位以下	随身の褐衣の色	ただ「色」といえば紫のこと	紫の半分の色
	藍一圍	藍七圍	藍十圍	–	–	–
	二藍	浅紫	中紫	深紫	濃	浅黄
	ふたあい	あさむらさき	なかむらさき	こきむらさき	こき	あさき
	藍と紅を掛け合わせた色	平安中期まで二位・三位当色	平安中期から二位・三位当色	摂関期まで一位当色	濃蘇芳色と同色か	無位当色 苅安草三斤八両
	–	紫草五斤	–	紫草三十斤	–	–
	鈍色	香染	浅葱	黒橡	萱草色	柑子色
	にぶいろ／にびいろ	こうぞめ	あさぎ	くろつるばみ	かぞういろ	こうじいろ
	忌色。僧尼の料	舎人の服。僧尼の料	心喪色	摂関期以降四位当色	忌色。凶事の女袴色	忌色。萱草色と同色説あり

重ね色目（春の色）

名称	よみ	表／裏	着用時期その他	参考文献
梅	うめ	白／蘇芳	五節から二月まで 若年	『物具装束抄』
梅重	うめがさね	濃紅／紅梅	十一月より二月まで	『薄様色目』
裏梅	うらうめ	紅梅／紅	十一月より二月まで	『薄様色目』
莟紅梅	つぼみこうばい	紅梅／濃蘇芳	祝事。若年正月十五日まで	『四季色目』
紅梅匂	こうばいのにおい	紅梅／薄紅梅	冬・春	『女官餝抄』
若草	わかくさ	淡青／濃青	正月・二月初	『薄様色目』
萌黄	もえぎ	萌黄／女郎花	冬・春。多くは若年	『装束抄』
柳	やなぎ	白／淡青	冬より春	『装束抄』
黄柳	きやなぎ	淡黄／淡青	冬・春	『四季色目』
青柳	あおやなぎ	青／淡青	春。諸説多し	『山科家説色目』
桜	さくら	白／赤	冬・春。色目に諸説多し	『胡曹抄』
樺桜	かばざくら	蘇芳／赤	春。中年以後は用いず	『装束抄』
桜萌黄	さくらもえぎ	萌黄／濃二藍	春。年少から壮年まで	『物具装束抄』
菫	すみれ	紫／淡紫	二・三月	『薄様色目』
壺菫	つぼすみれ	紫／淡青	春あるいは二月	『薄様色目』
桃	もも	淡紅／萌黄	三月	『色目秘抄』
早蕨	さわらび	紫／青	三月。名ばかりか	『胡曹抄』
躑躅	つつじ	蘇芳／萌黄	冬より春。三十歳まで	『色目秘抄』
紅躑躅	くれないつつじ	蘇芳／薄紅	二・三月	『四季色目』
白躑躅	しろつつじ	白／紫	二・三月	『薄様色目』
羊躑躅	もちつつじ	薄色／濃蘇芳	春	『桃花蘂葉』
花山吹	はなやまぶき	浅紅／黄	春。若年	『物具装束抄』
裏山吹	うらやまぶき	黄／萌黄	春。年少	『物具装束抄』
青山吹	あおやまぶき	青／黄	春	『桃花蘂葉』
藤	ふじ	薄色／萌黄	三・四月	『服飾管見』
牡丹	ぼたん	淡蘇芳／白	三・四月	『薄様色目』

重ね色目（夏の色）

名称	卯花 うのはな	鶏冠木 かえで	若鶏冠木 わかかえで	杜若 かきつばた	菖蒲 あやめ
表／裏	白／青	青／青	淡青／紅	二藍／萌黄	青／紅梅
着用時期その他	四・五月	四月	夏	五月	四・五月
参考文献	『物具装束抄』	『雁衣抄』	『胡曹抄』	『物具装束抄』	『桃花蘂葉』

			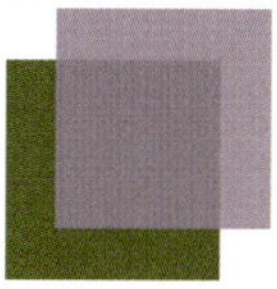		
若菖蒲 わかあやめ	葵 あおい	花（廬）橘 はなたちばな	楝 おうち	蓬 よもぎ	百合 ゆり
淡紅／青	薄青／薄紫	朽葉／青	薄色／青	淡萌黄／濃萌黄	赤／朽葉
夏	夏	四・五月	四・五月	夏	夏
『薄様色目』	『桃花蘂葉』	『物具装束抄』	『物具装束抄』	『胡曹抄』	『桃花蘂葉』

苗色 なえいろ	若苗 わかなえ	薔薇 そうび	撫子 なでしこ	蟬の羽 せみのは	青唐紙 あおからかみ
淡青／黄	淡木賊／淡木賊	紅／紫	薄蘇芳／青	檜皮色／青	黄／青
夏	夏	夏	四・五月、あるいは六月も。色目に諸説多し	夏	夏
『薄様色目』	『藻塩草』	『薄様色目』	『物具装束抄』	『薄様色目』	『山科家説色目』

桔梗 ききょう
二藍／青
五・六月
『物具装束抄』

重ね色目（秋の色）

名称	女郎花	萩	萩重	花薄	紫苑
	おみなえし	はぎ	はぎがさね	はなすすき	しおん
表／裏	経青緯黄／青	薄紫／青	紫／二藍	白／縹	薄色／青
着用時期その他	六月から八月（九月）	六月から八月（九月）	秋	秋初め	六月から九月
参考文献	『物具装束抄』	『物具装束抄』	『薄様色目』	『色目秘抄』	『物具装束抄』

紅葉	初紅葉	黄紅葉	青紅葉	櫨紅葉	朽葉
もみじ	はつもみじ	きもみじ	あおもみじ	はじもみじ	くちば
赤／濃赤	萌黄／薄萌黄	萌黄／黄	青／朽葉	蘇芳／黄	濃紅／濃黄
秋	秋	九月から五節	九月から五節	九月から十一月	秋
『雁衣抄』	『薄様色目』	『物具装束抄』	『雁衣抄』	『四季色目』	『薄様色目』

赤朽葉	小栗色	落栗色	荻	檀	槿
あかくちば	こぐりいろ	おちぐりいろ	おぎ	まゆみ	あさがお
経紅緯黄／黄	秘色／淡青	蘇芳／香	蘇芳／青	蘇芳／萌黄	縹／縹
秋深くては着ず	秋。老者五位	秋	秋	秋	秋
『四季色目』	『満佐須計装束抄』	『薄様色目』	『西三條装束抄』	『薄様色目』	『桃花蘂葉』

忍	櫨	菊	蘇芳菊	九月菊	黄菊
しのぶ	はじ	きく	すおうのきく	くがつぎく	きぎく
淡萌黄／蘇芳	朽葉／黄	白／青	白／濃蘇芳	白／黄	黄／青
秋	九月より十一月	八月から冬至	秋	九月	九月から五節
『色目秘抄』	『四季色目』	『物具装束抄』	『薄様色目』	『色目秘抄』	『物具装束抄』

紅菊	移菊	莟菊	残菊	葉菊	龍胆
くれないぎく	うつろいぎく	つぼみぎく	のこりぎく	はぎく	りんどう
紅／青	薄紫／青	紅／黄	黄／白	白／紺青	蘇芳／青
秋。中陪は淡青	十月から五節	秋	秋	九月より五節	九月から五節
『薄様色目』	『物具装束抄』	『薄様色目』	『四季色目』	『四季色目』	『物具装束抄』

重ね色目（冬の色）

名称	虫青 むしあお	枯色 かれいろ	苔 こけ	氷 こおり	氷重 こおりがさね
表／裏	青／二藍	黄／青	濃香／二藍	白瑩／白	鳥ノ子／白
着用時期その他	秋から冬、四季通用説有。玉虫の色	十月から三月	冬	白瑩は艶を出した白	詳細不明
参考文献	『雁衣抄』	『物具装束抄』	『装束抄』	『雁衣抄』	『四季色目』

雪の下 ゆきのした	椿 つばき				
白／紅梅	蘇芳／赤				
冬より春	五節より春				
『薄様色目』	『胡曹抄』				

重ね色目(雑・四季通用の色)

	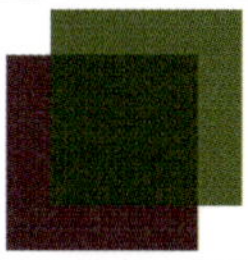				
名称	松重 まつがさね	脂燭 しそく	香 こう	苦色 にがいろ	胡桃色 くるみいろ
表／裏	青／紫	紫／紅	香色／香色	香／二藍	香／青
着用時期その他	十五歳以上。祝儀の色	四季通用（秋説あり）	老人は裏白	十歳より二十歳。祝儀に用いず	四季通用
参考文献	『雁衣抄』	『桃花蘂葉』	『物具装束抄』	『四季色目』	『四季色目』

蘇芳香 すおうこう	秘色 ひそく	花田 はなだ	今様色 いまよういろ	赤色 あかいろ	葡萄染 えびぞめ
蘇芳／黄	瑠璃色／淡青	縹／縹	紅梅／濃紅梅	赤／二藍	蘇芳／縹
四季通用	四季通用	老人は裏白	四季通用	年少用	四季通用
『色目秘抄』	『四季色目』	『物具装束抄』	『四季色目』	『物具装束抄』	『桃花蘂葉』

檜皮色 ひわだいろ	海松色 みるいろ	木賊 とくさ	黒木賊 くろとくさ		
蘇芳／二藍	萌黄／縹	萌黄／白	青黒味／白		
四季通用。諸説多し	老人は裏白。諸説多し	四季通用	四季通用。祝儀に用いず		
『雁衣抄』	『四季色目』	『布衣記』	『四季色目』		

表裏の重ね色目（狩衣《かりぎぬ》）

狩衣の色彩は禁色《きんじき》規制の対象外とされ[41]、比較的自由に色彩が楽しまれた。そのため、装束の中で最も色彩豊かであり、表地と裏地の色を変える「重ね色目」が楽しまれた。ただし高位高官にある高齢者はこの楽しみから離れ、表地の色に拘らず裏地を白とした[42]。この表と裏の重ね色目は男子装束のみならず、女子装束や帖紙《たとう》（薄様《うすよう》）、その他さまざまな物品の色彩構成に多用されるようになり、今日でも尊重されている。

平安時代の絹織物は、蚕の吐き出す糸が細かったことから、現代の絹織物よりもかなり薄かったため、生地を重ねると下の色が透け、ハーフトーンの独特の色合いを出したと考えられている。そうなると人の動きによって生地にさまざまな色表現が生まれ、よりいっそう、自然の風情を感じられるものとなったであろう。

重ね色目には諸説あり、文献によってまったく異なる記述がなされているので、ここでは鎌倉時代以降に著された、いくつかの文献から選んで表示した。

桜重ね（表白／裏赤）

女房装束の襲《かさね》色目

平安の女房装束で好まれたのは、衣一枚一枚の美しさよりも、数枚の重なりによって生み出される彩り、グラデーションであった。特に袿《うちぎ》を五枚重ねた「五衣《いつつぎぬ》」の色合いに趣向を凝らし、その色の組み合わせに四季折々の自然の風情を見出し、着用すべき季節を定めた。見る人の目を楽しませ、着る人に季節を体感させる、素晴らしいカラーコーディネートである。今日でも一つの美の基準として愛されている。

女房装束は五衣の上に「表着《うわぎ》」、さらに「小《こ》袿《うちぎ》」や「唐衣《からぎぬ》」を着重ねるので、五衣が表面に出る面積は小さいのであるが、袖や裾に現れるこの部分の美しさを女房たちは競った。また、この五衣の色目に合わせて他の衣類を選んだので、この色目が女房装束の基準ともいえるであろう。

平安時代以来、公家が好んだグラデーション・配色の方法には次のような名称がある。

匂《におい》　同系色のグラデーションの配色

薄様《うすよう》　グラデーションで淡色になり、ついには白にまでなる配色

村濃《むらご》　ところどころに濃淡がある配色

単重《ひとえがさね》　夏物の、裏地のない衣の重ね。下の色が透けるので微妙な色合いになる

表裏の重ね色目と同じように、同じ名称でも文献によって微妙な差異があるが、ここでは最もポピュラーな文献とされる、平安末期の『満《ま》佐須計《さすけ》装束抄』から紹介する。

紅《くれない》の匂《におい》

『満佐須計《まさすけ》装束抄』（源雅亮《みなもとのまさすけ》・平安末期）に見られる襲色目《かさねいろめ》

春夏秋冬の色々。祝に着る色々

	蘇芳の匂 すおうのにおい	松重 まつがさね	紅の匂 くれないのにおい	紅の薄様 くれないのうすよう	紅梅の匂 こうばいのにおい	萌黄の匂 もえぎのにおい
表	淡蘇芳・淡蘇芳・蘇芳・蘇芳・濃蘇芳、青単	蘇芳・淡蘇芳・萌黄・淡萌黄・より淡萌黄、紅単	濃紅・紅・紅・淡紅・より淡紅、紅梅単	紅・淡紅・より淡紅・白・白、白単	より淡紅梅・淡紅梅・紅梅・紅梅・濃紅梅、青単	より淡萌黄・淡萌黄・萌黄・萌黄・濃萌黄、紅単
裏	淡蘇芳・淡蘇芳・蘇芳・蘇芳・濃蘇芳	蘇芳・淡蘇芳・萌黄・淡萌黄・より淡萌黄	濃紅・紅・紅・淡紅・より淡い紅	紅・淡紅・より淡紅・白・白	より淡紅梅・淡紅梅・蘇芳・蘇芳・濃蘇芳	より淡萌黄・淡萌黄・萌黄・萌黄・濃萌黄

十月一日より練り衣、綿入れで着る

	黄菊 きぎく	紅紅葉 くれないもみじ	櫨紅葉 はぜもみじ	青紅葉 あおもみじ	楓紅葉 かえでもみじ	捩り紅葉 もじりもみじ
表	蘇芳・淡蘇芳・淡蘇芳・淡黄・淡黄、青単	紅・淡朽葉・黄・淡青・淡青、紅単	黄・より淡朽葉・淡朽葉・紅・蘇芳、紅単	青・淡青・黄・淡朽葉・紅、蘇芳単	淡青・淡青・黄・淡朽葉・紅、蘇芳単	青・淡青・黄・淡朽葉・紅、紅単
裏	蘇芳・淡蘇芳・淡蘇芳・淡黄・淡黄	紅・黄・黄・濃青・淡青	黄・より淡朽葉・淡朽葉・紅・蘇芳	青・淡青・黄・黄・紅	淡青・淡青・黄・黄・紅	青・淡青・淡朽葉・黄・紅

五節より春まで着る色々

	紫の匂 むらさきのにおい	紫の薄様 むらさきのうすよう	裏陪紅梅 うらまさりこうばい	山吹の匂 やまぶきのにおい	裏山吹 うらやまぶき	花山吹 はなやまぶき
表	濃紫・紫・紫・淡紫・より淡紫、紅単	紫・淡紫・より淡紫・白・白、白単	すべて淡紅梅、白単	朽葉・淡朽葉・淡朽葉・より淡朽葉・黄、青単	すべて黄、青単	すべて淡朽葉、青単
裏	濃紫・紫・紫・淡紫・より淡紫	紫・淡紫・より淡紫・白・白	すべて紅梅	濃黄・黄・黄・より淡黄・より淡黄	すべて朽葉	すべて黄

	梅染 うめぞめ	梅重 うめがさね	雪の下 ゆきのした	紫村濃 むらさきむらご	二つ色 ふたついろ	色々 いろいろ
表	すべて白、青単	より淡紅梅・淡紅梅・紅梅・紅・濃蘇芳、濃紫単	白・白・紅梅・淡紅梅・より淡紅梅、青単	紫・淡紫・より淡紫・濃青・淡青、紅単	薄色・薄色・黄・黄・萌黄・萌黄、紅単重	薄色・萌黄・紅梅・黄・蘇芳、紅単
裏	すべて濃蘇芳	淡蘇芳・淡蘇芳・蘇芳・紅・濃蘇芳	白・白・蘇芳・淡蘇芳・より淡蘇芳	紫・淡紫・より淡紫・濃青・淡青	薄色・薄色・紅・紅・萌黄・萌黄	薄色・萌黄・蘇芳・紅・濃蘇芳

四月より薄衣に着る色々

	若菖蒲 わかあやめ	藤 ふじ	躑躅 つつじ	花橘 はなたちばな	撫子 なでしこ	菖蒲 あやめ
表	青・淡青・淡青・白・白、白単	淡紫・淡紫・より淡紫・白・白、白単	紅・淡紅・より淡紅・青・淡青、白単	淡朽葉・より淡朽葉・白・青・淡青、白単	蘇芳・淡蘇芳・淡蘇芳・白・白、白単	青・淡青・白・紅梅・淡紅梅、白単
裏	白・白・紅梅・淡紅梅・より淡紅梅	淡紫・淡紫・より淡紫・青・淡青	紅・淡紅・より淡紅・青・淡青	黄・淡黄・白・青・淡青	蘇芳・紅・紅梅・青・淡青	青・淡青・白・蘇芳・淡蘇芳

	卯花 うのはな	白撫子 しろなでしこ	餅躑躅 もちつつじ	杜若 かきつばた	薄 すすき	女郎花 おみなえし
表	すべて白、白単	すべて白、白単	蘇芳・淡蘇芳・淡蘇芳・青・淡青、白単	淡紫・薄色・薄色・青・淡青、紅単	蘇芳・淡蘇芳・淡蘇芳・青・淡青、白単	すべて女郎花色、紅単
裏	白・白・黄・青・淡青	蘇芳・紅・紅梅・青・淡青	蘇芳・淡蘇芳・淡蘇芳・青・淡青	淡紫・薄色・薄色・青・淡青	蘇芳・淡蘇芳・淡蘇芳・青・淡青	すべて青

十二単《じゅうにひとえ》における五衣《いつつぎぬ》の襲《かさね》色目の例

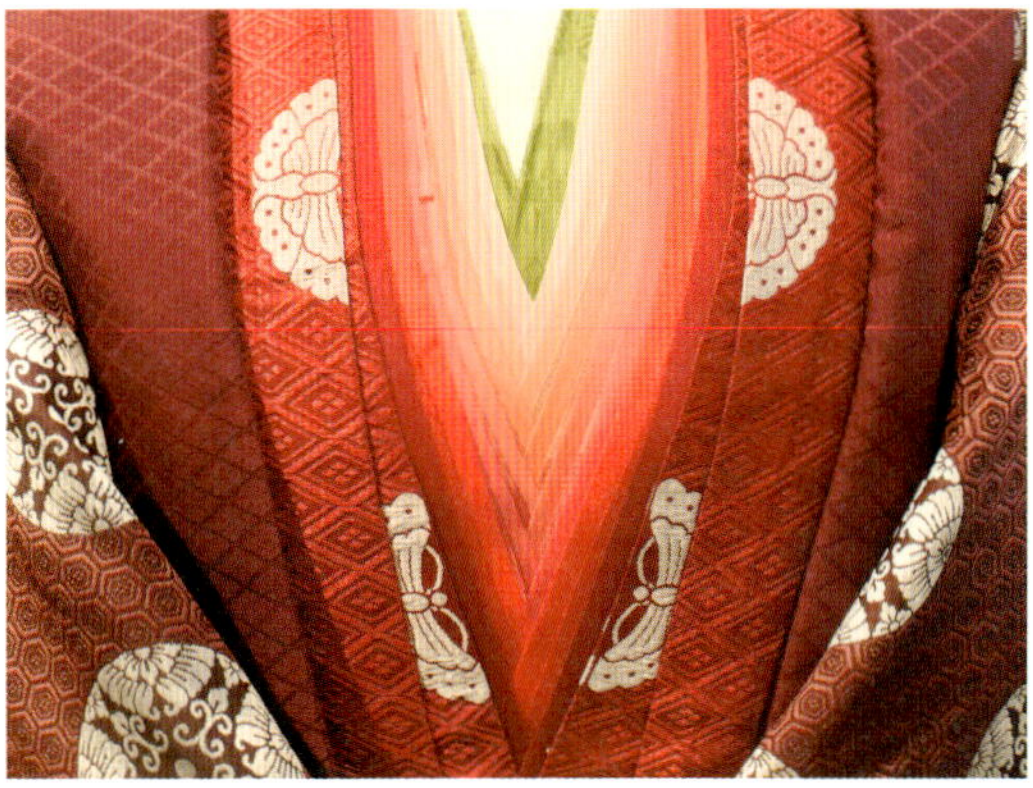

紅《くれない》の匂《におい》

花橘《はなたちばな》

織色目《おりいろめ》

装束独特の言葉に「織物」と「染物」がある。「織物」とは、糸を先に染めてから織る「先染め」であり、経糸《たて》と緯糸《ぬき》の色を変えることによって、光の加減で色彩が変わる、いわゆる「玉虫色」となる。これが織色目である。「無文《むもん》織物」は文様のない織物であるが、玉虫色の輝きがある贅沢品として平安時代には禁止されていた。[43]それに対して「染物」は白い反物を織ってから一色に染める「後染め」で、たとえば位袍《いほう》は染物である。

　玉虫色の表現は印刷では難しいが、ここでは経糸の色で地を、緯糸の色で上文を表した。

江戸時代の礼服《らいふく》・麹塵《きくじん》（経青《たてあお》／緯黄《ぬきき》）

織色目（経糸《たて》の色／緯糸《ぬき》の色）

赤色	蒲萄染	藤	萩	花葉色	縹唐紙
あかいろ	えびぞめ	ふじ	はぎ	はなばいろ	はなだからかみ
紫／紅	赤／紫	萌黄／紫	青／蘇芳	黄／山吹	白／縹

花橘	櫨	秘色	唐紙	黄唐紙	麹塵
はなたちばな	はぜ	ひそく	からかみ	きからかみ	きくじん
黄／紅	薄紅／黄	香／薄色	白／黄	黄／白	青／黄

濃色	紅梅	朽葉	円薄青	松重	木蘭地
こきいろ	こうばい	くちば	まろうすあお	まつがさね	もくらんじ
濃紫／濃蘇芳	紅／白	紅／黄	薄青／青	青／紫	黒／黄

女郎花	桜	篠青	蘇芳	薄色	薄香
おみなえし	さくら	ささあお	すおう	うすいろ	うすこう
黄／萌黄	蘇芳／白	青／白	紫／二藍	紫／白	香／白

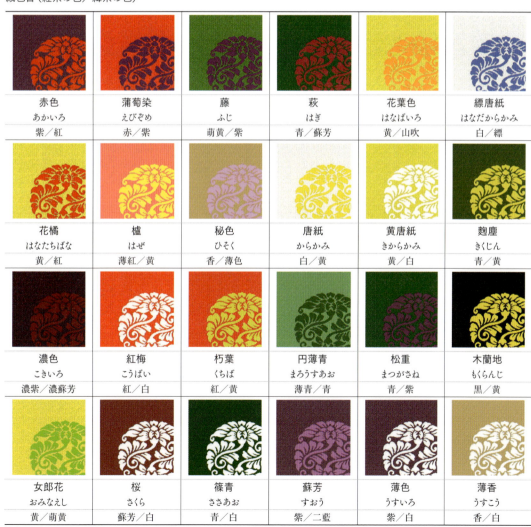

有職文様

有職文様《ゆうそくもんよう》は装束を始めとする、公家社会の生活空間で用いられたさまざまな文様の総称である。和風でありながら国際的、古いようで新しい独特の文様で、どのようなシチュエーションで利用されても、たちまち優美さと品格を醸し出す不思議な文様である。

有職文様が国際的な印象を持っているのは、その発祥の地が古代ギリシャやササン朝ペルシャであり、はるか昔、はるばるシルクロードを通って日本に伝わってきた文様だからであろう。その後、千年以上の時の流れの中で、国風化と王朝貴族たちによるさらなる洗練を経て、今に伝わる有職文様が確立されたのである。ここでは数ある有職文様の中から、装束に用いられた、最も代表的なデザインのみを紹介する。

装束の文様は多種多様であるが、次のように分類できよう。

【地文《じもん》】

柄が全体に及ぶ「総柄文《そうがらもん》」である。

・**襷《たすき》**　縦・横・斜めに連続した文様。

・**立涌**（たてわく・たちわき）　蒸気が立ち昇る様子をかたどったとされる。実際にはシルクロードから伝わった唐草連続文を縦方向に配置したものであろう。関白の袍や親王の指貫《さしぬき》などに用いられた高貴な文様である。

・**唐草**　全体に植物が繁茂した状態のデザイン。西アジアの葡萄唐草文様などが発祥で、袍のほか、多くの装束に用いられた。松など、実際にはツル性でない植物でも文様としては存在する。

【丸文《まるもん》】

丸形の文様をあちこちに配置した「飛び文」である。縦・横、前・後に配置しても文様に変化が少ないため、狩衣《かりぎぬ》などで多く用いられる。

【二陪《ふたえ》織物】

地文を織り出した上に、さらに上文を縫取織《ぬいとり》で表した最高に豪華な織物である。

【文様使用の基本的ルール】

総柄、丸文、どのような文様であっても、年齢による配置のルールがある。それは、若いほど文様を小さく多く、高齢になるに従って文様を大きく少なくすることである。文様が多く密集しているものを「繁文《しげもん》」、少なくまばらであるものを「遠文《とおもん》」と呼び、高齢者が着用する狩衣などの大文《だいもん》生地は「桂手《かつらで》」と呼ばれる。

袍《ほう》の文様

天皇の「桐竹鳳凰麒麟《きりたけほうおうきりん》」[1]、皇太子の「窠中鴛《かのなかにえん》鴦《おう》」は、それぞれの専用文である。天皇の青色御袍《ごほう》も本来は桐竹鳳凰麒麟であったが、室町時代以降に「尾長鳥牡丹唐草《おながどりぼたんからくさ》」となり[2]、これは江戸後期の御再興まで続いた。その他、上皇の「窠中竹桐《かのなかにたけきり》」「菊唐草地窠中八葉菊《きくからくさじかのなかにはちようぎく》」[3]、親王の「雲鶴《うんかく》」なども知られる。

臣下で袍に文様を織り出せるのは五位以上であり、平安末期に描かれた絵巻物を見ると、水草・田字草《でんじそう》をモチーフとした「藻勝見《もかつみ》」文様が多い。その後、多くは通用文として「輪無《わなし》唐草《からくさ》」「轡唐草《くつわからくさ》」を用いた。[4] それぞれ使用した家は『三條家装束抄』(鎌倉時代?)や『装束雑事抄』(1399年)などの記述によれば、

「輪無唐草」 三條・大炊御門《おおいのみかど》・中院《なかのいん》・花山院《かざのいん》・日野・勧修寺《かじゅうじ》・源家・平家

「轡唐草」 閑院《かんいん》両家・西園寺《さいおんじ》・徳大寺・御子《みこ》左《ひだり》・四條・平松・楊梅《やまもも》・山科・菅家・高倉・地下《じげ》両局

などとなっている。花山院家は典拠によって輪無・轡両方の記載があり、時代によって多少の変遷があったのであろう。大正以降の神職が用いる袍の文は輪無唐草である。

大臣に任官すると、「異文《いもん》」と呼ばれる各家専用の文を用いた。江戸後期の『装束織文図《しょくもんず》会《え》』(本間百里増補)によれば、九條家「窠唐草《かにからくさ》」、二條家「窠《か》」、一條家「窠唐草」、鷹司家「丁《ちょう》子《じ》唐草」「龍胆《りんどう》唐草」、久我家・中院家「笹立涌《ささたてわく》」、三條家「亀甲」、西園寺家「長命唐草」、徳大寺家「窠」、大炊御門家「亀甲」、今出川家「三《みつ》楓《かえで》」、広幡家「菊折枝《きくのおりえだ》」などが知られる。

摂政・関白は「雲立涌」である。関白を子弟に譲って太閤になると親王と同じ「雲鶴」になる。足利将軍家は「輪無唐草」であったが大臣任官後は「竹桐」[5]、徳川将軍家は三ツ葉葵紋のある「御紋附丁子唐草」を用いた。

袍の文様

桐竹鳳凰麒麟 きりたけほうおうきりん	窠中鴛鴦 かのなかにえんおう	雲鶴 うんかく	輪無唐草 わなしからくさ	轡唐草 くつわからくさ
天皇	皇太子	親王	諸家通用	諸家通用
これらの文様は他の者が絶対に用いることのできないものである		–	–	–

丁子唐草 ちょうじからくさ	窠唐草 かにからくさ	菊折枝 きくのおりえだ	唐草繋 からくさつなぎ	定家立涌 ていかたてわく
鷹司家異文	九條家異文	広幡家異文	三條家異文	冷泉家異文

藻勝見 もかつみ	小葵 こあおい	臥蝶丸(浮線綾) ふせちょうのまる(ふせんりょう)	三重襷 みえだすき	尾長鳥牡丹唐草 おながどりぼたんからくさ
絵巻物の袍に多く見られる	天皇の御直衣、童直衣など	冬の直衣、下襲など	夏の直衣	室町から江戸後期までの青色袍

直衣《のうし》の文様

天皇の冬の御引直衣《おひきのうし》の文様は「小葵《こあおい》」である。小葵は高貴な文様として皇室関連で多く用いられたほか、童殿上《わらわてんじょう》の直衣も浮織《うきおり》で「小葵」を用いた。[6]臣下の直衣の文様は固定化されていて、冬は「浮線綾《ふせんりょう》」、夏は総柄である「三重襷《みえだすき》」であり、[7]天皇の夏の御引直衣も同じ三重襷であった。

「浮線綾」は「浮線蝶」と書かれたり、「臥《ふせ》蝶《ちょう》」[8]とも呼ばれる。もともと「浮線綾」は浮織を表す言葉であったが、[9]その浮織によく用いられた文様であったため、文様自体が「浮線綾」と呼ばれるようになった。[10]「臥蝶」というのは、蝶が花にとまっている文様ということでそう呼ばれるが、古い時代のこの文様には蝶の面影がなく、シルクロードから来た団花文《だんかもん》が由来であろう。

夏の「三重襷」は「大文《だいもん》」とも呼ばれた。[11]しかし、たんなる「大きな文」を大文と表記することも多いため、文献を読む際には注意が必要である。三重襷は総柄《そうがら》ではあるが、年齢により文様サイズを変化させるルールは残っており、たとえば明治天皇御料の御直衣は、年齢により文様サイズが異なる。

表袴《うえのはかま》・指貫《さしぬき》の文様

窠に霰	窠に霰	窠に霰	八藤丸	亀甲地臥蝶丸
かにあられ	かにあられ	かにあられ	やつふじのまる	きっこうじふせちょうのまる
天皇の御表袴	摂家・久我家の表袴	諸家の表袴	中年以降の表袴	十五歳以下の指貫

鳥襷	八藤丸	八藤丸	又木形	唐花繋ぎ
とりだすき	やつふじのまる	やつふじのまる	またぎがた	からはなつなぎ
若年〜青年の指貫	指貫	近衛家の指貫	二條家の指貫	一條家の童指貫

浮線菊	龍胆襷	雲立涌	窠に霰	菊唐草
ふせんぎく	りんどうだすき	くもたてわく	かにあられ	きくからくさ
江戸期宮家の指貫	村上源氏の指貫	親王の指貫	天皇の御指貫	光格上皇の御指貫

表袴《うえのはかま》の文様

表袴に文が織り出せるのは、公卿および禁色《きんじき》聴許者《ちょうきょしゃ》のみである。それらは、若年者や晴の儀式においては「窠《か》に霰《あられ》」、そうでない場合は「八藤丸《やつふじのまる》」を用いた。[12]「窠」（クゥワと発音する）という漢字は「地蜂の巣」を意味するが、木瓜《ぼけ》の輪切り説などもあり、由来は定かではない。この窠文は家々によって微妙に異なる。天皇は蝶、摂家および久我氏一党は龍胆《りんどう》を加え、他の藤原氏は藤を入れた窠文を用いた。[13]

下襲《したがさね》の文様

束帯《そくたい》の袍《ほう》の下に着用する下襲の文様は、冬は「浮線綾《ふせんりょう》」（裏は遠文《とおもん》の菱）、夏は遠文の菱である。[14]

半臂《はんぴ》の文様

主に闕腋袍《けってきほう》で下襲《したがさね》の上に着用する半臂の文様は、夏物は「三重襷《みえだすき》」で一貫していたが、冬物は時代により変遷がある。鎌倉時代までは、冬

単《ひとえ》の文様

繁菱 しげびし	遠菱 とおびし	先間菱（山科流：千剣菱、高倉流：幸菱） さきあいびし （山科流：せんけんびし、高倉流：さいわいびし）

表袴《うえのはかま》の「窠《か》に霰《あられ》」文

狩衣《かりぎぬ》・小直衣《このうし》などに用いられた丸文など

	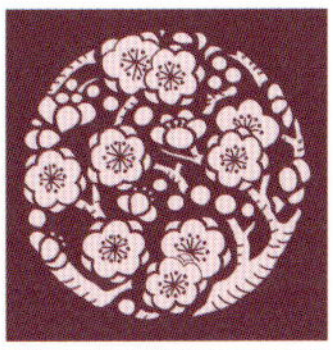				
鴛鴦丸 おしどりのまる	梅丸 うめのまる	竹丸 たけのまる	雲鶴丸 うんかくのまる	花鳥丸 はなとりのまる	菊折枝 きくのおりえだ

桐竹丸 きりたけのまる	撫子丸 なでしこのまる	若松丸 わかまつのまる	老松丸 おいまつのまる	鳳凰 ほうおう	飛鶴 ひかく

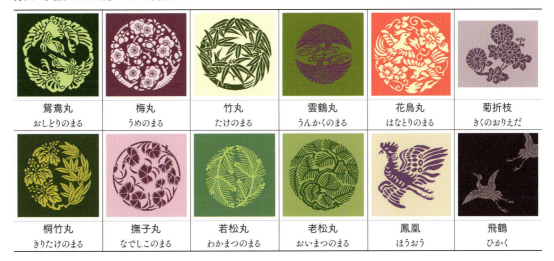

は羅《ら》などの薄物に打《うち》加工をし、[15] 文羅《もんら》の製法が失われた室町後期には、冬は無文の綾に板引を施した。[16]

しかし室町前期には「小葵《こあおい》」も用いられたことがあり、[17] 江戸時代には「浮線蝶」になっている。[18] ついには「小葵」でも「浮線蝶」でも好きな方を使えという指示まで出た。[19] そもそも着用が省略されることの多かった半臂の文様は、非常にアバウトであった。

指貫《さしぬき》の文様

天皇が指貫を着用する機会は限られ、五節舞《ごせちのまい》姫帳台試《ひめちょうだいのこころみ》と弓技、そして蹴鞠のとき程度であり、このときの御指貫は紫の「窠《か》に霰《あられ》」であった。[20] 上皇は八葉菊《はちようぎく》を用いたこともあり、[21] 遺物が残る江戸後期の光格上皇の御指貫は、周囲を菊唐草のある十六葉菊文である。この文様は光格天皇の個人的専用文であった。

臣下で文様を織り出した指貫を着用できるのは、公卿および禁色聴許者《きんじきちょうきょ》のみであり、それらは年齢によって文様を替えた。十六歳未満は「亀甲地文臥蝶丸《きっこうじもんふせちょうのまる》」の二陪織物《ふたえおりもの》、それ以後は「鳥襷《とりだすき》」の浮織、そして「八藤丸《やつふじのまる》」の固織となった。高齢者は文様を大きくし、宿老《しゅくろう》と呼ばれる年齢になると無文平絹《へいけん》になった。[22]

狩衣《かりぎぬ》・小直衣《このうし》などに用いられた総柄《そうがら》

梅襷 うめだすき	藤立涌 ふじたてわく	唐花唐草 からはなからくさ	波立涌 なみたてわく	波丸繋 なみのまるつなぎ

菱繋襷唐花 ひしつなぎだすきからはな	勝見襷 かつみだすき	竹立涌 たけたてわく	桐竹立涌 きりたけたてわく	若松立涌 わかまつたてわく

梅枝立涌 うめのえだたてわく	古式の雲立涌 (葡萄立涌) こしきのくもたてわく (ぶどうたてわく)	唐大鼓唐花 からだいこからはな	亀甲唐花 きつこうからはな	龍胆唐草 りんどうからくさ

これも家々によって異同があり、同じ八藤丸でもツルが二振《もじ》りと三振りの違いがあったり、斜めに配置したり、蝶を入れ込むなど、多くのバリエーションがあった。また村上源氏である久我《こが》家では、壮年までは「龍胆襷《りんどうだすき》」を用いた。[23]そこには、天皇にゆかりの深い桐と竹に似た龍胆の花と葉が描かれており、後年の「源氏の家紋は笹龍胆」という、根拠なき伝説を生むことにつながった。

鎌倉時代、夏には薄物の「大文」(三重襷《みえだすき》)の瑠璃色(浅黄)指貫を着用していた。[24]また「鳥襷」は古くから人気があったようで、多くの者が「大文」を使わず「鳥襷」を使っていることを後鳥羽上皇が嘆き、[25]江戸時代の蔵人が「蔵人は天皇のお古を着用するのが建前であり、天皇の指貫に固織はない。蔵人は普通の固織の指貫ではなく、浮織・鳥襷の指貫を用いるべきである」と主張するようなこともあった。[26]

狩衣《かりぎぬ》・女性装束の文様

これらの装束の文様は、まったく自由であり、千差万別の文様が存在する。その中で多いのは海外の花を模した「唐花《からはな》」文様と、蝶や鳥など、空を飛ぶ生き物をモチーフとした文様である。鳳凰や鸚鵡《おうむ》は高貴な文様として扱われた。[27]

女性装束の文様の一例

小葵地臥蝶丸	亀甲地雲鶴丸	入子菱地窠中八葉菊	松立涌	小葵地向鸚鵡丸
こあおいじふせちょうのまる	きっこうじうんかくのまる	いりこびしじかのなかに はちようぎく	まつたてわく	こあおいじむかい おうむのまる
熊野速玉大社御神宝	現代皇族唐衣	現代皇族表着	現代皇族の五衣	昭憲皇太后御袿

花菱地小菊丸	花菱地菊丸	入子菱地海松丸	唐花	桐唐草
はなびしじこぎくのまる	はなびしじきくのまる	いりこびしじみるのまる	からはな	きりからくさ
皇族の袿	年配皇族の袿	大正御大礼奏任官唐衣	大正御大礼奏任官五衣	大正御大礼女子皇族 小袿装束の表着

比翼文	比翼文	比翼文	比翼文	比翼文
ひよくもん	ひよくもん	ひよくもん	ひよくもん	ひよくもん
大正御大礼の袿	大正御大礼の袿	大正御大礼の袿	大正御大礼の袿	大正御大礼の袿

有職文様《ゆうそくもんよう》の世界では、随身《ずいじん》の蛮絵《ばんえ》や、春日詣《もうで》の鹿文様[28]など一部の例外を除いて、四足獣モチーフはほとんど登場しない。これは「穢れ」その他、独特の意識によるものであろうか。

狩衣は肩堺《かたざかい》に縫い目がないため、前身《まえみ》の生地が後身頃へと続く。そのため上下が逆転しても影響しない丸文様が多用された。上下が明確な文様の場合、肩堺で文様の上下を入れ替える「織分《おりわけ》」になるため、文様がデジタルデータ化される以前は、高価な品であった。

【破れ、雲取《くもとり》】

連続文様の一部だけ切り取ったものを「破れ」「雲取」と呼ぶ。例えば破れ小葵《こあおい》、雲取亀甲《きっこう》などである。狩衣など、比較的カジュアルな装束に用いられた。

【比翼文《ひよくもん》】

二つの文様を組み合わせたもの。一つは伝統的な有職文とし、もう一つは自家の家紋にまつわる文様を用いることもあった。これもカジュアルなものとされ、女性装束では裳唐衣《もからぎぬ》装束などでは用いることができず、袿袴《けいこ》装束の袿《うちぎ》などで多く用いられた。

大正御大礼の袿《うちぎ》に用いられた比翼文《ひよくもん》の数々

雲立涌《くもたてわく》地《じ》向《むかい》尾《お》長鳥丸《ながどりのまる》と唐花菱《からはなびし》

破《やぶ》れ雲立涌《くもたてわく》地《じ》桐花《きりのはな》と向《むかい》尾《お》長鳥丸《ながどりのまる》

破《やぶ》れ雲立涌《くもたてわく》地《じ》菊折枝《きくのおりえだ》と尾《お》長鳥丸《ながどりのまる》

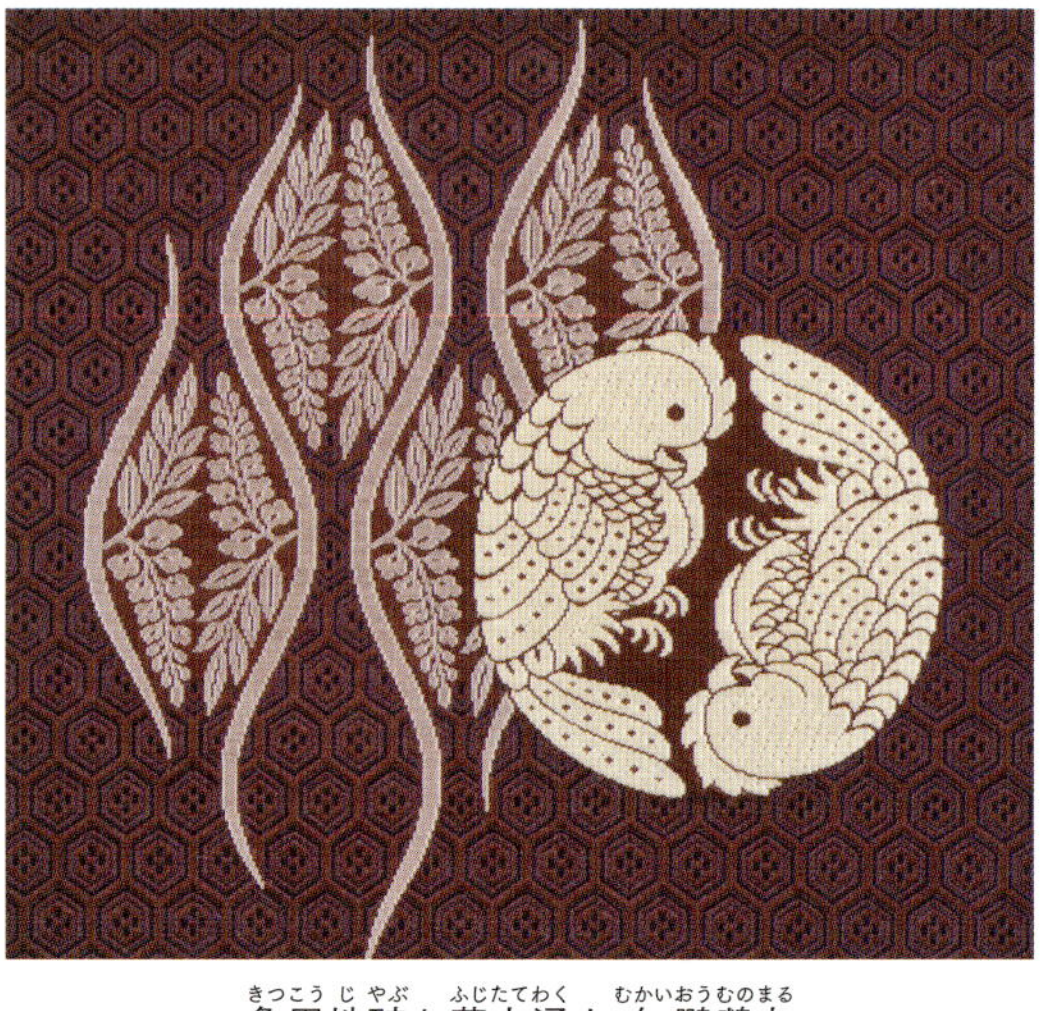

亀甲《きつこう》地《じ》破《やぶ》れ藤立涌《ふじたてわく》と向《むかい》鸚鵡丸《おうむのまる》

有職装束を支えた人々

【衣紋道《えもんどう》】

本来、装束も衣服に過ぎないのであるから、平安時代・摂関期頃までは自分で簡単に着ていた。衣類の選び方やコーディネートについて、親兄弟や詳しい人が指導する程度のものであった。それが平安後期の院政期、新しい形の装束である「強装束《こわしょうぞく》」が考案されたことによって着装が難しくなり、やがて「着付け」技術としての衣紋道が生まれたのである。

【衣紋道とは】

院政期の鳥羽上皇はファッションにこだわりがあり、装束の生地を厚くしたり糊を利かせたりすることによる、直線的で威儀の整ったフォルムを好んだ。また後三條天皇の孫で、「花園の左大臣」と呼ばれた源有仁《みなもとのありひと》（1103〜1147）は、『今鏡』によれば、「ことのほかに衣紋をぞ好」んだ人物で、上皇と二人でアイデアを出し合い、装束のデザインを美しくすることに非常に熱心に取り組んだ。有仁が「袍《うえのきぬ》の長さ・短さのほどなど、細かに認めさせ給いて、その道にすぐれ」ていたと『今鏡』は伝えている。彼らの考案した威儀正しい装束は「強装束」あるいは木製のように堅いということで「如木《じょぼく》の装束」とも呼ばれた。

こうした強装束はごわごわとして着にくいため、これを美しく威儀を整えるための特別な着付け技術が必要となった。そうした経緯で生まれた技術が「衣紋《えもん》」である。源有仁を「衣紋道の祖」と称するのはこのためである。

平安末期、後白河法皇が編集した当時の流行歌謡集『梁塵秘抄』では、強装束について次のように歌っている。

「この頃京《みやこ》に流行るもの、肩当《かたあて》、腰当《こしあて》、烏帽《えぼ》子《し》止。襟のたつ型、錆烏帽子。布打の下の袴、四幅の指貫《さしぬき》。」

あきらかにそれまでの常識を超えたニューファッションが流行していた。当時「似せ絵」と呼ばれた肖像画に描かれる人物の装束は非常に角張り、鯨の鬚で作った肩当・腰当を入れている様子が偲ばれる。装束がここまで特殊化してくると、ファッションコーディネーターだけでなく、「着装エンジニア」が不可欠になってくるのは必定であった。

【装束師】

源有仁が創始した衣紋の技を体得した者は「装束師」と呼ばれ、公家社会で尊重されるようになる。その中でも徳大寺家、大炊御門《おおいのみかど》家などが有能な装束師を輩出した。

徳大寺家は三代目に猶子となった実教《さねのり》（1150〜1227）が熱心に励む。その当時の徳大寺家には『満佐須計《まさすけ》装束抄』を著した有職故実《ゆうそくこじつ》の第一人者・源雅亮《みなもとのまさすけ》が仕えていた。その後、後白河上皇の寵妃・丹後局の子、平教成《のりしげ》が実教の養子となり、上皇の山科御所とその周辺の地を賜って子孫に伝えたことから地名が家名となって、山科家が生まれた。

源有仁
『天子摂関御影』より

大炊御門家は十四世紀中頃には装束に関心を失い、装束師としての名声は、大炊御門家の門人として活躍し、すでに衣紋技術で実力を発揮していた高倉家に渡った。こうして鎌倉・室町時代に、現代にも伝わる衣紋道の二大流派である「山科流」と「高倉流」が生まれたのである。

【山科流】

山科家は徳大寺家から技術を受け継いだ、一家創立のときからの衣紋の家ではあったが、貞和二（1346）年に山科教言《のりとき》が就任して以来、代々の当主が宮中の装束調進（製作）をつかさどる中務省《なかつかさしょう》内蔵寮《くらつかさ》の長官「内蔵頭《くらのかみ》」を歴任し、調進をメインとした。縫製作業を行う「御服所《ごふくどころ》」も山科家の邸内に設置された。装束調進をする上では、細かな部分の縫い方まで重要になるが、これは着装にも影響が出るため、山科家は着装技術についても再び深く関与するようになってゆく。

山科家が隆盛を極めたのは十三代・言継《ときつぐ》のときである。彼は衰微した皇室と織田信長の間を取り持ち、得意の有職故実の知識を駆使して、信長の費用で御所修理を完成させた。この功績により山科家は皇室の深い信任を得て、衣紋についても一流派をなすまでに成長したのである。天正四（1576）年正月、正親町《おおぎまち》天皇の四方拝に際しては、上席の「後衣紋《うしろ》」を言継が務め、「前衣紋《まえ》」を高倉永孝が務めている。言継の母は高倉永継の娘であり、装束不遇の戦国時代、両家が手を携えて衣紋の伝統を守っていたことがわかる。

応仁の乱の混乱が治まりつつあった豊臣秀吉の時代、正親町天皇の聚楽第《じゅらくてい》行幸あたりから、高倉・山科両家は対抗意識を高め始める。ときとして例外はあったにせよ、江戸時代にはおおむね宮中の装束調進を山科家が、院中および将軍家・武家の装束調進を高倉家が担当することになった。これにはさまざまな理由があったが、山科家が宮中の装束調進を担当する内蔵頭であり、管轄外の院や武家を高倉家が担当したということも理由の一つであろう。公家の家格としては、山科家は「羽林家《うりんけ》」であり、高倉家は格下の「半家《はんけ》」であった。山科家の装束文献としては、現代の宮廷装束に直結する幕末の『言成卿記《ときしげきょうき》』や『筐底秘記《きょうていひき》』などが有名であるが、全体として山科家は秘伝を守るためか文献を多くは残しておらず、研究成果は儀式の場において実技として披露されるものであった。

【高倉流】

衣紋道は鎌倉時代に入って隆盛を来すことになる。高倉永康は、衣紋道きっての達人と称され、装束書『口伝秘抄』を著すなど装束師として大成し、弘安六（1283）年には従三位の高位に昇っている。彼の曽孫、永綱も装束師として名をはせ、『連阿口伝抄』『撰塵装束抄』などの書は彼の手によるものである。永康の弟である永経の子孫、永行は室町初期の人で「高倉家中興の祖」と呼ばれ、足利義満の出家時（1395年）に装束の衣紋奉仕を務めて『法体装束抄』を著すほか、『装束雑事抄』『装束寸法深秘抄』など多数の著作を残している。この足利義満を縁とした幕府との結びつきは、高倉家に隆盛をもたらすことになった。

このように高倉家は一貫して着付け技術「衣紋」を家の伝統として受け継いできた。高倉家の人々の手による、装束の寸法・仕立て方・着装法などを具体的に示す貴重な文献の数々は、繰り返し書き写されて広く流布し、そのことがさらに高倉家の名を高める結果につながる。その後、高倉家は上皇や将軍、武家への衣紋奉仕を独占することになった。

江戸時代、高倉家は「幕府衣紋方」として二百俵が支給されており、江戸に邸宅を構えて当主がたびたび下向していた。各大名家にも「衣紋方」と呼ばれる着付け技術者がおり、彼らは高倉江戸屋敷で衣紋を学んだのである。江戸には、高倉流衣紋を勉強するグループが七つも存在し、それぞれ「組」と称していた。高倉流『御門弟名籍』（宮内庁書陵部蔵）を見ると、高倉流の免状には「礼服《らいふく》」「闕腋《けってき》」「続平緒《つづきひらお》」「胡籙《やなぐい》」「雛頭《ひながしら》」「水干《すいかん》」「小忌《おみ》」の七種類があり、各組の門人たちは、各自の必要とするところを学んで免状を得ていた。浪人が就職のためのスキルとして衣紋を学んでいた形跡も見受けられる。それほど武家社会でも衣紋技術者の需要があったのであり、そのようなところからも、高倉流衣紋はメジャーになっていった。

天皇の装束着付け奉仕は山科・高倉両家が協力してあたったが、高倉家が多くの妙手を輩出している。江戸時代には両家の消長があったものの、こと着付けに関しては上位者があたる「後衣紋者」を高倉家が担当することが多いなど、微妙に高倉家の優越があったようである。

【近代の両流】

宮中装束調進の家業は、明治二（１８６９）年にまず山科家について廃止され、その二年後には高倉家による調進も廃止された。同時に高倉・山科両家による衣紋奉仕も廃止されてしまう。しかしそれでは整った衣紋は不可能であるということで、明治十六（１８８３）年に至って、両家に衣紋の教授が改めて下命されることになった。同三十九（１９０６）年には主殿寮《しゅでんりょう》京都出張所で衣紋講習会が開催され、賀茂・春日・石清水の各神社の祭に際しての勅使装束にかかわる衣紋担当者養成が図られるなど、伝統文化の保存のための方策がとられている。

現在、宮中では高倉流と山科流は並立して採用されている。装束調進についていえば、天皇・皇太子の装束のみ山科流の仕立てで、その他の皇族や宮内官は高倉流の仕立てとなっている。これも内蔵寮以来の旧習に従ったものといえよう。

【両流の相違点】

山科流は装束調進というハードウエアから、次第に着付け技術というソフトウエアに進出し、高倉流は逆にソフトウエアから、ハードウエアにも関与を強めたという経緯がある。こうして「衣紋道」は、装束に関してハード・ソフト両面を扱うことになったのである。

衣紋道の二大流派となった両流であるが、その相違点は現実的にはあまり存在しない。相違のほとんどが束帯《そくたい》に関することだけと言って過言ではなく、しかも相違自体が江戸後期の「装束御再興」の際に、両家の競い合いの中でわざわざ作られたともいわれる。江戸時代の公家社会の、装束調進どころでない経済的困窮、貸衣裳の利用を考えれば、流派についてあれこれと言ってはいられなかった事情も推測できる。

装束調進の面で一目で区別がつくのは、襟（首紙《くびかみ》）を留める「蜻蛉頭《とんぼがしら》」を縫い付ける糸の形であり、「＋」が山科流、「×」が高倉流である。従って天皇・皇太子の装束の首紙には「＋」の綴じ糸がある。なお、平成二十三（２０１１）年に悠仁親王が「深曽木《ふかそぎ》」の儀式で着用した「半《はん》尻《じり》」の綴じ糸は「＋」の山科流であった。

着付けでは、高倉流は地味で簡素、実際的で活動的、山科流は華麗で優美な反面、動きにくく解けやすい傾向があるといわれる。これは本来の「着方」としての「衣紋道」を高倉流が重んじ、山科流は晴《はれ》の装束の「威厳と美しさ」を追求したところに違いが現れたともいえよう。

女性の装束については、もともと装束師の関与しない女性だけの世界で育まれた技術であったため、両流の大きな違いを示す故実は存在しない。女性装束の着付けが確立されたのは、大正の即位大礼以来のことなのである。

【実際の装束製作者】

律令により定められた織物製作担当は、大蔵省の織部司《おりべのつかさ》であったが、お役所仕事のマンネリに陥った織部司に代わり、やがて内蔵寮がその仕事を担当するようになってゆき、寛元四（１２４６）年に織部町が火災に遭うと織部司はますます衰微した。一方その頃、隣町で織の技術を学んでいた大舎人《おおとねり》たちは、同業組合「座」を組織して織物業を営み始める。貞和二（１３４６）年、山科教言が内蔵頭になると、大舎人座の一部の者が内蔵寮御用を務めて装束調進にも従事するようになった。

応仁の乱の後、各地に避難していた大舎人座の人々は、西軍の陣地跡である「西陣」の地で織物業を再開。足利将軍家の庇護を受けて、「御寮織物司《おんりょうおりものつかさ》」に任ぜられた。

江戸時代、宮中・院・幕府から命じられた装束調進は、高倉・山科家が差配として受命し、御寮織物司に調進が命じられる。それを「織物《おりもの》司《つかさ》六人衆」が協力し合って製作にあたった。井関・和久田・小島・中西・階取・久松の各家が六人衆であり、各家の当主は、伊賀介や大和介などの受領階級に任官し、歴とした朝臣の列に加えられていた。各家は変遷消長があって、幕末には五家となっている。

これらの家で織られた生地をもとに、幕府御用の狩衣《かりぎぬ》などは幕府呉服所の後藤縫殿助《ごとうぬいどのすけ》が縫製にあたり、宮中・院そして幕府の高位服（束帯など）は、山科家・高倉家の呉服所で縫製された。明治以降は宮内省用度課から五家に直接発注されることになった。

現代の宮中装束は宮内庁から各御用達装束店に発注されており、各装束店が所持している「調進控」（先例の装束裂見本帳）をもとに、主として伝統ある西陣の職方の手によって染織された生地を使って仕立て上げられている。

山科流と高倉流の相違点

	相違点	山科流	高倉流
調進	装束の縫い糸の色	吉服＝白、凶服＝生地と共色	生地と共色
	蜻蛉の受緒の綴じ糸	外から見えない	外から見える
	天皇「黄櫨染御袍」の裏地の色	二藍	蘇芳
	天皇「青色御袍」の裏地の色	黄	蘇芳
	石帯の石の綴り糸の形	裏から見ると斜め「#」型	裏から見ると「V」型
	半臂	切半臂	続半臂
着装	束帯の着装順序	後ろを整えてから前へ回る	前を整えてから後ろへ回る
	束帯の石帯を後ろから見ると	石が見えない	上半分、石が見える
	束帯の袖のひだ「耳」	二つ	一つ
	袍の懐の「込み入れ」方	横一文字	上弦に丸く作る
	巻纓の巻き数	二巻き	一巻き半
	巻纓の夾木	吉服＝白木、凶服＝黒塗り	吉服＝黒塗り、凶服＝白木
	胡簶に装備する矢の数	平＝二十二本、壺＝七本	平＝十五本、壺＝七本
	天皇の「御幘冠」の括り方	諸鉤	左片鉤
女性装束	単の「先間菱」の呼称	音読み文字替え「千剣菱《せんけんびし》」	訓読み文字替え「幸菱《さいわいびし》」
	衵扇の飾り糸花	松・梅	松・梅・橘

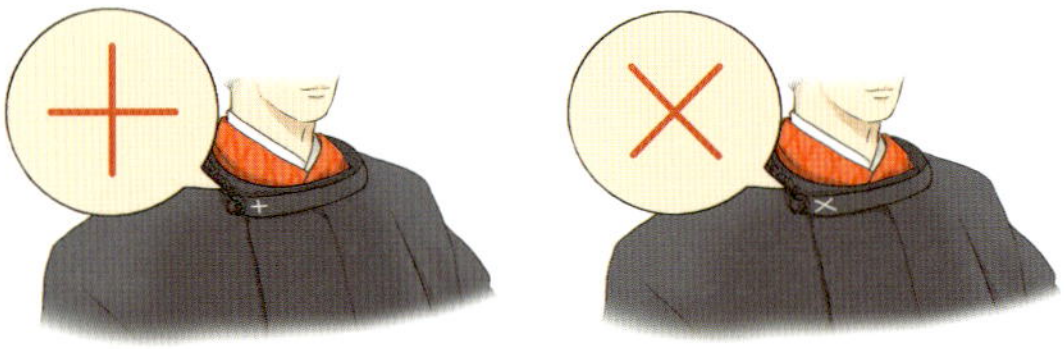

山科流　高倉流

首紙《くびかみ》の蜻蛉頭《とんぼかしら》の綴じ糸

表袴《うえのはかま》の夷懸《えびすがけ》（高倉流）

石帯の石を隠す山科流

石帯《せきたい》の石を見せる高倉流

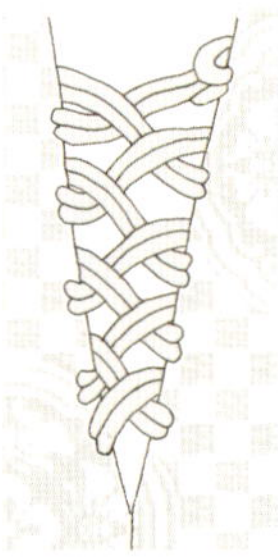

山科流

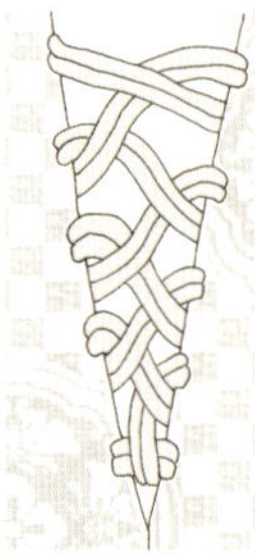

高倉流

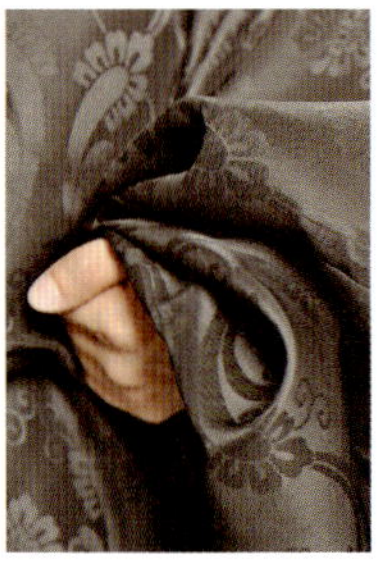

山科流（袖の耳二つ）

高倉流（袖の耳一つ）

有職故実《ゆうそくこじつ》の研究者

江戸時代、室町後期の混乱で失われていた故実を取り戻そうと研究する者が次々と現れた。

壺井義知《つぼいよしちか》（1657〜1735）

河内国辻子村の農家出身の壺井は努力して学問をし、京都の公家・四辻公韶に青侍として仕え、有職故実を勉強しようと、当時朝廷で有職故実を担当した蔵人所の官人・平田内匠に師事する。ところが平田がリファレンスガイド『職原抄大全』を、さも秘本のように取り扱うのを見て失望し、原典主義に目覚めた。以後は寝食を忘れるほどの情熱で古記録を調査・研究するようになった。

徹底した原典主義、実証主義を貫き、『装束要領抄』『職原抄通考』『紫式部日記傍註』『装束文餝推談』『枕草子装束抄』など数多くの書物を残した。京都に住居を構え、公家や地下《じげ》官人たちを門人とし、有職故実の世界に大きな足跡を残したのである。門下からは野宮定基《ののみやさだもと》・滋《しげ》野井公麗《のいきんかず》などの公家学者が生まれ、より朝廷に近い立場の彼らの手によって、有職故実の研究は大いに進むこととなった。

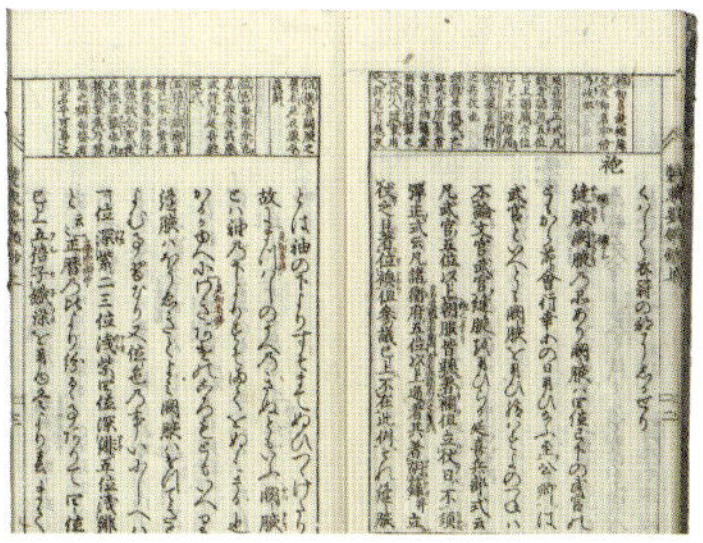
『装束要領抄』（壺井義知）

伊勢貞丈《いせさだたけ》（1717〜1784）

伊勢家は室町幕府で儀礼を扱ってきた「政所執事」の家柄であり、貞丈も江戸幕府の旗本・御小姓組として出仕した。有職故実に詳しい彼は大いに重宝され、武家故実の第一人者として「伊勢流」中興の祖となった。

精緻な文献考証に基づく研究を得意とし、著書は百七十三冊にも及び、特に執筆に二十年を費やし、衣食住の有職故実すべてを網羅した『貞丈雑記』『安斎随筆』は大作で、江戸時代の有職故実研究の金字塔ともいえる存在である。

塙保己一《はなわほきいち》（1746〜1821）

現在、さまざまな有職故実の文献を読めるのは、それらが『群書類従』というシリーズ本に収められていることに依るところが大きい。この『群書類従』の刊行を企画し、実行したのが塙である。武蔵国保木野村の農家に生まれ、七歳で失明した彼は抜群の記憶力から学問を志して大成し、『群書類従』六百七十冊を刊行した。

『群書類従』編纂にあたり、散逸しやすい些末な文献こそ大切にすること、印刷により広く普及させること、分業で仕事を効率化させることを基本方針として、各家秘蔵の書籍類を巧みに借りだして、門人たちが分担して筆写し、木版にしたのである。筆写の分担を円滑にするため、二十字×二十字の四百字詰め原稿用紙が考案されたのは、このときといわれる。

松岡辰方《まつおかときかた》（1764〜1840）

浪人の子として生まれた彼は、久留米藩・有馬家に仕官して江戸詰めとなる。塙保己一の和学講談所の会頭を務め、塙から国学全般を、伊勢貞春（伊勢貞丈の孫）から伊勢流武家故実を学んだ。『群書類従』編纂にも加わっている。

高倉永雅に入門して門下「桜田組」を結成し、高倉流衣紋《えもん》を修めて師範免許を取得している。松岡に学ぶ者は数多く、乃木希典の父・希次も門人であった。希次は江戸に常駐する長府藩士で、有職故実を専門としていたのである。

松岡の研究は実証主義を貫いたもので、実物を見聞、実技を習得し、文字情報だけではなく平面図や立体物を復元した視覚史料を遺した、というところに大きな特徴がある。『冠帽図絵』『装束織文図会』『女官装束織文図会』といった図鑑類も多く手がけた。後世に与えた学問的影響は大きく、本書も大いにその恩恵に与っている。

装束用語集

—染織一般—

【後練（あとねり）】 生糸を織って生絹《すずし》にした後に、練り加工をした生地。羽二重や縮緬《ちりめん》など。

【退紅（あらぞめ・たいこう）】 紅《くれない》を粗く（薄く）染めたピンク色の生地。

【苧（いちび・からむし）】 古代の「あさ」には大麻と苧があった。カラムシはイラクサ科で、大麻（アサ科）とはまったく異なる植物である。紵《お》、苧麻《ちょま》、上布《じょうふ》とも呼ばれる。

【上文（うわもん）】 織物上に描き出す文様のことだが、特に二陪織物《ふたえおりもの》の地文の上に配した文様を指す。古くは非常に手間のかかる縫取織《ぬいとりおり》で織り出したが、現在はジャカード織機で簡単に織り出すことができるようになった。

【繧繝（うんげん）】 数種類の色を左右ぼかしていく縦縞文様。

【織色・染色（おりいろ・そめいろ）】 先染め織物で表現される色が「織色」、後染め織物で表現される色が「染色」（つけ色とも）。織色は経緯の色を違えることで、「織色目」の複雑な表現ができるが、染色は当然ながら完全に一色。たとえば袍《ほう》の生地は黒や赤は染色、天皇の青色御袍《あおいろごほう》は経青緯黄《たてあおぬきき》の織色。

【織切（おりきり）】 柄と柄の間に無地部分を増やすことによって身頃の裾、袖の裾などの無地部分が増えて、見た目良く仕立て上がる。それを目的に、身頃は身頃（八尺）だけ、袖は袖だけ（四尺×四）を織ることを織切という。

【織物・染物（おりもの・そめもの）】 装束界においては、先染め織物を「織物」、後染め織物を「染物」と呼ぶことがある。

【織分（おりわけ）】 柄の上下が明確な文様の生地の場合、そのまま反物ひと続きで前身・後身頃を作ると、後身頃の文様が天地逆さまになってしまう。そのため身頃肩の境部分（袖も同じ）で紋型紙を反対にして織ることを織分という。

【桂手（かつらで）】 大きな文を織り幅に一文ずつ左右に寄せた配置のことで、大文がまばらに配置される。高齢者、高位の装束に用いる。

【釜（加間・かま）】 生地幅に同じ柄がいくつ繰返しているかを言う。織物の生地幅に同じパターン（文様の配置）の柄が一つあれば一釜、二つあれば二釜と呼ぶ。釜数が多いと文が小さく多くなる傾向があるが、一つのパターンが幅全体にわたる場合は、細かな文柄でも一釜となる。

【生糸（きいと）】 絹糸の表面にあるセリシンというニカワ質を落とさない（練らない）原糸。やや黄色みが強くシャリシャリとした手触りがある。

【切り替え（きりかえ）】 緯糸で織り出す柄の色を替えるときに色糸を取り替えること。裏から見ると幅広の横縞柄に見える。

【葛布（くずふ）】 葛の繊維で織られた生地。強靭で光沢があり、庶民の水干袴《すいかんばかま》で多用された。経糸に絹を用いるものもあり、蹴鞠装束で用いられる。

【小石丸（こいしまる）】 明治になって西洋種の蚕が導入される以前の、日本原産の蚕の品種。極細でケバ立ちが少なく、強く良質であるが、一つの繭から取れる糸が西洋種の半量以下と生産性が低いため、宮中御養蚕所などのほかではほとんど飼育されていない。江戸時代以前の装束は小石丸の絹糸で織られていたため薄く軽く、現在の二分の一ほどの重量であったようだ。

【先染め・後染め（さきぞめ・あとぞめ）】 白糸を染色してから織り上げるのが先染め、白生地を織った後に染めるのが後染め。

【志々羅（しじら）】 練緯の一種で、表面に細かい凹凸がある絹地。鎌倉・室町時代に若年・壮年の袍に用いられた記録があるが、その時代の志々羅の実相は不明。

【地文（じもん）】 二陪織物などの場合に、地となる織物全体に配置した細かい続き文様。この上に上文《うわもん》が作られる。

【尺（しゃく）】 反物の横幅、一尺は「曲尺《かねじゃく》」で約30・3センチ。一般の和装界では「鯨尺《くじらじゃく》」（約37・8センチ）が多く用いられるが、装束の世界では、古くから曲尺表示がされる。

【尺二（しゃくに）】 尺二幅の反物。装束用の反物は一尺二寸幅の生地が使われることが多い。

【潤色（じゅんしょく）】 装束は糊を多用していることもあり、原則として洗濯できない。汚れがひどくなった場合に行うのが潤色である。縫い糸をすべて解き、反物状に戻して洗った後に糊張りをし、再度新品と同じように仕立て上げる。縫い代の分、端を断ち切って仕立て直すので若干細身になる。費用も新調の半額程度かかるため、利用されない場合も多い。「洗い張り」とも言う。

【生絹（すずし）】 経緯とも生糸で織った絹地。生経生緯（きぬきぎだて）。サラサラとした質感が好まれ、裏地や夏物装束に多用された。生絹を「後染織物」と呼ぶこともあるが、正確な呼称ではない。

【裾濃（すそご）】 ぼかし染めで、裾に行くにつれて濃くなる染め方。子ども服としての水干の袴、随身の染分袴《そめわけばかま》などに見られる。

【総柄（そうがら）】生地全体に配置した細かい続き文様の柄行《がらゆき》。小葵《こあおい》、雲立涌《くもたてわく》、三重襷《みえだすき》など古式の有職文に多い。

【染め返し（そめかえし）】色の異なる染料に浸け直して、複雑な色調を得ること。たとえば二藍《ふたあい》は藍で染めた後に紅を染め返した色調。古く六位の当色《とうじき》である緑は、藍で染めた後に黄色の苅安で染め返した。染め返した色は退色しやすい。

【染装束（そめしょうぞく）】装束の色彩・文様はほとんど織物で表現されるが、一日晴《いちにちばれ》の下襲《したがさね》の裾などは手描き染めで優美な絵画表現をしたことが『競駒行幸絵巻』などに見える。贅沢品として禁令が出ている。

【経・緯（たて・ぬき）】縦糸と横糸のこと。縦糸が紫、横糸が白の場合「紫緯白《むらさきぬきしろ》」のように表現する。「紫緯共」とは、縦・横糸が共に紫、「紫緯薄共」とは、縦糸が紫、横糸が薄紫のこと。

【緂（だん）】白と色のだんだら染め。狩衣《かりぎぬ》の袖括《そでくくり》の緒《お》や、束帯帯劔《そくたいたいけん》時の平緒などに見られる。紫緂（紫と白）、楝緂《おうちだん》（紫と白と青）、櫨緂《はぜだん》（黄色と白）など各種ある。

【丁（ちょう）】緯糸を通す杼《ひ》の数の単位。一本なら一丁織、二本使えば二丁織。丁数が多くなると、経糸一本あたりの緯糸の数が増えるので、複雑な色合いになる。

【手機（てばた）】機械ではなく人の手足で動かす織機。練薄《ねりうす》のような繊細な織物に文を織り出すには手機でないとできないことも多い。

【止柄（とめがら）】特定の人物、組織の専用文として、他者の使用を禁じた文柄。

【布（ぬの）】現在では平面に織られた繊維製品の総称であるが、古くは麻や葈《いちび》、葛などの植物繊維による生地のみを指した。古い文献でただ「布」といえば多くは麻布のことで、その他は「葛布」などという。

【濡緯（ぬれぬき）】緯糸を水で濡らしながら織る技法。緻密でしっかりとした地質になる。

【練糸（ねりいと）】生糸を化学処理してニカワ質を落とした糸。白く光沢があり、ねっとりとした手触りでしなやか。現在、一般に「絹」と呼ばれるのがこちら。

【練絹（ねりぎぬ）】経緯とも練糸で織った絹地。肌触りがなめらかで素晴らしい光沢がある。冬物装束に多用された。「皆練《かいねり》」、文字を換えて「搔練」とも表記される。

【練緯（ねりぬき）】経糸を生糸、緯糸を練糸にした平織を言う。柔らかく光沢があるので高位者の装束などに用いられた。「練貫」とも表記する。

【熨斗目（のしめ）】練緯の一種で、張りを強く織り上げた絹地。鎌倉・室町時代に高齢者の袍に用いられた記録があるが、その時代の熨斗目の実相は不明。江戸時代の武家礼装における熨斗目小袖は、腰の部分だけ縞模様がある「腰替り」を特徴とした。

【耳（みみ）】反物の両端の組織の密度が高い部分。張り加工をするときにはここに伸子《しんし》と呼ばれる竹ひごの針を刺す。

【目出し（めだし）】織り見本のこと。経糸を織機にかけるのは大変な作業だが、緯糸を切り替えするのは比較的容易なので、好みの織り色が得られるまで何回もテスト織りが可能。

【紋紙（もんがみ）】ジャカード織機で文様を織り出すために意匠データをパンチング記録した紙。紋型紙。現在ではデジタルデータに置き換わりつつある。

【文柄（もんがら）】一つの文が生地の部分部分に間隔を開けて整列配置された文様の柄行。八藤丸《やつふじのまる》、臥蝶丸《ふせちょうのまる》など柄に上下左右のない丸文が便利なため、さまざまな装束に多く使われる。「飛び文」。

【木綿（ゆう）】古代の日本人が「あさ」とともに用いていた繊維で、梶《かじ》や楮《こうぞ》の繊維である。コットンは室町後期に「南蛮人」がもたらしてから江戸中期に普及した繊維で、別物である。

― 織物の種類 ―

【綾（あや）】織面に経糸・緯糸により綾目が斜めに連なって現れる織物。経糸・緯糸、それぞれ三本以上の組織（三本の場合は「三枚綾」）が作られるので平織に比べて緻密に厚くでき、風合いが柔らかく光沢に富む。「あや」は「文」のことで、本来は文様のある生地のことであるが、ただ「綾」といえば無地、「文綾《もんあや》」といえば有文の綾地を指すこともある。

【綾地綾（あやじあや）】地も文も三枚綾で織られた綾織物。しなやかで光沢がある。五衣《いつつぎぬ》などに用いられる。

【浮織（うきおり）】文様を出すときに経糸を緯糸にからませずに浮かせて織った織物。文様が刺繡のように立体感豊かだが、糸が引っかかりほつれやすいので注意。表袴《うえのはかま》、子ども・若年者の装束、特に指《さし》貫《ぬき》などに使われる。

【浮織物（うきおりもの）】地も文様も同色の浮織。

【固織（かたおり）】有文の固地綾《かたじあや》。

【固織物（かたおりもの）】先染めの固地綾。

【固地綾（かたじあや）】地を三枚綾、文様部分を六枚綾で作る非常にしっかりとした腰の強い地質の織物。通常は経緯ともに生糸で織り、その後で精練・染織を行う。袍や下襲、指貫、狩衣など装束の多くがこの織物で仕立てられる。

【固地綾一丁織（かたじあやいっちょうおり）】 経糸一本に対して緯糸一本の綾織物。表の地色は経緯の糸色が混じり合い、光線の加減で色が変わる「玉虫色」のような仕上がりとなる。

【固地綾二丁織（かたじあやにちょうおり）】 経糸一本に対して緯糸が二本ある綾織物。緯糸は二本にするため細い糸を使うことが多い。緯糸のうち一本が経糸と同色の場合と、二本とも違う場合がある。経緯計三本がすべて違う色糸である場合は、玉虫色の地色に違う色の上文が付く織り上がりとなる。三丁織になると、二陪織物に近い印象の織物になる。

【唐綾（からあや）】 中国伝来の絹地で、綾を浮織にしたもの。

【唐組（からくみ）】 織物ではなく組紐の一種。菱文を作りながら幅広に組み上げるもので、製作に非常に手間と時間を要する。高位の公卿が用いる束帯《そくたい》の平緒として使われた。

【顕文紗（けんもんしゃ）】 紗《しゃ》の地に平織で文を作る、つまり文様部分が地よりも厚く織られてくっきりと現れた紗。高倉流の衣紋道《えもんどう》では「文紗」と呼ばれる。

【縠織（こめおり）】 経糸を二本一組とし、もう一組と対になって、その間隔に粗密を生じながら織った織物。文様が米粒を並べたように見えることから命名された。文様のないものだけを特別に「縠織」と呼んで縠紗と区別する場合もある。

【縠紗（こめしゃ）】 無地の紗地に文を縠織の組織で織り出したもの。夏の袍や直衣《のうし》、狩衣などに用いられる。山科流の衣紋道では「顕文紗文縠《けんもんしゃもんごめ》」と呼ぶ。

【塩瀬（しおぜ）】 塩瀬羽二重の略称で厚地の羽二重のこと。経糸に細い生糸を使い、緯糸に濡らした太い生糸を使って平織にした後、精練した生地。多く横畝《うね》がある。化織でも塩瀬風に仕上げたテトロン塩瀬などがある。

【紗（しゃ）】 緯糸一本ごとに二本の経糸を一組として絡ませた織り方。非常によく透ける。

【透文紗（すきもんしゃ）】 平織地に紗で文を作る、つまり文様部分が地よりも薄く、文様から下が透けて見える紗。下に着る衣の色で文様が浮かび上がる。高倉流ではこれを「顕文紗」と呼ぶので混乱しやすい。

【精好（せいごう）】 経に細い糸、緯には太い糸を使って織った厚地の平織。生地の張りがしっかりとしているので女性の袴、斎服《さいふく》、浄衣《じょうえ》などに多く用いられる。経糸が練糸、緯糸が生糸の「練経精好《ねりたて》」が普通だが、経緯の精練具合で「両練精好」「生《き》精好」「半練《はんねり》精好」などがある。

【精好五付（せいごうごつき）】 精好の厚みを重さで表したもの。反物、長さ一尺あたりの重量が五匁（18・75g）であるものを五付、六匁（22・5g）であるものを六付と呼ぶ。数が多いほど地厚である。

【どし織】 唐組がきわめて高価なため、簡易な平緒に用いられた織物。地に細かい四角文様ができるので、唐組に似た雰囲気になる。さらに簡易に白博多《しろはかた》織《おり》の帯地に刺繡した平緒も多い。

【二重織（にじゅうおり）】 二陪織物のように見える織り技法。一重織物を上下に二枚重ね合わせて同時に織り出して一つに絡ませて織り上げたもの。

【縫取織（ぬいとりおり）】 浮織技法の一種。文様が刺繡したように見える文織物。地組織を織りながら、別の杼で縫取緯を部分的に織り込み、文様を織り出す技法。縫取緯は織物全幅に通らないので織物

固地綾二丁織《かたじあやにちょうおり》（無双織《むそうおり》）

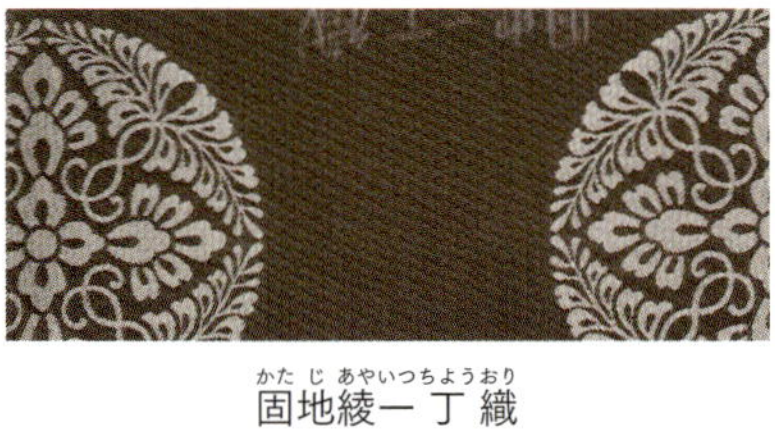

固地綾一丁織《かたじあやいっちょうおり》

どし織

唐組《からくみ》

が厚くならず、文様は刺繡のように立体感が生じる。技術的に難しく手数がかかる非常に高価な織物。女房装束の表着《うえのはかま》などのほか、上級神職が袴に使うこともある。

【練薄（ねりうす）】 穀紗と同じ組織の地質で、経糸を生糸、緯糸を練糸で織った穀織。夏の下襲や狩衣などに使われる。手機《てばた》でないと緻密に仕上がらない。

【羽二重（はぶたえ）】 上質の生絹糸を緻密に平織にした後、精練した純白の生地。薄手でなめらかで光沢がある。緯糸には水に浸した「濡れ緯」を用いるので密に厚く仕上がる。化織でも羽二重の風合いを活かしたシルック羽二重などがある。白小袖に使われる。

【平織（ひらおり）】 経糸、緯糸とを一本ずつ交互に組織したもので、最も単純な構成の織物。

【二陪織物（ふたえおりもの）】 浮織で地文を付けた上に縫取織で上文を織り出した織物。きわめて高級な織物であり、平安時代は禁色《きんじき》を許された者だけが使用できた。表着、唐衣《からぎぬ》などに用いる。

【二子撚り・三子撚り（ふたこより・みこより）】 糸や紐を撚って作るとき、元となる糸を何本撚るかの単位。さまざまな有職の飾り紐は二子撚りが多く、先端が輪になるため端の始末をしなくともほつれない。

【平絹（へいけん）】 経緯ともに精練しない生糸を用いた平織。生絹の平織。サラサラとした手触りがある。裏地全般に用いられる。

【平絹十六（へいけんじゅうろく）】 生地の厚みを重量で表したもの。こういう表現を「目付け」（匁付け）と呼ぶ。一疋（二反）が百六十匁（一斤）の重さを持つ平織の絹地が、平絹十六。一般的に目付け

穀紗《こめしや》（顕文紗文穀《けんもんしやもんごめ》）

穀織《こめおり》

縫取織《ぬいとりおり》（表）
（昭憲皇太后御夏袿）

練薄の組織

練薄《ねりうす》

縫取織（裏）

綾の組織

平織の組織

の数が多いほど緻密で高級な生地とされる。

【無地紗（むじしゃ）】文様のない紗。寒紗とも言う。

【無双織（むそうおり）】固地綾二丁織の一種。緯糸一本目の上文柄糸を、経糸と同色の二本目の緯糸で伏せる織り方をしたもの。表の地色は経糸の色のみ見え、裏の色は上文の色一色に見える。たとえば経紫緯白の場合、通常の固地綾だと地色が白ばんだ紫になるが、無双織ならば地色は完全な紫で白ばまない。かつては高級な縫取織でしか表現できなかった、上文を鮮やかに見せる織り方であるため、近年、指貫に多く使われる。

【無文の綾（むもんのあや）】綾は文様のある生地の名称であるが、「無文の綾」といえば、先染めで経糸・緯糸の色を変え、玉虫色になった綾織のことを指す。

【捩織（もじりおり）】からみ織とも呼ばれる。経糸が絡み合ったところに緯糸を通して織り、生地面に隙間がある透ける織物となる。紗、絽《ろ》、羅《ら》などがある。夏の装束に用いられる。

【羅（ら）】紗・絽は二本の経糸が一組となって絡んでいるが、羅は三本以上の経糸が網目を作って絡んだ組織。「うすはた」とも呼ばれる。古式の冠の地に使われる。冠は五位以上が文のある「文羅《もんら》」であったが、応仁の乱で製法が途絶えて以降、近世は刺繍で文を付けている。現在の冠はほとんど紗を張っている。

【龍門・龍紋・柳門（りゅうもん）】無文の固地綾。

【絽（ろ）】奇数（三本、五本、七本）の緯糸に二本の経糸を絡ませて織った織物。紗よりも目が詰まる。装束にはあまり用いられない。

【綿（わた）】繊維をほぐして塊状にしたもの。絹の綿を「真綿」と呼び、衣類の表地と裏地の間に綿を挟み入れたものを「綿入れ」と称する。

文羅《もんら》

— 仕立て —

【板引（いたびき）】本来は瑩《よう》していた打衣《うちぎぬ》だが、強《こわ》装束《しょうぞく》の時代になってより堅牢にするために生まれた技法。漆塗り板に蠟を引き、胡桃油《くるみあぶら》で拭いて光沢を出す。そこに姫糊（米糊）を塗ってその上に布を張る。乾いたら引きはがすと、蠟引きの布のように光沢のある硬化した布になる。この技法による装束は実際には打っていないが「打」と称した。

【一寸三針（いっすんみはり）】装束の仕立ては一つの縫い目が1センチ程度になるよう、ざっくりと縫うことを原則とする。これは力が掛かったときに先に糸が切れて、大切な装束生地を傷めないための工夫である。

【馬乗袴・行灯袴（うまのりばかま・あんどんばかま）】袴に股があるのが馬乗袴、股がなくスカート状なのが行灯袴。女性の袴も古式は馬乗袴であったが、巫女の緋袴や女学生の袴は通常、行灯袴。

【裏使い（うらづかい）仕立て】後染めの生地を裏返しにして、裏を表として仕立てる技法。文様を際だたせるために、袍の仕立てでは一般的になされる。

【衽（おくみ）】前襟を重ね合わせるために左右の前身頃につける生地。子どもは身幅が小さいため、子ども用の「細長」は衽を付けないのを特徴とした。

【退（おめり）仕立て】表地を退《おめ》らせて、裏地をはみ出させる仕立て。重ね色目を際だたせる。

【肩裏（かたうら）付き】狩衣の肩（首紙《くびかみ》まわりから肩）のみ裏地が付く仕立て。これがないと首紙がとれやすくなり、肩も下がってしまうので、標準仕様。事実上、「裏なし」に等しい。夏の紗狩衣の場合は表地と同じ生地を付けたり白い紗を付けたりするが、白紗では透けて格好が悪い。

【片身替（かたみがわり）】風流《ふりゅう》なお洒落表現として、体の中心（背縫い）の左右を別の生地で仕立てた装束。水干、直垂《ひたたれ》などに多く見られる。袴とセットで上下左右の生地を替えてチェッククロスパターンにすることもある。

【上下（かみしも）】水干や直垂は本来上着だけの名称で、鎌倉時代前期までは袴は別生地の水干袴、小袴、葛袴などを用いた。その後、それらの装束のステータスが上昇するに従い、袴も上着と同じ生地で仕立てることが行われ、これを「水干上下」などと表現した。

【絹麻（きぬあさ）】薄い麻布を糊張りし、瑩《みが》いて絹のような光沢を出した生地。

【口裏（くちうら）付き】袖の裏に裏地の色平絹を付けて全体が袷《あわせ》仕立てのように見せたもの。

【粉張（こばり）】生地を純白に仕上げるため、胡粉《ごふん》（貝殻の微粉末）と糊で張る加工。平安時代の下級者が着た白張《はくちょう》や、神事に用いられる小忌衣《おみごろも》にこの加工がなされた。

【纔着（さいじゃく）】着用して丈が床ぎりぎりであること。「纔（わずかに）着（つく）」こと。対丈《ついたけ》。狩衣の後身頃は纔着に仕立てる。また地下《じげ》の下襲の裾は纔着であり、後ろに長く曳かない。

【摺箔（すりはく）】糊を用いて金箔を生地に付着させる技法。主として十六歳以下の濃単《こきひとえ》などの装飾に用いられた。

【総裏（そううら）付き】袖・身頃裏全体に裏地の色平絹を付けて袷仕立てにしたもの。歴史的には総裏付きだけが「狩衣」である。

【単（たん）】装束店では単《ひとえ》を「たん」と音読みすることが多い。

【露先（つゆさき）】本来は袖括の緒の袖からはみ出している先端のことだが、袖括の緒の全体を「露」「露先」と呼ぶことがある。装束店用語。

【中陪（なかべ）】袖や襟など見える部分の表地と裏地の間に、もう一枚生地を入れて三枚重ねに見せるとき、間に入れる生地を中陪と呼ぶ。小袿《こうちぎ》は中陪付きを特徴とした。

【人形（にんぎょう）仕立て】袖の部分だけ単や下襲の生地があるように見せかけた仕立て方。

【捻襠（ねじまち）仕立て】女性の袴のように、ひだが上部にだけある仕立て。女子神職の正式な袴はこの仕立てである。

【張り加工（はりかこう）】現在の装束は強装束であるため糊を強く利かす。反物を両側から強く引き張り、裏に姫糊（米糊）を塗る。古くは織りの段階で糸にふのりを含ませたり、両面糊塗りも行われていた。

【引き返し（ひきかえし）仕立て】袴などで表布地を裾から引き返して二重にし、袷としたもの。裏地も表地と同じ生地なので、しっかりとする。古くは「ぶっ返し」仕立てと称された。一般和装界では裾まわりだけ表地を返した仕立てを「引き返し」と呼び、着物全体の裏地に表地を使ったタイプを「無双仕立て」と呼ぶ。

【単（ひとえ）仕立て】裏地を付けない仕立て。

【捻り（ひねり）仕立て】単もの（裏地を付けない）の端を縫わずに米糊で丸め、こよりのように固めて処理すること。水に弱く、折れに弱い欠点もある。安価な化繊の装束ではミシン仕立ても多い。

【紐別・紐落し（ひもべつ・ひもおとし）】指貫は反物八幅で仕立てるのが定法だが、腰紐をこの反物から切り取って縫製した場合を「紐落し」と言い、別の反物から紐となる生地を取った場合を「紐別」と呼ぶ。結果として、紐落しは細身の六幅「狩袴《かりばかま》」に近くなる。活動の便を図る神職用指貫（奴袴《ぬばかま》）は、紐落しが主流。

【比翼（ひよく）仕立て】女房装束で襟や袖、裾の見える部分のみ布を重ねて五衣を重ねたように見せかけた仕立て。冬物の裾には真綿を入れてボリューム感を出す。今日の女房装束（十二単《じゅうにひとえ》）の五衣は、宮中を含めて多くがこの仕立てである。

【平露（ひらつゆ）】狩衣の袖括の緒で、薄平《うすひら》のこと。装束店用語。

【袘・⿰衤比（ふき）】袷や綿入れなどで、袖口や裾の裏地を表地より少しはみ出させる仕立て。デザイン性とともに、表地が汚れないようにする意味もある。五衣は裾に少し綿を入れる「袘綿仕立て」にして、ボリューム感を出す。

【振り（ふり）】袖の開きのこと。現代の女性装束には振りがあり、腕が入る部分は狭い。平安時代の女性装束は男性用と同じく振りがなく、大きな袖がそのまま身頃に付いていた。

【襠高袴（まちたかばかま）】本式の袴は襠が低く歩行しづらい。幕末に、活動的であるために多用されたのが襠高袴である。

【丸絎紐（まるぐけひも）】中に真綿を入れた太い帯締め。袿袴《けいこ》を道中着《どうちゅうぎ》に着付けるときに用いる。

【瑩（みがき）】絹生地に艶を出すための古代の技法。古くは生地を砧《きぬた》で打つことから始まり、貝殻やヘラで生地を擦って光沢を出した。「貝みがき」とも言う。

【縒露（よりつゆ）】狩衣の袖括の緒で、左右縒《そうより》のこと。装束店用語。

―『和名類聚抄』に掲載されている 繊維製品用語―

『和名類聚抄』（源順・平安中期）「錦綺類」「繒布類」より。既出の単語は省略した。

【紵布（あさぬの）】「あさ」には「大麻」と「葈《いちび》」（カラムシ）があり、カラムシで織った布が紵布である。

【絁（あしぎぬ）】糸が太く粗い絹製品のこととされる。

【綺（おりもの・かんはた）】無文平織地に四枚綾で文様を織り出した綾。紗綾《さや》とも。

【縑（かとり）】「固織り」のことで、緻密に織られた平織の上質絹地。

【絹（きぬ）】糸が細く上質な絹製品のこととされる。

【夾纈（こうけち）】二枚の板に同じ文様を彫り、その間に生地を挟んで染め上げる絞り染のこととされる。女性の裳《も》などに四目結文様が描かれた。「纐纈《こうけち》」（鹿子絞り）と混同されやすい。

【貲布（さよみのぬの）】織り目の粗いシナノキ樹皮の布。のちに粗製の麻布のこと。夏の衣類に用いた。

【商布（たと）】税以外に、交易（商業）のために織った麻布。

【白糸布（てづくりのぬの）】麻布の上級品のこととされる。

【兎褐（とかち）】ウサギの毛で織った毛織物。

【調布（ときのぬの）】税として納められる麻布。

【錦（にしき）】二色以上の緯糸で文様を織り表したもの。斜文組織地に緯糸で地色と文様を織り出すものは「大和錦」と呼ばれる。

【布（ぬの）】大麻の繊維で織られた生地。麻布。

【繡（ぬむもの）】刺繡のこと。

【帛（はくのきぬ）】白い絹地。当時の絹糸は黄色がかったものが多く、純白は貴重であった。

―装束の数え方（助数詞）―

日本語には数多くの数え方があるが、近頃はすべて「一個」「一つ」で済ませてしまう人が多くなった。しかし伝統を大切にする装束の世界では、古式ゆかしい日本語の「数え方文化」を継承し、対象によって助数詞を変えることで装束の持つ奥深さを認識するよう、大切に守られている。その一例を紹介する。

「束帯」や「衣冠」など装束セット	一具（ぐ、よろい）、一装（よそおい）
袍や狩衣など単品	一領（りょう、くだり）
袿などの袷	一襲（かさね）
冠や烏帽子	一頭（かしら）
冠の纓	一流（りゅう）
扇や笏	一握（あく）
指貫など袴	一腰（こし）
袴の片足部分	一蹴（けり）
平緒	一流（りゅう）
反物を何幅づかいか	一幅（の）、一野（の）
襪、浅沓など履き物	一両（そろえ）
はばき、脚絆	一掛（かけ）
袈裟	一領、一帖（じょう）
衣桁	一架（か）
糸	一筋（すじ）
糸（巻いたもの）	一綛（かせ）
縫い目	一針（はり）、一目（め）

―単位数（時代・地域によって異なる）―

生地の長さ

1疋（匹）＝2反＝60尺

1反＝30尺＝11メートル34センチ（時代と用途で変動がある）

度（長さ）

1丈＝10尺＝100寸＝1000分

1尺＝30・3センチ（曲尺《かねじゃく》。装束は曲尺換算が多い）

1尺＝37・8センチ（鯨尺《くじらじゃく》。一般の和装ではこちらを用いる）

衡（重さ）

生糸1斤《きん》＝16両＝160匁

1匁＝3・75g

1両＝10匁＝4分

1分＝6銖《しゅ》

1銖＝1・57g

絹織物の厚みは1疋あたりの両数で表示される。1疋が16両の重さの平絹生地ならば「平絹十六」。「目附《めつけ》」と称して1寸×6丈分の面積の生地の重さ（匁）を表す方法もある。化繊は糸一本の太さを「デニール（D）」で表し、1D＝長さ9000メートルあたり1g。

織機経糸の本数は

1算（よみ）＝80本＝40わな

史料

【第一章　装束の歴史】

【上古】（16ページ）

1 『魏志倭人伝』（陳寿・三世紀末）「男子皆露紒、以木緜頭。其衣横幅、但結束相連、略無縫。婦人被髪屈紒、作衣如単被、穿其中央、貫頭衣之。種禾稲、紵麻、蚕桑、緝績、出細紵・縑・緜。」

2 『日本書紀』「応神天皇七（276）年秋九月。高麗人。百済人。任那人。新羅人。並来朝。」
「応神天皇十四（283）年春二月。百済王貢縫衣工女。曰真毛津。是今来目衣縫之始祖也。」

【飛鳥時代】（16〜18ページ）

1 『隋書・東夷伝倭国条』（魏徴・656年）「其服飾、男子衣裙襦、其袖微小。履如屨形、漆其上、繋之於脚。人庶多跣足。不得用金銀為飾、故時衣横幅、結束相連而無縫。頭亦無冠、但垂髪於両耳上。至隋、其王始制冠、以錦綵為之。以金銀鏤花為飾。婦人束髪於後、亦衣裙襦、裳皆有襈」
『日本書紀』「推古天皇十一（603）年十二月壬申《五》。始行冠位。大徳・小徳・大仁・小仁・大礼・小礼・大信・小信・大義・小義・大智・小智、并十二階。並以当色絁縫之。頂撮総如嚢。而著縁焉。唯元日著髻華〈髻華、此云于孺。〉」

「推古天皇十二（604）年正月戊戌朔。始賜冠位於諸臣。各有差。」

2 『日本書紀』「推古天皇十六（608）年八月壬子《十二》。召唐客於朝庭。（中略）是時。皇子。諸王。諸臣悉以金髻華著頭。亦衣服皆用錦紫繍織及五色綾羅。〈一云。服色皆用冠色。〉」

3 『上宮聖徳法王帝説』（平安時代？）「小治田天皇御世、乙丑年五月。聖徳王与嶋大臣、共謀建立仏法、更興三宝。即准五行、定爵位也。七月、立十七余法也」

4 『先代旧事本紀』「（推古天皇）廿七年冬月、壬戌朔甲子、制曰。（中略）宜制爵位。其孝者天也、紫冠為一。忠者日也、錦冠為二。仁者月也、繍冠為三。悌者星也、纏冠為四。義者辰也、緋冠為五。礼者勝也、深緑為六。智者賢也、浅緑為七。信者神也、深縹為八。祇者祇也、浅縹為九。其第者母也、因号立身黄冠為十。自今已後永為恒式。」

5 『日本書紀』「是歳（647年）。制七色一十三階之冠。一曰、織冠、有大小二階、以織為之、以繍裁冠之縁。服色並用深紫。二曰、繍冠、有大小二階、以繍為之、其冠之縁。服色並同織冠。三曰、紫冠、有大小二階、以紫為之、以織裁冠之縁。服色用浅紫。四曰、錦冠。有大小二階其大錦冠以大伯仙錦為之、以織裁冠之縁。其小錦冠以小伯仙錦為之。以大伯仙錦裁冠之縁。服色並用真緋。五曰、青冠、以青絹絹之、有大小二階、其大青冠以大伯仙錦裁冠之縁。其小青冠以小伯仙錦裁冠之縁。服色並用紺。六曰、黒冠、有大小二階、其大黒冠以車形錦裁之縁、其小黒冠以菱形錦裁冠之縁。服色並用緑。七曰。建武〈初位。又名立身〉以黒絹為之、以紺裁冠之縁、別有鐙冠、以黒絹為之。其冠之背張漆羅以縁与鈿異高下。形似蟬。小錦冠以上之鈿雑金銀為之。大小青冠之鈿以銀為之。大小黒冠之鈿以銅為之。建武之冠無鈿也。」

6 『日本書紀』「天武天皇十一（682）年六月丁卯《六》。男夫始結髪。仍著漆紗冠。」
「天武天皇十三（684）年閏四月丙戌《五》、男女並衣服者、有襴無襴、及結紐、長紐、任意服之。其会集之日、著襴衣而著長紐。唯男子者有圭冠、冠而著括緒褌。女年卅以上、髪之結不結、及乗馬縦横、並任意也。別巫祝之類不在結髪之例。」

7 『日本書紀』「天武天皇十四（685）年正月丁卯《廿一》。更改爵位之号。仍増加階級。明位階・浄位四階、毎階有大広。并十二階。以前諸王已上之位。正位四階・直位四階・勤位四階・務位四階・追位四階・進位四階、毎階有大広。并四十八階。以前諸臣之位。」
「七月庚午《廿六》。勅。定明位已下進位已上之朝服色。浄位已上並著朱華〈朱華。此云波泥孺〉。正位深紫。直位浅紫。勤位深緑。務位浅緑。追位深蒲萄。進位浅蒲萄。」

8 『日本書紀』「持統四（690）年四月庚申《十四》。詔曰。百官人及畿内人。（中略）量授冠位。其朝服者。浄大壱已下広弐已上黒紫。浄大参已下広肆已上赤紫。正八級赤紫。直八級緋。勤八級深緑。務八級浅緑。追八級深縹。進八級浅縹。

9 『大宝律令』は、天武天皇十（681）年の『飛鳥浄御原律令』の改正版とされる。『大宝律令』は滅失して内容はわからず、のちの『養老律令』から類推できる。

10 『続日本紀』「大宝元（701）年三月甲午《廿一》。対馬島貢金。建元為大宝元年。始依新令。改制官名位号。親王明冠四品。諸王浄冠十四階。合十八階。諸臣正冠六階。直冠八階。勤冠四階。務冠四階。追冠四階。進冠四階。合卅階。外位始直冠正五位上階。終進冠少初位下階。合廿階。勲位始正冠正三位。終追冠従八位下階。合十二等。始停賜冠。易以位記。語在年代暦。又服制。親王四品已上。諸王諸臣一位者皆黒紫。諸王二位以下。諸臣三位以上者皆赤紫。直冠上四階深緋。下四階浅緋。勤冠四階深緑。務冠四階浅緑。追冠四階深縹。進冠四階浅縹。皆漆冠。綺帯。白襪。黒革舃。其袴者。直冠以上者皆白縛口袴。勤冠以下者白脛裳。」

11 『続日本紀』「大宝二（702）年正月己巳朔。天皇御大極殿受朝。親王及大納言已上始著礼服。諸王臣已下着朝服。」

【奈良時代】（18〜19ページ）

1 『養老令』（衣服令）「諸臣礼服　一位礼服冠、深紫衣、牙笏、白袴、条帯、深縹紗褶、錦襪、烏皮履。三位以上、浅紫衣。四位、深緋衣。五位、浅緋衣。」
「朝服　一品以下五位以上。並皀羅頭巾。衣色同礼服。牙笏、白袴、金銀装腰帯、白襪、烏皮履。六位、深緑衣。七位、浅緑衣。八位、深縹衣、初位、浅縹衣。並皀縵頭巾。木笏。」

「制服　無位。皆皀縵頭巾、黄袍、烏油腰帯、白襪、皮履。朝庭公事、即服之。尋常通得着草鞋〈家人奴婢。橡墨衣〉。」

2 『養老令』（衣服令）「内親王礼服
一品礼服宝髻〈四品以上。毎品各有別制〉、深紫衣、蘇方深紫紕帯、浅緑褶、蘇方深浅紫緑纈裙、錦襪、緑舃〈飾以金銀〉。
女王礼服
一位礼服宝髻〈五位以上。毎位及階。各有別制。内命婦准此〉、深紫衣。五位以上。指浅紫衣。自余准内命婦服制。唯褶同内親王。
内命婦礼服
一位礼服宝髻、深紫衣、蘇方深紫紕帯、浅縹褶、蘇方深浅紫緑纈裙、錦襪、緑舃〈飾以全銀。〉三位以上。浅紫衣、蘇方浅紫深浅緑纈裙、自余並准一位。四位。深緋衣、浅紫深緑紕帯、烏舃〈以銀飾之。〉五位。浅緋衣、浅紫浅緑紕帯、自余皆准上。大祀大嘗元日、則服之〈外命婦。夫服色以下。任服〉。
朝服
一品以下五位以上。去宝髻及褶舃、以外並同礼服。六位以下初位以上、並着義髻。衣色准男夫。深浅緑紕帯、緑縹纈紕裙〈初位去纈〉、白襪、烏皮履。四孟則服之。
制服
宮人。深緑以下兼得服之〈紫色以下。少少用者聴〉。緑、縹、紺纈、及紅裙、四孟及尋常則服之。若五位以上女、除父朝服以下色者、通得服之。其庶女服、同無位宮人。」

3 『続日本紀』「養老三（719）年二月壬戌《庚申朔三》。初令天下百姓右襟。職事主典已上把笏。其五位以上牙笏、散位亦聴把笏、六位已下木笏。」

4 『続日本紀』「養老二（718）年十月庚辰《二十》。大宰府言。遣唐使従四位下多治比真人県守来帰。」
「養老三（719）年正月己亥《十》。入唐使等拝見。皆着唐国所授朝服。」

5 『論語集註』（朱熹・宋代）「尊周室、攘夷狄、皆所以正天下也。微、無也。衽、衣衿也。被髪左衽、夷狄之俗也。」

6 『続日本紀』「養老三（719）年六月丙子《十九》。令神祇官宮主、左右大舎人寮、別勅長上、画工司画師、雅楽寮諸師、造宮省・主計寮・主税寮算師、典薬寮乳長上、左右衛士府医師、左右馬寮馬医等、始把笏焉。」

7 『平戸記』（平経高）「仁治三（1242）年三月十日、御即位礼服御覧。去八日也。而御冠破損、無実。今日内々猶可有沙汰云。御冠堅固無実、金銅珠玉之類者、先年為盗人被盗取歟、一切不見。只御冠羅、少々許相残。又珠玉少分落残、不及其正体之由、云々仍申其由、此上難治事也。東大寺ノ宝蔵天子御冠額相残歟。若可模者、可被召出哉。年序久隔、慥不覚悟。然而大旨者相似歟之由所覚也。」

【平安時代】（20〜24ページ）

1 『日本後紀』「弘仁九（818）年三月丙午《廿三》。詔曰。云々。其朝会之礼及常所服者、又卑逢貴而跪等、不論男女、改依唐法。但五位已上礼服、諸朝服之色、衛仗之服、皆縁旧例、不可改張。」
「弘仁九（818）年四月庚辰《廿七》。於前殿、講仁王経。縁旱災也。是日。有制、改殿閣及諸門之号。皆題額之。」

2 『政事要略』（惟宗允亮・1002年頃）「雑格云。応改七位初位当色事。右被右大臣宣称。奉勅。今聞漢家之制、略異此間、緑縹之浅。不着当色、知而不改。服制无節、蕃客朝覲、如見之何。宜七位者同着深緑、初位者共服深縹。自今以後、立為恒例。大同元（806）年十月七日。」

3 『日本後紀』「弘仁十一（820）年二月甲戌朔。詔曰。云々。其朕大小諸神事、及冬奉幣諸陵、則用帛衣。正受朝則用袞冕十二章。朔日受朝、日聴政、受蕃国使、奉幣及大小諸会、則用黄櫨染衣。」

4 『日本後紀』「弘仁十四（823）年十二月甲申《四》。詔曰。（中略）邦国顛瘁、礼服難弁、多欠朝貢。凶年之間、欲停着用。宜議定奏之。」
「弘仁十四（823）年十二月壬辰《十二》。公卿覆奏曰。（中略）尋須上聞。其礼服者、依詔停止。只皇太子及参議非参議三位已上、並預職掌人等、依旧着焉。」

5 『政事要略』（惟宗允亮・1002年頃）「太政官符　一応定衣服制度事　右被太政官去天長五（828）年四月廿六日符称。大納言正三位兼行右近衛大将良峯朝臣安世宣。奉勅。衣袖口闊一尺二寸已下。表衣長纔着地。又衣欠腋者。自膝而上五寸為限。袴口闊又同袖口者。斉衡三（856）年二月廿六日」

6 『請令諸公卿議定遣唐使進止状』（菅原道真）「右臣某謹案。在唐僧中瓘、去年三月附商客王訥等所到之録記、大唐凋弊、載之具矣。更告不朝之問、終停入唐之人。中瓘雖区々之旅僧、為聖朝尽其誠。代馬越鳥、豈非習性。臣等伏検旧記。度々使等、或有渡海不堪命者、或有遭賊遂亡身者。唯未見至唐有難阻飢寒之悲。如中瓘所申報、未然之事、推而可知。臣等伏願、以中瓘録記之状、遍下公卿博士、詳被定其可否。国之大事、不独為身。且陳欵誠、伏請処分。謹言
　寛平六（894）年九月十四日　大使参議勘解由次官従四位下兼守左大弁行式部権大輔春宮亮菅原朝臣某」

7 『胡曹抄』（一條兼良・室町後期）「三四位袍無差別事　正暦三（992）年九月一日、小右記明順直人叙四位、乞袍、以三品袍送四品如何、然而遣之、其報ニ云。近代三四位袍、其色一同。又最初着用如此衣云々。仍所驚示ス也。為奇不少カラ。寛弘三（1006）年小右記云。叙四位者、近代着三位以上袍、極テ奇事也云々。
　愚案、一條院正暦之比、称近代者、不久事歟。如延喜式、四位深緋衣、茜大四十斤、紫卅斤にて染之。五位浅緋衣、用茜計染之不如紫。是によりて、四位ハ緋衣といへとも、紫ましれるによりて、三位袍にちかき也。近代ハ附子金にて候、紫にそむるによりて、位色のわけもなく成来れり。正暦の頃まてハ、いまた紫にて染たれとも、四位袍に紫をおほく入て染たれハ、三位袍に似たるへし。是によりて四位の人も、三位の袍を用ふ事のたかひ来れるはしめなり。」

8 『延喜式』（縫殿寮）「深緋　綾一疋。綿紬、糸紬、東絁亦同。茜大四十斤、紫草卅斤、米五升、灰三石、薪八百四十斤。」

9 『政事要略』（惟宗允亮・1002年頃）「太政官符　検非違使　雑事五箇条　一応衣袖幷袴広同以一尺六寸為限事　右得検非違使去十二月廿九日奏状称。（中略）長保元（999）年七月廿七日官符云。袖闊一尺八寸已下。同二（1000）年六月五日宣旨云。袴広以二尺可為其限者。（中略）其袖闊一尺六寸。袴広同亦准此。又巾子之高。復旧可減者。左大臣〈道長〉宣。奉勅。袖袴之闊。既存倹約。

宜以一尺六寸同為其限者（中略）長保三（1001）年閏十二月八日」

10 『栄花物語』（ふじなみの上）「女房のなりどもは、柳・桜・山吹・紅梅・萌黄の五色をとりかはしつゝ、一人に三色づゝを著させ給へるなりけり。一人は一色を五ゝ、三色著たるは十五づゝ、あるは六づゝ、七づゝ、多く著たるは十八廿にてぞありける。」

「関白殿うちに入らせ給て、御前に申させ給、『今日の事、すべていと殊の外にけしからずせさせ給へり。（中略）今御堂に今日の事ども問はせ給はゞ、この女房の衣の数により御勘当侍らんずらんと思給こそ、いと苦しう候へ。』」

11 『政事要略』（惟宗允亮・1002年頃）「長保二（1000）年六月五日宣旨云。（中略）諸大夫家。厭衣小裳大。誇無故高冠。仍往代之制。（中略）又巾子之高。復旧可減者。左大臣（道長）宣。奉勅。」

12 『扶桑略記』「永承七（1052）年壬辰、正月廿六日癸酉、屈請千僧於大極殿、令転読観音経。自去年冬、疾疫流行。改年已後、弥以熾盛。仍為除其災也。今年始入末法。」

13 現在では「有職」と標記されるのが普通だが、古くは「有識」であった。

『続日本紀』「延暦九（790）年六月辛酉《廿六》。（中略）其後軽島豊明朝御宇応神天皇、命上毛野氏遠祖荒田別、使於百済捜聘有識者。」現在の「有識者」と同じ意味である。

14 『延喜式』（中宮）「正月料〈二月三月亦同〉。背子十領〈白一領、白橡九領〉料絹五疋〈別三丈〉、糸一両一分〈分三朱〉。」

15 『和名類聚抄』（源順・平安中期）「背子〈領巾附〉 弁色立成云、背子〈和名加良岐沼〉。形如半臂、無腰襴之袷衣也。楊氏漢語抄云、背子、婦人表衣、以錦為之。」

『西宮記』（源高明・平安中期）「女装束　女蔵人平絹唐衣下濃裳〈比礼著長袂摺衣者下衣唐衣〉。」

『事物起源』（高承・宋代）「秦二世詔衫子上朝服加背子。其制袖短於衫斉而大袖。今又長与裙斉。而袖纔寛於衫。蓋自秦始也。」

16 『宇津保物語』（吹上下）「女は髪揚げて唐衣着では御前に出でず。男は冠し上の衣着では御前に出でず。」

17 『枕草子』「（中宮が）おはしまさねば裳も着ず、袿姿にていたるこそ、物損なひに口惜しけれ。」

18 『源氏物語』（若菜上）「尚侍の君、もののみやび深く、かどめきたまへる人にて、目馴れぬさまにしなしたまへる、おほかたのことをば、ことさらにことことしからぬほどなり。」

『源氏物語』（若菜上）「品あてに艶ならむ女を願はば、やすく得つべし。されど、寂しうことうち合はぬ、みやび好める人の果て果ては、ものきよくもなく、人にも人ともおぼえたらぬを見れば、すこし人にそしらるとも、なだらかにて世の中を過ぐさむことを願ふなり。」

『栄花物語』（たまのうてな）「この尼君は御堂始めの年より、かく花を持て参れば、あはれがらせ給て、今はよろづを知らせ給なりけり。昔宮仕などしければ、老いたれどみやびかなる様したり。」

【院政の時代（平安後期）】（24～26ページ）

1 『古事談』（源顕兼・鎌倉前期）「延久の善政には、先づ器物を作られけり。資仲卿蔵人頭にて之れに奉行すと云々。舛を召し寄せて、取り廻はし取り廻はし御覧じて、籬を折りて、寸法などささせ給ひけり。」

2 『今鏡』（みこたち）「三宮の御子は、中宮大夫師忠の大納言の御むすめの腹に、花園の左の大臣とておはせしこそ、光源氏なども、かゝる人をこそ申さまほしくおぼえ給へしか。（中略）この大将殿は、ことのほかに、衣紋をぞ好み給ひて、うへのきぬなどの長さ短さなどの程など、細かにしたゝめ給ひて、その道に優れたまへりける。おほかた昔は、かやうのことも知らで、指貫も中踏みて、烏帽子も、こはく塗ることもなかりけるなるべし。この頃こそ、鋳烏帽子、きらめき烏帽子など、をりをり変はりて侍るめれ。白川院は、御装束参る人など、自づからひきつくろひなどし参らせければさいなみ給ひけると聞き侍りし。いかに変はりたる世にかあらむ。」

3 『今鏡』（みこたち）「鳥羽の院この花園の大臣、おほかたも御見目とりどりに、姿もえも言はずおはしますうへに、細かに沙汰せさせて世のさがになりて、肩当て腰当て、烏帽子とゞめ、冠とゞめなどせぬ人なし。」

『梁塵秘抄』（後白河法皇撰）「此の頃京にはやるもの、流行るもの。肩当て腰当て烏帽子止め、襟の立つかた、鋳烏帽子、布打ちの下の袴、四幅の指貫。」

4 『中右記』（藤原宗忠）「康和四（1102）年六月二日。卯剋許上皇従鳥羽殿有御幸御願。（中略）殿上人二十人許、多布衣或衣冠前駈。」

「康和四（1102）年七月廿八日。（中略）午時許依催参入鳥羽殿。（中略）権大納言家忠卿以下公卿十二人〈直衣〉、殿上人〈布衣〉候西中門前庭。」

『明月記』（藤原定家）「建久三（1192）年三月廿九日。早旦参院〈例布衣〉。」

5 『殿暦』（藤原忠実）「嘉承二（1107）年十月廿八日庚辰、天晴。今日主上渡給宮御方。（中略）白御衣二、無単衣、無御袴、御小袖〈を〉加也。今夜侍宿。」

6 『政事要略』（惟宗允亮・1002年頃）「寛平七（895）年八月十七日宣旨称。（中略）或加黄金之餝。転濫朱幡之体。風流嘲奇肱。妙巧驚衆目。是又凋訛之基也。」

7 『今鏡』（宮城野）「皇后宮は上赤色にて下ざま黄なる櫨紅葉の、十ばかり重なりたるに、表着に同じ色に、やがて濃き蒲萄染めの小袿のいろいろなる紅葉うち散りたる二重織物奉りたりけるを、見参らせたる人の語りけるとなん。」

8 『満佐須計装束抄』（源雅亮・平安末期）「裳に玉の上差、常の事なり。（中略）唐衣には紐と云ふものあり。唐組の色々なるにて総角蜷を結びて、六筋も八筋もして、唐衣の大領のかみは裏表に付けたるなり。」

9 『たまきはる』（健御前・鎌倉前期）「承安三（1173）年十月とかや、御堂供養と言ひし事こそ、女房の装束けしからぬことなりしか。打出ではみな紅、黄地の錦の表着、青地の唐衣にや、いとおぼえず。唐花の枝の五寸ばかりあるを、金にて棲、袖に付けられたり。女房四十人、みな蘇芳村濃に表着、唐衣、裳の腰みなおなじ村濃なり。表着、唐衣には花結び、縫物、置き物、金を延べ、箔を押しなどし合ひたりき。唐衣に紐、張り袴五重、三重、泥にて彩み、下絵して、箔置きなど、けしからぬまで見えき。」

「中々局の人は、見けるとかや。局々の雑仕、袙、打衣、帷子に縫物、上、型木にさまざまの風流をして、なべては二人づゝありき。尻切れなどにも金の覆輪を置き、けしからずぞ聞きし。のちに御覧の折ぞ見し。懸綴ぢ、括り、さらにも言はず、裳にも縫物をし、金をさえ延べてつけなどしたりき。錦の掛け帯、玉の上刺し、袙の色、紅葉を忌まれて、たゞ黄なる綺に青裏などにて、珍しからざりし口惜しさにや、風流どもぞなべてならず、ためしなきまで見えし。」

10 『古今著聞集』（橘成季）「紫金台寺御室に千手といふ御寵童有けり。（中略）けん紋紗の両面の水干に、袖にむばらこきに雀の居たるをぞぬふたりけり。」

11 『中右記』（藤原宗忠）「永久二（1114）年四月六日。（中略）祭間庁下部装束可制事、錦紅打衣、金銀類、如鈴鏡風流事、可制止由仰下了。此外事、強不可制歟。」

12 『源平盛衰記』「安元二（1176）年の七月に、御母儀建春門院隠させ給ひけり。（中略）是を見進らせける卿上雲客、皆直垂の袖を絞る。」

『源平盛衰記』「治承四（1180）年六月二日、都を福原へうつされて、既に八月にも成にけり。（中略）路の辺を見れば、車に乗べきは馬に乗、衣冠を著すべきは直垂を著たり。都の振舞忽に廃れて、ひたすら武士に不異。」

13 『源平盛衰記』「世に白拍子と云者あり。漢家には虞氏、楊貴妃、王昭君など云しは、是皆白拍子也。吾朝には鳥羽院御宇に、島の千歳、若の前とて、二人の遊女舞始けり。始には直垂に、立烏帽子、腰の刀を指て舞ければ、男舞と申けり。後には事がら荒しとて、烏帽子腰刀を止て、水干に袴ばかりを著て舞。（中略）仏は水干に白き袴著て、髪結あげ調子取負せて、徳是北辰　椿葉影再改　樽猶南面　松花色十返　と朗詠しけり。」

【鎌倉時代】（27～28ページ）

1 『民経記』（勘解由小路経光）「嘉禄二（1226）年九月十五日、天晴。如法寅刻許著直垂。中納言殿参天王寺給之故也。」

2 『玉蘂』（九條道家）「建暦二（1212）年三月廿二日宣旨　（中略）けちうの志んせい（中略）一ひたゝれこばかまにうらをつくべからざる事。（中略）一上かうし下かうしぜんごに、ひたゝれ、すいかん、くずばかまのるいをきるべからず。」

3 『源平盛衰記』「額打論附山僧焼清水寺並会稽山事（中略）内蔵頭教盛朝臣は、立烏帽子に冑を著す。若狭守経盛朝臣は、折烏帽子に冑を著す。」

『平家物語』「鼓判官　（中略）法皇は御輿に召て他所へ御幸なる。武士ども散々に射奉る。豊後少将宗長木蘭地の直垂に折烏帽子で供奉せられたりけるが、『是は法皇の御幸ぞ。過ち仕るな。』と宣へば、兵ども皆馬より下て畏まる。」

4 『野槐服飾抄』（難波宗長）「八幡行幸　承久三（1221年）三十五。八幡行幸也。（中略）舎人〈武清子。烏帽〉。赤色上下水干、欵冬袙、無単袴歟。今一人。将一冠者。木欄地水干不結紐、薄色袙、葛袴。」

5 『布衣記』（斎藤助成・1295年）「装束の事。水干狩衣と申者也。上下共に同色なり。登端袖替故に如此名を申替也。只狩衣のごとし。着様も如狩衣。仍装束のやう。面白練貫ならば。裏の色あをかるべし。面青練貫ならば。裏は平絹たるべし。面には縫物をする也。文事。主の家の文をもぬひ付也。又時の草木花紅葉をもぬひ候也。次のぼりはた袖は金襴たるべし。色は水干の色によりて。はた袖の地の色をかへ候なり。」

6 『布衣記』（斎藤助成・1295年）「郎従事、立烏帽子、装束走水干、上色うすかう、袴葛也。はく紙にて、水干に家の文をおす。うしろ左右袖の上五所、前の袋に一、以上六。袴にはおさず。くくりを上、刀をさす。」

「舎人の事。立烏帽子に右近ぞめの走水干。上下同なり。くゝりを上。刀をさす。一人如此。一人はそへ舎人也。折烏帽子。浅木の一重直垂也。紙よりの小結也。一中間事。折烏帽子小結常也。染直垂に大帷を重。袴に大口を重ね。直垂の色付。地かちんにもんを香。或地香文かちむ。又は萌木也。家の文也。はくにて文を付時は。地色かちんにてもかうにても無文也。文をつくる在所。上下九所。上はうしろのぬひめ。左右の袖の上。胸の引合。但引合には文を二ッにたちわりて両方に付。間一也。然ば上に四なり。袴はうしろ腰の下に一。前ひざの上左右に二ツ。もゝだちに両方二。以上五也。袴にはくゝりを入上也。ちわらじをはくなり。」

7 『山槐記』（中山忠親）「永暦二（1161）年四月廿五日丁卯。（中略）遠所行幸之時相具下部事　下部著水干小袴此時也。件装束水干者、紺藍摺無式法、美麗調之。小袴者フクラ柴〈爾〉染タル一色令著也。是如衛士所著、赤狩衣色也。」

『玉葉』（九條兼実）「治承四（1180）年六月二日癸未、卯刻行幸於入道相国福原別業。（中略）隆房朝臣、著狩装束〈褐衣、布帯、白狩袴〈浮線綾云々〉、藁脛巾、狩胡籙、螺鈿野劔、有尻鞘〉。是城外之儀云々。太以不被甘心。如此事、可依時宜事也。後聞、随身狩衣、小袴、烏帽云々。」

『野槐服飾抄』（難波宗長）「女院春日御幸（中略）建保六（1218年）四月廿三日。乗替舎人二人。浅黄水干小袴。白帷。」

『古事談』（源顕兼・鎌倉前期）「白髪に帽子かづきて、たふの直垂小袴に、九寸許りなる腰刀のつかにくすね糸巻きたる。」

8 『古今著聞集』（橘成季・鎌倉中期）「足利左馬入道義氏朝臣、美作国より猿をまうけたり。（中略）けんもんさのひたゝれこばかまに、さやまきまかせて、烏帽子をさせたりけり。」

『たまきはる』（健御前・鎌倉前期）「よきほどなる御褻なりにて、常に出でさせおはします。冬は二重織物の三つ御衣などに御小袴、夏も、折につけたる生絹の御衣どもの、世になくうつくしきにてぞありし。」

9 『栄花物語』（平安中期）「この殿の御厩の秣の田は、殿の北辺り清和院のもとにぞ植へける。（中略）さて御覧ずれば、若うきたなげもなき女ども五六十人ばかりに、裳袴といふ物いと白くて著せて。」

10 『禁秘抄』(順徳天皇・鎌倉前期)「凡禁中着湯巻。上臈一人、典侍一人也。是候御湯殿故也。近代上臈中准此役、多着之。不可為例。但少々聴之。」

11 『明月記』(藤原定家)「建仁四(1204)年正月二日。参院、供御薬訖。(中略)昨日供御薬之儀〈三日如此〉、於弘御所有此事。太政大臣、源大納言、右大将、新大納言〈已上直衣〉候御前。殿上人六人、役送長房朝臣、忠信朝臣、有雅朝臣、隆仲、親定、範茂〈已上衣冠〉。」

12 『野槐服飾抄』(難波宗長)「建保六(1218年)正十二。法勝寺修正御幸〈中将〉。束帯、細太刀、随身二藍袴。童元日装束本儀衣冠也。近衛多用束帯。近年無煩之故也。」

13 『台記』(藤原頼長)「久安四(1148)年九月十一日丙申。午刻著狩衣直衣。沽野参御所。」

14 『吾妻鏡』「康元二(1257)年六月一日甲申。御所旬御鞠也。為一條侍従定氏奉行。催人々、将軍家(宗尊親王)〈御狩衣直衣〉令立御。」

『とはずがたり』(後深草院二條・鎌倉中期)「二十七日の月、只今山の端分け出づる光もすごきに、われもかう織りたる薄色の御小直衣にて、取りあへずおぼしめし立ちたるさまも、いと面立たし。」

【室町時代】(28〜29ページ)

1 『桃花蘂葉』(一條兼良・室町後期)「衛府具足事。摂家中少将より行幸供奉す。公卿は二位三位中将・中納言中将大将の時までも帯弓箭供奉す。至大臣大将者、雖令持胡籙、不懸老懸。昔雷鳴陣の時、大臣大将帯胡籙、而不懸綏云々。爰鹿苑院入道〈義満〉相国永徳二(1382)年左大臣・(右)大将の時、行幸供奉被称別勅之由、懸綏帯胡籙有供奉。別段事也。更不可為傍例。」

2 『園太暦』(洞院公賢)「延文二(1357)年十一月九日。今日右府(藤原道嗣)被送状。張絹小直衣事被談之。当家不著用物候。(中略)抑張絹狩衣小直衣等何程年齢に可著候哉。常宿老人著用歟。」

『押小路内府抄』(三條公忠・室町前期)「家中常ノ姿ハ、半尻小指貫〈生(すゝし)〉ノ大口ヲ重テ着之也。大将大臣之後ハ狩衣直衣指貫也。親王家ナトハ半尻ニ大口許ヲ着之歟。大臣家ハ大君姿(オホキミシガタ)〈卜天〉如此ハ無之事也。雲客之時ハ直垂ナトモアナカチニ無苦也。公卿以後ハ当家不用直垂也。」

『衛府長装束抄』(今出川教季・室町後期)「小直衣事。以長絹裁縫可用之。又尋常如紋紗。或青黄香等色着用。不可有子細歟。件等色渉老若可用之条無子細歟。」

『桃花蘂葉』(一條兼良・室町後期)「狩衣直衣事。〈常称小直衣也〉。

当家丞相已後着之。凡家は幕下之後着之。文色ハ大略同狩衣。尋常着用は浮文織物。夏生。冬練也。堅文織物幷練薄物。夏冬通用。(中略)浅黄などをもちゐるほどにならば。小直衣を着べき也。狩衣は大納言まで着用する也。」

『三内口決』(三條西実枝・室町後期)「内々之衣裳　烏帽子直衣〈大臣着之〉。小直衣〈大臣着之〉。曽波津々幾〈親王着之〉。白大口。」

3 『桃花蘂葉』(一條兼良・室町後期)「水干事。紗にても、平絹生にても、又色は白にても、何色にても、大納言の時まで内々着用之。陽明の家ニハ、大臣又前途の後も如長絹直垂被着用之。尤不審也。」

『三光院内府記』(三條西実枝・室町後期)「水干。摂政・清花、平生着用之。色不相定。当家ハ織物之水干着用之由、見旧記候。童形之間ハ諸家着用。元服以後ハ不用之候。大臣ノ孫子ハ、元服以後着用勿論候。」

4 『三光院内府記』(三條西実枝・室町後期)「直垂。諸大夫之外ハ、諸家共用絹直垂候。鹿苑院殿御代、昵近之人々給布直垂候。其以来諸家着用之候。一向非本儀候。雖然大臣家ハ着絹候。当家ハ公時卿為講尺平生祗候之条。依御入魂内々ノ時給布直垂候。然間両様着来之由。然処故入道称名院(三條西公条)、右大臣拝任之上者、家之儀為各別。仍布之直垂相止了。惣別十六歳迄ハ諸家一同着白絹直垂候。色之直垂ヲバ不着之。諸大夫モ同前候。」

5 『唯心院装束抄』(一條房通・室町後期)「衣冠襲。単を着し、指貫にてしめ、常袍を着す。此時は檜扇をさす。(中略)衣冠は常の袍斗の時、衣冠と云。此時は末広也。武家此時太刀を付る、古法には是なし。」

6 『連阿口伝抄』(高倉永綱・1366年)「大帷子ハ非分ノ物也。夏ノ時ハ無単。大帷子ヲアセトリト号テ着。夏ハマタ単ヲコハクハリテ、ハリ単ト云テ着。袙ヲバ老者ハ不着歟、此時大帷子也。打衣ヲバ夏ハ不着。此面ヲハナチテ着ヲ引倍木ト云也。余リニ年少ノ時、大帷子ハ無骨也。主上ハ御大帷子メサズ。」

『西三條装束抄』「紅ニ染タル大帷也。汗取ノ帷ト号シテ、夏秋是ヲ著ル。近代単ノ袖計ヲ付テ、夏冬共ニコレヲ著ス。」

『三内口決』(三條西実枝・室町後期)「大帷〈布〉。夏〈紅〉。冬〈白〉。以糊成張物。為令衣文有力也。以単之襟裏之。是ハ一向重之外也。」

7 『親長卿記』(甘露寺親長)「文明十四(1482)年正月十四日、今日元日節会御習礼也。(中略)今日装束、内弁、中院一位〈通秀、冬袍裾表袴、大帷如常、不著下襲、平緒餝太刀、靴〉。予〈冬袍裾表袴、下襲大帷引倍木、平緒紺地、太刀蒔絵太刀、靴〉。新中納言〈公兼、夏袍指貫、浅履〉。源大納言〈参議代〉〈雅行、夏束帯、蒔絵劔、靴〉。兵部卿〈宗綱、冬袍、指貫、靴〉。已上各持笏。此外大略衣冠也。」

8 『法体装束抄』(高倉永行・1396年)「此法体の衣の着様・寸法以下之事。先々法皇の御ころもは、当家の輩よそゐ奉る也。一向に分明に抄物などなし。今室町殿御衣は愚身めさするなり。仍公私方々沙汰を経られて淵底をきはむるの間、子孫の蒙昧の不審を散ぜんが為に自筆にこれをしるし、裏判を加之者也。」

9 『桃華蘂葉』(一條兼良・1480年)「冠　有文冠は小菱のある羅を用る也。近来羅織なきと称して、其文分明ならざれ共、有文のよし也。」

【戦国・安土桃山時代】(29ページ)

1 『親長卿記』(甘露寺親長)「文明七(1475)年正月一日辛亥。被行四方拝〈乱後諸公事停止、適今年及此沙汰、珍重々々〉。」

『宣胤卿記』(中御門宣胤)「文明十二(1480)年正月一日壬午。御薬、乱中至今十余年停止。節会諸社祭〈春日祭者無退転〉諸公事悉以十余年停止。何日有再興乎。無大乱静謐之験、末世至極無力次第也。委細不能記者也。」

『晴富宿禰記』(壬生晴富)「文明十二(1480)年正月一日壬午。四方拝有之。此一事再興、此外諸事停止也。」

『実隆公記』(三條西実隆)「文亀三(1503)年正月一日己巳。抑今日節会遂以不被行之。依無足也。不便々々。」

『宣胤卿記』(中御門宣胤)「永正三(1506)年正月一日辛巳。申刻許著衣冠参内番也。(中略)節会年々無之。依無用脚也。御即位已後六箇年無之。朝儀零落、不及事新記。」

2 『二水記』(鷲尾隆康)「大永二(1522)年正月二日、今夜殿上淵酔也。(中略)資遠朝臣今度如習朗詠。(中略)仍不知也云々。此事内々伺申入之処、適再興之時、無其儀事不可然、加涯分之了簡。」

【江戸時代】(29〜32ページ)

1 『禁中並公家諸法度』(1615年)「一　天子礼服、大袖、小袖、裳、御紋十二象諸臣礼服各別。御袍、麴塵、青色、帛、生気御袍。或御引直衣、御小直衣等之事。

仙洞御袍、赤色橡、或甘御衣。大臣袍、橡異文、小直衣。親王袍、橡小直衣。公卿着禁色雑袍。雖殿上人、大臣息或孫聴着禁色雑袍。貫首・五位蔵人・六位蔵人、着禁色。至極臈着麴塵袍。是申下御服之儀也。晴之時雖下臈着之。

袍色、四位以上橡、五位緋、地下赤之、六位深緑、七位浅緑、八位深縹、初位浅縹。袍之紋、轡唐草輪無、家々以旧例着用之。任槐以後異文也。

直衣、公卿禁色直衣、始或拝領任先規着用之、殿上人直衣、羽林家之外不着之。雖殿上人、大臣息亦孫聴着禁色。直衣、直垂、随所着用也。

小袖、公卿衣冠時者着綾、殿上人不着綾。練貫、羽林家三十六歳迄着之。此外不着之。紅梅、十六歳三月迄諸家着之此外者平絹也。

冠十六未満透額帷子、公卿従端午、殿上人従四月西賀茂祭、着用普通事。」

2 『後水尾院当時年中行事』(後水尾天皇・江戸前期)「御代始にハ、各そく帯、主上引直衣に袙をかさねてめす。恒例ハおのおの衣冠。初参の人ハ束帯、毎度事なり。」

3 『後水尾院当時年中行事』(後水尾天皇・江戸前期)「女中衣裳に近代さまさまの法ありて、うきおり物ハ典侍已上ハ勿論、典侍まて着用なり。(中略)丸すゝし、品を論せす着用。典侍まてハ縫を着用。そめ物ハ勿論なり。但、いつれもかたすそなり。染物ハたん四かはり等の物ハ地なしをも用之。本なと用ふ。内侍以下ハ染物を用ふ。縫の紋ハ草木等の物なり。但、定やうなし。縫物ハひしかき等の花紋に雲ひきりやうのうハ紋等、いへにや。丸すゝしにハ紋に萌木を入なり。あやハ勾当内侍まてハ着用。唐あや、りんす、とんす、しゆちん等、唐物近代品によらす下臈といへとも着用す。不審の事なり。」

4 『大猷院殿御実紀』「けふの行幸一日晴にて、公卿以上唐織下襲、表袴、裾。侍従以下繍箔の下襲。馬具鞍鞘、三位以上豹皮、五位以上虎皮。其外襹馬副以下、装束希代の美麗を競ふ。」

5 『舜旧記』(神龍院梵舜)「寛永三年九月五日、行幸為見物。(中略)遠国近国京中諸人之見物。中々申モ不及言詞之儀也。天下静謐、万民迄難有御治世。万々歳々御代云々。」

6 『武家当時装束抄』(松岡辰方・江戸後期)「随身装束〈御若年寄〉。袍〈闕腋〉、紺地金襴文雲、裏紅平絹〈金襴の袍は一日晴にて用ひ侍る事なれば、本儀にはあらざるとて、正徳の比、位袍に改給ひしに、又享保に至り、元のごとくなりしよし。金襴袍を用る事は、延文二年法篋院殿〈足利義詮〉大将御拝賀の時、随身金襴の袍を著す。又寛永行幸の度も、随身金襴の袍也。されば金襴の袍を用ひ給ふ事也と。古実といふべし〉。」

7 『宗建卿記』(難波宗建)「享保十八(1733)年正月一日。四方拝。今日主上御檜扇蘇芳長餝初被用之。近世以紅糸巻御扇、恐幼主例歟。於御直衣之時者、尋常御檜扇也。年来御不審、仍自今年被用件御扇。牙御笏被入蒔絵筥、蓋敷錦袋。件御笏去年自関白被献者也。抑牙御笏事、著御礼服之外、近世不被用之。文明十二年雖可被用之、依紛失無其儀。且其頃関白幷室町等被申無象牙之由、仍被用木御笏。以来、至今年不被用牙之処、今年御再興珍重々々。」

8 『宗建卿記』(難波宗建)「享保十八(1733)年正月一日。(中略)朝餉出御久中絶、今年御再興、仍御膳近日如古法。陪膳女房著衣云々。(中略)申刻出御于大床子、今度御再興也〈次第略之〉。抑朝餉大床子御膳近世甚略儀、今日御再興之、諸臣恐悦々々。」

9 『宗建卿記』(難波宗建)「享保十八(1733)年二月廿五日。内々予奉仰、主上御張袴近世無著御。今度可有御再興、高倉家記近比有御覧之処、綾平絹之間不分明。〈宗建〉可尋高倉中納言之由、仍先日尋之。(中略)同家記主上紅御打袴〈平絹紅打、或小葵綾〉春宮夏冬主上に同じ。別紙永房、今案主上御打袴、当時御著用無之。生御袴ばかり御著用被遊候へども、古例先は御打袴にて、生御袴は尋常内々之儀と被存候。件勘物先日入御覧了。」

10 『大江俊章記』(北小路俊章)「延享二(1745)年四月十一日。向高倉家。是成光所望半臂伝授之事未被許。最初所望賀茂祭近衛使三條西殿衣紋也。兼頼也。若可被著半臂歟。仍急所望也。然不被著条治定故、伝受不急条申述。是元来半臂緒中絶、近代再興故、門弟伝受之人無之。先年広橋黄門、堀川中務大輔両人、無拠伝受之由。然処今度達而所望也。」

11 『実久卿記』(橋本実久)「天保十一(1840)年十二月廿一日丁丑、深更新源大納言被来。今度太上皇大行可被奉御謚哉。久々廃絶。依之大臣以下参議以上現任公卿、以一紙被尋下之旨被仰伝了。続左、太上皇如中古以来、雖可被奉御追号、御登壇以来、被興復故典旧儀、公事再興不少。」

12 『幕末の宮廷』(下橋敬長述・1921年)「近衛さんにはたいてい残らず揃っております、ほかから借りる物はありませぬ。九条さんにも揃っておるだろうと思います。ない物は、あとの摂家にはある物とございます。ない物は、それを借す商人がございます。京都の新町の中長者町下る所の若狭屋喜左衛門、武者小路新町角の鍵屋新助、この二軒が貸物屋です。（中略）損料は五位の装束が二百匹、今の五十銭です。四位と六位の装束は百匹、五位は赤でございますから高うございます。四位と六位は黒と緑ですから半分です。下に着ます袴、帯まで貸します。それをお公卿様などでも、地下の官人は皆その二軒で借ります。五摂家でも、御家来の着ます物までは揃いませぬから、そういう所から借ります。」

13 『守貞謾稿』（喜田川守貞・江戸末期）「寛政の写本『思出冊子』に云ふ。女子宝暦までは日髪なり。その比髱差出来、程なく止み、灯籠鬢流行り、鬢差を用ひ持髪となる。日髪と持髪と半々なり。」

【明治時代】（32ページ）

1 『太政官布告』（明治元年四月二十五日）「参与並有位徴士ノ大礼節朔ニ著スヘキ衣服ヲ定ム
参与並有位徴士衣服
御大礼　衣冠
節朔　直垂
右之通為御心得申入候也」

『太政官布告』（明治二年三月十日）「諸侯無位ノ輩参朝ノ節直垂著用可致為心得相達候事　東官
但シ在京ノ諸侯へ御口達ニ代テ相達ス」

2 『服制更革ノ旨侍従ヘノ詔』（明治四年九月四日）「朕惟フニ、風俗ナル者移換以テ時ノ宜シキニ随ヒ、国体ナル者不抜以テ其勢ヲ制ス。今衣冠ノ制、中古唐制ニ模倣セシヨリ、流テ軟弱ノ風ヲナス。朕太夕慨之。夫レ神州武ヲ以テ治スルヤ、固ヨリ久シ。天子親ラ之カ元帥ト為リ、衆庶以其風ヲ仰ク。神武創業・神功征韓ノ如キ、決シテ今日ノ風姿ニアラス。豈一日モ軟弱以テ、天下ニ示ス可ケンヤ。朕、今断然其服制ヲ更メ、其風俗ヲ一新シ、祖宗以来、尚武ノ国体ヲ立テント欲ス。汝近臣其レ朕カ意ヲ体セヨ。」

3 『太政官布告』（明治五年十一月十二日）「第三百三十九号
今般、勅奏判官員及非役有位大礼服並上下一般通常ノ礼服別冊服章図式ノ通被相定、従前ノ衣冠ヲ以テ祭服ト為シ、直垂狩衣上下等ハ、総テ廃止被仰出候事
但新製ノ礼服所持無之内ハ、礼服著用ノ節、当分是迄ノ通、直垂上下相用不苦候事
一武官礼服ハ、従前ノ通タルヘキ事」

4 『太政官布告』（明治六年二月七日）「第四十一号　従前ノ衣冠ヲ以テ祭服ト可致旨被仰出候処、衣冠所持無之輩ハ、狩衣直垂浄衣等相用候儀、不苦候事」

5 『皇后陛下婦女服制ノ論旨ヲ宮内省ヨリ大臣勅任官華族ニ伝達ス』（明治二十年一月十七日）「婦女服制のことに付て皇后陛下思食書　女子の服は、そのこと既に衣裳の制なり。孝徳天皇の朝大化の新政発してより、持統天皇の朝よりは朝服の制あり。元正天皇の朝には左衽の禁あり。聖武天皇の朝に至りてハ、殊に天下の婦女に令志て、新様の服を着セ志められき。当時固より衣と裳となりしかば、裳を重ぬる輩もありて、重裳の禁ハ発しきされは、女子は中世迄も、都鄙一般に紅袴を穿きたり志まゝ、南北朝よりこのかた干戈の世となりては、衣を得れば便ち著て、また裳なきを顧ること能はず。因襲の久しき終に禍乱治まりても裳を用ひず、纔かに上衣を長うして、両脚を蔽はせたりしが、近く延宝よりこなき中結帯漸く其幅を広めて、全く今日の服飾をば馴致せり。然ども、衣ありて裳なきハ不具なり。固より旧制に依らざる可らずして、文運新進める。昔日の類ひにあらねば、ひとり座礼のモは用ふること能はずして、難波の朝の立礼は勢ひ必ず興さざるを得さるなりさるに、今西洋の女服を見るに、衣と裳と具ふること本朝の旧制の如くにして、偏へに立礼に適するのみならず、身体の動作行歩の運転にも便利なれば、其裁縫に倣はんこと当然の理りなるべし。然れども、其改良に就て殊に注意すべきハ、勉めて我が国産を用ひんの一事なり。若し能く国産を用ひ得ば、傍改良をも誘ひ、美術の進歩をも導き、兼て商工へも益を興ふること多かるべく。さては此挙却て種々の媒介となりて、ひとり衣服の上には止らさるべし。凡そ物旧を改め新へ移るに、無益の費を避けんとするは最も至難の業なりと雖とも、人々互に其分に応し、質素を守りて奢美に流れざるやう能く注意せば、遂に其目的を達すべし。爰に女服の改良をいふに当りて、聊か所思を述べて前途の望みを告ぐ。　明治二十年一月」

【第二章　装束の種類】

【礼服】（34～42ページ）

1 『養老令』（衣服令）「諸臣礼服（中略）大祀大嘗元日。則服之。」

2 『続日本紀』「大宝二（702）年正月己巳朔。天皇御大極殿受朝。親王及大納言已上始著礼服。諸王臣已下着朝服。」

3 『続日本紀』「霊亀元（715）年正月甲申朔。天皇御大極殿受朝。皇太子始加礼服拝朝。」

4 『続日本紀』「天平四（732）年春正月乙巳朔。御大極殿受朝。天皇始服冕服。」

5 『続日本紀』「天平十三（741）年十月辛卯。勅。五位已上礼服冠者、元来官作賜之。自今以後、令私作備。内命婦亦同。」

6 『続日本紀』「天平勝宝四（752）年四月乙酉《丁丑朔九》。盧舎那大仏像成。始開眼。是日行幸東大寺。天皇親率文武百官。設斎大会。其儀一同元日。五位已上者著礼服。六位已下者当色。」

7 『日本後紀』「弘仁十一（820）年二月甲戌朔。詔曰。云々。其朕大小諸神事・及冬奉幣諸陵、則用帛衣。元正受朝、則用袞冕十二章。朔日受朝・日聴政・受蕃国使・奉幣及大小諸会、則用黄櫨染衣。」

8 『日本後紀』「弘仁十四（823）年十二月壬辰《十二》。公卿覆奏曰。（中略）其礼服者、依詔停止。只皇太子及参議非参議三位已上、並預職掌人等依旧着焉。」

『延喜式』（式部省）「元正朝賀〈即位准此〉。元日丑一刻。掃部寮設輔以下省掌以上座於便処。輔以下就座。省掌置版位。五位以上服礼服〈四位已下非有職掌。不著礼服〉。」

9 『儀式』（875年頃）「天皇即位儀。当日諸衛服大儀（中略）列於殿庭、主殿・図書両寮各服礼服（中略）帳命婦二人・威儀内命婦四人、各著礼服。」

10 『撰塵装束抄』（高倉永綱・室町前期）「大祀、謂臨時祀也。大嘗、謂毎世嘗也。大祀即大嘗也。元日、正月一日朝賀是也。今大嘗祭時不着礼服。即位日着用之。不知其故。」

11 『儀式』（875年頃）「釈奠講論儀。（中略）博士・弟子並著礼服、参入立簀前。」

『釈奠次第』（藤原定家・鎌倉前期）「六位外記史已下着東幄座。式部学生等着西幄座。次賛者率座主及音博士。〈各着礼服〉。取巻座主率弟子。」

12 『禁中並公家諸法度』（1615年）「天子礼服、大袖・小袖・裳、御紋十二象。諸臣礼服各別。」

13 『助無智秘抄』（1166年頃）「礼服ハ累代ノ物ヲ中玉ハリテキルコトモアリ。又ワタクシニアタラシクト、ノヘテキルコトモアリ。ボロボロトヤレソンジテワロケレドモ、クルシミナキモノハ礼服ノ袍ナリ。サテフルキ袍ヲバ礼服ノヤウナリトイフニヤ。」

14 『養老令』（衣服令）「諸王礼服　一位礼服冠〈五位以上毎位及階各有別制。諸臣准此〉、深紫衣、牙笏、白袴、条帯、深緑紗褶、錦襪、烏皮履。二位以下五位以上並浅紫衣、以外皆同一位服〈五位以上佩綬。三位以上加玉佩。諸臣准此〉。」

「諸臣礼服　一位礼服冠、深紫衣、牙笏、白袴、条帯、深縹紗褶、錦襪、烏皮履。三位以上浅紫衣。四位深緋衣。五位浅緋衣。以外並同一位服。大祀大嘗元日。則服之。」

15 『山槐記』（中山忠親・1165年）「凡小袖大袖色随品位可有差別、然而近代強不及沙汰云云。」

『満佐須計装束抄』（源雅亮・平安末期）「大袖小袖。四位の袍の赤みたるに蘇芳の裏をつく。青色のもあり。」

16 『餝抄』（中院通方・鎌倉前期）「一礼服。大袖小袖、同色。橡・麴塵・紫、有三色。貞応度通具卿着麴塵色。予橡。当家所用之礼服在鳥羽宝蔵、其色橡也、仍用之。宰相中将雅清着紫色。其地大略唐綾歟。単袴大口等如尋常。裳。水色也。其地穀。冠。二儀実録曰。自黄帝制為冠冕。其図在永治元或人別記。近代所用略物也。綬。如平緒組也。貞応予帖唐綾令画絵也。人々所為大略如此。玉珮。絵様在永治別記。牙笏。貞応度多以木如牙笏作之。先例又如此云々。（中略）烏皮履。其図在永治別記。襪。白地紫地等小文錦。」

17 『宗建卿記』（難波宗建）「享保廿（1735）年六月二十七日。（中略）於新調者悉色目紫、於文者、孔雀蛮絵可然之旨也。而院仰云、被勅問於左右大臣可被定之由。依之去八日自禁中被尋下於左右丞相之処、先日両公被献勘物。伝聞、仁治貞和等例云々〈殿下内々仰也〉依之今度以件勘進之趣、麴塵雲鶴孔雀蛮絵、或窠ノ内唐鳥等被用之。是貞和園太暦説者也。」

18 『代始和抄』（一條兼良・1478年）「礼服には大袖。小袖。裳等あり。三位以上は玉佩を著し、綬といふ物を乳の下より結垂。平緒の類也。天子は佩を二琉たれ給ふ。臣下は一琉也。」

19 『吏部王記』（重明親王）「延長六（928）年十二月廿九日。左侍従陽成院二親王及奏賀按察大納言集八省院習礼。（中略）余問礼服装束法。按察大納言曰。摺上袴端三許寸、袍上摺六七許寸、差見為善。左綬々帯真結、自下返如劔結。右玉□佩小進当膝上。欲行歩時、当膝有声。唯佩劔法、不慥憶記。唯綬或帯著、或自帯下而上帯寸許云々。」

20 『満佐須計装束抄』（源雅亮・平安末期）「礼服を着ること。
　まづ烏帽をして。鬢をかきておる。次に襪一枚を履く。次に小袖の上に大口を着る。その上に裳を後ろより前に引き回して。僧の裳着る様にして。裳の後ろなる緒を右の肩より引き越して。前の左の脇なる短き緒に結ぶ。下げじ料なり。
　表袴の裾より裳をば三寸上げて着すべし。その上に小袖首紙あり。裳裾より四寸ばかり上げて着る。三寸常の事なり。小袖より大袖三寸上げて着る。大方表袴の裾より大袖の裾までに一尺につもるべし。三寸づつ上げて着るべきなり。下帯をせず。大袖には紐どものあるを懸けてあるなり。下重の褄なる紐を左の脇なるに懸くべし。大袖長くば下を一定にして。上へ撫で上げて下帯をして。その上に綴ぢて。平緒の短き様なる物を当てて。前に結びて。下一枚を上に返して。結び目を隠して。裏表の端を綴づべし。長くば片鉤。短くば真結びにもすべし。長くて鉤の見へばに枚が中に隠して綴づべし。下がりは一尺余ばかりなり。平緒よりは短し。上六寸に乳の下などに当つべし。前に右の膝に当てて。玉の貫きて旗の様なるを下げたり。玉佩と云ふなり。上にある緒を綬の下より通して結ふなり。結ひ目を隠して綬に挟め。左の脇の下に短綬とて切平緒の様なるものを下ぐ。体は綬に同じ。是に秘することは。綬の結び目を隠して結ふばかりなり。襪。白地赤地常の事なり。」

21 『山槐記』（中山忠親）「永万元（1165）年七月廿七日甲戌、今日有御即位。予被定右方侍従。（中略）著礼服次第。先著襪〈例襪一重著之上、其上著赤地錦襪〉。（中略）次著小袖〈自裳五寸引上テ著之。下帯事、小袖著了可帯之由、見旧記。然而随当時便宜。猶小袖上帯之整其脇〉。次著大袖〈自小袖二寸引上テ著之。又以下結帯乳下、猶結之左右前、能々整著之。小袖頭紙上、大袖頸相重、此事無所見。只頗押折著之。人々所為、今度見之不同。小袖頸下程ニ折之、或又只不折重之〉。次乳下結綬〈前方メノコ結ニシテ、下一枚ヲ返テ、輪奈ヲ中ニ、数所閉付。不令見結目、又閉付大袖其垂長一尺余計。又以短綬、付左方、如半比緒。数所又閉付之〉。次付玉佩〈右方付下帯、頗寄前方。当膝随歩、而令有其音云々。其緒挿繞下、不令見之。四位不付之云々。然而先先例殿上侍侍従付之。見長元大二條殿之記外弁為公卿人、雖四位多付之〉。」

22 『延喜式』（式部省）「其礼冠者。親王四品已上並漆地金装。以水精三顆。琥珀三顆。青玉五顆。交居冠頂。以白玉八顆。立櫛形上。以紺玉廿顆。立前後押鬘上。其徽者立額上。一品青龍。尾上頭下。右出左顧。（中略）諸王一位漆地金装。以赤玉五顆。緑玉六顆。交居冠頂。以黒玉八顆。立櫛形上。以緑玉廿顆。立前後押鬘上。（中略）五位以緑玉五顆。白玉三。顆赤黒玉三顆。交居冠頂。自余准王五位。其徽者麟。正従出向皆准諸王。」

23 『満佐須計装束抄』（源雅亮・平安末期）「冠に耳の程にあたりて左右に緒あり。その緒を耳の上より耳の後ろへ越して、顎の下に結ふべし。末は露などして、首紙の上に

見せたる人あり。又首紙の内に押入れたる常の事なり。折烏帽子の上に灯心の輪を太らかにして、かみ細にして、三重も四重も重ね入れたり。冠を深く入れじ料なり。」

24 『養老令』（衣服令）「内親王礼服　一品礼服宝髻〈四品以上。毎品各有別制〉。深紫衣、蘇方深紫紕帯、浅緑褶、蘇方深浅紫緑纈裙、錦襪、緑舃〈飾以金銀〉。」

「内命婦礼服　一位礼服宝髻、深紫衣、蘇方深紫紕帯、浅縹褶、蘇方深浅紫緑纈裙、錦襪、緑舃〈飾以全銀〉。三位以上、浅紫衣、蘇方浅紫深浅緑纈裙、自余並准一位。四位、深緋衣、浅紫深緑紕帯、烏舃〈以銀飾之〉。五位、浅緋衣、浅紫浅緑紕帯、自余皆准上。大祀大嘗元日。則服之〈外命婦。夫服色以下。任服〉。」

25 『北山抄』（藤原公任・平安中期）「女礼服、無袷襠、長袖広三尺五寸、無領巾、其裙帯紫緑、平合如帳紐、両端縫形、不用簪用綦、是位験也、履似挿鞋鼻分作也、以銀薄餝也。」

26 『伯家記　礼儀類典所引』「褰帳女王雑事〈文保二（1318）年三月廿九日〉褰帳礼服色目大袖一領〈面丸文綾蘇芳色、裏蘇芳平絹〉。裳一腰〈面青純、沸雲文綾、裏平絹〉。領巾代一筋〈紫蘇芳二色、遠文綾、如帳紐、長一尺六寸余、弘各三寸〉。位験一頭〈劔子上居金鳳含玉一顆、高一寸、長二寸〉。小翳一枚〈如円扇、黒漆柄在平文、張蘇芳平絹、以泥絵画蝶小鳥〉。平釵子二枚〈如常〉。上下櫛各三枚。扇一枚〈鏡表、骨入銀水、施泥絵、以村濃糸閉之、金銅蝶小鳥蚊目〉。履一足〈如挿鞋、以布張之、面紫小文綾、以銀薄押菱形文、裏敷同文白綾、在皮裏〉。村濃糸〈銅釘一、小刀一〉。女王御装束　からきぬ〈青色、あがふうら〉。も〈地すり、文桐竹鳳凰、あかひれうら〉。うはぎ〈紅梅〉。うらきぬ〈紅〉。五ぎぬ〈むらさきのうすやう〉。ひとへ〈しろし〉。はりばかま〈紅〉。形のまほり〈北山殿御局より借給〉。」

27 『養老令』（衣服令）「武官礼服　衛府督佐〈兵衛佐不在此限、以下准此〉並皁羅冠・皁緌・牙笏・位襖。加繡裲襠〈兵衛督雲錦〉・金銀装腰帯・全銀装横刀・白袴・烏皮靴〈兵衛督赤皮靴〉・錦行縢。」

28 『和名類聚抄』（源順・平安中期）「裲襠　唐韻云襠〈音当〉。両襠衣名也。釈名云両襠〈今案両或作裲。和名宇知加介〉。其一当胸、其一当背也。唐令云慶善楽舞人四人碧綾裲襠〈上音苦盍反〉。」

29 『儀式』（875年頃）「元正朝賀儀（中略）装束。近衛大将〈謂権任也〉、著武礼冠、浅紫襖、錦裲襠、将軍帯〈飾以金銀〉、金装横刀、靴、策著幟殳。中将。武礼冠、深緋襖、錦裲襠、将軍帯、金装横刀、靴、策著幟殳。少将。武礼冠、浅緋襖、錦裲襠、将軍帯、金装横刀、靴、策著幟殳〈供奉御輿少将、皁緌・挂甲、帯弓箭〉。将監・将曹。並皁緌、深緑襖、錦裲襠、白布帯、横刀、弓箭、緋脛巾、麻鞋。府生・近衛。並皁緌、深縹襖、挂甲、白布帯、横刀、弓箭、白布脛巾、麻鞋〈近衛加緋末額〉。」

30 『餝抄』（中院通方・鎌倉前期）「近衛次将甲。仁安三（1168年）三廿殿記曰。御即位。着装束。先着大口、次着単幷帷、次着表袴、次着闕腋。不着半臂下重、雖夏着冬袍。或説、夏着下重、為隠身透也。纔着、添尻。其上着甲。腰ニ結世比衣、不用帯平緒也。結世比衣記大納言殿教命曰、着甲之日必用紺地平緒云々。次緌。冠巻纓。相具平胡籙幷靴沓。人々甲多用金銅、予押金薄。次将皆張弓。実守不張弓。依大納言殿教命也。」

『助無智秘抄』（1166年頃）「近衛司ハサイ着ノ袍モメシテミジカシ。タヾシ冬ハ下襲ヲキズ。ウヘノキヌバカリナリ。カツラヨロヒ（桂甲）ヲキル。ヨロヒトイフハ舞ノウチカケノヤウニシタリ。古クハキヌナドニテ形ノ如クシケリ。近代ウルハシク金ヲイタニマゼテ。メデタク糸ニテオドシナドシタリ。昔ノコトハナニ事モ軽色ナルナリ。」

31 『御即位次第抄』「大将代冠服〈武礼冠也。五山冠ト云ヘリ。紫綸子ニシテ其メクリニ金銅ノ金物、花唐草等也。其上ニ四角ナル縷ヲ、左右項ノ後黒色羅ヲ以テ是ヲハリ、前ノ隅ノ左右ニ、鳥ノ羽三枚宛ヲサス。山雉ノ羽ニ似タリ〉、前裲襠、肩当〈赤色エリ五寸五分、紐五寸、横二尺、立一尺四寸五分〉。世比衣。近衛次将冠服〈横二寸三分、立ノヒラミ迄一尺三寸八分、紐五寸、径九寸、同下ノ横一尺九寸九分〉、掛甲、表綾葛唐草、裏白綾。（中略）中将代、少将代。老掛、巻纓、闕腋、弓箭等如尋常歟。」

32 『服飾管見』（田安宗武・江戸後期）「武礼冠　貞観儀式、延喜式等に、大中少将衛門兵衛督佐、武礼冠をかうむることはみへたれど、其製をあらはさねば、いかなるものといふ事をしらず。今の武官の礼服に、皁の羅の冠とあるに、同じきやとおぼゆれど、それにはおいかけをかくめる。武礼冠にはさる事見へねば、こと物なることうたがひなし。近比の再興の武礼冠は、唐の武弁てふものの製の如し。」

33 『登極令』（1909年）「次ニ大礼使高等官左右各三人南門外掖ニ参進衛門ノ本位ニ就ク。但シ服装束帯〈冠巻纓緌、縹袍（闕腋纔著）、錦裲襠、錦摂腰、単、下襲、半臂、大口、表袴、白布帯、緋脛巾〉。劔〈平緒ヲ附ス〉。平胡籙〈箭ヲ挿ム〉。弓。糸鞋。（中略）使高等官左右各十人参進威儀ノ本位ニ就ク。但シ服装束帯〈冠巻纓緌、袍（闕腋纔著）、挂甲、肩当、錦摂腰、単、大口、表袴、白布帯〉。劔〈平緒ヲ附ス〉。胡籙〈箭ヲ挿ム〉。弓韝〈前列者ハ黒袍平胡籙、後列者ハ緋袍壺胡籙〉。」

34 『平戸記』（平経高）「仁治三（1242）年三月十日、御即位礼服御覧。去八日也。而御冠破損、無実。今日内々猶可有沙汰云。御冠堅固無実、金銅珠玉之類者、先年為盗人被盗取歟、一切不見。只御冠羅、少々許相残。又珠玉少分落残、不及其正体之由、云々仍申其由、此上難治事也。東大寺ノ宝蔵天子御冠額相残歟。若可模者、可被召出哉。年序久隔、慥不覚悟。然而大旨者相似歟之由所覚也。」

35 『後深草天皇御記』（後深草天皇）「正応元（1288）年二月廿七日。自禁裏。以顕世給玉冠可加修理乎否。可計由被仰之。召寄見之。被納赤漆。非朱漆薄塗也、八角冠筥。角黒。高二尺許。付赤緒。披見之処。納物玉冠一頭。殊無破損、是仁治故入道相国加修理歟。正元同被用此御冠歟。被居台。件台亀甲形押綾。其上十文字打木。其中央立柱二、上有櫛形物入之御冠中。其板裏有文云。貞観六（864）年十二月十五日。自始玉冠更改作。七年元日料作工右近衛錦銭磨。如此二行書之。又玉冠絵図一枚在之。佐保朝廷礼冠図云々。是聖武御宇歟。件図今所在冠無殊相違。又普通透額冠巾子与額被放二頭被入之。若是寛元正元等玉冠下被用御冠歟。覧了返献之。殊無破損。雖不加修理。有何事哉之由申之。」

36 『中務内侍日記』（藤原経子）「弘安十一（1288）年三月十五日、御即位。（中略）平敷の御座にて、御束帯解きくつろげさせ御坐しまして、玉の御冠召さる。礼服召されて、大床子に主上わたらせおはします。玉の御冠に緋の緒を附く。赤の御袍に、左右の御肩は月と日とを出し、御直衣には、北斗七星をあらはし奉る。御胸御袖には、龍の上りたるを縫ひたり。霰地の御表の袴のうへに、礼服の御裳をめす。その上に御大袖の御袍をめす。御くびかみ御まひもなり。その上にたかくびの御小袖の御袍をめす。このいろいろの御紋は、御小袖の御袍にあらはして、上にめしたり。赤地の錦の御襪、花形の唐の御沓、赤地の錦にて包みたり。御腰には御綬とて、平緒の白きを引かせ給ひたり。左右の御うしろの御脇の通に、短綬とて二筋、御臍のほどにさせられたり。御前の左右の御脇に玉佩とて、玉を貫きて著けられたり。御裾に火打形のからかねを著けられたれば、普賢の如くにりやらめきならせ給ふ。御ちかへには大綬を結びさせられたり。太刀の平緒の如く結び垂れたり。」

37 『唐書』（車服志）「衮冕者、践祚・饗廟・征還・遣将・飲至・加元服、納后・元日受朝賀、臨軒冊拝王公之服也、広一尺二寸、長二尺四寸、金飾玉簪導、垂白珠十二旒、朱糸組帯為纓、色如綬、深青衣裳。」「十二章、日・月・星辰・山・龍・華虫・火・宗彝八章在衣。藻・粉米・黼・黻四章在裳。衣画、裳繡、以象天地之色也。自山、龍以下、毎章一行為等、毎行十二、衣、褾領、画以升龍。白紗中単、黻領、青褾、裾、韍繡、龍、山、火三章、舄加金飾。」

38 『言成卿記』（山科言成）「（弘化三〈1846〉年10月3日）殿下家公へ被尋仰曰、霊元院御礼服、十二章紋、悉放有之、何此ヨリ放損哉云云。家公被答云、勿論文化十四年御礼服御覧之節、最早無之、安永度ニモ御覧ニ被用趣、自其節モ御紋無之旨従祖父忠言卿、令伝承給之条被仰上云云。」

39 『言成卿記』（山科言成）「（弘化四〈1847〉年8月26日）参内御礼服調進。御大袖、御小袖、御裳、御玉佩二旒、御綬、御烏皮履、錦御襪一足。」

40 『和名類聚抄』（源順・平安中期）「冕、続漢書与服志云、冕音免。和名玉乃冠。冠之前後垂旒者也。」

『西三條装束抄』「天子ノ御冠巾子櫛、凡人ノ如シ、但三山ニアラズ。前後ニ櫛形羅ヲ以テ是ヲ立ル。金ノ筋アリテ鬘ヲ押ス。金ヲ以テ彫ルナリ。公卿巾子ノ上ヘ方物一枚ヲ置ク。其体打敷ノ如シ。羅ヲ以テ是ヲ作ル。金ノ筋アリ。方物ノ四面ノ端ニ玉ヲ立ツル茎アリ。其前後ニ玉ノ瓔珞ヲ垂ル。各十二旒、其頂ノ中央日形ヲ立ル。茎アリ。傍ニ向フ。水精二枚ヲ以テ合セ作ル。其中ニ三足ノ赤キ烏ヲ立ル。日形順光ヲ形ル。」

41 『西宮記』（源高明・平安中期）「天皇服衮冕十二旒。（中略）女帝御装束、皆白。后御装束、青綵色韓衣也。」

42 『西宮記』（源高明・平安中期）「冕冠　天皇即位、朝拝、朝堂儀用之、女帝着宝冠、童帝着日形冠〈在内蔵寮及東大寺等〉、太子着九章冕冠。」

43 『山槐記』（中山忠親）「治承四（1180）年四月廿二日。童帝御冠如天冠。其中爾十文字渡細金。中央立日形。件御頂無冠絹。無旧跡而匡房記無巾子下如成人云々。然者猶可有絹歟。而御冠師先々無絹也者。仍今度無之不審事也。」

『後伏見天皇御記』「延慶元（1308）年十月廿日。童帝御冠。如輪中日光形以金作之。前方鳳凰形在之〈前方へ向也〉。廻ニ金銀花在之。両方紫組緒付之。緒末方ニ有総着。無破損。然而日光少々落損之間。可加小修理之由。被仰光経也。」

44 『代始和抄』（一條兼良・1478年）「其時に主上冕服を着し給ふて後房より出御ありて高御座に着せ給ふ。（中略）主殿図書寮のつかさ火炉のもとにつきて香を焼。この香は天子位につかせ給ふよしを天に告る焼香也。」

45 『延喜式』（主殿寮）「正月元日焼香史生左右各二人。其礼服者。冠袷袍〈表緋。裏白〉。下襲袷衣〈表緋。裏白〉。白袴帯。鼻切履。」

46 『御即位次第抄』「図書主殿冠服。三山冠、白キ平絹之服、青裳、白袴、浅沓。賛者ハ図書主殿ノ冠服ニ等シ。一人ハ三山冠ニ赤袍、黒裳、薄緑ノ摺、表袴、浅沓ヲハケリ。一人ハ青袍ヲ著、其余人上ニ同ジ、大旨其容類スル故略之。」

【束帯】（43〜55ページ）

1 『西宮記』（源高明・平安中期）「大嘗会御禊日装束　天皇位服（中略）公卿以上束帯、如諸衛佐平装束、判官曹官退紅衫、皆有例。」

2 『論語』（公冶長）「孟武伯問。（中略）赤也何如。子曰、赤也、束帯立於朝。可使与賓客云也。不知其仁也。」

3 『枕草子』「淑景舎、其宮にまいり給ふ程の事（中略）せばきえんに、ひのさうぞくの下かさねなど、ひきちらされたり。」

『連阿口伝抄』（高倉永綱・1366年）「昼装束ト云ハ束帯ノコト也。直衣幷衣冠ヲ宿装束ト云ヲモチテ、可有了簡。」

4 『吏部王記』（重明親王）「承平六（936）年一月四日。詣左大臣家饗所。主公称病不出。語曰。近日雖更発。不能束帯。仍令外記勘先例。」

5 『徳川実紀』「宝永六（1709）年己丑年五月朔日、巳之刻家宣公将軍宣下。一御黒書院出御。御束帯御上段御著座。御裾御太刀御劔。高倉中納言衣冠。右出座。於下段御目見高家披露之。則於御上段御装束御衣紋之規式、秋元但馬守相加り勤之。」

6 『延喜式』（近衛府）「中儀〈謂元日宴会。正月七日。十七日。大射。十一月新嘗会。及饗賜蕃客。〉少将已上並著位襖。」

7 『北山抄』（藤原公任・平安中期）「勅授帯劔事〈譲位時帯衛府人猶載宣旨〉。仰弾正、検非違使〈口宣、或書宣旨〉令外記仰中務式部兵部三省。」

『蛙抄』（洞院実熙・室町前期）「納言以上依宣旨帯劔謂之聴勅授也。任中納言之後、暫不聴之、為故実也。又中納言之間兼武官之人ハ大納言之後聴之〈摂臣大略如此〉。又至大納言兼武官人、任大臣之後〈去大将〉被聴之。所詮兼武官〈近衛大将衛府督之類也〉人、雖非勅授帯之。（中略）於参議者、常儀無勅授宣。」

8 『西宮記』（源高明・平安中期）「袍赤色、主上及一上卿、内宴時服之。青色、帝王及公卿已下侍臣、随便服之、非蔵人用無文。行幸、無位東豎着用黄衣青色等、故実、新叙五位以上輩着旧袍也。」

『餝抄』（中院通方・鎌倉前期）「四位以上橡。五位有蘇芳気。六位緑。廷尉佐大夫外記史大夫尉等着赤色。近代四位五位無差別、不知故実云々。志之羅綾、非尋常物。故普賢寺入道（基通）説トテ或卿相談曰。件物吾未見聞。古者張目綾トテ自然只張付也云々。文多者唐草、但有輪無輪、当家用無輪云々。当時摂政（道家）九條、窠中唐草。近衛流、納言之時、立涌雲中窠、中有唐草。関白之後無窠、只大立涌雲云々。当時右府実氏公、納言之時如恒、而大臣之後着遠文袍。故入道大相国頼実公、大臣之後着大亀甲遠文袍。前右府師経公又着之。」

9 『桃花蘂葉』（一條兼良・室町後期）「袍。元服のゝち大臣までは袍の文、丁子の丸、杏葉だすき也。摂政関白になりては、雲立涌の文。太閤の時は、雲に鶴也。地はいづれもしゞらの綾。前途のゝち宿老の人は、しゞらなき熨斗目の綾をも着する也。夏は穀、文は冬に同。色はいづれもふし金にてそむ。」

『三條家装束抄』「一冬袍はしゞら地の綾文縁。家用之輪無は当家・大炊御門・中院党・日野・勧修寺等用之。轡唐草は西園寺・徳大寺・花山院・四條以下多用之。夏冬無差別。大臣以後異文袍定レル事也。宿老之後用亀甲、大亀甲遠文ニ任大臣、暫輪無用之也。当家は壮年の時雖居之。大サ七寸計なり。八條実行大相国被用此文、仍而当家用之。他家異文袍。西園寺は長命唐草、大炊御門亀甲、閑院藤鞆絵。自余只今不覚悟。追而可尋記。

又異文袍は熨地なり。裏普通物なり。冬袍は裏有之。平絹なり。強張調之。色の事、四位以上は称黒袍、フシカ子にて染之。面はフクサ張なり。夏の袍は文同上、薄物織之。無裏。色又同上。餅ノリにて強ク張之。」

10 『政事要略』（惟宗允亮・1002年頃）「一応衣袖幷袴広同以一尺六寸為限事 右得検非違使去十二月廿九日奏状称。宝亀二年格云。其袍袖口闊。五位以上一尺為限。六位已下八寸。女亦准此。弾正式云。衣袖口闊無問高下。同作一尺二寸已下。其腋闊者一尺四寸。其表衣長纔着地。弾例云。衣之体制。准袖裁縫之。其表衣長令見袴襴。不得着地。斉衡三年二月廿六日宣旨云。衣袖口闊一尺二寸已下。表衣長纔着地。又衣欠腋者自膝而上五寸為限。袴口闊又同袖口。長保元年七月廿七日官符云。袖闊一尺八寸已下。同二年六月五日宣旨云。袴広以二尺可為其限者。斉衡以往。袖闊一尺已下。衣長纔着地。長保以来。袖闊一尺八寸。袴広及二尺。似過其大。還増其限。彼狭少之時。人民習而不従。況寛大之今。衆庶乖而難行。夫法有弛張。政貴倹約。衣袴一色。何以如此乎。伏検唐朝例。諸大夫家。厭衣小裳大。謗無故高冠。仍往代之制。袴闊同袖歟。縦従民心不可踰矩。其袖闊一尺六寸。袴広同亦准此。又巾子之高。復旧可減者。左大臣（道長）宣。奉勅。袖袴之闕。既存倹約。宜以一尺六寸同為其限者。」

11 『物具装束抄』（花山院忠定・室町前期）「下襲〈公卿。夏赤色下襲薄物、文菱。冬躑躅下襲、面白綾、文浮線綾丸、裏濃打、文菱。非職殿上人、夏二藍下襲、無文薄物。冬躑躅下襲平緒〉。」

12 『桃花蘂葉』（一條兼良・室町後期）「下襲。　冬は浮線綾の文のあや。白粉張にして、やう貝にてみがく。裏は遠菱の文の綾、家の例たて菱也。諸家は横びしを用也。ふしかねにてそむ。うへのきぬにおなじ。但下襲は、蘇芳の打下襲といふ物也。本は打べきを、近代は板引にする也。すはうの色をも、紫のごとくふしかねにてそむ。いはれぬ事なれど、ひさしくさたしつけたり。」

13 『満佐須計装束抄』（源雅亮・平安末期）「おとなしき人は柳の下襲とて着る。裏は青黒色に染むるなり。豆染と申す。」

『餝抄』（中院通方・鎌倉前期）「柳。宿老人着用之。元永元（1118年）正廿六立后、関白（忠実）柳下重、紺地平緒。天養二（1145年）十一朔旦旬、出居侍従右京権大夫顕親朝臣着柳下重。于時記之、衰老之故歟云々。」

14 『助無智秘抄』（1166年頃）「火の色の下重は、搔練と変はりたるもの也。火の色とは、うらおもてともに打物にて中倍をいれたるなり。かいねりには、唯うらは紅の張たるにて、中倍もなきなり。」

15 『餝抄』（中院通方・鎌倉前期）「青朽葉。自最勝講之比、至于七月中下旬、極熱之比又甚雨之時多着之。無其難。宿老人雖非極熱惣着之。随吉事時不着之。」

16 『桃花蘂葉』（一條兼良・室町後期）「裾。下襲の尻也。むかしはつゞけたるを着用する時、煩あるによりて、きりはなして着之也。仍一として下がさねにかはる事なし。」

17 『後三條天皇御記』「延久元（1069）年十月廿八日。有実季朝臣仰右大臣云。公卿下襲尤過先例。宜仰大臣七尺、大納言六尺、中納言五尺、参議四尺、殿上人三尺。但殿上人事不仰大臣。直令実季朝臣宣下。」

『連阿口伝抄』（高倉永綱・1366年）「主上大臣一丈二尺、腰ヨリ下分也。此外腰ノ上一尺四寸、帯ノ上ノヘコシカタ下ヨリノハ子カヘシ四五寸。是ラヲ取合テム子ノヲリメヨリイクラホドトルベシ。大納言ヨリ参議マデ一丈、殿上人八尺、地下七尺。但弁少納言ノ人可了簡。其人ツイタケモアリ。」

『三條家装束抄』「下襲事。（中略）長サ大臣大将一丈也。大納言八尺。中納言六尺。参議五尺。四位五位四尺也。此は踵より余ル程をいふ也。」

『桃花蘂葉』（一條兼良・室町後期）「長は代々の制符不同也。但近代摂家に用来分は、納言以前八尺、大臣一丈、関白時一丈二尺計也。大概かくのごとし。又時にしたがふべし。」

18 『貫首秘抄』（藤原俊憲・平安後期）「主上出御時、関白下重尻事。近日頭五位蔵人或取之、或不取之。予五位蔵人之時問範家卿。答云、強不取之、只折行給所々引直之也。」

19 『世俗浅深秘抄』（後鳥羽上皇・鎌倉前期）「公卿居簀子座時懸裾於欄。而如朝覲行幸、大臣仰舞人賞後復座。其以後ハ不懸裾者也。是故実也。」

20 『世俗浅深秘抄』（後鳥羽上皇・鎌倉前期）「公卿参内時。雖大臣必可懸裾。近代不然非也。縦雖自取之、内ザマヘ押折テ可持。況殿上人間々取裾、甚奇怪也。」

『次将装束抄』（藤原定家・鎌倉前期）「凡有出御御拝之時。次将取御劔。束帯如例、不帯劔、多曳下襲尻。如夜陰雨儀時、或懸裾又無其難。」

21 『世俗浅深秘抄』（後鳥羽上皇・鎌倉前期）「朝覲行幸時。楽屋行事。次将事兼蒙仰催者。（中略）居胡床時伏弓也。改靴時懸裾。有召若ハ有可申事。不垂裾着浅履也。不論上下臈。」

22 『満佐須計装束抄』（源雅亮・平安末期）「雛頭とは、尻を取り重ねて後、下襲重ねながら闕腋の左の褄を取りて、上様に引き返し、下襲を重ねながらすみざまに筋交へて折り。又筋交へて二重折りたれば、上は背縫の縫目の上襟へ折るゝなり。そらには云ひ難し。習ふべきことなり。先尖りなるをそばに行き廻して、尖りたる先にを劔の帯取の中より引き通して……。」

23 『維新前の宮廷生活』（下橋敬長述・1922年）「諸大夫の競望する官に勘解由判官（カゲユノホウガン）というのがあります。勘解由は国司交替の節、前国司の治務如何を調べるのが職分で頗る多忙である。もっともこれは昔時の話で、後世は有名無実ですが、多忙というところから、勘解由の短裾といって、公事参勤の場合、裾の端を石帯へ突っ込んでしまう、その姿が類のないところから、勘解由が空くと方々から競望者が出ました。」

24 『中外抄』（藤原忠実述）「久安五（1149）年十月二日。三位中将着陣。而束帯衵ヲ蘇芳ニテ有リ。公卿不可着之色也。赤袖ヲ可調ト左大臣殿女房ニ被仰了。而入道殿仰云。若公卿ハ蘇芳ヲモ萌木ヲモ着也。尤不可調改也。単衣ハ不可襲也。表袴ノ裏赤。又大口赤。然者可襲赤単衣也。衵ハ何色ヲモ着セヨ。付袴裏ヲ可着赤単衣也。」

『餝抄』（中院通方・鎌倉前期）「衵〈付単衣〉。公卿用赤衵。壮年之人着染衵、若萌木薄色類。権大納言家良曰。吾等大臣後着赤衵。納言間着染衵云々。宿老之人、或白衣平絹、同単云々。」

25 『連阿口伝抄』（高倉永綱・1366年）「ハタカ単トハ束帯時打衣衵ヲ不着ヲ云カ。」

26 『桃花蘂葉』（一條兼良・室町後期）「衵。春冬はこれを着すべし。然るを近代一向略之。若着用せば、小葵の文の綾をうす色に染て、平絹の同裏を付て可着之。」

『三條家装束抄』「衵は、文小葵。地は綾なり。紅色、面ふくさ張、裏平絹同色。極強張之。尋常の時着之、或又略之。冬の時計の事なり。夏不着之。老若通用なり。但近年略之条常事也。」

27 『桃花蘂葉』（一條兼良・室町後期）「単。ひとへ。文の菱の綾を紅に染て。冬は張。夏は板引にす。十五未満。濃装束を着するときは。単の色もこき色也。ゑり袖に薄をたむ。」

28 『餝抄』（中院通方・鎌倉前期）「壮年人束帯着濃単衣事。久安四（1148年）六廿三。侍従兼長申慶。束帯濃単衣。同五八廿五三位中将兼長申慶。或秘記曰。今日始着紅装束〈先々濃装束〉。」

29 『三條家装束抄』「単事。単文の綾。紅に染て用之。春冬はフクサハリ。捻ル鰭。夏秋は張単とて板引にする也。色春冬に同なり。是を夏は引陪木とも号する也。至極老人は白くて用之。」

30 『餝抄』（中院通方・鎌倉前期）「表袴。夏冬無差別。禁色人有文。宿老人藤円、若人霰窠文。蔵人頭、聴禁色之殿上人、五位六位蔵人等随所存着之。不可例事也。不然之人平絹、瑩之。裏皆紅打、有中陪。」

『桃花蘂葉』（一條兼良・室町後期）「表袴。中少将より大臣大将に至るまでも、若年の時は白縮線綾、窠霰の浮文を用ふ。裏は紅打平絹也。十五歳以前、濃装束にはこき打の裏をつくべし。又大納言大臣等の大将を不兼時は、堅文の藤丸を着す。当家藤丸は二わなの文也。裏は紅打也。大臣大将も宿徳の儀にて固文藤丸を用。子細なし。一日の晴には宿老大臣、摂政関白も窠霰を着用有例也。」

31 『三條家装束抄』「上袴。壮年の人、縮線綾と称して白き浮織物。地は小石畳、号之霰也。其中に有窠の文。中年の人は堅織物、文藤丸、遠ク居之。裏紅の板引。腰に有上指糸、白き練線クリの糸ふとくよりて指之。股立ニ有夷懸ノ糸、白練糸ふとき也。冬夏四季同物也。老人も非白裏、紅張裏なり。板引にせず。」

32 『桃花蘂葉』（一條兼良・室町後期）「赤大口。生平絹、紅に染て用也。濃装束には濃生袴也。」

33 『延喜式』（弾正台）「凡白玉腰帯。聴三位以上及四位参議著用。玳瑁・馬脳・斑犀・象牙・沙魚皮・紫檀五位已上通用。凡紀伊石帯隠文王者、及定摺石帯参議已上。刻鏤金銀帯及唐帯、五位已上並聴著用。紀伊石帯白晳者、六位已下不得用之。凡烏犀帯、聴六位以下著用。但有通天文者、不在聴限。」

34 『西宮記』（源高明・平安中期）「帯　白玉隠文、王者已下三位、及参議以上用之、親王雖平生時着隠文、烏犀ハ王者已下無位以上通用、斑犀ハ四位、五位用之、節会及有重事之時着巡方、馬脳ハ四位五位着之。」

35 『餝抄』（中院通方・鎌倉前期）「有文、或称隠文、有巡方円友。節会・行幸・行啓・列見・定考・拝賀用之。無止仏事、賀茂詣等。高位之人或用之。其文鬼形・獅子形・唐花、非一。真実玉火ニモ不焼云々。予所持帯。故兼忠卿家焼亡之時、在其中、一切無損気。先院御参籠八幡之時、先年被召隠岐院了。件帯鬼形。馬脳。四品用之。舞人之時用之。着小忌之時、或用之。臨時祭舞人等依用之、馬脳有員、仍所役殿上人不用之。故実云々。犀角。付巡方円友。巡方、節会・行幸之時侍臣用之。円友、常用之。牛角。称烏犀。地下六位検非違使等用之。重服之人用之、諒闇之時用之。但近代公卿以下多用犀角帯也。」

『桃花蘂葉』（一條兼良・室町後期）「帯。有文をば隠文の帯ともいふ也。有文巡方は、節会行幸拝賀の時用之。餝劔、螺鈿劔には、必巡方を用る也。又有文丸鞆帯は、巡方丸鞆を兼たる帯也。但節会行幸には、いたくは不用之、其外刷の時可用。行幸にも帯胡簶には有文丸鞆を用べしといへり。無文丸鞆帯は、尋常諸公事に用之。蒔絵太刀ニハ無文丸鞆ヲ用也。」

36 『満佐須計装束抄』（源雅亮・平安末期）「殿上人は角の

帯馬脳常に差すことなり。諸大夫この定なり。馬脳は巡方の無き代わりに用ゐるものなり。但し臨時の祭の日は、殿上人馬脳を差すことなかれ。馬脳と云ふものは天下に八筋ぞ昔は有りけるを、五位の舞人皆差しつれば、残りは有るべくもなきを、近代馬脳の多くなりたる故に、案内も知らず差す殿上人あるべし。」

37 『桃花蘂葉』（一條兼良・室町後期）「一玉帯色々事。無文巡方帯。天子着帛ノ御服ノ時用給、凡人不用之。後堀河院ノ御小帯、当家相伝之。永享比被借召之後、遂不被返下。紛失之由、後日被仰之。無念事也。」

38 『新唐書』（欧陽脩など・1060年）「高宗給五品以上随身魚銀袋、以防召命之詐、出内必合之。三品以上金飾袋。（中略）天授二年、改佩魚皆為亀。其後、三品以上亀袋飾以金、四品以銀、五品以銅。」
『和名類聚抄』（源順・平安中期）「魚袋　蔣魴切韻云、袋〈音代〉嚢名。又金銀魚袋。唐令云、諸百官魚袋、並令中尚預造進也。」

39 『日本三代実録』「貞観元（859）年四月廿三日戊申。大納言正三位兼行民部卿陸奥出羽按察使安倍朝臣安仁薨。（中略）即賜牙笏、玉帯、金魚袋幷御衣一襲。」

40 『延喜式』（弾正台）「凡魚袋者。参議已上、及著紫諸王五位已上金装。自余四位五位銀装。」

41 『餝抄』（中院通方・鎌倉前期）「外記不付魚袋事。内々事次問師季朝臣。無別子細。師安マデハ付之、近代不付云々。五位以上可付之云々。釈奠ニモ都堂座五位外記史可着靴也。而近代不着、是又略儀云々。」

42 『満佐須計装束抄』（源雅亮・平安末期）「節会には上達部殿上人、帯に魚袋を付く。上達部は金なり、殿上人は銀なり。帯の右脇に方餞と云ふ四方なる石二つが中に付くと云へども、もと腰に拠るべし。太からんは背中になりなん、細からんは脇に入りて隠れなん、折りに依りて計らうべし。」
『餝抄』（中院通方・鎌倉前期）「魚袋。〈首書〉実録曰、三代以革為之、謂之筭袋。魏易之為亀。唐高祖給随身魚、三品以上其餝金、五品以上其餝銀、故名魚袋。賜紫則賜金魚、賜緋則賜銀魚。

　公卿金魚袋、四品以下銀魚袋〈付帯第二石右方、或第一石、随人之肥痩云々〉。付緒紺糸或紫四組。黒漆或朱漆云々。節会大嘗会御禊等付之。」

43 『和名類聚抄』（源順・平安中期）「襪　説文云、襪〈音末、字亦作韈。和名之太久豆〉。足袋也。」

44 『園太暦』（洞院公賢）「貞和二年十月二日丙子。今日依吉曜著直衣始出仕。（中略）著襪〈依足所労、自先年被免之〉。」
『西三條装束抄』「襪、練貫ヲ用フ。宿老ハ平絹。唐装束ノ時ハ、色々美ヲ尽シタル事ドモ見エ侍ル。凡襪ハ束帯ノ外著用セザル事ナリ。御免ヲ蒙リテハ、直衣衣冠ニテモ用侍ルナリ。」

45 『源氏物語』（行幸）「いと宿徳に、面持ち、歩まひ、大臣と言はむに足らひ給へり」

46 『西三條装束抄』「将軍家宿徳之例　文明十二（1480）年正月十日、准后義政〈于時左大臣、四十八歳〉、年始ノ参内ニ、直衣〈如常〉、指貫〈白綾〉、襪、平絹ヲ用ヒラレ侍ル也。（中略）摂家宿徳ノ例　文明十二年四月廿六日、大染金剛院〈持通、于時前関白、六十五歳〉、慈照院准后参内ノ日、生ノ白平絹ノ直衣、同色ノ指貫ヲ著用ス。」

47 『餝抄』（中院通方・鎌倉前期）「唐装束。仁安三（1168年）八廿四殿記曰。内府〈久我雅通〉御拝賀。予〈于時中将禁色也〉唐綾表袴、顕文紗下襲赤色。久安正四行幸。摂政令着柳唐綾桜下重、裏色薄、唐綾表袴。」

48 『三内口決』（三條西実枝・室町後期）「一日晴ノ時。有染装束。下襲（中略）此外一日晴之時、或織物、染色、種々之品々有之。」

49 『栄花物語』（平安中期）「あるじのおとゞをはじめ奉り、上達部・殿上人皆ひき連れて、東の対に参り給。いづれの殿原も皆御装束めでたき中に、関白殿の御下襲の菊の引倍木耀きて、目留りたる。」
『後照念院殿装束抄』（鷹司冬平・鎌倉後期）「染装束事。四條衣笠命曰、オトナビタル人ハ染下襲計、不染表袴。四條大納言隆親卿曰、前関白良実被語シハ、染装束時、染下重不染表袴事、必非宿老振舞、裾ヲ可懸高欄、公事ノ日ナドハ、若キ人モ裾計染之由、見松殿抄。」

50 『後照念院殿装束抄』（鷹司冬平・鎌倉後期）「濃装束事。上階以前着之、但可依年齢歟。黒半臂、躑躅下襲、濃打袙、近年尋常時強不着之。裏濃蘇芳袙二若一、濃単衣或青、濃大口、縮線綾表袴裏濃、杉横目扇。」

51 『満佐須計装束抄』（源雅亮・平安末期）「四月一日。白重とて白き薄物を半臂下襲に着る。白き張単、白き汗取を着るなり。上達部・殿上人・五位六位・外記史着る也。衛府は着ず。上達部のも無文なり。縵と云ふものを麗しくは着るなり。十月一日も着る。練りたる絹さやさやと張りたるなり。下襲に裏あり。」

52 『中外抄』（藤原忠実述）「康治二（1143）年五月七日。祇候御前。被仰雑事之比言上云。（中略）御堂、四月一日白重ヲおかせたまひて、極熱之時にハとりいたして令着御けり。凡白重は老者のとおもふ時に着也。件時ハ只綾ヲ白くて着するなり。又上袴、冠なとも有文也。又殿上人なとも一日不出仕シテ次日より出仕する人ハ白重をハ着すれとも、冠、表袴なとハ例のを可着也。近ハ我も当初さそしたりし。」
『桃花蘂葉』（一條兼良・室町後期）「白襲といふは。綾若平絹を表裏白瑩にして着す。或表裏共ニ張之。四月十月更衣の外は、暑月に着之。久安二（1146）年七月三日法勝寺御八講に、宇治左府着白重。暑月には可着之由、見西宮記之由被記之。時廿九歳也。傍例かくのごとし。盛年の時も可着之、年老てはいよいよ勿論也。」

53 『三條家装束抄』「着袍次第。冬は先着赤大口、次上袴、次単、次袙、次下重、上下。其上袍。夏は先赤大口、次上袴、次赤帷、次単、次下重、上下、次半臂、次袍。或説先赤大口、次下重、袙風情の物着之。次上ノ袴を着して、上の袴の腰にて下着を着籠。二説也。」

54 『秘事口訣』（江戸時代）「其あげ程、すそに見合せて、襴の高さをはからふべし。（中略）前のひきぎはは、院、春宮御足のこうにつくほどなり。主上は、今少し高きやうにめす也。執柄などは一寸計あがるべし。大臣は二寸計なり。大納言以下の花族の人ならば、二寸余はあがるべし。或は三寸、人の家による。蔵人頭五寸、四位五位の雲客は六寸計歟。」

【武官束帯】（56〜69ページ）

1 『桃花蘂葉』（一條兼良・室町後期）「衛府具足事。摂家中少将より行幸供奉す。公卿は二位三位中将、中納言中将大将の時までも帯弓箭供奉す。至大臣大将者、雖令持胡籙、不懸老懸。」

2 『北山抄』（藤原公任・平安中期）「雷鳴陣〈近代不見之〉雷電日、若其声盛、則蔵人奏仰々可陣立之由〈大鳴及三度者、不待宣旨、但入秋節之後、必待宣旨陣之〉。則垂廂御簾、先大将参上〈大臣之大将此日帯弓箭、但巻纓、不付着緌〉。」

3 『和名類聚抄』（源順・平安中期）「欠掖　楊氏漢語抄云、蜀衫〈和岐阿介乃古路毛〉。本朝式云、欠掖〈一云開掖〉。」

4 『西三條装束抄』「衛府具足（中略）袍。位襖トテ、武官ノ輩ハ闕腋ヲ用ヒ侍ル也。事ニヨリ摂関大臣ナドモ闕腋ヲ用ヒ侍レドモ、尋常弓箭ヲ帯スル輩ニ限リテ、闕腋ヲ著用シ侍ル事也。」

5 『装束雑事抄』（高倉永行・1399年）「わきあけの袍事。公卿は衛府官なれ共着せず。殿上地下四位五位の衛府官着之。常のまとはしの袍のらんをときて、うしろにぬひつゞけて、下襲の裾の長さに同す。節会行幸の時かやうなるべし。着様は御伏見院宸筆御抄にあり。但その様に前を当時はひきくは着せず、ちと高き也。六位蔵人のわきあけは、短様裾たけとひとしき也。後四五寸計打はゆべし。下襲のゐりより一二寸みじかゝるべし。武官の蔵人はいつも腋あけを着する也。」

6 『西宮記』（源高明・平安中期）「内宴。天皇御服赤白橡〈縫腋、近代闕腋〉、皇太子王卿已下同服麹塵闕腋袍、着魚袋、靴等、帯劔之者、着餝劔。」
『吏部王記』（重明親王）「延長七（929）年一月十四日。踏歌人装。垂纓冠麹塵闕腋袍白下襲。著深沓。持白杖。以著立加列。前官権脱劔振靴、高巾子著綿。面童子二人在舞人列。」

7 『羽林要秘抄』（藤原定能・平安末期）「射礼。縫腋、蒔絵細劔、相具弓箭靫弓懸等参入。」
『次将装束抄』（藤原定家・鎌倉前期）「射礼、賭弓、弓始場。例束帯縫腋、丸鞆、不持笏、蒔絵細劔。相具弓矢、真巻弓矢也。」

8 『装束雑事抄』（高倉永行・1399年）「青色袍。（中略）文官は縫腋垂纓、武官は何れも闕腋細纓老掛也。文官なれども内舎人兼帯の蔵人は、警固時は巻纓・老掛・弓箭・劔を帯す。袍は縫腋なり。」

9 『物具装束抄』（花山院忠定・室町前期）「巻纓。警固中公卿殿上人為衛府官者用之。」

10 『年中諸公事装束要抄』（花山院忠定？・室町前期）「賀茂祭。使かならず近衛司なるべし。垂纓、闕腋袍、巡方帯〈魚袋〉、餝劔、平緒、靴。（中略）諸宮使。衛府官にあらずば縫腋袍。自余の事近衛使におなじ。馬寮使。垂纓、闕腋、螺鈿野劔、巡方帯。馬以下の具足等諸宮使におなじ。」

11 『物具装束抄』（花山院忠定・室町前期）「細燕尾〈六位侍非蔵人随身用之〉。」
『西三條装束抄』「細纓　武官ノ輩六位已下是ヲ用ユ。六位蔵人是ヲ用ルモ武官ノ故也。」

12 『助無智秘抄』（1166年頃）「新蔵人初参ノ時。無紋ノ装束ヲキル。（中略）衛府官ハ劔〈細劔〉笏タイスベシ。冠モ細纓ニテアルベシ。文官儀式官笏バカリヲモツベシ。」

13 『御禊行幸服飾部類』「康治元（1142年）信範記云。手振十二人。依入道仰出、用宇治侍面相美麗者。（中略）巻纓冠〈無文厚額。件冠細纓巻纓被尋先例之処、無定式法、只無官者巻纓也云々〉。（中略）寛元四（1246）年十月廿四日師元記云、今度御前長官行粧儀（中略）手振十人、召具本府吉上、仍冠細纓、蘇芳褐袍。」

14 『蛙抄』（洞院実熈・室町前期）「細纓　六位武官ノ纓也。竹ニテ細クシタル物也。別ニ無巻垂之沙汰。殿上地下用之。文官ノ六位ハ五位以上ト同物也。」
『武家当時装束抄』（松岡辰方・江戸後期）「随身装束（中略）冠幷細纓　普通の品なり。細纓とは纓のはし計のよし。鯨の髭をまげたるものなり。」

15 『令義解』（菅原清公など・833年）「武官礼服（中略）以下准此、並皀羅冠、皀緌〈謂冠紘也〉。」
『延喜式』（近衛府）「中儀〈謂元日宴会・正月七日・十七日・大射・十一月新嘗会・及饗賜蕃客〉。少将已上、並著位襖、横刀、靴策著幟殳。将監已下府生已上、並皀緌、位襖、白布帯、横刀、弓箭。」

16 『和名類聚抄』（源順・平安中期）「緌　兼名苑云、緌〈儒誰反、与蕤同〉。一名老繫〈和名冠乃乎、一云保々須介、又云於以加計。或説云、老人髻落、以此繫冠使不墜、故名老繫也。今不論老少、武官皆用之〉。」

17 『餝抄』（中院通方・鎌倉前期）「老懸。古今厚薄異也。古ハ事外薄也。今ハ甚厚。但隋人可用事歟。検非違使別当用厚老懸為吉。老懸緒紫或紺糸。」

18 『満佐須計装束抄』（源雅亮・平安末期）「おひかけを懸くる事は、近衛司・衛府の督・大将常の事なり。大臣の大将は懸けず。行幸にも褻にも、平胡籙に懸けて持たせたり。」

19 『蛙抄』（洞院実熈・室町前期）「緌　老懸トモ書也。文官ハ総テ不懸之。武官人〈公卿四位五位同之〉警固時懸之。其儀同巻纓。但雖警固中、不帯弓箭時ハ巻纓ノミニテ不懸緌云々。但家々義勢、説々区分歟。直衣冠皆同之。」

20 『後愚昧記』（三條公忠）「応安七（1374）年十二月廿七日。今夜為御即位行幸官庁。（中略）老懸〈正親町前内府相伝物借送之。白クカビタル間、油綿拭之。是故実也〉。」

21 『名目抄』（洞院実熈・室町前期）「半臂（ハムビ）〈束帯之時略襴〈凡縫腋之法也〉。欠腋時付襴、公卿小忌時如此〉。」

22 『満佐須計装束抄』（源雅亮・平安末期）「冬は上達部は常に半臂着ること無し。諸社の行幸などに片舞と云ふことなり。それには必ず着ることなり。半臂の緒は小緒と云ふ物にて首を結ひて。この頃の人は上下せられたればよし。ただ麗しく結ふ様あり。本を見るべし。習ふべし。装束師の秘することなり。」
『餝抄』（中院通方・鎌倉前期）「半臂。冬禁色之人、襴羅〈薄著〉身濃打、夏大文黒半臂。冬常者不著之。袒裼之時、若騎馬之時著之云々。」

『公清公記』（徳大寺公清）「貞和六（1350）年正月十六日壬申。著装束〈濃色〉闕腋〈依節会也〉。（中略）半臂〈文小葵フシカ子ゾメ忘緒アリ。裏花田。承久三（1221）年三月十五日、野宮殿御記云。襴幷緒無裏。闕腋之時者以面同色物潜付之。為令強也。縫腋之装束不可見、仍思面許也。是常事也云々。成襴為令強者第一事也。然而今度不及其沙汰。為向後記之〉。」

23 『二水記』（鷲尾隆康）「大永二（1522）年正月二日、今夜殿上淵酔也。（中略）肩脱事、次第云袒裼。（中略）或記云、各不著半臂、古来両端云。近年多分不著之由所見有之。以此儀条々、至袖可脱歟。於肩許脱之時者、半臂之沙汰無益、如何。」

24 『新野問答』（野宮定基答・江戸中期）「此忘緒結様、一筋二筋之差別分明ニ候得共、高倉家殊被秘候条、不到口外候。半臂中絶ニ候ヲ、去元禄中賀茂祭ニ、右宰相中将〈公澄卿〉為近衛使日、考旧記、且高倉家所伝之半臂ヲ以再興候キ。其時下官毛頭相談候故、聊存知之候。忘緒ハ左方ニ結申候也。」

「半臂ト申候物ハ、筆ニハノベガタク候。申候得者下襲ノ袖ナクテ襴アル物ニ候。ソノ襴ハ横ニナガキ物ニテ候。夫ヲ左右ノワキニ十二ヅ、ヒダヲトリ、又後ビ六ヒダヲ取申候。畢竟短衣ニ候。袍ニ対シテハ五分ノ三ニ候。襴高サ三寸、長一丈二尺ニ候。」

25 『大江俊章記』（北小路俊章）「延享二（1745）年四月十一日、向高倉家。是成光所望半臂伝受之事未被許。最初所望賀茂祭近衛使三條西殿衣紋也。兼頼也。若可被著半臂歟。仍急所望也。然不被著条治定故、伝受不急条申述。是元来半臂緒中絶、近代再興故、門弟伝受之人無之。先年広橋黄門、堀川中務大輔両人、無拠伝受之由、然処今度達而所望也。ナルマジニテモナシ。」

26 『後照念院殿装束抄』（鷹司冬平・鎌倉後期）「半臂事。（中略）仰云、文小葵歟。弘安春日行幸時、尋申大北政所之処不覚、但小葵歟云々。」

『桃花蘂葉』（一條兼良・室町後期）「黒半臂。冬はふしがねに染て板引にして着之。深紫色の半臂と名づく。裏あり。夏は生の穀。文三重たすき。又ふし金にて染之。いづれも襴忘緒はうす物也。」

27 『大江俊矩記』（北小路俊矩）「文化九（1812）年十月二十日己未。自申刻前、予参内。広橋亜相面謁。（中略）黒半臂小葵浮線蝶之内、任便可用之。彼卿所持者浮線蝶〈即用裾古物云々〉之由。裏平絹同色〈水色者薄縹之由。山科家多用之云々〉。襴ハ羅代紗ニ而も穀ニ而モ宜由〈彼卿所持ハ穀之由也〉。打半臂者山科家多用之由。高倉者不打云々。丈ハ下襲ヨリ少可長由。」

『桃花蘂葉』（一條兼良・室町後期）「衛府具足事。摂家中少将より行幸供奉す。公卿は二位三位中将、中納言中将大将の時までも帯弓箭供奉す。至大臣大将者、雖令持胡籙、不懸老懸。」

28 『枕草子』「うれしき物　三位の中将は陣近く参りけるまゝにて、調度を負ひて、いとつきづきしうおかしうておはす。」

29 『餝抄』（中院通方・鎌倉前期）「弓。蒔絵可随箙歟。各別又不可有難。或摺貝云々。彇。銀掘物或塗物、其文随蒔絵。取柄錦或御綾。有伏組。取柄上下巻組、赤或紫。樺。宿老之人用白檀紙幷色紙。壮年之人用紅梅檀紙若薄様。随年老少有色浅深。」

30 『世俗浅深秘抄』（後鳥羽上皇・鎌倉前期）「近衛次将及大将、惣テ衛府輩、除下臈之衛府外、必弓可持右。馬上時為上其弦、歩行之時為下也。大将若高年衛府督爾不張弓持之、常事也。（中略）惣テ者武家弓持左、文家弓持右。依是大将以下五位以上雖為武官、猶文家也。仍如此也。」

31 『西宮記』（源高明・平安中期）「正月十八日賭弓。（中略）番長已下服中儀。左府鷲羽、右府粛慎羽。」

32 『御禊行幸服飾部類』（不詳・室町時代）「保安四（1123）年（中略）已上番長以下装束。蛮絵袍。左師子、右熊。（中略）左鷲羽、百大中黒中。指篠箙。借召襖御、衛府紫革装束。右粛慎羽新調之。以烏鷺羽切続。三府他事如常。」

33 『餝抄』（中院通方・鎌倉前期）「羽。大将以下次将切生。中院大理物具問答抄、切生摺尾注之、摺尾有御加点。」

34 『桃花蘂葉』（一條兼良・室町後期）「箭。水精筈。鷲羽をはぐ。以紅梅紙若白紙巻之。箭数平胡籙にはおとし矢まで廿一筋。壺胡籙ニハ七筋云々。」

35 『西三條装束抄』「衛府具足　箙。公卿蒔絵、或螺鈿。非参議ノ次将、木地螺鈿、或ハ木地蒔絵ヲ用ユト見エタリ。装束藍革錦革、多ハ紫革ナリ。」

36 『満佐須計装束抄』（源雅亮・平安末期）「胡籙を解きて立つる所あり。中門の内の欄を昇る。壺にても胡籙にてもあるをば、中門の廊の中の大きなる柱寄て懸くるなり。」

37 『餝抄』（中院通方・鎌倉前期）「隙塞薄様　薄様。随老少可有用意。打任テハ紅神妙物也。大理白色紙。若檀紙云々。」

38 『年中行事秘抄』（鎌倉前期）「諸節会之事、口伝。大儀ト云ハ、著（朝賀）甲即位也。上儀ト云ハ、垂纓（始白馬節也）〈二天〉杖槍。中儀ト云ハ、巻纓平胡籙。小儀ト云ハ、巻纓壺胡籙。」

39 『桃花蘂葉』（一條兼良・室町後期）「平胡籙。木地螺鈿胡籙。紫革装束。行幸日用之。蒔絵螺鈿胡籙は蒔絵、螺鈿と両方通用。又行幸時帯之。蒔絵平胡籙。例幣行幸用之。」

40 『安斎随筆』（伊勢貞丈・江戸中期）「胡籙負やう　一胡籙負様、山科家は羽の方を右にす。是は羽の方もて抜べければ也。高倉家は根の方を右にして前へ出す。是根をとりてぬくべければなりと云々。然れども堂上衆の胡籙、矢がらみは堅くしてぬく事は何れも成難し。其中にも山科の流は猶可とす。」

41 『衛府官装束抄』（源頼言・鎌倉時代）「看督長はゆきををふ也。靫といふは、此定に漆ぬりたる木のきれをおゐて、白羽の箭を二すぢさすなり。靫負佐看督長四すぢさす也。（中略）壺といふ物は、靫にはたがひたり。壺はうちより五すぢ、いたつき二すぢ外よりさす也。諸衛の随身等も壺をおふ也。看督長ばかり靫をばおふなり。」

42 『桃花蘂葉』（一條兼良・室町後期）「壺胡籙。譲位節会等警固時。衛府公卿帯之。但大将検非違使別当は。不負壺云々。」

43 『登極令』（明治四十二年）「即位礼当日賢所大前ノ儀（中略）次ニ大礼使高等官左右各十人参進威儀ノ本位ニ就ク。但シ服装束帯〈冠巻纓緌、袍〈闕腋纔著〉、挂甲、肩当、錦摂腰、単、大口、表袴、白布帯〉、劔〈平緒ヲ附ス〉胡籙〈箭ヲ挿ム〉、弓、鞸〈前列者ハ黒袍、平胡籙、後列者ハ緋袍、壺胡籙〉」

44 『西宮記』（源高明・平安中期）「太上皇御行　供奉人装束随時無定。（中略）御随身著布衣、負狩胡籙、在御車後。」

45 『助無智秘抄』（1166年頃）「焼亡時事。奏焼亡蔵人、宿装束ト云トモコレヲ奏ス。（中略）タヾシ近衛司・諸衛佐ミナツボヤナグヒヲオフ。検非違使別当源俊明卿、直衣ニ随身ノ白羽ノ矢ヲオフ。火長ノ矢カ。殿上ノ廷尉ミナ狩胡籙ヲタイス。」

46 『玉葉』（九條兼実）「治承四（1180）年六月二日癸未、卯刻行幸於入道相国福原別業、法皇上皇同以渡御城外之行宮。（中略）隆房朝臣、著狩装束〈褐衣、布帯、白狩袴〈浮線綾云々〉、藁脛巾、狩胡籙、螺鈿野劔、有尻鞘〉。是城外之儀云々。太以不被甘心。如此事、可依時宜事也。」

47 『物具装束抄』（花山院忠定・室町前期）「飾劔。近代其実希也。当時用飾劔代也。公卿節会日用之。殿上人祭使之時用之。

　螺鈿細劔。木地。公卿行幸日若列見定考之日用之。殿上人節会日用之。

　樋螺鈿劔。樋計摺貝也。前官大臣常用之。

　蒔絵細劔。或有銀樋。若人用之。蒔絵樋者雖老年人用之。公卿幷殿上人常用之。

　蒔絵螺鈿劔。宿老公卿殿上人行幸之時用之。但近代公卿殿上人常用之。

　黒漆細劔。諒闇之時用之。

　螺鈿野劔。殿上人行幸日帯之。但花族壮年之公卿春日行幸ナドニ用之。常事也。

　蒔絵野劔。大将直衣之時或用之。殿上人布衣日帯之。或雖束帯如御幸帯之。

　金作細劔。大臣之外不用之。」

48 『日本三代実録』「貞観十六（874）年九月己亥十四日。検非違使起請五条。（中略）望請。五位已上同用唐組。六位已下並用綺・新羅組等。不令違越。」

49 『達幸故実抄』（中山忠親原著）「仁安二（1167年）二月十一日。新任人四人不出跪。解劔置地上。（中略）近年之人多用切平緒。至今日於前庭可解之。仍人々用不切之平緒。予昇進事雖不存。用不切可然事也。」

50 『三内口決』（三條西実枝・室町後期）「平緒。紺地〈三位以上〉。紫緂〈四位。大将ハ雖公卿帯之〉。櫨緂〈五位以下〉。」

51 『満佐須計装束抄』（源雅亮・平安末期）「舞人の装束のこと。（中略）五位六位は尻鞘を差す。五位は虎、六位は水豹。各々平緒あり。」

『世俗浅深秘抄』（後鳥羽上皇・鎌倉前期）「凡尻鞘ハ、四位豹・五位虎也。但行幸之時、五位次将用豹皮。四位不入尻鞘故也歟。舞人時四位入尻鞘。然而猶五位輩或用豹。行幸之時用虎皮人有之。時人難之云々。筑豹・小豹・虎、次第如此。而御賀時、殿上人奉仕舞。左用小豹・右用筑豹。是頗不審也。」

『餝抄』（中院通方・鎌倉前期）「仁安二（1167年）十一廿一賀茂臨時祭。同三石清水臨時祭舞人之時、故殿用竹豹尻鞘給也。同四（1169年）二十二殿記曰。四位用豹皮、五位用虎皮云々。」

52 『台記別記』（藤原頼長・平安末期）「仁平元（1151）年十一月十五日辛亥。陪従装束　猪皮尻鞘〈久季申云。須用斑猪。依難得、或用猪云々〉。」

53 『新野問答』（野宮定基答・江戸中期）「絵尻鞘　左近府随身用之候。春日祭舞人或用之。左近衛は豹にて画鰐文候。右近衛は虎文に候。畢竟絵尻鞘は実不用。豹虎皮は絹にて尻鞘を作り、左は豹毛をゑがき、其上に画鰐魚形候。虎も同前ニ候。総而皮毛のは彩色は施がたく候歟。」

54 『大夫尉義経畏申記』「元暦元（1184）年十月十一日〈丙寅〉。被申畏。午刻。着束帯。今日着白襖束帯。以前冠垂纓〈有文〉、袍〈赤衣縫腋〉、半比〈青打、但今日不入着之〉、下襲〈柳〉、赤帷衵〈紅染〉、単衣〈同染〉、表袴、襪、劔〈沃懸地有文〉、平緒〈紺地黄丸文〉、帯烏犀丸鞆〈但或巡方云々。然而有事儀用丸鞆〉、浅沓、笏、扇。」

55 『衛府官装束抄』（源頼言・鎌倉時代）「検非違使は靭負尉よりなりたるをば、追捕の官人といふ。明法博士まづ志になりて、尉になりたるをば、みちの検非違使と云也。そのしるしには白襖のたもとをぬひこす也。以上狩衣。太刀には猪皮の尻鞘をさすを。博士文章の生より成たるは尻鞘はさゝぬ也。五位尉は蒔たる太刀をはく。白襖をも単狩衣にてきるなり。（中略）白襖に冠したるをば布衣かぶりと云也。不知案内人は布袴といふ。束帯に表袴をきずして。五位尉靭負佐等は襖袴をきる。よのつねの五位は指貫をきたるを布袴といふ也。」

56 『大夫尉義経畏申記』「束帯畢之後、被仰昇殿之由。（中略）賜絹一疋、白布三段。但白布三段入筥之。」

57 『江談抄』（大江匡房述・平安後期）「被命云、放免賀茂祭着続羅事、被知哉如何。答云、由緒雖尋未弁。被命云、賀茂祭日、於桟敷、隆家卿問斉信卿云、放免着用綾羅錦繍服、為検非違使共人何故乎。戸部答云、非人之故不憚禁忌也。公任卿云、然者雖致放火殺害、不可加禁遏歟。他罪科者皆加刑罰。於着美服条有指証文歟。斉信卿答云、贓物所出来物ヲ染摺成文衣袴等、件日掲焉之故所令着用歟。四条大納言頗被甘心云々。」

【布袴】（70～71ページ）

1 『儀式』（875年頃）「践祚大嘗祭儀（中略）担夫各青摺庸布衣一領、調布帯一条、庸布袴一腰。」

『延喜式』（縫殿寮）「裁縫功程（中略）単布袴（ハカマ）長功日八腰。中功日六腰。短功日五腰。」

2 『西宮記』（源高明・平安中期）「布袴。旧例上下着之、近年諸官人着之。検非違使別当着布袴。而近代或以綾絹為袴、未知可否。」

3 『満佐須計装束抄』（源雅亮・平安末期）「布袴と云ふ事あり。衣指貫麗しく着て、その上に下襲着て、袍に尻つくりて、帯を差して笏を持つなり。衛府はせず。（中略）宿直装束に、尻つけたるは、布袴とも、衣冠の催束帯ともいふなり。」

4 『大鏡』「この頼忠（924～989）の大臣、一の人におはしまし、かど、御直衣にて内に参り給事侍らざりき。」

そうせさせ給ふ事あるおりは、布袴にてぞまいりたまふ。」

5 『台記』（藤原頼長）「康治二（1143）年十一月卅日〈壬申〉。晴。中刻参御堂、秉燭後事了参皇太后〈近衛〉須臾参内。康治元年〈去年也〉、当年不堪申文了参殿直廬。権右中弁朝隆朝臣候奏〈去年荒奏〉、作法甚見苦。不足言。殿語曰、摂政吉書及荒奏束帯、和奏布袴、故実也。」

6 『玉葉』（九條兼実）「文治二（1186）年十二月九日。荷前擬侍従等定也。（中略）秉燭余著直衣参内。相続内府着束帯参内。余下直廬改着束帯〈吉書荒奏着束帯、和奏布袴之由、見保安御記〉。」

7 『侍中群要』（平安後期）「五節行事。丑日。夜束帯、位袍。（中略）寅日。束帯、青色紅下重。衛府着他色。他人宿衣。非行事蔵人不着織物奴袴。卯日。布袴、青色紅下重、蒲萄浮文織物奴袴。」

8 『日本紀略』「天元五（982）年十一月十七日乙巳、夜寅刻、内裏焼亡。（中略）此間、天皇遷御職曹司、大臣以下布袴扈従之。諸衛官人烏帽子布衣。」

9 『日本紀略』「寛和元（985）年二月十三日戊子、朱雀院太上天皇〈円融〉。出自堀河院、幸于紫野。騎御馬。為子日興也。扈従公卿以下、布袴狩衣各以任意。」

10 『日本紀略』「長元二（1029）年五月廿八日丙戌、関白左大臣〈頼通〉。於白河別業有競馬事。十番。公卿各被出馬。右大臣〈実資〉以下諸卿参入〈布袴〉。殿上侍臣上官等束帯。」

11 『廷尉故実』「被行赦令儀之時。依催参内。大夫尉布袴〈垂纓、浅沓、帯劒笏〉。六位布衣冠也。」

12 『餝抄』（中院通方・鎌倉中期）「布袴。執婿、若四方拝、非公事無止事之時着之。」

13 『西宮記』（源高明・平安中期）「野劒　公卿布袴時、着革緒用之。衛府平緒革緒随便用之。庇設饗雑役用野劒云々。侍従・中務輔等、不着野劒。雖宿衣直衣時、尚用鈿劒。」

『桃花蘂葉』（一條兼良・室町後期）「常袍に着下襲指貫、是を布袴といふ。着用事は可随先規也。布袴の時は無文丸鞆帯、野劒を帯するよし、文治三（1187）年十月の御記に見えたり。又布袴に不帯劒事も有也。」

14 『桃花蘂葉』（一條兼良・室町後期）「又春日祭詣御前上官。少納言は布袴用蒔絵細劒平緒云々。布袴用蒔絵細太刀平緒事。粗有准拠ノ例。不可為雖者歟。直衣着下重事は。度々儀。小右記に見えたり。」

15 『西三條装束抄』「治安二（1022）年五月、関白ノ競馬ニ、下官布袴ニ細劒ヲ用ルヨシ、小野宮ノ記ニ見エタリ。」

『中外抄』（藤原忠実述）「保延三（1137）年二月八日。参大殿召御前。被仰雑事之後仰云。布袴ハやさしき事也。但夏ハ不着半臂也。而故時範着之、雖嗜日記又不習伝也。時人咲也。」

16 『衛府官装束抄』（源頼言・鎌倉時代）「白襖に冠したるをば布衣かぶりと云也。不知案内人は布袴といふ。束帯に表袴をきずして、五位尉靭負佐等は襖袴をきる。よのつねの五位は指貫をきたるを布袴といふ也。」

『江家次第』（大江匡房・平安後期）「執聟事〈近代例〉。聟公来〈布袴、往年留劒下重。著衣冠帰。近代一夜例無其事〉。（中略）聟公解装束掩衾。（中略）次奉烏帽子狩衣〈妻家儲之〉聟公著之出帳前。次供膳。」

【衣冠】（72～76ページ）

1 『令義解』（公式令）「凡内外百官、司別量事閑繁、各於本司分番宿直〈謂雖是仮日、亦須宿直。其主典常直、事有期限、及応急判者、雖無判官亦得与奪也〉。」

2 『新野問答』（野宮貞基答・江戸中期）「宿直トハ令集解曰、夜仕曰宿、昼仕曰直ト候得共、殿番ヲヲシナベテ宿直ト申候。殿上勤番人及夜陰所著之服ニ候。尤衣冠トテ、単衣ニ袿衵ヲ重テ著、指貫加、位袍候ヲ、宿衣ト申候。」

3 『連阿口伝抄』（高倉永綱・1366年）「昼装束ト云ハ束帯ノコト也。直衣幷衣冠ヲ宿装束ト云ヲモチテ、可有了簡。」

4 『助無智秘抄』（1166年頃）「焼亡時事。奏焼亡蔵人。宿装束ト云トモコレヲ奏ス。束帯ニテモモトヨリソノカギリニアラズ。（中略）上卿侍臣蔵人装束。束帯、衣冠、タヾアルニシタガフベシ。」

5 『台記』（藤原頼長）「天養二（1145）年閏十月廿五日丙寅。左大弁卿著束帯。持来賀表草〈続檀紙二枚書之。無礼紙、件草可続載別記〉。次修理大夫敦任令取表云、須対面、依仮塞不相逢〈其実依写経不逢也〉。敦任持来表之間、親隆著衣冠来云、依左大弁告所参也。」

6 『達幸故実抄』（中山忠親原著）「保元二（1157年）五三。左金吾殿着束帯参内給。無公事。只令参内給也。被仰云。大理之時被聴衣冠了。然者可用衣冠之処。大弁検非違使別当着衣冠之例也。自余頗不異。如御厨子所預。仍着束帯也者。」

7 『達幸故実抄』（中山忠親原著）「仁安元（1166年）十十。可有立太子事。於東三條亭可有此事。仍院幷宮可渡御。巳時着束帯。殊可褻之由。有御気色云々。抑被旨者。公卿、大臣大納言直衣。中納言宰相衣冠。殿上人束帯云々。是康和例也。」

8 『禁秘抄』（順徳天皇・鎌倉前期）「旧記布衣者入禁中、公卿雑色一人聴之。宿仕人為陪膳、青侍一人聴之云々。是近代不叶法。但前駈侍雑色不入日月花門由、近代如此。為衛府者、女御后御方ニモ聴之。文官ハ衣冠也。」

9 『薩戒記』（中山定親）「応永二十八（1421）年十二月廿三日（中略）凡宿侍始以前、着宿衣参内不可叶。但拝任翌日、猶着非職衣冠参入畏申先例也。禁色宣下以後、宿侍始以前、着烏多須幾幷藤丸等祗候院之事、有先例。是不可依拝賀前後也。」

10 『康富記』（中原康富）「嘉吉三（1443）年四月十二日丁酉。雑談。清大外史参禁裏御侍読時、毎度為衣冠、着指貫。此事有先例哉之由有御不審。予申云。未得先例。但内々申談。何様有之歟之由申了。顕職之時、衣冠不可然。又縦雖為衣冠、可為張袴歟。指貫如何哉之様被語仰。又禁裏昇殿被聴之外、院昇殿、又春宮昇殿各別可申事也。於親王家者別不申之、准大臣家之由被仰了。」

11 『天明年中行事』「参内の日限仰出され、御使・所司代衣冠にて同伴、唐御門より参内。」

12 『西三條装束抄』「衣冠、常ノ袍ニ、指貫ヲ着用スルヲ云。公事ニアラズシテ尋常参内ノ時用ユ。或ハ春日詣、競馬、修正御幸、院ノ尊勝陀羅尼ナドノ時ニハ、劒笏ヲ用ユルナリ。晴ノ時ハ、衣・単・出衣等ヲ重ル事アリ。」

13 『武家装束抄』（平有之・1761年）「重衣冠といふは、もと衣冠には衣文と単を用ることなるを、近き頃は略して、袍ばかり用ゐる。はれの時は単をかさぬるを重衣冠といふ。近世の名目なり。」

『滋草拾露』（滋野井公麗・江戸中期）「髪曽木具事（中略）或役送有之、本人童也、鬢親〈単狩衣、或単衣冠〉親兄等類勤之（中略）次公卿〈衣冠或衣冠単〉。」

『冠儀浅寡抄』（唐橋在家・江戸中期）「役送謂運送冠具人、五位殿上人、院殿上人、或又諸大夫、及地下官人等、各三人従此役。其服者各束帯勿論也、帯劒人者、帯蒔絵劒搢笏、或又衣冠単。又近代密儀、用青侍著布衣輩無論。」

14 『唯心院装束抄』（一條房通・室町後期）「衣冠襲。単を着し、指貫にてしめ、常袍を着す。此時は檜扇をさす。（中略）衣冠は常の袍斗の時、衣冠と云。此時は末広也。武家此時太刀を付る、古法には是なし。」

15 『西三條装束抄』「衣冠　常ノ袍ニ指貫ヲ著スルヲ云。公事ニアラズシテ尋常参内ノ時用ユ。或ハ春日詣競馬修正御幸、院ノ尊勝陀羅尼ナドノ時ニハ劒笏ヲ用ユルナリ。晴ノ時ハ衣、単、出衣等モ重ル事アリ。」

16 『満佐須計装束抄』（源雅亮・平安末期）「宿直装束と云ふは、常の衣冠なり。指貫下の袴常の如し。その上に闕腋を着て。狩衣の帯をするなり。」

17 『当代装束抄』（松岡辰方・1812年）「束帯之時、自天子至苟官、皆用紙捻懸緒。衣冠之時は用組掛、但不聴不用之。又地下ハ而用紙捻。但懸緒紫組ハ、飛鳥井家より、免の鞠に付きたる物なり。飛鳥井家より免さる事。亦白組懸緒は、吉田より免、是ハ神社ニ付タルモノ也。公事時ハ、雖為天子紙捻ヲ用フ。」

18 『愚昧記』（三條実房）「承安三（1173）年三月十四日。臨時祭也。（中略）使帰来則改装束。衣冠薄色綾指貫。野劒。鹿皮尻鞘。」

19 『作法故実』（三條実冬・室町前期）「衣冠直衣布衣之時也。持扇之為歩行者、令懐中空手也。居座之後取出而持之。或停立、或対人立而徘徊、又取出可持之也。」

20 『玉蘂』（九條道家）「承元四（1210）年正月八日丁酉。入夜密々参賀茂下上吉田等御社。其儀用省略也。（中略）余雖然猶著衣冠取笏是例也。」

『宣胤卿記』（中御門宣胤）「文明十三（1481）年正月一日丙子。寅一点浴湯。次著衣冠〈持笏〉。於庭上座〈兼敷薦、其上敷畳一帖〉。向北称属星名号七遍再拝。」

『宗建卿記』（難波宗建）「享保十三（1728）年正月廿九日。参殿下〈近衛家久〉令対面給。御雑談之間（中略）当時神宮賀茂等奏事始之節、伝奏衣冠単持笏。衣冠之時把笏之事如何。殿下仰云、衣冠持笏之事、他之例無覚悟。」

21 『武家装束抄』（平有之・1761年）「衣冠（中略）浅履〈或布袴之時有劒笏、若者准之歟、不審也〉。」

22 『装束集成』（江戸中期）「雑史云、衣冠束帯、共ニ白平絹ノ帯、平クケニシテ、二重廻リモスル也、衣冠ノ時、袍ノ上帯、白キ平絹、丸クケ帯二重廻由、一重ニテモ同クハ緒太、時によるべし〉。」

『武家装束抄』（平有之・1761年）「衣冠（中略）浅履〈或ハ二重廻、太キガモチヨキナリ。」

【直衣】（77～82ページ）

1 『西宮記』（源高明・平安中期）「直衣。王者以下、及被聴雑袍者衣之。殿上人旧例、以直衣束帯袍。近代不用之。上臈者直衣下著下襲〈随便不常事〉。著烏帽子之間著直衣、家中事也。不私事者不得出行〈式部丞、家中及私行間著之〉。更衣之後、殿上人頭未服新直衣之前、以旧時袍若直衣為宿衣。」

2 『西宮記』（源高明・平安中期）「下検非違使宣旨。赦免禁色事。雑袍事、帯劒〈上卿下宣旨〉事……。」

3 『江家次第』（大江匡房・平安後期）「春日祭使途中次第。発向之時改装束。冠直衣、野劒〈鹿尻鞘〉、半靴。」

4 『台記』（藤原頼長）「仁平元（1151）年十一月十七日辛丑晴、今夕五節参内、師長未蒙聴直衣之宣旨、束帯参入似無面目、仍不参内云々。」

5 『源氏物語』（少女）「浅葱の心やましければ、内裏へ参ることもせず、もの憂がりたまふを、五節にことつけて、直衣など、さま変はれる色聴されて参りたまふ。」

6 『台記』（藤原頼長）「久寿元（1154）年十一月二十五日。今日中納言中将直衣初出仕〈自五條出立〉。薄色浮文指貫、紅打出衣、帯野劒〈小狐〉持笏〈慶賀〉、乗檳榔毛車。」

7 『禁秘抄』（順徳天皇・鎌倉前期）「聴直衣事。聴入立之人。定聴直衣。其外侍読聴之。不然人不聴。可然人少々聴之也。（中略）聴昇殿。近代不謂是非。上古不輙、中古猶有勅。上古周侍臣昇殿。中古両頭ナド為其人歟。」

8 『山槐記』（中山忠親）「治承元（1177年）四十二。延暦寺衆徒参洛。馳参内。（中略）今日着直衣。此人独也。密々被示曰。依灸治不着束帯。如此殿上議之時。直衣相交。雖有先例。上臈可宜。下臈太有恐。然而猶可候座之由有催。仍乍恐着座。若為後代難。不可令記置給者。」

9 『宣胤卿記』（中御門宣胤）「永正十四（1517）年正月八日。（中略）直衣事、近衛将者、依永宣旨者之候。其外禁色殿上人不能左右候。不然者外衛佐打任可著直衣之条、未曽有事候歟。先朝御代、故以量卿外衛佐にて不断祗候。袍等不合期候間、以密儀内々可著平絹直衣之条、如何候由及沙汰、堅固内儀用之候。是は別儀候。」

10 『桃花蘂葉』（一條兼良・室町後期）「直衣事。摂家元服日、禁色事被宣下也。雑袍事、別不被仰之。仍不待勅免着直衣参内、当家代々例也。但永徳二（1382）年四月譲位時、故殿于時大納言、直衣勅免事。以摂政宣被仰之。其時儀未一決。二條家代始、毎度蒙勅許云々、委細事見故殿御記者也。」

11 『禁中並公家諸法度』（1615年）「公卿着禁色雑袍。雖殿上人、大臣息或孫聴着禁色雑袍。（中略）直衣。公卿禁色直衣、始或拝領任先規着用之。殿上人直衣、羽林家之外不着之。雖殿上人、大臣息亦孫聴着禁色、直衣、直垂、随所着用也。」

12 『新野問答』（野宮貞基答・江戸中期）「衣冠モ宿衣ニ候得共、直衣ハ又一段褻服ニ候。去ルニヨリ、白昼ニ著直衣侍禁中、以外之無体ニ候。仍公卿已上依勅許昼著之、直衣宣下ト申候。殿上人ノ可然人ハ、蒙雑袍宣旨著之候〈雑袍ト申候事、殊外六ケ敷候。仍別注左中候〉。」

13 『宣胤卿記』（中御門宣胤）「永正十四（1517）年正月八日。（中略）公事見物不可著直衣歟計等也。（中略）公事日直衣事憚候。」

14 『玉葉』（九條兼実）「建久二（1191）年十一月二十日。

五節参入。今日主上御装束、小葵綾御直衣、同文白御衣二領、同単衣、紅打御衣、出給也。濃紫窠霰文御指貫、浮文織物也、非二重織物。組垂腹白如例也。紅ノ御下袴、白御檜扇。」

15 『永和大嘗会記』（二條良基・1375年）「廿一日丑の日にて、五節の舞姫まゐる。（中略）けふ天皇帳台に入せ給ふ。其儀、朝所の東の間より出御有。御直衣、むらさきの御指貫、浅沓をめさる。（中略）天子のさしぬきをめす事は、けふより外にはなきにや。殿上人にまぎれさせ給ふよしなり。後鳥羽院御まりの時ぞ、此帳台の出御に准じて、御さしぬきをめされけるとは承り侍る。」

16 『後鳥羽院宸記』（後鳥羽上皇）「建保三（1215）年二月廿六日。今日直衣ヲ着テ公家対面ス。主上差貫ヲ着セラル。先例五節参内ノ夜、侍臣ニ相マシハリテ帳台ニ渡御ノ時、是ヲ着御ス。其外用ノ儀ナシ。然ニ、予位ニアル時。侍臣ニマシハリテ蹴鞠セシメンタメニ是ヲ著ル。仍テ予カ例ヲ以テ、今日ヨリ蹴鞠ノ時是ヲ著セラルル也。」

17 『享徳二年晴之御鞠記』（一條兼良・1453年）「主上すなはち出させ給て御座につかせ給。つねの御直衣にはした色の御さしぬき〈くわにあられの御もん〉をたてまつれり。（中略）後鳥羽院の御時。松殿の入道関白基房殿のはからひ申させ給ひしより。御まりに御さしぬきをめさるゝことにはなりにたり。」

18 『三條家装束抄』「直衣事〈地下の人不着之。建保三禅閤命。近衛司ハ雖地下着之云々〉。春冬面しゞら綾、文浮線蝶円。少年の人はまろの勢分少くして、聊繁ク居之なり。調様、面白くて不着色。ふくさ張、裏さやさやと強張之。若年の人は紫色。年成長の時次第ニ薄くなして、薄花田、又猶老年て後は大略如白なり。衰シテ宿老の人は裏一向白なり。張様は同事なり。又至極老人は、或着平絹ノ直衣、不着色。張様又同前。童体の人面白浮織物。文小葵重文也。裏同前、紫。夏秋は裏なし。薄物、文三重襷。色は若年人二藍、紫、次第濃花田、薄花田、後は大略如白成也。」

19 『三内口決』（三條西実枝・室町後期）「指貫。（中略）殿上人之時、大臣ノ孫マデ、直衣指貫等如公卿着用之候。可聴禁色之由。蒙宣旨以後着用之候。非色之殿上人ハ平絹之直衣。平絹ノ指貫着用之候。」

20 『源氏物語』（藤裏葉）「『直衣こそあまり濃くて軽びためれ。非参議のほど、何となき若人こそ二藍はよけれ、ひき繕はむや』とて、わが御料の心ことなるに、えならぬ御衣ども具して、御供に持たせてたてまつれたまふ。」

21 『枕草子』「昼つかた大納言殿、桜の直衣、少しなよらかなるに、濃紫の指貫、白き御衣ども、上に濃き綾のいと鮮やかなる、出だして参り給へり。」

22 『装束要領抄』（壺井義知・江戸中期）「かけをは紙よりなり。束帯、衣冠、直衣、狩衣以下皆、是を用ひらる。（中略）元来蹴鞠のため、烏帽子の組懸などゆりたる人は、衣冠直衣の時、冠にも用ひたまふなり。されども束帯の時は、必皆紙よりを用ひらる。」

23 『世俗浅深秘抄』（後鳥羽上皇・鎌倉前期）「如関白行曲水宴時、紅梅直衣。蒲萄染指貫着時、用丸鞆帯也。」

24 『増鏡』「其のまたの年、正嘉三（1259）年三月二十日なりしにや。高野御幸こそ、又来し方行くすゑも例あらじと見ゆるまで、世の営み、天の下の騒ぎには侍りしか。（中略）二重三重の織物・縫物、唐・大和の綾錦、紅梅の直衣、桜の唐の木の紋・裾濃・浮線綾、色々様々なりし上の衣・狩衣、思ひ思ひの衣を出だせり。」

25 『禁秘抄』（順徳天皇・鎌倉前期）「後冷泉院御時（1045～1068）。俊通、雅忠類聴雑袍。着紅梅直衣。（中略）是過分儀也。元三之外着衣冠参也。典薬頭侍医外名誉者別被召。」

26 『西三條装束抄』「香ノ直衣、保延三（1137）年三月三日、知足院前関白忠実トシテ、平等院一切経会ニ香ノ直衣ヲ用ヒラレシ也。」

27 『桃花蘂葉』（一條兼良・室町後期）「直衣。童体の時は。白浮織物直衣。文小葵。裏濃紫也。」

28 『小右記』（藤原実資）「長和五（1016）年四月廿四日丁酉。近衛府使引馬襱、右近衛秦近年、著蘇芳織物袙、著狩袴、上世号出袙。」

『宇治拾遺物語』（青常事）「直衣のながやかにめでたき裾より、青き打たる出し袙して……。」

29 『餝抄』（中院通方・鎌倉前期）「仁安（1168）三十一廿二童御覧。中将頼実着萌木指貫。梅重出衣。」

30 『満佐須計装束抄』（源雅亮・平安末期）「衣冠・直衣に衣を出すこと。打衣厚衣いづれも常の事なり。五節には蔵人は紅の打を出す。若き殿上人また常の事なり。又殿上人はおめらかして五重も三重も紅葉重ねなどにしても出す。表織物綾常の如し。」

31 『満佐須計装束抄』（源雅亮・平安末期）「衣を出すことは。衣指貫を着たる上に綿入りたる衣にても打衣にても置きて。裏表の褄を指貫の前より前によく引き違へて帯をするなり。後ろは高く引上げて。前の褄先は指貫の上に丈に三四寸たらぬ程に上ぐべし。後ろは直衣にても袍にても着たらんに。襴の裾より縁を置きたる様に見ゆまじきなり。見せたる人々あり。あさまし。見せじ料にわざと衣の後ろの裾を中入に縫ふこともあり。」

32 『中外抄』（藤原忠実述）「保延三（1137）年二月八日。仰云。出衣ハ又人の体の吉見ユル事也。而近代人ハ出衣ヲみせへりなとのやうに表衣直衣なとのうしろより出たる也。是不知案内也。後ハみえずして、左右の妻の四五寸も六七寸も出也。」

33 『世俗浅深秘抄』（後鳥羽上皇・鎌倉前期）「如五節時公卿殿上人出衣時。指貫傍取歩〈爾〉、出衣可在前。在後非也。就中殿上人自後方出、非説也。但宿老大臣、若摂政関白自後方出之者也。一説也。其〈毛〉必不然。」

34 『源氏物語』（花宴）「桜の唐の綺の御直衣、葡萄染の下襲、裾いと長く引きて。皆人は表の衣なるに、あざれたる大君姿のなまめきたるにて、いつかれ入りたまへる御さま、げにいと異なり。花の匂ひもけおされて、なかなかことざましになむ。」

35 『中外抄』（藤原忠実述）「保延六（1140）年九月廿九日。大殿仰云。（中略）但我ハ直衣布袴と云事ヲせざりつる。如然之装束ハ其事ニ不遇時ハ勢テもある也。」

36 『西三條装束抄』「将軍家直衣布袴之例。応永廿七（1420）年二月九日、嵯峨宝幢寺供養ニ、勝定院将軍〈義持〉紅梅ノ直衣、下重、指貫、蒔絵劔、紫地ノ平緒等ヲ被用也。」

37 『源氏物語』（鈴虫）「直衣にて、軽らかなる御よそひどもなれば、下襲ばかりたてまつり加へて、月ややさし上がり、更けぬる空おもしろきに、若き人びと、笛などわざとなく吹かせたまひなどして、忍びたる御参りのさまなり。」

38 『台記』（藤原頼長）「久安二（1146）年九月廿七日。此日詣石山寺。依先年所立之願成就也。前駈公達十二人〈殿上地下相交〉諸大夫八人皆布衣。余著無襴直衣。左近府生公春在車後。」

『西三條装束抄』「久安三（1147）年九月十二日。法皇天王寺詣ニ、宇治左府仰ニヨリ、襴ナキ直衣ヲ着ル。薄色、裏紫ト云々。」

39 『新野問答』（野宮貞基答・江戸中期）「無襴直衣。是ハ如闕腋直衣ニ候歟。断絶久シク候故、シカト不勘得候。」

40 『西宮記』（源高明・平安中期）「追儺夜。天皇御南殿之時、服御直衣。王卿如常。」

41 『江家次第』（大江匡房・平安後期）「石清水臨時祭試楽主上出御〈御引直衣〉。」

42 『玉葉』（九條兼実）「建久二（1191）年五月二十六日。最勝講初日也。主上召御装束〈忠季朝臣奉仕ス〉御引直衣也。白生。平衣御単重。紅御引陪支。紅御袴。御直衣等也。」

43 『江家次第』（大江匡房・平安後期）「供御薬〈正月元二三、弘仁年中始之〉（中略）御生気御衣〈近例只御直衣一種也。具御引帯、著於例御直衣上給〉。」

『禁秘抄』（順徳天皇・鎌倉前期）「御装束事。（中略）引直衣有帯、昔只引給歟。近代用帯。前普通直衣少短程着也。直衣。冬小葵桜。裏夏単文、如臣下。冬小葵白二衣。有単紅打衣張袴。略儀生袴、如女房。腰引廻前右方結末股立入。」

44 『禁秘抄』（順徳天皇・鎌倉前期）「常着御練白二衣赤生袴也。而近代小袖用赤大口。建久以後事也。又自同頃直衣引上如只人。着大口。不可為例歟。」

45 『禁秘抄』（順徳天皇・鎌倉前期）「毎日恒例（中略）着御引直衣〈自四月一日至九月晦日、夏也。自十月一日至三月晦日、冬也〉。生袴也。」

『とはずがたり』（後深草院二條・鎌倉中期）「主上御引直衣、生絹の御袴。一院御直衣、青鈍の御指貫。」

46 『建武年中行事』（後醍醐天皇）「賀茂臨時祭、（中略）孫びさしに御倚子をたつ。御引直衣に御さうかいをめす。」

47 『玉葉』（九條兼実・平安後期）「先是主上著給御冠御直衣等物、又御手水間著御挿鞋。」

48 『玉葉』（九條兼実・平安後期）「治承四（1180）年正月十六日。（中略）御はこへの事。申云、凡人著袴之時、引直衣造尻、如主上御引直衣。春宮何異之哉。毎事不可違主上之例者、御拝何因哉〈主上儲君共右左右也〉。何況奉直衣ニ有はこへ之条、古今未聞者。勅云、人々多申此旨、同可存御此儀。」

『讃岐典侍日記』（藤原長子・1109年頃）「うつくしげにしたてられ、引直衣にておはします。御しりつくりまゐらするにも、昔、まづ思ひ出でらる。」

49 『建内記』（万里小路時房）「嘉吉三（1443）年三月十日（中略）御引直衣之下ニ御張袴〈張袴トハ、絹ヲ染紅テ板引ニシタル物也〉ヲ被着御。（中略）又只内々ノ御服ニハ御引直衣ニテ、下ニハ生ノ御袴トテ紅ニ生ノ精好ヲ染タル御袴也〈堅固内々ニハ、生紅ノ御大口トテ、是モ精好ヲ紅ニ染タルヲ召スナリ〉。其時も御単ナト被重也。御衣ナトマテハ無歟。其までハ能ハ不覚悟也。所詮それも御引直衣ハ勿論也。」

50 『大永二年殿上淵酔記』（持明院基規）「大永二（1522）年正月二日。今日淵酔亥刻被行。近年雖無其節。以旧記被構行者也。（中略）主上出御儀。定所より内々出御。御装束をば御ものゝぐと申。常の御引直衣にかさねあり。めしやうかわる也。」

『後水尾院当時年中行事』（後水尾天皇・江戸前期）「御楽始ハ毎年大概二月の比あり。（中略）御代始にハ、各そく帯。主上引直衣に袙をかさねてめす。恒例ハおのおの衣冠。初参の人ハ束帯、毎度事なり。」

51 『嘉永年中行事』（江戸末期）「正月朔日　摂家参賀　関白以下参内殿より勾当内侍局へ参り、夫より常の御殿にて御対面あり。御引直衣御張袴をめす。」

52 『西三條装束抄』「天子（中略）御引直衣トテ尋常ニ召之。臣下ニ替レル直衣ナリ。是モ昔ハ御下直衣トイヘリ。近代御引直衣ト称ス。僻事ノヨシ見エタリ。」

【狩衣】（83～88ページ）

1 『貞信公記』（藤原忠平）「延喜十八（918）年十月十九日。行幸北野。皇太子追参。親王公卿堪其道者、着狩衣鷹合。日暮賜禄有差。」

『新儀式』（963年頃）「野行幸事（中略）但王卿着麴塵袍、帯劔者着後鞘。又可供奉鷂鷹王卿、着狩衣深履而把笏也。」

『日本紀略』「寛和元（985）年二月十三日戊子、朱雀院太上天皇〈円融〉。出自堀河院、幸于紫野、騎御馬。為子日興也。扈従公卿以下、布袴狩衣各以任意。奏糸竹、献和歌。」

『西宮記』（源高明・平安中期）「布衣。太上天皇已下、随便服用無所限。」

2 『九條殿記』（藤原師輔）「承平七（937）年八月廿八日戊申、天晴。此日天皇御南殿、覧上野馬。（中略）次須左近将監早取版位、而将監等各狩衣。天皇御出之後、佐等仰将監令装束、事甚不当也。」

3 『小右記』（藤原実資）「長徳三（997）年九月廿日壬午。今暁左府被参長谷寺云々。一上布衣城外例、抑訪前古所不聞也。事々軽忽、未知所此。」

4 『小右記』（藤原実資）「寛弘八（1011）年二月十五日己未。左衛門督頼通卿参春日。雲上侍臣、北下四位五位六位悉以催役随身参入。（中略）是依相府定云々、彼共人皆布衣。弁官在之中。資平度々有気色云々。然而不令追従、触事不快云々。弁官布衣追従之例未聞之事也。」

5 『小右記』（藤原実資）「寛弘二（1005）年十月廿五日庚子。（中略）今日今上男一親王参石山云々。（中略）左大臣、大納言道綱（中略）三位中将兼隆等候御共。雲上侍臣狩衣装束尽善尽美云々。」

6 『御堂関白記』（藤原道長）「長和五（1016）年四月廿四日丁酉。皇太后宮使行任、中宮使定頼、近衛府使兼房（中略）見物間給兼房随身近衛秦近年狩衣・袴着織物。又同使童狩衣裏着近年狩衣・袴着織物、又同使童狩衣裏着織物、奇見。以随身召近年給、右衛門権佐章信令弾之。別当有同見物、相示云。検非違使等如此不見人衣裳、先日所示相違。」

7 『小右記』（藤原実資）「万寿元（1024）年四月十七日甲戌。（中略）祭使触事驚眼目。（中略）今日童装束改着、以唐白綾、為出袙。昨馬副・滝口等、着綾羅錦繡狩衣・袴等云々。王法滅尽、嗟而無益。」

『小右記』（藤原実資）「長元四（1031）年九月二十五日庚午。今日女院参給八幡住吉天王寺。多為遊楽歟。万人経営、世以為奇。扈従上下狩衣装束、色々折花唐綾羅或五六重。其襖繡二倍文織物。下衣等不知何襲。（中略）次院殿上人、次内殿上人、即是院殿上人也。皆布衣。次上達部、或冠直衣、或宿衣、或狩衣〈直衣、大納言頼宗・長家、中納言経通。宿衣、参議朝任、検非違使別当。狩衣、中納言師房、三位中将兼頼〉。」

8 『中右記』（藤原宗忠）「承徳二（1098）年三月廿七日丙子（中略）今夕法王有御幸久我。是今夜夏節分也。仍為避方角有御幸歟。中宮大夫・民部卿・別当・新中納言、殿上人廿余人皆布衣。右中弁能俊一人衣冠。」

『殿暦』（藤原忠実）「嘉承二（1107）年十二月九日庚寅。天晴。今夜行幸六條殿。余午時許参六條殿。見御装束。着直衣参也。見廻之後参院。即参内。於宿所着束帯。（中略）今夜院有御幸源中納言家〈本所〉。件源中納言去十月比渡御也。中将今夜依日次吉、令参院也〈布衣〉。是皆依院仰也。」

9 『民経記』（勘解由小路経光）「正元元（1259）年十二月十三日、（中略）還御之後、有布衣始。及半更新院出御〈白襖狩御衣〉。（中略）権大納言・花山大納言・源中納言（中略）各著布衣参候云々。（中略）然而今夜許布衣人不被憚之。」

10 『吾妻鏡』「弘長三（1263）年正月一日壬午。垸飯〈相州禅室御沙汰〉相州以下著布衣出仕如常。」

11 『大徳院御実紀附録』「元和元（1615）年浪花の再乱已にをさまり（中略）明る二年正月元日より新儀をはじめ行はる。（中略）此までは拝賀の者衣服の制も定まらざりしを、今年はじめて烏帽子直垂狩衣大紋を著し、其以下は素襖を著せしめらる。」

『官中秘策』（西山元文・1775年）「正月元日卯中刻、百官総登城。一少将以上、白小袖〈綾平絹違有之〉、直垂。一侍従、白小袖、直垂。一四品、白小袖、狩衣。一諸大夫、熨斗目、直垂（大紋）。一諸役人、のしめ、布衣。一無官、熨斗目、素襖長袴。」

12 『青標紙』（大野広城・1841年）「布衣。（中略）今武家に而は布衣之御役人は必精好を用ひ、陪臣には只の絹、又しじら絹之内可用由、文化年中対州〈江〉朝鮮使来聘之節より御制度始れり。色目之事定なし。袖絬は狩衣に同じ。刺貫之事、浅黄の羽二重を用ゆ。」

13 『湯土問答』（湯浅常山、土肥経平・江戸中期）「故に古今の記録共に皆狩衣・布衣は通じて称す。然に今の俗に有文の織物なる裏あるを狩衣といふ。無文の単なるものを布衣と称するは、殊に近代の俗称也。」

14 『後押小路内府抄』（三條公忠・室町前期）「家中常ノ姿ハ半尻小指貫〈生ノ大口ヲ重テ着之〉也。大将大臣之後ハ狩衣直衣指貫也。」

15 『三内口決』（三條西実枝・室町後期）「狩衣〈下ハ着指貫、其上ニ用之候。堅固内々ノ衣服候。地下堂上皆同用之也〉。（中略）侍着用之時、是ヲ布衣ト云。平絹指貫着之候。」

『故実拾要』（篠崎東海・江戸中期）「元服（中略）羽林名家ノ諸家中ハ、依無諸大夫、其家ノ雑掌〈俗家ニ云家老也。無位無官ナリ〉、或青侍等、著布衣役送ヲ勤ル事也。」

16 『布衣記』（斎藤助成・1295年）「衣之事。歳十六七許までは平絹のいた引たるべし。色は狩衣の色によりて萌木紅の間たるべし。又あこめを用候也。年廿許よりは紅のあやたるべし。歳卅二三までは可用也。其以後、仮令くちば香貫白風情のをりを可用也。いかにも依狩衣色可好也。」

『三條家装束抄』「狩衣直衣の下の衣は夏冬大略無差異。色は薄色・萌黄・紅・黄・蘇芳・紫・紅梅・女郎花用之。是等壮年の人用之。白は長年の人用之。皆綾なり。」

17 『満佐須計装束抄』（源雅亮・平安末期）「所の殿上人ならぬ六位は、指貫は打ち任せぬことなり。狩袴を着るべきなり。」

18 『布衣記』（斎藤助成・1295年）「布衣進退。立烏帽子。風折可折左。紙よりの烏帽子懸也。五位にて指貫時可為馬上也。衛府時は風折也。内々時は深折之者也。」

19 『三内口決』（三條西実枝・室町後期）「立烏帽子ハ堂上一同著候。地下不著用候。但社人雑色如木ノ雑色等立烏帽子ナリ。（中略）風折、地下諸大夫〈布衣幷直垂等〉医陰之輩、殿中之中ニモ著用之。」

20 『武家当時装束抄』（松岡辰方・江戸後期）「正月元日（中略）烏帽子。普通左折を用。左眉なり。」

21 『廷尉故実』「被行赦令儀之時、依催参内。大夫尉〈布袴。垂纓。浅沓。帯劔笏〉。六位布衣冠也。」

『後深草天皇御記』「文永三（1266）年三月十二日。乙巳今日於太上天皇御在所。（中略）御随身等〈布衣冠、下臈烏帽〉。」

『衛府官装束抄』「中務丞行幸供奉するすがた。内舎人に何事もたがはず。身の装束はすこしかはらねども。省掌といふものを一人ぐする也。白張かみしもに冠をしたり。此定なり。」

22 『三條家装束抄』「狩衣事。或は雁衣とも書之。称布衣同物なり。五位以上用織物。狩衣不因禁色の事也。」

23 『満佐須計装束抄』（源雅亮・平安末期）「狩衣の色々様々。織物、蘇芳・萌木・白き・紅梅・黄なる。この色どもは若く幼き人、祝に皆着る色どもなり。（中略）布狩衣、二藍・萌木・青丹・朽葉・香・蘇芳・薄青・女郎花・紺・縹・白張。この色々の布狩衣、殿上地下の六位常に着るものなり。」

24 『三條家装束抄』「春冬松重。面萌木、裏紫。文大略松唐草・松蛮絵・松菱などなり。凡着其色之時用其文、通用なり。自余以此可知〈老人不用之〉。」

25 『餝抄』（中院通方・鎌倉前期）「白裏狩衣事。或書曰。白裏狩衣ハ、故人雖衰老猶憚之。近代嬰児多着之。俊成入道沈倫不居顕官叙四位、及四十之後、着白裏狩衣。侍従大納言成通卿、参会院見之。白裏狩衣キサセ給ナトテ被流涙。是衰老失前途之由歟。以之思之、侍従少将等更不可着歟。近代公衡・兼宗・忠季等。侍従少将之時皆着之。」

「着白裏之間布衣帯事。或書曰。着白裏之間、雖布衣用白帯。恒例也。」

『雁衣抄』（鎌倉中期）「張裏。壮年之人用之。但旧例無過失高年人多着之。生白裏。宿老後用之。近来老少用之。尤可差別事也。」

26 『法曹至要抄』（坂上明兼・鎌倉初期）「絹絁衣袴事。弾正式云。裁絹絁為猟衣袴、縫白絹絁着従女衣裳等、皆禁断。天延三年三月一日官符云。非色衣袴、尋常之時、諸人所着、任先例同禁断。案之。制物六位以下着用従破却、五位以上不弾制。仍近来称差抜（サシヌキ）皆多着用之。」

27 『満佐須計装束抄』（源雅亮・平安末期）「六位などは晴にも褻にも布狩衣を着れども、近代浮線綾、顕文紗をきてきぬなり。晴には、さは何をか着るべき。」

28 『玉蘂』（九條道家）「建暦二（1212）年三月廿二日。宣旨（中略）織物狩衣、侍臣已下不可著之。但禁色之人非制限。」

29 『餝抄』（中院通方・鎌倉前期）「布狩衣。極熱之比勿論、其後依時依人歟。其一門ユルサレタル人ノ着タルガ宜也。非可然之人者不可然。」

30 『世俗浅深秘抄』（後鳥羽上皇・鎌倉前期）「可然晴時。若殿上人着布衣日。単指貫着之也。単顕文紗狩衣定事也。又有色単着之例也。綾之単文如尋常。単指貫時。絬猶用腹白也。狩衣紐細縿也。」

「可然日。年少人着尋常地顕文紗染付狩衣例也。裏共染付也。捻重也。」

31 『三内口決』（三條西実枝・室町後期）「四季ノ狩衣ノ色目。相替候。（中略）此外唐織物。浮織物等各有裏〈単狩衣ト云ハ紋紗也。色ハ不定、四季通用〉。」

32 『装束集成』（江戸中期）「男装束抄云、袍地ノ狩衣ノ時ハ、露手打也。小直衣同之。」

33 『満佐須計装束抄』（源雅亮・平安末期）「長絹の狩衣、おとなしき人の着るものなり。縒括りを差して着るなり。又諸大夫もさして着る人あり。まことしくおとなしくて着る人は、括差さで袂縫ひこしても着るなり。」

『雁衣抄』（鎌倉時代）「長絹狩衣。長絹狩衣ハ経大理之人着之。其外我身至極テカクト思人着也ト先達所申也。或書云。宿老人可着之。但検非違使別当雖年若必定着之。都テ公卿ニ成ぬれば着用無憚。殿上人者四位ノ中弁可着之也。又経歴三ケ国受領者着之云々。近代不可然歟。医師陰陽等着者、非正長絹。ゐせ絹也。長絹と云は如箏絹也。」

34 『雁衣抄』（鎌倉時代）「袖絬事。有裏狩衣如常。練裏狩衣差練絬、生裏ニハ差生絬也。或書云。薄平絬、三十四五以後人不可差之歟。但於六位ハ、雖為有裏狩衣、可差縒絬、是秘説也。布狩衣絬事。壮年人青村濃紫村濃、中年人濃村濃、老人白也。四十八九人頗可早速云々。然バ五十以満可宜歟。着白指貫人、袖絬可白也。但雖壮年人、於有色狩衣〈香花田二藍之類也〉、用白縒絬常事也。或村濃如常。幼稚人、或薄平、或置絬也。置絬ト云ハ、毛抜形ノ形ニ糸ヲフサギ、其中ニ或花或草色々絬之也。正下四位中将ハ、雲客極官位也。可着白裏狩衣、可差組分絬也。為年少者、猶可為薄平歟。袖絬ヲバ不可用之。」

35 『装束雑事抄』（高倉永行・1399年）「袖のくゝり生の白糸をさす。二筋づつ入也。三だんに染。まづ紫たん十五或は十六までさす。又おさなき時はけぬきがたにもする也。もえぎたん、十六七より廿四五或卅ばかり迄さす。こうたん、廿六七或卅ばかり迄是をさす。白糸は六十ばかりよりさす。是も官によるべし。白あをのふん也。色ある布衣には老少たゞ白糸の括也。又萌黄たんさす程の人、たとへば廿三四のころ迄は、こゝ香なども。此もえぎたんをさすも、内々はくるしからず。夏冬通用也。又晴のとき二藍などに白生の平組をもさして、若人用なり。」

36 『松岡辰方布衣考』（松岡辰方・江戸後期）「袖ぐゝりは、すが糸の右より左よりを合せて。男針にぬき返して、男結にして、はしのあまり五寸計あるべし。」

37 『雁衣抄』（鎌倉時代）「帯色事。冬躑躅、夏二藍〈公卿以下禁色人。赤色之外二藍也〉。白生帯、若六位之人晴之時可用之。但地下六位常ニ用事秘説也。又一日晴之時用錦帯事有之。或記云。凡狩衣帯ハ切下襲裙用之。仍随其色、公卿幷禁色四位五位有文赤色、非禁色四位以下地下人等無文ニ藍也。青色帯ハ着青朽葉下襲人用之。問云。如柳桜狩衣着之時、反冬帯事有之哉、其故如何。若為替色歟。然者何白襖之時不用之。外又可用バ何モ布衣之時可反哉。答云。白襖之外反事、未見及不存知。」

38 『布衣記』（斎藤助成・1295年）「次上帯は、自四月至九月は、生のせいかうに紫浅木の間色を付。自十月至三月、練絹に白粉を付、上に成方に黒重をする也。一分許。五位六位無替。」

39 『布衣記』（斎藤助成・1295年）「次押折の時、五位六位共以裾を左へ、刀之下へ引取。但衛府は不取裾。但馬上之時可取裾、下時下裾。」

40 『連阿口伝抄』（高倉永綱・1366年）「狩衣事。長サ前一尺後四寸実身ニマサル。大臣以下如此。公卿大略如是。大納言以下可了簡。殿上人以下前八寸後二寸実身ニマサル。地下輩ナドハ猶ミジカシ。年少又可相計。広サハ実身ニ三寸マサル寸法ニテ。一骨ヨリ中指マデノ分也。身ハ大袖ニ同。ハタ袖ハ一寸五分セバシ。」

41 『松岡辰方布衣考』（松岡辰方・江戸後期）「殿上人以上、前八寸後二寸、実身にあまる事式也。此寸法にてあて帯すれば、後はきびすにひとしくなり、前は引上て著する故、よき程になる也。是式正也。（中略）広サは実身に一寸まさる。是は手をのべて、中ゆびより一寸ながくする事也。当時も是を用て可然といへども、便利あしきよしにて、著尺より二寸もながくする事、当時の風也。」

42 『連阿口伝抄』（高倉永綱・1366年）「大袖ハハタ袖ノ広サヲ合テ猶二寸マサル。大臣以上也。大納言以下次第ニ可了簡。殿上人ハ其寸法指ニ同。侍ナドハ指ニタラズ。」

【狩衣類似の装束】（89～93ページ）

1 『日本紀略』「天延二（974）年三月廿六日乙亥。詔、令太政大臣〈兼通〉、関白万機。又賜内舎人・左右近衛等為随身兵仗。」

2 『桃花蘂葉』（一條兼良・室町後期）「随身人数事〈付衛府長小雑色〉。
自羽林至中納言中将、衛府長一人・小随身四人・或二人。大納言時、衛府長一人・小雑色四人。納言兼大将時、番長一人〈左右依主人官〉・近衛五人〈以上六人〉。大臣大将時、府生一人・番長一人・近衛六人〈以上八人〉。大臣辞大将之後、衛府長一人。

大臣兵仗時、左右番長各一人・左右近衛各三人〈合八人〉。関白、左右府生各一人・左右番長各一人・近衛六人〈合十人〉。此外拝賀之日、各具一員〈将監将曹府生等〉可見旧記。」

3 『枕草子』「郎等は、また随身こそあめれ。いみじう美々しうてをかしき君達も、随身なきはいとしらじらし。弁などは、いとをかしき官に思ひたれど、下襲の裾短くて、随身のなきぞ、いとわろきや。」

4 『小右記』（藤原実資）「寛和元（985）年十月廿五日乙丑。早朝参内、今日御禊也。（中略）大将随身着盤絵衣・下襲・伊ち比脛巾等。宰相中将・三位中将相同。非参議中少将随身褐衣・伊千比脛巾。」

5 『西三條装束抄』「褐衣、随身ノ着スル物ナリ。狩衣ノ腋ヲフサギタル物也。」

6 『年中諸公事装束要抄』（花山院忠定・室町前期）「石清水臨時祭。使かならず蛮絵の随身を召具べし。近比まま蛮絵ならぬ随身をめしぐしたる事もあるやらん、不可然。春日祭。（中略）随身蛮絵袍。左獅子、右熊丸。下重。半比。袴。左蘇芳裾濃。右朽葉裾濃。」

7 『年中諸公事装束要抄』（花山院忠定・室町前期）「元日に出仕の次将の随身、かならず紅梅の袴をもちゆる。年たけ或は所存ありて老を表せん時、儲の色をきすべき也。」

8 『台記』（藤原頼長）「久安七（1151）年正月廿六日戊戌。今日内大臣大饗也。（中略）随身府生以下、垂袴・壺胡簶・褐衣。府生襖袴。」
『助無智秘抄』（1166年頃）「十一日神今食行幸事。（中略）至于六位者平装束布帯着糸鞋、用平緒入尻鞘。但検非違使用平胡簶。於廷尉府生以下、褐衣垂袴、用壺胡簶。」

9 『物具装束抄』（花山院忠定・室町前期）「随身袴色事。蘽脛巾狩胡簶之時必用染分袴。染分、左近蘇芳、右近朽葉。儲色、左近二藍、右近萌黄。」

10 『陽龍記』（滋野井公光）「寛元四（1246）年十月廿四日。節下。（中略）次随身八人。左番長下野武利・右番長同武仲。已下左右蛮絵袍以下如例。次手振十二人。麹塵褐衣、毎事如例。」

11 『布衣記』（斎藤助成）「永仁三（1295）年八月（中略）次押折の時。五位六位共以裾を左へ。刀之下へ引取。但衛府は不取裾。但馬上之時可取裾。下時下裾。」

12 『多々良問答』（三條西実隆答・室町後期）「実隆曰、褐色随身用之。孟子曰、不受於褐寛博、亦不受於万乗之君、視刺万乗之君、若刺褐夫云々。褐、毛布、寛博寛太之衣、賤者之服也。」

13 『和名類聚抄』（源順・平安中期）「兎褐　蔣魴切韻云兎褐〈戸葛反。此間云止加千〉。繒衣以兎毛和織也。」

14 『醍醐天皇御記』「延喜十八（918）年十月十九日。幸北野。（中略）鵠鷹鷹飼兼茂朝臣・伊衡・言行。以上青麴塵雲雁画褐衣。紅接腰等但並如去年装束。但浅紫布袴、以花摺唐草鳥形。雄鵠々飼源玄・同教。小鷹鷹飼源供・良峯義方。以上四人、檜皮色布褐衣。鵠黄画鳥柳花形。紫村濃布袴。青接腰。帯。紫脛巾。各臂鷹鵠。八人一列。」

15 『延喜式』（衛門府）「小儀（中略）府生以上並准近衛府。門部黄袍。衛士桃染布衫。余准中儀〈除末額〉。」

16 『延喜式』（図書寮）「凡国忌斎会（中略）令仕丁五人担之。各著紺布衫・布袴・布帯。」

17 『養老令』（衣服令）「制服　無位。皆皂縵頭巾・黄袍・烏油腰帯・白襪・皮履、朝庭公事、即服之。尋常通得着草鞋〈家人奴婢。橡墨衣〉。」
『延喜式』（式部省）「凡勲位朝参者。服文位服列当位次第。若無文位著黄袍。」

18 『延喜式』（衛門府）「小儀（中略）帛博帯騎馬、執纛綱二人、黄布衫・布帯・歩行。」
『延喜式』（神祇官斎宮）「遷野宮装束（中略）駕輿丁四十人。纁衫・紅褶・布帯・布袴・頭巾・脛巾。黄布衫四十領、袴四十腰、布帯四十条。」

19 『延喜式』（縫殿寮）「退紅（アラソメ）帛一疋。紅花小八両。酢一合。藁半圍。薪三十斤。」

20 『海人藻芥』（恵命院宣守・1420年）「仕丁装束ノ事。親王大臣家ハ退紅。公達等ノ家々白丁也。僧中ニモ随家門可用之。」

21 『吉部秘訓抄』（吉田経房・平安後期）「先達所為雖無左右、着退紅者、定添路頭之威光歟。兼不被示合、為之如何。」「放生会上卿潔斎間事。（中略）雨皮持〈著退紅〉〈雨皮持以下用退紅仕丁事、在人々説〉。年来用白装束、仕丁浅位之間、不可着退紅之由、依有聞及之旨也。或説可依人云々。（中略）冠筥・辛櫃等、退紅仕丁可持之。」

22 『達幸故実抄』（中山忠親原著）「雨皮持装束事。元暦元（1184年）十一十。左兵衛督〈頼実〉云。我為三位中将之間雨皮。不令持退紅仕丁。雨皮持令着白張。是厳閤左相府令諷諫也。任中納言後。令持退紅仕丁。此事新藤中納言〈定能〉曰。故堀川宰相〈頼定〉被申云。同依左相府御諷諫。暫雖不令持退紅仕丁。傍輩相公皆令持退紅仕丁。我独無此事。仍後々用退紅。」

23 『御禊行幸服飾部類』「康治元（1142年）信範記云。居飼一人。装束退紅水干・布黒襖袴・布襖衣・白帷・布下袴・烏帽子。」
『後伏見天皇御記』「延慶二（1309）年十月廿一日庚午。天晴風静。今日大嘗会御禊也。（中略）居飼末廉〈懸鞍覆。退紅黒袴〉。」

24 『武家当時装束抄』（松岡辰方・江戸後期）「退紅。烏帽子。鋤烏帽子と云、柳さびなり。別に掛緒なく、烏帽子の縁に打紐を付たり。退紅〈幷〉宛帯。地布、色薄紅〈これを荒染と称す。蘇芳にて濃染は誤也〉。宛帯友地。袖くゝり木綿啄木平組。黒袴。地布黒染。すそにくゝりを入る。六布にて裁縫すべし。小袖。冬木綿、夏布。色不定。右者御三家方、毛利家の笠持・沓持これを著す〈この家々も直垂の時は白張なり。衣冠束帯の時、これを具すなり〉。」

25 『岡屋関白記』（近衛兼経）「嘉禄元（1225）年七月十日。中慶（任大納言）。（中略）檳榔毛車。牛童〈萌木狩襖袴、白帷〉。車副二人〈白張狩襖袴、白帷、平礼〉。雑色長武茂〈布衣、平礼〉。本随身二人〈布衣、不帯劔〉為雑色代。」
『物具装束抄』（花山院忠定・室町前期）「雑色事。平礼。白張〈上下〉。衣。単。下袴。沓。襪。或平礼上ハチ乱緒。或細烏帽子上括山藁沓。或風流之時着当色也。以上依時可随事也。」

26 『民経記』（勘解由小路経光）「天福元（1233）年六月廿八日辛丑。天晴。今日法勝寺円堂十壇愛染王護摩結願也。（中略）即著束帯、〈如木雑色一両所召具也。青侍一人相具了〉。」

27 『清獬眼抄』「康平七（1064）年十月十六日。前下野守源頼資配流佐渡国已畢。（中略）次廷尉〈騎馬白張。巻纓。浅沓。帯劔帯狩胡録一斤染〉。」
『山槐記』（中山忠親）「仁安二（1167）年二月十四日癸未。（中略）権佐著白張〈平礼〉出居。本府差送符。」「治承四（1180）年三月四日丙辰。今夜新院遜位之後始有御幸土御門亭。（中略）次検非違使源光長〈六位。白張、冠、狩簶〉。」

28 『衛府官装束抄』（源頼言・鎌倉時代）「中務丞行幸供奉するすがた、内舎人に何事もたがはず。身の装束はすこしかはらねども、省掌といふものを一人ぐする也。白張かみしもに冠をしたり。」

29 『後愚昧記』（三條公忠）「応安四（1371）年閏三月廿五日。雑色長装束事。平絹粉張、称白張、本儀也。然而或白唐綾或練緯、常事也。金銅平文ナトハ可為別風流。有無宜在時宜。」

30 『三内口決』（三條西実枝・室町後期）「立烏帽子ハ堂上一同着候。地下不着用候。但社官社人、雑色如木白丁退紅等、皆着用立烏帽子候。」

31 『当時装束抄』（江戸時代）「白張〈白丁とて則仕丁の事なれども、今は白張とて衣服を称す〉。（中略）白張。布白粉張り。総て退紅のごとし。（中略）右は普通、笠持沓持箱持等、是を著す。この召具の装束は、外様の御大名四品以上、御譜代は侍従の後、是等の装束著用し侍るものを連らる。」

【小直衣】（94〜98ページ）

1 『台記』（藤原頼長）「久安四（1148）年九月十一日丙申。午刻著狩衣直衣、沽野参御所。（中略）及申刻退下。昏黒又参上〈著長絹狩衣直衣〉。」
『高倉院厳島御幸記』（源通親・1180年）「からのはなだのかりの御なほし、からあやの白き御ぞ二、御大口たてまつらせ給ふ。御姿いみじうなまめかしう美しうみえさせ給ふ。」

『玉葉』（九條兼実）「寿永元（1182年）九十四、着鈍色小直衣指貫等、是浄衣之体也。皇嘉門院御服中。」

2 『桃花蘂葉』（一條兼良・室町後期）「又着烏帽子直衣参院中事。蒙免許可進退。而近代着小直衣参院。不及勅免ノ沙汰ニ。頗不可然事也。諸家所為一同之間。一身不及守株。愚老又着小直衣参入了。」

3 『吾妻鏡』「康元二（1257）年六月一日甲申。御所旬御鞠也。（中略）将軍家〈御狩衣直衣〉令立御。」

4 『西三條装束抄』「着小直衣例。（中略）応永十六（1409）年六月十五日、勝定院将軍（足利義持）、八幡参詣ニ、織物小直衣文桐、濃蘇芳ノ指貫ヲ用ラル。」
『薩戒記』（中山定親）「永享九（1437）年八月十九日丁丑。今日相国寺新命入院也。仍相府（足利義教）御出御。小直衣〈上結〉。」

5 『信長公記』「天正三（1575）年七月三日、禁中において親王様御鞠遊ばさる。（中略）卿　御たてゑぼし、御直衣、色二あひ、御さしぬき。後にめさせられ候は、御そばつゞきなり。色紅、各御ゑぼしなり。」

6 『禁中並公家諸法度』（1615年）「天子礼服、（中略）或御引直衣、御小直衣等之事。仙洞、御袍赤色橡、或甘御衣。大臣、袍橡異文、小直衣。親王、袍橡、小直衣。」

7 『徳川実紀』「宝永七（1710）年十一月十八日。琉使美里王子尚某（中略）大広間に出たまふ。御よそひは御直垂なり。（中略）廿一日。琉人の音楽を聞召給ふとて、大広間にいでたまふ。御よそひは御風折、御小直衣なり。」「正徳四（1714）年十二月二日。琉使進見あり。（中略）かくて御直垂めされ。（中略）四日琉楽を聞せ給ふ。御立烏帽子に小直衣。紫鳥襷の御指貫召され。」「享保三（1718）年十一月十三日。御継統によて琉球国中山王尚敬が賀使越来王子某けふ拝謁なり。御直垂めして。（中略）十五日琉球人の音楽をきこしめされ（中略）よて緋の御直垂をめされ。」

8 『徳川実紀』「安政四（1857）年十月廿一。亜墨利加使節登城拝謁。（中略）大広間〈江〉出御。御立烏帽子、御小直衣被為召。」

9 『幕朝年中行事歌合』（1841年）「元日参賀は、（中略）御両所は御烏帽子、御ひたゝれを奉りしが、文政十一（1828）年の頃より、御立ゑぼうし、御小直衣、御指貫を用ひらる。御押紋、御色目等、年々不同。御地はいつも唐綾なり。」

10 『桃花蘂葉』（一條兼良・室町後期）「又社参之時。不可着直衣。神体ハ必直衣ニ而現給故也と、故殿被仰者也。」

11 『西三條装束抄』「至徳二（1385）年八月廿八日、同摂政（二條良基）、鹿苑院准后（足利義満）、春日ノ社参詣ノ日、香ノ小直衣文鹿、紫院等ヲ用。永享元（1429）年九月廿二日、後福照院摂政（二條持基）、普広院将軍（足利義教）、春日社ニ参詣ノ時、若宮祭礼ノ日、薄香小直衣文鹿、紫苑、萌木衣、薄色指貫文雲立涌ヲ用ユ。」

12 『桃花蘂葉』（一條兼良・室町後期）「狩衣直衣事〈常称小直衣也〉。当家丞相已後着之、凡家は幕下之後着之。」

13 『とはずがたり』（後深草院二條）「（文永九（1272）年五月）二十七日の月、只今山の端分け出づる光もすごきに、われもかう織りたる薄色の御小直衣にて、取りあへずおぼしめし立ちたるさまも、いと面立たし。」

14 『御当代装束抄』（江戸中期）「小直衣事三名有。院中着御ノ時、甘ノ御衣。親王着御ノ時ハ小直衣。大臣着御ノ時、そば続と云。」

15 『三内口決』（三條西実枝・室町後期）「内々之衣裳。烏帽子直衣、大臣着之。小直衣、大臣着之。曽波津々幾、親王着之。白大口。」

16 『新野問答』（野宮貞基答・江戸中期）「小直衣。狩衣直衣、狩衣ニ襴アル物ニ候。腋ハヌイヒラキ候。二物同事ニ候。」

俗ニハソバツギト申候。摂家ハ大臣以後著之。清華ハ大将已上著之候。浮文・繁文・堅文・遠文、依年齢用之。其色ハ一向狩衣ニ同ジ。又用唐綾候。太上天皇モ是ヲ御著用候。甘御衣（カンノオンゾ）ト申候。」

17 『故実拾要』（篠崎東海・江戸中期）「臣下小直衣　立烏帽子同上。小直衣紋色等定レル法ナシ。織物ノ類也。冬ハ有裏夏ハ薄物。袖括アリ平組紫打交ナリ。指貫紋色同上。妻紅末広。右小直衣ハ大臣大将以上著用之。如狩衣ナル物也。裾ニ襴アリ。

傍続　傍続紋色等定レル法ナシ。織物類也。裾有襴。小直衣ノ襴トハ別也。長絹白練貫或生絹。妻紅末広。立烏帽子同上。右傍続具也。大臣大将以上著用之。」

『男装束抄』（江戸時代）「小直衣同之。但小直衣ハ襴付タルハ真、付ザルハ艸、夏冬用之テ不苦。袍地ノ狩衣ノ時ハ、露平打ナリ。傍続ハ付襴、小直衣ハ通襴。」

18 『薩戒記』（中山定親）「応永三十三（1426）年十二月廿七日丙戌。早旦参入道内相府殿（中略）前関白、関白（二條持基）〈已上小直衣上結也〉。」

19 『桃花蘂葉』（一條兼良・室町後期）「狩衣指貫に下括は常事也。小直衣ニ下括する事、先規未勘出之。（中略）於私亭内々対面人々之時、小直衣ニ前張ヲ着スル也。猶褻時、スヾシノ平絹ノ袴ヲキル。夏冬同。練薄物ト云ハ、タテハ生、ヌキハネル。織やうは穀ノ如シ。モジリテヲル也。」

20 『故実拾要』（篠崎東海・江戸中期）「臣下小直衣（中略）妻紅末広。（中略）狩衣（中略）末広。」

21 『西三條装束抄』「小直衣文、仙洞菊、菊唐草、菊枝。将軍家竹桐、桐唐華、桐立涌。摂家、牡丹、牡丹唐草、藤枝。右小直衣、狩衣ナドノ文ハ、シキテ定ル義ナキ歟。凡旧記ニ見ユル所、粗是ヲシルス、風流ノ直衣ノ時ハ、猶以種々有ベキ事ナリ。」

「着小直衣例。仙洞着御。貞和四（1348）年十二月廿三日、中園相国直衣始、院参ノ時、新院、菊蛮絵赤色二倍ノ狩衣直衣、二倍織物ノ指貫、文八葉菊、萌木ノ衵等着御ノ由ミエタリ。将軍家。応永十六（1409）年六月十五日、勝定院将軍、八幡参詣ニ、織物小直衣文桐、濃蘇芳ノ指貫ヲ用ラル、永享元（1429）年九月廿二日、普広院将軍春日詣ノ日、唐織物小直衣、萌木衣、縹ノ織物ノ指貫。」

22 『桃花蘂葉』（一條兼良・室町後期）「文色は大略同狩衣、尋常着用は浮文織物、夏生冬練也。堅文織物幷練薄物、夏冬通用。浮文はしげく堅文は遠也。但随年齢可相計也。風流小直衣は無法令、且可依先規也。裏は平絹、練生、任心、色は可随面色。袖括うすひらの紫、蘇芳緂、宿老は浅黄色濃薄打交、又堅固細々。長絹小直衣には、白糸をよりて二筋ならべて括とす。無定法。」

23 『園太暦』（洞院公賢）「延文二（1357）年十一月九日。今日右府被送状、張絹小直衣事被談之。（中略）抑張絹狩衣小直衣等、何程年齢に可著候哉。常宿老人著用候歟。強又不可然候歟。円明寺関白蒙任大臣兼宣旨之後、著張絹小直衣〈無結〉。（中略）張絹小直衣事、円明寺著用之由被示。仍心事次尋申一條前関白。ハリギヌト心えテ尋之。而長絹被返答。此小直衣ハ不断著用之物也。而件円明寺著用白襖云々。若非長絹以張綾被用候歟。（中略）長絹小直衣事、此辺著用物者不張候。只生平絹候。円明寺禅閤任大臣兼宣旨以後著用物者、白襖生記置候。」

24 『衛府長装束抄』（今出川教季・室町中期）「小直衣事。以長絹裁縫可用之。又尋常如紋紗、或青黄香等色着用。不可有子細歟。件等色渉老若可用之条無子細歟。」

『深窓秘抄』（室町中期）「傍続ヲノヲノ縫立ノ定〈正長元（1428）年九月十六日、室町殿寸法〉。身ノ長、前四尺八寸。後三尺一寸。大クビ四尺。襴ハコレノヨブンニテ、身ノ広サ一尺五寸五分。大首髪ハ月形之半分、下五寸五分。袖ノ下縫ハヅシテ六寸五分。鰭袖袖ノ引立一尺九寸。大袖一尺五分。鰭袖七寸五分。袖付上一寸アケテ下七寸。襴ノ高サ七寸。ワナ二尺五寸。襴ノ両方ノハシ折テ一寸五分ヲ閉ベシ。総縫立ノ丈数三丈三尺。指貫ノ長サ四尺。股立ノ高サ下ヨリ二尺二寸。腰ノ長サ六尺。広サ一尺九寸〈大ハ一尺五寸、小ハ八寸五分〉。襞積一尺一寸。前後同ジ。」

【水干】（99〜106ページ）

1 『吾妻鏡』「建久元（1190）年十一月大七日丁巳。雨降。（中略）申剋先陣入花洛。（中略）次二位家〈折烏帽子、絹紺青丹打水干袴、紅衣、夏毛行縢、染羽野箭、黒馬、楚鞦、水豹毛泥障〉。」

2 『吾妻鏡』「治承四（1180）年十二月小十二日庚寅。天晴風静。亥剋。前武衛将軍新造御亭有御移徙之儀。（中略）入御新亭。御水干。」

「元暦二（1185）年正月大一日乙酉。卯剋。武衛〈御水干〉御参鶴岡宮、被奉神馬二疋。」

「元久二（1205）年四月大八日乙未。将軍家鎌倉中諸堂巡礼給。御騎馬、御水干也。」

3 『駿府政事録』「慶長十七（1612）年正月朔日丙申、巳刻出御前殿〈御装束白水干〉御劔高力河内守持之。」

4 『百錬抄』「長和五（1016）年五月一日。太上皇登天台山。修七壇法。依御目病也。公卿已下著水干装束。」

5 『三内口決』（三條西実枝・室町後期）「水干〈摂政、清花、平生着用之。色不相定。当家ハ織物之水干着用之由、見旧記候。童形之間ハ諸家着用。元服以後ハ不用之候。大臣ノ孫子ハ、元服以後着用勿論候〉。」

6 『諏訪大明神画詞』（1356年）「神殿後にて、歩射の神事あり。御室の砌を弓場とす、大祝い〈布衣〉、神官〈浄衣〉、氏人〈水干袴〉著座して人数を相ととのふ。射手廿番、各水干葛袴を著す。」

7 『古事談』（源顕兼・鎌倉前期）「知足院殿仰せて云はく、『我れ若少たりし時、小鷹狩の料に、水干装束を申ししかば、大殿仰せて云はく、「小鷹狩には水干装束を着せざる事なり。萩の狩衣に女郎花の生衣など脱ぎ垂れて、袴は随身の水干袴を取りてきて、疲駄に騎りて狩るなり。大鷹狩にこそ括水干、末濃袴などをば着すれ。惣じて右近馬場などにて馬を馳する時も、随身の袴を召して着用するは常の事なり」』と云々。」

8 『長秋記』（源師時）「天永四（1113）年正月十六日。太政大臣家大饗（中略）一筋鷹飼男居鷹相従〈巻染水干、青革袴行縢付餌袋、立烏帽子入韝（タカダスキ）居鷹。付件雌雉也、付鳥柴如例、又無鈴付尾〉。」

9 『流鏑馬類考』「元文三（1738）年戊午の春二月初卯日〈九日〉に台命ありて、光松山八幡の社頭の北の馬場に於て、射御の事あり〈神事の流鏑馬と云〉。其式古礼有て厳重也。其法式は、鎌倉故右大将家の式を用ひられしと也。（中略）射手の面々装束は水干、其色は紅朽葉とくさ色相交り、家々の紋を金銀の箔を以て是を押し、綾藺笠、へりを染革にて包み、金の散花を押す。」

10 『玉葉』（九條兼実）「元暦二（1185）年五月三日。内大臣息侍従公継来。著水干装束。浮線綾白水干、繡龍紺葛袴、紫衣。生年十一歳。容顔美麗、進退叶度。」

11 『古今著聞集』（橘成季・鎌倉時代）「紫金台寺御室に千手といふ御寵童ありけり。みめよく心ざま優也けり。（中略）けん紋紗の両面の水干に袖に、むばらこき雀の居たるをぞ、ぬふたりける。紫のすそごの袴をきたり。」

12 『布衣記』（斎藤助成・1295年）「童装束事。髪をさげ、人もとゆひをする也。白紙也。下着事、夏冬により替也。白帷白小袖也。上は水干、下は葛袴。水干色紫萌木間なり。のぼりはた袖。一身に袖一色を替。くずにてもする也。次我が家文を金ぱくにてをす也。在所は前袋に一、左右袖外に二所、前に二所宛、以上五なり。うしろには不付。同はかまにも不付。袖のくゝりとくび程は赤皮也。次葛袴は、中程よりもすそをかちんに染、こしの下よりすそまで、色々の絵具にて絵をかく也。時々の文草木花紅葉也。所々に白金ぱくにて切はくをちらすなり。腰は絹也。又絹をもかさね候也。絹の事、紫紅萌木の間、平絹に色を付、所々に金白はくにて雲を入違たむなり。のぼりといふは前袋半分なり。」

13 『連阿不足口伝抄』（高倉永綱・1366年）「一水干狩襖。上ハ水干、下ニハ指貫着也。スソゴノ指貫ナド也。児童ナドノ着歟。下具如狩衣。」

14 『蹇驢嘶余』（室町末期）「児。公家息ハ白水干着ル也。武家ノ息ハ長絹ヲ着スル也。クビカミノ有ヲ水干ト云。無ヲ長絹ト云也。イヅレモ菊トヂハ黒シ。中堂供養ノトキ、御門跡ノ御供奉、貫全童形ニテ仕ル也。其トキハ空色（色不定也）ノ水干其時節ニ似合タル結（ムスビ）花ヲ、菊トヂニシテ法師ノ肩ニノル也。歩時ウラナシノ藺（イグサノ）金剛也。」

15 『吾妻鏡』「建暦三（1213）年五月小三日癸卯。小雨灑。義盛絶粮道。（中略）広元〈水干葛袴〉参上之後。及御立願。広元為御願書執筆。」

「寛喜四（1232）年十一月廿九日、早旦雪聊降、庭上偏似霜色。将軍家為覧林頭、渡御永福寺。御水干御騎馬也。」

「建長五（1253）年十月大十九日甲子、快晴。貢馬御覧。奥州、相州幷評定衆着水干葛袴。」

16 『衛府官装束抄』（源頼言・鎌倉時代）「公卿勅使□□□□□八十島などには□□染狩襖をもきる。水干装束をもおもひおもひにする也。おとなしき靭負尉などは海松色・墨木賊。上下きらきらとぬりたる深沓はきて、石の帯をさして、うやかくなり。わかきものは染狩襖に襖袴に股抜はきて、太刀に鹿の子皮の尻鞘をさす。或は毛沓もはく。或は蒔たる太刀の唐鍔なるをもはく。水干袴をはきて、蒔たる太刀はきて、股貫をもはく。これらはおもひおもひ也。」

17 『実躬卿記』（三條実躬）「弘安八（1285）年十月十八日、天晴。幸住江日也。早旦装束、黄紅葉水干〈半尻、面葛板引、以赤地錦替昇端袖、処々結紅紅葉付之。折右端袖左吹返、緂之〉。」

『布衣記』（斎藤助成・1295年）「装束の事。水干狩衣と申者也。上下共に同色なり。登端袖替故に如此名を申替也。只狩衣のごとし。着様も如狩衣。仍装束のやう、面白練貫ならば、裏の色あをかるべし。面青練貫ならば、裏は平絹たるべし。面には縫物をする也。文事、主の家の文をもぬひ付也。又時の草木花紅葉をもぬひ候也。次のぼりはた袖は金襴たるべし。色は水干の色によりて、はた袖の地の色をかへ候なり。又は主のこのむべき也。裏をばいかにものりこはくふのりを入べし。袖のくゝりはけぬきがたにて、殿上人の袖のくくりと同物也。次大帷の下の袴も狩衣のごとくあるべき也。次衣をも重袖一重もあるべき也。狩衣と同事也。袴には身を入て下括也。上の帯の事は狩衣のごとし。次浅沓なり。」

18 『布衣記』（斎藤助成・1295年）「郎従事。立烏帽子。装束走水干。上色うすかう。袴葛也。はく紙にて水干に家の紋をおす。うしろ左右袖の上五所。前袋に一。以上六。袴にはおさず。くゝりを上。刀をさす。」

『太平記』「三月十一日は、八幡の行幸にて、諸卿皆路次の行装を事とし給けり。（中略）次に走り下部八人、細烏帽子に上下、一色の家の紋の水干著て、二行に歩つゞきたり。」

19 『折たく柴の記』（新井白石・江戸中期）「凡武事には水干を用ふる事、武家の旧儀也。（中略）客使もまた常服をや用ひらるべきと答ふ。某がこよひの儀は、縁塗のえぼうしに、木蘭地の水干襦に括して、銀作の野太刀をはく。（中略）すべて此等の事、国体といふもののある事をも、武家の旧儀ある事をもわきまへぬ人々には、共に論ずべからざる所なり。」

20 『殿暦』（藤原忠実）「天永二（1111）年十月廿八日丁巳。天陰、雨時々降。午剋許雨宜。仍小倉方見廻、又帰参。中納言以下人々水干装束。」

『猪隈関白記』（近衛家実）「建久八（1197）年三月四日戊寅。朝雨下、夕雲晴。今日依帰忌日無御帰京。今日余着水干、人々同之。」

21 『古事談』（源顕兼・鎌倉前期）「二條師長実、水干装束を着て、遊女〈神崎郡目古曽〉に、『いかがみゆる』と問はれければ、目出たく御坐す由、之れを申す。重ねて問はれて云はく、『水干装束にてよかりし人又た誰れをか見るや』と云々。遊女申して云はく、『肥前守景家と申す人こそ見候ひしか』と。詞未だ了らざる前に、忽ちに解き脱ぐ、と云々。

　件の景家、水干装束の時は無双、布衣の時は田舎五位に似、束帯の時は諸人之れを咲ふ、と云々。常は小鳥括の水干、無文の袴、紅の衣を着て、赤つかの刀のまふたきに貝摺りたる差してぞ家中には居たりける。」

22 『玉蘂』（九條道家）「建暦二（1212）年三月廿二日。宣旨（中略）家中の新制。（中略）上かうし、下かうし前後に、ひたゝれ、すいかん、くずばかまのるいをきるべからず。」

23 『桃花蘂葉』（一條兼良・室町後期）「一水干事。紗にても平絹生にても。又色は白にても何色にても。大納言の時まで内々着用之。陽明の家ニハ、大臣又前途の後も如長絹直垂被着用之。尤不審也。」

24 『冠儀浅寡』（唐橋在家・江戸中期）「不預栄爵童、亦古来同著之。当家及一族輩冠儀之時、亦皆此体也。或又雖有著布衣水干直垂等例。略儀之極、殺礼之甚、不足為例也。」

25 『源平盛衰記』「祇王祇女仏前事 世に白拍子と云者あり。漢家には虞氏、楊貴妃、王昭君など云しは、是皆白拍子也。吾朝には鳥羽院御宇に、島の千歳、若の前とて、二人の遊女舞始けり。始には直垂に立烏帽子、腰の刀を指て舞ければ男舞と申けり。後には事がら荒しとて、烏帽子腰刀を止て、水干に袴ばかりを著て舞。（中略）仏は水干に白き袴著て、髪結あげ調子取負せて、徳是北辰　椿葉影再改　樽猶南面　松花色十返　と朗詠しけり。」

26 『義経記』（室町前期）「静が其日の装束には、白き小袖一襲、唐綾を上に引重ねて、白き袴踏みしだき、割菱縫ひたる水干に、丈なる髪高らかに結ひなして、此程の欺きに面瘠せて、薄化粧眉細やかに作りなし、皆紅の扇を開き、宝殿に向ひて立ちたりけり。」

27 『とはずがたり』（後深草院二条・鎌倉中期）「思ひがけぬ白拍子を二人召し具せられたりける（中略）姉二十あまり、蘇芳の単襲に袴、妹は女郎花、素地の水干に、萩を袖に縫ひたる大口を着たり。（中略）まづ若菊舞ふ。その後、姉を、と御気色あり。捨てて久しくなりぬる由、度々辞退申ししを、ねんごろに仰せありて、袴の上に妹が水干を着て舞ひたりし、異様に面白く侍りき。」

28 『吾妻鏡』「建暦二（1212）年十一月大十四日丙辰。去八日絵合事。負方献所課。又召進遊女等。是皆摸児童之形。評文水干付紅葉菊花等着之。各郢律尽曲。此上堪芸若少之類及延年云々。」

29 『愚昧記』（三條実房）「嘉応元（1169）年三月十三日。（中略）小舎人童弁雑色等着水干小袴、舎人又同、但随身着長袴、或柳襖。黄衣、平礼。舎人水干小袴。」

30 『連阿口伝抄』（高倉永綱・1366年）「葛袴事。長サキビスヨリ五分バカリ余ル。広サ長サノ半分也。但三分バカリマサリモスル。上下同色ノ水干ナラバ三四寸モヒロシ。上下水干ハユウケンアル間ナリ。上ハ布衣ノ前後ノミジカキ物也。タリクビニヒボアリ。タリクビナラバ右ノヒボヲカタヨリ後ニ付テ。左ノヒボヲバクビカミノヲリフセタルサキニツケテ。左ノタモトヨリ取出テ。前ニスヂカヘテユフベシ。馬ニ乗時ハ右ノヒボヲモ後ヨリ前ニ同ヤウニユフベシ。鞠ノ時又如此。」

『貞丈雑記』（伊勢貞丈・江戸中期）「水干の袴も直垂のごとく長袴也。地も色も上と同じあひ引の所に、きくとぢのふさを二ツづつ左右に付る也。別に絵図に不及なり。仕立直垂の袴に替る事なし。」

31 『民経記』（勘解由小路経光）「寛喜三（1231）年十月九日辛酉。寅刻雨脚漸止。雲膚有間、可被発遣伊勢公卿勅使日也。（中略）舎人四人〈紺青丹水干、紺末濃小袴、四目結茜衣〈菊文〉、褐脛巾、立烏帽子〉。」

32 『服飾管見』（田安宗武・江戸後期）「水干（中略）又上下とて、水干と同じものにてしたるかりはかまもきる、但上下は従者などきる物也、葛袴をもきれど、主は上下はきず。」

『大江俊矩記』（北小路俊矩）「文化五（1808）年九月十一日甲戌。又曰、舎人水干上下同色不苦哉。白袴可然歟相尋処、彼卿〈広橋胤定〉曰。上下同色雖有之、白袴為普通。尤葛代布随分不苦間、用白袴可然旨被示也。」

33 『貞丈雑記』（伊勢貞丈・江戸中期）「菊とぢは総をおしひらめて、菊の花のごとく平くして、一所に二ツづつ付る。前に一所、後に四所付る。紐は丸組の緒也。きくとぢも紐の色も不定。前の紐はえりの上かどに付る。後の紐はゑりの後の真中に付る也。」

34 『大江俊矩記』（北小路俊矩）「文化五（1808）年九月十一日甲戌。彼卿〈広橋胤定〉曰。（中略）菊総色目者上下同ニテモ、異色ニテモ不苦由被示之。」

35 『服飾管見』（田安宗武・江戸後期）「扨上下には大かた菊綴をしたり。水干葛袴にもすれど、せぬもあり。練ぬきのはかま具すにはつけず。菊綴はぬひめの糸きるとも、はなれじ料にしたるものなれば、よき人のにはせぬがよき。」

36 『服飾管見』（田安宗武・江戸後期）「あげくび、たれくびとてあり。たれくびはくびかみの後と、うはがえのゑりさきとに、袖ぐゝりと同じき紐を各一筋つけたり。ゑりをうちざまにをちて、合せて、後の緒をば、右のかたより前へし、うはがへの紐をば左の小袂へぬきて、二ツの紐を取合せて、もろかぎに結也。」

37 『水干考』（松岡行義・1842年）「陽明家にては、水干をあげくびに著給ふ事なしとぞ、高き家にておはしませば、必打とけてたりくびに著給ふもうべなるべし。広橋故一位殿、今の日野大納言殿は、多くあげくびに著給ふて、紐をかたにてむすびさげさせ給へり。」

38 『服飾管見』（田安宗武・江戸後期）「水干　かり衣の短き物也。袴の下にきる故也。（中略）著次第は、かり衣に同じ。唯袴を上に著るによりて、帯を用ゐざるのみ。」

39 『水干考』（松岡行義・1842年）「水干は便に随ひて袴にきこめ、又ゑりをも折てたりくびに著る事も世のつねなれど、うるはしくは袴の上に著て帯すべし。童など主のおまへには、必かくはきべきなり。」

40 『貞丈雑記』（伊勢貞丈・江戸中期）「水干のひもの結様。前の緒と後の緒を取ちがへもぢりて、前の緒は前へ引くだし、後の緒はゑりの後を廻して、左の肩の上より前へ引くだして、もろわなに結ふなり。」

【直垂】（107～112ページ）

1 『玉葉』（九條兼実・平安後期）「先是主上著給御冠御直衣等物、又御手水間著御挿鞋、入夜御殿西戸御帳西御跡方也。（中略）其上先著紅直垂、其上奉著御衾、以有表著方為上也。」

『多武峰少将物語』（平安中期）「中宮より装束・直垂など奉れ給へるに、貂の皮の御衣とて給はらせたまふ。夏なれど山は寒しと言ふなるに　この皮衣ぞ風は防がむ。」

2 『方丈記』（鴨長明・鎌倉前期）「車に乗るべきはうまに乗り、衣冠布衣なるべきはひたゝれを着たり。都のてふりたちまちにあらたまりて、唯ひなびたる武士にことならず。」

3 『源平盛衰記』「されば烏帽子のためやう、衣紋のかゝりより始て、何事も六波羅様と云てければ、天下の人皆学之随之けり。」

4 『吾妻鏡』「建久六（1195）年六月小三日丙辰。将軍家若公御参内。（中略）供奉人（中略）小山五郎宗政、佐々木中務丞経高〈各直垂候御車左右〉。」

5 『禁秘抄』（順徳天皇・鎌倉前期）「近日侍臣為女会為見物、如直垂参入。末代之習中、猶不思議。尤可為恥事歟。」

6 『民経記』（勘解由小路経光）「嘉禄二（1226）年九月卅日。雨下。〈秋分春日社御参事〉如法卯刻許、余著直垂。中納言殿令参春日社給。」

7 『後愚昧記』（三條公忠・室町前期）「家中常ノ姿ハ、半尻小指貫〈生（すゝし）ノ大口ヲ重テ着之〉也。大将大臣之後ハ狩衣直衣指貫也。親王家ナトハ、半尻ニ大口許ヲ着之歟。大臣家ハ大君姿〈オホキミスガタ〉〈ト天〉如此ハ無之事也。雲客之時ハ直垂ナトモアナカチニ無苦也。
「永徳三（1383）年二月五日（中略）入夜行向左府亭。公卿以後ハ当家不用直垂也。」

8 『康富記』（中原康富）「嘉吉四（1444）年二月五日乙酉。是日被行仗議。今年甲子、当革命否。幷改元定等也。康富直垂ニテ献物有憚。但近代三公公卿已下流例也云々。」
「宝徳二（1450）年六月十五日丁亥。入夜蔵人佐経茂送使者申云。候禁裏候。今間可参者。予〈直垂〉即参之。於殿上上謁云。」

9 『看聞日記』（伏見宮貞成親王）「永享六（1434）年十月五日。今暁神輿一社〈客人〉奉振山王。畠ニ振捨。山法師退散。仍不及敵対云々。（中略）天明禁中祗候関白以下公家人々大略参候。上姿下姿相分付著到云々。」

『親長卿記』（甘露寺親長）「文明三（1471）年三月二日。及晩自広橋大納言許。可参殿上〈下姿〉之由示之。即馳参。」

10 『建内記』（万里小路時房）「正長元（1428）年三月六日。（中略）番頭事□、鹿苑院殿已来被模摂家被召渡之。所被召具也。凡束帯衣冠直衣之時ハ、番頭著布衣也。小直衣狩衣之時ハ、番頭直垂也。堅固内々不及沙汰之時乗輿風情之時ハ、折烏帽子ニ白キ直垂ニテモ召具ナリト執柄被談之。今度主人御直垂也。番頭立烏帽子・直垂可然云々。」

11 『東山殿年中行事』（安東政藤・室町中期）「正月朔日卯刻、将軍家出御于便宜所、御烏帽子〈風折〉着白御直垂。御服唐織物。（中略）今日出仕面々著大口直垂〈裏打〉。但御部屋衆、節朔衆、同〈楢葉〉。走衆、皆著小素襖。」

『成氏年中行事』（海老名季高・1454年頃）「正月朔日。（中略）御一家以下ノ奉公老若、直垂ニテ出仕。朔日ノ椀飯ハ管領ヨリ参。（中略）椀飯奉行直垂ニテ出仕。」

12 『二水記』（鷲尾隆康）「大永七（1527）年正月七日。早旦室町殿出仕令見物。道永以下悉以片衣小袴也。当時先無為之間、不可然之体也。併似招乱歟之由、各有沙汰。誠以異様之事也。」

13 『桃花蘂葉』（一條兼良・室町後期）「陽明の家ニハ、大臣又前途の後も如長絹直垂被着用之。尤不審也。」

14 『徳川実紀』「元和二（1616）年丙辰正月元日。卯刻より黒木書院に出給ふ。御直垂なり。（中略）今年はじめて拝賀のともがら。烏帽子、直垂、狩衣、大紋を著し、其以下素襖著しまうのぼる。」

15 『東幸御軽装ノ旨ヲ令ス』（明治元年十月一日）「今般御東幸被為在候処、熟レモ旅中ノ儀ニ付格別ノ訳ヲ以、二等官ヨリ五等官迄烏帽子直垂被下置候旨御沙汰事。（太政官布告）」

16 『明治二年一月二日　太政官達』「五官へ達　来ル四日政始　七日白馬節会　十六日踏歌節会　右三ケ日、徴士参朝ノ輩、三等官以上衣冠或直垂、四等五等官直垂、六等以下麻上下著用候事。」

17 『明治五年十一月十二日　太政官布告第三百三十九号』「今般、勅奏判官員及非役有位大礼服、並上下一般通常ノ礼服、別冊服章図式ノ通被相定、従前ノ衣冠ヲ以テ祭服ト為シ、直垂狩衣上下等ハ総テ廃止被仰出候事。但、新製ノ礼服所持無之内ハ、礼服著用ノ節、当分是迄ノ通、直垂上下相用不苦候事。」

18 『太平記』「千種頭中将忠顕朝臣は、（中略）小鷹狩に日を暮し給ふ。其衣裳は豹・虎皮を行縢に裁ち、金襴纐纈を直垂に縫へり。」
「左は佐々木佐渡四郎左衛門尉時秀、地白の直垂に金銀の薄にて四日結を挫たる紅の腰に、鰄の金作の太刀を帯く。右は小串次郎左衛門尉詮行、地緇の直垂に、銀薄にて二雁を挫白太刀を佩く。」

19 『中村道樹武家装束抄』「練を用。大概黒紅色のよしなれども、武家に用る所、都て精好なり。色亦定なし。但将軍家御若年紅、後に紫、御老年薄色著御させらる。されども御代により必しも此次第にもあらず。此外に萌黄色あり。また紗の御直垂あり。紗は三家にも用らる。凡紅、紫、萌黄色、此三色の直垂は将軍家の御服たるにより、諸家皆避之。（中略）また萌木紗の直垂は、松平肥後守著す。是は常憲公より拝領のよしなり。萌黄精好直垂は、松平越前守、松平肥後守、高家六角越前守、右三人著之。右の外の色は、諸家何色にても著べし。大体、海松、煤竹、鉄色、納戸、茶、媚茶類通例なり。薄色、松重、葡萄等、其外の織色もあり。」
「鎧直垂には錦等もあれば、織文のひたゝれ、なき事にては有まじけれ共、今武家侍従以上に用らるゝは、かならず無文なり。」

20 『男官装束要領抄』（壺井義知・江戸中期）「堂上は練、精好の直垂なり。武家方侍従以上もかくのごときよし也。其色大概黒紅色にて、木蘭地といふ色の由なり。其外色々あり。但紫萌黄紅等は将軍家御代々御著用の色なれば、憚之云々。然共陽明の御家には、精好の紅の直垂御著用のよしなり。」

21 『青標紙』（大野広城・1841年）「扨両胸より垂結ぶ胸紐の色、紫を用ゆなれども、全体は定なし。袖の端を通したる袖括露と云ものも同じ。又所々に附る菊とぢも同じ色也。何れも皆八ツ打糸也。扨袖絬に、端ばかり袖の先に出して結ぶ、是をこはぐゝりと云。狩衣の如く通して、其余りを端にたれたる。是をさしぐゝりと云。扨袴を下とも腰ともいふ。地相は白の精好を用ゆべきといへ共、当時は経は生、緯は練糸にて、もぢりて織たる志ゞらを用ゆ。是を練緯と云。上様には、白の織物を御用ひなりき。」

22 『楯臣直垂考』(木原藤園・江戸後期)「単直垂ニハ打組ノ丸ヲ結テ付ル。(中略)常ニハ左右を二重に取りて、諸輪穴(モロワナ)に結びたるなり。」

23 『玉蘂』(九條道家)「建暦二(1212)年三月廿二日。宣旨(中略)家中の新制。一直垂小袴に裏を付くべからざる事。」

『建武以来追加』「禁制上々〈貞治六十二〉一同輩直垂之絹裏、絹腰〈幷〉烏帽子懸不可用事。貞治六(1367)年十二月廿九日。」

24 『武家名目抄稿』(塙保己一編・江戸後期)「抑足利家の頃、直垂素襖等を平常の服としたり。皆一重と裏打との二種あり。直垂は一重を晴の服として、常は裏打を用ひ、素襖は一重なるを常服として、裏の付たるをば人中に著ることなし。さるからに打まかせて常の直垂を裏付といひ、素襖を単物とも単ともいひけり。」

25 『貞丈雑記』(伊勢貞丈・江戸中期)「裏打の直垂と云物あり。条々聞書に云。うら打は、たゞあさぎに、紋をぬひめ付に白く付たるが能候よし、古より申伝候。(中略)うら打は、ひも、きくとぢも常のごとく、紫革にすあふのひもより少広かるべし。菊とぢ同大なるはわろし。」

26 『宗五大草紙』(伊勢貞頼・1528年)「大かたびらの事。一重ひたゝれに、下にかたびらの白きを、こしより上にのりをこはくして、きかさねて、えもんを取也。衣紋の取やう口伝有。失念候。無曲候。御祝によりて、白きひたゝれをかさね、又時によりて、はくにて我家の紋付たるをもかさね候。著やう、先大口をはきて、さてかたびらをひたゝれにかさねてきべし。かたびらは、こしより下にはのりを付べからず。大口の上へさがるべし。其上にひたゝれの下をきるなり。ひも、きくとぢともに、白きかうひねりなるべし。」

27 『建内記』(万里小路時房)「正長二(1429)年七月一日丙午。朝陰昼晴、孟秋之朔日、幸甚々々。早旦参賀室町殿〈直垂大口如例〉有御対面。」

「永享元(1429)年三月二日。室町殿渡御徳大寺少将公有亭。(中略)依兼日仰予参会〈直垂大口如例〉(中略)役送殿上人、雅兼王・雅永朝臣・永豊朝臣也。皆以直垂如例。」

28 『貞丈雑記』(伊勢貞丈・江戸中期)「或人云。今公家衆の直垂を著給ふを見るに、直垂のすそを袴の内に著こまずして、袴の外へ出して著て、細き帯を上よりかけて、ゆひ置給ふ。是本式の著やう成べしと云。是は打かけひたゝれとて、略儀の著やうなり。すべてうちかけて著るは略儀也。袴の内に著こむるは本式也。」

29 『装束集成』(江戸中期)「鎧直垂といふ物は、全く鎧の料に製したる物にて、常の直垂にはあらず。袖くくり習深事、本書に見えたり。」

30 『槐林記』(徳大寺実定)「承安元(1171)年四月二日、晴。武官陣衣之事、直垂以蜀紅為勅免、余在於閫外之権云々。」

31 『源平盛衰記』「源兵庫頭頼政は、赤地錦直垂に品皮威の鎧著て、五枚甲に滋藤の弓、廿四指たる大中黒の箭負て、宿赭白毛馬に白伏輪の鞍置て乗、三十余騎にて固たり。」

『吾妻鏡』「文治元(1185)年十一月大三日壬午。前備前守行家〈桜威甲〉。伊予守義経〈赤地錦直垂、萌黄威甲〉。等赴西海。」

32 『和訓栞』(谷川士清・江戸中期)「布直垂は諸大夫著す。俗に大紋といふ是也。」

33 『布衣記』(斎藤助成・1295年)「一中間事。折烏帽子小結常也。染直垂に大帷を重。(中略)文をつくる在所。上下九所。上はうしろのぬひめ。左右の袖の上。胸の引合。但引合には文を二ツにたちわりて両方に付。間一也。然ば上に四なり。袴はうしろ腰の下に一。前ひざの上左右に二ツ。もゝだちに両方二。以上五也。袴にはくゝりを入上也。ちわらじをはくなり。」

34 『青標紙』(大野広城・1841年)「扨大紋の色古くは浅黄を用ひたるが、今は色定まらず。又地相は、古は都て常の晒を用ひたるが、当時は、絹麻、龍紋麻、琥珀麻、五郎丸など用ゆ。何れも略儀なれども子細なし。紋は数九ツを本式とすれば、腰の下の紋なきを吉とす。上に五ツ、下に四ツ附る家あり、是可然事也。紋は如何様にも目立様に付べし。両胸より垂結ぶむな紐、袖の端を通したる袖絬の露、又菊とぢ、直垂と同じく紫を用る事、憚べき説あれ共、或家にて此事伺はれしに、不苦之由御沙汰有之。扨袴は下とも腰ともいふ。白の精好を用る事本式なれ共、しじら絹、白布等用ひ苦からず。当時は直垂大紋共に、前に帯を結び下たれども、古実はくるくる巻に、わなもはしも取合せまくべき也。裾ぐくりは下絬なり。本式はくくりを入べき事なれ共、今は略していれず。又しぼり袖の仕立は、至て近来の事なり。」

35 『布衣記』(斎藤助成・1295年)「調度懸の事。折烏帽子に紙よりの小結に赤皮の烏帽子懸。褐布直垂に赤革のひぼなり。」

36 『東山殿年中行事』(安東政藤・室町中期)「二日、未刻土岐美濃守成頼献椀飯。御相伴衆其外出仕面々拝台顔。(中略)両御供衆〈裏打〉走衆〈小素襖著ス〉。」

37 『年中恒例記』(広橋兼秀・1544年)「年中御対面〈幷〉雑事少々。正月一日。一公家、大名、外様、御供衆、御部屋衆、申次衆、番頭、節朔衆、走衆等也。(中略)一元三ハ大口直垂にて出仕也。但御部屋衆走衆ハ素襖也。節朔衆之内楢葉一人ハ小素襖也。」

38 『貞丈雑記』(伊勢貞丈・江戸中期)「小素襖と云は、別の事なし。上は常のすあふの如くして袖一幅半也。下は長袴を著ずして、袴のたけ、足のくるぶしまでとゞく程の、短き袴を著る事を云。長袴を短くしたる也。今の半袴也。染色紋などは、上と同じ様にする也。」

39 『中村道樹武家装束抄』「素襖　形付あり無地あり。色は花色、空色、薄柿、浅黄、媚茶、煤竹の類なり。大きなる紋を上に五つ、下相引左右各一つ、腰板に一つ付たり。近年大紋付とて前紋を袖へかけて付け、大紋仕立てとて袖ひだを取る。露は紫革、柑子革、是も今は八幡黒、或は玉虫茶宇等を付る人あり。近き比は、稀にも中形付を著る人なし。下は常の麻袴の長き物なり。召供の素襖は大形付たる多し。袖など大くして露革なきもあり。袴の長も二尺五寸位なるも多かり。」

40 『宗五大草紙』(伊勢貞頼・1528年)「すはうの紐革の事。黒梅小紋の付たる。紀伊国革可然由申候。金仙寺は黒梅被用候し、むらさき革は、打まかせては付候まじき由、ふるき人被申候し、乍去近年あつかひも候はず候。当世見及候は、丹波目結、ひきめがはなどを、ひもに付られ候。さもあるべく候歟。またひもはひともんとて、昔より定りたる事にて候を、今は殊の外ひろく候。不可然候。又きくとぢは、すあうをほころばかさじが為にて候得共、今はそく飯にて付候。菊とぢも大に見え候。」

41 『宗五大草紙』(伊勢貞頼・1528年)「すはうはかま、上下かはるは略儀なり。但十五まではくるしからず。」

42 『小林有之武家装束抄』「素襖　折烏帽子。俗に侍烏帽子と云。懸緒組を用ゆ。幼年の人は小結を用ゆ。素襖、小刀、蝙蝠。」

43 『古今要覧稿』(屋代弘賢編・江戸後期)「折たる形の平たく折居ゑたるを侍えぼしといふ。今の世普通になつとうえぼしともいふ。」

44 『貞丈雑記』(伊勢貞丈・江戸中期)「素襖の紐の結様は、ひもを真中より二ツに折て、折めの方を取て、まむすびにしておく也。然ればもろわな結になるなり〈もろわなとは、両方にわなある也〉。酌陪膳など勤る時、其外手を志げくつかふ事ある時は、ひもの結たるをときて、小袖とすあふの間に入て、内にて帯の通りにはさみ置也。旧記にひもを納るとあるは、此事なり。今はひもを結事を知らぬ人多く、紐を下へ引くだして、はかまの前腰の内へ引入て置く也。古風を知らぬなり。」

45 『犬追物付紙日記』「素襖にて犬を射る時の紐をば、前にて二結びむすびて、前の小袴の緒へ、紐一筋宛別々に間を二三寸置て押こふ也。一ツに取ても、前腰に押かふべし。又前にても二むすび結で、後の襟に紐むすぶやうにも結ぶ也。是は笠懸いる時と同事也。」

【江戸幕府(柳営)の服制】(113～119ページ)

1 『徳川実紀』「(元和元(1615)年十二月)又服飾の事を令せられしは、正月朔日二日六日装束たるべし。給事の諸大夫布衣の侍、五日の間は長袴たるべし。三月三日出仕の輩長袴たるべし。四月朔日より袷衣を着し韈を脱べし。五月五日染帷子長袴。六月十六日嘉定の節もおなじ。七月七日八月朔日白帷子長袴。八朔には五千石以上太刀折紙を献ずべし。九月朔日より八日までは袷衣。九日より染小袖。十日より韈をゆるさる。九月九日長袴たるべし。十月玄猪の慶会長袴を着すべしとなり。」

2 『徳川実紀』「元和二(1616)年丙辰正月元日。卯刻より黒木書院に出給ふ。御直垂なり。(中略)今年はじめて拝賀のともがら。烏帽子、直垂、狩衣、大紋を著し、其以下素襖著しまうのぼる。この夕雅楽頭忠世、大炊頭利勝を御前にめされ、江戸駿府年中諸節の礼儀いまだ全く備らず。よて昨年より会議して定らるゝ所の儀、今日より始め行はるれば、当家歴世の永式となすべきよし面命せらる。」

3 『官中秘策』(西山元文・江戸中期)「正月元日卯中刻、百官総登城。一少将以上、白小袖〈綾平絹違有之〉・直垂。一侍従、白小袖・直垂。一四品、白小袖・狩衣。一諸大夫、熨斗目・直垂(大紋)。一諸役人、のしめ・布衣。一無官、熨斗目・素襖長袴。」

4 『小林有之武家装束抄』「諸家装束。直垂。烏帽子〈風折、掛緒紫組〉。直垂〈胸紐露紫組。袴の腰、白き練を用〉。内衣〈白小袖〉。精好。色は緋、紫、萌木を除て外は何色にても用。但近き比、萌木は諸家用らると云へり。小サ刀。蝙蝠。緒太。」

『青標紙』(大野広城・1841年)「扨此服、当時地相は都而精好を用ゆ。色は上様にては蒲萄染とて江戸紫の色、大納言様には緋の色を御著用。浅黄、萌黄は台徳院様、大猷院様御用ひの色なれば、憚りて用ひず。会津、黒田、越前家には、萌黄を用ゆる事規模なり。其外の色は、好にまかすべし。なれども黒染は凶事のものなれば心得べし。扨透精好とて、紗地の精好は、御三家にて御用ひ、薩州にては近衛殿より賜はりし由緒にて用ゆ。」

5 『中村道樹武家装束抄』「武家に於ては、将軍家立烏帽子著御有り。其外三家以下皆風折を用給。眉之事、地下は片眉を用。右折左折は家々の相伝に依るなるべし。多分は左へ折たるを用らるゝなり。三家三卿は、左より右へ折たるを用給といふ。宗対馬守、松平隠岐守亦用之。此外にも有べし。」

6 『青標紙』(大野広城・1841年)「狩衣。夏紗文不定。冬表綾色不定、裏平絹。近代多云夏冬紗ヲ用ル非ナリ。古実武家ニテハ裏打狩衣不用。武家ニテハ狩衣ノトキ小サ刀打刀佩副。又糸巻太刀佩副ルコトモアリ。武家ニテハ襪ヲハカズスアシナリ。」

7 『松岡辰方狩衣考』「烏帽子、風折烏帽子の左折なり。(中略)掛緒、紙より也。今紙捻りのよしにて、きぬをくけて用る事略儀也。(中略)衣、式々は用る事なれ共、武家にては用る事なし。単、是又武家に用る事なし。奴袴、花田の平絹たるべし。」

8 『小林有之武家装束抄』「諸家装束。布直垂〈大なる紋を付る故、俗に大紋といふ〉。烏帽子〈風折、掛緒紙捻〉。内布直垂。衣〈熨斗目小袖。夏は白帷子〉。蝙蝠扇。小サ刀。」

9 『中村道樹武家装束抄』「五位。大紋。(中略)御同朋之服〈御装束之日著之〉、大紋之上〈黄茶之露紐、袖露総角を結。三家同朋は、紅露紐を用〉、白袴〈大紋の下に同じ。白練を用。仕立直垂の通り。上下替りたる大紋なり〉、少刀。熨斗目紅裏、紅むく白むく。紅を著者は頭(カシラ)ばかり也。平は不著用。」

10 『守貞謾稿』(喜田川守貞・江戸後期)「古ハ士民トモニ、衣服ニシジラネリヌキ、熨斗目ノネリヌキヲ用フ。其中シジラハ男女用之、ノシメハ男ノミ用之。女ハ用ヒズ。(中略)今世ハ左図ノ如ク、腰ノミ織筋アル物ヲ熨斗目ト云也。熨斗目ハ腰ガハリノ名トナリテ、昔シジラネリヌキヲ、今ハシジラノシメト云。昔ノノシメネリヌキヲ唯ノシメトノミ云也。」

11 『貞丈雑記』(伊勢貞丈・江戸中期)「今腰がわり腰あき

など〻て、のしめの腰に計筋を付るは、古の織筋を腰にばかり織たる也。古はこし替り腰あきなど〻云事なし。総体に筋を織りしなり。」

12 『徳川実紀』「宝永六（1709）年二月廿九日。袷を着用の時節、朝会の日には熨斗目の袷を着すべし。与力・徒士・其外さきざきより熨斗目着し来りしは、今より後も着すべし。坊主は組頭のみ着すべし。同心手代の類、卑賤のものは着すべからず。」

13 『守貞謾稿』（喜田川守貞・江戸後期）「腰ガハリ形種々定形ナシ。或ハ縦横、或ハ横島、或ハ太ク、或ハ細筋アリ。色ハ納戸茶ヲ専トス。萌黄モアリ。黒ハ無之。腰替ノ所ハ必ラズ地白ニテ島筋アリ。」

14 『青標紙』（大野広城・1841年）「布衣。（中略）今武家に而は布衣之御役人は必精好を用ひ、陪臣には只の絹、又しじら絹之内可用由、文化年中対州〈江〉朝鮮使来聘之節より御制度始れり。色目之事定なし。袖結は狩衣に同じ。刺貫之事、浅黄の羽二重を用ゆ。」

15 『松岡辰方布衣考』（松岡辰方・江戸後期）「布衣　布にて製すべきを、今は其故実を失ひて、布衣地といふ物県服所にあり。其品を見るに、布にあらずしてねりぬき也〈俗にのしめ地という〉。又近来リウモン、精好などを用事あり。五位さへ布の直垂を著用せらる〻に（中略）六位に比せらる〻人、ねりぬき精好等を用る事、法度を失ひ、制をやぶりたる事なれば、こ〻ろある人は改たきものなり。」

16 『中村道樹武家装束抄』「お目見以上之人、布衣以前著之。又大広間大名之召具、御譜代侍従以上之召具著之。」

17 『中村道樹武家装束抄』「素襖　形付あり無地あり。色は花色、空色、薄柿、浅黄、媚茶、煤竹の類なり。大きなる紋を上に五つ、下相引左右各一つ、腰板に一つ付たり。近年大紋付とて、前紋を袖へかけて付け、大紋仕立てとて、袖ひだを取る。露は紫革、柑子革、是も今は八幡黒、或は玉虫茶宇等を付る人あり。近き比は、稀にも中形付を著る人なし。下は常の麻袴の長き物なり。召供の素襖は、大形付たる多し。袖など大くして、露革なきもあり。袴の長も二尺五寸位なるも多かり。」

18 『小林有之武家装束抄』「素襖　折烏帽子。俗に侍烏帽子と云。懸緒組を用ゆ。幼年の人は小結を用ゆ。素襖。小刀。蝙蝠。」

19 『青標紙』（大野広城・1841年）「長上下。諸麻を用る事本式なり。当時は絹麻龍門の類を用る事略儀なれば、殿中は憚るべき事也。文化八年二月御暇の大名、絹麻の上下を用ひられたるが、内々御沙汰有之諸麻に替らる。又同年御暇の国主大名、龍門を用ひたる事ありしが、是も内々御沙汰有、家の先格の由にて、押て用ひられたり。都しかゝ色相の事は定なし。古へは無地を本式とし、小紋を用ひたるもの也。享保の頃までは殿中多く無地を用ひたるものなるが、宝暦の頃より追々小紋を用ゆ。」『守貞謾稿』（喜田川守貞・江戸後期）「龍紋ト云本ハ綾紋也。線ニ稜アル故ニ綾ノ字ヲ用フ。稜綾トモニカドアル故ニ此字ヲ用フ也。龍文モ綾ノ一種也。今ハ専ラ織紋アルヲアヤ、無地ヲ龍文ト云也。」『甲子夜話』（松浦静山・江戸後期）「龍紋ヲ麻上下ノ代リニ用ルコトモ左近始メラレシト云。一日著シテ徳廟（吉宗）ノ御前ニ候セラル。ソノトキ左近ノ上下ハ何ナルヤト御尋ナリ。是ハ龍紋ニテ候。家来ヘトラセ候ヘバ、麻ヨリ保ヨキトテ悦候ト申上ラル。夫ヨリ世ノ中、龍紋ノ上下ヲ用始メシト云。」

20 『白石小品』（新井白石・江戸中期）「普広院殿（足利義教）ノ御事アリシヨリノチ、近習ノ人々上下ト名ヅケテ、スワウノ袖トリテ〈肩衣トナヅク〉小袴著テ呼称スル事出来タリ。（中略）但其ノ肩衣トイフ物モ、始ノホドハ今ノ様ニヒダメナドトルトイフ事ハナカリキ〈肩衣ニヒダメトル事ハ、松永弾正久秀ガシ出セシ事ナリ〉。」

21 『二水記』（鷲尾隆康）「大永七（1527）年正月七日。早旦室町殿出仕令見物。道永以下悉以片衣小袴也。当時先無為之間、不可然之体也。併似招乱歟之由、各有沙汰。誠以異様之事也。」

22 『貞順豹文書』（伊勢貞順・室町後期）「かたぎぬはかまの色も上下と同前也。かたぎぬにはかまの色かはりたるは、内々にては不苦候歟。是も式々の時はむやくにて候。」

23 『徳川実紀』（有徳院殿（吉宗）御実紀附録巻十七）「常憲院殿（綱吉）御代のはじめまでは上下は皆麻をのみ用ひしときけり。今よりふた〻び古の風にかへし、裏附しともなるべし。（中略）されど諸大夫の人々も平日白小袖を着るに及ばず。縞または小紋の小袖、心のま〻に着すべし。また継上下といふ事をはじめ、麻の肩衣に裏附し袴など、心のま〻に著すべしとてゆるされける。」

24 『将軍徳川家礼典録』「宝暦三（1753）年十二月。裏付上下之儀、唯今迄は小紋と縞差別有之様ニ候得共、以後は差別無之様、大目付御目付〈江〉達之。」

25 『徳川実紀』「宝永七（1710）年十一月十八日。琉使美里王子尚某（中略）大広間に出たまふ。御よそひは御直垂なり。（中略）廿一日。琉人の音楽を聞召給ふとて、大広間にいでたまふ。御よそひは御風折、御小直衣なり。」「正徳四（1714）年十二月二日。琉使進見あり。（中略）かくて御直垂めされ。（中略）四日琉楽を聞せ給ふ。御立烏帽子に小直衣。紫鳥襷の御指貫召され。」

26 『幕朝年中行事歌合』（1841年）「元日参賀は、（中略）御両所は御烏帽子、御ひた〻れを奉りしが、文政十一（1828）年の頃より、御立ゑぼうし、御小直衣、御指貫を用ひらる。御押紋、御色目等、年々不同。御地はいつも唐綾なり。」

27 『徳川実紀』「安政四（1857）年十月廿一。亜墨利加使節登城拝謁。（中略）大広間〈江〉出御。御立烏帽子、御小直衣被為召。」

28 『東照宮将軍宣下之記』「慶長八（1603）年二月十二日。於伏見城有此儀。勅使勧修寺右大弁宰相光豊、束帯。上卿広橋大納言兼勝、束帯帯劔。（中略）大樹（家康）著御紅之御直垂。諸大夫以上各著直垂。其外諸侍著素襖。」

29 『康富記』（中原康富）「文安六（1449）年四月廿九日己卯。今日午刻有宣下事。室町殿征夷大将軍幷禁色等宣下也。（中略）被持参中室町殿、同時也。先被召将軍宣旨、頭人摂津掃部頭之親勤申。次直垂折烏帽子也。」

30 『東照宮将軍宣下之記』「三月廿一日、自伏見御入洛。供奉之侍各著袴肩衣。廿五日御参内。（中略）次随身八人。騎馬、金襴袍、壺垂袴、帯劔弓箭。御車之先、布衣之侍三十人許。皆是譜代之士也〈各歩行〉。大樹乗御御車、自御里亭到禁内。（中略）以長橋為直廬代。被改御装束也〈御衣冠也〉。」

31 『徳川実紀』「世に伝ふる所は、この時関東より供奉の大名小名、冠服の用意なく大に思ひなやむもの多かりしなかに、伊達政宗がごとき大名すら装束をもたらさず。青山図書助成重をもて、うちうちきこえ上て、神祖より着御の御袍をたまひ、その日やうやう供奉をつとめしとぞ。当時質素のさまをもひやるべし。」

32 『徳川実紀』「元和九（1623）年七月二十七日。勅使伏見城に参向あり。（中略）時に御直垂召して（中略）公卿みな束帯にて出て」

33 『将軍宣下記』「慶安四（1651）年八月十八日癸亥。今日将軍宣下（中略）其官位ノ品ニヨリテ各著衣冠。大納言家〈御諱家綱卿、御歳十一歳〉御座ノ間ニテ衣冠ヲ著御有テ」

34 『徳川実紀』「（綱吉）延宝八（1680）年八月廿三日。将軍宣下の大礼行はる。（中略）辰の刻御束帯めされ。（中略）大ゆう院殿霊前に告祭したまふ。次につねの御座所にて御衣冠をぬかせ給ひ麻上下めされ。（中略）今日勅使の外は五位以上皆衣冠なり。」「（家宣）宝永六（1709）年五月朔日、将軍宣下の大礼行はる。（中略）御束帯なり。」「（家継）正徳三（1713）年四月二日。将軍宣下の大礼行はる。（中略）かくて巳刻ばかり御衣冠、御帯劔、檜扇を持ち給ひ、黒木書院に出給ふ。」「（吉宗）享保元（1716）年八月十三日。将軍宣下の大礼行はる。（中略）巳の刻束帯したまひ（中略）高倉前中納言永福卿衣冠つけて拝謁し、上段にす〻み御束帯に手をつけてしぞき、御衣紋の役に候してかたじけなきよし申す。」

35 『広橋兼胤公武御用日記』「宝暦十（1760）年九月二日癸卯。（中略）一寅半刻理髪。卯尅食朝饌、着束帯〈無文帯、紺地平緒、檀紙帖紙入夏扇、取笏〉。」

36 『徳川実紀』「宝暦十（1760）年九月五日。勅使饗応の猿楽あり。長袴つけて出給ふ。」

37 『広橋兼胤公武御用日記』「宝暦十（1760）年九月五日丙午。（中略）卯刻過ぎ下総守より案内登城〈尹黄木賊狩衣、難波麹塵狩衣、予香狩衣〉。」

38 『徳川実紀』「宝暦十（1760）年九月六日。けふは勅使・女院使辞見なれば直垂を着たまひ白木書院に出給ふ。」『広橋兼胤公武御用日記』「宝暦十（1760）年九月六日丁未。（中略）辰刻過登城〈下総守案内如例〉。各着狩衣〈尹葡萄、難波薄青、予海松〉。」

39 『天明年中行事』（江戸後期）「正月晦日　関東御使　是は、年始御祝儀御使として、高家肝煎三人の内上京あり。（中略）参内の日限仰出され、御使・所司代衣冠にて同伴、唐御門より参内。」

40 『広橋兼胤公武御用日記』「宝暦十（1760）年正月廿七日癸酉。晴。一辰刻着布衣〈尹檜皮、予海松〉於尹休所待案内。（中略）一大樹公〈紫直垂〉出座〈白書院〉。」「宝暦十一（1761）年三月六日乙巳。（中略）一辰半剋兵部少輔より有案内。前亜相同伴登城〈予着香狩衣、前亜相葡萄狩衣〉。（中略）一大樹公出給〈白書院上段御着座、緋御直垂〉。」

41 『広橋兼胤公武御用日記』「宝暦十（1760）年八月廿九日庚子。晴。一卯剋発品川〈立烏帽、葡萄色直垂〉。尹有進発之告、相続而発駕。」

42 『楽只堂年録』（柳沢吉保）「十二日。公家衆御対顔にて、吉保、烏帽子直垂にて登城し、老中の上に座して御挨拶を申す。」「十三日。公家衆を御馳走あるへきよしにて、能あり。吉保、熨斗目長袴にて登城す。」「十四日。今日、勅使・仙洞使登城にて、御請幷に御暇を給るによりて、吉保、烏帽子直垂にて登城す。（中略）今日、勅使の御請あるべき前に、柳の間の廊下にて、浅野内匠頭長矩、内々意趣を挟むによりて、小さ刀をぬきて、吉良上野介義央を、うしろより二刀きる。浅手なれども老人なれば倒れぬ。御留守居番梶川与三兵衛頼照る、側に在て長矩を組留て刀を奪取る。」

43 『徳川実紀』「文久二（1862）年六月八日。明後日十日勅使御対顔に付、直垂・狩衣・大紋着之。五半時登城之事。」

44 『徳川実紀』「十日。大原左衛門督。右出席。御上段〈江〉上り、勅諚之趣御直に述之。御会釈有之。大原退去。相済〈而〉入御。」

45 『徳川実紀』「文久二（1862）年閏八月廿二日。今度衣服之制度御変革。左之通被仰出候間。明二十三日より。書面之趣に可相心得候。一熨斗目長袴は以来総而被廃止事。一正月元日二日装束。一正月三日無官之面々御礼、服紗小袖半袴。一正月四日より平服。一正月六日服紗小袖半袴。（中略）一三月三日服紗半袴。（中略）一五月五日染帷子半袴。一七月七日同断。一八朔同断。一九月九日花色に無之服紗小袖半袴。一御神忌。且各別重き御法事等之節は是迄之通装束。一御定式御参詣之節は諸向供服紗小袖半袴。一勅使御対顔御返答之節は是迄之通装束。但席〈江〉不拘面々は服紗小袖半袴。一勅使御馳走御能之節は都〈而〉服紗半袴。（中略）一平服は以来羽織。小袴。襠高き袴着用可致候。（中略）一御目見以下之分は、襠低き袴当分之内取交相用候儀不苦候。」

46 『徳川実紀』「文久二（1862）年閏八月廿二日。足袋之儀。以来平服之節は紺相用候而も不苦候。以来夏足袋相願候に不及、勝手次第相用不苦候。尤御前辺、且御用召等之節は、是迄之通相心得。御前辺等江足袋用候節は。其時々可申聞候。但御目見以下之者も右に准じ。夏足袋相用不苦候事。右之趣。向々江可被達候。」

47 『徳川実紀』「慶応三（1867）年二月晦日。以来御目見以下之者、惣髪相願はゞ伺に不及頭支配承届。其段可被申聞候。」

48 『徳川実紀』「文久三（1863）年癸亥年十一月十二日。服制復故ノ令　先般衣服之制度御変革被仰出処、以来前々之通、熨斗目長袴等著用可被致旨被仰出候。一前々熨斗目或者服紗小袖、又者白帷子、長袴著用候廉者、以来前々之通著用可致候。」

49 『徳川実紀』「慶応三（1867）年丁卯年二月廿二日。服制再変革之令　今度御改革ニ付、年中御礼日著服左之通御定相成候事。（中略）殿中平服之儀、以来羽織襠高袴取交著用可致候。尤三月朔日より書面之通可被相心得候。麻上下之儀者、当分之内平袴仕立ニ而も不苦候。（中略）今般衣服之儀被仰出候に付〈而〉者、武役之分は勿論、寄合小普請支配組共、そぎ袖、羽織、細袴を平服〈与〉相心得可申。」

【直垂類似の装束】（120〜125ページ）

1 『成通卿口伝日記』（藤原成通・平安後期）「一装束事。狩衣はたゞくびにきなすべし。さりながら帯の上へのすべからず。例のくびかみぎはみぐるしき事也。指ぬき沓の鼻にかけよ。中間にはさみあぐるべからず。あげてはこむらにみゆればしななし。なかほどのあげやう。かならず鞠あたる事あり。」

2 『後鳥羽院宸記』（後鳥羽上皇）「建保三（1215）年二月廿六日。今日直衣ヲ着テ公家対面ス。主上差貫ヲ着セラル。先例五節参内ノ夜、侍臣ニ相マシハリテ帳台ニ渡御ノ時、是ヲ着御ス。其外用ノ儀ナシ。然ニ、予位ニアル時。侍臣ニマシハリテ蹴鞠セシメンタメニ是ヲ著ル。仍テ予カ例ヲ以テ、今日ヨリ蹴鞠ノ時是ヲ著セラルル也。」

3 『遊庭秘抄』（御子左流・室町前期）「装束事　上下の人にしたがひて、さまざまの色に侍るべし。主上、御引直衣を、すそをまはして人臣のごとく被召之、（中略）緋の御口くくりを入て、指貫のごとく被召さる。緋の御口くくりを入て、指貫のごとく被召之、（中略）上皇は鳥帽子直衣御かけの御ぞに御指貫也。（中略）人臣は公宴には束帯、直衣、狩衣、私会には水干、葛袴、直垂以下、思ひ思ひたるべし。」

4 『遊庭秘抄』（御子左流・室町前期）「わかき人々の袴、あやめの袴、練貫袴、青袴、かりばかま。童形は、すそごの袴、或は又みなみな腰もとを色々に摺をし侍る、めづらしく見ゆ。」

5 『享徳二年晴之御鞠記』（一條兼良）「享徳二の年（1453年）春三月廿七日。内裏のはれの御まりの日記。（中略）人々装束幷韈色事。主上〈後花園院〉御直衣、半色御指貫〈窠霰文〉、無文燻革御韈、有伏組。〈伏見殿〉式部卿宮貞常、直衣、薄色指貫〈雲立涌文〉、有文紫革、縫物。〈近衛殿〉前関白房嗣、直衣、有文紫革、縫物。〈一條殿〉前関白教房、衣冠、錦革。」

6 『遊庭秘抄』（御子左流・室町前期）「其昔はしたうづの色々の沙汰まではなきゆへ也。承元に後鳥羽院色々重々を定をかれしより被下勅裁着用之。是より次の色は無文紫革也。是はいたく臣下のはき侍事なきにや。燻革の色までをよばせたまはぬ御所様のめさるべき色などにてや侍らん。後醍醐院建武御鞠にめされし也。有文紫革。是は殊勝の色にて綸旨院宣を下されてはく色なり。随分の韈也。おぼろげにて不可着之。堪能の名誉侍し賀茂基久定久など申侍りし当流門下の輩も此紫革までゆるされ侍き。大方賀茂輩、韈勅免之時は、当家へ勅裁被下て施行し侍る例也。此色は無文紫白地も常事也。ゑのぐにて絵にかく。是又子細なし。次錦革韈。禁色と号してはなやかにうつくしくめでたき色也。同勅裁を給て用之。」

7 『言継卿記』（山科言継）「永禄二（1559）年六月十三日、飛鳥井前宰相（雅敦）、予ニ鞠沓錦革可著之由被示也。」

8 『遊庭秘抄』（御子左流・室町前期）「沓事。明日香幷難波両流には聊はなををし侍也。うらをもちとをし侍るにや。当家の説は鼻をもうらをもをし侍らず。殊にそりかへりたる沓に、木じきと中物なき木、桐・杉、くつの底にうつくしくすきまなく作あはせて。続飯にてつくる也。」

9 『言継卿記』（山科言継）「天文廿一（1552）年四月七日己未、玉泉院使有之。今日悪日之間、明日飛鳥井へ可同道。又鴨沓之間可談合之間。可来之由被申之間、万里へ罷向沓沙汰也。」

10 『蹴鞠百五十箇条』（室町時代）「葛袴は葛布にて作れるものなり。鴨沓は水鳥の嘴に似たれば名とし侍り。肩衣の露。沓の筒皮などは。ふすべ皮は用ゐぬものなり。その外は色々その品多し。鞠足の上下に従ひて定むべき事なり。」

11 『本朝世事談綺』（菊岡沾涼・1734年）「賀茂沓。今用蹴鞠なり。洛北賀茂より始るゆへに此名あり。鴨の觜に似たるゆへに云とは非也。上古は沓なし。裸足或は韈を用ひたり。革沓出来て後、御家にもよろしきにして用ひ給ふにより、下々専これを用也。賀茂の社家松下兵部は、鞠の誉ありて世に鳴りし人也。此兵部はじめたる事にや。」

12 『延喜式』（縫殿寮）「雑染用度（中略）深紫（中略）葛布（クスヌノ）一端、紫草廿三斤、酢二合、灰一斗七升、薪六十斤。」

13 『御禊行幸服飾部類』「貞応元（1222）年十月廿三日。（中略）舎人二人。一人萌木黄衣。一人紺水干、葛袴。」

14 『新野問答』（野宮貞基答・江戸中期）「水干（中略）此服用蹴鞠候事見明月記候。近日鞠装束とて、飛鳥井難波両家用之候は直垂に候。袴葛布指貫に候。水干より出来候哉、直衣より思より候哉、異様の物に候。両家私として構出たる服に候哉。色々品、我国制とは倒置候。新制法難心得義存候。水干は不依蹴鞠、袴の腰は水干の上にかかり候。古来如此候由存候得共、管見に候へば、他説有之否無心許候。」

15 『湯土問答』（湯浅常山、土肥経平・江戸中期）「直垂の上に葛の袴を着るを俗に誤りて水干葛袴と云、又同類なり。飛鳥井家より出る免許状に、装束の上としるし附られて水干の名はなき也。尤是等の誤り世に専流行せしことなれば、唱へらるゝことはあらねども……。」

16 『遊庭秘抄』（御子左流・室町前期）「烏帽子懸事。此事当家一流のともがら幷門下の人々、鞠の座敷にてもあらはにしるくみゆ。古は飛鳥井難波の両流は、烏帽子の中よりかみひねりを引出して烏帽子もおらずして用之。当流は御所より授下されし様に用之。烏帽子を左へ折て、紫の組のわなの侍るを用之。下さまの人かみひねりを結て用之。絃にたづさはる人は、比巴琴の緒をわなに結て用もあり。間□絃をたしなむ身などは、絃に携侍らざりけん。よにおもしろき烏帽子かけかなとみたまふ物也。」

17 『言継卿記』（山科言継）「天正六（1578）年正月、藤廷尉人検非違使別当以下、当流の人は、もえぎ糸のくみたるべし。一足蹴て後用之。冠にもそのくみは兼用と云也云々。」

18 『宿徳装束抄』（江戸中期）「懸緒。上古所無也。中古以来冠形状日小、故動有孟万年之興。仍仮懸紙捻而結之謂之懸緒。自後鳥羽院比、為蹴鞠用紫組。然近年〈三四百年許〉衣冠直衣之時、亦許天許用之。雖然及著単衣等之時者、猶用古儀不用之〈若用之例用紙捻〉。但九條家門著単衣時、猶用組懸。爰又近代故権大納言（難波宗建）稽古之力、博達之余、別制丸組緒。此緒則随年序而色有浅深、老者宜用其最薄者乎。又古代者有用紺色懸緒事、近比不見当。又縒合馬尾用之云々。若不用是等之懸緒人者、必可用紙捻〈紙中入糸可捻之〉。凡老者必可用冠懸。管見記所見注下、老人髪少故也。」

19 『装束要領抄』（壺井義知・江戸中期）「夫組懸は以紫糸組之。（中略）元来蹴鞠のため、鳥帽子の組懸などゆりたる人は、衣冠直衣の時、冠にも用ひたまふなり。されども束帯の時は、必皆紙よりを用ひらる。又地下は一向ゆるす限りにあらず。武家に於ても、侍従拝任の後、申受けて用ひらるるよし也。」

20 『浅野家文書』「飛鳥井雅胤紫組冠懸免許。蹴鞠為門弟、紫組冠懸之事、窺叡慮免申候。可有受用者也。恐々謹言。季秋上浣（1626年）。安芸侍従殿。」

21 『当代装束抄』（松岡辰方・1812年）「東帯之時、自天子至苟官、皆用紙捻懸緒。衣冠之時は用組掛、但不聴不用之。又地下ハ而用紙捻。但懸緒紫組ハ、飛鳥井家より、免の鞠に付きたる物なり。飛鳥井家より免さる事。亦白組懸緒は、吉田より免、是ハ神社ニ付タルモノ也。公事時ハ、雖為天子紙捻ヲ用フ。」

21 『太政官日誌』（明治三年三月十二日）「弾正台伺弁官宛冠ニ紫組掛緒幷翁掛抔ノ儀、従来ハ蹴鞠家等ノ免シヲ不受候テハ不取用風習有之趣ニ候処、御一新後ハ勅任官ニ候へハ相用不苦儀ニ候。此段急ニ相伺候也。三年三月十二日　弾正。同台へ回答弁官　別紙御伺ノ儀、既ニ過日ノ日誌ニモ有之候通リ、雖参議拝領ニ無之テハ用ヒ候事、不相成候儀、勅任官ノ次第ニ不拘ト存候。依テ此段及御答候也。三年三月十二日。」

22 『太政官日誌』（明治五年五月十五日）「大弁務使寺島宗則へ達　紫組掛緒下賜候事」

【男子の子ども服】（126〜131ページ）

1 『布衣記』（斎藤助成・1295年）「童装束事。髪をさげ。入もとゆひをする也。白紙也。下着事。夏冬により替也。白帷白小袖也。上は水干、下は葛袴。水干色紫萌木間なり。のぼりはた袖、一身に袖一色を替。くずにてもする也。次我が家文を金ぱくにてをす也。（中略）のぼりといふは前袋半分なり。」

2 『胡曹抄』（一條兼良・室町後期）「地下輩童体之時衣裳事。大永六（1526年）一九。一止御楽始記云。光秋〈童形水干〉。」

3 『三内口決』（三條西実枝・室町後期）「童装束。面向晴之時着之。元服以前之事也。水干。摂政。清花。平生着用之。色不相定。当家ハ織物之水干着用之由、見旧記候。童形之間ハ諸家着用、元服以後ハ不用之候。大臣ノ孫子ハ、元服以後着用勿論候。」

4 『蹇驢嘶余』（室町後期）「児公家息ハ白水干著ル也。武家ノ息ハ長絹ヲ著スル也。クビカミノ有ヲ水干ト云、無ヲ長絹ト云也。イヅレモ菊トヂハ黒シ。」

5 『法体装束抄』（高倉永行・1396年）「一水干事。色々織物随説。上下同色。練生裏あり。上は狩衣のぬいやうにおなじ。但くびかみのひぼを入ず。木をも入ず、紙ばかりなり。つねよりはほそう、ゑりかたもなし。（中略）十五歳まではけぬきがた也。此まへのひぼのくみも袖のくゝりに同じくみなり。たゞしつゆのさがりのくみわけなし。」

6 『法体装束抄』（高倉永行・1396年）「菊閉も色々の糸なり。水干の色にはへあふやうにすべし。とぢ所。上は五所なり。又袖のうちをもとづる事あり。それは衣文にさしあひてわろき也。袴は股立ひざ四所なり。」

7 『法体装束抄』（高倉永行・1396年）「くびかみの両方のはしをしたへをし折りて。まへをひきちがへてきする也。くみのひぼを上がへはくびかみのさきにつけて。むねより入て。左のわきより引出す。下がへのひぼは身のうしろの中のとをりのくびかみにつけて。くびかみの外より引まはして。むねの引ちがへよりうつへ入て。右のわきより引いだして。むねにてもろかぎにむすぶつねのごとし。」

8 『吾妻鏡』「建長八（1256）年八月廿三日辛巳。将軍家（宗尊親王）入御于新奥州常葉第。巳刻御出。（中略）先入御出居、其所立衣枷、被懸御服半尻狩御衣〈浮線綾。御水干袴〈地白青格子〉。」

9 『後愚昧記』（三條公忠・室町前期）「抑常磐井殿以下宮達首服荒猿候。加冠事、粗被示懸候。（中略）無位孫王首服以後雖無宣下禁色勿論候歟。〈返案：於道儀者不可然候歟。然而勿論候哉〉。一、同人褻服可為如何様候哉。狩衣直衣〈そハつゝき〉親王著用云々。親王以前如何。若不可著者、何様候へき。此事未存知候。両条きと不審相存候。禁色事者猶不可及子細歟之由存候。為才学申談候。きと被相尋事もやと存候。可勘奉候也。恐々謹言。応安元（1368）年十一月廿三日。（三條）実継。〈返案：可為半尻候歟之由存候、賢慮如何、狩衣直衣親王以前不可著云々。支証覚候。以折中之儀、褻服ニハ半尻仕事候哉と存候。但尊客ニハ不可然候歟。普通狩衣可然□可宜候哉〉。」

10 『栄花物語』「左大臣実能の大臣、これも左衛門督山の座主、女院なんどのひとつ御腹からにて、二位の御子におはす。大炊の御門の大臣とも徳大寺の大臣とも申すなるべし。（中略）内の大臣の、御よろこび申し給ひければ、（中略）使にとり続きて、半尻なる狩衣にて出で給ひて、よろこびにわたり給へるか。」

『押小路内府抄』（三條公忠・室町前期）「家中常ノ姿ハ、半尻小指貫〈生（す、し）ノ大口ヲ重テ着之〉也。大将大臣之後ハ狩衣直衣指貫也。親王家ナトハ、半尻ニ大口許ヲ着之歟。大臣家ハ大君姿〈オホキミスガタ〉〈ト天〉如此ハ無之事也。雲客之時ハ直垂ナトモアナカチニ無苦也。公卿以後ハ当家不用直垂也。」

11 『薩戒記』（中山定親）「正長元（1428）年七月十七日。（中略）出自簾中寄御車、宮〈白顕文紗半尻・御大口、卒爾故歟〉令下給。令参上皇御前給。」

12 『装束雑事抄』（高倉永行・1399年）「半尻事〈三丈一尺〉。かり衣のうしろの一尺ばかりみじかき物也。色目、着用の時節、衣文帯等、皆かり衣に同じ。宮乃御童体御俗体、若き御時着御也。摂家清花人も若時着す也。指貫に着せば袙など下具あるべき歟。常は只内々まへ重の白大口も着給也。」

『唯心院装束抄』（一條房通・室町後期）「半尻、地萌木、松唐草、或浮線綾、模様不同、前張裏表精好也、但前大精好、後小精好織也。両袖とも色々の糸にて毛抜形を結、其内小松、梅の花を押なり、狩衣の袖くくりの所なり。（中略）親王方童形御装束、御半尻。地綾白亀甲浮文紫にて、菊の折枝有。御紋不定、御前張別式。」

13 『続有職問答』（安藤為実・江戸中期）「問　ふかそきの様いかむ。答（中略）延宝八（1680）年十一月二十五日。勧修寺大納言経慶卿の息夫佐丸君、五歳にての儀あり。（中略）当日刻限巳。小童鬟著半尻前張。持杉横目扇。持添若松橘熨蚫等〈或左手持之〉。先置碁盤於中央。石二置盤上。」

14 『法体装束抄』（高倉永行・1396年）「童体装束事。一直衣。浮織物、文小葵、裏紫。夏は三重多須幾。下具等俗に同じ。指貫摂家以下は二重織物なり。腹白。童体の時は年齢いかほどなりともうへをとをしてくみてさぐべきなり。紐を前の縫目より出て組之。此外は俗におなじ。是当流説なり。永章卿流は俗の指貫腹白も此色形のごとく。前の縫目より出之。児俗をいはずくむ。公方様御指貫の腹白ばかりも、だちのぬいめより出之組之。当説は童形ばかり前のぬいめよりも出して。俗のは皆も、だちの縫めより出して組之。公私とも差別無し。此事如何。」

『唯心院装束抄』（一條房通・室町後期）「童装束、地小葵白地也、如袍、指貫紫亀甲織物也、大臣息、或大臣家童形時着之。」

15 『宗建卿記』（難波宗建）「享保十四（1729）年九月廿七日、今日右大臣息男元服。右府息男装束直衣〈三重襷紫〉、指貫〈亀甲浮線蝶二重織物〉濃単。後日殿下〈近衛家久〉仰云。指貫二重織物之事如何。凡元服日於条者脱童直衣〈小葵〉改著冬直衣〈浮蝶線〉、参之事流例也。於指貫者改之事一向無沙汰、依之誤歟。雖然於二重織物者童服之条勿論也。然者不可用之。可用亀甲甲文歟。於元服は雖歴者於他家〈茂〉不被用二重織物歟。今度桃華不被改指貫〈茂〉習近代之風歟。」

16 『満佐須計装束抄』（源雅亮・平安末期）「童殿上のこと。闕腋の装束物具常の如し。袍赤色なり。常の五位の袍の赤みたる様なり。文に葵常の事なり。下襲常の躑躅。表綾。裏単。文瑩して打ちたり。中倍あり。半臂は黒半臂。襴緒などは羅と云ふものなり。夏は薄物。常の袙の色心にあるべし。但し濃装束ならば。蘇芳の袙青き単にて。これ濃打衣着るべし。表袴織物上達部の装束の体なり。これは濃装束。裏は濃し。大口も濃かるべし。取り重ねて円座の上に置きて取り出すべし。着るべき次第に置くべし。帯。角の丸鞆。五位の笏。引帯。襪。糸鞋。扇を具すべし。淡絵あり。夏の下襲赤色。黒半臂なり。色を聴りたる故なり。表袴の裏。大口赤くとも苦しかるまじけれども。幼なければ打ち任せては濃装束なり。装束をすることは常の闕腋なり。但し半臂の緒結ふべし。本を見るべし。装束して後。円座にこの稚児を据へて。びんづらを結ふべし。」

『花鳥余情』（一條兼良・室町後期）「童体の時は、赤色の闕腋の袍を着す。殿上童にも赤色なり。」

17 『冠儀浅寡抄』（唐橋在家・江戸中期）「直衣束帯事。又雖摂関子息、非殿上童者不著束帯。猶直衣指貫、或細長布袴、是亦中古以来其例綿々。凡中古以来到今世、親王大臣子息以下到諸家子弟、皆同著直衣〈白綾固地、文小葵、裏紫平絹。十六歳以上冠者、尋常直衣〉、指貫〈紫亀甲二重織物、裏紫平絹〉、萌木裏単衣〈或濃文如常〉、扇〈杉横目、松絵要金銅蝶鳥、著色々糸巻之、有糸花房〉、略衣下袴糸鞋等。不結髪、是為普通之儀。不預栄爵童、亦古来同著之。」

18 『小右記』（藤原実資）「長和二（1013）年三月廿三日甲寅。（中略）今日今上二三親王〈敦儀・敦平〉加元服。（中略）次右大臣同進、共冠了。（中略）次両親王退下〈皆着赤色童装束〉、下侍所改服〈黄衣〉。（中略）小時両親王着黄衣入自仙華門。（中略）召小内記隆佐〈昇殿者〉、仰敦儀親王・敦平親王等位記事〈三品〉。（中略）両親王着位服、入自仙華門。於南廊拝舞。」

19 『胡曹抄』（一條兼良・室町後期）「親王。童束帯　赤色浮織物闕腋袍〈尻長小葵文打裏入中陪云々〉、躑躅下襲〈同文在引帯〉、黒半臂〈在緒〉、縮線綾表袴〈濃裏〉。濃打御袙、裏濃蘇芳、御袙一領、濃御単、濃張大口、有文丸鞆帯、泥絵扇、襪、糸鞋、総角。元服以後束帯　浅黄綾袍〈雲鶴文無裏〉、紅張大口、同色打袙、同色単衣〈自余同上〉。建暦小葵文同色裏。聊有黒気黄也。又不濃〈カラ〉、建暦二或記云、御袍文、或雲鶴之由、見記録等、小葵之由、多又有所見、今度就〈テ〉保延宇治左府記、如此被定仰歟。又或無裏云々。今度就彼記、又被用裏云々。今案、童服濃色、男服紅色、不論年例歟。但束帯之外、於如直衣者雖童体、十五以後不可着濃色歟。旧記之所見、大略如此。」

20 『冠儀浅寡抄』（唐橋在家・江戸中期）「冠者衣服之事。古代殿上童者、必著童束帯〈総角夾形有無両例也。青色或赤色闕腋、文小葵。蘇芳下襲、白表袴、青単〉。不然童者、多直衣束帯〈如受領子亦尚著之〉。」

21 『中右記』（藤原宗忠）「嘉承二（1107）年四月十六日、御賀茂詣也。若君（藤原忠通）御装束赤色袍、二藍織物下襲、黄織物表袴。皆二重織物丸文。垂鬟連垂夾形。此殿下殿上童時、無夾形之由、大納言経信卿記。仍今度付件記例也。御鬟連左宰相中将奉仕也。」

22 『装束雑事抄』（高倉永行・1399年）「御夾形　蘇芳打物。長さ一尺あまり。広さ五分ばかり。蝶小鳥を白く書くなり。夏は羅を畳む。色は冬に同じ。内蔵寮献之。御小本結にて下を結いて、その上をこの御夾形にて結い申。御本結なり。結様は口伝抄にあり。」

23 『薩戒記』（中山定親）「正長二（1429）年正月一日戊申、小朝拝出御。幼主例或不然。依院御例今日有出御云々。御束帯〈御草鞋〉如例。左兵衛権佐（高倉）永豊朝臣著衣冠奉仕御総角〈主上春宮アゲビンヅラ、人臣如童殿上サゲビンヅラ、人臣アゲビンヅラ云々。但先日院（後小松）仰、主上サゲビンヅラ云々。藤宰相入道永藤在御前、承此事有不審之気。此事花園院中縫院御時、故入道宰相永行卿奉仕也。其記文明鏡也云々。凡徳大寺大炊御門等家相伝此事。近代皆以断絶了。而永藤卿一流不失故実〉。」

24 『西宮記』（源高明・平安中期）「空頂黒幘、其形如末額、以寝殿南面通用御殿南殿云々。」中高有花形、冠上新所載也、天皇及太子元服之時着之、御帳中之後、改替例御幘。」

25 『小右記』（藤原実資）「寛仁三（1019）年八月廿八日壬子。（中略）今日皇太弟〈敦良〉加元服〈年十一〉。（中略）太子前倚子理髪〈此間作法見或日記、無相違、仍不記〉。訖取空頂黒幘加於頭上。」

『薩戒記』（中山定親）「永享五（1433）年正月三日。（中略）今日有天皇御元服事。（中略）天皇於本殿着御童服、御総角如例、（中略）天皇着空頂黒幘、着御帳中平鋪御座、摂政奉扶持之。」

26 『宗建卿記』（難波宗建）「享保十八（1733）年二月一日。今日皇太子（桜町天皇）御元服。（中略）按黒幘今度不及新調。宝永度天皇（中御門）元服被用幘也。按北山抄天皇元服、空頂黒幘、其体如末額、但花形也云々。又江次第云、幘之様有二、其一曰三山幘。或人云、三山幘、帝王不著給。此幘太子所著也云々。今日被用幘、太子也。宝永天皇元服被用件幘之儀、却て如何。先日殿仰云、此幘以後花園院黒幘〈伏見宮有之〉。宝永度被作、自内蔵頭調進。件形在陽明家被校山科家云々。」

27 『延喜式』（主計寮）「絹。絁〈両面已下各長六丈。広一尺九寸〉。広絹〈長四丈五尺六寸。広二尺五寸〉。並四丁成疋。長絹〈長七丈五尺。広一尺九寸〉。長幡部絁〈長六丈。広一尺九寸〉。並五丁成疋。」

28 『海人藻芥』（恵命院宣守・1420年）「麁絹衣者、山門三井寺方用之。無機袖モ衣ノ単衣也。仁和寺、南都ニハ十五歳ヨリ内ノ時ハ、長絹ト云テ、衣ニモ単衣ニモ用絹衣。成人之後一向止之。凡絹有四種、謂ユル長絹、平絹、細絹、麁絹是也。」

29 『装束抄』「臣下装束之事。長絹直垂。一長絹直垂〈上白糸絹纐纈十付、組黒糸、黒き糸にてよる。袖可紐狩衣同〉。一下八袴〈白生絹、纐纈八ツ有。腰ハ指貫に同、上下とも無裏〉。諸家童体時著之。」

【女子の子ども服】（132～139ページ）

1 『延喜式』（図書寮）「凡写年料仁王経十九部。（中略）書手七人。日写七張。装潢手一人。校生一人〈日校廿張。再校〉。各給浄衣絁四丈〈汗衫幷褌料〉。」

2 『九暦』（藤原師輔）「天慶九（946）年十月廿八日乙酉。天晴。是日有大嘗会御禊。（中略）今日上下装束。天皇著給位服。（中略）下仕十人。釵子、結髪、青色唐衣・蒲萄染汗衫・村摺裳・承和色綿阿古女・同色単袴・沓付。（中略）下仕八人。着赤丹唐衣、桜色汗衫、自余同一車。

3 『西宮記』（源高明・平安中期）「斎王内外宮、稚子着玉縵、上下社及途中改衣云々、可記。女親王対面、総角着汗衫（カザミ）、半臂、下襲、表袴、玉帯等。」

4 『満佐須計装束抄』（源雅亮・平安末期）「汗衫。尻一丈五尺、前一丈二尺。衿一尺にして三寸を出して帯にす。大領の裾六寸出して広きを下にす。前より大領は上広にすべし。袖の広さ二幅にて二尺一寸。首の高さ二寸。首の長さ三尺。狩衣の首の様に差すなり。背より首を出す。端袖面ばかりを直衣袖にす。打垂二尺三寸。」

5 『満佐須計装束抄』（源雅亮・平安末期）「童の装束。参りの夜はいかさまにも躑躅の汗衫、表綾。表袴、表ただ衣白く張りて瑩して濃打裏を付く。袙蘇芳二つ、青き単、濃打衣、濃張袴なり。まづ張袴を表袴に重ね、腰を着むずる人の右に結ばんずる定に思ひ当てて、表袴に貫て裾より引き出す。やがて腰も表袴の右の方より裾へ引き出したり。かくて重ねの袴とは云ふなり。」

6 『満佐須計装束抄』（源雅亮・平安末期）「首を外様に押しなして着す。唐衣着たる様によく押し下げて、かたをよく押し下げて、前を拡げて引き違へて押さえさせて、帯を取りて後ろに回りて、汗衫の尻の脇の元を上様に返して帯を結ふべし。左をば多く三寸ばかり返すべし。裏表に見ゆべきなり。」

7 『今鏡』（小野の御幸）「左様に侍りけるほどに、汗衫着たる童二人、ひとりはしろがねの銚子に、御酒いれてもて参り、いま一人はしろがねの折敷に、こがねの坏するゑて大かうし御さかなにて、いだし給へりければ御供の殿上人、とりて参りて、いと珍しき御用意にはべりけり。」

8 『満佐須計装束抄』（源雅亮・平安末期）「童に宿直装束と云ふことあり。常に人知らず、打衣一つ重ねたる五つ袙に張袴常の如し。その上に汗衫を着るなり。首の折り様端袖の返し様常の如くして、帯をせで唐衣の様に着せて、後ろの脇のもとうら上、前の脇のもとうら上を袙に綴ぢつくるなり。常に人綴じ所知らず。秘すべし。表袴を着ず。帯せぬ故に宿直装束と云ふなり。聟取の所顕などせざらん先に着るべきなり。」

9 『満佐須計装束抄』（源雅亮・平安末期）「汗衫の左の端袖の袂の筋を五六寸ばかり綻ばす人あり。ゆだちと名付けたり。俗の僻事なり。縫ひ塞ぐべし。汗衫にゆだちを開くることは、左の脇の縫目の前を袂まで綻ばかして、組にて紐を付くるなり。この儀常ならず。」

10 『広季記』（中原広季）「平治元（1159）年七月一日。六條摂政迎信頼妹給。（中略）童女二人装束、同単重袙、濃引倍木、濃蘇芳織物表著、同色汗衫、濃張袴、泥絵扇。半物四人、薄蘇芳単重袙、濃引倍木、濃張袴、同扇、沓。」

11 『枕草子』「あぢきなきことどもを。衣などにすずろなる名どもをつけけむ、いとあやし。衣のなかに、細長はさもいひつべし。なぞ、汗衫は尻長といへかし。」

12 『九條殿記』（藤原師輔）「承平四（934）年正月四日、乙亥、早朝雨降、巳時天晴、以右馬頭浣朝臣為請客使、未時尊者参入、拝礼如例、尊者御禄白大袿、加物和綾桜色細長。」「天暦七（953）年正月五日、丙辰、晴、家饗（中略）又尊者加物紅花染細長、年来左殿用桜色、家猶用此色、為各異其色、加之、先閤任左大臣之時、定方卿為右大臣之間、其色如此、但故殿桜色細長者打瑩也、今左殿所為者張重也。」

13 『御堂関白記』（藤原道長）「寛弘元（1004）年十二月廿七日丙午。（中略）賜諸大夫掌侍帰参間、賜女装束一襲、加綾細長、是等皆前例。」

14 『紫式部日記』（寛弘五（1008）年九月十七日）「御乳付け仕うまつりし橘三位の贈物、例の女の装束に、織物の細長添へて、白銀の衣筥、包などもやがて白きにや。また包みたる物添へてなどぞ聞きはべりし。」

『小右記』（藤原実資）「寛弘二（1005）年四月廿二日己亥。都督示送云。昨日参左府、給被物馬等。（中略）直衣装束一襲〈薄物直衣・織物指貫・紅染綾細長一重・同色袴〉。」

15 『満佐須計装束抄』（源雅亮・平安末期）「便宜の所を禄の所として。柱に栗形を打ちて。葦津緒の綱を引き廻して様々の禄を懸くるなり。禄には鳥ノ子重の細長、大袿、赤衾など云ふものあり。鳥ノ子重と云ふは表は白くて中倍は薄紅梅にて裏は黄なる衣なり。細長と云ふは例の衣の大領なき也。大袿一領と云ふは単なくてただ二つ重ねたるを云ふなり。」

16 『猪隈関白記』（近衛家実）「建久九（1198）年一月八日丙午。天晴。此日余蒙任大将宣旨也。（中略）一禄。上達部。納言女装束〈但大納言加細長〉、宰相綾細長・袴。上達部中将女装束。中将綾細長細・長袴。少将袿・袴。将監絹二疋。将曹絹一疋・綿一屯。」

17 『中右記』（藤原宗忠）「長治元（1104）年八月十一日壬子。（中略）今日依吉日東宮初聞食魚味。（中略）東宮出御〈権亮実高朝臣奉抱〈天〉奉居昼御座暫候。白御細長着御〉。大夫卿以御箸令聞食。」

18 『広橋兼胤公武御用日記』「宝暦十一（1761）年五月十五日。（中略）御台〈閑院宮倫子〉懐胎若君誕生ニ候ハヽ、先格之通御祝儀可被遣候。其中細長ハ三ヶ月程調進ニかゝり候間、此節より御沙汰有之、山科へ調進内々可申達置候哉、殿下に申入、右之通可取計被命。以周防此趣大典侍殿・長橋迄申入、即内々被言上候。山科へ調進内々可申渡御沙汰之由被示了。

宝暦十一年十一月廿四日。一、細長一具山科調進〈帥依所労、中将持参〉。点検之後無相違ニ付、附平松中納言献之了。

宝暦十一年十二月四日。一、巳剋両人向伊予守役宅〈狩衣差貫〉。伊予守〈着熨斗目長上下〉出迎。（中略）禁裏より（中略）万寿姫え細長一具干鯛一筥。」

19 『玉葉』（九條兼実）「承安五（1175）年七月二十日。姫君真菜始。蘇芳二重織物細長〈松鶴〉。白薄物小袖単〈亀甲〉。用細長之時不用袙袴等。是先例也。」

20 『中右記』（藤原宗忠）「嘉承元（1106）年十二月十八日、辰剋許左兵衛督以下宰相抔皆参佐保殿。（中略）次出給〈宿袍。松重上織物御出衣。薄色固文奴袴、野劔、笏、若君赤色細長、欵冬奴袴〉。殿上人・諸大夫皆衣冠。」

21 『玉蘂』（九條通家）「嘉禎三（1237）年七月二十九日。故摂政殿児九歳、昇殿後着布袴始参内。赤色細長。」

『胡曹抄』（一條兼良・室町後期）「建久六（1195年）三廿九。惟明親王元服、御年十七。御装束事。（中略）童束帯。赤色浮織物闕腋袍〈尻長、小葵文、打裏入中陪云々〉、（中略）濃御単、濃張大口、有文丸鞆帯、泥絵扇、韈、糸鞋、総角。」

22 『冠儀浅寡抄』（唐橋在家・江戸中期）「直衣束帯事。又雖摂関子息、非殿上童者不著束帯。猶直衣指貫、或細長布袴。是亦中古以来、其例綿々。」

23 『源氏物語』（宿木）「四位六人は、女の装束に細長添へて、五位十人は、三重襲の唐衣、裳の腰も皆けぢめあるべし。六位四人は、綾の細長、袴など（中略）君は、なよよかなる薄色どもに、撫子の細長重ねて、うち乱れたまへる御さまの、何事もいとうるはしく（中略）御匣殿などに問はせたまひて、女の装束どもあまた領に、細長どもも、ただあるにしたがひて、ただなる絹綾などとり具したまふ。（中略・浮舟）濃き袿に、撫子とおぼしき細長、若苗色の小袿着たり。」

24 『源氏物語』（末摘花）「二条院におはしたれば、紫の君、いともうつくしき片生ひにて、『紅はかうなつかしきもありけり』と見ゆるに、無文の桜の細長、なよらかに着なして、何心もなくてものしたまふさま、いみじうらうたし。」

25 『河海抄』（四辻善成・室町前期）「桜色は面はうすく裏はこき蘇芳也。細長は幼少の貴女の着する物也。」

26 『宇津保物語』（蔵開中）「御君『御髪は乾給ひぬや。早渡り給へ』とて奥へ入り給へば、大将、御屛風押し開けて見給へば、宮はこきの御衣にあからかなるに、きいけつきたる織物の細長引き重ねて奉りて、白き御衣引きかけて御髪は少し湿りて、四尺の御厨子より多く打ち延べて、瑩じかけたると見ゆ。」

『宇津保物語』（蔵開下）「君、昨夜おとどの包ませておはしたる綾掻練、織物の細長など着給ひて、年四十に一つ二つ足らねど、いとあてはかに子めきてらうたげなる顔して、髪、丈に二尺ばかり余り給へり。」

27 『源氏物語』（若菜下）「紫の上は、葡萄染にやあらむ、色濃き小袿、薄蘇芳の細長に、御髪のたまれるほど、こちたくゆるるかに、（中略）明石はけ圧さるべきを（中略）柳の織物の細長、萌黄にやあらむ、小袿着て、羅の裳のはかなげなる引きかけて……。」

28 『水源抄』（鎌倉時代）「未通女のきるものなり。かり衣のくびかみのやうに立て、三はたばりのものなり。然ども可然人、若は君だち、女御参の時、をとなしきも着用するなり。組にて紐を付るなり。」

29 『源氏物語』（若菜上）「几帳の際すこし入りたるほどに、袿姿にて立ちたまへる人あり。（中略）桜の織物の細長なるべし。」

30 『満佐須計装束抄』（源雅亮・平安末期）「束帯に濃装束と云ふは、表袴の裏、大口、濃物にてあるなり。蘇芳の袙、青き単にてあるべし。たがさねは常の躑躅なり。夏は二藍の下襲。濃張単に白き帷を着るべし。赤きなどは着るべからず。五位も六位も幼くて初めてありきなどする人は皆着るべきことなり。」

31 『助無智秘抄』（1166年頃）「オサナキ人ノコキ装束ノ事〈十五歳以前事也〉。束帯、袍、半臂〈文官冬コレヲキズ〉、下重。コレラハ夏冬ニツケテ、ウチマカセタルフツウノモノ也。シタギハ冬ウラコキ蘇芳ノ袙ニ濃単也。」

『三條家装束抄』「下袴事。本儀綾也。十五以前の人濃色〈濃蘇芳の事也〉。十六以後の人紅色なり。」

『装束雑事抄』（高倉永行・1399年）「御下袴、紅平絹。御在位の程は御年齢をいはず紅なるべし。又御幼くとも濃色をば召されず。ひきのりなり。」

32 『兵範記』（平信範）「久安五（1149）年十月一日己酉、依召未明参入宇治殿。仰云、左府（藤原頼長）若君今月可加首服。（中略）濃打袙、表袴、濃大口〈已上平絹御装束如恒。単衣表袴裏、皆用濃色〉。」

33 『宗建卿記』（難波宗建）「享保十四（1729）年九月廿七日。今日右大臣息男〈道香〉元服。右府息男装束直衣〈三重襷紫〉、指貫〈亀甲浮線蝶二重織物〉、濃単。後日殿下〈近衛家久〉仰云。（中略）且濃単著用為尤、雖然色甚黒。是又近代多称濃色用黒単。或著薄〈雲形〉、於殿下者不心得給。濃者紅之濃也。於然者今俗之鴉色歟。押雲薄之事者、全僻事也。今度於右府息者、不被用雲薄者也。」

34 『満佐須計装束抄』（源雅亮・平安末期）「姫君の装束。丑の日。赤色の織物の唐衣、地摺の裳、蘇芳の袙一重、青き単もしは濃単、濃袴、赤色の扇、七尺の髪唐物。」

35 『江家次第』（大江匡房・平安後期）「執聟事。近代例。聟公入帳内。姫公出、必用髪濃袴。」

『台記別記』（藤原頼長）「久安五（1149）年十月廿五日癸酉。宛催入内諸国所課。（中略）濃袴卅八腰。上総……出羽。已上各三腰。」

「久安六（1150）年正月十九日丁酉、（中略）此間三位整衣裳〈蘇芳織物衣八領、青単萌黄二重織物五重、表著濃打衣、赤色織物五重、唐衣、白羅裳濃袴。是入内夜皇太后所賜之装束也。」

36 『装束集成』（江戸中期）「元永元（1118）年十廿二、内大臣嫁娶。民部卿長女、生年廿九。白衣八、濃単衣、濃袴、蒲萄染二重織物小袿。」

37 『宮内省布達』（明治十三年十二月）「来ル十四年以後勅任官ノ夫人新年朝拝可被仰出ニ付服飾別紙ノ通

一、袿　地織物。色、黒ノ外何ニテモ不苦。地文勝手。

十六歳未満ハ長袖

一、切袴　地精好塩瀬或ハ生絹。色緋、十六歳未満ハ濃ヲ用

一、小袖　地綾、羽二重。色白。十六歳未満ハ長袖

一、髻　トキサゲ。白紙ヲ以中程ヲ結フ。十六歳未満ハ紅薄様ヲ用

一、扇　中啓

一、履　勝手」

【女性の装束】（140～167ページ）

1 『枕草子』「からうじて采女八人、馬に乗せてひき出づ。青裾濃の裳、裙帯、領布などの風に吹きやられたる、いとをかし。」

2 『源平盛衰記』「弥生の末の事なれば、藤重の十二単の御衣を召れたり。」

3 『小右記』（藤原実資）「長和二（1013）年正月十六日戊申。（中略）入夜後諸卿参入。上達部皆奉出車。女房装束不具。仍在前参欲令渡給之処〈大納言斉信家〉供奉諸衛所司参不。」

『満佐須計装束抄』（源雅亮・平安末期）「使に女房の装束を給ふべきなり。裳唐衣濃張袴これを女房の装束と云ふなり。」

4 『栄花物語』（わかみず）「東の対物御しつらひあざやかにめでたきに、寝殿のを見れば御簾いと青やかなるに、朽木形の青紫に匂へるより、女房の衣の褄、袖口重り、猶外よりは匂まさりて見ゆるは、大方この宮の女房は、衣の数をいと多う著させ給へばなるべし。」

5 『栄花物語』（わかばえ）「女房のなりどもは、柳・桜・山吹・紅梅・萌黄の五色をとりかはしつゝ、一人に三色づゝを著させ給へるなりけり。一人は一色を五づゝ、三色著たるは十五づゝ、あるは六づゝ、七づゝ、多く著たるは十八廿にてぞありける。」

6 『小右記』（藤原実資）「長和三（1014）年十一月廿一日。（中略）下仕着無文織物唐衣。兼有可禁過差之仰。而童女下仕着織物。更無勘当。相府被申不可有禁制之由。亦六位着紅色、是有不可着之仰、而不憚着用。強乖叡慮、王化之薄歟、甚以嘆息。」

7 『今鏡』「裳の腰にもしろがねをのべて、上指しは、玉を貫きて飾られ侍りける。（中略）あるは五つ匂ひて、紫、紅、萌黄、山吹、蘇芳、廿五重ねたるに、打衣、表着裳唐衣、みなかねをのべて、紋におかれ侍りけり。」

8 『玉葉』（九條兼実）「治承四（1180）年六月廿三日、（中略）女房等只著裳唐衣、不著表著・打衣・張袴等。依略儀也。」

9 『女官飾抄』（一條兼良・1506年）「女房は褻の時は、ひとへ、うはぎ、紅のうちぎぬ、から衣等著して裳をきぬ例也。なを内は、うわぎ、ひとへ、はりばかまを著せず。たゞきぬの上に、もから衣を著する例也。」

10 『御湯殿の上の日記』「天正十四（1586）年十二月十六日。近衛殿姫君、関白殿養子にし参られて、女御に御参り。」

11 『視聴草』（宮崎成身・江戸後期）「こゝに大樹すゑの御姫君、御歳比に成給しより（中略）女御にそなはらせ給ふべきにさだまりぬれば（中略）旧例にもいやまし御儀式ことごとしう催され、公卿大夫に至るまで、供奉のよそほひ華麗を尽し、（中略）おのおの五つぎぬに緋のはかまを著し、かんざしをかうぶり、つま紅のあふぎをかざし、青女房に裙帯をひかせてぞ入られける。」

12 『中右記』（藤原宗忠）「寛治元（1087）年二月十一日甲午。（中略）今夜斎王卜定也。（中略）付女房令啓此由畢。即被推出女房装束〈裳・唐衣・袴等也〉。」

13 『宇津保物語』「女は髪上げて、唐衣着では御前に出ず。男は冠し袍着では御前に出ず。」

14 『枕草子』「ただの女房にて候ふ人の、御乳母になりたる。唐衣も着ず、裳をだにも、よういはば着ぬさまにて御前に添ひ臥し……。」

15 『台記別記』（藤原頼長）「久安六（1150）年正月廿一

日己亥。女御著二色衣〈二色衣十領〉。紅打衣、葡萄染織物五重表著。白二重織物、五重小袿、紅張袴。無裳唐衣。是入内夜、緑子内親王所送云々〉。」

16 『玉蘂』（九條道家）「嘉禎三（1237）年正月十四日丙寅。今夜左丞相可令通、摂政殿御息女（中略）山吹袙、二重織物裏濃蘇芳小袿、同表著濃打袿白袿八領、白単、濃袴著御云々。」

17 『侍中群要』（平安後期）「女官等事。所々女官、陣中可著唐衣。」

18 『中外抄』（藤原忠実述）「仁平四（1154）年五月廿一日。仰宇治成楽院御所。故殿仰云。新所初移徙日、束帯ニ赤単衣赤大口、女房ハ紅袴全不憚事也者。而予近年聞之ニ、女房濃袴、男ハ白袖。尤不得心。然ハ鳥羽御所御堂御前御渡日、進上御装束、女房装束可用紅袴也。」

19 『和名類聚抄』（源順・平安中期）「背子〈領巾附〉。弁色立成云、背子〈和名加良岐沼〉形如半臂、無腰襴之袷衣也。楊氏漢語抄云、背子、婦人表衣、以錦為之。」

20 『枕草子』「男の童の着たるやうに、なぞ、唐衣は短衣といへかし。」

21 『紫式部日記』「正月一日、（中略）装束、朔日の日は紅、葡萄染め、唐衣は赤色、地摺の裳。二日、紅梅の織物、掻練は濃き、青色の唐衣、色摺の裳。三日は、唐綾の桜襲、唐衣は蘇芳の織物。」

22 『枕草子』「次の間に長炭櫃に間なくゐたる人々、唐衣着垂れたるほど、なれやすらかなるを見るもいとうらやまし。」

23 『満佐須計装束抄』（源雅亮・平安末期）「裳には領幅と云ひて、うらうへに短かきのあり。下仕ひのには無し。裳の裾は、衣の裾の上に拡げておくべし。」

24 『玉葉』（九條兼実）「文治六（1190）年正月十一日丙寅。此日摂政大臣長女有入内事。（中略）姫君御帳前平敷御座〈母儀在其傍〉余奉令著御裳。以引腰結之〈無小腰先例也〉。自袖下引マハシテ、諸鉤ニ結之也〈衣上也〉。」

25 『薩戒記』（中山定親）「永享元（1429）年十二月廿六日、（中略）下仕。先令着袴同然。次令着袙同然。次着唐衣。次着裳。以引腰前〈ニ〉引廻〈テ〉結之。」

『台記』（藤原頼長）「康治元（1142）年十月十四日癸酉。（中略）余先於正寝南庇令著袴〈諸鉤結之以肱断欠方為右〉。次著衣、次著裳〈結大腰諸鉤結之〉。先例裳、多是女令著。今度無可然人、因予為之。次著唐衣。」

26 『北山院御入内記』（一條経嗣・1407年）「萌黄の匂ひの五衣、紅の紅梅の表着、葡萄染の唐衣、裳つねの如し。葡萄染の小腰、紅の打衣、同じく張袴。（中略）躑躅の五衣、萌黄の単、松重ねの表着、裏山吹の唐衣、同じ小腰。」

27 『世俗浅深秘抄』（後鳥羽上皇・鎌倉前期）「在女房装束。裳尋常水文也。号地摺ハ如后宮、桐竹鳳也。不然バ和絵也。所謂花鳥類也。」

28 『源氏物語』（蜻蛉）「裳は、ただ今我より上なる人なきにうちたゆみて、色も変へざりければ、薄色なるを持たせて参る。」

29 『源氏物語』（若菜下）「かかる御あたりに、明石はけ圧さるべきを（中略）柳の織物の細長、萌黄にやあらむ、小袿着て、羅の裳のはかなげなる引きかけて、ことさら卑下したれど、けはひ、思ひなしも、心にくくあなづらはしからず。」

30 『栄花物語』（根合）「内大殿に大饗あり。女房いろいろに萌黄の二重文の表着、葡萄染の二重文の唐衣などうち出たり。さらぬ女房も四十人ばかり、心々にさうぞき参り集まれり。」

31 『小右記』（藤原実資）「万寿二（1025）年十一月十一日己丑。今夜令参舞姫。（中略）打衣・紅梅織物袿・唐衣・裳・袴如例。」

32 『三條家装束抄』「単文の綾。紅に染て用之。春冬はフクサハリ。捻ル鰭。夏秋は張単とて板引にする也。」

『桃花蘂葉』（一條兼良・室町後期）「但下襲は、蘇芳の打下襲といふ物也。本は打べきを近代は板引にする也。」

33 『禁裏御装束記』（江戸時代）「女御衣。一打衣　表紅綾板引、裏紅平絹。」

34 『枕草子』「いみじく瑩したる白ききぬに、型木の型絵に描きたる、織物の唐衣の上に着たるは、まことに珍しき中に」

35 『延喜式』（縫殿寮）「中宮。春季。正月料〈二月。三月亦同〉。（中略）単衣十領〈白一領、韓紅二領、蘇芳三領、蒲萄二領、藍二領〉。料。絹二疋五尺〈別一丈二尺五寸〉。糸三分二朱〈別二朱〉。（中略）秋季。七月料〈八月亦同、九月同四月〉。単衣四十領〈白三領、蘇芳十七領、韓紅十領、藍十領〉。」

36 『殿暦』（藤原忠実）「嘉承二（1107）年十月廿八日庚辰、天晴。今日主上渡給宮御方。（中略）白御衣二、無単衣、無御袴、御小袖〈を〉加也。今夜侍宿。」

37 『和漢三才図会』（寺島良安・江戸中期）「綾。（中略）今唯称綾者似紗綾。而地文皆二重菱、呼名幸菱。以得嘉祝之名、官家装束素小児産衣等必用之。」

38 『とりかへばや物語』「几帳に透きたる人も、見入るれば、紅の織単衣に同じ生絹の単衣袴なるべし。いと悩ましげにてながめ出でて臥したる色あひ、はなばなと光るやうににほひて、額髪のこぼれかゝりたるなど絵にかきたるやうにて、いといみじく愛敬づきうつくしきかたちの見まほしきが」

39 『御堂関白記』（藤原道長）「長和元（1012）年閏十月廿七日。（中略）下仕十人麹塵五重唐衣・紅袙・打袴・蘇芳染重袙・山吹袙。」

『山槐記』（中山忠親）「保元四（1159）年正月廿一日丙子、今日内宴也。（中略）件典侍紫匂五、紅単、紅打、欸冬表著、青色唐衣、地摺裳、紅張袴著之。」

40 『類聚名物考』（山岡浚明・江戸中期）「今の世には模様なき素木を檜扇といひて貫緒もなし。箔をおし彩色絵をかき、つま紅るは、今は衵扇といふ。ここに見ゆるさまなどにして、とぢ糸にさきを長さ四五尺ばかり、いろいろの糸にてすかりの様にしてたれたる。これをばかざすことなり。なに、よりてあこめ扇といへるにや未考。」

41 『布衣記』（斎藤助成・1295年）「滝口出仕次第事。一扇は檜扇なり。板数十六まい。付花さげの糸は色々也。」

42 『枕草子』「三重がさねの扇。五重はあまり厚くなりて、もとなどにくげなり。」

43 『源氏物語』（手習）「今めきたる容貌に、髪は五重の扇を広げたるやうに、こちたき末つきなり。」

44 『皇后宮御服以下調査標準』（大正四（1915）年）「皇后宮御檜扇、三十九橋、長一尺三寸、巾上端一寸三分。皇族御女子御檜扇、三十九橋、長一尺二寸五分、巾上端一寸三分。女官檜扇、三十八橋、長一尺二寸、巾上端一寸二分。右大正四年四月二日決定。」

45 『大礼用女装服制調書』（大正四（1915）年）「檜扇。皇后宮、白地三十九橋、金泥ノ霞、桐竹鳳凰ノ彩色絵、裏面蝶鳥、要ハ金鍍蝶鳥彫、紅梅ノ造花、六色飾糸蜷結付。（中略）親王妃・内親王・王妃・女王、白地三十九橋、金銀泥ノ霞、松ニ尾長鳥ノ彩色絵、裏以下皇后宮ニ同シ。女官、白地三十八橋。金銀泥霞、紅梅ノ彩色絵。裏以下上ニ同シ。」

46 『装束要領抄』（壺井義知・江戸中期）「衵扇、板数三十九枚、総地金銀妻紅、要金物蝶鳥、左右ニ六筋。色、萌黄・黄・薄紫・紅・白・紫。」

47 『紫式部日記』（十月十六日　土御門殿邸行幸）「その日の髪上げ麗しき姿、唐絵ををかしげに描きたるやうなり。（中略）領巾は棟緂。夢のやうにもごよひのだつほど、よそほひ、むかし天降りけむ少女子の姿もかくやありけむとまでおぼゆ。」

48 『養老令』（衣服令）「内命婦礼服　一位礼服宝髻、深紫衣、蘇方深紫紕帯、浅縹褶、蘇方深浅紫緑纈裙、錦襪、緑舄〈飾以金銀〉。三位以上、浅紫衣、蘇方浅紫深浅緑纈裙、自余並准一位。四位、深緋衣、浅紫深緑紕帯、烏舄〈以銀飾之〉。五位、浅緋衣、浅紫浅緑紕帯、自余皆准上。大祀大嘗元日。則服之。〈外命婦。夫服色以下。任服〉。」

49 『江家次第』（大江匡房・平安後期）「正月。供御薬。（中略）陪膳女房以下著座〈陪膳著尋常唐衣裳、称之直衣女房。花釵纐纈裳、泥絵唐衣〉。」

50 『桃花蘂葉』（一條兼良・室町中期）「建久二（1191）年五廿七、最勝講第二日。（中略）出衫ノ袖二具、紅薄様二重白生単衣、紅引倍支、青朽葉表着二藍、唐衣白腰裳等也。制限昇給女房五人着物具、祇候如常、女房三位故不着物具、只着裳唐衣計密々参入。」

51 『装束秘抄』（江戸時代）「古ハ着ヤウ、次第ニ単、其上ニ袿トカサネテ衣ヲ着ス。単袴ヲ着シ、腰結テヨリ唐衣着テ、裳ヲ付タリ、唐衣迄一具シタルヲ物具ト云リ。仮令男官ノ束帯ノ如シ。」

52 『源氏物語』（若菜下）「紫の上は、葡萄染にやあらむ、色濃き小袿、薄蘇芳の細長に、御髪のたまれるほど、こちたくゆるるかに、大きさなどよきほどに、様体あらまほしく、あたりに匂ひ満ちたる心地して、花といはば桜に喩へても、なほものよりすぐれたるけはひ、ことにものしたまふ。」

53 『紫式部日記絵巻』「御帳の内にて、殿の上（倫子）抱き移したてまつりたまひて、ゐざり出ださせたまへる灯影の御様、けはひ、ことにめでたし。赤色の唐の御衣、地摺の御裳、うるはしく装束きたまへるも、かたじけなくもあはれに見ゆ。大宮（彰子）は、葡萄染の五重の御衣、蘇芳の御小袿たてまつれり。殿（道長）、餅は参りたまふ。」

54 『今鏡』（ふじなみの下・宮城野）「女院は白き御衣、十にあまりて重なりたるに、菊の移ろひたる小袿、白き二重織物の表着奉りて、三尺のみき丁のうちにゐさせ給へりけるに、皇后宮は上赤色にて下ざま黄なる櫨紅葉の、十ばかり重なりたるに、表着に同じ色に、やがて濃き蒲萄染めの小袿のいろいろなる紅葉うち散りたる二重織物奉りたりけるを、見参らせたる人の語りけるとなん。」

55 『源氏物語』（東屋）「娘を、昼より乳母と二人、撫でつくろひ立てたれば、憎げにもあらず、十五、六のほどにて、いと小さやかにふくらかなる人の、髪うつくしげにて小袿のほどなり。裾いとふさやかなり。」

56 『堤中納言物語』（花桜折る少将）「よき程なる童の、容態をかしげなる、いたう萎え過ぎて、宿直姿なる、蘇芳にやあらむ、艶やかなる衵に、うちすきたる髪の裾、小袿に映えてなまめかし。」

57 『台記別記』（藤原頼長）「久安六年（1150）正月十九日丁酉。（中略）先日高陽院伝四條大后語曰。著唐衣不著小袿、著小袿不著唐衣、是例也。今依此言案御暦文。」

58 『紫式部日記』「中務の乳母、宮抱きたてまつりて、御帳のはざまより南ざまに率てたてまつる。（中略）葡萄染めの織物の小袿、無紋の青色に、桜の唐衣着たり。」

59 『今鏡』「やがて濃き蒲萄染めの小袿のいろいろなる紅葉うち散りたる二重織物奉りたりける。」

『満佐須計装束抄』（源雅亮・平安末期）「濃打蘇芳の表着。小袿二重織物常の事なり。」

60 『栄花物語』（こまくらべの行幸）「あるじの殿、御土器勧めて、『昨日に尽きにけり』とて、御方より五重三重の織物の袿・小袿などをぞ奉らせ給。」

61 『女官飾抄』（一條兼良・1506年）「一、小袿の事。衣の上に単衣。単衣の上に打衣。打衣の上に表着。表着の上に小袿。其上に袴を着る也。長さ小袖と等し。中陪裏あり。寸法は次第に上に着るはをめらかす也。（中略）一主人の表着、小袿は必ず二重織物也。」

62 『学習院所蔵文庫』（女御様御衣・1671年）「御五ツ衣。一御身たけ五尺八寸。」「御うわぎ。一御身たけ五尺八寸。」「御こうちき。一御身たけ五尺八寸。」

63 『御堂関白記』（藤原道長）「寛弘元（1004）年三月廿五日（中略）頭中将経房朝臣、有賜度者宣旨。小袿・袴修理大夫取之授。」

「寛弘六（1009）年十二月二日、（中略）従太内有御産養事。御使左近少将忠経経、御前物、上達部・侍従饗、大袿十七、白絹百二十疋、綿五百屯。」

64 『新野問答』（野々宮定基答・江戸中期）「源語装束抄〈後成恩寺禅閤抄〉に曰、大袿の事、衣と各別の物也。衣よりはたけながく候。其色不定、只衣と同体也と。裁縫聊相替候。小袿に対して大袿と称す。男の装束にも女のにも共以用之候。」

『貞丈雑記』（伊勢貞丈・江戸中期）「袿と云は装束の下に著する衣の事也。又大袿と云は袿のゆきたけを大に縫たる物也。是は著る物にはあらず、人に給はる物なり〈今武家の時服の如し〉。それを拝領して小く縫ひて、常の袿にして著る也。」

65 『宮内省布達』（明治十三年十二月）「来ル十四年以後勅任官ノ夫人新年朝拝可被仰出ニ付服飾別紙ノ通。一、袿

地織物。色、黒ノ外何ニテモ不苦。地文勝手。十六歳未満ハ長袖。一、切袴　地精好塩瀬或ハ生絹。色緋、十六歳未満ハ濃ヲ用。一、小袖　地綾、羽二重。色白。十六歳未満ハ長袖。一、髻　トキサゲ。白紙ヲ以中程ヲ結フ。十六歳未満ハ紅薄様ヲ用。一、扇　中啓。一、履　勝手。」

66 『宮内省文書』「大正十三年六月二十日　式部長官侯爵井上勝之助　内閣総理大臣子爵加藤高明殿　皇后陛下御誕辰の件。来二十五日皇后陛下御誕辰に付拝賀の為（中略）夫人は通常服又は袿袴礼服着用の事。」

【即位の礼装束】（171～179ページ）

1 『太政官日誌』（明治元年八月廿三日）「即位大礼ノ式古礼ニ基キ施行セシム
御即位ノ大礼其式古礼ニ基キ大旌始製作被為改九等官ヲ以テ是迄参役ニ令並立総テ大政ノ規模相立候様被仰出。中古ヨリ被為用候唐製ノ礼服被止候事。」

2 『太政官日誌』（明治元年八月廿五日）「御大礼ニ前段ノ訳ニテハ当今御大政之御規模違万国ヘノ開モ御不都合ニ可有之就テハ上古ニ無之新礼モ中古被為立候テ漸々。国体ヲ被為固候意味ニ基キ強テ古之記文ニ拘リ不中即今之七宮並是迄之旧儀取交実務ニ渉リ候様簡便ノ法式ヲ被為建候ハ、可然ト奉勘考候。（中略）中古ヨリ御即位唐礼ニ被為倣候事ハ唐土アル事而已ヲ知リ時之立法ニテ道理ニ於テモ不相叶次第。」

3 『太政官日誌』（明治元年八月廿六日）「一、衣帯ノ儀ハ旧儀参役ノ面々束帯。太政官九等官ノ面々有位ハ束帯衣冠単差貫、無位ハ黄袍衣冠着用ノ事。一、此度参役並太政官当官ニ無之宮堂上在京ノ諸侯為総詰参朝被仰出候事。但衣帯ハ衣冠差貫ノ事。尤無位ノ諸侯ハ直垂著用ノ事。」

4 『太政官日誌』（明治元年八月廿七日）「即位式概略ヲ定ム当時早旦庭上中階以南正面十有一丈四尺ニシテ中央ニ大幣旗一旒其左右日月両幣旗各一旒其東西ニ御前幣旗各二旒ヲ列植ス。（中略）地球象ヲ階南中央二丈二尺ニ設ケ〈此日西儀ヲ用ラル故ニ地球象承明門内中央ニアリ〉。」

5 『類聚三代格』「太政官符　停鉄甲造革甲事　右被内大臣宣称。奉勅。如聞、諸国甲冑稍経年序、悉皆渋綻、多不中用。三年一度立例修理、随修随破、極費功役。今革之為甲、窂固経久、貫躬軽便、中箭難貫、計其功程、殊亦易成。自今以後、諸国所造年料甲冑宜皆為革。即准前例、毎年進様。但其前造鉄甲不可徒爛。毎経三年、依旧令修。天応元（781）年四月十日」

6 『延喜式』（主税寮）「造革短甲冑一具料。鉄大二斤。牛革三張〈並中。若大二張〉。馬革。鹿革各一張〈並大〉。」

7 『延喜式』（近衛府）「大将著武礼冠、浅紫襖、錦裲襠、将軍帯〈餝以金銀〉、金装横刀、靴。策著幟殳。中将武礼冠、深緋襖、錦裲襠、将軍帯、金装横刀、靴。策著幟殳。少将武礼冠、浅緋襖、錦裲襠、将軍帯、金装横刀、靴、策著幟殳〈但供奉御輿少将皂緌挂甲帯弓箭〉。将監・将曹並皂緌、深緑襖、錦裲襠、白布帯、横刀、弓箭、緋脛巾、麻鞋。府生・近衛並皂緌、深緑襖、挂甲、白布帯、横刀、弓箭、白布脛巾、麻鞋〈近衛加朱末額〉。」

8 『儀式』（875年頃）「践祚大嘗祭儀（中略）諸司陳威儀物、如元日儀、但兵部・左右兵庫不与焉。石上・榎井二氏人各二人〈著朝服〉、率内物部四十人〈著紺布衫〉、立大嘗宮南北門神楯・戟〈門別楯二枚、戟四竿、木工寮預設格木於二門左右、其楯・戟等物、祭事畢収左右衛門府〉。」
「天皇即位儀（中略）内蔵・大舎人寮等各執威儀物。東西相分、列於殿庭。」

9 『正親町院御即位略次第』（1560年）「内蔵大舎人大蔵掃部主殿等官人取威儀物。列立左右華楼陣北。」

10 『醍醐天皇御記』「延長二（924）年正月廿五日甲子。此日自院賜子日之宴。（中略）采女調和若菜羹供進。采女又以供進余羹給侍臣。盛中垸置中盤。」
『中右記』（藤原宗忠）「大治四（1129）年正月三日壬午。未時許、三院拝礼事了、人々被参内云々、（中略）采女入酒於御酒盞〈鉄御器有花盤〉、予以両手取御盞、自庇東進寄、出御帳間、母屋西柱下午立授陪膳采女〈頗向丑寅〉。」

11 『故実拾要』（篠崎東海・江戸中期）「采女衣　絵衣、表白練或萌黄、紋雲椿花以色画。裏生絹。衣、表生絹花色、地文青海波、以粉画。袴、表裏紅平絹。右采女著用之衣也。」

12 『延喜式』（主殿寮）「火炬小子四人〈中宮不在此限〉。取山城国葛野郡秦氏子孫堪事者為之。歯及冠婚申省請替。其給時服者、各夏絁一丈七尺六寸。袴料七尺一寸。糸四銖。冬絁三丈五尺六寸。袴料一丈四尺二寸。綿三屯。糸四銖。履一両。」

13 『延喜式』（神祇官）「践祚大嘗祭。（中略）巳日辰二点御悠紀帳。（中略）及六位已下参入奏風俗楽等。（中略）奏久米舞、吉志舞。申一点奏大歌幷五節舞。」

14 『康富記』（中原康富）「康正元（1455）年十月十七日己未、是日当国大住庄内隼人司領名主南〈未知実名〉来申、予対面申云。大住内隼人領大嘗会田卜申テ田地一町二段有之。大嘗会時参洛、於官庁奏風俗舞人役是也。」

15 『永和大嘗会記』（二條良基）「永和元（1375）年十一廿一日。丑の日にて五節の舞姫まゐる。（中略）けふ天皇帳台に入せ給ふ。（中略）御直衣むらさきの御指貫浅沓をめさる。（中略）むかしは美人をえらび童女をたてまつる。この帳台の儀も、天子舞姫をめして密宴の儀なり。」

16 『満佐須計装束抄』（源雅亮・平安末期）「丑の日、赤色の織物の唐衣、地摺の裳、蘇芳の袙ひと重ね、青き単衣、もしくは濃き単衣、濃き袴、赤色の扇、七尺のかづら唐物。寅の日、青色の唐衣、紫裾濃の裳、泥絵、蘇芳の綾の袿ひと重ね、濃き打衣、濃き袴、青色の扇、目染の裙帯、領巾織物。仮髪、蔽髪、髪上設く。簪、釵子、四筋あるを本所に設く。唐櫛、彫櫛、小櫛、糸鞋、これらは蔵人方に設く。辰の日、青摺の唐衣、袙、濃き袴、目染の裳、同じき裙帯、領巾、赤紐、平手貝をしたれ。心葉、これは織物、青摺の扇新しく設く。」

17 『西宮記』（源高明・平安中期）「挿頭花事。藤花、大嘗会及可然時、帝王所刺給也〈挿入左方〉。」

18 『儀式』（875年頃）「践祚大嘗祭（中略）入幄乃奏風俗歌、次奏所司楽、訖退出。次献御挿頭〈盛花足机、居高机、以紗為覆、五位六人舁之〉。」

19 『物具装束抄』（花山院忠定・室町前期）「挿頭花事。臨時祭之時。使〈藤〉、舞人〈桜〉、陪従人長〈欵冬〉。大嘗会辰巳節会。小忌納言〈桜〉、関白〈藤〉、親王〈紅梅〉、大臣〈藤〉、納言〈桜〉、参議〈欵冬〉。」

【天皇の御装束】（180～185ページ）

1 『日本後紀』「弘仁十一（820）年二月甲戌朔。詔曰。云々。其朕大小諸神事、及冬奉幣諸陵、則用帛衣。正受朝則用衮冕十二章。朔日受朝、日聴政、受蕃国使、奉幣及び大小諸会、則用黄櫨染衣。」

2 『延喜式』（縫殿寮）「黄櫨。綾一疋。櫨十四斤、蘇芳十一斤、酢二升、灰三斗、薪八荷。」

3 『西宮記』（源高明・平安中期）「延喜七（907）年二月廿三日庚午云々。左大臣言談云。供御朝服綾文、臣下服同文、甚不便宜、此可被判云々〈御記〉。」

4 『権記』（藤原行成）「長保二（1000）年七月四日己卯。参院幷左府。召采女正巨勢広貴。仰図五霊鳳桐。画様可給織部司之由。一昨織部正忠範令奏事由、仍随勅所仰也。」

5 『禁秘抄』（順徳天皇・鎌倉前期）御「装束事。（中略）奉幣発遣時。帛御装束也。御冠御帯無文也。或冠被通用只時。又自他所行幸之時。赤大口不改。他皆帛御装束タル一説也。尋常黄櫨染〈文竹鳳〉。」

6 『餝抄』（中院通方・鎌倉前期）「麴塵。天子常着御。称黄櫨染。文竹桐鳳凰麒麟。天養二（1145年）十一朔旦旬。主上黄櫨染御袍。躑躅御下襲。黒御半臂。縮線綾表袴御袴。」

7 『唯心院装束抄』（一條房通・室町後期）「御袍、黄櫨染、海松茶色のはげたる様の色なり。裏平絹花田染、御紋桐竹鳳凰麒麟なり。禁秘御抄には主上尋常着御とあり、近代は其沙汰なし。」

8 『延喜式』（縫殿寮）「青白橡。綾一疋〈綿紬、糸紬、東絁亦同〉。苅安草大九十六斤、紫草六斤、灰三石、薪八百四十斤。」

9 『新儀式』（村上天皇撰・平安中期）「野行幸事（中略）当日未明、天皇御南殿、左右大将幷親王公卿列立如常、但王卿着麴塵袍、帯劔者着後鞘。」
『西宮記』（源高明・平安中期）「青色。帝王及公卿以下侍臣随便服之〈非蔵人用無文〉。」

10 『餝抄』（中院通方・鎌倉前期）「青色。（中略）蔵人着之、所雑色御禊前駈着之、拝領由歟。蔵人被聴禁色之時、先着御衣等、其意也。」

11 『枕草子』「六位の蔵人。いみじき君達なれど、えしも着給はぬ綾織物を、心にまかせて着たる、青色姿などのめでたきなり。」

12 『装束雑事抄』（高倉永行・1399年）「此青色は殿上六位蔵人一臈必是を着す。晴の時は三人迄着して路次供奉。庭上迄参内す。」

13 『装束雑事抄』（高倉永行・1399年）「青色袍〈綾浮織物。文牡丹に尾長鳥。たて青緯黄、裏蘇芳。夏は裏をとりて着す。夏冬同物なり。麴塵ともいふなり〉。」

14 『故実拾要』（篠崎東海・江戸中期）「麴塵御袍〈是天子ノ御衣也。俗ニ是ヲ山鳩色ノ御衣ト云也。色ハ萌黄色ニ黄味ナリ。御紋唐草ニ尾長鳥也。六位蔵人ノ極臈ニ此御衣ヲ下シ賜フナリ〉。」
『四季草』（伊勢貞丈・江戸中期）「天子のめす黄櫨染といふは、桐竹鳳凰麒麟の織紋あり。麴塵の御袍には、唐草に鳥の織紋あり。赤色の御袍には、唐草に窠の内に菊の紋あり。」

15 『続有職問答』（安藤為実・江戸中期）「極臈の蔵人きくぢんの御袍を申下すのよしにて、料米三石くだされて、私に調べ着用也。」

16 『禁中方名目鈔校註』（速水房常・江戸中期）「纓（エイ）（中略）天皇纓ハ立、臣下纓ハタル、ナリ。」

17 『御堂関白記』（藤原道長）「寛仁二（1018）年十月十六日乙巳。此日有立后宣命。（中略）御倚子掃部寮供之、依不加毯。候家用之。大床子従蔵人所。御挿鞋内蔵寮供之。」
『殿暦』（藤原忠実）「嘉承二（1107）年十二月一日、（中略）宸儀出御南殿〈令着御挿鞋給。抑可令着糸鞋給也。而応徳例令着糸鞋給云々。仍就彼例着御挿鞋〉。（中略）次余奉抱主上〈無警蹕〉、下御自御輿、令着御挿鞋。」

18 『西宮記』（源高明・平安中期）「神今食（中略）天皇〈帛御服、腰輿、供奉御物、男女如尋常時、大刀不候、小忌王卿諸衛扈従、衛府帯弓箭〉幸神嘉殿。（中略）主殿供御湯殿（中略）主上登自御浴之後、供奉人乍著当色奉仕神御装束〈供奉人或著袍供奉〉。内蔵寮奉御幘〈以絹為之〉。主上著祭服了入御神殿〉。」

19 『西宮記』（源高明・平安中期）「大嘗会〈卯日〉天皇〈行幸之間帛衣〉、斎服衣著幘、就大嘗宮之間御装束也。」
『江家次第』（大江匡房・平安後期）「大嘗会。（中略）次御装束。近例脱帛御衣之袍下襲等。令著祭服給。至表袴以下者不改め給。又御幘令廻御巾子給。不必曳廻御額。童帝無供幘之儀。」

20 『錦所談』（山田以文・江戸後期）「御祭服帛御装束差別。仁安三（1168）年十一月廿二日人車記大祀条云。次著御祭服、闕腋御袍、半臂、下襲、以生絹調之。表御袴、袙単大口等召本御装束。件祭服、暁夕料各一具也。縫殿寮調進之。（中略）卯刻改祭服著御帛御装束。コレヲ以テ御祭服ハ生（スズシ）ナルコト明ナリ。又帛御装束ハ練ナルコト、令義解ニ帛衣ハ白練衣也トアリテ知ベシ。按ズルニ、生絹ハ生糸ヲ以テ織タルママ、練絹ハ其生絹ヲ湯ニトホシテ用ルニヨリ、生絹ノ潔清ナルニ及バザル故ニ、最初廻立殿マデハ帛御装束、又神饌御供進ノ時ハ、厳重ニ御祭服ニ改ラレ、其儀訖テ廻立殿エ還御ノ後、又帛御装束ヲ著御ナリ。」

21 『建武年中行事』（後醍醐天皇）「内蔵寮のたてまつれる御幘を御かうぶりのこしのねにむすぶ。かたかぎなり。御ゑいの下よりまへに引まはす也。御かうぶり無文。」

22 『殿暦』（藤原忠実）「天仁二（1109）年十月廿九日、（中略）令催大神宝、午時許御覧神宝。（中略）御覧神宝次第〈主上直衣〉、先伊勢〈大二〉、宇佐〈大二小一〉、石清水〈大二小一〉、賀茂〈大二〉、日前国懸〈大二〉、次京内五社。」

23 『禁秘抄』（順徳天皇・鎌倉前期）「巾子紙ハ以檀紙用之。」

24 『蛙抄』（洞院実熙・室町前期）「私云。天子モ御束帯御物具、御引直衣ノ時ハ御垂纓也〈平生ハ御巾子紙ヲ入ラル、也〉。」

25 『後水尾天皇当時年中行事』（後水尾天皇）「二月朔日。あしたの御はんの次、手朝御盃参る。（中略）正月にハ御かうふり垂纓なり。けふハ、こしかみにて生の御袴なり。」

26 『続有職問答』（安藤為実・江戸中期）「常は此御はかまぢかりに、金巾子の御冠とて、御纓を御巾子へたゝみつけ、金の紙にて巻たるを着御なるとなむ。近衛前摂政殿下の家司治部大輔孝在朝臣云、ふるくは檀紙の白にてまかれしを、金紙になれるは、いつの比よりともしれずといへり。」

27 『冠帽図会』（松岡辰方・1840年）「巾子紙〈主上尋常巾子紙ヲ入玉フ。巾子紙檀紙ヲ用。近世箔ヲダム、俗ニ金巾子ト云〉。」

『貞丈雑記』（伊勢貞丈・江戸中期）「天子の御冠に、金巾子の御冠といふ物あり。是は御内々の時めさるる也。是も纓をうしろより巾子の上を引越して、前にて上へ折返し、又は上へ折返さず、うしろへ纓のさきを、上へ立てもおく。杉檀紙を合せて、両面ともに金箔にだみて、中を切さきて巾子を入て、纓を巾子にはさみ置也。山科家と高倉家にて、少の違めはあれども、大かた同じ様也。」

28 『忠成公記』（三條実万）「弘化二（1845）年正月一日、主上金巾子之事。一昨冬、内蔵頭言成卿奉仕之時、調法聊有相違。其事申于博陸之処、可改直。（中略）但山科家奉仕非古製云云。高倉家抄幷鳴戸少将ノ画巻ノ図等符合、其分可然。但当時山科家而已奉仕、仍毎度如此之旨、殿下被談了。」

【神事の装束】（186〜191ページ）

1 『満佐須計装束抄』（源雅亮・平安末期）「小忌を着ることは、束帯の上に青摺を着るなり。その摺青くて梅雉を摺る。上達部殿上人、五節の節会の日・大嘗会などに蔵人まで着る。（中略）これも赤紐あり。これは右の肩の上に中を綴じ付けて後ろ前に下げて、後ろは脇に綴じたるが良きなり。冠に日蔭と云ふものを左右の耳の上に下げたり。冠の巾子のもとに日蔭の蔓と云ふものを結ひて、白き糸の端などほとかしくみなるして総角蜷を結び下げて、方々に四筋づつ冠の角を挟めて、前に二筋後ろに二筋左右に下げたるなり。この糸飾る所に心葉とて梅の枝の小さく造りたるをこの蔓に纏ひて立てたり。蔓なければ青き糸よし。」

2 『満佐須計装束抄』（源雅亮・平安末期）「舞人の装束のこと。（中略）赤紐は広さ五分ばかりにて。半らの程に総角結びて。裏表の下がりに蜷結びて。平手貝を押したり。濃打一筋。蘇芳一筋あるなり。」

3 『連阿不足口伝抄』（高倉永綱・1366年）「一、ヒカゲノ糸付事。冠ノ角ノモトニ青糸ニテユイ付。苔ノマネナリ。心葉モ角ノヲバ前ノカタニ草ノオイ出タル様ニ付べシ。苔ヲウユベシ。青糸ヲ苔ノ様ニ付ベシ。是糸也。」

4 『法曹至要抄』（坂上明兼・平安末期）「一、紅染事（中略）恣着用。猶従破却。宜処笞卅科決放之。（中略）一、染摺成文衣袴事。（中略）不論男女先従破却。可決笞四十。但至于女雖須決笞廿。」

5 『助無智秘抄』（1166年頃）「神今食。（中略）。諸司ノ小忌ヲキル。大将検非違使別当ハヒラヤナグヒ、ウラニアヒタルヒト供奉スルナリ。近衛司ハアヒアハズヲイハズグスベシ。ミナ小忌ナリ。公卿ハ上卿一人・宰相一人、御ウラニアヒタル人ノマイルナリ。タヾノヒトハオホミアク（大忌幄）ニ候。」

6 『建武年中行事』（後醍醐天皇）「上卿宰相弁少納言外記史、うらにあひたる人小忌をきる。近衛司・蔵人みなきる。関白鬼間にてきる。」

7 『季連宿禰記』（壬生季連）「貞享四（1687）年八月九日乙巳。（中略）一、私小忌〈其体如布衣。白布ニ山藍ヲ以紋ヲ付。当時山藍無其実歟。只以青色画紋也。身ハ一幅、袖二幅、尻頗長シ。紋有品々可尋注〉。是私ニ用意之小忌也。仍自里亭著之。日蔭、心葉、赤紐等有之。下襲ノ上ニ著之〈単表袴当如尋常。不著袍〉。行事史ノ小忌ハ、悠紀ノ史ノ紋菊ニ蝶。心葉金梅ノ立枝〈花金〉。主基ノ史ノ小忌ハ紋鶴松、心葉金梅枝〈花銀〉。赤紐ハ各右ノ肩ニ著之。小忌ノ角ノ立様、幷日蔭、心葉、繊様等、有故実事歟。行事史ノ日蔭ハ左右八筋也〈一方四筋〉。神祇官輩等私小忌也。日蔭十二筋云々。一、諸司小忌〈身二幅、袖一幅、無頸紙。紋梅柳也。自大臣公卿至于諸司、各無替歟〉。摂政、前行大臣、小忌公卿、四位五位六位職事、幷入大嘗宮諸司各著之〈只尋常袍之上、如形著之也〉。大臣ノ小忌者、臨夜六位外記中原友昌取之〈自出納渡之歟〉。伝諸大夫歟。於殿上令著給云々。自余於便所著之歟。是所伝聞也。不慥窺見。大臣幷小忌公卿之分、日蔭、心葉〈金銀〉赤紐等有之。自余無之歟。但掃部頭立明、宮内、大蔵輔等日蔭、心葉〈紅梅糸花也〉、赤紐等有之。一、出納小忌〈紋水蕨云々。尋常袍上著之〉。近臣為徘徊大嘗宮簀子被著之歟。別勅小忌是也。凡諸司小忌、出納小忌、日蔭、心葉、赤紐等、今度一向出納所調進也〈七拾領許用意云々〉。又私ノ小忌各不覚悟之間、大概仰出納令調之云々。（中略）采女、女官各如形小忌也〈非小忌、チハヤト称之歟可尋〉。有日蔭、心葉、カブロカモジニ繊付之歟。一、諸司小忌、出納小忌者、只袍上著之。如形小忌也。而奥ニ所記如形小忌者、無紋白布如形者也。是等者私ニ令用意之。袍或白張等上著之。」

8 『餝抄』（中院通方・鎌倉前期）「続飯ヲ包布テ、形木上ヲ叩テ、布ノ面ヲ上ニテ押付テ、覆物踏之。其後形ノ上ニ山藍ヲ葉許取集テ摺之。木ニテ以墨硯ヲ摺様ニ摺也。朽墨吉ト云々。無山藍時用麦葉。」

9 『代始和抄』（一條兼良・室町後期）「いづれも山藍にてすれる物なれど、臨時祭の舞人の著するをば青摺となづけ、大嘗会の時は小忌といふ也。小忌青摺大かたはおなじことなれど、裁縫のやうかはれるなり。」

10 『物具装束抄』（花山院忠定・室町前期）「青摺事、臨時祭舞人着之、文桐竹也。但陪従小忌欄ナリ。赤紐、摺袴、打衣、袙、単、表袴。」

11 『小右記』（藤原実資）「寛仁四（1020）年十月十四日辛卯。卯時下御社御正体奉移仮殿、為修造正殿。弁史祇候、禰宜及神人等前日給浄衣〈絹・布有差、皆令進勘文、自行事所充給。其数不幾〉。」

『後鳥羽院宸記』（後鳥羽上皇）「建保二（1214）年三月六日。午一点。浄衣ヲ著テ修明門女院熊野精進ノ屋ニ幸ス。殿上人右少将実忠、右兵衛佐忠嗣狩衣、三郎浄衣ヲ著ル。精進ノ屋ニ於テ昇殿シ仍テカクノ如シ。医王重垂ヲ着テ扈従ス。」

12 『民経記』（勘解由小路経光）「嘉禄二（1226）年十二月六日　晴時々雪下。今日如法暁天著浄衣有御宮廻。」

『西三條装束抄』「浄衣、絹布両様ナリ。仙洞着御ハ、諸社ノ遥拝、熊野御幸ノ神事ナドニアリ。武家ノ例ハ、八幡参詣、其外諸社参詣等ニ見エタリ。摂家、諸家、清花是ニ同ジ。」

13 『装束雑事抄』（高倉永行・1399年）「浄衣、布六丈、上下之分、白布こはごはと調す。上は布衣に同じ。但両方の袂を、前へ一寸宛縫ひこす。はた袖のはしをば内へ折て縫なり。其外はひねり、前後のすそをひねらず。袖の括白生の丸組、つゆばかりを入るなり。」

14 『儀式』（875年頃）「二月四日祈年祭儀〈六月・十二月十一日、月次祭儀亦同〉。（中略）次神主著木綿鬘、就祝詞座、両段再拝。」

15 『延喜式』（神祇官）「凡十一月中寅日卯在朔日用上寅。（中略）神祇官一人在中頭〈当色着木綿鬘〉。次神服長二人分在左右〈着青摺衣執賢木〉。神服宿禰一人在中頭〈当色木綿襷。日蔭鬘〉。」

16 『儀式』（875年頃）「大殿祭儀。（中略）中臣・忌部官人、宮主・史生・神部等〈著木綿鬘・襷〉左右相分前行、御巫列於案後、至延政門外、置案於簀子上〈掃部寮預設之〉。」

『延喜式』（神祇官）「宮内省官人退出召中臣。称唯。即両官人著木綿鬘〈忌部更加木綿襷〉。」

17 『延喜式』（神祇官）「凡斎内親王在京潔斎三年。即毎朔日、著木綿鬘。参入斎殿、遥拝太神。時先供御麻、次鬘木綿。其料安芸木綿四両、麻二斤〈別当已下料在此内〉。」

18 『神道名目類聚抄』（1702年）「木綿繦（ユフダスキ）（中略）練ザル麻ヲ結テ用ユ。又布ヲエリアハセテモ用ユ。」

【神職の装束】（192〜203ページ）

1 『類聚三代格』「而太政官斉衡三（856）年四月二日符称、得神祇官解称、検案内、住吉・平岡・鹿嶋・香取等神主幷祝禰宜皆是把笏。自余神社未預此例、祭祀之日拱手従事。望請、三位已上神社神主幷祝禰宜等、同預把笏以増神威。謹請官裁者（中略）奉勅依請。貞観十（868）年六月廿八日。」

2 『蹇驢嘶余』（室町後期）「社務禰宜祝下輩マデモ。平生ハ浄衣ナリ。ハレニハ袍サシヌキ也。黄衣ハ下スソノ衣ヤト子ト云也。」

3 『住吉社諸神事次第』「十一月　相嘗御祭。丑日斎戸祓、於神館行之。横座総官〈浄衣或布衣〉。北座権官〈同〉。下客殿北座神官、南座総官侍著座。」

4 『諸社禰宜神主法度』（『神社条目』）（寛文五（1665）年）「一、無位之社人可着白張。其外之装束者、以吉田之許状可着之事。」

5 『俗神道大意』（平田篤胤講・1860年）「白川家ニテ無位無官ノ者ヘ賜ハル許状ナドハ、少カモマヤカシタル事ナク、立派ナ物デ有マスガ、其文言ノ趣ハ、何国何郡何村何社祠官　何誰姓実名　右依懇願神祇拝揖式。被授与訖。因風折烏帽子、浄衣、浅黄指貫著之。宜令神事進退者、本官下知之状如件　年月日　神祇伯、、王家令官位姓名〈奉〉」

「吉田家ノ裁許状ハ、寛文五（1665）年七月ノ御条目ノ如ク、無位ノ社人ニ相応ノ装束ヲ裁許セラルベキコトナルニ、分ニ過タル狩衣ヲ許シ、官名マデヲ授ケ、マタ橡ノ袍ナドヲモ許サルルコト、言語道断非礼ノ限リナルコトト申ス（中略）マタ布衣素襖モ無位ノ人モ著シテ苦カラヌナレドモ、夫ヨリハ見分ノ宜キ物ヲ著セント希フニ依テ、吉田家ヨリ紋紗ノ狩衣ヲ免サル、コト、見ユル。然レドモ、狩衣ハ大中納言モ著セラル、物デ、品軽カラズ。殊ニコレハ尋常ノ略服デ、実ハ狩ノ時ニ著スル物ユヱニ、神拝ニハイカヾシキ物ヂヤ。」

6 『明治六年二月七日　太政官布告第四十一号』「従前ノ衣冠ヲ以テ祭服ト可致旨、被仰出候処、衣冠所持無之輩ハ、狩衣直垂浄衣等、相用候儀不苦候事。」

7 『太政官日誌』「式部寮伺　今般従前ノ衣冠ヲ以祭服ト被定候ニ付、熟考仕候処、諸官員ノ内、位袍所持無之向モ可有之、殊ニ官国幣社以下地方官ニテ祭祀執行候向等迚モ、末々マテ難相調。且又無位ノ服制モ相立不申候テハ、難相成。彼是区々ノ服ヲ相用候様ニテハ、却テ御規則ニ相触可申、付テハ従前ノ浄衣ヲ以一体ノ祭服ト御定ニ相成テハ如何可有之義、依テ別紙図面相添此段相伺候也。壬申十一月廿七日式部。浄衣。従前、布ニテ製ス裁縫狩衣ニ同シ。今度、奏任以上絹、判任布。袴。従前、貫ニ製ス。今度、切袴。」

8 『太政官日誌』「祭服云々ノ儀、於左院モ異存無之旨ニ候処、尚又相考候処、浄衣迚モ更ニ一体相調候儀ハ、速ニ出来兼可申ニ付、従前ノ直垂ヲ以御定メノ儀ニ伺改度、仍別紙差添此段申上候也。式部寮伺、直垂ヲ以祭服トスルノ儀、熟議仕候処、浄衣新調ヨリ更ニ簡易ニ付、別ニ異存無之候也（左院）。」

9 『太政官日誌』「教部省ヨリ問合　史官充　昨年、従前ノ衣冠ハ祭服ト可致旨、被仰出就テハ、自今有位ハ勿論、無位ノ者ニテモ色目等ノ制度ニ不拘、勝手著用不苦歟ノ趣、神官共ヨリ往々伺出候。右ハ元ヨリ差構無之儀ト存候ニ付、伺ノ通可聞届心得ニ候ヘ共、為念、此段及御問合候也。明治六年七月八日教部」

10 『太政官日誌』「別紙、祭服ニ相用候衣冠色目ノ儀ニ付、御尋問ノ趣致承知候。右ハ今日、遠邑ノ神社ニ在テハ、別段差構ハ無之候ヘ共、何分聖上御服モ未タ御改定無之候ニ付、御祭典ノ節、従前ノ御衣冠被為召候時ニ臨ンテ、右遠邑神社ニ於テノ風儀押移リ、自然無位ノ者ニテ六位以上ノ袍袴、或ハ御服ニ紛敷品著用参朝イタシ候テハ、不体裁ニ有之。且制止方ニモ差支候条、御服御改定相成候マテハ、先ツ従前ノ通リ、相当ノ衣冠相用候様、有之度此段及御回答儀也。七月十九日」

11 『貞丈雑記』（伊勢貞丈・江戸中期）「びやくゑと云事、びやくゑとは白衣と書也。公家衆の平服はゑぼしをかぶり、上は直衣といふ装束を著し、下はさしぬきと云はかまを著給ふなり。小袖は白小袖也。びやくゑといふ時はゑぼしをかぶり、さしぬきを著て、直衣をば著し給はぬ也。武家にても其心にて、ゑぼしをかぶり、袴をば著して、上にはすあふにても、ひたたれにても著せずしてあるを、白衣と云也。」

12 『類聚三代格』「応以女為禰宜事 右撰格所起請称、太政官去天長二（825）年十二月廿六日符称。承前之例、諸国小社、或置祝無禰宜、或禰宜祝並置、旧例粉謬准拠無定。加以或国独置女祝永主其祭。左大臣宣旨、自今以後、禰宜祝並置社者、以女為禰宜。（中略）貞観十（868）年六月廿八日。」

【雅楽・舞楽の装束】（204〜209ページ）

1 『台記』（藤原頼長）「久安七（1151）年正月廿六日戊戌。今日内大臣大饗也。（中略）次雅楽頭泰親、率伶人自東門参入〈伶人発楽在後〉。右近将監多近方〈五位〉撃一鼓宛転、泰親立定、近方退入、伶人立楽、然後奏舞〈左万歳楽、賀殿、右延喜楽、地久〉。」

2 『光台一覧』（伊達玄庵・江戸中期）「四辻殿は伶人楽士の総頭にて有也。楽人と申も、南都方、天王寺方、京方とて三流有之候。南都方は左方とて上、天王寺方は右方とて中、京方は伶人とて家卑く候。」

3 『台記』（藤原頼長）「仁平二（1152）年正月廿四日庚申、今日少納言弁已下来、習明後日大饗礼。（中略）舞人楽人〈已上衣冠〉乗船〈半餝〉奏楽。」

4 『九暦』（藤原師輔）「天暦七（953）年十月廿八日。殿上侍臣左右相分、各献残菊三本（中略）又左右各儲楽人饗也。一両觴後左方作楽。奏渋河鳥、舞人左近衛将曹船木茂真、舞師長尾秋吉。次右方秦綾切、右衛門府生秦良佐・近衛同身高（中略）舞人諸衛府生已上同疋絹。」

5 『公事根源』（一條兼良・室町後期）「平野祭。上申日。臨時の祭あり。五位の殿上人使をつとむ。近衛の舞人したがふ。」

6 『源氏物語』（若菜下）「舞人は、衛府の次将どもの、容貌きよげに、丈だち等しき限りを選らせたまふ。この選びに入らぬをば恥に、愁へ嘆きたる好き者どもありけり。陪従も、石清水、賀茂の臨時の祭などに召す人びとの、道々のことにすぐれたる限りを整へさせたまへり。加はりたる二人なむ、近衛府の名高き限りを召したりける。」

7 『源氏物語』（若菜下）「ことことしき高麗、唐土の楽よりも、東遊の耳馴れたるは、なつかしくおもしろく……。」

8 『満佐須計装束抄』（源雅亮・平安末期）「青摺は狩衣の尻長きに山藍と云ふものして竹桐に鳳凰を摺りたり。下襲春は桜、冬には躑躅。打半臂なり。袴二幅にて股なし。孔雀の丸を色々に描き、下の袴を重ねたり。股立を色々に組たる糸してつがりたり。」

【凶服】（210〜213ページ）

1 『養老令』（喪葬令）「凡服紀者。為君・父母・及夫・本主、一年。祖父母・養父母、五月。曾祖父母・外祖父母・伯叔姑・妻・弟姉妹・夫之父母・嫡子、三月。高祖父母・舅姨・嫡母・継母・継父同居・異父兄弟姉妹・衆子・嫡孫、一月。衆孫・従父兄弟姉妹・兄弟子、七日。」

2 『続日本後紀』「承和七（840）年五月甲午《十九》。詔曰。比者、旻穹不弔。後太上天皇登遐。（中略）夫慎終追遠、自有通規。以日易月。唯称権変。」

3 『日本紀略』「仁和三（887）年八月廿九日庚午。令五畿七道、挙哀三日。喪服之期、以日易月。但朞年之、禁飲宴・作楽・美服等。」

4 『西宮記』（源高明・平安中期）「応和四（964）年五月七日、右大臣令奏明法博士公方等、勘申皇后崩心喪期限文〈状中云、案之以本服三箇月、可為心喪服者〉。令仰云、所疑已以相合、須如此行之。大臣令申云、臣下此期限之間、不可着美服歟。仰云、除諒闇之外無所見、不制喪服〈去四月廿九日、中宮世子崩〉。」

5 『養老令（喪葬令）』「凡天皇、為本服二等以上親喪、服錫紵。為三等以下及諸臣之喪、除帛衣外、通用雑色。」

6 『諒闇和抄』（滋野井公麗・1780年）「倚廬渡御の事。蔵人頭御錫紵を持参。御錫紵とは御素服也。天子の御素服は錫紵と申なり〈仙洞も錫紵と申。女院以下たゞ御服と申なり〉。御冠〈布をもてはる縄の纓也。柳筥にのせて高坏にすゆ。童帝の御時御冠なし〉。御錫紵〈布黒染闕腋御袍、同御半臂下襲、同御表袴、平絹鈍色御袙単なり。御襪黒絹、御大口は平絹柑子色なり〉。御帯〈わらもて左縄によりて、鈍色の紙にてまく〉。」

7 『蛙抄』（洞院実熙・室町前期）「縄纓冠。重服ノ時着之スル冠之纓也。縄纓之時之冠ハ、必ズ佐波ミ巾子也。佐波ミ巾子トハ、巾子ノ地ヲ、キラヲアラセズ塗タル也。」

8 『薩戒記』（中山定親）「永享五（1433）年十一月九日、（中略）御冠只六位細彎尾冠也。巾子帖波徒須如何。年少比見及凶服冠縄纓之体、ヨリアハセタル体物也。更不似今度御冠云々。」

9 『西宮記』（源高明・平安中期）「喪服。（中略）帝王雖随以日易月之制、一周間依不臨朝、不服位袍着黒橡衣。（中略）侍臣等依宣旨衣黒橡、弁少納言、式部、兵部等輔丞、候殿上輩、随本官役之時用位袍。」

10 『玉葉』（九條兼実）「安元二（1176）年七月九日壬子。今日不出仕。開見代々諒闇記。関白被参院云々。直衣垂纓云々。如西宮及雑類説者、亡者在家之間、向其所之人可巻纓。葬礼以後可垂之歟。而於天下諒闇者已別儀也。彼記等所是人臣之儀也。然者不論葬礼了前後総以可巻纓之由有令執之輩云々。」

11 『隋書』（東夷伝・倭国条）「死者斂以棺槨、親賓就屍歌舞、妻子兄弟以白布製服。」

12 『令義解』（菅原清公ら・833年）「錫紵者細布。即用浅墨染也。」

13 『西宮記』（源高明・平安中期）「服者装束〈服者不新削笏、見手板経〉。切上緒縄纓冠〈右以麁絹作之〉。牛角帯〈帝王用烏犀黒角〉。黒造劔〈白革装束〉。赤沓。王公黒単袍〈四位五位本位色薄〉。人之為養子、為実父若養父、随親疎着服之時、用軽服無文冠、位袍、黒表袴、襪、例沓、未知旧例。候殿上童子重服時、着黒橡縫腋。昇殿上官・儀式官、随本官役服位衣〈着黒橡者、或下襲尻〉。無止喪家司職事者、四十九日間、布衣上前尻長、着巻纓冠、斎会日着素服。」

14 『西宮記』（源高明・平安中期）「心喪装束。綾冠、綾袍、青朽葉、青鈍袴等也。或用无文冠、除重服之後一月着軽服。」

15 『助無智秘抄』（1166年頃）「有心喪人アヲニビ（青鈍）ノ織物。表袴。綾ノ柳色ノ下重ヲキル。夏ノ時ハアヲニビヲキルベシ。綾ノキヌマジヘテコレヲ用ヰル。」

16 『園太暦』（洞院公賢・1358年）「羽林着服事。至明日黒染直衣にて。明日以後者可為浅黄候哉。是は内々儀候。」

15 『源氏物語』（葵）「とりわきてらうたくしたまひし小さき童の、親どももなく、いと心細げに思へる、（中略）いみじう泣く。ほどなき衵、人よりは黒う染めて、黒き汗衫、萱草の袴など着たるも、をかしき姿なり。」

16 『薩戒記』（中山定親）「永享五（1433）年十一月四日、（中略）昨日按察大納言云、鈍色事、女工所有見云々。其色以ふ志金染之、聊入花云々、如何。」

17 『胡曹抄』（一條兼良・室町後期）「鈍色（ニビイロ）御説ウツシ花ニテ染也。又云、花田染也。又或云、青花ニスミヲ入也。又青ニヒ色アリ。アヲニヒハ、ハナイロノコキ色也。アマナトノ用ルイロ也。」

17 『後愚昧記』（三條公忠）「応安四（1371）年六月廿二日、（中略）平絹直衣・指貫可著用之由、先日奉了。而装束抄、直衣差貫共平絹凶事之由載之。可為如何様哉。返事云、於凶服者、諒闇直衣ハ鈍色、素服重服鼠色也。老人直衣・差貫ハ為白色、依不混之。先達古今用之。無子細者哉。」

18 『薩戒記』（中山定親）「正長元（1428）年八月四日、（中略）少納言長政朝臣〈素服、今朝着之云々〉。（中略）布狩衣袴〈其色如濃墨染、似僧衣。非律留波美、又非鼠色之由有難之人。謂鼠色者、只布志加禰染也。謂津留波美者、鼠色ヨリ濃物歟。可尋〉。」

18 『政事要略』（惟宗允亮・1008年頃）「軽服之者。着鈍色之衣也。（中略）表袴青鈍通用件色也。而近代之例。偏着鈍色。人之違越。世之訛誤也。」

19 『新儀式』（村上天皇撰・平安中期）「刻限出御、錫紵着給。畢即入御、撤御装束。又日数満訖、被除御素服。」

20 『愚昧記』（三條実房）「養和元（1181）年二月六日、（中略）参仕人、帥〈素服也、無文巻纓冠、黒平絹袍〉。」

21 『小右記』（藤原実資）「寛弘八（1011）年七月八日己卯。今日院御葬送也。有所慎不参入。左大臣（中略）行成、兼隆、正光給素服。」

22 『永昌記』（藤原為隆）「大治四（1129）年七月十五日辛卯、予経堂上参前院御方。（中略）新相公長実、衣冠上着素服。」

23 『基量卿記』（東園基量）「延宝六（1678）年六月十七日。抑御厨子所素服事。先例毎度之事也。（中略）追申、素服以下は、従内蔵頭調進候間、不及御用意候也。来廿七日、可有渡御倚廬、可賜素服由内々其沙汰候。当日酉上刻可有御参候也。」

24 『源氏物語』（若菜上）「命終らむ月日も、さらにな知ろしめしそ。いにしへより人の染めおきける藤衣にも、何かやつれたまふ。」

25 『安斎随筆』（伊勢貞丈・江戸中期）「藤衣　是も凶服の異名也。藤の蔓の筋を取て、糸にして織たる布を藤布と云。是下民の麻衣と並べ用る常服也。位ある人も凶事には美服を着せず、麻布藤布などをニビ色に染て着する也。哀傷の歌、藤衣をよめり。」

26 『皇室服喪令』（明治四十二年皇室令第十二号）「第一条 父、母、夫ノ喪ハ一年トス。第二条 祖父母、夫ノ父母、妻ノ喪ハ百五十日トス。第三条 曽祖父母、母方祖父母、父ノ兄弟姉妹、兄弟姉妹ノ喪ハ九十日トス。第四条 高祖父母、嫡母、継母、夫ノ祖父母、母ノ兄弟姉妹、父ノ異父兄弟姉妹、異父兄弟姉妹、子ノ喪ハ三十日トス。第五条 男系ノ孫、父ノ兄弟ノ子、母ノ異父兄弟姉妹、兄弟ノ子、夫ノ嫡母継母、妻ノ父母ノ喪ハ七日トス。第六条 母方高祖父母、母方曽祖父母、男系ノ曽孫玄孫、父ノ姉妹ノ子、姉妹ノ子、異父兄弟姉妹ノ子、母ノ兄弟姉妹ノ子、女系ノ孫ノ喪ハ五日トス。第七条 七歳未満ノ殤ニハ喪ヲ服セス。」

27 『後愚昧記』（三條公忠）「応安七（1374）年二月二日。新院御葬礼也。（中略）布衣、上結、著藁沓、但不著白杖云々、白杖事、古来有沙汰事也。」

28 『言成卿記』（山科言成）「慶応三（1867）年正月廿六日。従陽明門流御示条々。（中略）御葬送供奉（中略）御出棺期下殿、先指貫挿之〈自表衣懐中聊引上之〉。次藁沓。列立于庭中、自仮門外執杖。」

28 『河海抄』（四辻善成・室町前期）「萱草色〈紅の黄はみたる色也凶服也〉。」

29 『名目抄』（洞院実熙・室町前期）「柑子色（カウジイロ）。女房袴及表袴裏此色歟。単又同之。但不分明可勘決。」

29 『薩戒記』（中山定親）「永享五（1433）年十一月四日、（中略）尋申鈍色・柑子色・橡等事。被示云、鈍色□□□也。以花付色云々。柑子色者萱草色同事也。橡者夏冬共不可有裏、又不可更衣者。」

30 『宮中ニ参入スル者ノ袿袴ノ制』（大正四年皇室令第八号）「色目ハ黄櫨染・黄丹、忌色〈橡色・鈍色・柑子色・萱草色〉ヲ除クノ外適宜トス。」

【第三章　装束の構成具】

【冠と烏帽子】（216〜226ページ）

1 『日本書紀』「天武天皇十三（684）年閏四月壬午朔。詔曰。（中略）男女並衣服者、有襴無襴、及結紐、長紐、任意服之。其会集之日、著襴衣而著長紐。唯男子者有圭冠。冠而著括緒褌。」

2 『和名類聚抄』（源順・平安中期）「冠〈幞頭附〉　兼名苑注云、冠〈音官〉、黄帝造也。弁色立成云、幞頭〈加宇布利〉。」

3 『和名類聚抄』（源順・平安中期）「巾子　弁色立成云、巾子〈此間巾音如渾〉、幞頭具。所以挿髻者也。」

4 『養老令』（衣服令）「一品以下五位以上、並皂羅頭巾。（中略）六位（中略）初位、並皂縵頭巾。」

5 『続日本紀』「霊亀二（716）年十月壬戌、重禁（中略）六位以下羅幞頭、其武官人者、朝服之袋儲而勿著。及幞頭後脚、莫過三寸。」

6 『枕草子』「雨いたう降る日、ちひさき馬に乗りて、御前したる。人の冠もひしげ、うへのきぬも下襲もひとつになりたる、いかにわびしかるらむと見えたり。」

7 『西宮記』（源高明・平安中期）「踏歌事 八日被定二踏歌之事。（中略）又召内蔵寮、仰可奉高巾子料冠絹之状〈以絹二条為一条〉。」

8 『政事要略』（惟宗允亮・1002年頃）「（長保）二（1000）年六月五日宣旨云。（中略）又巾子之高、復旧可減者。左大臣宣、奉勅。」

9 『三内口決』(三條西実枝・室町後期)「自元服至十六歳。用透額之冠〈冠ノ額ヲ半月形ニ掘透テ。裏面ハ羅ヲ懸通シタル物ニ候〉。貴人者及廿余歳被用候。其以後者着厚額。常之冠之事候。」

10 『和名類聚抄』(源順・平安中期)「簪(中略)挿冠釘也。(中略)係也。所以拘冠使不墜也。」

11 『徒然草』「この比の冠は、昔よりははるかに高くなりたるなり。古代の冠桶を持ちたる人は、はたを継ぎて、今用ゐるなり。」

12 『西三條装束抄』「有文無文迚有り、尋常有文也。但近代織物の羅なきにや、糸を以て菱の紋を閉付けて、唯有文のよしばかりなり。」

13 『将軍家装束抄』「文恭院殿はことに服色の事をこのませたまひ(中略)左大臣の宣下あらせ給ひし時、繁文の御冠をめさせ給はん事を思召、(中略)繁文の冠は摂家の再興に付、摂家より被進に相成候得ば子細なし、さもなき時は、新規に御文柄を織なし給ひてんやと、答られしかば、中野かへりのぼりて、此事を執政に議す。時に大久保忠真朝臣にはけしからざる事なり、摂家の冠を譲うけ給はんには、其門下に等しく、御威光にも響きてん。そよりも別文を被仰付可然とありて……。」

14 『満佐須計装束抄』(源雅亮・平安末期)「春日の使などには衣冠にも直衣にも衣を出して、冠に柏夾をする事なり。巻纓にはあらで、燕尾を外様に取りて、竹などを削りて夾みて差したれば、巻纓の様に下がりたるなり。それは内裏焼亡俄の行幸などには、衛府皆することなり。」

15 『次将装束抄』(藤原定家)「建久二(1191)年山大衆参陣。(中略)忠季帯之間、於同所帯之。柏夾木自懐中取出。彼朝臣見之、加感言。自余次将見之、召寄滝口矢。又令巻纓、共人等巻之、皆巻纓也。見ル人々更直之。(中略)柏夾事。削白木端、其長如巻纓木、但不塗墨、可為詮。非常警固之時如此。檜扇破懸天、纓末取天、巾子引充天、巾子タケノ程夾、纓末在外、ワナハ在内。巻纓指所指也。巻纓内ザマヘ巻、是外折。玄隔不似也。不知之人多以巻纓為柏夾。」

16 『装束温故抄』(野宮定基・江戸中期)「又柏夾といふも、纓を巻く事なれども、けんえいとは甚違ひ侍る。巻やう家々の故実あるよし。」

17 『蛙抄』(洞院実熙・室町前期)「細纓　六位武官ノ纓也。竹ニテ細クシタル物也。無巻垂之沙汰、殿上地下用之。又官ノ六位ハ五位以上ト同物也。」

18 『高倉永綱記』(室町前期)「冠　束帯の時紙捻也。中に糸を入てよりたるがよし。著用の時は真結びにして、双のはしを三分ほど宛残したるが、ぬき度時も便あり。またとけも申す。上下とも本式紙捻なり。」

19 『装束要領抄』(壺井義知・江戸中期)「かけをは紙よりなり。束帯、衣冠、直衣、狩衣以下皆、是を用ひらる。夫組懸は以紫糸組之。(中略)然る故にや、飛鳥井家の執奏として勅許あるなり。元来蹴鞠のため、烏帽子の組懸などゆりたる人は、衣冠直衣の時、冠にも用ひたまふなり。されども束帯の時は、必皆紙よりを用ひらる。又地下は一向ゆるす限りにあらず。武家に於ても、侍従拝任の後、申受けて用ひらるるよし也。」

20 『今鏡』「おほかた昔は、かやうのことも知らで、指貫も中踏みて、烏帽子も、こはく塗ることもなかりけるなるべし。この頃こそ、錆烏帽子、きらめき烏帽子など、をりをり変はりて侍るめれ。」

21 『餝抄』(中院通方・鎌倉前期)「烏帽。宿老之人薄塗。壮年厚塗。近年不論老少着薄塗。不可然事也。古人着薄塗烏帽子。」

22 『布衣記』(斎藤助成・1295年)「郎従事。立烏帽子。装束走水干。上色うすかう。袴葛也。」

23 『三内口決』(三條西実枝・室町後期)「烏帽子事。立烏帽子ハ堂上一同着候。地下不着用候。但社官社人、雑色如木白丁退紅等、皆着用立烏帽子候〈此等ハ暫時モ不着風折也〉。但雖立烏帽子。佐比各別柳佐比之類也。之儀候。惣別最上与最下同等之儀有之物候。」

24 『故実拾要』(篠崎東海・1730年頃)「立烏帽子　立烏帽子摂家清花ノ家著用。暫時モ風折ヲ不用也。諸家ハ元服ノ後十五六歳マテ立烏帽子。以後ハ折烏帽子也。」

25 『三内口決』(三條西実枝・室町後期)「風折。地下諸大夫、布衣幷直垂等。医陰之輩、殿上之中ニモ着用之家々有之。世号此折鞘之党候。但元服之初、至十六歳者、雖諸大夫、着用立烏帽子候也。又雖堂上、或馬上。或鷹狩、或蹴鞠等、如此之時者、必着風折候。」

26 『武家当時装束抄』(松岡辰方・江戸後期)「烏帽子　普通左折を用、左眉なり〈左上がとも云〉。仙洞には右折りを用ひ給ふ。公方様にも右折なり〉。」

27 『岡屋関白記』(近衛兼経)「元仁元(1224)年十二月廿日、晴。是日申慶賀。(中略)檳榔毛車〈殿下御車也、車副平礼〉。随身褐衣白狩袴、壺胡簶。雑色長武茂平礼。」

28 『餝抄』(中院通方・鎌倉前期)「平礼事。或書曰。雖中少将威儀日、多平礼。公保卿少将二十許マデ常事也。基家・光能及四十。近代其両人外、近将不及見。基家又好此事。」

29 『愚昧記』(三條実房)「安元三(1177)年九月十一日丁巳。今日前駈並侍等、著水干狩襖等。但、朝宗・俊宗・通清、打梨布衣也。」

30 『軍用記』(伊勢貞丈・江戸中期)「梨子打ゑぼし、地は綾也〈或は精好を用ゆ〉。ふしがねにて染、うらはうすやうを二三枚重て、かきを〈かき志ぶなり〉上に引て、うるしにてぬり裏に付る也。少しやわらかにこしらへに付やうあり。是は甲の下に著すべきため也。(中略)この烏帽子を梨子打といふ事、衣をはるに、のりをうすくやわらかにはるを、なしを〈ふくさばり也〉打といふなり。」

31 『新野問答』(野宮定基答・江戸中期)「引立烏帽子の事、永仁正安等布衣始記、大納言以下至殿上人用之事所見候。件記中細烏帽子著用之人も相交て見え申候。然共慥に形様は不見得候。但推量候所、引立烏帽子と申候は、歌仙の絵に、うしろ様にそばだちてをりたる烏帽子見え候、是にてもや候はん、尤推量に候て分明に所見を不得候。」

32 『実躬卿記』(三條実躬)「弘安八(1285)年十月十九日、天顔霽、風声静。今日猶幸住吉。(中略)今日上皇御騎馬、午刻出御、御引立烏帽子、唐物赤色御水干狩襖〈文紺〉唐紅御衣、白地錦御単〈被付白生裏〉、黄御綾御(中略)上皇御騎馬希代事也。」

33 『橘窓自語』(橋本経亮・江戸後期)「ある人、田舎の社人よりたのまれしとて、吉田家の烏帽子折、河南儀兵衛といふものの方へいたり、無官の著用の烏帽子をもとめんといひしに、普通の折烏帽子の𡨸を亀甲の形うちたるをいだして、無官烏帽子とて出したる。(中略)これ全く吉田家に神職のともがらの階級をわたくしに立るための料なるべし。」

34 『宗五大草紙』(伊勢貞頼・室町後期)「烏帽子懸は馬の尾にてうちたるを本共中候。又糸にて打たるを本共云。」

35 『武家当時装束抄』(松岡辰方・江戸後期)「素襖(中略)調子掛とも云。色定らず〈紺もへぎ黒を多く用ゆ〉古法は必平組なるに、今は多く丸組を用ゆ〈当時も丸組平組とも子細なし。古法は一寸まだらとて、白と黒と一づん計の段染を用。又ひやうもんとて、白紺赤の段組を用。又は紺一色も用ゆ。いづれも平組也。今も表高家京極殿には一寸斑を連綿して用ひらる〉。」

36 『今昔物語』(歌読元輔賀茂祭に一条大路を渡る語)「冠の落つるは、物にて結ふる物に非ず。髪を以て、吉く掻き入れたるに捕へらるるなり。其れに、鬢は失せにたれば露無し。然れば、落ちむ冠を恨むべき様無し。」

37 『無名抄』(鴨長明・鎌倉前期)「業平朝臣、二条の后の未だただ人におはしましけるとき、盗み取りて行きけるに、(中略)兄人たち、その憤りを休め難くて、業平の朝臣の髻を切りてけり。(中略)業平朝臣、『髪生ほさん』とて、籠りて居たりけるほど、『歌枕ども見ん』と数寄にことよせて東の方へ行きにけり。」

38 『今鏡』「鳥羽の院この花園の大臣、おほかたも御見目とりどりに、姿もえも言はずおはしますうへに、細かに沙汰させて世のさがになりて、肩当て腰当て、烏帽子とゞめ、冠とゞめなどせぬ人なし。又せでもかなふべきやうもなし。冠烏帽子の尻は、くもをうがちたれば、さらずは落ちぬべきなるべし。」

39 『貞丈雑記』(伊勢貞丈・江戸中期)「ゑぼしのうしろの針を、ほうしやうぐしと云。此串は猿楽の宝生太夫がし始めたる故、宝生串と云由の説あり、信じ難シ。猿楽のし始たる物を、公家には用給ふべからず。按ずるに、ゑぼしを落さざらんやうに、頭の上に保ち置く為の針なれば、保上串(ホウシヤウグシ)といふ事なるべし。但し俗称也。エボシトドメト云ベシ。」

【単・衣・袙・袿】(227〜232ページ)

1 『桃花蘂葉』(一條兼良・室町後期)「単。ひとへ。文の菱の綾を紅に染て。冬は張。夏は板引にす。十五未満。濃装束を着するときは。単の色もこき色也。ゑり袖に薄をたむ。」

2 『新野問答』(野宮定基答・江戸中期)「袙字从日从白ト両様之事、从白者尤失也〈下官〉。昏愚之至、不足言候得共、此字ニ限リ双白之儀、決而無之由深存候(中略)袙字ヲ吉礼ノ美服ニ用候者、イマイマシキ事ニ候歟。一笑々々。」

3 『更級日記』(菅原孝標女・平安中期)「さまことなる山のすがたの、紺青を塗りたるやうなるに、雪の消ゆる世もなく積りたれば、色濃き衣に白き袙着たらむやうに見えて、山の頂のすこし平ぎたるより煙は立ちのぼる。」

4 『枕草子』「『定澄僧都に袿なし。すくせ君に袙なし』といひけむ人こそをかしけれ。」

5 『中外抄』(藤原忠実述)「久安五(1149)年十月二日。三位中将着陣。而束帯袙ヲ蘇芳ニテ有リ。公卿不可着之色也。赤袖ヲ可調ト左大臣殿女房ニ被仰了。而入道殿仰云。若公卿ハ蘇芳ヲモ萌木ヲモ着也。尤不可調改也。単衣ハ不可襲也。表袴ノ裏赤。又大口赤。然者可襲赤単衣也。袙ハ何色ヲモ着セヨ。付袴裏ヲ可着赤単衣也。」

6 『西宮記』(源高明・平安中期)「袙大口袴　表袴中隔(ナカへ)上下可同色。不得交紅、茜色。若人可用茜色之。」

7 『桃花蘂葉』(一條兼良・室町後期)「袙。春冬はこれを着すべし。然るを近代一向略之。若着用せば。小葵の文の綾をうす色に染て。平絹の同裏を付て可着之。或は紅打袙一重にても。又紅打にうす色あこめをかさねても用之。以上旧記に見えたり。」

8 『西三條装束抄』「公卿ハ赤キ綾ヲ用ユ。中壮年ノ人ハ染タルヲ著ル。文ハ将軍家桐唐草、諸家少年重文、中年以後遠文菱也。凡袙ハ春冬計用ユ。近代一向是ヲ略ス。又宿老ニ到リテハ白キヲ用ル也。」

9 『小右記』(藤原実資)「長和五(1016)年四月廿四日丁酉。近衛府使引馬𩣡、右近衛秦近年、著蘇芳織物袙、著狩袴、上世号出袙。」

10 『物具装束抄』(花山院忠定・室町前期)「袙〈夏不着之。若少人蘇芳或萌黄。中年人薄色〉。引陪幾〈夏着之〉。単〈夏不着之。若少人濃単、或青単。中年以上紅単〉。」

11 『三條家装束抄』「単事。単文の綾、紅に染て用之。春冬はフクサハリ、捻ル鰭。夏秋は張単とて板引にする也。色春冬に同なり。是を夏は引陪木とも号する也。至極老人は白くて用之。」

12 『三内口決』(三條西実枝・室町後期)「引陪支。是ハ毎度ニハ不重候。晴之時着用候。大略如単ニテ有裏、入綿。夏ハ綿抜テ着用。故ニ引陪支ト号候。平世之束帯ニハ無之候。」

13 『衛府長装束抄』(今出川教季・室町中期)「引陪木之事。御所見分注給。恐悦至極候。引陪木ト夏ノ単トハ同前ト日来覚悟候。此御一紙之旨散不審。尤本望候。装束抄此間所見分モ、袙、夏不着之所見此分也。若少人蘇芳或萌黄、中年人薄色。引陪幾、夏着之。此段勿論也。紅内衣ノ裏ヲ引ヘキテ如単ニシテ着之。但単ハ鰭ヲ縫也。此カハリメ也。松殿御抄云。不依夏冬用之。冬不具佐張。夏打物也云々。」

14 『薩戒記』(中山定親)「応永卅三(1426)年十二月六日乙丑、天晴。今日等持寺御八講結願也。(中略)今日右大弁不着下襲上、曳裾許。袍下袙幷単許着之。若失念歟、将有故歟。」

15 『餝抄』(中院通方・鎌倉前期)「打衣。近代多不着之。或人曰、尋常之儀。雖冬束帯着打衣云々。夏赤帷上付張袙〈紅〉。近代多袖許付。略儀也。」

16 『布衣記』(斎藤助成・1295年)「大帷事。是もふと布にてはなし、いさゝかほそぬのなり。ふのり粉をよく可付。のりのうすきは衣文を不持也。」

「袖一重事。好絹をうこん染に色を付。狩衣の袖より一寸ばかり出べき也。衣と大帷の間に可付也。」

16 『連阿口伝抄』（高倉永綱・1366年）「下具事。（中略）打衣、夏引倍木。衵。単。表袴。赤大口。大帷子ハ非分ノ物也。夏ノ時ハ無単。大帷子ヲアセトリト号テ着。夏ハマタ単ヲコハクハリテ。ハリ単ト云テ着。衵ヲバ老者ハ不着歟。此時大帷子也。打衣ヲバ夏ハ不着。此面ヲハナチテ着ヲ引倍木ト云也。余リニ年少ノ時。大帷子ハ無骨也。主上ハ御大帷子メサズ。御鞠ナドノ時メス事アリ。十五以前六十以後、赤帷子ヲ不着、白シ。十五以前ハ濃色ナル間、帷ハ白シ。六十以後ハ老者ナル間、何モ白キ具成間白シ。凡鞠時ハ直衣衣冠ニモアセトリトテ赤帷子着。面白キ也。又白帷子ハ勿論、イツモ着間無子細。」

17 『三内口決』（三條西実枝・室町後期）「大帷。布。夏紅、冬白。以糊成張物、為令衣文有力也。以単之襟裏之。是ハ一向重之外也。」

18 『実躬卿記』（三條実躬）「弘安八（1285）年十月十九日、天顔霽、風声静。今日猶幸住吉。早旦改装束、赤色水干〈面板引、縫鶴、金淡、組紐〉、地白帷〈文鶴〉、瑩付袴〈文水、結付之〉、常帯、帯劔。」

19 『建内記』（万里小路時房）「嘉吉三（1443）年三月十日。御張袴〈張袴トハ、絹ヲ染紅テ板引ニシタル物也〉ヲ被着御。」

20 『餝抄』（中院通方・鎌倉前期）「下襲。（中略）宿老之人面裏張テ着之。不瑩不打、称フクサ張下重。」

『後愚昧記』（三條公忠）「応安二（1369）年十二月十三日。下襲。青朽葉歟。野宮左府ハ用柳候。近代此号不聞候。フクサハリニテ可用候歟（当家所存ハ面フクサ張、裏ハ只常張に候）。一條太閤ハ常、粉張裏青クチ被用之由承及候。先年見及候しハ、面フクサハリ候き、吉田内府なと著用候き、其ハシヽラニテ候し、りくと覚候。僻事候哉。」

『海人藻芥』（恵命院宣守・1420年）「凡装束ノ衣紋、上代ハ沙汰ニ及ズ。鳥羽院ノ御代ヨリ、強キ装束ヲ用ル故ニ、衣紋ノ沙汰出来スルナルベシ。上代ハ皆ナヘ装束トテ、フクサニテ強クハ不調也。」

【指貫・狩袴ほか】（232〜236ページ）

1 『和名類聚抄』（源順・平安中期）「奴袴　楊氏漢語抄云、奴袴〈佐師奴枳乃波賀万。漢語抄云、絹狩袴。或云、岐奴乃加利八加万〉。」

2 『貞丈雑記』（伊勢貞丈・江戸中期）「指貫の袴を狩袴とも云。（中略）奴袴のよみを知らぬ人、ヌバカマとよむは誤也。ヌバカマといふ名目はなき事也。さしぬきに奴袴と書事は、奴は奴僕とて賤きめしつかひ者也。すそを高くくくり上げて、奴僕の走り廻りに便り宜き故、奴僕の著すべき袴といふ心なり。」

3 『西宮記』（源高明・平安中期）「指貫　王者已下衆人所用也。古時有制臣下不用。近代五位以上昇殿六位皆用之。布袴　旧例上下着之。近年諸官人着之。検非違使別当着布袴、而近代或以綾絹為袴、未知可否。」

4 『枕草子』「袴、いとあぢきなし。指貫は、なぞ、足の衣といふべけれ。もしは、さやうのものをば袋といへかし。」

5 『今鏡』（花のあるじ）「おほかた昔は、かやうのことも知らで、指貫も中踏みて、烏帽子もこはく塗ることもなかりけるなるべし。」

6 『小右記』（藤原実資）「長和二（1013）年二月八日庚午。資平云、昨日左大臣候官奏、其後改朝服着直衣、供奉御射。主上着御直御衣・御指貫、御射五度。」

7 『禁秘抄』（順徳天皇・鎌倉前期）「近習事。（中略）付其能参御前事、不謂親疎、只旦暮括上候也。高倉院御時、近習猶不上括、又或束帯也。自院御時以上括謂近習也。」

8 『新野問答』（野宮定基答・江戸中期）「指貫の括を膝下にして結を上括とし、足くびにて結を下括とす。上括は直にむすびとめ申候故、無其説候。下括は腹白、みだれくゝり、ねずを、さるをなど申括様に候。これも高倉家秘説に候故、子細出衣に同じく候。」

9 『次将装束抄』（藤原定家・鎌倉前期）「指貫事。自十月維摩会比至四月御禊前用練指貫。自四月御禊日至十月十日比、生指貫。」

10 『満佐須計装束抄』（源雅亮・平安末期）「指貫。紫・半色・薄色・練浅葱・縹の打指貫・萌木の指貫・紫の織物の指貫。色聴りたる殿上人も。内の蔵人など着る。」

11 『餝抄』（中院通方・鎌倉前期）「瑠璃色指貫。仁安三（1168年）四廿六殿記曰。大夫殿〈久我〉。教命曰。浅黄指貫、五月以後可着。言瑠璃色。」

12 『次将装束抄』（藤原定家・鎌倉前期）「如洛外非尋常出仕之時、色々末濃村濃如唐綾、非制限。随時着之云々。」

13 『餝抄』（中院通方・鎌倉前期）「奴袴。色浅深、随年依官可斟酌也。禁色之人織物、不然之人志々羅平絹。壮年之人夏着大文薄物、或鳥多須岐等。生織物白文奴袴、高貴之人着之云々。当家壮年之間、着龍胆多須岐、宿老之後藤円。」

14 『桃花蘂葉』（一條兼良・室町後期）「凡鳥襷ハ尋常浮文也。綾幷固文ハ不可然云々。但近代連綿云々、凡鳥襷ナラバ必浮文、藤丸ナラバ必固文歟。鳥襷ハ幼年ノ文也。」「夏指貫其色同冬、但織物浮文は生也。堅織物と綾とは夏冬の差別なし。」

15 『桃花蘂葉』（一條兼良・室町後期）「次薄色付色也。綾文藤丸、二ワナノ藤也。固文綾志々良。」

16 『物具装束抄』（花山院忠定・室町前期）「指貫。若年公卿冬紫織物指貫、文鳥多須幾。夏二藍生指貫、文同。自五月薄物瑠璃色指貫、文三重多須岐、至八月着之。壮年人薄色織物指貫、文藤丸。冬面裏練之。夏面生裏練之。織物浅黄指貫、中年公卿晴之時着之。綾指貫壮年以後夏冬通用着之。宿老大臣着平絹指貫。」

17 『連阿口伝抄』（高倉永綱・1366年）「指貫事。上サマハ実身ノ御寸法ニ六寸五分ナガシ。大臣以下ハ次第ニ、殿上人三寸五分、地下一寸余、或ハ余ナシ。広サハ長サヲ二ニ折テ猶一寸ヒロシ。上ザマノ也。殿上人ナドハ五分マサル。地下ハアマラズ。此内ニ大ノ小ノアリ。大ノハ小ノニ二寸五分マサル。是モ寸法ニヨリテ一寸マサルモアリ。モヽダチハナカラヲリ也。マタハ一寸アガル。クヽリ一丈二尺計。」

18 『餝抄』（中院通方・鎌倉前期）「指貫腹白事。或書曰。少年壮年腹白絬。少年之時絬ノ組ヲクヽリサシノ中央之程ニツイトヲシテ、マヘニ腹白ヲ絬也。故殿京極殿歟。仰曰。我等一門此前ノニ絬、仮令十六七以後ノ人ハクヽリサシノ内ヲ融シテ引出シテ腹白許ヲ絬也。中少将・侍従・兵衛佐之輩、年廿四五マデハ必可用腹白。頗サタサグル時、朝夕有事煩撤之、晴日猶可用腹白。如五節也。次雖三十之人猶晴ニハ絬ヲ不籠。腹白ノ程ヲ過テ、オトナシキ人ハ、指貫同組ヲ融テ引出テ、白糸ヲ不交。其糸許ヲ如腹白組テ猶サグル也。腹白ハ四筋サガリタル。是ハ二筋也。及三十余者、此事不可然也。」

19 『連阿不足口伝抄』（高倉永綱・1366年）「腹白ト云ハ。一筋ハ白。一筋ハ指貫ノ色ナリ。（中略）其組ヲ三グミニスベシ。藤花ノヤウナリ。（中略）此後此定ニ出テクマズシテタヾオシミダスベシ。此名ヲミダレ腹白ト云。此後子ズヲトテ。ワナヲ内ヘ入テサキヲ出。鼠尾ノ長八九寸許ヲ一筋出間出分ハ二筋也。此クヽリハ必白カルベシ。老者ノ指貫ナル故也。コノ後ワナノ方ヲ出猿ヲト云。子ズ尾ヨリ短シ。四五寸歟。六十ニナラバコムベシ。」

20 『三條家装束抄』「下袴事。本儀綾也。十五以前の人濃色、濃蘇芳の事也。十六以後の人紅色なり。長大の後白色なり。裏面さやさやと張之。下括の時用之。文は定れる事なし。略儀近代平絹也。張様同前。」

21 『餝抄』（中院通方・鎌倉前期）「下袴。宿老之人白下袴。壮年用紅下袴幷濃下袴。故有雅卿着黄生下袴、白下袴下着之。」

22 『世俗浅深秘抄』（後鳥羽上皇・鎌倉前期）「黄生下袴宿老人着之。浅位人不可然歟。」

『薩戒記』（中山定親）「応永卅二（1425）年四月七日、（中略）三位中将〈実熙、萌黄浮線綾狩衣、重紅引倍幾、下絬〈白下袴不出絬。紅下袴可出腹白歟之由人々称之〉。」

23 『連阿口伝抄』（高倉永綱・1366年）「下袴事。長サ一尺広サ一寸、指貫ニマサルベシ。」

24 『貞丈雑記』（伊勢貞丈・江戸中期）「腰継〈或腰次トモ〉衣服弁覧云。下括〈指貫ノスソヲ足クビニテククルヲ、ゲグヽリト云ナリ〉之時ハ、下袴ヲ著ス。上括〈指貫ノスソヲ、ヒザノ下ニテクヽルヲ、ジヤウグヽリト云〉之時ハ腰次ヲ用ユ。腰次をいふは、生の平絹〈子ラヌ羽二重ナリ〉或ハ布也。白大口の如き袴也云々。腰次とは下袴より短きゆへに、袴の名をいはで腰次と云へるにや。」

25 『桃花蘂葉』（一條兼良・室町後期）「直衣（中略）大帷〈白〉、腰次〈内々上括之時用之〉。」

『胡曹抄』（一條兼良・室町後期）「親王内々御服、烏帽子、小直衣、大帷、腰次、大口〈前張〉。」

26 『満佐須計装束抄』（源雅亮・平安末期）「所の殿上人ならぬ六位は、指貫は打ち任せぬことなり。狩袴を着るべきなり。六位の進なりとも、一所の非蔵人などにても、指貫着るに、この日は紫二藍に所置かず。殿下の勾当などは褻にも着ぬものなり。」「六位の進などは狩袴を着るに、指貫など着ん料に、院の非蔵人などになりて着るなり。近代ならねど指貫に衣冠する不思議なり。殿下の勾当など猶狩袴なり。」

27 『明月記』（藤原定家）「治承四（1180）年五月卅日、早旦著布衣参院。（中略）右中将隆房朝臣一人、著褐顕文紗狩袴、市比脛巾、帯狩胡籙云々。」

28 『西三條装束抄』「襖袴。近衛大概著。狩袴ナド同類、名ノミ替テ子細ナシ。随身舎人牛飼等ノ著狩袴、白・染分・朽葉・紅梅・萌木・二藍等、サマザマ有事也。可依先規。」

29 『中右記』（藤原宗忠）「嘉承元（1106）年二月七日、（中略）但関白殿乗車扈従給〈御随身壺胡籙、垂袴〉。」

『教言卿記』（山科教言）「応永十六（1409）年正月七日辛亥。節会。（中略）行装随身二人〈袴染分朽葉〉壺垂袴雑色三人。」

30 『世俗浅深秘抄』（後鳥羽上皇・鎌倉前期）「公家内々引上直衣ヲ如尋常直衣令着事。密々儀無憚。一如尋常直衣。但冬綾衣。夏尋常単也。紅大口也。」

『後深草天皇御記』「文永五（1268）年正月十五日。今夜於寝殿東面受上原石上流泉曲。博子授之。次第一如前。朕不及装束。只着大口。小狩衣受之。」

31 『押小路内府抄』（三條公忠）「一家中常ノ姿ハ半尻小指貫〈生（すゝし）ノ大口ヲ重テ着之〉也。大将大臣之後ハ狩衣直衣指貫也。親王家ナトハ半尻ニ大口許ヲ着之歟。」

『三内口決』（三條西実枝・室町後期）「内々之衣裳。烏帽子直衣〈大臣着之〉。小直衣〈大臣着之〉。曽波津々幾〈親王着之〉。白大口。」

32 『成氏年中行事』（海老名季高・1454年頃）「朔日、（中略）公方様御直垂、御紋ハ桐、二重浅黄。白御小袖ニ子リノ大口ヲメサル。」

33 『装束雑事抄』（高倉永行・1399年）「半尻事。摂家清花人も若時着す也。指貫に着せば袙など下具あるべき歟。常は只内々まへ重の白大口も着給也。」

34 『新野問答』（野宮定基答・江戸中期）「前張、一名は前強（マエコハ）の大口とも申候。童子半尻を著し候時、著用之袴なり。前方は糸すぢふとき精好を用ひて、前をつきはらしめ候。うしろは糸すぢほそき精好に候。仍前張・前強の名目有之候なり。是に対して申候は、今猿楽太夫著用之大口は、後張の大口とも可申なり。一笑千笑。」

35 『民経記』（勘解由小路経光）「寛喜三（1231）年十月九日　舎人四人〈紺青丹水干、紺末濃小袴、四目結茜衣〈菊文〉褐脛巾、立烏帽子〉。」

36 『押小路内府抄』（三條公忠・室町前期）「家中常ノ姿ハ半尻、小指貫〈生ノ大口ヲ重テ着之〉也。」

37 『広橋兼胤公武御用日記』「宝暦九（1759）年十一月十五日　両人同伴、向河内守（所司代）役宅。〈両人衣冠・指袴、河内守麻上下・服紗小袖〉。面謁。」「宝暦十（1760）年九月廿七日　向于河守役宅、面会〈衣冠、差袴〉事々〈対顔・能饗応・在府中馳走〉。」

【持具・履き物】（237〜245ページ）

1 『続日本紀』「養老三（719）年二月壬戌《庚申朔三》。初令天下百姓右襟。職事主典已上把笏。其五位以上牙笏。散位亦聴把笏。六位已下木笏。」

2 『続日本紀』「養老三（719）年六月丙子《十九》。令神祇官宮主、左右大舎人寮、別勅長上、画工司画師、雅楽寮諸師、造宮省・主計寮・主税寮算師、典薬寮乳長上、左右衛士府医師、左右馬寮馬医等、始把笏焉。」

3 『続日本紀』「宝亀五（774）年六月庚午。始令太政官左右官掌把笏。」

4 『類聚三代格』「住吉・平岡・鹿嶋・香取等神主幷祝禰宜皆是把笏。自余神社未預此例、祭祀之日拱手従事。望請、三位已上神社神主幷祝禰宜等、同預把笏以増神威。謹請官裁者、右大臣宣、奉勅。（中略）奉勅依請。貞観十（868）年六月廿八日。」

5 『延喜式』（式部省）「凡内外諸司史生、官掌、省掌、台掌、職掌、坊掌、寮掌、使掌、司掌、伊勢太神宮司、同度会神宮禰宜、賀茂二社禰宜・祝、住吉神主、宇佐宮司・祝、気比神宮司、筑摩長等。以雑色人補之。並把笏。」

6 『養老令』（衣服令）「朝服　一品以下。五位以上。並皂羅頭巾。衣色同礼服。牙笏。白袴。金銀装腰帯。白襪。烏皮履。六位。深緑衣。七位。浅緑衣。八位。深縹衣。初位。浅縹衣。並皂縵頭巾。木笏。」

7 『百錬抄』「保延四（1138）年十一月廿四日。皇居土御門殿〈室町〉焼亡。天皇御小六条。累代御笏〈象牙、絵蝶丸〉焼失。」「治承元（1177）年十一月廿三日。牙御笏日来紛失。今日求出之。出納中原信仲妻盗取之。云々。」

8 『親長卿記』（甘露寺親長）「文明十二（1480）年正月一日。寅刻許参内〈衣冠〉。召具元長、四方拝奉行之故也。（中略）持参御笏、先々牙御笏也。雖然先年紛失了。今度被申関白幷室町殿之処、象牙無御座云々。仍堀河院木御笏被用之由禅閤（一條兼良）被申。殊木御笏在御物之内、仍被用之。」

9 『宗建卿記』（難波宗建）「享保十八（1733）年正月一日。四方拝。（中略）牙御笏被入蒔絵筥。蓋敷錦袋。件御笏去年自関白被献者也。抑牙御笏事、著御礼服之外、近世不被用之。文明十二年雖可被用之、依紛失無其儀。且其頃関白幷室町等被申下無象牙之由上、仍被用木御笏。以来、至今年不被用牙之処、今年御再興珍重々々。」

10 『世俗浅深秘抄』（後鳥羽上皇・鎌倉前期）「以板目笏為善。近代用満佐事僻事也。古最上宝物皆板目也。」

11 『枕草子』「などて、官得はじめたる六位の笏に、職の御曹司の辰巳の隅の築土の板はせしぞ。」

12 『和名類聚抄』（源順・平安中期）「栐　唐韻云栐〈音永　漢語抄云佐久木〉、木可為笏也。」

13 『雍州府志』（黒川道祐・江戸前期）「笏（中略）多以飛騨位山櫟木造之。椁与一位倭語相同。故取一位之義、而祝昇進之謂也。」

14 『装束温故抄』（野宮定基・江戸前期）「木は櫟、ふくら、桜、柊など、人々の意巧さだまらず。」

15 『服飾管見』（田安宗武・江戸後期）「今も笏につくる木の中に、ふくらてふ物あり。ふるき笏にも、此木もてつくれる有といへり。且其木のはだへ牙に似たれば、彼白木てふものは是にて、唐には櫟木といひて、爰にはさくきといひしもの也。」

16 『和名類聚抄』（源順・平安中期）「笏　四声字苑云、笏〈音忽、俗云尺〉、手板。長一尺六寸、闊三寸、厚五分也。」

17 『江家次第』（大江匡房・平安後期）「四條大納言笏長、式部判官記云。笏長一尺二寸、上広二寸七分、下広二寸四分、厚二分。」

18 『深心院関白記』（近衛基平）「建長七（1255）年六月八日、天晴。此日中納言慶賀〈去二日任之〉（中略）又関白密々有来臨。余則着装束〈関白袍、自余物如常。蒔絵螺鈿劔〈孔雀〉、紫緂平緒〈黄鳳〉、隠文帯、慶賀笏、是累代之物云々〉。」

19 『新任弁官抄』（藤原俊憲・平安後期）「公卿弁官作法。只在揖也、恒時持笏事。右手把之。大指与小指在笏之内。中三指在笏外仍堅久把之。不令動揺笏。」

20 『江家次第』（大江匡房・平安後期）「笏者、備忽忘之儀也、在君前記事、恐忽忘、粘紙笏上。」

21 『江家次第』（大江匡房・平安後期）「元日節会日、（中略）内弁於閑所令押笏紙、或立陣座後、召外記令押。任納言之後、著笏紙参入。若不具之人、仰外記令書押之。（頭書）納言以上、必懐中笏紙、故実也。」

22 『永昌記』（藤原為隆）「保安五（1124）年四月八日乙卯。改元以後政始也。（中略）次以笏直履。」

23 『殿暦』（藤原忠実）「永久四（1116）年二月七日辛未。（中略）衣冠、白衣、紅出衣〈打衣也〉、薄色指貫、着野劔、取笏。」

24 『餝抄』（中院通方・鎌倉前期）「扇。公卿宿老之人、束帯之時不論夏冬持檜扇。直衣之時猶持之。年少之公卿、或炎天持蝙蝠。冬年少之人横目扇〈散薄画絵〉持之。」

25 『明月記』（藤原定家）「建仁四（1204）年正月五日己巳。今日御幸始也。（中略）三位中将〈直衣、帯劔、紫浮文指貫、不取笏、捧扇如笏持参入〉。二日（中略）定通卿持扇如笏捧持。左右未見聞事也。袖ヲ曳テ持〈帯劔半靴〉是毎度事也〈中納言中将殿、後日被仰云。直衣之時ハ、笏ダニモ只サゲテ、ナニトナク持テ参ベキ也。是依殿下仰也。捧持ハ見苦之由被仰也〉。」

26 『宣胤卿記』（中御門宣胤）「永正四（1507）年五月廿六日。一檜扇骨数事。公卿三十枚、殿上人廿五枚也。」
『滋草拾露』（滋野井公麗・江戸中期）「公卿以上扇重数廿五、四位已下者廿三。於上官儀式官者用廿五重。」

27 『桃花蘂葉』（一條兼良・室町後期）「十五歳以前は杉横目の扇。絵は松鶴など祝物をかく。うらのかたは蝶小鳥を書。色々の糸にて是をとぢて、糸のあまりをあはび結びにして、梅のちり花などを結びつけて、扇にまきて持也。かなめの蝶鳥をかねにて打て用之。十六歳の時分までも宥用ふ、くるしからず。」

28 『桃花蘂葉』（一條兼良・室町後期）「檜扇は廿五枚。若年の時は白糸にてとぢて、糸のあまりにて藤の花を置物にして、かなめより上二三寸程持ところを残すべし。是は中納言中将、十七八歳の大納言大臣などの時持べし。宿徳の大臣などの時は、藤丸を糸にてははして、両方の面に押也。」

29 『小右記』（藤原実資）「長和四（1015）年閏六月廿四日、（中略）今日中納言行成持蝙蝠扇、是専不然事也。上達部作法不失例之者也。」

30 『桃花蘂葉』（一條兼良・室町後期）「束帯の時は夏も檜扇を持也。衣冠直衣などの時、極熱には蝙蝠の扇も子細なし。老者は猶冬の扇をもつべし。近ごろは夏冬をいはず蝙蝠をもつ人あり。例たるべからず。」

31 『後愚昧記』（三條公忠）「応安三（1370）年四月十一日、（中略）雖褻時、可持檜扇哉。直衣以下可為蝙蝠扇歟。（中略）褻時御扇事、老人雖夏時、直衣以下持檜扇条。一説不能左右、然而蝙蝠扇又無苦者也。」

32 『枕草子』「扇の骨は。青きは赤き、紫は緑。」

33 『三内口決』（三條西実枝・室町後期）「蝙蝠扇〈平生用之。両金、猫間、骨白。黒保禰不用之〉」

34 『滋草拾露』（滋野井公麗・江戸中期）「夏扇事。十五までは中うす地の扇、十六よりあつ地。つま紅は十七八迄も用也。（中略）ほねは竹木いろいろなるべし。又別当廷尉弾正等は（中略）六ぼね、或は黒白竹骨、朴木ほね等用之。」

35 『実躬卿記』（三條実躬）「弘安八（1285）年十月十九日（中略）常帯、帯劔、僮僕如昨日。紅扇〈出日彫骨〉家君同召水干狩襖。」
『園太暦』（洞院公賢）「文和二（1353）年六月廿五日辛酉。徳大寺前内府送状。（中略）紅扇には塗たる彫骨にて候。只の黒骨之彫たるをも用候やらん。塗骨は若如此幼少之時事乎。例之不審為恐之千万。」

36 『唯心院装束抄』（一條房通・室町後期）「衣冠襲。単を着し指貫にてしめ常袍を着す。此時は檜扇をさすに（中略）衣冠は常の袍斗の時、衣冠と云。此時は末広也。」

37 『年中諸公事装束要抄』（花山院忠定・室町前期）「石清水臨時祭当日。（中略）舞人の装束。（中略）扇〈妻紅彫骨。不謂夏冬、舞人必持如斯扇也〉。」

38 『広橋兼胤公武御用日記』「宝暦十一（1761）年九月廿五日　大炊頭五位之袍・紫平絹指貫着用、持妻紅之末広、此衣体先格之由也。」

39 『視聴草』（宮崎成身・江戸後期）「ぼんぼりと云は、浮折の扇にて末広の先のひらき少きもの也。大塚翁の考にぼんぼりは、少し計ひらきたれば、風に抜きたるの意にて、灯火のぼんぼり、又耳目の塵埃を払ふのぼんぼりなど各風の意なり。元よりぼんぼりの文字なし。風披扇（ボンボリ）と書して可ならんと云々。此ぼんぼりは、高位の公卿の持給ふものにて、近代武家にても、高位の方より申請て、内々持人もあるよし也。」

40 『園太暦』（洞院公賢）「文和五（1356）年正月十日。（中略）現在鼻垂候者可取出之間可有之様大切候歟。」

41 『餝抄』（中院通方・鎌倉前期）「帖紙。陸奥紙、或檀紙。好事雲客祭警固聴様帖紙。透夏直衣云々。」

42 『園太暦』（洞院公賢）「文和五（1356）年正月十日。（中略）帖紙は不及沙汰之由蒙仰候了。只朝夕用候白にやらん、若薄などちと散りばみたる物にや候べき。（中略）公卿已後も薄様帖紙持たる事もよそには見及候了。是は若夏の事候にやらん。紅帖紙古物をば持て候。」

43 『続有識問答』（安藤為実・江戸中期）「為実按帖紙古物不見。而久我内府君通誠公帖紙見之。紙者薄様而長一許尺。広一尺六許寸。五枚重之色〈青・黄・赤白・茶〉、表紅裏白、以金薄画雲鶴。花形色。」

44 『和名類聚抄』（源順・平安中期）「襪　説文云、襪〈音末、字亦作韤。和名之太久豆〉。足袋也。」

45 『玉蘂』（九條道家）「嘉禎三（1237）年七月五日。布袴之時不著韤歟。西園寺供養之時、野宮左府著布袴韤事被問き、如官奏之時不著之由答了。」

46 『建内記』（万里小路時房）「文安四（1447）年正月十日癸酉。参室町殿（中略）予直衣〈堅地織文浮線綾丸如例（中略）襪事、代々五十以後申免之。予五十四歳、雖不依官位、内々以状付女房申入之。有勅許、仍自今日所著也。凡束帯之時、襪者不及申請、貴賤皆著之。直衣衣冠以下之時者、非勅許者不著事也〉。」

47 『後愚昧記』（三條公忠）「応安七（1374）年十二月廿七日。今日二位中将〈実冬公〉先申慶賀。（中略）韤〈練貫一足、平絹一足〉。」
『建内記』（万里小路時房）「文安四（1447）年正月十日（中略）束帯之時者、シタバキ共二足著之。不入綿也。衣冠直衣以下之時著用スルハ、シタバキ無之。只一足聊入綿也。仍入綿一足用之。（中略）件韤夏時者、不可著例也。」

48 『政事要略』（惟宗允亮・1002年頃）「内外諸司、不論把笏非把笏者、公事公会之所、悉着靴。自余時着履。把笏者、雖非公会、雨泥之日聴着靴。又庶人等通著履。」

49 『桃花蘂葉』（一條兼良・室町後期）「履。鼻切沓といふ物也。敷物は表袴のきれを用也。」

50 『餝抄』（中院通方・鎌倉前期）「浅沓。禁色之人沓敷用織物、表袴之切云々。但堅文浮文可随人也。不然之人用平絹。皆押文、為不混属故也。執柄家凡不押之歟。」

51 『和名類聚抄』（源順・平安中期）「靴　唐令云烏皮靴、赤皮靴〈音戈、字亦作韡。和名化乃久都〉。」

52 『延喜式』（弾正台）「凡諸衛府生以上〈左右馬寮准此〉、除衛仗日之外皆著靴。但著布帯時、須用麻鞋。凡除著靴之外、通著麻鞋。」

53 『延喜式』（弾正台）「凡内外諸司。不論把笏非把笏者。公事・公会之所悉著靴。自余時著履〈把笏者、雖非公会、雨泥之日聴著靴〉。又庶人等通著履。」
『西三條装束抄』「靴。朝賀・小朝拝・節会・内宴等ニ天子モ召。臣下ハ此外、即位行幸・行啓・列見・定考・駒牽・譲位・立后・立太子・任大臣・釈奠等ニモ是ヲ用フ。」

54 『桃花蘂葉』（一條兼良・室町後期）「靴。靴氈は赤地の錦。靴帯はひきはだの皮。有横金物。節会の内弁外弁公卿。若行幸供奉の時用之。」

55 『延喜式』（馬寮）「凡寮馬牛斃者。以其皮充鞍調度幷籠頭等料。唯御靴料牛皮七張半充内蔵寮。」

56 『吉記』（吉田経房）「文治三（1187）年十一月七日甲辰。今日有行幸石清水行幸也。靴仙錦、廷尉用青地、自余人多用赤地。而今日新大納言〈兼光〉用之如何。」

57 『後照念院装束抄』（鷹司冬平・鎌倉後期）「靴花仙事。衣笠命云。靴ノハ赤地。但丞相以前ナドハ、其青地無苦之由、普賢寺殿被仰。後日命云、普賢寺殿仰ニハ、靴花仙者青地。而猪隈殿ハ執柄以後コソ、青地ニテハアレト被仰ト、故大納言入道者赤地也。」

58 『小右記』（藤原実資）「長和四（1015）年九月十二日己未。（中略）資平来云。今日左相国差章信朝臣、借行縢・平尻鞘・半靴、其体靴覆脛巾短也。有靴箋、以無靴帯、象半靴歟。」

59 『餝抄』（中院通方・鎌倉前期）「半靴。直衣・衣冠・布衣騎馬之時用之。華氈錦事如靴沓。」

60 『政事要略』（惟宗允亮・1002年頃）「至于半靴。雖名法式之中未見。半靴依是非法物、又不着用歟。自上古制来尚矣。推尋事理。」

61 『醍醐天皇御記』（醍醐天皇）「延喜四（904）年十一月廿三日。賀茂臨時祭試楽如常。但因両雪深著深履。」

62 『山槐記』（中山忠親）「仁安二（1167）年四月三日庚午。今日有政。（中略）六角宰相〈家通〉兼在陣。于時甚雨、仍於陽明門著深沓〈懸表衣前下襲裾〉於官人座（註略）。脱之著浅履、下前裾等著座。」

63 『西宮記』（源高明・平安中期）「深沓　上下共用之。公卿尋常政、着外記庁着用靴。」

64 『餝抄』（中院通方・鎌倉前期）「深沓。政始若深雪深雨之時用之。無華旋有縁。無文紫革。」

『世俗浅深秘抄』（後鳥羽上皇・鎌倉前期）「如政時。公卿用深沓。縁用紫革也。検非違使別当青革也。」

65 『礼儀類典図会』（徳川光圀編・江戸前期）「糸鞋　糸鞋以素糸作之〈糸大径五厘許〉。其形如足皮之無筒者、口一寸許裁断之分前後。而前後端有糸環、前方別作四組緒施之〈緒長一尺五寸許〉。底用筵作之、底端縫合糸鞋処、用白韋包之而附牛皮為裏〈合筵牛皮、厚二分許〉。右緒通于後方左環、左緒通于後方右環而結之。」

66 『和名類聚抄』（源順・平安中期）「糸鞋　弁色立成云、糸鞋〈伊止乃久都、今按、俗云之賀伊〉。」

『名目抄』（洞院実熙・室町前期）「糸鞋（シカイ）〈幼主之時著用之、又楽人舞人、著襲時著之〉。」

67 『西宮記』（源高明・平安中期）「正月十八日賭弓（中略）番長已下服中儀、左府鷲羽、右府粛慎羽、并糸鞋等。又矢取舎人等、左右同着黄袍、糸鞋等、但他不着䉛。」

68 『侍中群要』（平安後期）「臨時祭舞人　試楽、青色平緒尻鞘糸鞋、在仕陪従同。」

69 『江家次第』（大江匡房・平安後期）「小朝拝事。所司供御薬畢、殿上王卿、於射場殿辺著靴。（中略）次宸儀出御〈位袍御靴、幼主糸鞋〉。」

『冠儀浅寡抄』（唐橋在家・江戸中期）「親王大臣子息以下到諸家子弟、皆同著直衣〈白綾固地、文小葵。裏紫平絹。十六歳以上冠者者、尋常直衣〉。指貫〈紫亀甲二重織物、裏紫平絹〉。萌木裏単衣〈或濃文如常〉。扇〈杉横目、松絵要金銅蝶鳥、著色々糸巻之、有糸花房〉。略衣下袴糸鞋等。不結髪、是為普通之儀。」

70 『餝抄』（中院通方・鎌倉前期）「糸鞋　韈上著之。乍著昇堂上無憚。参入之時深泥者、乍著糸鞋著浅沓、但取去歟云々。」

71 『和名類聚抄』（源順・平安中期）「麻鞋　顔氏家訓云、麻鞋一握〈麻鞋和名乎久豆。弁色立成云、麻鞋以麻為之〉。」

72 『延喜式』（近衛府）「中儀〈謂元日宴会。（中略）近衛㒵綏、緑襖、白布帯、横刀、弓箭、麻鞋。」

73 『養老令』（衣服令）「朝服（中略）衛士。皂縵頭巾、桃染衫、白布帯、白脛巾、草鞋。」

「制服（中略）无位（中略）尋常通得著草鞋。」

74 『執政所抄』（藤原忠実政所・平安後期）「神馬二疋〈御厩舎人為礒、着褐衣、冠、布帯、菓脛巾、藁沓〉。」

『物具装束抄』（花山院忠定・室町前期）「車副事。冠、緌、衣、襖袴、菓脛巾、（中略）藁沓。」

75 『山槐記』（中山忠親）「治承三（1179）年六月十二日己亥。今夜有行幸（中略）左少将通資朝臣〈著浅沓依深泥不用无裏歟〉。」

76 『万一記』（万里小路宣房）「正安三（1301）年十月廿九日。予供奉賢所（中略）予著靴供奉〈於途中閑所著裏無〉。」

77 『衣文愚童訓』（壺井義知・江戸中期）「縫腋（中略）次浅履或裏無〈二ツ鼻緒〉。（中略）衣冠（中略）次浅履或裏無。」

『武家装束抄』（平有之・1761年）「束帯（中略）緒太足袋の時は緒のたてやう常の草履に同じ。但前緒の所を紙にて包也。襪の時に用るは、前緒のたてやう常とはかはれり。浅履を用らる、時も持しめらる、事あり。」

［第四章　有職の色彩と文様］

【有職の色彩】（248～265ページ）

1 『日本書紀』「推古天皇十一（603）年十二月壬申《五》。始行冠位。大徳・小徳・大仁・小仁・大礼・小礼・大信・小信・大義・小義・大智・小智、并十二階。並以当色絁縫之。頂撮総如嚢。而著縁焉。唯元日著髻華〈髻華、此云于孺〉。」

2 『日本書紀』「推古天皇十六（608）年八月壬子《十二》。召唐客於朝庭。（中略）是時。皇子・諸王・諸臣悉以金髻華著頭。亦衣服皆用錦紫繡織及五色綾羅〈一云。服色皆用冠色〉。」

3 『日本書紀』「天武天皇十一（682）年六月丁卯《六》。男夫始結髪。仍著漆紗冠。」

4 『日本書紀』「天武天皇十四（685）年七月庚午《廿六》。勅。定明位已下進位已上之朝服色。清位已上並著朱華〈朱華、此云波泥孺〉・正位深紫・直位浅紫・勤位深緑・務位浅緑・追位深蒲萄・進位浅蒲萄。」

5 『日本書紀』「持統四（690）年四月庚申《十四》。詔曰。百官人及畿内人。（中略）量授冠位。其朝服者、浄大壱已下広弐已上黒紫・浄大参已下広肆已上赤紫・正八級赤紫・直八級緋・勤八級深緑・務八級浅緑・追八級深縹・進八級浅縹。」

6 『続日本紀』「大宝元（701）年三月甲午《廿一》。対馬島貢金、建元為大宝元年。始依新令、改制官名位号。（中略）又服制、親王四品已上諸王諸臣一位者皆黒紫・諸王二位以下諸臣三位以上者皆赤紫・直冠上四階深緋・下四階浅緋・勤冠四階深緑・務冠四階浅緑・追冠四階深縹・進冠四階浅縹。皆漆冠、綺帯、白襪、黒革舃。其袴者、直冠以上者皆白縛口袴。勤冠以下者白脛裳。」

7 『続日本紀』「大宝二（702）年正月己巳朔。天皇御大極殿受朝。親王及大納言已上始著礼服。諸王臣已下着朝服。」

8 『養老令』（衣服令）「諸臣礼服　一位礼服冠、深紫衣、牙笏、白袴、条帯、深縹紗褶、錦襪、烏皮履。三位以上、浅紫衣。四位、深緋衣。五位、浅緋衣。（中略）朝服　一品以下五位以上、並皂羅頭巾。衣色同礼服。牙笏、白袴、金銀装腰帯、白襪、烏皮履。六位、深緑衣。七位、浅緑衣。八位、深縹衣。初位、浅縹衣。並皂縵頭巾。木笏。」

9 『養老令』（衣服令）「制服。無位。皆皂縵頭巾、黄袍、烏油腰帯、白襪、皮履。朝庭公事、即服之。尋常通得着草鞋〈家人奴婢、橡墨衣〉。」

10 『政事要略』（惟宗允亮・1002年頃）「雑格云。応改七位初位当色事。右被右大臣宣称、奉勅。今聞漢家之制、略異此間、緑縹之浅。不着当色、知而不改。服制无節、蕃客朝観、如見之何。宜七位者同着深緑、初位者共服深縹。自今以後、立為恒例。大同元（806）年十月七日」

11 『日本後紀』「弘仁十一（820）年二月甲戌朔。詔曰。云々。其朕大小諸神事、及冬奉幣諸陵、則用帛衣。正受朝則用袞冕十二章。朔日受朝、日聴政、受蕃国使、奉幣及び大小諸会、則用黄櫨染衣。」

12 『続日本紀』「宝亀五（774）年正月辛亥《十一》。勅。先令大臣身帯二位者著中紫。自今以後。宜為例行之。」

『日本後紀』「弘仁元（810）年九月壬戌《廿五》。制。大臣身帯二位者、聴着中紫。今宜改着深紫。又諸王二位已下五位已上及諸臣二位三位者、依令条着浅紫、今改着中紫。」

13 『胡曹抄』（一條兼良・室町中期）「三四位袍無差別事。正暦三（992）年九月一日、小右記、明順直人叙四位、乞袍。以三品袍送四品如何、然而遣之。其報ニ云。近代三四位袍、其色一同。又最初着用如此衣云々。仍所驚示ス也。為奇不少カラ。寛弘三（1006）年小右記云。叙四位者、近代着三位以上袍、極テ奇事也云々。」

14 『今鏡』（腹々のみこ）「ある人の申されけるは、つるばみの衣は王の四位の色にて、たゞ人の四位と王五位とはくろあけを着、たゞ人の五位、あけの衣にてうるはしくはあるべきを、今の人心およすげて、四位は王の衣になり、五位は四位の衣を着るなるべし。」

15 『続日本後紀』「承和五（838）年十二月甲子《十》。弾正台奏。朝服之色、明在法条。而今会集之時、有緑無縹。僭上之弊遂失致敬。稽之朝儀、理不可然。紫緋之品、其色灼然、易就而正。緑縹之次、其類猥多、難得而糺。」

16 『餝抄』（中院通方・鎌倉前期）「橡袍。四位以上橡。五位有蘇芳気。六位緑。廷尉佐大夫外記史大夫尉等着赤色。近代四位五位無差別、不知故実云々。」

17 『御禊行幸服飾部類』「（寛治元（1087）年十月廿二日）寛治時範記云。（中略）外記二人〈三善雅仲、惟宗仲信。倭鞍、楚鞦、結唐毛。各着深緑袍俗称柚葉色〉。」

18 『枕草子』「白樫といふものは、まいて深山木のなかにもいとけどほくて、三位二位のうへのきぬ染むるをりばかりこそ」

19 『桃花蘂葉』（一條兼良・室町後期）「袍。（中略）色はいづれもふし金にてそむ。濃紫のよし也。但五位中少将はあけの色也。但附子かねはくさくて、はやくくつるによりて、近比故実の女工ありて、下を蘇芳の木をよく煎じてそれにて染て、うへをふしの枝、もしは葉を煎じてそむるが、色もうつくしくて、くさくもなきといへり。ふしの木なければ、じやくろの皮にてもそむるといへり。」

20 『小右記』（藤原実資）「正暦四（993）年正月廿二辛亥。今日有内宴。未時許参内〈着青色闕腋、餝劔、魚袋等〉。（中略）次内規参上〈依無絹平青色、中宣旨着綾青色。蓋是先例歟〉。」

21 『西宮記』（源高明・平安中期）「袍。赤色、主上及一上卿、内宴時服之。青色、帝王及公卿已下侍臣、随便服之〈非蔵人用無文〉。」

22 『小右記』（藤原実資）「正暦四（993）年正月廿二辛亥。今日有内宴。（中略）此日摂政着赤色袍、尋先例、第一之人着之、若依臈次左府可着也。而着之。」

『源氏物語』（少女）「帝は、赤色の御衣たてまつれり。召しありて、太政大臣参りたまふ。おなじ赤色を着たまへれば、いよいよひとつものとかかやきて見えまがはせたまふ。」

23 『吏部王記』（重明親王）「延長六（928）年十二月五日。大原野行幸。（中略）其装束御赤色袍。親王公卿及殿上侍臣六位以上著麴塵袍。」

24 『弄花抄』（三條西実隆・室町後期）「青色は麴塵とも号す。今も極臈のきたる袍なり。赤色はあかねにて染むる也。青色よりはたかき色なり。」

25 『後深草天皇御記』（後深草天皇）「文永五（1268）年十月五日壬午。今日太上天皇可有御出家之日也。（中略）其御装束。赤色御袍〈如常〉柳御下重〈唐織物、文桜丸〉、白御衣、御単衣、白綾御指貫。」

26 『餝抄』（中院通方・鎌倉前期）「赤色。太上皇着御之。保元四（1159年）朝覲、今年不着御赤色、着御橡云々。今案。先院脱屣之始、神社御幸朝覲等着御赤色、後々着御橡也。文窠中竹桐也。」

27 『禁中並公家諸法度』（1615年）「仙洞御袍、赤色橡。或甘御衣。」

28 『西宮記』（源高明・平安中期）「黄衣。無品親王・孫王、綾。源氏及良家子孫弱冠者着之。公卿子孫候殿上、無官時用黄衣。」

29 『餝抄』（中院通方・鎌倉前期）「保延五（1139年）或秘記曰。雅仁親王元服。諸卿等相談曰、無品親王着黄衣。或曰、謂之浅黄。専不分明。宗能卿曰、是黄色之薄也。予曰、或記曰、親王着黄衣。注曰、其浅黄也。世称之黄衣。或記曰、着緑袍云々。以之推之。猶浅黄色歟。指貫体也。宗能曰。浅黄者是心喪色也、豈可用哉。余人更不口入。予心中雖存無其謂之由。更不出口外帰亭。後勘日記。」

30 『今鏡』「位おはしまさぬほどは、浅黄と日記に侍るなるをば、青き色か、黄なるか、なほ覚束なくて、花園のおほい殿に尋ね奉られけるも、幼くて覚え給はぬよし申したまふなど聞こえし。」

31 『玉勝間』（本居宣長・江戸後期）「浅黄とは、今の世には、青色の薄きをいへども、昔は黄色のうすきをいひ、又緑色をもいへりき。此事吉部秘訓抄、建久二（1191）年十二月、又玉蘂、建暦二（1212）年十二月、親王元服の時の、袍の色につきて、くさぐさ論あり。黄色の薄きをいへるが本也。緑色をいふは、浅葱の意にて、異なるを、唱なへの同じきままに混ひつる也。又後に薄青色をいふは、緑色よりうつれるなるべし。」

32 『延喜式』（織部司）「七月七日織女祭　五色薄絁各一尺、木綿八両……。」

33 『政事要略』（惟宗允亮・1002年頃）（巻第六十七）「大同二（807）年四月廿九日、明法博士讃岐公広直答。君臣服色。皆象五方。但緑縹朱紫之色。必不正色。或依間色焉。五行大義云。五色者。東方木為蒼色。南方火為赤色。中央土為黄色。黄者地之色也。西方金色白。北方水色黒。此五者為正色。」

34 『仏説阿弥陀経』「池中蓮華、大如車輪。青色青光、黄色黄光、赤色赤光、白色白光。微妙香潔、舎利弗　極楽国土、成就如是、功徳荘厳。」

35 『三條家装束抄』「直衣事。（中略）夏秋は裏なし。薄物、

文三重襷。色は若年人二藍、紫。次第濃花田、薄花田。後は大略如白成也。」

36 『源氏物語』（藤裏葉）「『直衣こそあまり濃くて軽びためれ。非参議のほど、何となき若人こそ二藍はよけれ、ひき繕はむや』とて、わが御料の心ことなるに、えならぬ御衣ども具して、御供に持たせてたてまつれたまふ。」

37 『中外抄』（藤原忠実述・平安後期）「保延四（1138）年正月廿六日。大宮大夫〈師頼〉参入大殿、被申師能五位蔵人恐悦之由。被申云。禁色可申誰人哉。仰云。可申主上。先例元服日ハ乞五位蔵人表衣天着之、四位時ニハ乞蔵人頭着之、普通□□也。近代不然歟。諸事ハ可用近令之由、故殿被仰き。」

38 『法曹至要抄』（坂上明基・平安末期）「黄丹事。弾正式云。支子染深色可濫黄丹者。不聴服用。元慶五（881）年十月十四日宣旨云。支子染深色可濫黄丹者。不得服者。而年来以茜紅交染。尤濫其色。自今以後。茜若紅交染支子者。不論浅深宜加禁制者。案之。着件色之時。雖禁制重。近来之作法或称欸冬色着用之。或号黄朽葉色着用之。已下男女任意随望。而無禁制之。」

39 『法曹至要抄』（坂上明基・平安末期）「一　紅染事。延長四（926）年十月九日宣旨云。紅染深色可禁制之由。去延喜十八（918）年三月十九日。給本様色絹已畢。而年来之間不随様（タメシノ）色。弥好深染。宜重下知従新嘗会以後一切禁遏。案之。件色雖下被聴禁色之輩。依此制尚以不着用。而不頼之類不知憲法。恣着用。猶従破却。宜処笞卅科決放之。」

40 『新古今和歌集』「延喜御時、女蔵人内匠、白馬節会見けるに、車より紅の衣を出だしたりけるを、検非違使のただむとしければ、いひつかはしける『大空に　照る日の色をいさめても　天の下には　たれか住むべき』。かくいひければ、たださずなりにけり。」

41 『三條家装束抄』「狩衣事。或は雁衣とも書之。称布衣同物なり。五位以上用織物、狩衣不因禁色の事也。」

42 『餝抄』（中院通方・鎌倉前期）「白裏狩衣事。（中略）俊成入道沈倫不居顕官叙四位及四十之後、着白裏狩衣。侍従大納言成通卿、参会院見之。白裏狩衣キサセ給ナトテ被流涙。是衰老失前途之由歟。」

43 『小右記』（藤原実資）「長和三（1014）年十一月廿一日、（中略）御覧童女、新中納言童着無文織物衵、下仕着無文織物唐衣。兼有可禁過差之仰、而童女・下仕着織物、更無勘当。相府被申不可有禁断之由。（中略）王化之薄歟。甚以歎息。」

【有職文様】（266～272ページ）

1 『餝抄』（中院通方・鎌倉前期）「麴塵。天子常着御、称黄櫨染。文竹桐鳳凰麒麟。」

2 『装束雑事抄』（高倉永行・1399年）「青色袍〈綾浮織物、文牡丹に尾長鳥。たて青緯黄、裏蘇芳。夏は裏をとりて着す。夏冬同物なり。麴塵ともいふなり〉。」

3 『装束深秘抄』（江戸後期）「太上天皇御袍、赤色御綾袍、御紋窠中ニ竹桐、或菊唐草窠中ニ八葉ノ菊也。」

4 『後照念院装束抄』（鷹司冬平・鎌倉後期）「袍文事。仰云。余家皆着輪無轡唐草等、但大臣以後着改之人等有之歟。大炊御門故内府冬忠公大亀甲、花山院相国通雅公輪違等着之キ。家例也。」

5 『西三條装束抄』「袍文、主上桐竹鳳凰、上皇菊唐草窠中八葉菊。将軍家無輪、任槐以後竹桐。摂家丁子唐草、杏葉、多須岐龍胆。関白になりては雲立涌、太閤の時雲鶴、又摂籙の時夏の紋浮線綾の丸なり。」

6 『三條家装束抄』「直衣事。（中略）文浮線蝶円。少年の人はまろの勢分少くして、聊繁ク居之なり。（中略）童体の人面白浮織物、文小葵重文也。」

7 『物具装束抄』（花山院忠定・室町前期）「直衣〈夏公卿三倍タスキノ薄物。非職無文薄物。カトリノ直衣ト云也。冬公卿浮線綾丸志々良綾。非職無文綾。桜直衣ト云也〉。」

8 『名目抄』（洞院実熙・室町前期）「臥蝶（フセンゼウ）。冬ノ直衣。及同ク下重。」

9 『新猿楽記』（藤原明衡・平安中期）「綾、錦、羅、縠、呉竹、甘竹、吹玉等也。本朝物、緋襟、象眼、繧繝、高麗軟錦、東京錦、浮線綾。」

10 『満佐須計装束抄』（源雅亮・平安末期）「袍の緑衫なる麗しきことなり。青色は冬も夏も、唐綾・浮線綾・顕文紗などにてあるぞいみじき。」

10 『岡屋関白記』（近衛兼経）「建長二（1250）年十月十三日、（中略）蒲萄染堅織物下襲〈文浮線綾丸如常〉、同半臂、赤衵、単衣。」

11 『餝抄』（中院通方・鎌倉前期）「直衣。聴禁色之人、夏大文薄物、冬浮線綾。不然之人、夏縠、冬志々羅綾。宿老之人裏白。壮年薄色裏。」

『三條家装束抄』「大紋薄物〈大紋ト云ハ。三重襷の重文の菱なり〉。」

12 『三條家装束抄』「上袴。壮年の人、縮線綾と称して白き浮織物。地は小石畳、号之霰也。其中に有窠の文。中年の人は堅織物、文藤丸、遠ク居之。」

『餝抄』（中院通方・鎌倉前期）「表袴。夏冬無差別。禁色人有文。宿老人藤。若人霰窠文。」

13 『新野問答』（野宮定基答・江戸中期）「窠霰　縮線綾と申て、浮文の石畳の中に窠の紋を織申候物に候。窠と申は木瓜を截たる象をうつしたると申候。窠中央に蝶の丸文を織て、其傍に龍胆を織候を摂家は御用候。具平親王孫久我一党同用之候。凡家は藤を織たるを用申候。天子は只中蝶ばかりにて、傍に文なきを著御候。」

14 『三條家装束抄』「下襲事。冬のは面熨シ地の綾。文浮線蝶丸、遠文に居之。調様は粉張、如雑色之狩衣。裏同ジキ綾、文遠菱、濃蘇芳染之、大略如フシカ子染なり。」

『餝抄』（中院通方・鎌倉前期）「下襲。冬、面浮線綾文、粉張瑩之、裏遠菱文、濃打菱遠文。壮年之人有中陪。又文四菱重也。老者一菱遠文。」

『物具装束抄』（花山院忠定・室町前期）「下襲〈公卿、夏赤色下襲薄物文菱。冬躑躅下襲、面白綾、文浮線綾丸、裏濃打文菱〉。」

15 『餝抄』（中院通方・鎌倉前期）「半臂。冬禁色之人欄羅・薄物、身濃打。夏大文黒半臂。」

16 『桃華蘂葉』（一條兼良・室町後期）「黒半臂　冬は綾をふしがねに染て板引にして著之、深紫色の半臂と名づく。裏あり。夏は生の縠〈文三重だすき〉又ふし金にて染之。いずれも欄忘緒はうす物也。」

17 『公清公記』（徳大寺公清）「貞和六（1350）年正月十六日壬申。著装束〈濃色〉闕腋〈依節会也〉。（中略）半臂〈文小葵、フシカ子ゾメ忘緒アリ〉。」

18 『松竹問答』（松岡辰方、竹屋光棣・江戸後期）「半臂。公卿ハ冬浮線蝶丸ノ綾、夏ハ三重襷ノ薄物、何レモ黒色也。」

19 『大江俊矩記』（北小路俊矩）「文化九（1812）年十月二十日己未。申刻前予参内、広橋亜相謁。（中略）黒半臂、小葵・浮線蝶之内便可用之。彼卿所持者浮線蝶〈即用古物云々〉之由。裏平絹同色〈水色者薄縹之由、山科家多用之云々〉。」

20 『猪隈関白記』（近衛家実）「建永元（1206）年十一月十二日、（中略）今夜五節参入（中略）入夜着直衣〈薄色堅文織物指貫〈文藤丸如常〉（中略）主上着御装束〈御直衣如例、紫浮文織物御指貫、其文霰地丸文也、如御表袴文也〉。」

『享徳二年晴之御鞠記』（一條兼良・1453年）「主上。御直衣。半色御指貫〈窠霰文〉。」

21 『西三條装束抄』「貞和四（1348）年十二月廿三日、中園相国直衣始院参ノ時、新院、菊蛮絵赤色二倍ノ狩衣直衣、二倍織物ノ指貫文八葉菊。」

22 『桃花蘂葉』（一條兼良・室町後期）「指貫。童体時、紫二陪織物ノ指貫、地文亀甲白浮線綾丸。夏は生。用腹白組、自指貫上貫之。元服之後、濃紫浮織物文亀甲。次薄色浮織物文亀甲、或鳥襷、或半色、薄色の紫の方へよりたるを云也。次薄色固織物文藤丸。次薄色、付色也、綾、文藤丸。ニワナノ藤也。固文綾志々良。次浅黄固織物文藤丸。次浅黄綾文志々良。以上裏同表色。次白藤丸或平絹。以上其色随年齢或依官位可進退也。」

23 『餝抄』（中院通方・鎌倉前期）「奴袴色浅深。随年依官可斟酌也。禁色之人織物、不然之人志々羅平絹。壮年之人夏着大文薄物、或鳥多須岐等。生織物白文奴袴、高貴之人着之云々。当家壮年之間、着龍胆多須岐。宿老之後藤円。」

24 『三條家装束抄』「此年齢十五以後。以後は鳥多須岐、浮織物、色紫裏同前。夏ノは生織物、文幷裏同前。或又如此。若年の人夏薄物大文、三重多須岐、瑠璃色如浅黄云々。」

25 『世俗浅深秘抄』（後鳥羽上皇・鎌倉前期）「不論公卿殿上人着用薄物指貫、定例也。而近代間非大文、如鳥多数木用之歟、甚非也。薄物文大小文外無之歟。但於如狩衣非其限。」

26 『大江俊矩記』（北小路俊矩）「文化八（1811）年閏二月十七日乙丑。三臈昨日入来之時有物語曰。先年俊幹朝臣在職中、鳥襷奴袴、薄色大紋ニ被換候時、浜島民部権少掾残念之由申居旨令伝聞故、（中略）鳥襷ヲ以最上ノ様ニ成来、然ラバ不論老若、先鳥襷著用尤歟。」

27 『満佐須計装束抄』（源雅亮・平安末期）「保安四（1123年）二二、新院始御幸、半色二重織物、鸚鵡唐草白丸文、無文青鈍奴袴。」

28 『西三條装束抄』「着小直衣例。（中略）至徳二（1385）年八月廿八日、同摂政（二條良基）、鹿苑院准后（足利義満）、春日ノ社参詣ノ日、香ノ小直衣文鹿、紫院等ヲ用。」「永享元（1429）年九月廿二日、後福照院摂政（二條持基）、普広院将軍（足利義教）、春日社ニ参詣ノ時、若宮祭礼ノ日、薄香小直衣文鹿、紫苑、萌木衣、薄色指貫文雲立涌、ヲ用ユ。」

順徳天皇『禁秘抄』の刊本（江戸前期）

鈍色（にびいろ、にぶいろ） 211, 256
入欄（にゅうらん） 44, 82, 182
女房装束（にょうぼうしょうぞく） 23, 140, 145

ぬ

縫取織（ぬいとりおり） 280
額当（ぬかあて） 200
布（ぬの） 284
布帯（ぬのおび） 90
布直垂（ぬのひたたれ） 110, 116
奴袴（ぬばかま） 84, 193, 195, 232
⇒さしぬきのはかま

ね

猫間（ねこま） 240
鼠色（ねずみいろ） 211, 213, 256
練薄（ねりうす） 86, 281
練絹（ねりぎぬ） 184

の

直衣（のうし） 77, 84, 238, 254
直衣始（のうしはじめ） 77
直衣布袴（のうしほうこ） 81
熨斗目（のしめ） 44, 113, 116, 119, 279
野劔（のだち） 62, 70, 75
のぼり 27, 103

は

白衣（はくい） 198 ⇒びゃくえ
白丁（はくちょう） 91
白張（はくちょう） 91, 93, 192
帛御袍（はくのごほう） 182, 184
はこえ 44, 75, 76
夾形（はさがた） 130, 132
把笏（はじゃく） 237
走水干（はしりずいかん） 103, 110
はだか単（はだかひとえ） 48
端袖（はたそで） 44, 80, 88, 103, 190
鳩胸（はとむね） 55
鼻切沓（はなきれのくつ） 242
縹袍（はなだほう） 194
朱華（はねず） 17, 248
脛巾（はばき） 90, 173
巾明衣（はばみょうえ） 197
羽二重（はぶたえ） 281
腹白（はらじろ） 130, 233, 235
張烏帽子（はりえぼし） 91
張貫（はりぬき） 183, 216, 223, 242
張袴（はりばかま） 30, 140, 150, 232
蛮絵（ばんえ） 36, 90, 205
盤絵（ばんえ） 90
半尻（はんじり） 126
半袴（はんばかま） 110, 113, 118
半臂（はんぴ） 30, 44, 58, 70, 205

ひ

火色（ひいろ） 47
檜扇（ひおうぎ） 30, 44, 74, 150, 157, 201, 238
日蔭糸（ひかげのいと） 159, 176, 188, 200
引上（ひきあげ） 233
引腰（ひきごし） 146
引立烏帽子（ひきたてえぼし） 223
膝継（ひざつぎ） 48
直垂（ひたたれ） 26, 27, 84, 100, 108, 114, 118, 119, 193, 205, 236
単（ひとえ） 44, 48, 74, 81, 84, 148, 227
単袴（ひとえばかま） 150
雛頭（ひながしら） 48, 274
昼装束（ひのしょうぞく） 43, 72
引倍木（ひへぎ） 48, 160, 229
曳陪岐（ひへぎ） 229
紐落し（ひもおとし） 235
紐別（ひもべつ） 235
白衣（びゃくえ） 198 ⇒はくい
兵仗（ひょうじょう） 61, 62, 90
比翼文（ひよくもん） 155, 162, 272
平緒（ひらお） 43, 62
褶（ひらみ） 38
平胡籙（ひらやなぐい） 61, 173
領巾（ひれ） 38, 146
平礼烏帽子（ひれえぼし） 212, 223

ふ

深沓（ふかぐつ） 243
ふくさ 232
フクラ（ふくら） 237
布衫（ふさん） 91, 176, 212
藤衣（ふじごろも） 212
藤原頼長（ふじわらのよりなが） 25, 82
臥蝶（ふせちょう） 268
臥蝶丸（ふせちょうのまる） 80, 270
浮線綾（ふせんりょう） 80, 268, 269
二藍（ふたあい） 253, 254
二陪織物（ふたえおりもの） 86, 281
武礼冠（ぶらいかん） 39 ⇒むらいかん
風流（ふりゅう） 26, 63, 98, 103, 108, 126, 140, 150
風流腰（ふりゅうごし） 86
分銅鍔（ふんどうつば） 62

へ

平絹（へいけん） 44, 60, 80, 98, 108, 148, 183, 281
別裾（べつきょ） 48
冕冠（べんかん） 40

ほ

布衣（ほい） 25, 84, 108, 116, 119
袍（ほう） 55
布衣始（ほういはじめ） 25, 84
縫腋（ほうえき） 43
縫腋袍（ほうえきほう） 44, 58, 177, 184
半靴（ほうか） 243
宝冠（ほうかん） 42
宝髻（ほうけい） 38
布袴（ほうこ） 70
ほうしょうぐし 226
幞頭（ぼくとう） 216
細纓（ほそえい） 58, 90, 176, 212, 221 ⇒さいえい
細長（ほそなが） 130, 134
本帯（ほんたい） 51
ぼんぼり 157, 241

ま

前張大口（まえはりのおおくち） 96, 236
麻鞋（まかい） 44, 243 ⇒おぐつ
襠高小袴（まちたかこばかま） 119

朱紱（しゅふつ） 251
巡方（じゅんぽう） 51 ⇒ずんぽう
浄衣（じょうえ） 32, 102, 123, 190, 192, 193, 194, 196
上括（しょうぐくり） 91, 96, 233
装束（しょうぞく） 113, 114
如木（じょぼく） 91, 273
白拍子（しらびょうし） 26, 103
尻鞘（しりざや） 63
白帷子（しろかたびら） 113, 118
白元結（しろもっとい） 170
心喪（しんそう） 47, 210, 256

す

垂纓（すいえい） 56, 58, 218
水干（すいかん） 26, 27, 100, 126, 201, 274
水干狩衣（すいかんかりぎぬ） 104
水干袴（すいかんばかま） 102, 104, 122
垂袴（すいこ） 90 ⇒たればかま
垂壺（すいこ） 90, 236
随身（ずいじん） 56, 90
末広（すえひろ） 85, 96, 110, 114, 185, 240
素襖（すおう） 108, 110, 116
透額（すきびたい） 216
透瑪瑙（すきめのう） 54
生絹（すずし） 86, 182, 190, 278
裾濃（すそご） 90, 102, 103, 104, 236, 278
巡方（ずんぽう） 51 ⇒じゅんぽう

せ

青海波（せいがいは） 176
精好（せいごう） 150, 280
正服（せいふく） 193
制服（せいふく） 18
石帯（せきたい） 44, 51, 54
背子（せこ） 23, 146
千剣菱（せんけんびし） 150

そ

草鞋（そうかい） 90, 176, 243
挿鞋（そうかい） 82, 182, 183, 243
左右縒（そうより） 86, 150 ⇒さゆうより
紕帯（そえおび） 38
束帯（そくたい） 43, 70, 72, 118, 171, 238, 276
袖括の緒（そでくくりのお） 86, 98, 109, 190
袖単（そでひとえ） 28, 231
傍続（そばつづき） 96
素服（そふく） 211, 212
染色（そめいろ） 181, 278
染帷子（そめかたびら） 113, 116
染物（そめもの） 157, 265, 278
染分（そめわけ） 236
染分袴（そめわけばかま） 90

た

退紅（たいこう） 91, 176, 278 ⇒あらぞめ
大嘗祭（だいじょうさい） 34, 171, 182
大文（だいもん） 268
大紋（だいもん） 110, 119
高倉（たかくら） 28, 55, 61, 100, 130, 148, 150, 183, 185, 221, 274, 275
丈長（たけなが） 169, 170
立烏帽子（たてえぼし） 81, 84, 91, 98, 105, 110, 114, 119, 223
帖紙（たとう） 44, 74, 241
足袋（たび） 119
垂頸（たりくび） 27, 105, 106, 126
垂袴（たればかま） 90 ⇒すいこ
俵菱（たわらびし） 218
檀紙（だんし） 241

ち

中啓（ちゅうけい） 85, 157, 240
長絹（ちょうけん） 86, 103, 130
頂頭懸（ちょうずがけ） 226
調度（ちょうど） 61
朝服（ちょうふく） 18, 43

つ

対丈（ついたけ） 134
継上下（つぎがみしも） 118
続裾（つづききょ） 48
続平緒（つづきひらお） 62, 274
躑躅（つつじ） 47
髻裏（つとうら） 168
壺胡籙（つぼやなぐい） 61, 173
妻紅（つまくれない） 74, 96, 114, 240
露先（つゆさき） 86, 109, 283

て

殿上童（てんじょうわらわ） 130, 135

と

登極令（とうぎょくれい） 171, 178, 188
当色（とうじき） 91, 248
堂上（とうしょう） 54, 85, 86, 122
桐杖（とうじょう） 212 ⇒きりづえ
道中着（どうちゅうぎ） 32, 157
遠文（とおもん） 48, 75, 98, 218, 266
垂髻（ときさげ） 157, 169, 170, 200
頭巾（ときん） 216
徳大寺（とくだいじ） 25, 273
床（とこ） 51
途中着（とちゅうぎ） 164
宿直衣（とのいぎぬ） 22
宿装束（とのいしょうぞく） 70, 72
鳥羽上皇（とばじょうこう） 24, 273
鳥襷（とりだすき） 234, 270, 271
執り流し（とりながし） 76
緞子（どんす） 29, 157
とんぼ 226
蜻蛉頭（とんぼがしら） 44, 100, 182

な

萎烏帽子（なええぼし） 223
長袴（ながばかま） 113
中陪（なかべ） 155, 231, 283
梨子打烏帽子（なしうちえぼし） 223
夏扇（なつおうぎ） 239
納豆烏帽子（なっとうえぼし） 112, 223
鍋取り（なべとり） 58
縄纓（なわえい） 211
縄帯（なわおび） 211

に

日形冠（にっけいかん） 42

葛袴（くずばかま）　120, 122, 126
舃（くつ）　36
沓敷（くつじき）　242
甘御衣（くつろぎのおんぞ）　96　⇒かんのおんぞ
轡唐草（くつわからくさ）　193, 267
首紙（くびかみ）　80
組懸（くみかけ）　75, 81, 122, 221
条帯（くみのおび）　36
雲立涌（くもたてわく、くもたちわき）　44, 80, 98, 234, 267
雲取亀甲（くもとりきっこう）　272
位当色（くらいとうじき）　18, 22, 192
蔵人（くろうど）　56, 181, 255
黒橡（くろつるばみ）　211, 212, 249, 251, 256
黒袍（くろほう）　193, 194
黒元結（くろもっとい）　170
裙帯（くんたい）　146
け
慶賀笏（けいがのしゃく）　237
袿袴（けいこ）　32, 145, 156, 159, 164, 199, 272 ⇒うちぎばかま
挂甲（けいこう）　39, 171　⇒かけよろい
外記（げき）　43, 44
下括（げぐくり）　96, 233
牙笏（げしゃく）　30, 36, 237
闕腋（けってき）　43, 274
闕腋袍（けってきほう）　39, 56, 90, 130, 135, 196
毛抜形（けぬきがた）　62, 126
検非違使（けびいし）　44, 56, 62, 63, 70, 72, 77, 91, 103, 243
巻纓（けんえい）　56, 58, 205, 211, 218
懸裾（けんきょ）　48
顕文紗（けんもんしゃ）　86, 280
顕文紗文縠（けんもんしゃもんごめ）　44
こ
小葵（こあおい）　48, 81, 98, 130, 185, 268
高家（こうけ）　72
纐纈の裳（こうけちのも）　140, 154
柑子色（こうじいろ）　211, 213, 256
小袿（こうちぎ）　145, 154, 262
小袿長袴（こうちぎながばかま）　162
紅梅直衣（こうばいのうし）　81
黄櫨染（こうろぜん）　20, 44, 171, 181, 196, 251, 253
濃（こき）　48, 138, 157
濃装束（こきしょうぞく）　138
小腰（こごし）　146, 178
心葉（こころば）　159, 176, 188, 200
御再興（ごさいこう）　29, 30, 39, 130, 140, 146, 218, 237, 266
御祭服（ございふく）　182
巾子（こじ）　23, 183, 216
腰板（こしいた）　116
腰替り（こしがわり）　116
五色（ごしき）　254
腰次（こしつぎ）　235
小素襖（こすおう）　110
五節舞（ごせちまい）　77, 120, 178, 270
小袖（こそで）　25, 30, 36, 84, 113, 114, 148
小舎人童（こどねりわらわ）　103, 126
小直衣（このうし）　27, 29, 84, 94, 108, 118, 123, 185, 198, 240
小袴（こばかま）　27, 91, 104, 109, 110, 118, 236
粉張（こばり）　283
紙捻（こびねり）　74, 75, 81, 110, 114, 122, 221
小紐（こひも）　75, 76
縠織（こめおり）　44, 60, 280
籠括（こめくくり）　109, 198
縠紗（こめしゃ）　44, 280
小結（こゆい）　225, 226
衣更え（ころもがえ）　55
強装束（こわしょうぞく）　24, 72, 223, 273
袞衣（こんえ）　40
袞冕十二章（こんべんじゅうにしょう）　34, 40
さ
細纓（さいえい）　58, 90, 176, 212, 221　⇒ほそえい
犀角（さいかく）　51
釵子（さいし）　168, 200
纔着（さいじゃく）　48, 56, 88, 173, 283
斎服（さいふく）　194
幸菱（さいわいびし）　150
嵯峨天皇（さがてんのう）　20
先間菱（さきあいびし）　148
先染め（さきぞめ）　265
下げ鬢（さげみずら）　130
差袴（さしこ）　236
指袴（さしこ）　30, 74, 84, 98, 236
指貫（さしぬき）　72, 74, 82, 84, 96, 114, 120, 130, 193, 232
奴袴（さしぬきのはかま）　84, 193, 195, 232　⇒ぬばかま
雑袍（ざっぽう）　77, 255
錆（さび）　225
侍烏帽子（さむらいえぼし）　112, 116, 223
左右縒（さゆうより）　86, 150　⇒そうより
三山冠（さんざんかん）　37, 42
し
糸鞋（しかい）　132, 173, 243
地下（じげ）　22, 54, 75, 85, 86, 122, 194, 223
繁文（しげもん）　48, 75, 98, 218, 266
侍従（じじゅう）　62, 93, 114, 119, 122
次将（じしょう）　56, 171
志々羅（しじら）　44, 278
鎮折（しずおり）　241
下襲（したがさね）　44, 46, 55, 56, 81, 86
下袴（したばかま）　235
漆紗冠（しっしゃかん）　17
襪（しとうず）　36, 54, 242
韈（しとうず）　120
忍び懸（しのびがけ）　122, 226
下姿（しもすがた）　108
笏（しゃく）　18, 44, 75, 85, 237
笏紙（しゃくがみ）　237
錫紵（しゃくじょ）　211, 212
綬（じゅ）　36
宿徳（しゅうとく）　54
十二章（じゅうにしょう）　40
十二単（じゅうにひとえ）　22, 140
粛慎羽（しゅくしんは）　61

翁懸（おきながけ）　226
置紋（おきもん）　238
御金巾子（おきんこじ）　94, 98, 185
奥袖（おくそで）　44, 88
麻鞋（おぐつ）　44, 243　⇒まかい
衽（おくみ）　27, 109, 134, 176, 282
おさえ　169
押折（おしおり）　88, 90, 190
大垂髪（おすべらかし）　30, 168
お大（おだい）　169
お中（おちゅう）　170
御引直衣（おひきのうし）　80, 82, 184
緒太（おぶと）　75, 85, 245
小忌（おみ）　274
小忌衣（おみごろも）　159, 187
御短直衣（おみじかのうし）　184
男結び（おむすび）　86, 196
退らかす（おめらかす）　48, 86, 231
おめり　74, 231
織色（おりいろ）　181, 278
折烏帽子（おりえぼし）　27, 110, 112, 116
織物（おりもの）　157, 265, 278
御幘（おんさく）　183
隠文（おんもん）　51　⇒かくしもん
御寮織物司（おんりょうおりものつかさ）　275

か

かいねり　47
返り襠（かえりまち）　48
格衣（かくえ）　197
隠文（かくしもん）　51　⇒おんもん
格袋（かくぶくろ）　44, 55, 75
懸緒（かけお）　30, 58, 74, 98, 110, 116, 122, 123, 221, 226
懸帯（かけおび）　30, 146
掛衣（かけぎぬ）　176
挂甲（かけよろい）　39, 171　⇒けいこう
過差（かさ）　22, 140, 148
風折烏帽子（かざおりえぼし）　84, 105, 110, 114, 118, 223
挿頭（かざし）　178
挿頭花（かざし）　221
重衵（かさねあこめ）　134, 229
重ね色目（かさねいろめ）　24, 81, 85, 229
襲装束（かさねしょうぞく）　205
重ねの袴（かさねのはかま）　132
汗衫（かざみ）　71, 132
柏夾（かしわばさみ）　218
靴氈（かせん）　243
萱草色（かぞういろ）　213, 256
固織（かたおり）　234, 279
固織物（かたおりもの）　98
肩衣（かたぎぬ）　108, 116, 118
肩衣半袴（かたぎぬはんばかま）　113
固地綾（かたじあや）　279
袒裼（かたぬぎ）　58, 205
帷（かたびら）　231
片身替（かたみがわり）　283
褐衣（かちえ）　90, 205
褐色（かちんいろ）　91
桂手（かつらで）　266
縑（かとり）　284
緭（かとり）　216
窠に霰（かにあられ）　269, 270
窠霰（かにあられ）　77
鞾（かのくつ）　44, 173, 242
窠中鴛鴦（かのなかにえんおう）　266
樺（かば）　61
髪上げ（かみあげ）　154
上下（かみしも）　104, 113, 118, 283
上姿（かみすがた）　108
鴨沓（かもぐつ）　120
家紋（かもん）　103, 110, 112, 116, 123
駕輿丁（かよちょう）　91, 212, 221
唐綾（からあや）　280
唐織（からおり）　29, 54, 86, 157
唐衣（からぎぬ）　23, 146, 262
唐組（からくみ）　62, 280
唐鍔（からつば）　62
狩衣（かりぎぬ）　25, 84, 119, 193, 194, 196, 240, 276
狩衣直衣（かりぎぬのうし）　94
狩袴（かりばかま）　75, 84, 236
狩胡籙（かりやなぐい）　62, 90
革緒の劔（かわおのたち）　62
革緒の直垂（かわおのひたたれ）　110
蝙蝠（かわほり）　74, 85, 98, 116, 239
寛永有職（かんえいゆうそく）　140
簪（かんざし）　216
甘御衣（かんのおんぞ）　96　⇒くつろぎのおんぞ
綺帯（かんはたのおび）　36
冠（かんむり）　216
冠直衣（かんむりのうし）　77, 81

き

黄色（きいろ）　18, 91, 192, 253
麴塵（きくじん）　36, 44, 181, 253
菊綴（きくとじ）　27, 103, 104, 105, 109, 110, 123, 126, 131
儀仗（ぎじょう）　61, 62
衣（きぬ）　74, 81, 84, 228
絹麻（きぬあさ）　110, 283
衣袴（きぬばかま）　140, 145, 156
黄袍（きほう）　193
弓箭（きゅうせん）　56, 58, 61
裾（きょ）　44, 48, 55, 72, 81
玉（ぎょく）　26, 51
玉珮（ぎょくはい）　36
魚袋（ぎょたい）　44, 54
魚綾（ぎょりょう）　253
桐竹鳳凰麒麟（きりたけほうおうきりん）　44, 181, 266
桐杖（きりづえ）　212　⇒とうじょう
切袴（きりばかま）　193
切半臂（きりはんぴ）　60
切平緒（きりひらお）　62
禁色（きんじき）　86, 255
金箔（きんぱく）　26, 103, 109, 138, 241

く

空頂黒幘（くうちょうこくさく）　130, 200
絎紐（くけひも）　76

索引

あ

相引（あいびき） 104, 110
葵鍔（あおいつば） 62
青色（あおいろ） 36, 44, 58, 82, 146, 181, 205, 253, 255
青朽葉（あおくちば） 47, 211
青摺（あおずり） 176, 178, 187, 188, 205, 209, 255
青鈍（あおにぶ） 211
赤色（あかいろ） 36, 44, 74, 130, 135, 146, 205, 253, 255
赤地錦（あかじにしき） 110, 243
領幅（あがちの） 23, 146
アカネ（あかね） 40
赤紐（あかひも） 187, 188, 209
赤袍（あかほう） 193, 194
上緒（あげお） 218
上頸（あげくび） 27, 105, 126, 132, 201
上げ鬟（あげみずら） 130
衵（あこめ） 44, 48, 134, 154, 229
衵扇（あこめおうぎ） 126, 150
麻苧（あさお） 191
浅黄（あさぎ） 130, 253, 254
浅葱（あさぎ） 195, 253, 256
浅沓（あさぐつ） 44, 75, 85, 242
絁（あしぎぬ） 248, 284
汗取（あせとり） 28
厚細（あつぼそ） 98
当帯（あておび） 86
当腰（あてごし） 86
後染め（あとぞめ） 265
綾地綾（あやじあや） 279
退紅（あらぞめ） 91, 176, 278 ⇒たいこう
蟻先（ありさき） 44, 182
あをはかま 236

い

位襖（いおう） 43, 56
居飼（いかい） 91
沃懸地（いかけじ） 63
衣冠（いかん） 28, 72, 96, 118, 119, 193, 238, 240
衣冠襲（いかんがさね） 28, 74
衣冠単（いかんひとえ） 74, 96, 193, 194, 227, 240
威儀者（いぎもの） 39, 62
威儀物（いぎもの） 174
藺履（いぐつ） 245
磯高（いそだか） 218
出衵（いだしあこめ） 81, 229
出衣（いだしぎぬ） 74, 77, 81
板引（いたびき） 82, 146, 148, 227, 231, 270, 282
イチイ（いちい） 237
一日晴（いちにちばれ） 29, 54, 81, 86, 194
菓（いちび） 90
菓脛巾（いちびはばき） 176
五衣（いつつぎぬ） 23, 140, 148, 262
五衣唐衣裳（いつつぎぬからぎぬも） 32, 159, 160, 171, 174
五衣小袿長袴（いつつぎぬこうちぎながばかま） 159, 162
衣服令（いふくりょう） 18
位袍（いほう） 43, 77, 81, 90, 130, 194, 248
忌色（いみじき） 256
異文（いもん） 193

う

うえのきぬ 44
表袴（うえのはかま） 36, 44, 48, 55, 132, 229
浮織（うきおり） 77, 234, 279
浮織物（うきおりもの） 98, 279
烏犀角（うさいかく） 51
薄平（うすひら） 98
打（うち） 146, 148
裲襠（うちかけ） 39, 173, 205, 212 ⇒りょうとう
打掛直垂（うちかけひたたれ） 110
袿（うちぎ） 23, 229
打衣（うちぎぬ） 148
袿袴（うちぎばかま） 32, 145, 156, 159, 164, 199, 272 ⇒けいこ
右二（うに） 48
采女（うねめ） 200
采女服（うねめふく） 176
烏皮履（うひり） 98, 212
産着の細長（うぶぎのほそなが） 135
裏白（うらじろ） 85
裏無（うらなし） 245
羽林家（うりんけ） 77, 274
表着（うわぎ） 148, 262
上指の糸（うわざしのいと） 109
上手（うわで） 51
雲鶴（うんかく） 266

え

纓（えい） 216
纓壺（えいつぼ） 218
絵衣（えぎぬ） 176
夷懸（えびすがけ） 48
箙（えびら） 62
烏帽子（えぼし） 223
絵元結（えもっとい） 169
衣紋方（えもんがた） 119
衣紋道（えもんどう） 24, 273
衣紋襞（えもんひだ） 227
彫骨扇（えりぼねおうぎ） 240

お

緌（おいかけ） 56, 58, 90, 176, 212
老懸（おいかけ） 58, 226
黄丹（おうに、おうだん） 44, 130, 196, 249, 250, 253, 255
襖袴（おうばかま） 84, 90, 236
覆水干（おおいずいかん） 105, 201
大袿（おおうちぎ） 155
大翳（おおかざし） 150
大帷（おおかたびら） 28, 109, 227, 231, 235
大君姿（おおぎみすがた） 81
大口（おおくち） 126
大口袴（おおくちばかま） 44, 48, 82, 103, 109, 229, 236
大腰（おおごし） 146

八條忠基（はちじょう ただもと）

綺陽装束研究所主宰。古典文献の読解研究に努めるとともに、敷居が高いと思われがちな「有職故実」の知識を広め、ひろく現代人の生活に活用するための研究・普及活動を続けている。全国の大学・図書館・神社等での講演多数。主な著書に『素晴らしい装束の世界』（誠文堂新光社、2005年）、『平安文様素材 CD-ROM』（マール社、2009年）、監修に『和装の描き方』（玄光社、2015年）などがある。日本風俗史学会会員。

〈御方（モデル）〉
SOUL
西田昌代
森彩乃
目黒夏葵
目黒舞桜

〈衣紋方〉
松崎高明
森村忠史
細野美也子
菅原秀太
渕田由紀
中口育子
望月さおり
山口ひろ子
坂巻洋子
宮尾和歌子
小笹菜摘
小田切妙
堀川洸太朗
岩野公太朗

〈扶持方〉
橋爪かおり
近藤美千代
浅見琢也
大峯香風

〈協力〉
一般財団法人宗教文化研究所 風俗博物館
東京成徳大学
博雅会
北野神社宮司 春日規子
末長杉山神社宮司 金子善光
宮内庁
文化学園服飾博物館
和泉市久保惣記念美術館

撮影／伊藤千晴
イラスト／ぬこえさ
編集／中島悠子　平井瑛子（平凡社）
装丁・デザイン・組版／髙橋克治（eats & crafts）

有職装束大全

2018年 6 月13日　初版第1刷発行
2022年 6 月23日　初版第7刷発行

著者　八條忠基
発行者　下中美都
発行所　株式会社平凡社
〒101-0051
東京都千代田区神田神保町 3-29
電話　03-3230-6584（編集）
03-3230-6573（営業）
振替　00180-0-29639
ホームページ
https://www.heibonsha.co.jp/
印刷・製本　シナノ書籍印刷株式会社

ISBN978-4-582-12432-3
NDC 分類番号 210.098
B5 判（26.3cm）　総ページ 320